〔宋〕馬端臨 著
上海師範大學古籍研究所
華東師範大學古籍研究所 點校

文獻通考

第十二册

象緯 物異

中華書局

然之符也。」

晉天文志曰：「張衡云：『文曜麗乎天，其動者有七，日月五星是也。日者，陽精之宗；月者，陰精之宗；五星，五行之精。衆星列布，體生於地，精成於天〔四〕，列居錯峙，各有攸屬。在野象物，在朝象官，在人象事〔五〕。其以神著〔六〕，有五列焉，是爲三十五名。一居中央，謂之北斗。四布於方各七，爲二十八舍。日月運行，歷示吉凶，五緯躔次，用告禍福。中外之官，常明者百有二十四，可名者三百二十，爲星二千五百，微星之數蓋萬一千五百二十。庶物蠢蠢，咸得繫命。不然何得總而理諸？』後武帝時，太史令陳卓總甘、石、巫咸三家所著星圖，大凡二百八十三官，一千四百六十四星，以爲定紀。今略其昭昭者，以備天官云。」

中宮

北極紫微宮

中元北極紫微宮，北極五星在其中。大帝之座第二珠，第三之宮庶子居，第一號曰爲太子，四爲后宮五天樞。一云，第三明者帝之居，第四明曰四庶子，最小第五天之樞。左右四星是四輔。天一、太一當門路，左樞、右樞夾南門，兩面營衛一十五。上宰、少尉兩相對，少宰、上輔次少輔，上衛、少衛次上丞。後門東邊大贊府，門西喚作一少丞。以次却向前門數〔七〕，陰德門裏兩黄聚。尚書以次其位五，女史、柱史各一户，御女四星五天柱。大理兩星陰德邊。勾陳尾指北極顛，勾陳六星六甲前，天皇獨在勾陳裏，五帝内座後門是。華蓋并杠十六，星杠作柄象華蓋形，蓋上連連九箇星，名曰傳舍如連丁。垣外左右各六珠，右是内階左天厨。階前八星名八穀。厨下五箇天棓宿。天床六星左樞在。内厨兩星右樞對。文昌斗上半月形，希疏分明六箇星。文昌之下曰三公，太尊只向三公明。天牢六星太尊邊。太陽之守四勢前。一箇宰相太陽側，更有三公、相西邊，即是元戈一星圓。天理四星斗裏暗，輔星近著開陽淡。一本云，文昌之上三師名〔八〕。天牢六星四勢前，更有三公、相西偏〔九〕，即是太陽一星圓。天理四星斗裏暗，輔星近著開陽淡。北斗之宿七星名〔一〇〕，第一主帝名樞精，第二第三璇、璣是，第四名權第五衡，開陽、摇光六七名。

北極五星，在紫微宫中。一名天極，一名北辰。其紐星，天之樞也。天運無窮，三光迭耀，而極星不移。故曰「居其所而衆星共之」。第一星主月，太子也。第二星主日，帝王也，亦爲太乙之座，謂最赤明者也。第三星主五星，庶子也。北極五星最爲尊也。中星不明，主不用事。右星不明，太子憂也。其第四星爲后宫，第五星爲天樞。張衡云：「二星並爲後宫。北極五星明大則吉，變動則憂。」抱極樞四星曰四輔，所以輔佐北樞而出度受政也。張衡云：「抱極之細星也，爲輔臣之位，主贊萬機。小而明，吉；大明及芒角，臣逼君；暗則官不理。」天乙一星，在紫宫門右星之南，天帝之神也，主戰鬬，知人吉凶者也。太乙一星，在天乙南相近，亦天帝神也，主使十六神，知風雨、水旱、兵革、飢饉、疾疫、災害所生之國也。張衡云：「天乙逼閶闔外，其占，明而有光，則陰陽和合，萬物成，人主吉；不然反是。」太乙占與天乙略同。紫微垣十五星，其西蕃七，東蕃八，在北斗之北。一曰紫微，大帝之座也，天子之常居也，主命，主度也。一曰長垣，一曰天營，一曰旗星，爲藩衛，備藩臣也。宫闕兵起，旗星直，天子出，自將宫中兵。張衡云：「紫微垣十五星，東藩八，西藩七。其東藩近閶闔門，第一星爲左樞，第二星爲上宰，第三星爲少宰，第四星爲上輔，第五星爲少輔，第六星爲上衛，第七星爲少衛，第八星爲少丞。其西蕃近閶闔門，第一星爲右樞，第二星爲少尉，第三星爲上輔，第四星爲少輔，第五星爲上衛，第六星爲少衛，第七星爲少丞。皆以明大有常則吉，若盛明，則內輔盛也。宮垣直而明，天子將兵；開則兵起。兩藩開如門象〔一一〕，名閶闔門，有流星自門而出四野者，當有中使銜命，視其所適分野而論之也〔一二〕。」陰德二星，在紫微宮內尚書之西，主施德者，其占，以不明爲宜，明則新君踐極。隋志曰：「尚書西二星曰陰德、陽德，主周急振撫。」又分爲二坐星矣。門內東南維五星曰尚書，主納言，夙夜咨謀，龍作納言，此之象也。張衡曰：「八座大臣之象，其占與四輔不殊。」極東一星曰柱下史，主左右記君之過，星明則史直辭，不明反是。柱史北一星曰女史，婦人之微者，主傳漏，故漢有侍史。張衡云：「婦官也，主記宮中之事。」其占與柱史同。御女四星，在紫微宮內勾陳之北，八十一御妻之象也。其占，明則多內寵，不明則否。晉志謂之女御宮。天柱五星，在紫微宮門內，華蓋杠左旁，近東垣北隅，法五行，主晦朔、晝夜之職。明正則吉，人安，陰陽調；不然則司歷過。隋志云：「建政教，立圖法之府也。常以朔望日垂禁令於天柱，以示百司。」周禮「以正歲之月，示法象魏」，此之謂也。大理二星，在紫微門內，次近陰德，決獄之官。星明則刑憲平，不明則冤酷深。勾陳六星，在紫微宮華蓋之下。隋志云：「後宮也，大帝之正妃也，大帝之常居也。」張衡云：「大帝所居之宮也，亦將軍之象也。」星明則吉，暗則人主惡之。勾陳口一星，曰天皇大帝，其神曰耀魄寶〔一三〕，主御群靈，秉萬機神圖也。其星隱而不見，則爲災。六甲六星，在紫微宮內華蓋杠左傍，分掌陰陽，紀時節。明則陰陽和，不明則寒暑易節。五帝内座五星，在華蓋下，勾陳上，斧扆之象，所以備宸居者。明正則吉，變動則災凶。隋志云：「客星犯紫微宫中座，大臣犯主。」華蓋七星，其杠九星，合十六星，在勾陳上，正當大帝，所以覆蔽大帝之座也。明正則吉，傾動則凶。傳舍九星，在華蓋上，近河，賓客之館，主胡人入中國。客星守之，備姦使，亦曰胡兵起。内階六星，在文昌北，天皇之陛也。明，吉；傾動，凶。紫微東垣北維外六星曰天厨，天子百官之厨也。見，吉；不見，凶。八穀八星，在紫微西藩之外，五車之北。其八星，一主稻，二主黍，三主大麥，四主小麥，五主大豆，六主小豆，七主粟，八主麻子。明則八穀皆成，暗則不熟。一星不見，則八穀不登；八星不見，則國人糊口。天棓五星，在女床東北，天子先驅，所以禦難也。不明則國兵起。一曰主爭訟。明，大凶小吉。天床六星，當閶闔門外，主天子寢舍，解息燕休之處。星正大吉，君有慶；傾則人主不安。一云在宫門外，聽政之象也，爲寢舍也，暗凶。内厨兩星，在紫微垣外西南角，主六宫之内飲食府也，一云主后妃夫人與太子飲宴〔一四〕。居常，無咎；有犯、守，凶。文昌六星，在北斗魁前，天之六府也，主集計天道。一曰上將、大將軍，建威武；二曰次將〔一五〕、尚書，正左右；三曰貴相、太常，理文緒；四曰司禄、司中、司隸，賞功進爵；五曰司命、司怪、太史，主滅咎；六曰司寇、大理，佐理寶。所謂一者，起北斗魁前近内階者也。明潤，大小齊，天瑞臻。張衡云：「其占，黄潤光明，萬人安，大小均，天瑞降；青黑細微，多所害；摇動移徙，大臣憂。金火守入，兵興。孛犯，國亂。」一曰文昌動，則三公受誅，后崩，災福與三公同。三公三星，在北斗柄東，又三公星在北斗魁西〔一六〕，並爲太尉、司空、司徒之象。主燮理陰陽，弼君機務。其星移徙，不吉；居，常安。金火守之，三公有凶。隋志曰：「杓南三星及魁第一星皆曰三公，宣德化，調七政，和陰陽之官也。」太尊一星，在中台之北，貴戚也。巫咸云：「聖公之象，居常爲定，不見則凶。金犯守爲災，貴賤將敗者也。」天牢六星，在北斗魁下，貴人之牢也，主愆過禁暴淫，與貫索同占。太陽守一星，在相西，大將大臣之象也，主戒不虞，設武備也。非其常，兵起；明，吉；暗，凶；移徙，大臣誅。勢四星，在太陽守西北〔一七〕，刑餘人而用事者也。不明，吉；明即閹官擅權。相一星，在北斗南。隋志曰：「相者，總領百官，而掌邦教，以佐帝王，安邦國，集衆事也。明，吉。」玄戈一星〔一八〕，在招搖北，一曰天戈也。芒角大而動，則四夷兵起。其占與梗河相類。北斗魁中四黑星，爲貴人之牢，曰天理。明及搖動與有星者，爲貴人下獄。北斗七星，輔一星，在太微北，七政之樞機，陰陽之本元也。故運乎天中而臨制四方，以建四時，而均五行也。魁四星爲璇璣，杓三星爲玉衡。又象號令之主，又爲帝車，取乎運動之義也。又魁第一星曰天樞，二曰璇，三曰璣，四曰權，五曰玉衡，六曰開陽，七曰搖光。一至四爲魁，五至七爲杓。樞爲天，璇爲地，璣爲人，權爲時，玉衡爲音，開陽爲律，搖光爲星。石氏云：「第一曰正星，主陽德，天子之象也。二曰法星，主陰刑，女主之位也。三曰令星，主禍害也。四曰伐星，主天理，伐無道。五曰殺星，主中央，助四旁，殺有罪。六曰危星，主天倉五穀。七曰部星，亦曰應星，主兵。」又云：「一主天，二主地，三主火，四主水，五主土，六主木，七主金。」又曰：「一主秦，二主楚，三主梁，四主吳，五主趙，六主燕，七主齊。輔星附乎開陽，所以佐斗成功也。」又曰：「主危正，矯不平」，又曰：「丞相之象也。七政星明則國昌，不明則國殃。」斗旁欲多星則安，斗中少星則人怨上，天下多訟法者。無星二十日有赦〔一九〕，輔星明而斗不明，臣强主弱；斗明輔不明，主强臣弱也。杓南三星及魁第一星皆曰三公，宣德化，調七政，和陰陽之官也。張衡云：「若天子不恭宗廟，不敬鬼神，則魁第一星不明，或變色〔二〇〕。若廣營宮室，妄鑿山陵，則第二星不明，或變色。若不愛百姓，聚興征役，則第三星不明，或變色。若發號令，不順四時〔二一〕，不明天道，則第四星不明，或變色。若廢正樂，務淫聲，則第五星不明，或變色。若不勸農桑，不務稼穡，峻法濫刑，退賢傷政，則第六星不明，或變色。若不撫四方，不安夷夏，則第七星不明，或變色。」凡日月暈連環及斗月暈及摇動，兵起。其傍側中小星多，則天下不安，人多怨。一云小星多則天下安，不然則國人散。五曜及客星守入皆凶，孛彗尤甚也。

右夾漈鄭氏作通志天文略言，漢晉諸志，所載諸星名數災祥，叢雜難舉。惟隋丹元子作步天歌，句中有圖，言下見象，或豐或約，無餘無失，故特取其歌，而於歌之後採諸家之言以備之。今所載其前則丹元子歌也，後則夾漈所取諸志以釋之者也，其説亦略備矣。然宋史志所載近代諸儒之説，則考訂尤詳，故又摭其所未備者，附見各段之末云。

宋兩朝天文志：舊説皆以紐星正樞機，後祖暅之立儀測之，洎皇祐中，以銅儀管候之，其不動處猶在樞星之末一度餘。

朱子語録曰：北辰乃天之北極，天如水車，北辰乃軸處，水車動而軸未嘗動。又曰：北辰是那中間無星處些子不動，是天之樞紐。北辰無星，緣人要取此爲極，不可無箇記認，所以就其旁取一小星，謂之極星。問：極星動否？曰：極星也動，只是近那辰後雖動而不覺。今人以管去窺那極星，見其動來動去，只在管裏面不動出去。向來人説北極便是北辰，皆只説北極不動，至本朝人方去推得是北極，只在北辰邊頭，而極星依舊動。

宋兩朝天文志：太子星，去北極十五度，入心宿三度。四輔四星，去天樞各四度。勾陳六星，去極六度半，入壁宿五度。天皇大帝星，去極八度半，入室宿十一度。華蓋七星杠九星距中大星，去極二十六度，入婁宿四度。五帝内座五星距中大星，去極十二度半，入室宿六度。六甲六星距南星，去極一十五度，入奎宿四度。御女四星距西南星，去極一十三度半，入奎宿一度。天柱五星距東南星，去極十三度半，入危宿初度。尚書五星距西南星，去極十九度，入尾宿十四度。柱下史一星，去極十八度，入斗宿十三度。女史一星，去極十七度半，入斗宿二度。陰德二星，距東星，去極十九度，入房宿二度。大理二星距東星，去極二十三度半，入心宿五度。天床六星距西南星，去極二十二度，入氐宿二度半。紫微垣十五星：其左驂樞，去極二十七度半，入房宿一度。右驂樞，去極二十一度，入亢宿八度。天乙一星，去極二十度半，入亢宿一度半。太乙一星，去極二十一度，入亢宿一度。内厨二星距西南星，去極十九度半，入軫宿十一度。天厨六星距大星，去極二十四度，入井宿二十二度。内階六星距西南星，去極二十三度，入井宿二十六度。八穀八星距西南星，去極三十一度半，入畢宿三度。傳舍九星距西第四星，去極二十八度半，入胃宿五度。閣道六星距南星，去極四十八度，入奎宿四度半。策一星，去極三十三度半，入壁宿五度。鉤九星距大星，去極二十四度，入危宿初度。扶筐七星距南第一星，去極三十二度半，入斗宿六度。　北斗七星：天樞，去極二十三度半，入張宿十度；搖光，去極三十五度，入角宿九度。　輔一星，去極三十度，入角宿三度。　天理四星距東南星，去極二十八度，入翼宿九度。　三公三星距東星，去極三十五度少，入角宿六度。　三師三星距西星，去極二十一度，入張宿初度半。　文昌六星距西南星，去極三十四度半，入柳宿二度半。　天牢六星距西北星，去極二十八度半，入張宿六度。　天相一星，去極三十三度，入軫宿四度。　勢四星，去極三十一度，入翼宿二度。　天槍三星距大星，去極三十二度半，入氐宿初度。　天棓五星距南星，去極四十四度，入箕宿三度。

先公曰：古今志天文者，述天官星之名義，大略皆同。兩朝志亦出入晉、隋二史，但此能言其去極若干度，入某宿若干度爲異耳〔一二〕。

宋中興天文志：坎，正北方也。北極不於坎乾而於艮丑，以艮東北萬物之所，成終而所成始也。作曆者逆推而上之〔一三〕，以至於數千百載，必得日月合璧，五星連珠，於建牛之次，然後用之，爲曆元，謂建牛艮丑分野，萬物成終成始之地也。故北極則居其方，爲天之極。而七政則會其分，爲曆之元。當七政會其分之時，亦必纏運適當其方次，天道自然知者鮮矣，此其辨之。一曰北極第二星，最赤明者，星圖謂之帝。而勾陳口中又爲天皇大帝，非是。按巫咸通元經寶鏡圖：北極五星，勾陳六星，在紫極宮中，奈宫一而帝二也。此當辨。曰賈逵、張衡、蔡邕、王蕃、陸績皆以紐星爲不動處。晉志謂「北辰爲最尊者」是也。孔子曰，譬如北辰，居其所而衆星共之。言於天象，爲至尊，是於五星爲第一，而志反以第五，倒置之甚，此當辨。夫不以紐星之居其所，衆星共者爲帝，而以從極之赤明者爲帝，則異乎吾孔子所云，此當辨。北辰一星不爲帝，而指勾陳口中星爲天皇大帝，豈居其所非大，而不居其所爲大乎？口中一星，即大帝之座，不當遂指爲天皇大帝，遂以爲耀魄寶，此當辨。志曰，北極五星，其紐星，天之樞也。第一星主月，太子也。第二星主日，帝王也，亦太乙之座，謂最赤明者也。第三星主五星，庶子也，非是。按大象列星圖，亦以乙爲太子，二爲帝王，三爲庶子，而餘星則以爲後宮。乾象新書所載傳言，亦以一主月，爲太子；二主日，爲帝王；而三則以爲主五行；四則以爲主諸王；五則以爲主庶子。核其説皆非是，而未暇辨。所辨者，日月五星各分所主，而非其義也。藉令必有所主，則主者惟帝耳，太子何得分主月，庶子又何得分主五星，而帝乃獨主日乎？此當辨。天官書、前漢志及春秋合誠圖曰，中宮天極星，其一明者太乙常居；旁三星三公，或曰子屬。後勾四星，末大星正妃，餘三星後宮之屬也。孝經援神契曰，辰極横，后妃四星從，端大妃光明。二説大略相類。然考之經觀之象，則指三星爲三公固不可，而又以三星爲子屬尤不可，且既以爲三公，又以爲子屬，何自二其説乎？子屬即旁二星耳，太子一，庶子一，豈又有子屬乎？宮南三星曰三公内座，杓南三星及魁上三星曰三公，三孤後豈此又有三公乎？所謂後勾四星，勾曲抱極，志謂四輔星也。則言末大星正妃，餘三星後宮之屬者，與言后妃四星從，端大妃光明者，皆非是，此當辨。夫以四輔末大星爲妃者，固非是，而志則曰，勾陳後宮也，大帝之正妃也，亦非是。勾陳實主六軍，大司馬。巫咸曰，主天子護軍。即不當以爲後宮，又不當以爲正妃，此當辨。曰，然則北極五星之辨，如何聞之師云。天樞紐星，在四輔中者，是爲天皇大帝，其神曰耀魄寶，此是也。而彼所指勾陳中一星爲耀魄寶者，非也。故初一曰帝，次二曰后，次三曰妃，次四曰太子，乃其赤明者也，次五曰庶子。因知中宮帝，當以孔子所稱北辰爲据，其精北極星，其神耀魄寶，太公望、閎夭書不誣，此其辨之二。

又曰：極星之在紫垣，萬神所宗，七曜、三垣、二十八宿，衆星所拱，是北極爲天文之正中。而自唐以來曆家以儀象考測，則中國南北極之正，實去極星之北一度有半，此蓋中原地勢之度數也。中興更造渾儀，而太史局令丁師仁言：「臨安府地勢向南，於北辰極高下當量行移易。」局官呂璨言：「渾天無量行更易之制，若用於臨安與天參合，移之他往必有差忒。」於此罷議。後十餘年，邵諤鑄儀，則果用臨安北極高下爲之。以今清臺儀校之，實去極星四度有奇焉。若列星諸宿去極之度數，與赤道之遠近，則清臺一遵皇祐所測，無所更易。舊史已具，茲不復言。

太微宮

上元太微宮，昭昭列象在蒼穹。端門只是門之中，左右執法門西東。門首皂衣一謁者，以次即是烏三公。三黑九卿公背傍，五黑諸侯卿後行。四箇門西主軒屏，五帝内座於中正。幸臣、太子并從官，烏列帝後從東定。郎將、虎賁居左右，常陳、郎位居其後。常陳七星不相誤，郎位陳東一十五。兩面宮垣十星布，左右執法是其數。宮外明堂布政宮，三箇靈臺候雲雨，少微四星西南隅，長垣雙雙微西居。北門西外接三台，與垣相對無兵災。

太微垣十星，在翼、軫北。張衡云，天子之宮庭，五帝之座，十二諸侯府也。其外蕃，九卿也。一曰軒轅爲權，太微爲衡。衡，主平也。隋志云，又爲天庭，理法平辭，監升授德，列宿受符，諸神考節，舒情稽疑也。南蕃中二星間曰端門。東曰左執法，廷尉之象也。西曰右執法，御史大夫之象也。執法，所以舉刺凶奸者也。左執法之東，左掖門也。右執法之西，右掖門也。東蕃四星：南第一曰上相，其北東太陽門也；第二星曰次相，其北中華東門也；第三星曰次將，其北東太陰門也；第四星曰上將，所謂四輔也。西蕃四星：南第一星曰上將，其北西太陽門也；第二星曰次將，其北中華西門也；第三星曰次相，其北西太陰門也；第四星曰上相，亦四輔也。東西蕃有芒及動摇者，諸侯謀天子也。執法移則刑罰尤急。月五星入太微軌道，吉；其所犯中座，成刑。謁者一星，在太微内右執法東北〔一四〕，主贊賓客也。不見，外國不賓服。謁者東北三星曰三公内座，朝會之所居也。張衡云，以輔弼帝者，其名與夾斗三公同。三公北三星曰九卿内座，主治萬事，與天紀同占。九卿西五星曰内五諸侯，内侍天子，不之國也。辟雍之禮得，則太微諸侯明。内屏四星〔一五〕，在端門内，帝座南，近右執法。屏，所以擁蔽帝庭也。執法主刺舉，星明潤，則君臣有禮。黄帝内座一星，在太微中，含樞紐之神也。天子動得天度，止得地意，從容中道，則太微五帝之座明以光。黄帝座不明，人主當求賢士以輔治；不然則奪勢。又曰，太微五帝座小弱青黑，天子國亡。四帝内座四星，夾黄帝座。東方星，蒼帝靈威仰之神也。南方星，赤帝赤熛怒之神也。西方星，白帝白招矩之神也。北方星，黑帝叶光紀之神也。張衡云，五帝同明而光，則天下歸心；不然則失位。金火水入太微，若順入軌道，伺其出之，所守之分，則爲天子所誅也。帝座東北一星曰幸臣，主親愛臣，明則幸臣用事，微細吉。太子一星，在幸臣西，五帝座北，儲貳之星。明而潤，則太子賢；不然則否。金火守入，太子不廢則爲篡逆之事。從官一星，在太子西北，主從官。不見則帝不安，如常則吉。郎將一星，在郎位東北，所以爲武衛。張衡云，今左右中郎將是也，大明、芒角，將恐不可當也。虎賁一星，在太微西蕃之外，上相之西，下台之南，靜室旄頭之騎官也。張衡云，主侍從之武臣也，與車騎同占。常陳七星，如畢狀，在郎位北，天子宿衛虎賁之士，以設强毅也。星摇動，天子自出；明則武兵用；微則兵弱。郎位十五星，又云二十四星，在帝座東北，一曰依烏，郎位也。周官之元士，漢官之光禄、中散騎、諫議、議郎、三署郎中，是其職也。張衡云，今之尚書郎也。欲其大小相均，光潤有常，吉。隋志，郎位，主守衛也。其星明，大臣有劫主。又曰，客犯上。其星不具，后死，幸臣誅。客星入之，大臣爲亂。明堂三星，在太微西南角外，天子布政之宫也。明吉，暗凶。明堂西三星曰靈臺，主觀雲物，察符瑞，候災變也。占與司怪同。少微、長垣二座星，已釋在張星之次矣。三台六星，兩兩而居，起文昌，列招摇，太微〔二六〕。一曰天柱，三公之位也。在天曰三台，主開德宣符也。西近文昌二星曰上台，爲司命，主壽；次二星，對軒轅，曰中台，爲司中，主宗室；東二星，抵太微，曰下台，爲司禄，主兵。所以昭德塞違也。又曰三台爲天階，太乙躡以上下。一曰泰階，上階上星爲天子，下星爲女主；中階上星爲諸侯三公，下星爲卿大夫；下階上星爲士，下星爲庶人。所以和陰陽而理萬物也。其星有變，各以所主占之。君臣和集，如其常度。張衡云，色齊明而行列相類，則君臣和，法令平；不齊，爲乖度。金、火守入，兵起，彗孛尤甚也。

宋兩朝天文志：太微十星：右執法，去極八十四度，入翼宿十二度半；左執法，去極八十六度，入軫宿初度半。　謁者一星，去極八十三度，入軫宿一度。　三公三星距東星，去極八十四度半，入軫六度。　九卿三星距西北星，去極七十五度，入軫七度。　五諸侯五星距西星，去極七十度，入軫一度。　五帝座五星距中大星，去極七十一度半，入翼十一度。　内屏四星距西南星〔二七〕，去極八十度，入翼十度。　太子一星，去極六十六度半，入翼十一度半。　從官一星，去極六十四度半，入翼八度半。　幸臣一星，去極六十六度半，入翼十五度。　郎位十五星距西南星，去極六十度，入翼十八度。　郎將一星，去極四十七度半，入軫十一度。　常陳七星距東星，去極五十一度半，入軫初度。　虎賁一星，去極六十二度少，入翼二度。

宋中興天文志曰：太微垣有五帝座，五帝内座又列乎紫宫，何也？曰五帝常居在太微而入覲乎紫宫，故有内座也。然則五帝何帝也？此志所謂靈威仰、赤熛怒、含樞紐、白招矩、叶光紀之神也。有天皇矣，而又有五帝，何也？五帝，在天主五行，在地主五嶽，分方主事，以輔天皇者。昔周公郊祀后稷以配天，斯北極紫微中宫天皇大帝也。而宗祀文王於明堂，以配上帝，則宫南太微五帝也。此月令明堂所以分五宫，祀五帝也。

天市垣

下元一宫名天市，兩扇垣墻二十二。當門六角黑市樓，門左兩星是車肆。兩箇宗正四宗人，宗星一雙亦依次。帛度兩星屠肆前，候星還在帝座邊。帝座一星常光明，四箇微茫宦者星。以次兩星名列肆，斗斛帝前依其次，斗是五星斛是四。垣北九箇貫索星，索口横者七公成。天紀恰似七公形，數著分明多兩星。紀北三星名女牀，此座還依織女傍。三光之象無相侵，二十八宿隨其陰。水火木土并與金，以次別有五行吟。

天市垣二十二星，在房、心東北，主權衡，主聚衆。一曰天旗庭，主斬戮之事也。市中星衆潤澤則歲實，星希則歲虚。熒惑守之，戮不忠之臣。又曰，若怒角守之者，臣殺主。彗星出，爲徙市易都。客星入之，兵大起；出之，有貴喪。張衡云，天市明，則市利急〔二八〕，商人無利；忽暗，則反是。市樓六星，在市中，臨箕星之上，主司闤闠。明則吉，暗則市利不理也。隋志，市樓者，市府也，主市價律度，其陽爲金錢，其陰爲珠玉，變見，各以所主占之。車肆二星，在天市垣南門之内，主車駕。不明則國車盡行。隋志，主衆賈之區。宗正二星，在帝座東南，宗大夫也。彗星守之，若失色，宗正有事。客星守、動，則天子親屬有變。又曰，客星守之，貴人死。又曰，宗正明，則宗室有秩；暗則國家凶。宗人四星，在宗正東，主録親疏享祀，如綺而明正，族人有序。宗星二星，在宗人東北，候星之東，宗室之象，帝輔血脉之臣也。客星守之，宗人不和。帛度二星，在宗星東北〔二九〕，主度量。明，則尺量平，商人不欺；暗，則否。屠肆二星，在帛度東北，主烹宰。明大，則肆中多宰殺。候一星，在帝座東北，主伺陰陽也。明大，則輔臣强，四夷開；候細微，則國安；亡，則主失位；移，則主不安；居常，則吉。帝座一星，在天市中，候星西，天庭也。光而潤，則天子吉，威令行；微細，凶，大人當之。或云，暗，則大人不正。張衡云，帝座者，帝王之座。帝座有五：一座在紫微宫，一座在大角，一座在心中，一座在天市垣，一座在太微宫。咸云，帝座一曰神農所居，不見則大人當其咎。宦者四星，在帝座西南，帝傍之閹人也。星微則吉，明則凶，非其常，宦者有憂。其占與勢星同。列肆二星，在斛西北，主寶玉之貨。移徙，則列肆不安；火守入，兵大起。斗五星，在宦者西南，主平量。覆則歲熟，仰則大飢，明暗與帛度同。斛四星，在市樓北，亦曰天斛，主量者也。占與斗同。貫索九星，在七公前。一曰連索，一曰連營，一曰天牢，主法律，禁暴強也。牢口一星爲門，欲其開也。九星皆明，天下獄煩；七星見，小赦；五星見，大赦；動，則斧鑕用；中空，則更元。漢志云，十五星。張衡云，貫索開，有赦；不見，則刑獄簡；若閉口及星入，牢中有繫死者。常以午子夜候之〔三〇〕，一星不見，則有小喜；二星不見，賜祿；三星不見，人主德令行且赦。若客星出，視其小大，大有大赦，小有小赦。或云，貫索爲賤人之牢。一星芒，有喜事；二星芒，賜爵祿；三星芒，有赦。門閉，牢中多死。水犯災，火犯米貴。七公七星，在招搖東，天之相也，三公之象。張衡云，七公橫列貫索之口，主執法、列善惡之官也。星齊正則國法平，差戾則獄多冤酷。或云，星入河，米貴；火犯之，兵起。天紀九星，在貫索東，九卿也，爲九河，主萬事之紀，理冤訟也。明，則天下多詞訟；亡，則政理壞，國紀亂；散絶，則地震山崩。女床三星，在天紀之北，爲後宮御女，主女事。明，則宮人恣意；常，則無咎。

宋兩朝天文志：天市垣二十二星，東西列各十一星。其東垣：南第一星曰宋，第二星曰南海，第三星曰燕，第四星曰東海，第五星曰徐，第六星曰吳越，第七星曰齊，第八星曰中山，第九星曰九河，第十星曰趙，第十一星曰魏。其西垣：第一星曰韓，第二星曰楚，第三星曰梁，第四星曰巴，第五星曰蜀，第六星曰秦，第七星曰周，第八星曰鄭，第九星曰晉，第十星曰河間，第十一星曰河中。東垣南第一星宋，去極一百五度半，入危宿七度。西垣第一星韓，去極九十八度半，入心宿五度。市樓一星距東南星，去極九十八度，入尾宿十二度。車肆二星距西大星，去極一百度，入尾宿三度。斛四星距西南星，去極八十七度半，入尾宿三度。列肆二星距東星，去極八十六度，入心宿三度半。帝座一星，去極七十五度，入尾十度。候一星，去極七十八度半，入尾十六度。宦者四星距南星，去極七十六度半，入尾九度半。斗五星距東大星，去極七十九度，入尾六度半。宗正二星距北星，去極八十五度半，入尾十六度。宗人四星距大星，去極八十六度，入箕一度。宗星二星距北大星〔三〕，去極八十度半，入箕五度。帛度二星距西星，去極六十九度少，入箕三度。屠肆二星距西星，去極六十八度半，入箕宿三度。

宋中興天文志：天市垣中一星，明大者謂之帝座。帝座東北一星爲后，舊誤作候。西南三星爲妃，舊失其位。妃北一星在帝右，后北一星在帝左，是爲左右常侍。妃南四星爲宦寺，宦寺南一星爲閹人，閹人南四星爲内屏，此其别也。而舊乃以右常侍一星及妃三星爲宦者，又以宦寺、閹人合五星爲斗，又以内屏四星爲斛，皆誤也。

又曰，凡三垣：紫宫在中，天市在紫宫之東北，太微在紫宫之東南。而大角在紫宫之正東，故天市在大角左，太微在大角右。大角一星，晉、隋志雜之衆星中，謂之天王座，其説不同。司馬遷云，大角者，天王帝廷。其兩旁各有三星，鼎足勾之，曰攝提。攝提者，直斗柄所指，以建時節，故曰攝提格。雖於衆星中頗表而出之，亦未爲得也。故凡曰天王座，曰天王帝廷，曰直斗柄所指，以建時節，皆非是。

校勘記

〔一〕七寸以内光芒相及也　「七」原作「五」，據漢書卷二六天文六、後漢書志一〇天文上改。

〔二〕暈　原作「背」，據開元占經卷八、漢書卷二六天文六改。

〔三〕凡氣在日上爲冠爲戴　「冠」上原脱「爲」字，據漢書卷二六天文六補。

〔四〕精成於天　「天」原作「列」，據張衡張河間集卷三靈憲、晉書卷一一、史記卷二七天官書、開元占經卷一改。

〔五〕在人象事　「事」原作「神」，據張衡張河間集卷三靈憲、晉書卷一一、史記卷二七天官書、開元占經卷一改。

〔六〕其以神著　「著」原作「差」，據張衡張河間集卷三靈憲、晉書卷一一、史記卷二七天官書、開元占經卷一改。

〔七〕以次却向前門數　「前門」原互倒，據元本、通志略六天文略二、通志卷三九靈臺祕苑乙正。

〔八〕文昌之上三師名　「上」原作「下」，據本書下文文昌和三師兩星座的距星去極度大小、宋蘇頌新儀象法要卷中星圖和南宋蘇州石刻天文圖改。

〔九〕更有三公相西偏　「三」原作「二」，據元本、通志略六天文略二改。

〔一〇〕北斗之宿七星名　「宿」原作「星」，「星名」原作「宿明」，據通志略六天文略二、梅文鼎中西經星同異考改正。

〔一一〕兩藩開如門象　「兩」原作「西」，據宋史卷四九天文二、新儀象法要卷中渾象紫微垣星圖、蘇州石刻天文圖改。

〔一二〕視其所適分野而論之也　「分」字原無，「論」原作「諭」，據宋史卷四九天文二、通志略六天文略二補改。

〔一三〕其神曰耀魄寶　「耀」原作「曜」，據晉書卷一一天文上及下文改。

〔一四〕一云主后妃夫人與太子飲宴　「妃」字原無，據晉書卷一一天文上、宋史卷四九天文二補。

〔一五〕二曰次將　「二」上原有「次」字，據元本、史記卷二七天官書、漢書卷二六天文六刪。

〔一六〕又三公星在北斗魁西　「三公」，史記卷二七天官書注張守節史記正義、晉書卷一一天文上、隋書卷一九天文同，宋史卷四九天文二、開元占經卷一一〇、新儀象法要卷中渾象紫微垣星圖、蘇州石刻天文圖均作「三師」。下文「隋志曰杓南三星及魁第一星皆曰三公」，「三公」，宋史卷四九天文等亦作「三師」。

〔一七〕在太陽守西北　「守」字原無，據宋史卷四九天文二、通志略六天文略二補。

〔一八〕玄戈一星　「玄」原作「元」，清人避清聖祖玄燁諱改，今改回。下同。

〔一九〕無星二十日有赦　「赦」字原無，據開元占經卷六七補。

〔二〇〕若天子不恭宗廟不敬鬼神則魁第一星不明或變色　此二十一字原無，據通志略六天文略二、宋史卷四九天文二補。

〔二一〕不順四時　「順」原作「明」，據通志略六天文略二、宋史卷四九天文二改。

〔二二〕入某宿若干度爲異耳　「入」字原無，據慎本補。

〔二三〕作曆者逆推而上之　「曆」原作「歷」，清人避清高宗弘曆諱改，今改回。下同。

〔二四〕在太微内右執法東北　「右」原作「在」，據新儀象法要卷中星圖、蘇州石刻天文圖改。

〔二五〕内屏四星　「内」字原無，據開元占經卷一〇七補。

〔二六〕列招摇太微　隋書卷一九天文上同，晉書卷一一天文上作「列抵太微」。

〔二七〕内屏四星距西南星　「内」字原無，據開元占經卷一〇七補。

〔二八〕天市明則市利急　「急」原作「隱」，據史記卷二七天官書注正義、宋史卷四九天文二及殿本考證改。又史記、宋志「利」作「吏」。

〔二九〕在宗星東北　「宗」下原有「室」字，據上文及開元占經卷一一〇、隋書卷一九天文上、宋史卷四九天文二删。

〔三〇〕常以午子夜候之　通志略天文略同，史記卷二七天官書注正義「貫索九星……常夜候之」，開元占經卷六五貫索占一〇黄帝占曰：「常以四時候天牢。」按上文貫索九星……一曰天牢。各書文字不同，但都指出經常觀察之義。

〔三一〕宗星二星距北大星　「宗星」原作「宗室」，據宋史卷四九天文二及上文「宗星二星」改。

卷二百七十九　象緯考二

二十八宿

東方　蒼龍七宿

宋中興天文志：石氏云，東宮青帝，其精蒼龍爲七宿。其象：有角、有亢、有氐、有房、有心、有尾、有箕，氐胸房腹，箕所糞也。司春、司木、司東嶽、司東方、司鱗蟲三百有六十，蒼龍爲鱗蟲之長。

角兩星南北正直著。中有平道上天田，總是黑星兩相連。别有一烏名進賢，平道右畔獨淵然。最上三星周鼎形。角下天門左平星〔一〕，雙雙横於庫樓上。庫樓十星屈曲明，樓中柱有十五星，三三相著如鼎形。其中四星别名衡。南門樓外兩星横。

角二星，十二度，爲主造化萬物，布君之威信，謂之天闕。其間天門也，其内天庭也。故黄道經其中，七曜之所行也。其明則太平，芒動則國不寧。日食右角國不寧，月食左角天下道斷。金火犯有戰敵，金守之大將持政。左角爲天田，爲理，主刑。其南爲太陽道。五星犯之，爲旱。右角爲將，主兵，其北爲太陰道。五星犯之，爲水。蓋天之三門，猶房之四表也。左右角間二星曰平道，爲天子八達之衢。明正則吉，動摇則法駕有虞。天田，主天子畿内封疆。金守之，主兵。火守之，主旱。水守之，主潦。平道西一星曰進賢，在太微宮東。明則賢者在位，暗則在野。又曰，主卿相，主逸才。周鼎三星，在攝提西，國之神器也。不見或移徙，則運祚不寧。天門二黑星，在平星北，角之南，主天之門，爲朝聘待客之所。明則四方歸化，不見則兵革起，邪佞生。平星二星，在庫樓北，平天下之法獄，廷尉之象也。庫樓十星，其六大星爲庫，南四星爲樓，在角南。一曰天庫，兵車之府也。旁十五星，三三而聚者柱也，中央四小星衡也。主陳兵。其占曰：「庫中星不見，兵四合，無星則下臣謀上；明而動摇則兵出四方；盡不見則國無君。」庫樓東北二星，曰陽門，主守隘塞也。南門二星，在庫樓南，天之外門也，主守兵。明則遠方入貢，暗則夷狄畔。客星守之，主兵至。

宋兩朝天文志：角二星距南星，去極九十七度半。庫樓二星距西北星，去極一百二十三度，入軫十五度半。南門二星距西星，去極一百三十七度，入軫十一度。平道二星距東星，去極九十一度，入角二度。天門二星距西星，去極一百四度半，入軫十六度。平星二星距西星，去極一百九度半，入軫十六度。天田二星距西星，去極八十二度半，入角二度半。周鼎三星距東北星，去極六十四度半，入角宿七度半。

亢四星恰似彎弓狀。大角一星直上明，折威七箇亢下橫。大角左右攝提星，三三相似如鼎形。折威下左頓頑星，兩箇斜安黃色精。頑西二星號陽門，色若頓頑直下存〔二〕。

亢四星，九度，日月之中道，主天子内朝，天下之禮法也。又曰，總攝天下奏事，聽訟、理獄、録功者也。亦爲疏廟，主疾疫。其星明大，四海歸王，輔臣納忠，人無疾疫；移動多病；不見則天下鼎沸而旱潦作矣。大角一星，在攝提間，天王坐也。又爲天子梁棟。金守之則兵起，日食主凶。亢南七黑星，曰折威，主斬殺。金火守之，夷狄犯邊，將有棄市者。攝提六星，直斗柄之南，主建時節，伺機祥。攝提爲盾，以夾擁帝坐也，主九卿。明大，三公恣横。客星入之，聖人受制。一曰大臣之象。頓頑二星，在折威東南，主考囚，察情僞也。陽門在庫樓東北，主邊塞險阻之地。客星出陽門，夷狄犯邊。

宋兩朝天文志：亢四星距南第二星，去極九十六度。攝提六星其右距北大星，去極六十七度，入亢七度；其左距南星去極七十二度半，入亢七度。陽門二星距西星〔三〕，去極一百一十三度，入角十度。折威七星距西第三大星，去極一百三度，入亢三度。大角一星，去極六十六度，入亢二度半。頓頑二星距東南星，去極一百一十二度半，入亢四度。

氐四星似斗側量米。天乳氐上黑一星，世人不識稱無名。一箇招摇梗河上，梗河横列三星狀，帝席三黑河之西，亢池六星近攝提。氐下衆星騎官出，騎官之衆二十七，三三相連十欠一。陣車氐下騎官次，騎官下三車騎位。天輻兩星在陣傍〔四〕，將軍陣裏振威霜。

氐，十六度，下二尺爲五星日月中道，爲天子之路寢。明則大臣妃后奉君不失節；如不見或移動，則臣將謀内，禍亂生矣。日月食，主内亂。木犯之，立后妃。火犯，臣僭上。金犯，拜將。水犯，百官憂。客星犯，婚禮不整。彗孛犯，暴兵起。月暈，人不安。一曰氐爲后妃之府，休解之房。前二星適也，後二星妾也。將有徭役之事，氐先動。星明大則民無勞。天乳，在氐北，主甘露。明則潤澤，甘露降。招摇一星，在梗河北，次北斗柄端，主胡兵。芒角變色、摇動，則兵革大起。梗河三星〔五〕，在大角北，天子以備不虞。其色變動，有兵喪。帝席三星，在大角西北，天子燕樂獻壽之所。其星不見，大人失位。亢池六黑星，爲泛舟楫，主迎送，移徙則凶。騎官二十七星，在氐南，天子騎士之象。星衆則安，不見兵起。車騎三黑星，在氐南〔六〕，騎官之上，都車騎之將也。金火犯，爲災。動摇，車騎行。天輻兩黃星，在房西，主鑾駕。客星來守之，則輦轂有憂也。騎陣將軍一星，在騎官東南，主騎將也。摇動，則騎將出。

宋兩朝天文志：氐四星距西南星，去極一百四度半。亢池六星距北大星，去極七十度半，入亢三度。天乳一星，去極九十二度，入氐十四度。招摇一星，去極五十一度，入亢四度半。梗河三星距大星，去極五十九度，入氐二度。騎官二十七星距西北星，去極一百二十度，入氐宿初度。車騎三星距東南星，去極一百四十度，入氐二度。帝席三星距東星，去極六十七度半，入氐宿一度半。

房四星直下主明堂，鍵閉一黃斜向上，鈎鈐兩箇近其傍。罰有三星直鍵上，兩咸夾罰似房狀。房下一星號爲日，從官兩箇日下出。

房，六度，爲明堂，天子布政之宮也，亦四輔也。下第一星〔七〕，上將也；次，次將也；次，次相也；上星，上相也。南二星君位，北二星夫人位〔八〕。又爲四表，中間爲天衢之大道，亦謂之天闕，黃道之所經也。南間曰陽環，亦曰陽道，其南曰太陽。北間曰陰間，亦曰陰道，其北曰太陰。七曜由乎天衢，則天下平和；由陽道，則主旱、喪；由陰道，則主水、兵。房星，亦曰天駟，爲天馬，主車駕。南星曰左驂，次左服，次右服，次右驂。亦曰天厩，又主開閉，爲蓄藏之所由也。房星明則王者明，驂星大則兵起，星離則人流。日月食，主昏亂，權臣横。彗孛犯之，兵起。下二星爲陰，五星犯之爲水。上二星爲陽，五星犯之爲旱。房北二小星曰鈎鈐，房之鈐鍵，天之管籥，主閉藏。鍵，天心也。王者孝則鈎鈐明。近房，天下同心；遠則天下不和，王者絶後。房、鈎鈐間有星及疏拆，則地動河清。東咸西咸各四星，在房星北，日月五星之道也。爲房之户，所以防淫佚也。明則吉，暗則凶。日月五星犯守之，有陰謀；火守之，兵起。罰三星，在東咸正西，南北而列，主受金贖罪。正而列，則法令太平；曲而斜行，則刑罰不中。日一星，在房中道前，太陽之精，主明德。金火犯守之，有憂。從官二星，在積卒西北。

宋兩朝天文志：房四星距南第二星，去極一百一十四度半。鍵閉一星，去極一百八度，入房四度。罰三星距南星，去極一百八度，入心一度半。東咸四星距西南星，去極一百一十一度，入心一度。日一星，去極一百一十三度，入氐十四度半。從官二星距西星，去極一百二十二度，入氐十四度。西咸四星距西南星，去極一百四度半，入氐十五度。鈎鈐二小星，去極一百九度半，入房二度半。

中興天文志：甘氏云，日一星，在房之西，氐之東。日者，陽宗之精也。爲鶏三足，爲烏二足，鶏在日中而烏之精爲星，以司太陽之行度，日生於東，故於是在焉。

心三星中央色最深，下有積卒共十二，三三相聚心下是。

心，六度，一名大火，天王位也。中星曰明堂，爲大辰，天子之正位也。前星爲太子，不明則太子不得位。後星爲庶子，明則庶子繼。心上四尺，爲日月五星之中道。中心明則化成道昌，直則地動，移徙不見，國亡。又曰，心變黑色，大人有憂；直則王失勢；動則國有憂；離則民流。金火犯，血光不止。土木犯及日月食，不吉。月暈兵起，火來守之，國無主。客星及孛犯，天下兵荒。積卒十二星，在房心西南，五營軍士也。微而小則吉；明大搖動，兵大起。一星亡，兵出；二星亡，兵半出；三星亡，兵出盡。他星守之，兵大起，近臣誅。

宋兩朝志：心三星距西前星，去極一百一十四度半。積卒十二星距大星，去極一百二十六度半，入氐宿十五度。

尾九星如鉤蒼龍尾。下頭五點號龜星。尾上天江四横是。尾東一箇名傅説，傅説東畔一魚子。龜西一室是神宮，所以列在后妃中。

尾，十九度，后妃之府，後宮之場也。北之一丈爲天之中道。上第一星后也，次三星夫人，次則嬪妾。第三星傍一星，名曰神宮，解衣之内室。尾亦爲九子星，色欲均明，大小相承，則后妃無妒忌，後宮有叙，多子孫。星微細暗，后有憂疾。疏遠則后失勢；動移則君臣不和，天下亂；就聚則大水。木犯之及月暈，則后妃死；火犯，宮中内亂；土犯，吉；水犯，宮中有事〔九〕。客星犯，大臣誅。日月食，主饑。一曰，金火守之，後宮兵起。龜五星，在尾南漢中，主占定吉凶。明則君臣和，不明則爲乖戾，亡則赤地千里。火守之，兵起；在外守之，兵罷。天江四星，在尾之北，主太陰。不欲明，明而動，水暴出。參差，則馬貴。其星不具，則津河關道不通。熒惑守之，有立主。客星入，河津絶。傅説一星，在尾後河中，主後宮女巫祝祀神靈，祈禱子孕。故曰，主王后之内祭祀，以求子孫。詩云：「克禋克祀，以弗無子。」此之象也。其星明大，王者多子孫；小而暗，後宮少子。動摇則後宮不安，星摇則天子無嗣。魚一星，在尾後河中，主陰事，知雲雨之期也。大明，則陰陽和，風雨時；暗則魚多亡。動摇，則大水暴出漢中，則大魚多死。火守在南則旱，在北則水起。

宋兩朝天文志：尾九星，去極一百二十七度半。龜五星距南第二星，去極一百一十四度半，入尾宿十度。魚一星，去極一百二十六度，入尾宿十五度半。傅説一星，去極一百二十八度半〔一〇〕，入尾宿十四度。

中興天文志：石氏云，傅説者，章祝女巫官，一名太祝，司天王之内祭祀，以祈子孫，故有太祝。以傅説於神宮，或讀傅爲傅，遂謂之殷相，説自莊周妄言。

夾漈鄭氏曰：按傅説一星，惟主後宮女巫禱祠求子之事。謂之傅説者，古有傅母有保母，傅而説者，謂傅母喜之也。今之婦人求子，皆祀婆神，此傅説之義也。偶商之傅説與此同音，諸子家更不詳審其義，則曰傅説騎箕、尾而去，殊不知箕、尾專主後宮之事，故有傅説之佐焉。

按：傅説，商之良宰輔也。而其星則所主者宮中禱祠，以祈子孫，其事不類，故先儒疑之。然諸星中，所謂軒轅、社稷、造父、奚仲、王良，皆古人之名也，蓋在天爲星辰，在人爲聖賢，於理有之。今疑其不類，而改以爲傅説，則過矣。

箕四星形狀如簸箕〔二〕。箕下三星名木杵，箕前一黑是糠皮。

箕，十一度，亦謂之天津，後宮妃后之位。上六尺爲天之中道。箕一曰天鷄，主八風。凡日月宿在箕、東壁、翼、軫者，風起。又主口舌，主客蠻夷胡貊。故蠻夷將動，先表箕焉。星大明直，則五穀熟，君無讒間。疏暗，則無君世亂，五穀貴，蠻夷不伏，内外有差。就聚細微，天下憂。動則蠻夷有使來；離徙則人流，若移入河，國災人相食。月暈、金火犯之，兵起。流星犯，大臣叛。日宿其野，風起。杵三星，在箕南，主杵臼之用也。縱爲豐，横爲饑，移徙人失業。不見人相食。客星入杵臼，天下有急變。糠一星，在箕口前，杵臼西北，明則爲豐，暗爲饑，不見人相食。

宋兩朝天文志：箕四星距西北星，去極一百二十一度半。杵三星距中心大星，去極一百三十八度，入箕宿三度。糠一星，去極一百一十七度，入尾宿十七度半。

北方　玄武七宿

宋中興志：石氏云，北方黑帝，其精玄武爲七宿。斗有龜蛇蟠結之象；牛蛇象；女龜象；虛、危、室、壁，皆龜蛇蟠蚪之象。司冬、司水、司北嶽、司北方、司介蟲三百有六十。王奕曰，龜不獨介蟲之長也，北冬令其氣蟄，藏有縮藏之象焉。

斗六星其狀似北斗。魁上建星三相對，天弁建上三三九。斗下圓安十四星〔三〕，雖然名鼈貫索形。天鷄建背雙黑星，天籥柄前八黃精。狗國四方鷄下生，天淵十星鼈東邊。更有兩狗斗魁前，農家丈人狗下眠。天淵十黃狗色玄。

斗，二十五度，天廟也，亦曰天機。五星貫中，日月正道。爲丞相太宰之位，酌量政事之宜，褒進賢良，禀授爵禄，又主兵。南二星魁，天梁也；中央二星，天相也；北二星杓，天府廷也，亦爲壽命之期。將有天子之事，占於南斗。星盛明，君臣一心，天下和平，爵禄行。芒角動摇，天子愁，兵起；移徙，其臣逐。日月五星逆入斗，天下流蕩。孛犯之，兵起。星小暗，則廢宰相及死。鼈十四星，在南斗南，鼈爲水蟲，歸太陰，有星守之，白衣會，主有水。火守之，旱。建六星，在斗背，亦曰天旗，臨於黄道，天之都關也。建、斗之間，七曜之道。建爲謀事，爲天鼓，爲天馬。南二星，天庫也；中央二星，市也，鈇鑕也；上二星，旗跗也。建動摇，則人勞。月暈之，蛟龍見，牛馬疫。月食，五星犯守，大臣相譖，臣謀主，亦爲關梁不通，有大水。天弁九星，在建星北，入河，市官之長也，主列肆、闤闠，若市籍之事，以知市珍也。星明，則吉。彗星犯守之，糴貴，兵起。天鷄二星，在狗國北，主候時也。金火守入，兵大起。天籥八星，在南斗杓西〔一三〕，主鎖籥關閉。明吉暗凶。狗國四星，在建東北，主鮮卑、烏丸、沃沮。明則邊寇作。金火犯守，外夷有變。太白逆守，其國亂。客星守犯之，有大盜，其王且來。天淵十星，在鼈東南，一曰天海，主溉灌。火守之，大旱。水守之，大水。一曰主海中魚鼈。狗二黑星，在斗魁前，主吠守，防奸回也。不居常處爲大災。農丈人一星，在南斗西南，老農主稼穡也。其占與糠略同。

宋兩朝志：南斗六星距西第三星，去極一百一十九度。鼈十四星距東大星，去極一百三十度，入斗五度。天弁九星距西大星，去極九十九度半，入斗宿初度。建六星距西星，去極一百一十三度，入斗宿四度。　天籥八星距西大星，去極一百一十四度半，入尾宿十九度。　狗二星距東大星，去極一百一十八度，入斗宿十二度。　天淵十星距中北星，去極一百二十九度，入斗宿十七度。　天鷄二星距西星，去極一百一十度，入斗宿十六度半。　狗國四星距西北星，去極一百二十度，入斗宿十八度。　農丈人一星，去極一百二十四度半，入箕宿六度半。

牛六星近在河岸頭，頭上雖然有兩角，腹下從來欠一脚。牛下九黑是天田，田下三三九坎連。牛上直建三河鼓，鼓上三星號織女。左旗、右旗各九星，河鼓兩畔左邊明〔一四〕。更有四黄名天桴，河鼓直下如連珠〔一五〕。羅堰三烏牛東居。漸臺四星似口形。輦道東足連五丁。輦道漸臺在何許〔一六〕，欲得見時近織女。

牛，七度，天之關梁，日月五星之中道，主犧牲。其北二星，一曰即路，二曰聚火。又曰上一星主道路，次二星主關梁，次三星主南越。甘氏曰上二星主道路，次二星主關梁，次二星主南夷。中一星，主牛，移動，則牛多殃。明大，則王道昌。其星曲，則糴貴。又曰星明大，則關梁通，牛貴；怒，則馬貴；不明，失常，穀不登；細，則牛賤。中星移上下，牛多死。小星亡，則牛多疫。月暈，損犢。金火犯之，兵災；水土犯之，吉。天田九星，牽牛南，太微東，主天子畿内之田。其占與角之天田同。九坎九黑星，在天田東，主溝渠，所以導達泉源流瀉盈溢。明盛，則有災，夷狄侵邊；不明，則吉。河鼓三星，在牽牛北，天鼓也，主軍鼓及鈇鉞。一曰三武，主天子三將軍，中央大星爲大將軍，左星爲左將軍，右星爲右將軍。左星南星也，所以備關梁，設險阻，而拒難也。明大光潤，將軍吉；動揺，差度亂，兵起；直，則將有功；曲，則將失律。右旗左旗各九星，在河鼓左右，皆天之旗鼓也。旗星明潤，將軍吉；動摇，兵起。怒則馬貴。旗端四星，南北列，曰天桴，鼓桴也。星不明，漏刻失時；動摇，軍鼓用；桴鼓相直亦然。織女三星，在河北，天紀東端，天女也，主果蓏、絲綿、寶玉也。王者至孝，神祇咸喜，則織女星俱明，天下和平；大星怒角，布帛貴。又曰三星俱明，女功善；暗而微，天下女功廢；不見，兵起。東足四星曰漸臺，臨水之臺也。主漏刻、律吕之事。西足五星曰輦道，天子嬉遊之道。金火守之，御路兵起。羅堰三星，在牽牛東，主堤塘，壅蓄水潦灌溉田苗。大而明，大水泛濫。

宋兩朝天文志：牛六星距中央大星，去極一百八度半。天田九星距西北星，去極一百一十六度半，入斗宿二十二度。九坎九星距大星，去極一百四十一度半，入斗宿二十五度。左旗九星距西第四大星，去極七十三度半，入斗宿二十四度。天桴四星距大星，去極九十四度，入斗宿二十四度半。羅堰三星距北星，去極一百九度，入牛宿四度。漸臺四星距東南星，去極五十八度，入斗宿十度。輦道五星距西北星，去極四十七度半，入斗宿十一度半。織女三星距大星，去極五十二度半，入斗宿五度。

夾漈鄭氏曰：按張衡云：「牽牛、織女七月七日相見」者，即此也。爾雅云〔一七〕：「河鼓謂之牽牛。」又歌曰：「東飛百勞西飛燕，黄姑、織女時相見。」黄姑即河鼓也，音訛耳。

容齋洪氏隨筆曰：宋蒼梧王當七夕夜，令楊玉夫伺織女渡河，曰：「見，當報我；不見，當殺汝。」錢希白洞微志載：「蘇德哥爲徐肇祀其先人，曰：『當夜半可已〔一八〕。』蓋俟鬼宿渡河之後〔一九〕。」翟公巽作祭儀十卷，云：「或祭於昏〔二〇〕，或祭於旦，皆非是，當以鬼宿渡河爲候，而鬼宿渡河，常在中夜，必使人仰占以俟之〔二一〕。」葉少蘊云：「公巽博學多聞，援證皆有据，不肯碌碌同衆，所見必過人。」予按天上經星〔二二〕，終古不動，鬼宿隨天西行，春昏見於南，夏晨見於東，秋夜半見於東，冬昏見於東，安有所謂渡河及常在中夜之理？織女昏晨與鬼宿正相反，其理則同。蒼梧王荒悖小兒，不足笑，錢、翟、葉三公皆名儒碩學，亦不深考如此。杜詩云：「牛女漫愁思，秋期猶渡河」，「牛女年年渡，何曾風浪生？」梁劉孝儀詩云：「欲待黄昏至，含嬌淺渡河。」唐人七夕詩皆有此説，此自是牽俗遺詞之過，故杜老又有詩云：「牽牛出河西，織女處其東。萬古永相望，七夕誰見同。神光竟難候，此事終朦朧。」蓋自洞曉其實，非他人比也。

女四星如箕主嫁娶。十二諸國在下陳，先從越國向東論，東西兩周次二秦。雍州南下雙鴈門，代國向西一晉伸，韓、魏各一晉北輪〔二三〕。楚之一國魏西屯，楚城南畔獨燕軍。燕西一郡是齊鄰，齊北兩邑平原君。欲知鄭在越下存，十六黄星細區分。五箇離珠女上星，敗瓜珠上瓠瓜生，兩箇各五瓠瓜明。天津九箇彈弓形，兩星入牛河中横。四箇奚仲天津上，七箇仲側扶筐星。

女，十一度，下九尺爲日月中道，天之少府也。謂之須女者，須，賤妾之稱，婦職之卑者也，主婦女之位。其星如婦功之式，主布帛、裁製、嫁娶。星明，天下豐，女功昌；小暗，則國藏虚；移動，則婦女受殃，産死者多，后妃廢。日月食，國憂。木犯，立后；火犯，女喪；金犯，災；土孛犯，損蠶。月暈，婦人災。又曰，水守之，萬物不成；火守之，布帛貴，人多死；土守之，有女喪；金守之，兵起。十二國有十六星：齊一星，在九坎之東。齊北二星曰趙，趙北一星曰鄭，鄭北一星曰越，越東二星曰周，周東南北列二星曰秦，秦南二星曰代，代西一星曰晉，晉北一星曰韓，韓北一星曰魏，魏西一星曰楚，楚南一星曰燕。其星有變，各以其國占之〔二四〕。離珠五星，在須女北，須女之藏府也，爲女子之星。非其故後宮亂。客星犯之，後宮凶。瓠瓜五星，在離珠北，主陰謀，主後宮，主果食。明，則歲熟；微，則后失勢，瓜果不登；客星守之，魚鹽貴。旁五星曰敗瓜，主種，與瓠瓜略同。天津九星，在虚、危北，横漢中，津梁所度。明而動，則兵起如流沙，死人如亂麻。參差不齊，馬貴。一星不備，關梁不通；三星不備，覆陷天下；星亡，水災河溢，水賊稱王。奚仲四星，在天津北，古車正也。金火守之，兵車必起。扶筐七黑星，主蠶事，見，吉；不見，凶。

宋兩朝天文志：女四星距西南星，去極一百四度半。十二諸侯十六星，其趙距西星，去極一百二十三度，入牛宿四度。離珠五星距東北大星，去極九十五度，入牛宿六度半。敗瓜五星距南星，去極八十二度半，入牛宿六度。瓠瓜五星距西星，去極七十九度，入牛宿七度。天津九星距西哨星，去極四十七度半，入斗宿二十三度。奚仲四星距西北星，去極三十八度，入牛宿十八度。

宋中興天文志：石氏云，女，一名婺女，左傳昭公十年，有星出於婺女。杜預注，婺女爲既嫁之女，織女爲處女也。

夾漈鄭氏曰：謹按天之所覆者廣，而華夏所占者，牛、女下十二國耳。牛、女在東南，故釋氏謂華夏爲南贍部州，其二十八宿所管者，多十二國之分野，隨其隸耳。

按鄭氏因牛女間有十二國星，而以爲華夏所占者，只牛、女二宿。且引釋氏南贍部州説以爲證。然以十二次言之，牛、女雖屬揚州，而華夏之地，所謂十二國者，則不特揚州而已。又揚州雖可言東南，而牛、女在天則北方宿也，與南贍部州之説異矣。且北斗七星，其次舍，自張而至於角，星書以爲一主秦，二主楚，三主梁，四主吴，五主趙，六主燕，七主齊。五車五星，其次舍在畢，星書以爲西北一星主秦，東北一星主趙、燕，東南一星主魯、衛，中央一星主楚，西南一星主魏。然則北斗、五車所主者，亦此十二國，而此二星初未嘗屬乎牛、女也。謂牛、女專主華夏可乎。

虚上下各一如連珠。命、禄、危、非虚上呈。虚、危之下哭、泣星，哭、泣雙雙下壘城。天壘圓團十三星，敗臼四星城下横，臼西三箇離瑜明。

虚，九度少强，冢宰之官也，主邑居、廟堂祭祀之事，又主風雲死喪。下九尺，爲天之中道。明静則天下安，動摇則有死喪哭泣。日月食，兵起。流星犯，賊亂宗廟。五星犯，有災。虚北二星曰司命，主舉過、行罰，滅不祥。又北二星曰司禄，主爵禄增年延德，故在六宗之祀。司危二星，在司禄之北，主矯佚〔二五〕。司非二星，在危之北，主察愆過〔二六〕。凡此四司皆黑星，明大爲災，居常則平。虚南二星曰哭，主號哭也。哭東二星曰泣，主死，明則國多哭泣，金火守之亦然。泣南十三星曰天壘城，如貫索形，主北夷丁零、匈奴。敗臼四星，在虚、危南，知凶災。他星守之，饑，兵起。秦代東三星，南北列，曰離瑜。離，圭衣也；瑜，玉飾，皆婦人之服也。星微，則後宫儉約〔二七〕，明大，則婦人奢。

宋兩朝天文志：虚二星距南星，去極一百度半。司命二星距西星，去極九十二度，入虚宿三度。司禄二星距西星，去極九十度，入虚宿四度。司危二星距西星，去極八十五度半，入女宿八度。司非二星距西星，去極七十九度半，入女宿九度半。哭二星距西星，去極一百一十七度半，入女宿九度。泣二星距南星，去極一百四度半，入危宿三度。天壘城十三星距西星，去極一百二十六度，入女宿十一度。敗臼四星距北星，去極一百三十九度半，入虚宿八度。離瑜三星距西星，去極一百二十八度，入女宿九度。

危三星不直舊先知。危上五黑號人星，人下三四杵、臼形〔二八〕，人上七烏號車府。府上天鈎九黄晶，鈎上五鵶字造父〔二九〕。危下四星號墳墓，墓下四星斜虚梁，十箇天錢梁下黄。墓傍兩星能蓋屋，身著黑衣危下宿。

危，十六度，主天府、天庫、架屋。甘氏云：爲天市廟堂。下九尺，爲天之中道。主架屋、受藏、風雨、墓墳祠祀。如動則天下大動土功。張衡云：虚、危等爲死喪哭泣之事，亦爲邑居廟堂祠祀之事，冢宰之官。動則死喪哭泣。火守，則天子將兵；金守，則饑饉、兵起。虚、危動，則有土功。火守，則兵起；水守，則下謀上。一云，危動而不明〔三〇〕，土功、兵革起。月暈、日月五星犯，即有災。車府東南五黑星，曰人星，有如人象，主静衆庶，柔遠能邇。一曰卧星，主防淫。不見則人有詐行詔書；明則人安；暗，凶。内杵三星，在人星傍，主軍糧。正直下臼，吉；不相當，糧絶；不直，民饑。内臼四星，在人星東南，主舂臼。覆則大饑，仰則大豐。隋志云：客星入杵、臼，兵起，天下聚米。天津東南七星曰車府，東近河邊，抵司非，主官車之府。金火守之，兵車大動。天鈎九星如鈎狀，在造父西河中，主乘輦、服飾法式。直，則地將動；明，則服飾正也。傳舍南，河中五星曰造父，御官也。一曰司馬，或曰伯樂。星亡，馬大貴；明則吉。墳墓四星，在危下，如墓形，主喪葬之事，明則多死亡。虛梁四星，在蓋屋南，主園陵寢廟。非人所處，故曰虛梁。金火守入犯，兵災大起。天錢十星，在北落西北，主錢帛所聚。占：明則府藏盈，不爾虛耗。金火守之，兵盜起。蓋屋二星，在危南，主天子所居室，亦爲宮室之官。金守之，國兵起；彗星尤甚也。

宋兩朝天文志：危三星距南星，去極九十六度。人五星距西南星，去極七十度，入虛宿六度半。杵三星距南星，去極六十一度半，入危宿三度。臼四星距西南星，去極六十九度半，入危宿三度半。車府七星距西第一星，去極五十六度半，入虛宿四度半。造父五星距北星，去極三十八度，入危宿十一度。墳墓四星距中星，去極九十六度，入危宿五度半。虛梁四星距東西去極一百度半〔三〕，入危宿八度。天錢十星距東北星，去極一百一十八度，入危宿三度。蓋屋二星距西星，去極九十七度，入虛宿九度。

室兩星上有離宮出，繞室三雙有六星。下頭六箇雷電形。壘壁陣次十二星，十二兩頭大似升〔三〕。陣下分布羽林軍，四十五卒三爲群。軍西四星多難論，子細歷歷看區分，三粒黃金名鈇鉞，一顆真珠北落門。門東八魁九箇子，門西一宿天綱是。電傍兩黑土公吏，騰蛇室上二十二。

室，十七度，亦謂之營室。甘氏爲太廟，天子之宮也。石氏謂之玄宮，一曰清廟，又謂軍糧之府，及土功事。星明，國昌；小不明，祠祀鬼神不享，國多疾疫；動，則有土功；兵出野。離宮六星，兩兩居之，分布室、壁之間，天子之別宫也，主隱藏休息之所。金火守入，則兵起。室南六星曰雷電，主興雷動蟄，明或動，則震雷作。壁陣十二星，在羽林北，横列營室之南，羽林之垣壘也。星衆而明，則安寧；希而動，則兵革起；不見，天下亂。五星入，天軍皆爲兵起；金火水尤甚。羽林四十五星，三三而聚，散在營室之南，天軍也，主軍騎，又主翼王也。星衆而明，則安寧；希而動，則兵革起；不見，天下亂。金火水守入，兵起。斧鉞三星，亦曰斧鑕，在八魁西北，主誅夷。不明，則斧鑕不用；移動，則兵起。有星入之，皆爲大臣誅。北落師門一星，在羽林西南，天之蕃落也，亦曰天軍蕃之候門。長安北門曰北落門，以象此也。主非常以候兵。明大，則軍安；微弱，則兵起；金火守之，有兵災。一曰有星守之，虜入塞。北落東南九黑星，曰八魁，主張禽獸之官也。客星入之，多盗賊，兵起；金火入，亦然。北落西南一星曰天綱，主武帳，天子游獵之所會。金火守，兵起。室西南二星，曰土功吏，主土功之官也。動摇，則有修築之事。隋志：土功吏，主司過度。騰蛇二十二星，在營室北，若盤蛇之狀，居於河濱，謂之天蛇星，主水蟲。微，則國安；明，則不寧；移南，大旱；移北，大水；客星守之，水雨爲災，水物不收。

宋兩朝天文志：室二星距南星，去極八十度半。雷電六星距西南星，去極八十七度，入危宿十二度。壁陣壘十二星距西第一星，去極一百十五度，入女宿十一度。羽林四十五星距大星，去極一百一十七度，入危宿十五度半。斧鉞三星距北星，去極一百三十度，入室宿二度。北落師門一星，去極一百二十六度，入危宿十一度半。八魁九星距南星，去極一百三十九度，入壁宿四度半。天綱一星，去極一百二十九度，入危宿五度。土公二星距西星，去極八十五度，入壁宿初度。

騰蛇二十二星距中大星，去極四十四度少，入危宿九度半。

宋中興天文志曰：甘氏云，雷電在室南，霹靂在雷電南，雲雨在霹靂南，土工吏在壁西南，蓋雷公、電姥、雲將、雨師，與夫霹靂斧吏，皆北方水府之精，而娵訾爲天門，故其神棲焉，室不得司之也。

壁兩星下頭是霹靂，霹靂五星横著行。雲雨次之曰四方，壁上天厩十圓黄。鈇鑕五星羽林傍。

壁，九度，下九尺爲天之中道，主文章，天下圖書之祕府也，亦主土功。明，則圖書集，道術行，小人退，君子進。星失色、大小不同，天子重武臣，賤文士，圖書隱，親黨回邪用。星動，則有土功；離徙、就聚，爲田宅事。日月食，損賢臣。五星孛犯，兵起、土功。西南五星曰霹靂，主興雷奮擊。明而動，用事；不明，凶。霹靂南四星曰雲雨，明，則多雨水；火守之，大旱。天厩十星，在東壁北，蓋天馬之厩，今之驛亭也。不見，則天下道斷。鈇鑕五星，在天倉西門，刈具也，主斬芻飼牛馬。明，則牛馬肥；微暗，則牛馬饑餓，并死喪也。

宋兩朝天文志：壁二星距南星，去極八十度半。霹靂五星距西星，去極九十三度，入危宿十五度。

雲雨四星距西北星，去極九十五度，入室宿五度。天厩十星距西星，去極四十九度半，入壁宿初度。

西方　白虎七宿

宋中興天文志：石氏云，西宫白帝，其精白虎爲七宿。奎象白虎；婁、胃、昴，虎三子也；畢象虎；觜、參象麟，觜首參身也。司秋、司金、司西嶽、司西海、司西方、司毛蟲三百有六十。王奕曰，蒼龍、朱雀、靈龜，不獨蟲之長也，實爲王者嘉瑞，故列宿象焉。白虎奚預也？曰，白虎亦瑞獸也。爾雅謂之甝，胡甘反，蓋騶虞之異名也。不食生物，食自死肉，其性至仁，五靈之一也。以五行媲之，蒼龍，木也，木得其性，則蒼龍見。朱鳥，火也，火得其性，則朱鳥見。靈龜，水也，水得其性，則靈龜見。白虎，金也，金得其性，則白虎見。與麟、鳳、龜俱爲王者之瑞，故西方七宿配焉。漢宣帝時，南郡獲白虎；宋元嘉中，琅琊有白虎，史臣俱以爲瑞，而特書之也。

奎腰細頭尖似破鞋，一十六星繞鞋生。外屏七烏奎下橫，屏下七星天溷明，司空左畔土之精。奎上一宿軍南門。河中六箇閣道形，附路一星道傍明。五箇吐花王良星，良星近上一策名。

奎，十六度，天之武庫也。石氏謂之天豕，亦曰封豕，主兵。九尺下，爲天之中道。又主溝瀆。西南大星，所謂天豕目，亦曰大將。明，則天下安；動，則兵亂。客星守入，兵起；金火守，有水災。隋志云，若帝淫佚，政不平，則奎有角。角動，則有兵，不出年中，或有溝瀆之事。又曰，奎中星明，水大出。日月食，五星犯，皆有凶。奎南七星曰外屏，以蔽天溷也。占與天囷同。天溷七星在外屏南，天之厠也。不見，則人不安；移徙，亦然。天溷南一星曰土司空，主水土之事。大而黄明，天下安。若客星入之，多土功，天下大疫。軍南門一星，在將軍西南，主誰何出入。動摇，則軍行；不見，則兵亂。閣道六星，在王良前，飛道也，從紫宫至河，神所乘也。一曰主道里。張衡云，天子游别宫之道。一曰王良旗，一曰紫宫旗，亦所以爲旌表，而不欲其摇動。一星不具，則輦道不通；動摇，則宫掖之内兵起。

附路一星，在閣道南傍，别道也，備閣道之敗復而乘之也。一曰太僕，主禦風雨，亦游從之義也。一曰，占與閣道同。王良五星，在奎北，居河中，天子奉車御官也。其四星曰天駟，旁一星曰王良，亦曰天馬，其星動爲策馬，故曰王良策馬，車騎滿野。亦曰王梁，梁爲天橋，主禦風雨、水道。故或占津梁。其星移，主有兵。亦曰馬病。客星守之，橋不通；金火守之，皆爲兵憂。前一星曰策，王良之御策也，主天子僕御。在王良旁，若移在馬後，是謂車騎滿野。

宋兩朝天文志：奎十六星距西南大星，去極七十二度。外屏距西星，去極八十九度，入壁宿八度半。天溷七星距西南星，去極九十七度，入奎宿三度。土司空一星，去極一百一十五度少，入壁宿九度。軍南門一星，去極六十六度，入奎宿十五度。附路一星，去極三十五度半，入奎宿五度。王良五星距西星，去極三十七度，入壁宿初度。

婁三星不勻近一頭。左更右更烏夾婁，天倉六箇婁下頭。天庾三星倉東脚。婁上十二將軍侯。

婁，十二度，下九尺爲日月中道，亦爲天獄，主苑牧犧牲，供給郊祀，亦爲興兵聚衆。動摇，則聚衆；星直，則有執主之命者；就聚，國不安。金火守之，則宫苑之内兵起。日月食，宫内亂。金木火土犯，凶；水犯，吉；孛起兵。月暈，兩軍各退。左更五星，在婁東，山虞也，主知山澤林藪之事，亦主仁智。右更五星，在婁西，牧師也，主官養牧牛馬，亦主禮義。金火守之，山澤有兵。其占兩更同。兩更者，秦爵名。天倉六星，在婁南，倉穀所藏也。星黄而大，歲熟。西南四星曰天庾，積厨粟之所也。天將軍十二星，在婁北，主武兵。中央大星，天之大將也；外小星，吏士也。大將星摇，兵起，大將出；小星不具，兵起。

宋兩朝天文志：婁三星距中星，去極七十五度半。左更五星距西南星，去極七十六度半，入婁宿四度半。右更五星距東北星，去極七十五度，入奎宿十四度。天倉六星距西北星，去極一百四度半，入奎宿十一度。天庾三星距中大星，去極一百二十五度半，入婁宿五度。天大將軍十二星距大星，去極六十度半，入婁宿四度。

胃三星鼎足河之次。天廩胃下斜四星。天囷十三如乙形，河中八星名大陵。陵北九箇天船名，陵中積尸一箇星，積水船中一黑星。

胃，十五度，天之厨藏，五穀之倉也，又名大梁。明，則四時和平，天下晏然，倉廩實；不明，則上下失位；星少，則少穀輸運。又云，動，則有輸運事；就聚，則穀貴，人流；暗，則凶荒。五星犯，日月食，孛侵，並有災。天廩四星，在昴南，一曰天廥。張衡云，主積蓄黍稷，以供享祀。春秋所謂御廩也。天囷十三星，在胃南，倉廩之屬，主給御糧也。明而黄，則歲豐；微變常色，則不吉。金火守之，即災起。大陵八星，在胃北，主陵墓。明而大，或中星多，則天下多死喪，或兵起。天船九星，在大陵之北，居河中，一曰舟星，主渡，亦主水旱。不在河中，津河不通，水泛溢。中四星欲其均明，即天下安；不，則兵若喪；移徙，亦然。客彗出入，爲大水，有兵。大陵中一星曰積尸，明，則死人如山。張衡云，一名積廩。積尸明而大，或有傍星多，則天下多死喪〔三〕，或兵起；若不見而暗，皆吉。火守，則天下大哭泣。天船中一星曰積水，主候水災。

宋兩朝天文志：胃三星距西南星，去極六十七度半。天廩四星距南星，去極八十五度半，入胃宿十二度。天囷十三星距大星，去極九十一度半，入胃宿六度半。大陵八星距大星，去極五十四度，入胃宿七度。天船九星距大星，去極五十四度半，入胃宿十度。積尸一星，去極五十五度，入胃宿四度。積水一星，去極五十三度，入昴宿初度。

昴七星一聚實不少。河西月東各一星。月下五黃天陰名，陰下六烏芻藁營，營南十六天苑形。河裏六星名卷舌，舌中黑點天讒星，礪石舌傍斜四丁。

昴，十一度，下爲日月中道。天之耳目也，主西方，主獄事。又爲旄頭，胡星也，又主喪。甘氏云，主口舌奏對。若明大，則君無佞臣，天下安和；暗小，則佞者被誅；搖動，則信讒，殺忠良。張衡云，昴明，則獄訟平；暗，則刑罰濫。六星與大星等，大水，有白衣會。七星黃，兵大起；動搖，有大臣下獄；大而盡動若跳躍者，胡兵大起。一星不見，皆憂兵之象也。天河一星，在胃東；月一星，在昴東。皆黑星，並主女人災福。又曰，天河主察山林妖變。天陰五星，在畢柄西，主從天子弋獵之臣預陰謀也。不明，則禁言漏洩。天苑十六星，在昴、畢南，如環狀，天子之苑囿，養禽獸之所也。主馬牛羊。明，則馬牛羊盈；希，則死。芻藁六星，在苑西，以供牛馬之食也。一曰天積，天子之藏府也。星盛，則歲豐穰；希，則貨財散。張衡云，不見，則牛暴死。火守之，則火災起。卷舌六星，在昴北，天讒之外，主口語，以知讒佞。張衡云，主樞機，曲而靜則賢人用；直而動，則讒人得志。卷舌移出漢，則天下多妄言。旁星繁，則死人如邱山。天讒一星，在卷舌中，主醫巫，占與從官同。礪石四星，在五車北，主磨礪鋒刃。明，則兵起；如常，則吉。金火及客星守之，兵動。

宋兩朝天文志：昴七星距西南星，去極七十度。天河一星，去極六十六度，入胃宿十度。月一星，去極七十一度半，入昴宿五度。天陰五星距西星，去極七十五度半，入胃宿七度。天苑十六星距東北星，去極一百七度半，入昴宿七度半。芻藁六星距西行中星，去極一百八度，入婁宿十一度。卷舌六星，去極五十三度，入昴宿初度。天讒一星，去極六十一度半，入昴宿半度。礪石四星距南第二星，去極六十五度，入昴宿六度。

宋中興天文志：月與天街皆在昴、畢間，故昴、畢之間爲天街，黄道之所經也。月者，陰宗之精也。爲兔四足，爲蟾蜍三足，兔在月中，而蟾蜍之精爲星，以司太陰之行度，月生於西，故於是在焉。日精在氐、房，月精在昴、畢，自司其行度，而氐、房、昴、畢，乃黄道之所經不得而司之。

畢恰似爪叉八星出。附耳畢股一星光。天街兩星畢背傍。天節耳下八烏幢。畢上横列六諸王，王下四皂天高星。節下團圓九州城。畢口斜對五車口，車有三柱任縱横，車中五箇天潢精，潢畔咸池三黑星。天關一星車脚邊。參旗九箇參、車間，旗下直建九斿連，斿下十三烏天園，九斿、天園參脚邊。

畢，十七度，主邊兵，主弋獵。其大星曰天高，一曰邊將，主四夷之尉也。星明大，則遠夷來貢，天下安；失色，則邊兵亂。一星亡，爲兵，喪。動摇，邊城兵起，有讒臣；離徙，天下獄亂；就聚，法令酷。甘氏云：畢主街巷陰雨，天之雨師也。故明而移動，則霖潦及街壅塞；明而定，則天下安。張衡云，畢爲天馬。一曰日月食，邊兵凶，將衰。木犯，有軍功。昴、畢間二星，曰天街，三光之道也，主伺候關梁。張衡云，主國界也。街南爲華夏，街北爲夷狄。金火守之，胡夷兵起。明，王道正；暗，兵起。附耳一星，在畢下，天高東南隅，主聽得失，伺愆邪，察不祥。星盛，則中國微，有盜賊，邊候警，外國反，鬬兵連年。合移動，則佞讒行，兵大起，邊尤甚。入畢，兵起。天節八星，在畢南，主使臣之所持也，宣威德於四方。明吉，暗凶。諸王六星，在五車南，天漢之中，主宗社蕃屏王室也。明，則諸侯奉上，天下安；不見，宗社傾危，四方兵起。天高四星，在參旗西北，近畢，此臺榭之高，主遠望氣象；不見，則官失其守，陰陽不和。五車五星、三柱九星，共十四星，在畢東北。五車主天子五兵，張衡云，天子兵車舍也。西北曰天庫，主太白，秦也。次東北星，曰天獄，主辰星，燕、趙也。次東南星，曰天倉，主歲星，衛、魯也。中央星，曰司空，主鎭星，楚也。次西南星，曰卿星，主熒惑，魏也。五星有變，各以其所主而占之。三柱，一曰三泉，一曰休，一曰旗。五星均明，柱皆具，即人倉廩實；不具，其國絶食，兵且起。五車、三柱有變，各以其國占之。三柱出，外兵出；柱入，兵入。柱出一月，米貴三倍，期一年。柱出兩月，米貴六倍，期二年。出三月，米貴十倍，期三年。柱出，不與天倉相近，米穀運出千里。柱倒立尤甚。火入守，天下旱；金入守，兵起；水入，月暈，不爾，則有赦。天潢五星，在五車中。主河梁濟渡之處也。不見，則河梁不通。咸池三星，在五車中，天潢南，魚囿也。金火犯之，則有大災。隋志云，月五星入天潢，兵起，道不通，天下亂，易政。咸池明，有龍墜死，虎狼害人，兵起。天關一星，在五車南，畢西北，亦曰天門，日月五星所行之道也，主邊塞事，主關閉。芒角，有兵。五星守之，貴人多死。移徙，若與五車合，大將軍披甲。參旗九星，在參西五車之間，天旗也。明而希，則邊寇不動；不然反是。隋志，參旗，一曰天旗，一曰天弓，主司弓弩之張，候變禦難。玉井西南九星，曰九斿，天子之旗也，主邊軍進退。金火守之，兵亂起。天苑之南十三星，曰天園，植果菜之所也。曲而鉤，則果菜熟，不然則否。

宋兩朝天文志：畢八星距右股第一星，去極七十五度。天街二星距南星，去極七十一度，入昴宿十度。附耳一星，去極七十七度，入畢宿三度〔三四〕。天節八星距北星，去極八十度半，入畢宿三度。諸王六星距西星，去極七十度，入畢宿三度。天高四星距東星，去極七十四度半，入畢宿六度。五車五星、三柱九星距大星，去極四十七度半，入畢宿八度半。天潢三星距西北星，去極五十八度，入畢宿十一度。咸池三星距南星，去極五十一度，入畢宿十一度半。天關一星，去極七十一度半，入觜宿初度。參旗九星距南第一大星，去極八十七度，入畢宿六度。九斿九星距南星，去極一百一十三度，入畢宿十二度。天園十三星距東北星，去極一百二十四度，入畢宿五度。

觜三星相近作參蘂。觜上坐旗直指天，尊卑之位九相連。司怪曲立坐旗邊，四鵶大近井鉞前。

觜，一度，在參之右角，如鼎足形，主天之關。明大，則天下安，五穀熟；移動，則君臣失位，天下旱。隋志云，觜觿爲三軍之候，行軍之藏府，主葆旅，收斂萬物。明，則軍儲盈，將得勢；動而明，盜賊群行，葆旅起；動移，將有逐者。張衡云，葆旅野生之可食者。金火來守，國易政，兵起災生。日食，臣不忠；月食，君害臣。五星犯，災生；孛客星犯，兵起。坐旗九星，在司怪西北，主別君臣尊卑之位。明，則國有禮；暗，則反是。司怪四星，在井鉞前，候天地、日月星辰、禽獸蟲蛇、草木之變，與天高占同。

宋兩朝天文志：觜三星距西南星，去極八十二度半。坐旗九星距南星，去極六十一度半，入參宿八度。司怪四星距西星，去極七十一度，入參宿六度半。

參總有十星觜相侵〔三五〕，兩肩雙足三爲心，伐有三星足裏深。玉井四星右足陰，屏星兩扇井南襟，軍井四星屏上吟。左足下四天厠臨，厠下一物天屎沉。

參，十度，上爲五星日月中道。甘氏曰，參爲忠良孝謹之子。明大，則臣忠子孝，安吉；移動，殺忠臣。一曰參伐，一曰大辰，一曰天市，一曰鈇鉞，主斬刈。又爲天獄，主殺伐。又主權衡，所以平理也。又主邊城，爲九譯，故不欲其動也。參，白獸之體，其中三星横列，三將也。東北曰左肩，主左將；西北曰右肩，主右將；東南曰左足，主後將軍；西南曰右足，主偏將軍。故黄帝占，參應七將。中央三小星，曰伐，天之都尉也，主胡、鮮卑、戎狄之國，故不欲明。又曰，七將皆明，天下兵精也。王道缺，則芒角張。伐星明與參等，大臣謀亂，兵起。參星失色，軍散敗。芒角、動揺，邊候有急，天下兵起。又曰，有斬伐之事。參左足入玉井中，兵大起，秦地大水，若有喪，山石爲怪。參足若突出玉井，則虎狼暴害，星差戾，王臣貳。金火來守，則國易政，兵起，災生。日月食，則田荒米貴。五星犯，災甚。玉井四星，在參西右下，水象也。屏二星，在玉井南，屏爲屏風。客星入之，四足蟲大疾，人亦多死；不見，則國内寢疾。玉井東南四星曰軍井〔三六〕，行軍之井也。軍井未達，將不言渴，名取此也。又曰主軍營之事。天厠四星，在屏東，溷也，主天下疾病。黄，吉。青、赤、白皆凶。不見，與屏同。天屎一星，在厠南，色黄則吉，他色皆凶。

兩朝天文志：參十星距中星西第一星，去極九十二度半。玉井四星距西北星，去極九十八度少，入畢宿十一度半。天屏二星距南星，去極一百一十五度，入畢宿十三度半。軍井四星距西南星，去極一百五度半，入畢宿十四度。天厠四星距西北星，去極一百一十度半，入參宿二度。屎一星，去極一百一十五度，入參宿三度半。

南方　朱鳥七宿

中興天文志：石氏云，南宫赤帝，其精朱鳥，爲七宿：井首、鬼目、柳喙、星頸、張嗉、翼翮、軫尾。司夏、司火、司南嶽、司南海、司南方，司羽蟲三百有六十。王奕曰，朱鳥其以羽蟲之長稱歟，而曰鶉首、鶉火、鶉尾，何也？師曠禽經，鶉，鳳也。青鳳謂之鶡，赤鳳謂之鶉，白鳳謂之鷫，紫鳳謂之鷟。蓋鳳生於丹穴，鶉又鳳之赤者，故南方七宿取象焉。考之月令，春，其蟲鱗。龍，鱗之長，故東方之宿爲蒼龍。秋，其蟲毛。虎，毛蟲之長，故西方之宿爲白虎。冬，其蟲介。龜，介蟲之長，故北方之宿爲玄武。夏，其蟲羽。鳳，羽蟲之長，故南方之宿爲朱鳥。吴興沈氏以朱鳥爲丹鶉，豈知四獸皆蟲之長也，鶉之微何預。

井八星行列河中净。一星名鉞井邊安。兩河各三南北正。天樽三星井上頭，樽上横列五諸侯。侯上北河西積水，欲覓積薪東畔是。鉞下四星名水府。水位東邊四星序。四瀆横列南河裏。南河下頭是軍市，軍市團圓十三星，中有一箇野鷄精。孫子丈人市下列，各立兩星從東説〔三七〕。闕邱三箇南河東，邱下一狼光蓬茸。左畔九箇彎弧弓，一矢擬射頑狼胸。有箇老人南極中，春秋出來壽無窮。

井，三十四度，甘氏云，井八星，在河中，主泉水，日月五星貫之爲中道。石氏謂之東井，亦曰天井，主諸侯、帝戚、三公之位。故明大，則封侯建國；搖動失色，則誅侯戚，廢戮三公，帝師受殃矣。張衡云，天之南門也，黄道所經，爲天子之亭候，主水衡事，法令所取平也。王者用法平，則井明而端列。鉞一星，附井之前，主伺奢淫而斬之，故不欲其明大。與井齊，或搖動，則天子用鉞於大臣。月宿井，有風雨之應。又曰，井爲天子府。暗芒并日月食、五星逆犯，大臣謀亂，兵起。中有六星，不欲大明，明即水災。南北兩河各三星，分夾東井。一曰天高，天之闕門，主關梁。南河曰南戍〔三八〕，一曰南宫，一曰陽門，一曰越門，一曰權星，主火。北河曰北戍，一曰北宫，一曰陰門，一曰胡門，一曰衡星，主水。兩戍之間，三光之常道也。河戍動搖，中國兵起。天樽三星，在五諸侯南，主盛饘粥，以給酒食之正也。張衡云，以給貧餒。明則豐，暗則荒，或言暗吉。五諸侯五星，在東井東北，近北河，主刺舉，戒不虞。又曰治陰陽，察得失。亦曰主帝心。一曰帝師，二曰帝友，三曰三公，四曰博士，五曰太史。又曰，五曰大夫。此五者，常爲帝定疑議。星明大潤澤，則天下大治；芒角則禍在中。張衡又曰，五諸侯治陰陽，察得失，明而潤，大小齊等，則國之福。又曰，赤則豐，暗則荒。積水一星，在河北，所以供酒用也。不見，爲災。又曰，主候水災。積薪一星，在積水東，以備庖廚之用。明，則人主康；火守之，大旱。水府四星，在東井西南，水官也。占與水位同。水位四星，在東井東〔三九〕，主水衡。又主瀉溢流也。故巫咸氏贊曰，水位四星，瀉溢流。移動近北河，則國没爲江河；若水火及客星守犯之，百川盈溢。四瀆四星，在井南，軒轅東，是江、河、淮、濟之積精也。明大，則水泛溢。軍市十三星，如錢狀，在參東南，天軍貨易之市。客星及金火守之，軍大饑。野鷄一星，在軍市中，主變怪也。以芒角、動摇爲兵災，移出則諸侯兵起。軍市西南二星曰丈人，丈人東二星曰子，子東二星曰孫。丈人主壽考之臣，不見，人臣不得通。子與孫皆侍丈人之側，相扶而居，不見，爲災，守常無咎。闕邱三星，在南河東，主象魏，天子之雙闕，諸侯之兩觀也。金火守之，兵戰。闕下狼一星，在井東南，爲野將，主殺掠。色有常，不欲變動；角而變色、動摇，盜賊作，胡兵起，人相食。躁則人主不静，不居其宫，馳騁天下。張衡云，居非其處，則人相食。色黄白而明，吉；黑，凶；赤、芒角，兵起。金火守之亦然。弧矢九星，在狼東南，天弓也，以備盜賊，嘗向狼。弧矢動摇不如常者，多盜賊；明，則兵大起。狼弧張，害及胡，天下乖亂。又曰，天弓張，天下盡兵。主與臣相謀。張衡云，滿則天下兵起。老人一星，在弧南，一曰南極，常以秋分之旦見於丙，春分之夕没於丁，常以秋分候之南郊。明大，則人主有壽，天下安寧；不見，則人主憂。

兩朝天文志：井八星距西扇北第一星，去極六十九度。鉞一星，去極六十九度少，入參宿八度半。北河三星距東大星，去極六十一度半，入井宿二十度。南河三星距東大星，去極八十三度半，入井宿二十一度。天樽三星距西星，去極六十八度，入井宿十六度。五諸侯五星距西星，去極五十六度半，入井宿六度半。積水一星，去極五十四度半，入井宿十八度。積薪一星，去極六十五度半，入井宿二十七度。水府四星距西星，去極七十六度半，入參宿七度半。水位四星距西星，去極七十三度半，入井宿十八度。四瀆四星距西南星，去極八十六度，入井宿二度。軍市十三星距西北星，去極一百七度半，入井宿初度。野鷄一星，去極一百九度半，入井宿四度半。丈人二星距西星，去極一百二十八度，入參宿四度。子二星距西星，去極一百二十八度，入參宿九度。孫二星距西星，去極一百二十五度，入井宿六度。闕邱二星距大星，去極九十一度少，入井宿十五度。狼一星，去極一百七度半，入井宿十度。弧矢九星，去極一百一十四度，入井宿十五度。老人一星，去極一百四十三度，入井宿三度。

宋中興天文志：南極老人在弧矢南，司天下人民壽算。蓋北極在丑艮，故南極在未坤，南極入地三十六度，不可得而見也，故其精神出地，以見乎南，謂之南極老人。然其出地亦不甚遠，故隱見不常，見則爲祥。其勢位等威，蓋與中斗相埒，以輔上帝，故雖在井分，井不得而司之也。

鬼四星册方似木櫃，中央白者積尸氣。鬼上四星是爟位，天狗七星鬼下是。外厨六間柳、星次。天社六箇弧東倚，社東一星是天紀。

輿鬼，二度，爲日月五星之中道，主死亡疾病。張衡云，主祠事，天目也〔四〇〕。又主視，明察奸謀。東北星主積馬，東南星主積兵，西南星主積布帛，西北星主積金玉，隨其變占之。中央一星名積尸，亦曰積尸氣者，但見氣而已，主死喪祠祀。一曰鈇質，主誅斬。鬼星明，六穀成；不明，人散。動而光，上賦斂重，徭役多；星徙，人愁，政令急。鬼質欲其忽忽不明，則安；明，則兵起，大臣謀主，下流亡。甘氏云積尸摇動、失色，則疾病鬼哭人荒。軒轅西四星曰爟，亦曰烽。爟，主烽火，備警急。占以不明安静；明大甚則邊亭警急；摇動、芒角，亦然。又曰，明吉暗凶。天狗七星，在鬼西南，狼之北，横河中，以守賊也。移徙，則兵起；金火守之，人相食。外厨六星，在柳南，天子之外厨也。占與天厨同。弧南六星爲天社，在老人東南，似柳，直明則吉。隋志云，共工之子勾龍能平水土，故祀以配社，其精爲星。外厨之南一星曰天紀，主知禽獸齒歲。金火守之，禽獸多死。

兩朝天文志：鬼四星距西南星，去極六十九度半。爟四星距西北星，去極六十度半，入井宿二十九度。天狗七星距西星，去極一百二度，入井宿二十二度。外厨六星距大星，去極九十二度半，入鬼宿二度。天社六星距西南星，去極一百三十四度，入井宿十二度。天紀一星去極一百一度半，入柳宿五度。

柳八星曲頭垂似柳。近上三星號爲酒，享宴大酺五星守。

柳，十四度，上爲天之中道。甘氏云，主飲食倉庫酒醋之位。明大則人豐酒食；摇動，則大人酒死；失色，則天下不安，饑饉流於道路。不過三年必應。張衡云，柳爲朱雀之味，天之厨宰也，主尚食，和滋味。隋志云，又主雷雨。一曰天相，一曰天庫，一曰注，又主木功。星明，大臣重慎，國安，厨食具。注舉首，王命興，輔佐出。星直，天下謀伐其主。就聚，兵鬬國門。酒旗三星，在軒轅右角之南，酒官之旗也，主宴享飲食。五星守酒旗，天下大酺，有酒肉財物之賜，及爵宗室。

兩朝天文志：柳八星距西第三星，去極八十二度半。酒旗三星距西北星，去極七十七度，入柳宿十四度。

星七星如鈎柳下生。星上十七軒轅形，軒轅東頭四内平。平下三箇名天相，相下稷星横五靈。

七星，七度。甘氏云，主后妃御女之位，亦爲賢士。失色、芒動，則后妃死，賢士誅；明大，則道化成國盛。張衡云，七星爲朱鳥之頸，一名天都，主衣裳文繡。隋志云，主急兵，守盜賊。故欲明，明則主道昌，暗則賢良不處，天下空，天子疾。動，則兵起；離，則易政；日食，兵饑，婦入災。木犯，人安；火犯，旱；金土水犯，俱災。月暈、孛犯，兵起。軒轅十七星，在七星北，黄帝之神，黄龍之體也，后妃之主，士女職也。一曰東陵，一曰權星，主雷雨之神。南大星，女主也。次北一星，夫人也，屏也，上將也。次北一星，妃也，次將也。其次諸星，皆次妃之屬也。女主南小星，女御也。左一星少民，少后宗也。右一星大民，太后宗也。欲其色黄小而明也。張衡云，軒轅如龍之體，主雷雨之神，後宮之象焉。陰陽交合，盛爲雷，激爲電，和爲雨，怒爲風，亂爲霧，凝爲霜，散爲露，聚爲雲，立爲虹蜺，離爲背矞，分爲抱珥，此乃十四變，皆軒轅主之。其星欲小而黄明則吉；移徙則國人流逆；東西角張而振，后敗。水火金守之，女主惡也。漢注曰，軒轅爲權，太微爲衡，月五星守犯者，如衡占。内平四星，在中台南，爟之北，平罪之官也。明，則刑罰平；暗，則否。酒旗南三星，曰天相，丞相之象也。其占與相星略同。稷五星，在七星之南，主農正也，取乎百穀之長，以爲其號。明大，則歲大豐；不明，則儉；不見，則人相食。

兩朝天文志：星七星距大星，去極九十六度。　軒轅十七星距大星，去極七十五度，入張宿二度。　内平四星距西星，去極五十二度，入張宿六度。　天相三星距北星，去極九十五度，入星宿六度。天稷五星距大星，去極一百三十七度，入柳宿十三度。

中興天文志：石氏云，中宮黄帝，其精黄龍，爲軒轅。首枕星、張，尾掛柳、井，體映三台，司四季，司中嶽，司中土，司黄河、江、漢、淮、濟之水，司黄帝之子孫，司倮蟲三百六十。按張衡靈憲，蒼龍連蜷於左，白虎猛據於右，朱雀奮翼於前，靈龜圈脊於後，黄龍軒轅於中，則是軒轅一星，與蒼龍、白虎、朱雀、玄武四獸爲五矣。世之言星者，惟知四獸而不知黄龍，是求之未盡也。孟康曰，軒轅爲權，太微爲衡。以軒轅一曰權星，故爲權。太微垣主理法平詞，如衡之平，故曰衡。史記正義謂，權四星，在軒轅尾西，非也。軒轅西四曰爟星，主烽火，備警急，不曰權也。爟字從火，誤爲權字。張守節不審，指以釋此，殊爲疏繆。

又曰，或謂自有乾象，便有此星。軒轅果黄帝之神也，有黄帝而後有之乎。吕氏曰，軒轅之星，黄龍也。兩角有軒轅之象，故名之曰軒轅。軒轅降神而生，黄帝知之，故自號曰軒轅云爾。號軒轅，非名也，且如王良、奚仲、造父，皆星名，亦其神降而爲人，人去而復爲星也。何獨於軒轅疑之。

按，軒轅，本天市垣之星，而在張宿之分野，則南方朱鳥七宿之所司也。三垣中外官諸星，雖所掌有小大，其位有尊卑，而未有不隸於二十八宿者，蓋二十八宿分布周天之躔度分野不可外也。中興天文志據石氏星書，以黄龍軒轅配四方二十八宿，所謂青龍、朱鳥、玄武、白虎者，分而爲五，而以爲土德寄主鶉火〔四一〕，夫五行之不可缺土，土之寄王固然矣。遂以爲爟、積水、積薪、五諸侯、天樽、闕邱、北河、南河、四瀆、水位諸星，皆爲軒轅之屬。按，爟以下諸星，與軒轅亦俱寄躔於二十八宿者也。今欲尊軒轅，而以諸星屬之，則軒轅豈能外二十八宿，而自爲躔度分野以處諸星乎！張六星似軫在星傍。張下只是有天廟，十四之星册四方。長垣、少微雖向上，星數欹在太微傍。天尊一星直上黄。

張，十七度。甘氏云，主天廟明堂御史之位，上爲天之中道。若明大，國則盛强；失色，宗廟不安，明堂宫廢。隋志云，主珍寶、宗廟所用及衣服，又主天厨飲食、賞賚之事。星明，則王者行五禮，得天之中。動，則賞賚；離徙，天下有逆人；就聚，有兵。金火守之，有兵起。或云，主貢物。色細無光，王者少子孫。日食，虧修禮也。月食，大澇，魚行人道。火孛犯，兵起；土水犯，國不寧。張南十四星，曰天廟，天子祖廟也。客星守之，祠官有憂，其占與虚梁同。長垣四星，在少微南，主界域及胡夷。火守之，胡人入中國；太白入之，九卿謀反。少微四星，在太微西，南北列，士大夫之位也，一名處士〔四二〕。亦天子副主，或曰博士官。一曰主衛掖門。南第一星爲處士，第二星爲議士，第三星爲博士〔四三〕，第四星爲大夫。明大而黄，則賢士舉。月五星犯守之，處士、女主憂，宰相易。

兩朝天文志：張六星距西第二星，去極一百二度半。天廟十四星距西北星，去極一百十三度半，入柳宿十三度。長垣四星距南星，去極七十六度，入張宿十四度。少微四星距東南大星，去極六十五度半，入張宿十五度半。

翼二十二星太難識，上五下五横著行，中心六箇恰似張，更有六星在何處，三三相連張畔附，必若不能分處所。更請向前看記取，五箇黑星翼下頭，欲知名字是東甌。

翼，十九度。甘氏云，主太微三公化道文籍。失色，則民流。日月交食、五星並逆、芒動，則化道不行，文籍壞滅。動移，則三公廢。明大，則化成。隋志云，翼爲天之樂府，主俳倡戲樂，又主夷狄遠客，負海之賓。明大，則禮樂興，四夷來賓；動，則蠻夷使來；離徙，則天子舉兵。或云，明，則禮樂興；暗，則政教失；日食，臣僭；月食，婦人憂；五星、孛、流、客犯，大凶。東甌五星，在翼之南，蠻夷星也。張衡云，主東越、穿胸、越三夷。金火守之，其地有兵，芒角動移，兵内叛。

兩朝天文志：翼二十二星距中央西第二星，去極百四度。東甌五星距西南星，去極一百二十九度，入張宿七度。

軫四星似張翼相近，中央一箇長沙子，左轄右轄附兩星。軍門兩黄近翼是，門下四箇土司空，門東七烏青邱子。青邱之下名器府，器府之星三十二。以上便爲太微宫，黄道向上看取是〔四四〕。

軫，十七度。甘氏云，軫七星，主將軍樂府歌讙之事。五星犯之，失位亡國，女子主政，人失業，賊黨掠人，禍生於百日内。若明大，則天下昌，萬民康，四海歸王。張衡云，軫爲冢宰，輔臣也，主車騎。明大，則車騎用〔四五〕。一云，明大，則車騎動。隋志云，主載任。有軍出入，皆占於軫。又主死喪。明，則車駕備；動，則車騎用；離徙，天子憂；就聚，兵大起。軫轄星，附軫兩傍，主王侯。右轄爲王者同姓，左轄爲異姓。星明，兵大起。遠軫凶。軫轄舉，南蠻侵。張衡云，轄不見，國有大憂。長沙一星在軫之中，主壽命也。長沙明，則人壽長，子孫盛。軍門二黄星，在青邱西，天子六軍之門也。主營候豹尾威旗，占以移其處爲道不通。土司空四黄星，在軍門南，主土功。巫咸氏云，金火犯之，天下男不得耕〔四六〕，女不得織。隋志云，一曰司徒，主界域。青邱七黑星，在軫東南，主東方三韓之國，占與東甌同。軫南三十二星，曰器府，主樂器之屬也。明，則樂器調理；暗，則有咎。

兩朝天文志：軫四星距西北星，去極一百三度半。右轄星，去極一百一十度半，入翼宿十六度半。左轄星，去極一百一度半，入軫宿五度。軍門二星距西南星，去極一百一十二度半，入翼宿十三度。土司空四星距南星，去極一百二十度，入翼宿十四度。青邱七星距西北星，去極一百二十四度半，入軫宿五度。器府三十二星距西北星，去極一百三十七度半，入翼宿八度半。

中興天文志總論曰：甘、石、巫咸三家，後代所宗也。顧或不深考，以故三垣、大角之列衛、二十八舍内官外官之分隸，不無異同。今於三家參諸説，考定二百九十座，所以不知者闕如也。蓋諸星有以一星爲一座者，有以二三十星爲一座者，有相爲比附者，有相比而不附者。杠附華蓋，凡十八星爲一座；衡附庫樓，凡二十九星爲一座也。鉞不附井，耳不附畢，糠不附箕，長沙不附軫，鈎鈐、鍵閉不附房，則以屬吏自爲官故也。矢得以附弧，臼不得以附杵，以弧矢一人司之，杵、臼二人司之故也。野鷄不附軍市，鷄自守其所司也。南門不附庫樓，南門不但爲庫樓門也。他如積水不附天船，積尸不附大陵，天讒不附卷舌，咸池、天潢三淵不附五車。石氏、甘氏皆有其辨，不可臆説也。若夫稱名取類，傳記錯見，則又有不可概舉者。北極爲北辰，水星爲辰，參爲大辰，而大火亦曰大辰。宋，大辰之墟是也，見左氏昭十七年，孫炎曰，龍星明者，以爲時刻，故曰大辰。心在中最明，時刻主焉。元枵，亦曰天黿星，在天黿是也，見國語，武王伐商，星在天黿，昭十九年疏。天黿，元枵别名也。娵訾，亦曰豕韋，歲在豕韋是也，見襄十八年疏。豕韋，亦名娵訾也。鶉尾亦曰鳥帑，以害鳥帑是也，見襄二十八年。禆竈曰，歲棄其次而旅於明年之次，以害鳥帑。注，南爲朱鳥，鳥尾曰帑。疏曰，人妻子爲帑，鳥尾曰帑，妻子爲人後，鳥尾亦鳥之後，故俱以帑爲言也。氐謂之天根，見爾雅。天根，氐也。郭璞曰，角、亢下繫於氐，猶木之有根。國語曰，天根見而水涸也。室謂之定，見爾雅云營室謂之定。郭璞曰，定，正也，作宮室以營室中爲正。詩，定之方中，作于楚宮。昴謂之留，見史記索隱，曰留，昴也。而毛傳亦以留爲昴也。畢謂之濁，見爾雅濁謂之畢也。柳謂之咮，丁救反，見襄九年，咮爲鶉火。疏曰，柳謂之咮。咮，鳥口也。若斯名類，昉於堯典，詳於爾雅、左氏、國語諸書，而所入之度，則未悉也。若夫二十八舍，諸言度分，亦或差殊。斗、井度，視諸舍爲闊；參僅二度。古，昏、旦至觀弧、建爲定，亦由所見而莫著其度。近世王奕所述十二次、二十八舍〔四七〕，有可考焉。

按，史志言三家所考三垣、大角之列衛、二十八舍内外官之分隸，不無異同。今按歷代天文志，惟宋兩朝及中興志，與隋丹元子步天歌能言諸星之分隸。然大角一星，兩朝志以爲屬亢，中興志以爲屬角。庫樓十星，丹元子以爲屬角，而兩朝志以爲屬軫，其爲異同大概若此。蓋自唐開元中，一行所造渾儀，其所測宿度已與舊經異，而宋太平興國中，渾儀所測，又與唐異，所争或一二度，或三五度，以管窺天，豈能無誤。於是此以爲軫，彼以爲角；甲以爲氐，乙以爲房；所差者常在禆鄰之次舍，則亦不過三五度間耳。天道幽遠，術家各持一説，固未有以訂其是非也。至如南斗六星，即斗、牛之斗，則其分野，反在北方。北斗天樞，在張宿十度，則其分野，反在南方。則其理有不可究詰者，當俟知星者而質之。

二十八宿度

中興天文志：王奕按自古言天者，皆曰周天三百六十五度四分度之一，何從而知審也？曰，天本無度，因日之行一晝夜所躔闊狹，强名曰度。蓋日之行也，三百六十五日之外，又行四分日之一，以一年而周於天焉。以一日所行爲一度，故分爲三百六十五度四分度之一。范蔚宗謂，日之所行，在天成度，在曆成日，是也。曰，天固有其度，而二十八宿亦各有度，何從而定之也？曰，二十八宿亦未始有度也。天體沖漠雖分爲三百六十五度，然其度難别也。故作曆者，隸其度於二十八宿，用以紀日月所躔而已。蓋天之有度也，猶地之有里也。二十八宿所分之度，猶九州列縣所占之里也。二十八宿各有其度，則日之行於天也。孟春在某星幾度，仲春在某星幾度，日躔可得而名也。九州列縣各有其里，則人之行於地也，某日至某州幾里，某日至某縣幾里，驛可得而計也。此星度所由起也。曰二十八宿之度，或闊狹何也？曰，日之所躔，偶與此宿相當，此闊狹於是分也。故説渾天者曰，日之所躔，或多或寡，適當其星者，凡二十八，故度之多寡，於是生焉。井、斗之舍，非無星也，然不與日躔相當，故其度不得不闊。觜、鬼之傍，非無星也，然日躔一二日，而其星適與相當〔四八〕，故其度不得不狹也。夫其得度闊狹，非舉一宿全體盡占此度也。南斗六星也，舉全體言之，合距杓星爲度；而今曆家距魁第四星爲度，杓二星則入於箕。牽牛六星也，舉全體言之，合距西二星爲度；今曆家距中二星爲度，而西二星則入於斗。虚二星也，舉全體言之，合距北星爲度；而今曆家距南星爲度，北星則入於牽牛。蓋南斗六星之中，杓二星不當日之度，而魁第四星當度，故距於魁而得二十六度。牽牛六星之中，西星不當日之度，而中二星當度，故牽牛距魁而得六度。虛二星之中，北一星不當日之度，而南一星當度，故虛距南星而得十度。古之造曆，假設是法以步日躔，或者不察謂二十八宿本有其度，又見某宿得幾度，遂謂舉一宿，全體在焉。則又非矣。又按，唐志，一行所謂虛北星舊圖入虛，今測在須女九度〔四九〕。危北星舊圖入危，今測在虛六度半。又奎誤距以西大星，故壁損二度，奎增二度；今復距西南大星，即奎、壁各得本度。又柳誤距以第四星，今復用第三星。張中央四星爲朱鳥嗉，外二星爲翼，比距以翼而不距以膺〔五〇〕，故張增二度半，七星減二度半；今復以膺爲距，則七星、張各得本度〔五一〕。吳興沈氏曰，二十八宿爲二十八星當度，故立以爲宿。前世測候，每或改變。如唐書測得，畢有十七度半，觜只有半度之類，皆繆說也。星既不當度，自不當爲宿次，自是渾儀度距疏密不等耳。凡二十八宿度數，皆以赤道爲法，推黃道有不合度者，蓋黃道有斜有直，故度數與赤道不等。即復以當度星爲宿〔五二〕，惟虛宿末有奇數〔五三〕，自是日之餘分，曆家取於斗分者，此也。餘宿則不然。

沈氏筆談曰：予編校昭文書時，預詳定渾天儀。官長問予：「二十八宿，多者三十三度，少者止一度，如此不均，何也？」予對曰：「天事本無度，推曆者無以寓其數，乃以日所行分天爲三百六十五度有奇。日平行三百六十五日有餘而一朞天，故以一日爲一度也。既分之，必有物記之，然後可窺而數，於是以當度之星記之〔五四〕。循黃道，日之所行一朞，當者止二十八宿星而已。度如傘橑，當度謂正當傘橑上者，故車蓋二十八弓，以象二十八宿。則如渾儀奏議所謂〔五五〕，度不可見，可見者星也。日月五星之所由〔五六〕，有星焉。當度之畫者〔五七〕，凡二十有八，謂之舍。舍所以挈度，所以生數也。今所謂距度星者是也。非不欲均也，黄道所由當度之星，止有此而已。」

按，中興志所載王奕之説，即沈括之説也。王、沈二公，不知其孰先孰後，孰倡孰襲，然王説詳而明，沈説簡而當，故不嫌並著之云。

校勘記

〔一〕角下天門左平星　「左」原作「右」，據通志略六天文略一、新儀象法要卷中、蘇州石刻天文圖改。

〔二〕色若頓頑直下存　「存」，玉海卷三步天歌作「蹲」。

〔三〕陽門二星距西星　「陽」字上原有「太」字，據上文及通志略六天文略一删。

〔四〕天輻兩星在陣傍　「在」，玉海卷三步天歌作「立」。

〔五〕梗河三星　「三」原作「二」，據上文及宋史卷五〇天文三改。

〔六〕在氐南　「南」原作「西」，據通志略六天文略一及宋史卷五〇天文三改。

〔七〕下第一星　「一」原作「四」，據宋史卷五〇天文三、隋書卷二〇天文改。

〔八〕北二星夫人位　「夫」原作「大」，據宋史卷五〇天文三、晉書卷一一天文上、隋書卷二〇天文改。

〔九〕水犯宮中有事　「宮」原作「之」，據通志略六天文略一、開元占經卷五四、宋史卷五〇天文三改。

〔一〇〕去極一百二十八度半　「二十」原脱，據慎本補。又根據新儀象法要卷中渾象東北方中外官星圖測算，慎本是。

〔一一〕箕四星形狀如簸箕　「簸」原作「簸」，據通志略六天文略一、玉海卷三步天歌改。

〔一二〕斗下圓安十四星　「下」原作「不」，據通志略六天文略一、玉海卷三步天歌改。

〔一三〕在南斗杓西　「在」下原有「斗」字，據開元占經卷七〇、宋史卷五〇天文三刪。

〔一四〕河鼓兩畔左邊明　「左」，玉海卷三步天歌作「右」。

〔一五〕河鼓直下如連珠　「如」原作「知」，據元本、慎本、馮本、通志略六天文略一、玉海卷三步天歌改。

〔一六〕輦道漸臺在何許　「何」原作「河」，據元本、慎本、馮本、通志略六天文略一、玉海卷三步天歌改。

〔一七〕爾雅云　「爾」原作「古」，據殿本考證改。

〔一八〕當夜半可已　「已」原作「以」，據容齋隨筆卷四鬼宿渡河條、殿本考證改。

〔一九〕蓋侯鬼宿渡河之後　「侯」原作「候」，據容齋隨筆卷四鬼宿渡河條、殿本考證改。

〔二〇〕或祭於昏　「昏」原作「春」，據容齋隨筆卷四鬼宿渡河條、殿本考證改。

〔二一〕必使人仰占以侯之　「人」字原脱，「侯」原作「候」，據容齋隨筆卷四鬼宿渡河條、殿本考證改補。

〔二二〕予按天上經星　「上」原作「下」，據容齋隨筆卷四鬼宿渡河條、殿本考證改。

〔二三〕韓魏各一晉北輪　「晉」原作「皆」，據通志略六天文略一、新儀象法要卷中渾象東北方中外官星圖、蘇州石刻天文圖、玉海卷三步天歌改。

〔二四〕各以其國占之　「占之」二字原無，據宋史卷五〇天文三補。

〔二五〕主矯佚　通志略六天文略一作「主矯枉失」，宋史卷五〇天文三作「主矯失正下」。按「驕」與「矯」，「佚」與「失」，均形近易誤。當從通志略。

〔二六〕主察愆過　「察」字原無，據通志略六天文略一、宋史卷五〇天文三補。

〔二七〕皆婦人之服也星微則後宮儉約　「也星」原互倒，據通志略六天文略一、宋史卷五〇天文三乙正。

〔二八〕人下三四杵臼形　元本、慎本同，玉海卷三步天歌同。新儀象法要卷中渾象東北方中外官星圖、蘇州石刻天文圖、中西經星同異考「人下」均作「人左」。

〔二九〕鈎上五鴉字造父　「上」，元本、慎本同，玉海卷三步天歌同。新儀象法要卷中渾象東北方中外官星圖、蘇州石刻天文圖均作「天鈎下有造父五星」，中西經星同異考作「鈎下五鴉字造父」，均作「下」。

〔三〇〕危動而不明　「而」原作「則」，據開元占經卷六一、通志略六天文略一、宋史卷五〇天文三改。

〔三一〕虛梁四星距東西去極一百度半　元本、慎本、馮本、殿本同，但文義不通。據新儀象法要卷中渾象東北方中外官星圖測算，當作「虛梁四星距西星，去極一百度半」，即删「西」字上之「東」字，並在「西」字下補「星」字。

〔三二〕十二兩頭大似升　「升」原作「并」，通志略六天文略一、新儀象法要卷中渾象東北方中外官星圖和蘇州石刻天文圖均作「升」，而玉海卷三步天歌作「井」，「并」、「升」、「井」三字形近，但作「并」文義不通，而「井」亦非「兩頭」形，今從「升」，據通志略等改。

〔三三〕則天下多死喪　「多」原作「足」，開元占經卷六九作「有大喪，死人如丘山」。宋史卷五一天文四作「則有大喪，死人如山」。通志略六天文略一作「則天下多死喪」，今據改。

〔三四〕入畢宿三度　「入」字原脱，據慎本及上下文書寫例補。

〔三五〕參總有十星觜相侵　「十」原作「三」，據下文「參十星」及開元占經卷六二、通志略六天文略一、宋史卷五一天文四改。

〔三六〕玉井東南四星曰軍井　「南」原作「西」，據晉書卷一一天文上、隋書卷二〇天文中、宋史卷五一天文四改。

〔三七〕各立兩星從東說　「東」原作「一」，據通志略六天文略一、殿本考證改。

〔三八〕南河曰南戍　「南河」原互倒，據通志略六天文略一及宋史卷五一天文四乙正。

〔三九〕在東井東　下「東」字原無，據開元占經卷一〇七、通志略六天文略一補。

〔四〇〕天目也　「目」原作「日」，據元本、通志略六天文略一、宋史卷五一天文四改。

〔四一〕而以爲土德寄主鶉火　「主」，殿本考證謂「王」之訛。

〔四二〕一名處士　「士」原作「土」，據元本、宋史卷四九天文二改。

〔四三〕第三星爲博士　「博」原作「隱」，據史記卷二七天官書、隋書卷一九天文上、宋史卷四九天文二改。

〔四四〕黄道向上看取是　「上」原作「二」，據通志略六天文略一、新儀象法要卷中星圖、蘇州石刻天文圖、玉海卷三步天歌改。

〔四五〕明大則車騎用　此句下原有「一云明大則車騎用」八字，文義全同，係複文，今删。

〔四六〕天下男不得耕　「男」原作「田」，據下文「女不得織」相應之義及通志略天文略六改。

〔四七〕二十八舍　「舍」原作「度」，據上下文及宋史卷五〇天文三改。

〔四八〕而其星適與相當　「與」原作「於」，據殿本考證改。

〔四九〕今測在須女九度　「測」原作「側」，據新唐書卷三一天文一、舊唐書卷三五天文上改。下一「測」字同。

〔五〇〕比距以翼而不距以膺　「比」原作「北」，據新唐書卷三一天文一、舊唐書卷三五天文上改。
〔五一〕則七星張各得本度　「各」原作「合」，「本」原作「半」，據上文及新唐書卷三一天文一改。
〔五二〕即復以當度星爲宿　「復」，夢溪筆談卷八象數二作「須」。
〔五三〕惟虚宿末有奇數　「宿」原作「度」，據夢溪筆談卷八象數二、新儀象法要卷中星圖和蘇州石刻天文圖改。「末」原作「未」，據新儀象法要卷中星圖和蘇州石刻天文圖改。
〔五四〕於是以當度之星記之　「當」原作「度」，據夢溪筆談卷七象數一、殿本考證改。
〔五五〕則如渾儀奏議所謂　「奏議」原作「秦議」，據元本、夢溪筆談卷七象數一、宋史卷四八天文一改。
〔五六〕日月五星之所由　「由」原作「申」，據慎本、夢溪筆談卷七象數一、宋史卷四八天文一、殿本考證改。
〔五七〕當度之畫者　「畫」原作「晝」，據夢溪筆談卷七象數一、宋史卷四八天文一改。

卷二百八十　象緯考三

十二次度數

晉天文志：十二次。班固取三統曆十二次配十二野，其言最詳。又有費直說周易、蔡邕月令章句，所言頗有先後。晉太史令陳卓更言郡國所入宿度〔一〕，今附而次之。

中興天文志：王奕，按星本無次，古昔黄帝因日月所會而爲之名耳。帝王世紀，一度二千九百三十二里，分爲十二次，一次三十度三十分度之十四，周天積一百七萬九百一十三里〔二〕，徑三十五萬六千九百七十一里〔三〕。三統曆詳矣，然帝王世紀、費直周易、蔡邕月令又與三統殊，少或差一二度，多或五六度，何也？是日行也每歲有差，則日月所會之次、分度亦異。此言十二次所以不同也。

自軫十二度，至氐四度，爲壽星。於辰在辰，鄭之分野，屬兖州。費直周易分野，壽星起軫七度。蔡邕月令章句，壽星起軫六度。

自氐五度，至尾九度，爲大火。於辰在卯，宋之分野，屬豫州。費直起氐十一度。蔡邕起亢八度。

自尾十度，至南斗十一度，爲析木。於辰在寅，燕之分野，屬幽州。費直起尾九度。蔡邕起尾四度。

自南斗十二度，至須女七度，爲星紀。於辰在丑，吴、越之分野，屬揚州。費直起斗十度。蔡邕起斗六度。

自須女八度，至危十五度，爲元枵。於辰在子，齊之分野，屬青州。費直起女六度。蔡邕起女二度。

自危十六度，至奎四度，爲娵訾。於辰在亥，衛之分野，屬并州。費直起危十四度。蔡邕起危十度。

自奎五度，至胃六度，爲降婁。於辰在戌，魯之分野，屬徐州。費直起奎二度。蔡邕起奎八度。

自胃七度，至畢十一度，爲大梁。於辰在酉，趙之分野，屬冀州。費直起婁十度。蔡邕起胃一度〔四〕。

自畢十二度，至東井十五度，爲實沈。於辰在申，魏之分野，屬益州。費直起畢九度。蔡邕起畢六度。

自東井十六度，至柳八度，爲鶉首。於辰在未，秦之分野，屬雍州。費直起井十二度。蔡邕起井十度。

自柳九度，至張十六度，爲鶉火。於辰在午，周之分野，屬三河。費直起柳五度。蔡邕起柳三度。

自張十七度，至軫十一度，爲鶉尾。於辰在巳，楚之分野，屬荆州。費直起張十三度。蔡邕起張十二度。

州郡躔次

陳卓、范蠡、鬼谷先生、張良、諸葛亮、譙周、京房、張衡並云：

角、亢、氐，鄭，兖州：

東郡入角一度。　東平、任城、山陽入角六度。　泰山入角十二度。　濟北、陳留入亢五度。　濟陰入氐二度。　東平入氐七度。

房、心，宋，豫州：

潁川入房一度。　汝南入房二度。　沛郡入房四度。　梁國入房五度。　淮陽入心一度。

魯國入心三度。　楚國入房四度〔五〕。

尾、箕，燕，幽州：

營州入箕中十度。　上谷入尾一度。　漁陽入尾三度。　右北平入尾七度。　西河、上郡、北地、遼西東入尾十度。　涿郡入尾十六度。　渤海入箕一度。　樂浪入箕三度。　玄菟入箕六度。　廣陽入箕九度。

斗、牽牛、須女，吳、越，揚州：

九江入斗一度。　廬江入斗六度。　豫章入斗十度。　丹陽入斗十六度。　會稽入牛一度。　臨淮入牛四度。　廣陵入牛八度。　泗水入女一度。　六安入女六度。

虛、危，齊，青州：

齊國入虛六度。　北海入虛九度。　濟南入危一度。　樂安入危四度。　東萊入危九度。　平原入危十一度。　菑川入危十四度。

營室、東壁，衛，并州：

安定入營室一度。　天水入營室八度。　隴西入營室四度。　酒泉入營室十一度。　張掖入營室十二度。　武都入東壁一度。　金城入東壁四度。　武威入東壁六度。　燉煌入東壁八度。

奎、婁、胃，魯，徐州：

東海入奎一度。　琅琊入奎六度。　高密入婁一度。　城陽入婁九度。　膠東入胃一度。

昴、畢，趙，冀州：

魏郡入昴一度。　鉅鹿入昴三度。　常山入昴五度。　廣平入昴七度。　中山入昴一度。　真定入畢十三度。　清河入昴九度。　信都入畢三度。　趙郡入畢八度。　安平入畢四度。　河間入畢十度。

觜，參，魏，益州：

廣漢入觜一度。　越巂入觜三度。　蜀郡入參一度〔六〕。　犍爲入參三度。　牂牁入參五度。　巴郡入參八度。　漢中入參九度。　益州入參七度。

東井、輿鬼，秦，雍州：

雲中入東井一度。　定襄入東井八度。　鴈門入東井十六度。　代郡入東井二十八度。　太原入東井二十九度。　上黨入輿鬼二度。

柳、七星、張，周，三輔：

弘農入柳一度。　河南入七星三度。　河東入張一度。　河内入張九度。

翼，軫，楚，荆州：

南陽入翼六度。　南郡入翼十度。　江夏入翼十二度。　零陵入軫十一度。　桂陽入軫六度。　武陵入軫十度。　長沙入軫十六度〔七〕。

容齋洪氏隨筆曰：十二國分野，上屬二十八宿，其爲義多不然，前輩固有論之者矣。　其甚不可曉者，莫如晉天文志謂：「自危至奎爲娵訾，於辰在亥，衛之分野也，屬并州。」且衛本受封於河内商墟，後徙楚邱。河内乃冀州所部，漢屬司隸，其他邑皆在東郡，屬兖州，於并州了不相干，而并州之下所列郡名，乃安定、天水、隴西、酒泉、張掖諸郡，自係凉州耳。又謂：「自畢至東井爲實沈，於辰在申，魏之分野也，屬益州。」且魏分晉地，得河内、河東數十縣，於益州亦不相干，而雍州爲秦，其下乃列雲中、定襄、鴈門、代、太原、上黨諸郡，蓋又自屬并州及幽州耳。謬亂如此，而出於李淳風之手，豈非蔽於天而不知地乎！

天漢起没

天河亦一名天漢，起自東方箕、尾間，遂乃分爲南北道。南經傳説入魚淵，開籥戴弁鳴河鼓。北經龜宿貫箕邊，次絡斗魁冒左旗，又合南道天津湄。二道相合西南行，分夾匏瓜絡人星，杵畔造父、騰蛇精，王良、附路、閣道平，登此太陵泛天船，直到卷舌又南征，五車駕向北河南，東井、水位入吾驂，水位過了東南游，經次南河向闕邱，天狗、天紀與天稷，七星南畔天河没。

天漢起東方，經箕、尾之間，謂之天河，亦謂之漢津。乃分爲二道：其南經傳説、魚、天籥、天弁、河鼓，其北經龜，貫箕下，次絡南斗魁、左旗，至天津下而合南道。乃西南行，又分夾匏瓜，絡人星、杵、造父、騰蛇、王良、附路、閣道北端、太陵、天船、卷舌而南行，絡五車，經北河之南，入東井水位而東南行，絡南河、闕邱、天狗、天紀、天稷，在七星南而没。張衡云：「津漢者，金之氣也。其本曰水，漢中星多則水，星少則旱。」中興天文志：石氏云：「天漢，蓋天一所生凝毓而成者，天所以爲東南西北，襟帶之限也。天下河漢之源，蓋出於此。故河漢者亦地所以爲東南西北之限也。」漢張氏云：「八極之維，徑二億三萬二千三百里，南北則短減千里，東西則廣增千里，自地至天，半於八極，則地之深亦如之。」唐袁氏云：「以是觀之，天漢起東方〔八〕，而止西南，其修徑可知矣。」

七曜

日月

隋天文志：日循黄道東行，一日一夜行一度，三百六十五日有奇而周天。行東陸謂之春，行南陸謂之夏，行西陸謂之秋，行北陸謂之冬。行以成陰陽寒暑之節。是故傳云：日爲太陽之精，主生養恩德，人君之象也。又人君有瑕，必露其慝，以告示焉。故日月行有道之國則光明，人君吉昌，百姓安寧。日變色，有軍軍破，無軍喪侯王。其君無德，其臣亂國，則日赤無光。日失色，所臨之國不昌。日晝昏，行人無影，到暮不止者，上刑急，下人不聊生，不出一年，有大水。日晝昏，烏鳥群鳴，國失政。日中烏見，主不明，爲政亂，國有白衣會。日中有黑子黑氣，乍三乍五，臣廢其主。日食，陰侵陽，臣掩君之象，有亡國，有死君，有大水。日食見星，有殺君，天下分裂。王者修德以禳之。月者，陰之精也。其形圓，其質清，日光照之則見其明。日光所不照則謂之魄。故月望之日，日月相望，人居其間，盡睹其明，故形圓也。二絃之日，日照其側，人觀其傍，故半明半魄也。晦朔之日，日照其表，人在其裏，故不見也。其行有遲疾，其極遲則日行十二度强，極疾則日行十四度半强。遲則漸疾，疾極漸遲，二十七日半强而遲疾一終矣。又月行之道，斜帶黄道。十三日有奇在黄道表，又十三日有奇在黄道裏。表、裏極遠者，去黄道六度。二十七日有奇，陰陽一終。張衡云：「對日之衝，其大如日。日光不照，謂之闇虚。闇虚逢月則月食，值星則星亡。今曆家，月望行黄道，則值闇虚矣。值闇虚，有表裏深淺，故食有南北多少。」月爲太陰之精，以之配日，女主之象也。以之比德，刑罰之義。列之朝廷，諸侯大臣之類。故君明則月行依度，臣執權則月行失道。大臣用事，兵刑失理〔九〕，則月行乍南乍北。女主外戚擅權，則或進或退。月變色，將有殃。月晝明，姦邪並作，君臣争明，女主失行，陰國兵强，中國饑，天下謀僭；數月重見，國以亂亡。

張衡靈憲曰：懸象著明，莫大乎日月。其徑當天周七百三十六分之一，地廣二百四十二分之一。日者，陽精之宗。積而成鳥，象烏而有三趾。陽之類，其數奇。月者，陰精之宗。積而成獸，象兔。陰之類，其數耦，其後有馮焉者。羿請無死之藥於西王母，姮娥竊之以奔月。將往，枚筮之於有黄，有黄占之曰：「吉。翩翩歸妹，獨將西行，逢天晦芒，毋驚毋恐，後且大昌〔一〇〕。」姮娥遂託身於月，是爲蟾蠩。夫日譬猶火，月譬猶水，火則外光，水則含景。故月光生於日之所照，魄生於日之所蔽，當日則光盈，就日則光盡也。衆星被燿，因水轉光。當日之衝，光常不合者，蔽於地也。是謂闇虚。在星星微，月過則食。日之薄地，其明也。繇暗視明，明無所屈，是以望之若火。方於中天，天地同明。繇明瞻暗，暗還自奪，故望之若水。火當夜而揚光，在晝則不明也。月之於夜，與日同而差微。星則不然，强弱之差也。

日月行道

漢天文志：日有中道，月有九行。中道者，黄道，一曰光道。光道北至東井，去北極近；南至牽牛，去北極遠；東至角，西至婁，去極中。夏至至於東井，北近極，故晷短；立八尺之表，而晷景長尺五寸八分。冬至至於牽牛，遠極，故晷長；立八尺之表，而晷景長丈三尺一寸四分。春秋分日至婁、角，去極中，故晷中；立八尺之表，而晷景長七尺三寸六分。此日之去極遠近之差，晷景長短之制也〔一一〕。去極遠近難知，要以晷景。晷景者，所以知日之南北也。日，陽也。陽用事則日進而北，晝進而長，陽勝，故爲温暑；陰用事則日退而南，晝退而短，陰勝，故爲凉寒也。故日進爲暑，退爲寒。若日之南北失節，晷過而長爲常寒〔一二〕，退而短爲常燠。此寒燠之表也，故曰爲寒暑。一曰，晷長爲潦，短爲旱，奢爲扶。鄭氏曰，扶當爲蟠，齊、魯之間聲如酺〔一三〕。酺扶聲近。蟠，止不行也。蘇林曰：景形奢大也。晉灼曰：扶，附也，小臣佞媚附近君子之側也。扶者，邪臣進而正臣疏，君子不足，姦人有餘。月有九行者〔一四〕：黑道二，出黄道北；赤道二，出黄道南；白道二，出黄道西；青道二，出黄道東。立春、春分，月東從青道；立秋、秋分，西從白道；立冬、冬至，北從黑道；立夏、夏至，南從赤道。然用之，一決房中道。青赤出陽道，白黑出陰道。若月失節度而妄行，出陽道則旱風，出陰道則陰雨。凡君行急則日行疾，君行緩則日行遲。日行不可指而知也，故以二至二分之星爲候。日東行，星西轉。冬至昏，奎八度中；夏至氐，十三度中；春分，柳一度中；秋分，牽牛三度七分中：此其正行也。日行疾，則星西轉疾，事勢然也。故過中則疾，君行急之感；也不及中則遲，君行緩之象也。至月行，則以晦朔决之。日冬則南，夏則北；冬至於牽牛，夏至於東井。日之所行爲中道，月、五星皆隨之也。箕星爲風，東北之星也。東北地事，天位也，孟康曰：「東北陽日，月、五星起於牽牛，故爲天位。坤在西南，紐於陽，爲地統，故爲地事也。」故易曰「東北喪朋」。及巽在東南，爲風；風，陽中之陰，大臣之象也，其星，軫也。月去中道，移而東北入箕；若東南入軫，則多風。西方爲雨；雨，少陰之位也。月失中道，移而西入畢，則多雨。故詩云「月離於畢，俾滂沱矣」，言多雨也。星傳曰「月入畢則將相有以家犯罪者」，言陰盛也。書曰「星有好風，星有好雨，月之從星，則以風雨」，言失中道而東西也。故星傳曰「月南入牽牛南戒，民間疾疫；月北入太微，出坐北，若犯坐，則下人謀上」。一曰月爲風雨，日爲寒溫。冬至日南極，晷長，南不極則溫爲害；夏至日北極，晷短，北不極則寒爲害。故書曰「日月之行，則有冬有夏」也。政治變於下，日月運於上矣。月出房北，爲雨爲陰，爲亂爲兵；出房南，爲旱爲夭喪。水旱至衝而應，及五星之變，必然之效也。

中興天文志：按三統曆日躔與堯典、月令不同，日行黄道每歲有差故也。江默謂歲差者，日躔於一歲之間，行周天度未及餘分而日已至焉，故每歲常有不及之分。然歲差古無有其法。漢洛下閎知太初曆八百年當差一度，後人未究其悉也，晉虞喜始覺之。曆家祖述其説，自唐堯至漢，自漢至本朝，冬至日躔各各不同，然後知歲差之法得天甚密，不可廢也。然又嘗考歲差，諸説不同。宋大明曆以四十年差一度，失之太過；何承天倍其數，以百年退一度，又反不及；惟隋劉焯取二家中數，以七十五年退一度。故唐一行詳考三家，而知劉焯之爲尤近，遂以大衍曆推之，乃得八十三年而差一度。蓋大衍分一度爲三千四十分，其所差之分，一歲三十有六太，積至八十三年則差一度。又不若本朝紀元曆，以七十八年差一度爲最密也。即其法推之，慶曆甲申冬至日在斗五度，上距唐開元甲子三百二十一年，日差五度，蓋唐志開元甲子，日在赤道斗中十度是也。開元甲子上距漢太初元年丁丑八百二十七年，日差十度。蓋唐志以開元大衍曆歲差引而退之，則太初元年冬至日在斗二十度是也。太初丁丑上距秦莊襄王元年一百四十五年，日差二度，冬至日在斗二十二度。蓋月令云，日在斗是也。秦莊襄王元年上距堯甲子二千二十八年，日差二十八度，冬至日在虛一度，日没而昴中，故堯典言，日短星昴也。說者不知歲差之法，以堯典較之月令，逮於今日，不啻差一次。求其說而不可得，遂以爲節氣有初中之殊，又謂古以午爲中，皆失之遠矣。

又曰：開禧占測，冬至日已在箕宿，較之堯時幾退四十餘度。蓋自漢太初至今〔一五〕，已差一氣有餘。而太陽之躔十二次，大約中氣前後，乃得本月宫次。蓋太陽本日行一度，近歲紀元曆定歲差，約退一分四十餘秒〔一六〕。蓋太陽日行一度而微遲緩，一年周天而微差，積累分秒而躔度見焉。循是以往，萬有五千年後，將所差半周天，審如是，寒暑易位乎？以俟治曆者。

又曰：占天之法，以二十八宿爲綱維，分列四方，南北去極各九十有一度有奇，南低而北昂，去地各三十有六度，一定不易者，名之曰赤道。以日躔半在赤道内，半在赤道外，出入内外極遠者皆二十有四度，以其行赤道之中者名之曰黄道。凡五緯皆隨日由黄道行，惟月之行有九道，四時交會歸於黄道而轉變焉，故有青、赤、黑、白四者之異名。夫赤道終古不移，則星舍宜無盈縮矣。然自唐一行作大衍曆，以儀揆測之，得畢、觜、參、鬼四宿，分度與古不同。本朝皇祐初，日官周琮以新儀測候〔一七〕，與唐一行尤異。紹聖二年，清臺以赤道度數有差，復命考正。惟牛、尾、室、柳四宿與舊法合，其他二十四宿躔度或多或寡。蓋天度之不齊，隨古今而變者也。若夫黄道横絡天體，列宿躔度自隨歲差而增減。中興以來，用統元、紀元，及乾道、淳熙、開禧用統天、會元，每一曆更一黄道，其多寡之異有不可勝載者，而步占家亦隨各曆之躔度焉。

又曰：王奕按渾天説，黄道、九道，厥初本無是，因日行而强名之。日行曰黄道者，黄色之中也，黄道即中道也。日道居中，月、五星循左右而行，故日道獨謂之黄。月行青、朱、白、黑道，各兼黄道而言，故又謂之九道也。是故月道出入於黄道，其最遠者去黄道六度。月行黄道之内曰陰曆，行黄道之外曰陽曆。北爲内，南爲外。然漢志謂：黄道北至井，去極近；南至牽牛，去極遠；東至角，西至婁，去極中。晉葛洪則謂：黄道與赤道東交於角，西交於奎，南至斗，北至井。唐志又云：黄道，春分與赤道交於奎，秋分交於軫，南至斗，北至井。與漢志殊，何也？蓋赤道分天之半，今古不易。黄道本無定體，因日行而爲之名，日之行也，每歲有差。漢志主太初而言，此古今所以不同也。

又曰：按天文志，黄道北至東井，去北極近；南至牽牛，去北極遠；東至角，西至婁，去極中。立春、春分，月東從青道〔一八〕；立秋、秋分，月西從白道〔一九〕；立冬、冬至，北從黑道；立夏、夏至，南從赤道。吴興沈氏云：月行黄道之南，謂之朱道；行黄道之北，謂之黑道；黄道之東，謂之青道；黄道之西，謂之白道。黄道内外各四，并黄道謂九。日月之行，有遲有速，難可以一術御也，故因其合散，分爲數段，每段以一色名之，欲以别算位而已。如陳卓於三家星，别其色以識之。如算法用赤籌、黑籌以别之耳。而曆家不知其意，遂以爲實有九道，甚可嗤也。

沈氏筆談曰：或問予以「日月之形如丸邪，如扇也？若如丸則其相遇豈不相礙？」予對曰：「日月之形如丸，何以知之，以月盈虧可驗也。月本無光，猶銀丸，日耀之乃光耳。光之初生，日在其傍，故光側而所見纔如鈎；日漸遠則斜照，而光稍滿。如一彈丸，以粉塗其半，側視之，則粉處如鈎；對視之，則正圓。此有以知其如丸也。日月氣也，有形而無質，故相直而無礙。」

五星

歲星曰東方春木，於人，五常，仁也；五事，貌也。仁虧貌失，逆春令，傷木氣，則罰見歲星。歲星盈縮，以其舍命國。其所居久，其國有德厚，五穀豐昌，不可伐。其對爲衝，歲乃有殃。歲星安静中度，吉。盈縮失次，其國有變，不可舉事用兵。又曰，人主出象也〔二〇〕。色欲明，光潤澤，德合同。又曰，進退如度，姦邪息；變色亂行，主無福。又主福，主大司農，主齊、吴，主司天下諸侯人君之過，主歲五穀。赤而角，其國昌；赤黄而沉，其野大穰。張衡云：「歲星者，東方之精，蒼帝之子，一名攝提，一名重華，一名應星，一名紀星。」晉灼曰：「太歲在四仲，則歲行三宿；太歲在四孟、四季，則歲行二宿〔二一〕。二八十六，三四十二，而行二十八宿。十二歲而周天。」

西漢天文志：歲星所在，國不可伐，可以伐人。超舍而前爲贏，退舍爲縮。贏，其國有兵不復；縮，其國有憂，其將死，國傾敗。所去，失地；所之，得地。一曰，當居不居，國亡；所之，國昌；已居之，又東西去之，國凶，不可舉事用兵。安静中度，吉。出入不當其次，必有天祅見其舍。歲星贏而東南，孟康曰：「五星東行，天西轉。歲星晨見東方，行疾則不見，不見則變爲祅星。」石氏「見彗星」，甘氏「不出三月迺生彗，本類星，末類彗，長二丈」。贏東北，石氏「見覺星」，甘氏「不出三月迺生天棓，本類星，末鋭，長四尺」〔二〕。縮西南，孟康曰：「歲星當伏西方，行遲早没，變爲祅星也。」石氏「見欃雲如牛」，韋照曰：「欃音參差之參。」甘氏「不出三月迺生天槍，左右鋭，長數丈」。縮西北，石氏「見槍雲，如馬」。甘氏「不出三月迺生天欃，本類星，末鋭，長數丈」。石氏「槍、欃、棓、彗異狀，其殃一也，必有破國亂君，伏死其辜，餘殃不盡，爲旱、凶、饑、暴疾」。至日行一尺，出二十餘日迺入，甘氏「其國凶，不可舉事用兵」。出而易，「所當之國，是受其殃」。又曰「祅星不出三年，其下有軍及失地，若國君喪」。

中興天文志：歲星色青，比參左肩，小於太白。

熒惑曰南方夏火，禮也，視也。禮虧視失，逆夏令，傷火氣，罰見熒惑。熒惑法使行無常，出則有兵，入則兵散。各以舍命國，爲亂，爲賊，爲疾，爲喪，爲饑，爲兵，所居國受殃。環繞鉤己〔三〕，芒角動摇變色，乍前乍後，乍左乍右，其殃愈甚。其南丈夫、北女子喪。周旋止息，乃爲死喪，寇亂其野，亡地。其失行而速，兵聚其下，順之戰勝。又曰，熒惑主大鴻臚，主死喪，主司空，又爲司馬，主楚、吳、越以南，又司天下群臣之過，司驕奢亡亂妖孽，主歲成敗。又曰，熒惑不動，兵不戰，有誅將。其出色赤怒，逆行成鈎己，戰凶，有圍軍。鈎己，有芒角如鋒刃，人主無出宮，下有伏兵。芒大則人民怒，君子遑遑，小人浪浪，不有亂臣，則有大喪，人欺吏，吏欺王。又爲理，外則理兵，内則理政，爲天子之理也。故曰，雖有明天子，必視熒惑所在。其入守犯太微、軒轅、營室、房、心，主命惡之。張衡云：「熒惑爲執法之星，其精爲風伯之師，或童兒歌謡嬉戲。」晉灼曰：「熒惑常以十月入朝太微，受制而出，行列宿，司無道，出入無常也。二歲而周天。」

中興天文志：熒惑色赤，比心大星，大小類填。按五星之行，過有道之分，則循軌順行，天下義寧，年穀順成。過無道之分，則犯鬬變色，爲災爲兵。曰吉曰凶，未有不關於人事者也。然五星之變，俱足以致殃，熒惑、太白爲甚，而熒惑尤甚。蓋熒惑火也，性烈而不常，又爲執法之官，司天下過失，故其應尤爲亟也。

填星曰中央季夏土，信也，思心也。仁義禮智，以信爲主，貌言視聽，以心爲政，故四星皆失，填乃爲之動。動而盈，侯王不寧。縮，有軍不復，所居之宿，國吉，得地及女子，有福，不可伐。去之，失地，若有女憂。居宿久，國福厚；易則薄。失次而上二三宿曰盈，有主命不成，不乃大水。失次而下曰縮，后戚，其歲不復，不乃天裂若地動。一曰，填爲黄帝之德，女主之象，主德厚安危存亡之機，司天下女主之過。又曰，天子之星也，天子失信，則填星大動。張衡云：「填星者，黄帝之子，女主之象也，一名地候。」晉灼曰：「常以甲辰之始，建斗之歲，填行一宿，二十八歲而周天。」

中興天文志：填星色黄，比參右肩，小於辰。按唐孔氏謂，五星之行，金、水日行一度，火七百八十日行星四百一十五度，木三百九十八日行星三十三度，惟土三百七十七日行星十二度。蓋土性重厚而舒緩，其行最遲，故其爲變亦少。

容齋洪氏隨筆曰：世之伎術，以五星論命者，大率以火、土爲惡，故有晝忌火星夜忌土之語。土，填星也，行遲，每至一宫〔二四〕，則二歲四月乃去，以故爲災最久。然以國家論之則不然，苻堅欲南伐，歲鎮守斗，識者以爲不利。史記天官書云：「五潢，五帝居舍。火入，旱；金，兵；水，水。」宋均曰：「不言木、土者，德星不爲害也。」又云：「五星犯北落，軍起。火、金、水尤甚。木、土，軍吉。」又云：「填星所居國吉。未當居而居，已去而復還居之，其國得土。若當居而不居，既已居之，又西東去，其國失土。其居久，其國福厚；其居易，輕速也。福薄。」如此則填星乃爲大福德，與木無異，豈非國家休祥所係，非民庶可得侔邪？

太白曰西方秋金，義也，言也。義虧言失，逆秋令，傷金氣，罰見太白。太白進退以候兵，高卑遲速，静躁見伏，用兵皆象之吉。其出西方，失行，夷狄敗；出東方，失行，中國敗。未盡期日，過參天，病其對國。若經天，天下革，人更王，是謂亂紀，人民流亡。晝與日争明，强國弱，小國强，女主昌。又曰，太白主大臣，其號上公也，大司馬位謹候此。張衡云：「太白者，白帝之子，一名火政，一名官星，一名明堂，一名文表，一名太皡，一名終星，一名天相，一名天浩，一名序星，一名梁星，一名威星，一名大囂，一名大爽。」晉灼曰：「常以正月甲寅與熒惑晨出東方，二百四十日而入，入四十日又出西方，二百四十日而入，入三十五日而復出東方。出以寅、戌，入以丑、未，一歲而周天。」

西漢天文志曰：日方南太白居其南，日方北太白居其北，爲贏，侯王不寧，用兵進吉退凶。日方南太白居其北，日方北太白居其南，爲縮，侯王有憂，用兵退吉進凶。當出不出，當入不入，爲失舍，不有破軍，必有死王之墓，有亡國。一曰，天下偃兵，壄有兵者，所當之國大凶。當出不出，未當入而入，天下偃兵，兵在外，入。未當出而出，當入而不入，天下兵起，有至破國。未當出而出，未當入而入，天下舉兵，所當之國亡。當期而出，其國昌。出東爲東方，入爲北方；出西爲西方，入爲南方。所居久，其國利；易，其鄉凶。蘇林曰：「疾過也。一說，易鄉而出入也。」晉灼曰：「上言『出而易』，言疾過是也。」入七日復出，將軍戰死。入十日復出，相死之。入又復出，人君惡之。已出三日而復微入，三日迺復盛出，是爲耎而伏，晉灼曰：「耎，退也。不進而伏，伏不見也。」其下國有軍，其衆敗將北。已入三日，又復微出，三日迺復盛入，其下國有憂，帥師雖衆，敵食其糧，用其兵，虜其帥。出西方，失其行，夷狄敗；出東方，失其行，中國敗。一曰出蚤爲月食，晚爲天祆及彗星，將發於亡道之國。太白出而留桑榆間，病其下國。晉灼曰：「行遲而下也〔二五〕。正出，舉目平正。出桑榆上，餘二千里也。」上而疾，未盡期日過參天，病其對國。晉灼曰：「三分天過其一，此酉、戌之間也〔二六〕。」太白經天，天下革，民更主〔二七〕，孟康曰：「謂出東入西，出西入東也。太白，陰星，出東當伏東，出西當伏西，過午爲經天。」晉灼曰：「日，陽也；日出則星亡。晝見午上爲經天也。」是爲亂紀，人民流亡。晝見與日爭明，强國弱，小國强，女主昌。太白，兵象也。出而高，用兵深吉淺凶；卑，淺吉深凶。行疾，用兵疾吉遲凶；行遲，用兵遲吉疾凶。角，敢戰吉，不敢戰凶；擊角所指吉，逆之凶。進退左右，用兵進退左右吉，靜凶。

圜以静，用兵静吉躁凶。出則兵出，入則兵入。象太白吉，反之凶。凡太白所出所直之辰，其國得其位，得其位者戰勝。所直之辰順其色而角者勝，其色害者敗。晉灼曰：「鄭色黄，而赤蒼，小敗；宋色黄，而赤黑，小敗；楚色赤黑，小敗；燕色黄黑，小敗。皆大角勝也。」太白白比狼，赤比心，黄比參右肩，青比參左肩，黑比奎大星。色勝位，晉灼曰：「有色勝得位也。」行勝色，晉灼曰：「太白行得度，勝有色也〔二八〕。」行得盡勝之。晉灼曰：「行應天度，雖有色得位〔二九〕，行盡勝之，行重而色位輕。」星經「得」字作「德」。

中興天文志：太白色白，比狼星而大，又大於歲星。

辰星曰北方冬水，智也，聽也。智虧聽失，逆冬令，傷水氣，罰見辰星。辰星見，則主刑，主廷尉，主燕、趙，又爲燕、趙、代以北，宰相之象。亦爲殺伐之氣，戰鬭之象。又曰，軍於野，辰星爲偏將之象，無軍爲刑事。和陰陽，應效不效，其時不和。出失其時〔三〇〕，寒暑失其節，邦當大饑。當出不出，是謂擊卒，兵大起。在於房、心間，地動。亦曰，辰星出入躁疾，常主夷狄。又曰，蠻夷之星也，亦主刑法之得失。色黄而小，地大動。光明與月相逮，其國大水。張衡云：「辰星一名勾星，一名爨星，一名伺星。」晉灼曰：「常以二月春分見奎、婁，五月夏至見東井，八月秋分見角、亢，十一月冬至見牽牛。出以辰、戌，入以丑、未，二旬而入。晨候之東方，夕候之西方。一歲而周天。」

西漢天文志：辰星出蚤爲月食，晚爲彗星及天祆。一時不出，其時不和；四時不出，天下大饑。失其時而出，爲當寒反温，當温反寒。與他星遇而鬭，天下大亂。晉灼曰：「祆星，彗、孛之屬也，一曰五星。」

中興天文志：辰星色黑，比奎大星，小於歲星。

凡五星有色，大小不同，各依其行而順時應節，色變有類。凡青，皆比參左肩；赤，比心大星；黄，比參右肩；白，比狼星；黑，比奎大星。不失本色而應其四時者，吉；色害其行，凶。

凡五星所出所行所直之辰，其國爲得位者，歲星以德，熒惑有禮，填星有福，太白兵强，辰星陰陽和。所行所直之辰，順其色而有角者勝，其色害者敗。居實，有德也；居虚，無德也。色勝位，行勝色，行得盡勝之。

營室爲清廟，歲星廟也。心爲明堂，熒惑廟也。南斗爲文太室，填星廟也。亢爲疏廟，太白廟也。七星爲員官，辰星廟也。五星行至其廟，謹候其命。

凡五星盈縮失位，元精降於地爲人，歲星降爲貴臣，熒惑降爲童兒，歌謡嬉戲；填星降爲老人婦女，太白降爲壯夫，處於林麓；辰星降爲婦人，吉凶之應，隨其象吉。

凡五星，木與土合，爲内亂、饑；與水合，爲變謀而更事；與火合，爲饑，爲旱；與金合，爲白衣之會，合鬬，國有内亂，野有破軍，爲水。太白在南，歲在北，名曰牝牡〔三一〕，年穀大熟。太白在北，歲星在南，年或有或無。火與金合，爲鑠爲喪，不可舉事用兵。從軍爲軍憂，離之軍却。出太白陰，分宅，出其陽，偏將戰。與土合，爲憂，主孽。與水合，爲北軍，用兵舉事大敗。一曰，火與水合爲焠，不可舉事用兵。土與水合，爲壅沮，不可舉事用兵，有覆軍下師。一曰，爲變謀更事，必爲旱。與金合，爲疾，爲白衣會，爲内兵，國亡地。與木合，國饑。水與金合，爲變謀，爲兵憂。入太白中而上出，破軍殺將，客勝。下出，客亡地，視旗所指，以命破軍。環繞太白，若與鬬，大戰，客勝。

凡木、火、土、金與水鬬，皆爲戰，兵不在外，皆爲内亂。

凡同舍爲合，相陵爲鬬。二星相近，其殃大，相遠無傷，七寸以内必之。

凡月蝕五星，其國亡。歲以饑，熒惑以亂，填以殺，太白以强國戰，辰以女亂。

凡五星入月，其野有逐相，太白將僇。

凡五星所聚，其國王，天下從。歲以義從，熒惑以禮從，填以重從，太白以兵從，辰以法，各以其事致天下也。三星若合，是謂驚立絶行，其國外内有兵，天喪人民，改立侯王〔三二〕。四星若合，是謂太陽〔三三〕，其國兵喪並起，君子憂，小人流。五星若合，是謂易行，有德受慶，改立王者，奄有四方，子孫蕃昌；亡德受殃，離其國家，滅其宗廟，百姓離去，被滿四方。五星皆大，其事亦大；皆小，事亦小。

凡五星色，其圜，白爲喪，爲旱；赤中不平，爲兵，爲憂；青，爲水；黑，爲疾疫，爲多死；黄，爲吉。皆角，赤，犯我城；黄，地之争；白，哭泣聲；青，有兵憂；黑，有水。五星同色，天下偃兵，百姓安寧，歌儛以行，不見災疾，五穀蕃昌。

凡五星，歲，政緩則不行〔三四〕，急則過分，逆則占。熒惑，緩則不出，急則不入〔三五〕，違道則占。填，緩則不還，急則過舍，逆則占。太白，緩則不出，急則不入〔三六〕，逆則占。辰星，緩則不出，急則不入，非時則占。五星不失行，則年穀豐昌。

凡五星分天之中，積於東方，中國利〔三七〕，積於西方，外國用兵者利。辰星不出，太白爲客；其出，太白爲主。出而與太白不相從，及各出一方，爲格，野有軍不戰。五星爲五德之主，其行或入黄道裏，或出黄道表，猶月行出有陰陽也。終出入五常，不可以算數求也。其東行曰順，西行曰逆，順則疾，逆則遲，通而率之，終爲東行矣。不東不西曰留。與日相近而不見，曰伏。伏與日同度，曰合。其留行逆順掩合犯法陵變色芒角，凡其所主，皆以時政五常、五官、五事之得失，而見其變。木、火、土三星行遲，夜半經天。其初皆與日合度，而後順行漸遲，追日不及，晨見東方。行去日稍遲〔三八〕，朝時近中則留。留經旦過中則逆行。逆行至夕時近中則又留。留而又順，先遲漸速，以至於夕伏西方，乃更與日合。三星之行，雖遲速不同，其大略如此。惟金水二星，行速而不經天。自始與日合之後，行速而先日，夕見西方。去日前稍遠，夕時欲近南方則漸遲，遲極則留。留而近日，則逆行而合日，在於日後。晨見東方，逆極則留，留而後遲。遲極去日稍遠，旦時欲近南方，則速行以追日，晨伏於東方，復與日合。此五星合見、遲速、逆順、留行之大經也，昏旦者，陰陽之大分也。南方者，太陽之位，而天地之經也。七曜行至陽位，當天之經，則虧昃留逆而不居焉。此天之常道也。三星經天，二星不經天，三天兩地之道也。

凡五星見伏、留行、逆順、遲速，應曆度者，爲得其行，政合於常。違曆錯度而失路盈縮者，爲亂行。亂行則爲天矢彗孛〔三九〕，而有亡國革政，兵饑喪亂之禍云。

古曆五星並順行，秦曆始有金火之逆。又甘、石並時，自有差異。漢初測候，乃知五星皆有逆行，其後相承罕能察。至後魏末，清河張子信，學藝博通，尤精曆數。因避葛榮亂，隱於海島中，積三十許年，專以渾儀測候日月五星差變之數，以算步之，始悟日月交道，有表裏遲速，五星見伏，有感召向背。言日行在春分後則遲，秋分後則速。合朔月在日道裏則日食，若在日道外，雖交不虧。月望值交則虧，不問表裏。又月行遇木、火、土、金四星，向之則速，背之則遲。五星行四方列宿，各有所好惡。所居遇其好者，則留多行遲，見早。遇其惡者，則留少行速，見遲。與常數並差，少者差至五度，多者差至三十許度。其辰星之行，見伏尤異。晨應見在雨水後立夏前，夕應見在處暑後霜降前者〔四〇〕，並不見。啟蟄、立夏、立秋、霜降四氣之内，晨夕去日前後三十六度内，十八度外，有木、火、土、金一星者，見；無者不見。後張冑玄、劉孝孫、劉焯等，依此差度，爲定入交食分及五星定見定行，與天密會，皆古人所未得也。

中興天文志：夫二曜，二氣之精也。五緯，五行之精也。二曜俱順行，五緯獨有退逆，何也？班氏謂三代盛時，天下五緯順軌無逆行者。周之末造，人紀不修，師旅數起，故五緯始失常度，而有逆行。然則降姬而嬴〔四一〕，世道趨末，星軌遁常，亦失其初歟。易「觀乎天文，以察時變」〔四二〕。故星紀之逆順，可以矍然懼矣。

又曰：古法周天之數，如歲星謂十二年一周天，乃約數耳。前稱歲星在四仲則行三宿，在四孟、四季則行二宿〔四三〕，二八十六，三四十二，故十二年而行周二十八宿。其說非是。夫二十八宿，度有廣狹，而歲星之行有贏縮，豈得以十二年一周無差忒乎？唐一行始言歲星自商、周迄春秋季年，率百二十餘年而超一次，因以爲常。以春秋亂世則其行速，時平則其行遲，其說尤迂。既乃爲後率前率之術以求之，則其說益自相悖。按劉歆三統曆推歲星，一百四十四年，行天一百四十五次；一千七百二十年，剩行一周，此古人所未究也。又左氏疏，以曆法推之，周天凡十二次，每次別爲百四十四分。歲星每年行一百四十五分〔四四〕，是每年行一次之外尚餘一分，積一百四十四年剩一次。今紹興曆法，歲星每年行一百四十五分〔四五〕，是每年行一次之外有餘一分，積一百四十四年剩一次矣。殆據是乎？餘四星之行，固有逆順〔四六〕，中間亦豈無差忒？一行不復詳言，蓋亦知之矣。後之考曆者，當能辨之。然嘗考五星之行，率循黃道。惟金、火二星，游行不測；土、水、歲星爲變希。則凡黃道所經，順軌則不占。惟陵犯留守則有凶咎。如熒惑每入太微出端門，星家謂受制而出，實則黃道所經也。而月與五星相遇，亦多涉黃道内外之徑。黃道邪界列宿各有尺數，如房宿，又有上中下三道焉，此其所以易於陵犯。是以清臺每言五星行次黃道所經諸星，占家多不驗。凡以此故，要諸天人之際，可畏，有兆於此，有感於彼，其出没顯晦，飛流升降，疾遲贏縮，進退會散，動移轉徙，非邈無與於人。是故精祲之交，明君謹之，能遇災而加懼，見祥而滋儆，思其咎，謝其過，不敢怠寧，王事之當然也，善乎！太史公之言曰：「太上修德，其次修政，其次修救，其次修禳。」畏天者擇焉。

又曰：按五星之變，有合有散，有犯有守，有陵有歷，有鬭有贏，有縮有食。同舍曰合，變爲妖星曰散，七寸以内光芒相及曰犯〔四七〕。韋昭謂，自下而往觸之爲犯也，居其宿曰守，相冒而過曰陵。韋昭謂，突掩爲陵也，經之曰歷，相擊曰鬭。又曰，離復合，合復離爲鬭。早出曰贏，晚出曰縮；又失次上二三宿曰贏，失次下二三宿曰縮。星月相陵曰食，吉凶各以類應，不可誣已。然有或不盡如所占，何也？曰日月五行俱行黃道，不能無侵犯也。惟迫近則殃大，遠則毋傷，寸以内芒角相及，則其占始應。漢志曰：「近者殃大，遠者殃毋傷。」後之星史，不此之察，猥見其差近，遂譸張以爲變。此所以繁褻不驗。

校勘記

〔一〕晉太史令陳卓更言郡國所入宿度　「晉」原作「魏」，按中華書局標點本晉書卷一一天文上校勘記指出「當」爲「晉」之訛，查隋書卷三四經籍志三著録「晉太史令陳卓定天文集占十卷」。今據改。

〔二〕一次三十度三十分度之十四周天積一百七萬九百一十三里　皇甫謐帝王世紀於「十四」下有「各以附其七宿間距」八字。

〔三〕徑三十五萬六千九百七十一里　「徑」原作「經」，據帝王世紀及晉書卷一一天文上儀象馬績語改。

〔四〕蔡邕起胃一度　「胃」原作「婁」，據晉書卷一一天文上、舊唐書卷三六天文下、新唐書卷三一天文一、通志略六天文略二改。

〔五〕楚國入房四度　「房」原作「心」，據元本、晉書卷一一天文上、通志略六天文略二改。

〔六〕蜀郡入參一度　「參」原作「觜」，據晉書卷一一天文上、通志略六天文略二及殿本考證改。

〔七〕長沙入軫十六度　「十六度」原作「八度度」，據元本、晉書卷一一天文上、通志略六天文略二改「八」爲「十六」，又删去一「度」字。

〔八〕天漢起東方　「方」原作「北」，「起」原作「越」，據元本、晉書卷一一天文上、通志略六天文略二改。

〔九〕兵刑失理　「刑」原作「列」，據元本、晉書卷一一天文上、通志略六天文略二及隋書卷二〇天文中改。

〔一〇〕後且大昌　「且」，張衡張河間集卷二靈憲作「其」。

〔一一〕晷景長短之制也　「晷」原作「與」，據漢書卷二六天文六、開元占經卷五、殿本考證改。

〔一二〕晷過而長爲常寒　「長爲」二字原脱，據漢書卷二六天文六、開元占經卷五、殿本考證補。

〔一三〕齊魯之間聲如醻　「醻」原作「輔」，據漢書卷二六天文六、殿本考證改。

〔一四〕月有九行者　「者」原作「也」，據漢書卷二六天文六、殿本考證改。

〔一五〕蓋自漢太初至今　「蓋」原作「差」，據宋史卷四八天文一改。

〔一六〕約退一分四十餘秒　「秒」原作「抄」，據宋史卷四八天文一、卷七五律曆八改。下同。

〔一七〕日官周琮以新儀測候　「琮」原作「淙」，據宋史卷七四律曆七、宋會要輯稿運曆一之八改。

〔一八〕月東從青道　「東」字原脱，據漢書卷二六天文六補。

〔一九〕月西從白道　「西」字原脱，據漢書卷二六天文六補。

〔二〇〕人主出象也　「出」，隋書卷二〇天文中同，晉書卷一二天文中作「之」，殿本考證以晉志爲是。

〔二一〕則歲行二宿　「行」字原脱，據史記卷二七天官書五引晉灼語、漢書卷二六天文六注補。

〔二二〕長四尺　「長」原作「喪」，據元本、史記卷二七天官書五、漢書卷二六天文六及殿本考證改。

〔二三〕環繞鉤己　「鉤」原作「鉤」，據元本、晉書卷一二天文中、通志略六天文略二及殿本考證改。

〔二四〕每至一宫　「至」原作「主」，據容齋三筆卷一一鎮星爲福條改。

〔二五〕行遲而下也　「行」字原爲空格，「遲」原作「出」，據元本、史記卷二七天官書五、漢書卷二六天文六、開元占經卷四六補改。

〔二六〕此西戌之間也　「西戌」，漢書卷二六天文六注引晉灼語互倒。

〔二七〕民更主　「主」，漢書卷二六天文六、晉書卷一二天文中、隋書卷二〇天文中均作「王」。

〔二八〕太白行得度勝有色也　史記卷二七天官書五注引集解晉灼曰：「太白行得度者，勝色。」

〔二九〕雖有色得位　「雖」，漢書卷二六天文六同，史記卷二七天官書五注引集解晉灼語作「唯」。

〔三〇〕和陰陽應效不效其時不和出失其時　晉書卷一二天文中同，隋書卷二〇天文中無「效不效」三字，以「應其時」爲句，文從字順。

〔三一〕名曰牝牡　「牝」字原無，據漢書卷二六天文六、晉書卷一二天文中、宋史卷五二天文五補。

〔三二〕其國外内有兵天喪人民改立侯王　按漢書卷二六天文六作「其國外内有兵與喪，民人乏饑，改立王公」。晉書卷一二天文中、宋史卷五二天文五並作「其國外内有兵與喪，百姓饑乏，改立侯王」。史記卷二七天官書正文與注文引正義文字均與以上三書略同，疑通考有脱文。

〔三三〕是謂太陽　「太陽」，漢書卷二六天文六作「大湯」，注引晉灼曰：「湯猶盪滌也。」宋史卷五二天文五同漢書。史記卷二七天官書五作「大陽」，晉書卷一二天文中同史記。疑作「大湯」是。

〔三四〕歲政緩則不行　「歲」原作「爲」，據漢書卷二六天文六、晉書卷一二天文中、隋書卷二〇天文中改。開元占經卷二三作「政緩則歲不行」，義同三書。

〔三五〕緩則不出急則不入　「出」與「入」二字原舛，據漢書卷二六天文六、晉書卷一二天文中及下文乙正。

〔三六〕緩則不出急則不入　原作「緩則不入」，脱「不出急則」四字，據漢書卷二六天文六、晉書卷一二天文中、隋書卷二〇天文中補。開元占經作「太白，政緩則不出，急則不入」，義同三書。

〔三七〕中國利　「利」字原脱，據史記卷二七天官書五、晉書卷一二天文中、開元占經卷一八及殿本考證補。

〔三八〕行去日稍遲　「遲」，隋書卷二〇天文中作「遠」。

〔三九〕亂行則爲天矢彗孛　「矢」原作「失」，據晉書卷一二天文中及殿本考證改。

〔四〇〕夕應見在處暑後霜降前者　「者」字原脱，據隋書卷二〇天文中補。

〔四一〕然則降姬而嬴　據文義，「嬴」疑作「嬴」，係指嬴秦之姓。

〔四二〕觀乎天文以察時變　「天」原作「人」，按易賁：「觀乎天文，以察時變」，據改。

〔四三〕在四孟四季則行二宿　「行」原作「在」，按史記卷二七天官書五正義引晉灼云：「太歲在四孟四季則歲行一宿。」宋史卷五二天文五亦作「行」，據改。

〔四四〕歲星每年行一百四十五分　「年」字原脱，據宋史卷五二天文五及上下文補。

〔四五〕歲星每年行一百四十五分　「五」字原脱，據宋史卷五二天文五及上文補。

〔四六〕固有逆順　「有」，宋史卷五二天文五作「無」。

〔四七〕七寸以内光芒相及曰犯　「七」字原脱，史記卷二七天官書五注引集解孟康云：「犯，七寸以内光芒所及也。」今據補。

卷二百八十一　象緯考四

瑞變各星及雲氣名狀

隋天文志：梁奉朝請祖暅，天監中，受詔集古天官及圖緯舊説，撰天文録三十卷。逮周氏克梁，獲庾季才，爲太史令，撰靈臺祕苑一百二十卷，占驗益備。今略其雜星、瑞星、妖星、客星、流星及雲氣名狀，次之於此云。

瑞星

一曰景星，如半月，生於晦朔，助月爲明。或曰，星大而中空。或曰，三星，在赤方氣，與青方氣相連。黄星在赤方氣中，亦名德星。二曰周伯星，黄色，煌煌然，所見之國大昌。三曰含譽，光耀似彗，喜則含譽射。四曰格澤，如炎火，下大上兑，色黄白，起地而上。見則不種而獲，有土功，有大客〔一〕。

中興天文志：瑞星有十二：一曰景星，一名德星。二曰周伯，三曰含譽，四曰王蓬芮，五曰格澤，六曰玄保，七曰昭明，八曰昏昌，九曰旬始，十曰司危，十一曰菟昌，十二曰地維臧光。瑞星，五行之冲和氣也，五行順樂旺相喜合之所生也。周伯，王蓬芮，皆古者高世不仕之人。王其姓，蓬芮其名。周伯其姓字也。其精爲星，帝命之爲瑞星。三家義同。然考之晉志，瑞星止四星，其周伯又於客星見之，無王蓬芮。而客星則有王蓬絮芮，所至之國非福也。而三家所言妖星，則別有蓬星焉，曰蓬絮芮，曰蓬星，其言福禍不同，豈各有據乎？並存之。又晉志無玄保以下七星，其昭明、司危、地維臧光，則皆爲妖星。若隋志則因晉志，而又無格澤，疑當從晉志。

星雜變

一曰星晝見，若星與日並出，名曰嫁女。星與日争光，武且弱，文且强，女子爲王，在邑爲喪，在野爲兵。又曰，臣有姦心，上不明，臣下從横，大水浩洋。又曰，星晝見，虹不滅，臣蔽主明，星奪日光，天下有立王。二曰恒星不見。恒星者，在位人君之類。不見者，象諸侯之背畔，不佐王者奉順法度，無君之象也。又曰，恒星不見，主不嚴，法度消。又曰，天子失政，諸侯横暴。又曰，常星列宿不見，象中國諸侯微滅也。三曰星鬭。星鬭天下大亂。四曰星摇。星摇人衆將勞。五曰星隕。大星隕下，陽失其位，災害之萌也。又曰，衆星墜，人失其所也。凡星所墜，國易政。又曰，星墜，當其下有戰場，天下亂，期三年。又曰，奔星之所墜，其下有兵，列宿之所墜，滅家邦，衆星之所墜，衆庶亡。又曰，填星墜，海水溢，黄星騁，海水躍。又曰，黄星墜，海水傾。亦曰，牘星墜而渤海決。星隕如雨，天子微，諸侯力政，五伯代興，更爲盟主，衆暴寡，大并小。又曰，星辰附離天，猶庶人附離王者也。王者失道，綱紀廢，下將畔去。故星畔天而隕，以見其象。國有兵凶，則星墜爲鳥獸。天下將亡，則星墜爲飛蟲。天下大兵，則星墜爲金鐵。天下有水，則星墜爲土。國主有兵，則星墜爲草木，兵起，國主亡，則星墜爲沙。星墜，爲人而言者，善惡如其言。又曰，國有大喪，則星墜爲龍。

流星

流星，天使也。自上而降曰流，自下而升曰飛。大者曰奔，奔亦流星也。星大者使大，星小者使小。聲隆隆者，怒之象也。行疾者期速，行遲者期遲。大而無光者，衆人之事。小而光者，貴人之事。大而光者，其人貴，且衆也。乍明乍滅者，賊敗成也。前大後小者，恐憂。前小後大者，喜事也。蛇行者，姦事也。往疾者，往而不返也。長者，其事長久也。短者，事疾也。奔星所墜，其下有兵。無風雲，有流星見，良久間乃入。爲大風發屋折木。小流星百數四面行者，庶人流移之象。流星異狀，名占不同。今略古書及荆州占所載云。

流星之尾長二三丈，暉然有光竟天，其色白者，主使也，色赤者，將軍使也。流星有光，其色黄白者，從天墜有音，如炬熛火下地，野雉盡鳴，斯天保也。所墜國安有喜，若水。流星其色青赤，名曰地鴈，其所墜者起兵。流星有光青赤，其長二三丈，名曰天鴈，軍之精華也。其國起兵，將軍當從星所之。流星暉然有光，白，長竟天者，人主之星也，主相將軍從星所之。凡星如甕者，爲發謀起事。大如桃者爲使事。流星大如缶，其光赤黑，有喙者，名曰梁星，其所墜之鄉有兵，君失地。

飛星大如缶若甕，後皎然白，前卑後高，此謂頓頑，其所從者多死亡，削邑而不戰。有飛星大如缶若甕，後皎然白，前卑後高，摇頭，乍上乍下，此謂降石，所下民食不足。飛星大如缶若甕，後皎然白，星滅後，白者曲環如車輪，此謂解銜。其國人相斬爲爵禄，此謂自相齧食。有飛星大如缶若甕，其後皎然白，長數丈，星滅後，白者化爲雲流下，名曰大滑〔一二〕，所下有流血積骨。有飛星大如缶若甕，後皎白，縵縵然，長可十餘丈而委曲，名曰天刑，一曰天飾，將軍均封疆。

天狗，狀如大奔星，色黄有聲，其止地類狗，所墜，望之如火光，炎炎衝天，其上鋭，其下圓，如數頃田處。或曰，星有毛，旁有短彗，下有狗形者。或曰，星出，其狀赤白有光，下即爲天狗。一曰，流星有光，見人面，墜無音，若有足者，名曰天狗。其色白，其中黄，黄如遺火狀，主候兵討賊。見則四方相射，千里破軍殺將。或曰，五將鬬，人相食，所往之鄉有流血。其君失地，兵大起，國易政，戒守禦。餘占同前。營頭，有雲如壞山墮，所謂營頭之星。所墮，其下覆軍，流血千里。亦曰流星晝隕名營頭。

中興天文志：流星有八：一曰天使，二曰天暉，三曰天鴈，四曰天保，五曰地鴈，六曰梁星，七曰營頭，八曰天狗。自上而降曰流，東西横行亦曰流，奔亦流也。流星之爲天使者，有祥有妖。流星之爲天暉、天鴈者，祥。流星夜隕而爲天保者，亦祥。流星夜隕而爲地鴈、爲梁星者，妖。流星晝隕或夜隕而爲營頭者，亦妖。流星之大者爲奔星，奔星夜隕而爲天狗，其妖甚矣。飛星有五：一曰天刑，二曰降石，三曰頓頑，四曰解銜，五曰大滑。自下而升曰飛，飛星之爲天刑者祥。自降石以下皆妖。

妖星

妖星者，五行之氣，五星之變，各見其方，以爲殃災。各以其日五色占，知何國吉凶決矣。行見無道之國，失禮之邦，爲兵爲饑，水旱死亡之徵也。又曰，凡妖星所出，形狀不同，爲殃如一。其出不過一年，若三年，必有破國屠城。其君死，天下大亂，兵士亂行，戰死於野，積尸從横。餘殃不盡，爲水旱兵饑疾疫之殃。又曰，凡妖星出見，長大，災深期遠；短小，災淺期近。三尺至五尺，期百日。五尺至一丈，期一年。一丈至三丈，期三年。三丈至五丈，期五年。五丈至十丈，期七年。十丈以上，期九年。審以察之，其災必應。

一曰彗星，所謂掃星，本類星，末類彗，小者數寸，長或竟天。見則兵起，大水。主掃除，除舊布新。有五色，各依五行本精所主。史臣按，彗體無光，傅日而爲光，故夕見則東指，晨見則西指。在日南北，皆隨日光而指。頓挫其芒，或長或短，光芒所及則爲災。二曰孛星，彗之屬也。偏指曰彗，芒氣四出曰孛。孛者，孛孛然非常，惡氣之所生也。内不有大亂，外則有大兵，天下合謀，闇蔽不明，有所傷害。晏子曰：「君若不改〔三〕，孛星將出，彗星何懼乎？」由是言之，災甚於彗。三曰天棓，一名覺星，本類星，末鋭，長四丈。或出東北方西方，主奮争。四曰天槍，其出不過三月，必有破國亂君，伏死其辜，殃之不盡，當爲旱饑暴疾。五曰天欃，石氏曰：雲如牛狀。甘氏曰，本類星，末鋭。巫咸曰，彗星出西方，長可二三丈，主捕制。六曰蚩尤旗，類彗而後曲，象旗。或曰，赤雲獨見。或曰，其色黄上白下。或曰，若植雚而長，名曰蚩尤之旗。或曰，如箕，可長二丈，末有星。主伐枉逆，主惑亂，所見之方下有兵，兵大起；

不然，有喪。七曰天衝，出如人，蒼衣赤頭，不動，見則臣謀主，武卒發，天子亡。八曰國皇，大而赤，類南極老人星。或曰，去地三丈，如炬火，主内寇内難。或曰，其下起兵，兵强。或曰，外内有兵喪。九曰昭明，象如太白，光芒，不行。或曰，大而白，無角〔四〕，乍上乍下。一曰，赤彗分爲昭明，昭明滅光，以爲起霸起德之徵，所起國兵多變。一曰，大人凶，兵大起。十曰司危，如太白，有目。或曰，出正西，西方之野星，去地有六丈，大而白。或曰，大而有毛，兩角。或曰，類太白，數動，察之而赤，爲乖争之徵，主擊强兵。見則主失法，豪傑起，天子以不義失國，有聲之臣行主德。十一曰天讒〔五〕，彗出西北，狀如劍，長四五丈。或曰，如鈎，長四丈。或曰，狀白小，數動，主殺罰。出則其國内亂，其下相讒，爲饑兵，赤地千里，枯骨藉藉。十二曰五殘，一名五鋒〔六〕，出正東，東方星之狀類辰〔七〕，可去地六七丈。或曰，蒼彗散爲五殘，如辰星，出角。或曰，星表有氣如暈，有毛。或曰，大而赤，數動，察之而青，主乖亡，爲五分，毁敗之徵，亦爲備急兵。見則主誅，政在伯，野亂成，有急兵，有喪，不利衝。十三曰六賊，見出正南，南方之星。去地可六丈，大而赤，動有光。或曰，形如彗。五殘、六賊出，禍合天下，逆侵關樞，其下有兵，衝不利。十四曰獄漢，一名咸漢，出正北，北方之野星，去地可六丈，大而赤，數動，察之中青。或白，赤表，下有三彗從横。主逐王，主刺王。出則陰精横，兵起其下。又爲喪，動則諸侯驚。十五曰旬始，出北斗旁，如雄鷄。其怒，有青黑，象伏鼈。或曰，怒，雌也，主争兵。又曰，黄彗分爲旬始，爲立主之題，主亂，主招横。見則臣亂兵作，諸侯虐，期十年，聖人起伐〔八〕，群猾横恣。或曰，出則諸侯雄鳴。十六曰天鋒，彗象矛鋒。天下從横，則天鋒星見。十七曰燭星，如太白。其出也不行，見則不久而滅。或曰，主星上有三彗上出，所出城邑亂，有大盜不成，又以五色占。十八曰蓬星，大如二斗器，色白，一名王星。狀如夜火之光，多至四五，少一二。一曰，蓬星在西南，長數丈，左右兑。出而易處。星見，不出三年，有亂臣戮死。又曰，所出大水大旱，五穀不收，人相食。十九曰長庚，如一疋布著天。見則兵起。二十曰四鎮，星出四隅，去地六丈餘，或曰可四丈。或曰，星大而赤，去地二丈，常以夜半時出。見，十月而兵起，皆爲兵起其下。二十一曰地維藏光，出四隅。或曰，大而赤，去地二三丈，如月始出。見則下有亂，亂者亡，有德者昌。

河圖云：歲星之精，流爲天棓、天槍、天猾、天衝、國皇、反登、蒼彗。

熒惑散爲昭旦蚩尤之旗、昭明、司危、天欃、赤彗。

鎮星散爲五殘〔九〕、獄漢、大賁、昭星、絀流、旬始、蚩尤、虹蜺、擊咎、黄彗。

太白散爲天杵、天柎、伏靈、大敗、司姦、天狗、天殘、卒起、白彗。

辰星散爲枉矢、破女、拂樞、滅寶、繞廷〔一〇〕、驚理、大奮祀、黑彗。

五色之彗，各有長短，曲折應象。

漢京房著風角書，有集星章〔一一〕，所載妖星，皆見於月旁，互有五色方雲，以五寅日見，各有五星所生云。

天槍、天根、天荆、真若、天猿〔一二〕、天樓、天垣，皆歲星所生也。見以甲寅，其星咸有兩青方在其旁。

天陰、晉若、官張、天惑、天雀、赤若、蚩尤，皆熒惑之所生。出在丙寅日，有兩赤方在其旁。

天上、天伐、從星、天樞、天翟、天沸、荆彗，皆鎮星之所生也。出在戊寅日，有兩黄方在其旁。

若星、帚星、若彗、竹彗、墻星、𧜟星〔一三〕、白藿，皆太白之所生也。出在庚寅日〔一四〕，有兩白方在其旁。

天美、天毚、天社、天麻、天林、天蒿、端下，皆辰星之所生也。出以壬寅日〔一五〕，有兩黑方在其旁〔一六〕。

以前三十五星，即五行氣所生，皆出於月左右方氣之中，各以其所生星將出不出日數期候之，當其未出之前而見，見則有水旱兵喪饑亂；所指亡國失地，王死破軍殺將。

中興天文志：凡妖星，五行之乖戾氣也。五行掩合陵犯，怒逆錯亂，流散雜變之所生也。孛本黄帝時一女子，修行不得其死。蚩尤則黄帝所誅者，亦五行戾氣之所蓄結而爲之者也。按申須、公羊、杜預、郭璞俱以彗、孛爲一星。左氏昭十七年，有星孛於大辰。魯申須曰，彗所以除舊布新也。公羊曰，孛者何？彗星也。文公十四年，有星孛於北斗。杜預曰，孛，彗也。郭璞釋爾雅曰，彗，妖星也，亦謂之孛。綜其實不然。彗、孛、長三星，其占略同，而其形少異。孛星光芒短，其光四出，蓬蓬孛孛然。彗星光芒長，參之如掃帚。長星光芒有一直，或竟天，或十丈，或三十丈。宋均注鈎命決曰彗，五彗也。蒼則王侯破，天子苦兵。赤則賊起，强國恣。黄則女害色，權奪於后妃。白則將軍逆，二年兵大作。黑則水精賊，江河决，賊處處起。史記：彗出東井，東井齊分，景公以爲憂。晏子曰，君高臺深池，賦斂如弗得，刑罰恐弗勝，孛星將出，彗星何懼乎？然則孛甚彗也。董仲舒曰，孛者，乃非常惡氣之所生也。大率孛、彗爲除舊布新，火災，長星爲兵革事。

又曰：變星，天官書及漢、晉、隋志所載紛雜，象位色占或相抵迕，蓋祥妖之所係，知者不傳，傳者不真。往哲先賢，心口相授，不著之書，以爲國之重事故也。今訂其繁重，削其繆妄，定正其數，而存其名。晉、隋志又載漢京房風角書云，五緯所生妖星三十五，旁各有五色方雲，常見月左右。木、火、金、水各生所屬宿中，惟鎮星所生無所從出。又載河圖説云，五緯之精，散爲妖星又三十五，既多複出不可考，而其分隸亦往往傳會難信云。

客星

客星者，周伯、老子、王蓬絮、國皇、温星，皆客星也。行諸列舍，十二國分野，各在其所臨之邦，所守之宿，以占吉凶。周伯，大而色黄，煌煌然。見，其國兵起，若有喪，天下饑，衆庶流亡去其鄉。瑞星中名狀與此同而占異。老子，明大色白，淳淳然。所出之國，爲饑，爲凶，爲善，爲惡，爲喜，爲怒。常出見則兵大起，人主有憂。王者以赦除咎則災消。王蓬絮，狀如紛絮，拂拂然。見則其國兵起，若有喪，白衣之會，其邦饑亡。又曰，王蓬絮，星色青，而熒熒然。所見之國風雨不如節，焦旱，物不生，五穀不成登，蝗蟲多。國皇星，出而大，其色黄白，望之有芒角。見則兵起，國多變，若有水饑，人主惡之，衆庶多疾。温星，色白而大，狀如風動摇，常出四隅。出東南，天下有兵，將軍出於野。出東北，當有千里暴兵。出西北，亦如之。出西南，其國兵喪並起，若有大水，人饑。又曰，温星出東南，爲大將軍服屈不能發者。出於東北，暴骸三千里，出西亦然。

凡客星見其分，若留止，即以其色占吉凶。星大事大，星小事小。星色黄得地，色白有喪，色青有憂，色黑有死，色赤有兵，各以五色占之，皆不出三年。又曰，客星入列宿中外官者，各以其所出部舍官名爲其事，近之者爲其謀，其下之國，皆受其禍。以所守之舍爲其期，以五氣相賊者爲其使。

中興天文志：客星有三：一曰老子，二曰國皇，三曰温星。老子一星休咎半之，國皇、温星皆爲咎徵。老子非李耳，古之有德行而不仕，老而有壽之人。國皇者，國星也，不知何國人。温星者，温其姓，古之有操行不仕者也。三人者，其精皆爲星，帝命之爲客星，錯出乎五緯之間，其見無期，其行無度。晉志無國星、温星，而有周伯、王蓬絮芮。又有盜星種陵、天狗、女帛之爲凶也。隋志五星，周伯、蓬絮同晉志，其三星與此同。然周伯晉志以爲祥，隋志以爲妖。

雲氣

瑞氣，一曰慶雲，若烟非烟，若雲非雲，郁郁紛紛，蕭索輪囷，是謂慶雲，亦曰景雲。此喜氣也，太平之應。二曰歸邪，如星非星，如雲非雲。或曰星有兩赤彗上向，有蓋，下連星。見，必有歸國者。三曰昌光，赤，如龍狀，聖人起，帝受終，則見。

妖氣，一曰虹蜺，日旁氣也。斗之亂精。主惑心，主内淫，主臣謀君，天子詘〔一七〕，后妃顓，妻不一。二曰牂雲，如狗，赤色長尾，爲亂君，爲兵喪。

十煇

周禮，眡祲氏掌十煇之法，以觀妖祥，辨吉凶。一曰祲，謂陰陽五色之氣浸淫相侵。或曰，抱珥背璚之屬，如虹而短是也。二曰象，謂雲氣成形象如赤烏夾日以飛之類是也。三曰鑴，日旁氣，刺日，形如童子所佩之鑴。四曰監，謂雲氣臨在日上也。五曰闇，謂日月蝕，或日光脱也〔一八〕。六曰瞢，謂瞢瞢不光明也。七曰彌，謂白虹彌天而貫日也。八曰序，謂氣若山而在日上。或曰，冠珥背璚，重叠次序，在於日旁也。九曰隮，謂暈氣也。或曰，虹也。詩所謂「朝隮於西」者也。十曰想，謂氣五色，有形想也，青饑，赤兵，白喪，黑憂，黄熟。或曰，想，思也，赤氣爲人獸之形，可思而知其吉凶也。

凡遊氣蔽天，日月失色，皆是風雨之候也。沉陰，日月俱無光，晝不見日，夜不見星，有雲障之，兩敵相當，陰相圖議也。日濛濛無光，士卒内亂。又曰，數日俱出，若鬬，天下兵起，大戰。日鬬，下有拔城。日戴者，形如直狀，其上微起，在日上爲戴。戴者，德也，國有喜也。一云，立日上爲戴。青赤氣抱在日上，小者爲冠，國有喜事。青赤氣小而交於日下爲纓。青赤氣小而圓，一二在日下者爲紐。青赤氣如小半暈狀，在日上爲負，負者得地爲喜。又曰，青赤氣長而斜倚日旁爲戟。青赤氣圓而小，在日左右爲珥，黄白者有喜。又曰，有軍，日有一珥爲喜。在日西，西軍戰勝。在日東，東軍戰勝。南北亦如之。無軍而珥爲拜將。又日旁如半環，向日爲抱。青赤氣如月初生，背日者爲背。又曰，背氣青赤而曲，外向爲叛象，分爲反城。璚者如帶，璚在日四方。青赤氣長而立旁，爲直。日旁有一直，敵在一旁，欲自立，從直所擊者勝。日旁有二直三抱，欲自立者不成，順抱擊者勝，殺將。氣形三角，在日四方爲提。青赤氣横在日上下爲格。氣如半暈，在日下爲承，承者，臣承君也。又曰，日下有黄氣三重若抱，名曰承福，人主有吉喜，且得地。青白氣如履，在日下者爲履。日旁抱五重，戰順抱者勝。日一抱一背爲破走，抱者，順氣也；背者，逆氣也。兩軍相當，順抱擊逆者勝，故曰破走。日抱且兩珥，一虹貫抱至日〔一九〕，順虹擊者勝，殺將。日抱兩珥且璚，二虹貫抱至日，順虹擊者勝。日重抱，内有璚，順抱擊者勝。亦曰軍内有欲反者。日重抱，左右二珥，有白虹貫抱，順抱擊勝，得二將。有三虹，得三將。日抱黄白潤澤，内赤外青，天子有喜，有和親來降者。軍不戰，敵降，軍罷。色青黄，將喜；赤，將兵争；白，將有喪；黑，將死。日重抱且背，順抱擊者勝，得地，若有罷師。日重抱，抱内外有璚，兩珥，順抱擊者勝，破軍，軍中不和，不相信。日旁有氣，圓而周匝，内赤外青，名爲暈。日暈者，軍營之象。周環匝日無厚薄，敵與軍勢齊等。若無軍在外，天子失御，民多叛。日暈有五色，有喜。不得五色者，有憂。

凡占，兩軍相當，必謹審日月暈氣，知其所起，留止遠近，應與不應，疾遲，大小，厚薄，長短，抱背爲多少，有無，實虚，久亟，密疏，澤枯。相應等者勢等。近勝遠，疾勝遲，大勝小，厚勝薄，長勝短，抱勝背，多勝少，有勝無，實勝虚，久勝亟，密勝疏，澤勝枯。重背，大破；重抱，爲和親，抱多，親者益多。背爲天下不和、分離相去，背於内者離於内，背於外者離於外也。

凡占，分離相去，赤内外青，以和相去；青内赤外，以惡相去。日暈明久，内赤外青，外人勝；内青外赤，内人勝；内黄外青黑，内人勝；外黄内青黑，外人勝；外白内青，外人勝；内白外青，内人勝；内黄外青，外人勝；内青外黄，内人勝。日暈周匝，東北偏厚，厚爲軍福，在東北戰勝，西南戰敗。日暈，黄白，不鬬兵未解；青黑，和解分地；色黄，土功動，人不安；日色黑，有水，陰國盛。日暈七日無風雨，兵大作，不可起，衆大敗。不及日蝕，日暈而明，天下有兵，兵罷；無兵，兵起不戰。日暈始起，前滅而後成者，後成面勝。日暈，有兵在外者，主人不勝。日暈，内赤外青，群臣親外；外赤内青，群臣親内其身，身外其心。日有朝夕暈，是謂失地，主人必敗。日暈而珥，主有謀，軍在外，外軍有悔。日暈抱珥上，將軍易。日暈而珥如井幹者，國亡，有大兵交。日暈上西，將軍易，兩敵相當。日暈兩珥，平等俱起而色同，軍勢等，色厚潤澤者賀喜。日暈有直珥爲破軍，貫至日爲殺將。日暈圓且戴，國有喜，戰從戴所擊者勝，得地。日暈而珥背左右，如大車輞者，兵起，其國亡城，兵滿野而城復歸。日暈，暈内有珥一抱，所謂圍城者，在内，内人則勝。日暈有重抱，後有背，戰順抱者勝，得地有軍。日暈有一抱，抱爲順，貫暈内，在日西，西軍勝，有軍。日暈有一背，背爲逆，在日西，東軍勝。餘方放此。日暈而背，兵起其分失城。日暈有背，背爲逆，有降叛者，有反城。在日東，東有叛。餘方放此。日暈背氣在暈内，此爲不和，分離相去。其色青外赤内，節臣受王命有所之。日暈上下有兩背，無兵兵起，有兵兵入。日暈四背在暈内，名曰不和，有内亂。日暈而四背如大車輞者四提，設其國衆在外，有反臣。日暈四提，必有大將出亡者。日暈有四背璚，其背端盡出暈者，反從内起。日暈而兩珥在外，有聚雲在内與外，不出三日，城圍出戰。日暈有背珥直，而有虹貫之者，順虹擊之，大勝，得地。日暈，有白虹貫暈至日，從虹所指戰勝，破軍殺將。日暈，有虹貫暈，不至日，戰從貫所擊之勝，得小將。日暈有一虹貫暈内，順虹擊者勝，殺將。日暈，二白虹貫暈有戰，客勝。日重暈，有四五白虹氣，從内出外，以此圍城，主人勝，城不拔。又曰重暈，攻城圍邑不拔。日暈二重，其外清内濁不散，軍會聚。日暈三重，有拔城。日交暈無厚薄，交爭，力勢均厚者勝。日交暈，人主左右有争者，兵在外戰。日在暈上，軍罷。交暈貫日，天下有破軍死將。日交暈而争者先衰，不勝即兩敵相向。交暈至日月，順以戰勝，殺將。一法日在上者勝。日有交者，赤青如暈狀，或如合背，或正直交者，偏交也，兩氣相交也，或相貫穿，或相向，或相背也。交主内亂，軍内不和。日交暈如連環，爲兩軍兵起，君争地。日有三暈，軍分爲三。日方暈而上下聚二背，將敗人亡。日暈若井垣，若車輪，二國皆兵亡。又曰，有軍。日暈不匝，半暈在東，東軍勝〔二〇〕。南北亦如之。日暈如車輪半，軍在外者罷。日半暈東向者，西夷羌胡來入國。半暈西向者，東夷人欲反入國。半暈北向者，南夷人欲反入國。半暈南向者，北夷人欲反入國。又曰，軍在外，月暈師上，其將戰必勝。月暈黄色，將軍益秩禄，得位。月暈有兩珥，白虹貫之，天下大戰。月暈而珥，兵從珥攻擊者利。月暈有蜺雲乘之以戰，從蜺所往者大勝。月暈，虹蜺直指暈至月者，破軍殺將。

雜氣

天子氣，内赤外黄四方，所發之處，當有王者；若天子欲有遊往處，其地亦先發此氣；或如城門隱隱在氣霧中，恒帶殺氣，森森然。或如華蓋在氣霧中，或氣象青衣人，無手，在日西；或如龍馬；或雜色鬱鬱衝天者。此皆帝王氣。

猛將之氣，如龍，如猛獸；或如火烟之狀；或白如粉沸；或如火光之狀，夜照人；或白而赤氣繞之〔二〕，或如山林竹木；或紫黑如門上樓；或上黑下赤狀似黑旌；或如張弩；或如埃塵，頭銳而卑，本大而高，此皆猛將之氣也。氣發漸漸如雲，變作山形，將有深謀。

凡軍勝之氣，如堤如坂，前後磨地。或如火光，將軍勇，士卒猛；或如山堤，山上若林木，將士驍勇；或如埃塵粉沸，其色黄白；或如人持斧向敵；或如蛇舉首向敵；或氣如覆舟，雲如牽牛；或有雲如鬬鷄，赤白相連〔三〕，在氣中；或發黄氣，皆將士精勇。

凡氣，上黄下白，名曰善氣。所臨之軍，敵欲求和退。

凡負氣，如馬肝色，或如死灰色；或類偃蓋；或類偃魚；或黑氣如壞山墜軍上者，名曰營頭之氣；或如群羊群猪在氣中，此衰氣也；或如懸衣，如人相隨；或紛紛如轉蓬；或如揚灰；或雲如卷席，如匹布亂穰者，皆爲敗徵。氣如繫牛，如人卧，如雙蛇，如飛鳥，如决隄垣，如壞屋，如驚鹿相逐，如兩鷄相向，此皆爲敗軍之氣。

凡降人氣，如人十十五五，皆叉手低頭；又云，如人叉手相向；或氣如黑山，以黄爲緣者，皆欲降伏之象也。

凡堅城上，有黑雲如星，曰軍精。或白氣如旌旗，或青雲黄雲臨城，皆有大喜慶。或氣青色如牛頭觸人；或城上氣如烟火，如雙蛇，如杵形向外，或有雲分爲兩彗狀者，皆不可攻。

凡屠城之氣，或赤如飛鳥，或赤如敗車，或有赤黑氣如貍皮斑，或城中氣聚如樓，出見於外；營上有雲如衆人頭，赤色，其城營皆可屠。氣如雄雉臨城，其下必有降者。

凡伏兵，有黑色〔二三〕，渾渾圓長，赤氣在其中；或白氣粉沸，起如樓狀；或如幢節狀，在烏雲中；或如赤杵在烏雲中；或如烏人在赤雲中。

凡暴兵氣，白，如瓜蔓連結，部隊相逐，須臾罷而復出；或白氣如仙人，如仙人衣千萬連結，部隊相逐，罷而復興，當有千里兵來；或氣如人持刀楯，雲如人，色赤，所臨城邑有卒兵至；或赤氣如人持節，兵來未息，雲如方虹，此皆有暴兵之象。

凡戰氣，青白如膏；如人無頭；如死人臥；如丹蛇，赤氣隨之，必大戰，殺將。四望無雲，見赤氣如狗入營，其下有流血。

凡連陰十日，晝不見日，夜不見月，亂風四起，欲雨而無雨，名曰蒙，臣有謀。霧氣若晝若夜，其色青黄，更相奄冒，乍合乍散，亦然。視四方常有大雲五色具者，其下賢人隱也。青雲潤澤蔽日，在西北，爲舉賢良。雲氣如亂穰，大風將至，視所從來避之〔二四〕，雲甚潤而厚，大雨必暴至。四始之日，有黑雲氣如陣，厚大重者，多雨。氣若霧非霧，衣冠不濡，見則其城帶甲而趣。日出没時，有霧雲横截之，白者喪，烏者驚，三日内雨者各解。有雲如蛟龍，所見處將軍失魄。有雲如鵠尾〔二五〕，來蔭國上，三日亡。有雲赤黄色，四塞，終日竟夜照地者，大臣縱恣。有雲如氣，昧而濁，賢人去，小人在位。

凡白虹者，百殃之本，衆亂所基。霧者，衆邪之氣，陰來冒陽。

凡白虹霧，姦臣謀君，擅權立威。晝霧夜明，臣志得申。凡夜霧白虹見，臣有憂。晝霧白虹見，君有憂。虹頭尾至地，流血之象。

凡霧氣不順四時，逆相交錯，微風小雨，爲陰陽氣亂之象。積日不解〔二六〕，晝夜昏闇，天下欲分離。

凡天地四方昏濛若下塵，十日五日以上，或一月，或一時，雨不沾衣而有土，名曰霾。故曰，天地霾，君臣乖。

凡海旁蜄氣象樓臺，廣野氣成宮闕。北夷之氣如牛羊群畜穹廬，南夷之氣類舟船幡旗。自華以南，氣下黑上赤，嵩高、三河之郊，氣正赤，恒山之北，氣青；渤碣海岱之間，氣皆正黑；江淮之間，氣皆白；東海氣如員簦；附漢河水，氣如引布。江漢氣勁如杼，濟水氣如黑㹠，渭水氣如狼白尾，淮南氣如白羊，少室氣如白兔青尾，恒山氣如黑牛青尾。東夷氣如樹，西夷氣如室屋，南夷氣如闍臺，或類舟船。陣雲如立垣。雲類軸摶，兩端兑〔二七〕。杓雲如繩，居前亘天，其半半天，其蛪者類闕旗。故鉤雲句曲。諸此雲見，以五色占，而澤摶密，其見動人，及有兵必起〔二八〕，合鬭其直。雲氣如三疋帛，廣前兑後，大軍行氣也。韓雲如布，趙雲如牛，楚雲如日，宋雲如車，魯雲如馬，衛雲如犬，周雲如車輪，秦雲如行人，魏雲如鼠，鄭雲如絳衣，越雲如龍，蜀雲如囷。車氣乍高乍下，往往而聚。騎氣卑而布。卒氣摶，前卑後高者疾。前方而高，後鋭而卑者却。其氣平者其行徐。前高後卑者，不止而返。校騎之氣，正蒼黑，長數百丈。遊兵之氣如彗掃，一云長數百丈，無根本。喜氣上黄下赤，怒氣上下赤，憂氣上下黑，土功氣黄白，徙氣白。

凡候氣之法，氣初出時，若雲非雲，若霧非霧，髣髴若可見。初出森然，在桑榆上，高五六尺者，是千五百里外。平視則千里，舉目望則五百里，仰瞻中天則百里内。平望，桑榆間二千里；登高而望，下屬地者三千里。敵在東，日出候之；在南，日中候之；在西，日入候之；在北，夜半候之。軍上氣，高勝下，厚勝薄，實勝虚，長勝短，澤勝枯。氣見以知大。占期内有大風雨，久陰，則災不成。

天變

洪範傳曰：「清而明者，天之體也。天忽變色，是謂易常。天裂，陽不足，是謂臣强。天裂見人，兵起國亡。天鳴有聲，至尊憂且驚。皆亂國之所由生也。」

漢孝惠帝二年，天開東北，廣十餘丈，長二十餘丈。天裂，陽不足，下强盛，將害上之變也。其後有吕氏之禍。

晉惠帝元康二年二月，天西南大裂。天裂，陽不足，是時人主昏瞀，妃后專制。太安二年八月庚午〔二九〕，天中裂爲二，有聲如雷者三。君道虧而臣下專僭之象也。是日〔三〇〕，長沙王奉帝出距成都、河間二王，後成都、河間、東海又迭專威命，是其應也。

元帝太興二年八月戊戌，天鳴東南，有聲如風水相薄。京房易妖占曰：「天有聲，人主憂。」三年十月壬辰，天又鳴，甲午止。其後王敦入石頭，王師敗績。元帝屈辱於强臣〔三一〕，既而晏駕，大耻不雪。

穆帝升平五年八月己卯，天中裂，廣三四丈，有聲如雷，野雉皆鳴。是後哀帝荒疾，海西失德，皇太后臨朝，太宗總萬機，桓温專權，威震内外，陰氣盛，陽氣微。

安帝隆安五年閏月癸丑，天東南鳴。六年九月戊子，天東南又鳴。是後桓玄篡位，安帝播越，憂莫大焉。嗚每東南者，蓋中興江外，天隨之而鳴也。 義熙元年八月，天鳴在東南。京房易傳曰：「萬姓勞，厥妖天鳴。」是時安帝雖反正，而兵革歲動，衆庶勤勞也。

梁武帝天監十三年二月庚辰朔，震於西南，天如裂〔三二〕。 中大同元年六月辛巳，竟天有聲，如風水相薄。 太清二年六月，天裂於西北，長十丈，闊二丈，光出如電，其聲若雷。 十二月戊申，天西北裂，有光如火。

陳宣帝太建十三年九月癸未夜，天東南有聲，如風水相激，三夜乃止。 十四年八月癸未，天有聲，如風水相激。 九月辛亥夜，天東北有聲，如蟲飛，漸移西北。

後主至德元年九月丁巳，天東南有聲，如蟲飛。 十二月戊午夜，天開，自西北至東南，其內有青黃雜色，隆隆若雷聲。

隋文帝開皇二十年四月乙亥，天有聲，如瀉水，自南而北。

唐玄宗天寶十四載五月，天鳴，聲若雷。占曰：「人君有憂。」

德宗貞元二十一年八月，天鳴，在西北。

僖宗中和三年三月〔三三〕，浙西天鳴，若轉磨，無雲而雨。 元和十二年正月乙酉〔三四〕，星見而雨。占曰：「無雲而雨，是謂天泣。」

宋神宗熙寧元年七月戊子，丑之五刻，西南雲間有聲鳴，如風水相激寖周四方，主民勞兵革歲動。六年七月丙寅，丑之四刻，西北方雲間有聲，如磨物，主百姓勞。 七年七月庚子，丑之三刻，西北天鳴，主驚憂之事。

寧宗開禧元年六月壬寅，天鳴有聲，占：「人主憂驚，百姓勞失。」

校勘記

〔一〕有土功有大客　史記卷二七天官書五作「不有土功，必有大害」。漢書卷二六天文六作「不有土功，必有大客」。

〔二〕名曰大滑　「滑」原作「濆」，據元本、開元占經卷七一、晉書卷一二天文中、宋史卷五二天文五、隋書卷二〇天文中改。下同。

〔三〕君若不改　「改」原作「政」，據晉書卷一二天文中、隋書卷二〇天文中改。

〔四〕無角　中華書局標點本晉書卷一二天文中校勘記〔三〕云：「拾補：隋志中『無』作『有』。斠注：占經引作『有角』。」

〔五〕十一曰天讒　「讒」原作「欃」，按上文「五曰天欃」，此與之重複，又下文有「其下相讒」句，此當作「讒」，晉書卷一二天文中作「讒」，今據改。

〔六〕一名五鋒　「鋒」，晉書卷一二天文中、隋書卷二〇天文中均作「鏠」。

〔七〕出正東東方星之狀類辰　史記卷二七天官書五作「出正東東方之野。其狀類辰星」。正義曰：「出正東東方之分野，狀類辰星。」隋書天文中略同。晉書天文中作「出正東，東方之星。狀類辰」。似當從史記正義。

〔八〕聖人起伐　「伐」，標點本晉書卷一二天文中校勘記〔四〕：「拾補：『伐』當作『代』。」按隋書天文中作「代」。

〔九〕鎮星散爲五殘　此句下隋書卷二〇天文中、宋史卷五二天文五均有「六賊」二字。
〔一〇〕繞廷　「廷」，晉書卷一二天文中、宋史卷五二天文五均作「綖」。
〔一一〕有集星章　「星」字原脱，據晉書卷一二天文中、隋書卷二〇天文中及殿本考證補。
〔一二〕天猿　「猿」，晉書卷一二天文中作「榬」，開元占經卷八七作「轅」，隋書卷二〇天文中、宋史卷五二天文五均作「𢹂」。
〔一三〕𢹂星　「𢹂」，晉書卷一二天文中、隋書卷二〇天文中均作「榬」。
〔一四〕出在庚寅日　「庚」原作「壬」，據晉書卷一二天文中、隋書卷二〇天文中、宋史卷五二天文五及殿本考證改。
〔一五〕出以壬寅日　「壬」原作「庚」，據晉書卷一二天文中、隋書卷二〇天文中、宋史卷五二天文五及殿本考證改。
〔一六〕有兩黑方在其旁　「有」字原脱，據晉書卷一二天文中、隋書卷二〇天文中、宋史卷五二天文五及上文熒惑、鎮星、太白文例補。
〔一七〕天子詘　「天」原作「太」，據晉書卷一二天文中、隋書卷二〇天文中改。
〔一八〕或日光脱也　按晉書卷一二天文中作「或曰光脱也」，隋書卷二一天文下作「或日光暗也」，宋史卷五二天文五作「作蝕及日光脱」。
〔一九〕一虹貫抱至日　「抱」下原重「抱」字，據中華書局標點本晉書卷一二天文中校勘記〔八〕、隋書卷二一天文下校勘記〔一〕及文義删。
〔二〇〕半暈在東東軍勝　按，此句下隋書卷二一天文下有「在西西軍勝」五字，是。
〔二一〕或白而赤氣繞之　「氣」原作「黑」，據晉書卷一二天文中、隋書卷二一天文下改。
〔二二〕赤白相連　「連」，晉書卷一二天文中、隋書卷二一天文下作「隨」。

〔二三〕有黑色　「色」，晉書卷一二天文中、隋書卷二一天文下作「氣」。

〔二四〕視所從來避之　「避之」二字原脱，據中華書局標點本晉書卷一二天文中校勘記〔九〕、隋書卷二一天文下、開元占經卷九四補。

〔二五〕有雲如鵠尾　「鵠」原作「鵠」，據元本、晉書卷一二天文中、隋書卷二一天文下及殿本考證改。

〔二六〕積日不解　「不」字原脱，據晉書卷一二天文中、隋書卷二一天文下及殿本考證補。

〔二七〕陣雲如立垣雲類軸摶兩端兑　元本作「陣雲如立垣杼軸轉兩端兑」，史記卷二七天官書五作「陣雲如立垣。杼雲類杼。軸雲摶兩端兑」。漢書卷二六天文六作「陣雲如立垣。杼雲類杼。柚雲摶而耑鋭」。晉書卷一二天文中作「陣雲如立垣。杼軸雲類軸，摶，兩端兑」。隋書卷二一天文下同晉志。疑通考有脱文。

〔二八〕及有兵必起　按，史記卷二七天官書五、漢書卷二六天文六均作「乃有占，兵必起」。晉書卷一二天文中作「乃有兵必起」。但於校勘記〔一〇〕云：「拾補：『有』下脱『占』字，史記天官書有。」通考有脱誤，當從史記天官書。

〔二九〕太安二年八月庚午　「太安」原作「泰安」，據晉書卷四惠帝紀、卷一二天文中改。

〔三〇〕是日　中華書局標點本晉書卷一二天文中校勘記〔一二〕云：「御覽卷八七引『日』作『時』，疑是。蓋惠帝紀，長沙王奉帝出拒二王在八月乙丑，非庚午。若作『是時』，則較切合。」是。

〔三一〕元帝屈辱於强臣　按，晉書卷一二天文中「於」字前有「制」字，於義爲妥。

〔三二〕震於西南天如裂　原作「天震西南如裂」，據元本、南史卷六梁武帝紀改。

〔三三〕僖宗中和三年三月　「中和」原作「光和」，據元本、新唐書卷三六五行三及殿本考證改。

〔三四〕元和十二年正月乙酉　「元和」二字原脱，據元本、新唐書卷三六五行三及殿本考證補。

卷二百八十二　象緯考五

日食

中興天文志：按戰國以後，古曆廢壞。漢世始推月九道，然猶未驗其所行之遲速也。漢末都尉劉洪作乾象曆，復推月行遲速，然交食之法，猶未詳著。大抵朔望值交，不問内外，入限便食。至陳世張賓創立外限，然應食不食，亦未能明。惟隋張胄玄獨得其妙，以爲日行黄道，月行月道，月道交結黄道外，十三日有奇而入經黄道，謂之交。朔望去交前後各十五度以下，即當食。若月行内道，在黄道之北，食多有驗。月行外道，在黄道之南，雖遇正交，無由掩映，食多不驗。交食之法，至是始精。又按隋書，月陰精，日光照之則見，日光所不照則曰魄。故望日，日月相望，人居其間，盡睹其明，故形圓。二絃之日，日照其側，人觀其傍，半明半魄也。晦朔之日，日照其表，人在其裏，故不見也。故張衡云：「對日之衝，其大如日，日光不照，謂之闇虚。」月望行黄道，則值闇虚，有表裏深淺，故月食有南北多少。本朝朱熹頗主是説。由是言之，日之食與否，當觀月之行黄道表裏；月之食與否，當觀所值暗虚表裏。大約於黄道驗之也。

又曰，凡月之行，歷二十九日五十三分而與日相會，是謂合朔。凡日月之交，月行黄道而日爲月所掩則日食。是爲陰勝陽，其變重。若日月同度於朔，月行不入黄道，則雖會而不食。月之行在望，與日對衝，月入於日暗虚之内，則月爲之食。是爲陽勝陰，其變輕。近世朱熹以爲，月食終亦爲災，陰若退避則不至相敵而食矣。所謂暗虚，蓋日少外明，其對必有暗氣，大小與日體同。此日月交會薄食之大略也。然固有當食而不食，出於曆法之外。如唐開元盛際，及本朝中興以來，紹興十三年、十八、十九、二十四、二十五年、二十八年、三十一年，隆興二年，淳熙三年、四年、十六年，慶元四年、五年、六年，嘉泰二年、三年，開禧二年，嘉定四年、十一年，皆有當虧而不虧。邵雍云，日當食而不食，曆筭之誤云。

沈氏筆談曰：或問：「日月之行，日月一合一對〔一〕，而有蝕不蝕，何也？」予對曰：「黄道與月道，如二環相叠而小差。凡日月同在一度相遇，則日爲之食；正一度相對，則月爲之虧。雖同一度，而月道與黄道不相近，自不相侵；同度而又近黄道、月道之交，日月相值，乃相陵掩。正當其交處則食而既；不全當交道，則隨其相犯淺深而蝕。凡日食，當月道自外而交入於内，則蝕起於西南，復於東北；自内而交出於外，則蝕起於西北，而復於東南。日在交東，則蝕其内；日在交西，則食其外。食既，則起於正西，復於正東。凡月食，月道自外入内，則食起於東南，復於西北；自内出外，則食起於東北，而復於西南。月在交東，則食其外；月在交西，則食其内。食既，則起於正東，復於西。交道每月退一度餘，凡二百四十九交而一期。故西天法羅睺、計都，皆逆步之，乃今之交道也。交初謂之『羅睺』，交中謂之『計都』。」

夏仲康五年九月朔，日有食之。書胤征：乃季秋月朔，辰弗集於房。辰，日月會次之名。房，所次之宿也。集，漢書作輯，通用，言日月會次不相和輯，而掩食於房宿也。唐志言日食，在仲康即位之五年。瞽奏鼓，古者日食，則伐鼓用幣以救之。春秋傳曰：惟正陽之月則然，餘則否。今季秋非正陽月而行此禮，夏制與周異故也。嗇夫馳，庶人走。羲、和尸厥官，罔聞知。嗇夫，小臣也。庶人，庶人之在官者。周禮庭氏：救日之弓矢，嗇夫、庶人蓋供救日之百役者。曰馳曰走者以見日食之變，天子恐懼於上，嗇夫、庶人奔走於下，以助救日，如此其急。羲、和爲曆象之官，尸居其位，若無所知，則其昏迷天象以干誅，豈特不恭之刑而已。

周幽王六年十月，日有食之。詩：十月之交，朔日辛卯，日有食之，亦孔之醜。毛氏曰，交，日月之交會。唐孔氏曰，交會，謂朔也。交會而日月同道，則食。月，或在日道表或在日道裏，則不食矣。又曆家爲交食之法，大率以百七十三日有奇爲限。然月先在裏，則依限而食者多。若月在表，雖依限而食者少。杜預見其參差乃云，日月動物，雖行度有大量，不能不少有盈縮，故有雖交會而不食，或有頻交會而食者。此説得之矣。

右詩、書中所載，春秋以前三代時，日食惟此二者可考云。

春秋魯隱公三年春王二月己巳，日有食之〔一〕。公羊傳：「何以書？紀異也。日食，則曷爲或日或不日，或言朔或不言朔。曰：某月某日朔，日有食之者，合正朔也。桓三年秋七月壬辰朔，日有食之是也。其或日或不日，或失之前或失之後，失之前者朔在前也。謂二日食，己巳日，有食之是也。失之後者朔在後也。」謂晦，日食。莊公十八年三月，日有食之也。穀梁傳：「言日不言朔，食晦日也。其日有食之，何也？吐者外壤，食者内壤。其所吐出者，其壤在外。其所吞咽者，壤入於内也。闕然不見其壤，有食之者也。今日闕損，而不知壤之所在〔三〕，此必有物食之。有内辭也，或外辭也。食者内壤，故曰内辭。吐者外壤，故曰外辭。傳無外辭之文者，蓋時無外壤也。而曰或外辭者，因事以明義例爾。有食之者，内於日也。内於日，以壞不見於外。其不言食之者，何也？知其不可知也。」董仲舒、劉向以爲其後戎執天子之使，鄭獲魯隱，隱公與鄭人戰於狐壤，爲所獲。滅戴，鄭滅之。衛、宋、魯咸殺君。左氏劉歆以爲正月二日，燕、越之分野也。凡日所纏而有變，則分野之國失政者受之。師古曰：「纏，踐也，音廛。」人君能修政，共御厥罰，則災消而福至；師古曰：「共，讀曰恭。御，讀曰禦，又讀如本字。」不能，則災息而禍生。師古曰：「息謂蕃滋也〔四〕。」故經書災而不記其故，蓋吉凶亡常，隨行而成禍福也。周衰，天子不班朔。師古曰：「班，布也。」魯曆不正，置閏不得其月，月大小不得其度。史記日食，或言朔而實非朔，或不言朔而實朔，或脱不書朔與日，皆官之失也。京房易傳曰：「亡師兹謂不御，厥異日食，其食也既，並食不一處。誅衆失理，兹謂生叛，厥食既，光散。縱畔兹謂不明，厥食先大雨三日，雨除而寒，寒即食。專祿不封，兹謂不安，厥食既，先日出而黑，光反外燭。韋昭曰：「中無光四邊有明外燭。」君臣不通兹謂亡，厥食三既。同姓上侵，兹謂誣君，厥食四方有雲，中央無雲，其日大寒。公欲弱主位，兹謂不知，厥食中白青，四方赤，已食地震。諸侯相侵，兹謂不承，厥食三毁三復。君疾善，下謀上，兹謂亂，厥食既，先雨雹，殺走獸。弑君獲位，兹謂逆，厥食既，先風雨折木，日赤。内臣外鄉兹謂背。師古曰：「鄉讀曰嚮。」厥食食且雨，地中鳴〔五〕。韋昭曰：「地中有聲如鳴耳，或曰如狗子聲。」冢宰專政兹謂因，厥食先大風，食時日居雲中，四方無雲。伯正越職，兹謂分威，師古曰：「伯，讀曰霸。正者，長師之稱。」厥食日中分。諸侯爭美於上兹謂泰，厥食日傷月，食半，天營而鳴。韋昭曰：「食半，謂食望也。」臣瓚曰：「月食半，謂食月之半也〔六〕。月食常以望，不爲異也。」賦不得兹謂竭，厥食星隨而下。受命之臣專征云試，厥食雖侵光猶明，師古曰：「試，用也，自擅意也。一說試與弑同，謂欲弑君。」若文王臣獨誅紂矣。韋昭曰：「是時紂臣尚未欲誅紂，獨文王之臣欲誅之。」小人順受命者征其君云殺，厥食五色，至大寒隕霜，師古曰：「殺亦讀曰弑。」若紂臣順武王而誅紂矣。韋昭曰：「紂惡益甚，其臣欲順武王而誅紂。」諸侯更制兹謂叛，師古曰：「更，改也。」厥食三復三食，食已而風，地動。適讓庶兹謂生欲，師古曰：「適讀曰嫡。」厥食日失位，光晻晻，月形見。師古曰：「晻音烏感反，見音胡電反。」酒亡節兹謂荒，厥食乍青乍黑乍赤，明日大雨，發霧而寒。」凡食二十占，其形二十有四，改之輒除；不改三年，三年不改六年，六年不改九年，推隱三年之食，貫中央，上下竟而黑，臣弑從中成之形也。後衛州吁弑君而立。

桓公三年秋七月壬辰朔，日有食之，既。既，盡也。曆家之說，謂日光以望時遥奪月光，故月食。日月同會，月掩日，故日食。食有上下者，行有高下〔七〕。日光輪存而中食者，相掩密，故日光溢出。皆既者，正相當而相掩間疏也。然聖人不言月食日，而以自食爲文，闕於其所不見。

董仲舒、劉向以爲前事已大，後事將至者又大，則既。先是魯、宋弑君，魯又成宋亂，易許田，亡事天子之心；楚僭稱王。後鄭拒王師，射桓王，又二君相篡。鄭昭公、厲公、子亹〔八〕。劉歆以爲六月，趙與晉分。周之六月，今之四月，始去畢而入參。參，晉分也。畢，趙也。日行去趙遠，入晉分多，故曰與。計二十八宿，分其次，度其月，及所屬，下皆以爲例。先是，晉曲沃伯再弑晉侯，是歲晉大亂，滅其宗國。京房易傳以爲桓三年日食貫其中央，上下竟而黄，臣弑而不卒之形也。後楚嚴稱王，兼地千里。師古曰：「楚武王荆尸久已見傳，今此言莊始稱王，未詳其說。」

十七年冬十月朔〔九〕。不書日，官之失也。天子有日官，諸侯有日御。日官、日御典曆數者。日官居卿，以底日禮也。日官，天子掌曆者，不在六卿之數，而位從卿，故言居卿。底，平也，謂平曆數。日御不失日，以授百官於朝。日官平曆以班諸侯，諸侯奉之，不失天時，以授百官。穀梁言，朔不言日，食二日也。

莊公十八年春王三月〔一〇〕。穀梁不言日，不言朔，夜食。公羊曰食晦。

史記推合朔在夜，明旦日食而出，出而解，夜食地中，出而止〔一一〕。是爲夜食。劉向以爲夜食者，陰因日明之衰而奪其光，象周天子不明，齊桓將奪其威，專會諸侯而行伯道。其後遂九合諸侯，天子使世子會之。

二十五年六月辛未朔〔一二〕，鼓用牲於社。左傳，鼓用牲於社，非常也，非常鼓之月，長曆推之，辛未實七月朔，置閏失所，故致月錯〔一三〕。唯正月之朔，慝未作，正月，夏之四月，周之六月，謂正陽之月。今書云六月，而傳云「唯」者，明此月非正陽月也。慝陰氣。日有食之，於是乎用幣於社，伐鼓於朝。日食，曆之常也。然食於正陽之月，則諸侯用幣於社，請救於上公，伐鼓於朝，退而自責以明。陰不宜侵陽，臣不宜掩君，以示大義。二十六年十二月癸亥朔。三十年九月庚午朔。鼓用牲於社。僖公五年九月戊申朔。十二年春王三月庚午〔一四〕，十五年夏五月〔一五〕，左傳不書朔與日，官失之也。

文公元年二月癸亥〔一六〕。十五年六月辛丑朔，鼓用牲於社。左傳，非禮也。得常鼓之月，而於社用牲，爲非禮。日有食之，天子不舉，去盛饌。伐鼓於社，責群陰。伐猶擊也。諸侯用幣於社。社尊於諸侯，故請救而不敢責之。伐鼓於朝，退自省也。以昭事神，訓民事君，天子不舉，諸侯用幣，所以事神，尊卑異制，所以訓民。示有等威，古之道也。

宣公八年冬十月甲子朔〔一七〕，日有食之，既〔一八〕。十年夏四月丙辰〔一九〕。十七年六月癸卯〔二〇〕。

成公十六年六月丙寅朔。十七年十有二月丁巳朔〔二一〕。

襄公十四年二月乙未朔〔二二〕。十五年秋八月丁巳〔二三〕。二十年冬十月丙辰朔。二十一年九月庚戌朔。二十三年春王二月癸酉朔。二十四年秋七月甲子朔，日有食之，既。八月癸巳朔〔二四〕。二十七年冬十有二月乙亥朔〔二五〕。今長曆推十一月朔，非十二月。傳曰，辰在申，再失閏。若是十二月，則爲三失閏，故知經誤。左氏傳，辰在申，司曆過也，再失閏矣。謂斗建指申，周十一月，今之九月，斗柄當建戌而在申，故知再失閏也。文十一年三月甲子至今年七十一歲，應有二十六閏〔二六〕，今長曆推得二十四閏，通計少再閏，釋例言之詳矣。董仲舒以爲比食又既，比，頻也。謂二十四年七月八月頻食。象陽將絶，夷狄主上國之象也。後六君弑，齊崔杼弑光，衛甯喜弑剽，閽弑吳餘祭，蔡班弑景侯，莒人弑其君密州，楚圍弑郟敖。楚子果從諸侯伐鄭，滅舒鳩，魯往朝之，二十八年。卒主中國，伐吳討慶封。劉向以爲自二十年至此歲，八年間日食七作，禍亂將重起，故天仍見戒也。

昭公七年夏四月甲辰朔。左傳晉侯問於士文伯曰：「誰將當日食？」對曰：「魯、衛惡之，受其凶惡。衛大魯小。」公曰：「何故？」對曰：「去衛地，如魯地，衛地豕韋也。魯地降婁也。日食於豕韋之末及降婁之始，故禍在衛大，在魯小也。周四月，今二月，故曰在降婁。於是有災，魯實受之。災發於衛而魯受其餘禍。其大咎在衛君乎？魯將上卿。」八月衛侯卒，十一月季孫宿卒。十五年六月丁巳朔〔二七〕。十七年夏六月甲戌朔〔二八〕。左傳，祝史請所用幣。禮，正陽之月日食，當用幣於社，故請之。昭子曰：「日有食之，天子不舉，不舉盛饌。伐鼓於社；責群陰。諸侯用幣於社，伐鼓於朝〔二九〕，退自責。禮也。平子禦之，禦，禁也。曰：『止也。唯正月朔，慝未作，日有食之，於是乎有伐鼓用幣之禮也。其餘則否。』太史曰：在此月也。正月謂建巳正陽之月也，於周爲六月，於夏爲四月。慝，陰氣也。四月純陽用事，陰氣未動而侵陽，災重，故有伐鼓用幣之禮也。平子以爲六月非正月，故太史答言在此月也〔三〇〕。日過分而未至，過春分而未夏至。三辰有災，三辰，日、月、星也。日月相侵，又犯是宿，故三辰皆爲災也。於是乎百官降物；降物，素服。君不舉，辟移時；辟正寢，過日食時。樂奏鼓，伐鼓。祝用幣，用於社。史用辭。用辭以自責〔三一〕。故夏書曰『辰不集於房，瞽奏鼓，嗇夫馳，庶人走』，此月朔之謂也。」當夏四月，是謂孟夏。言此六月當夏之四月。平子弗從。昭子退，曰：「夫子將有異志，不君君矣。」安君之災，故曰有異志。二十一年秋七月壬午朔。左傳，公問於梓慎曰：「是何物也？禍福何爲？」物，事也。對曰：「二至二分，冬夏至，春秋分。日有食之，不爲災。日月之行也，分，同道也；至，相過也。二分，日夜等，故曰同道。二至，長短極，故言相過。其他月則爲災，陽不克也，故常爲水。」陰侵陽，是陽不勝陰。二十四年夏五月乙未朔，左傳，梓慎曰：「將水。」陰勝陽，故曰將水。昭子曰：「旱也。日過分而陽猶不克，克必甚，能無旱乎？適春分陽氣盛時而不勝陰，陽將猥出故爲旱〔三二〕。猥，烏罪反〔三三〕。陽不克莫，將積聚也。」陽氣莫然不動，不克莫絕句。三十一年十有二月辛亥朔。左傳，是夜也，趙簡子夢童子贏而轉以歌，轉，宛轉也。旦占諸史墨，曰：「吾夢如是，今而日食，何也？」簡子夢，適與日食會，謂咎在己，故問。對曰：「六年及此月也〔三四〕，吴其入郢乎，終亦弗克。史墨知夢非日食之應，故釋日食之咎，而不釋其夢。入郢必以庚辰，庚辰有變，日在辰尾，故曰以庚辰。定四年十一月庚辰吴入郢。日月在辰尾。辰尾，龍尾也。周十二月今之十月，日月合朔於辰尾而食。庚午之日，日始有謫。火勝金，故弗克。」謫，變氣也。庚午十月十九日，去辛亥朔四十一日，雖食在辛亥，更以始變爲占也。午，南方〔三五〕，乃楚之位也。午，火；庚，金也。日以庚午有變，故災在楚。楚之仇敵惟吳，故知入郢必吳。火勝金者，金爲火妃〔三六〕，食在辛亥，亥〔三七〕，水也。水數六，故六年也。

定公五年春三月辛亥朔〔三八〕。　十有二年冬十一月丙寅朔〔三九〕。　十有五年八月庚辰朔。

凡春秋十二公，二百四十二年，日食三十六〔四〇〕。穀梁以爲朔二十六，晦七，夜二，二日一。公羊以爲朔二十七，二日七，晦二。左氏以爲朔十六，二日十八，晦一，不書日者二。

周定王二十六年〔四一〕，日食晝晦。

安王五年日食。　二十年日食，既。

烈王元年日食。　七年日食。

赧王十四年〔四二〕，日食晝晦。

秦莊襄王二年四月日食〔四三〕。

按春秋書日食，終於魯定公之十五年〔四四〕，漢史書日食，始於高帝之三年，其間二百九十三年，搜考史傳，書日食者凡七而已。昔春秋二百四十二年，日食凡三十六，劉向猶以爲乖氣致異。至前漢二百一十二年，而日食五十三，則又數於春秋之時。後漢百九十六年，而日食七十二。魏、晉一百五十年，而日食七十九，則愈數於漢西都之世矣。春秋降而戰國七雄競角，争城争地，斬艾其民，伏尸百萬，以至於始皇、二世，生民之禍烈矣，世道之變極矣。乖氣所致，謫見於天，宜不勝書，而此二三百年之間，日食僅六七見焉，何哉？蓋史失其官，不書於册，故後世無由考焉。昔春秋日食，必書晦朔與日。日而不書晦朔，與晦朔而不書日，俱以爲官失之。今秦初書日食者一，則書月而不書日與晦朔。周末書日食者六，則書年而并不書月，其見於史册而可考者，鹵莽疏漏如此。則其遺軼不書者可勝道哉，非日之果不食也。

漢高帝三年十月甲戌晦，日有食之，在斗二十度，燕地也。後二年，燕王臧荼反，誅，立盧綰爲燕王，後又反，敗。　十一月癸卯晦〔四五〕，在虚三度，齊地也。後二年，齊王韓信徙爲楚王，明年廢爲列侯，後又反，誅。　九年六月乙未晦，日有食之，既，在張十三度。

惠帝七年正月辛丑朔，在危十三度。谷永以爲歲首正月朔日，是爲三朝，尊者惡之。　五月丁卯，先晦一日，日有食之，幾盡，師古曰：「幾音距依反，後皆類此。」在七星初。劉向以爲五月微陰始起而犯至陽，其占重。至其八月，宫車晏駕，有吕氏詐置嗣君之害。京房易傳曰：「凡日食不以晦朔者，名曰薄。人君誅將不以理，賊臣將暴起，日月雖不同宿，陰氣盛，薄日光也。」

高后二年六月丙戌晦。　七年正月己丑晦，日有食之，既，在營室九度，爲宫室中。時高后惡之，曰：「此爲我也。」明年應。師古曰：「謂高后崩也。」

文帝二年十一月癸卯晦，在婺女一度。　三年十月丁酉晦，在斗二十二度。十一月丁卯晦，在虚八度〔四六〕。　後四年四月丙辰晦，在東井十三度。　七年正月辛未朔。

景帝三年二月壬午晦，在胃二度。　七年十一月庚寅晦〔四七〕，在虚九度。　中元年十二月甲寅晦。

中二年九月甲戌晦〔四八〕。　三年九月戊戌晦，幾盡，在尾九度。　六年七月辛亥晦，在軫七度。後元年七月乙巳，先晦一日，在翼十七度。

武帝建元二年二月丙戌朔，在奎十四度。劉向以爲奎爲卑賤婦人，後有衛皇后自至微興，卒有不終之禍。師古曰：「皇后自殺，不終其位也。」　三年九月丙子晦，在尾二度。　五年正月己巳朔。　元光元年二月丙辰晦。　七月癸未，先晦一日，在翼八度。　劉向以爲前年高園便殿災，與春秋御廩災後日食於翼、軫同。其占，内有女變，外爲諸侯。其後陳皇后廢，江都、淮南、衡山王謀反，誅。日中時食從東北，過半，晡時復。　元朔二年二月乙巳晦，日有食之，在胃三度。　六年十一月癸丑晦，日有食之。　元狩元年五月乙巳晦，日有食之，在柳六度。京房易傳推以爲是時日食從傍右，法曰君失臣。明年公孫弘薨。日食從傍左者，亦君失臣；從上者，臣失君；從下者，君失民。　元鼎五年四月丁丑晦，在東井二十三度。　元封四年六月己酉朔。　太始元年正月乙巳晦。　四年十月甲寅晦，在斗十九度。　征和四年八月辛酉晦，日有食之，不盡如鉤，在亢二度。　晡時食從西北，日下晡時復。

昭帝始元三年十一月壬辰朔，在斗九度，燕地也。後四年燕剌王謀反，誅。　元鳳元年七月己亥朔〔四九〕，日有食之，幾盡，在張十二度。　劉向以爲己亥而既，其占重。孟康曰：「己，土；亥，水也。純陰，故食爲最重也。日食盡爲既。」後六年，宮車晏駕，卒以亡嗣。

宣帝地節元年十二月癸亥晦，在營室十五度。　五鳳元年十二月乙酉朔，在婺女十度。　四年四月辛丑朔，在畢十九度。是爲正月朔，慝未作，左氏以爲重異。

元帝永光二年三月壬戌朔，在婁八度。　四年六月戊寅晦，在張七度。　建昭五年六月壬申晦，日有食之，不盡如鉤，因入。

成帝建始三年十二月戊申朔，其夜未央殿中地震。　谷永對曰：「日食婺女九度，占在皇后。地震蕭牆之内，咎在貴妾。師古曰：「蕭牆，謂門屏也。蕭，肅也，人臣至此，加肅敬也。」二者俱發，明同事異人，共掩制陽，將害繼嗣也。亶日食，則妾不見；師古曰：「亶讀曰但。下例並同。」亶地震，則后不見。異日而發，則似殊事；亡故動變，則恐不知。是月后妾當失節之郵，師古曰：「郵與尤同。尤，過也。」故天因此兩見其變。若曰，違失婦道，隔遠衆妾，師古曰：「遠音于萬反。」妨絶繼嗣者，此二人也。」杜欽亦對曰：「日以戊申食，時加未。戊未，土也，中宮之部。其夜殿中地震，此必適妾將有争寵相害而爲患者。師古曰：「適讀曰嫡。」人事失於下，變象見於上。能應之以德，則咎異消；忽而不戒，則禍敗至。師古曰：「忽，怠亡。」應之，非誠不立，非信不行。」　河平元年四月己亥晦〔五〇〕，日有食之，不盡如鉤，在東井六度。　劉向對曰：「四月交於五月，月同孝惠，日同孝昭。東井，京師地，且既，其占恐害繼嗣。」日蚤食時，從西南起。　三年八月乙卯晦，在房。　四年三月癸丑朔，在昴。　陽朔元年二月丁未晦，在胃。　永始元年九月丁巳晦，谷永以京房易占對曰：「元年九月日蝕，酒亡節之所致也。獨使京師知之，四國不見者，若曰，湛湎於酒，君臣不别，禍在内也。」師古曰：「湛讀曰沈，又讀曰耽也。」　永始二年二月乙酉晦，谷永以京房易占對曰：「今年二月日食，賦斂不得度，民愁怨之所致也。所以使四方皆見，京師陰蔽者，若曰，人君好治宮室，大營墳墓，賦斂兹重，而百姓屈竭，師古曰：「兹，益也。屈，盡也，音其勿反。」禍在外也。」三年正月己卯晦，日有食之。　四年七月辛未晦。　鄭興上疏言：「夫日月交會數應在朔，而頃年日食多在於晦。先時而合，皆月行疾也。日君象，月臣象，君亢急，則臣下促迫，故行疾也。」元延元年正月己亥朔。劉向上疏：「臣向前數年言日當食〔五一〕，今連三年比食。自建始以來，二十歲間而八食，率二歲六月而一發，古今罕有。易曰：『觀乎天文，以察時變。』昔孔子對魯哀公，並言夏桀、殷紂暴虐天下，故曆失則攝提失方，孟陬無紀，孟康曰：「攝提，星名也。隨斗杓建十二月，曆不正，則失其所建〔五二〕。首時爲孟，正月爲陬。」此皆易姓之變也。」

哀帝元壽元年正月辛丑朔，日有食之，不盡如鉤，在營室十度，與惠帝七年同月日。鮑宣上言：「今日食於三始，誠可畏懼。小民正月朔日，尚恐毁敗器物，況日虧乎。」二年四月壬辰晦〔五三〕。

平帝元始元年五月丁巳朔，在東井。二年九月戊申晦，日有食之，既。

凡漢著紀十二世，二百一十二年，日食五十三：朔十四，晦三十六，先晦一日三。

光武建武元年正月庚午朔，日有食之。帝是年六月方即位，時猶爲更始三年。二年正月甲子朔，在危八度。時世祖初興，天下賊亂未除，虚、危，齊也。賊張步擁兵據齊，上遣伏隆諭步，許降，旋復叛稱王，至五年中乃破。三年五月乙卯晦，潛潭巴曰：「乙卯食，雷不行，雪殺草不長，姦人入宫。」在柳十四度。柳，河南也。時世祖在雒陽，赤眉降賊樊崇謀作亂，其七月發覺，皆伏誅。古今注曰：「四年五月乙卯晦，日有食之。」六年九月丙寅晦，潛潭巴曰：「丙寅食，久旱，多有徵。」京房曰：「有小旱災。」史官不見，郡以聞。本紀：「都尉詡以聞。」在尾八度，朱浮上疏，以郡縣數代，群陽騷動所致。見浮傳。七年三月癸亥晦，潛潭巴曰：「癸亥日食，天人崩。」鄭興曰：「頃年日食，每多在晦，皆月行疾也〔五四〕。君亢急〔五五〕，臣下促迫。」在畢五度。畢爲邊兵。秋，隗囂反，侵安定。冬，盧芳所置朔方、雲中太守各舉郡降。古今注曰：「九年七月丁酉，十一年六月癸丑，十二月辛亥，並日有食之。」十六年三月辛丑晦〔五六〕，潛潭巴曰：「辛丑食，主疑臣。」在昴七度。昴爲獄事。時諸郡太守坐度田不實，世祖怒，殺十餘人，然後深悔之。

十七年二月乙未晦，潛潭巴曰：「乙未食，天下多邪氣，鬱鬱蒼蒼。」京房曰：「君責衆庶暴害之〔五七〕。」在胃九度。胃爲廪倉。時諸郡新坐租之後，天下憂怖，以穀爲言，故示象。或曰：胃，供養之官也。其十月，廢郭皇后，詔曰：「不可以奉供養。」

二十二年五月乙未晦，在柳七度，京都宿也。柳爲上倉，祭祀穀也。近輿鬼，輿鬼爲宗廟。十九年中，有司奏請立近帝四廟以祭之，有詔「廟處所未定，且就高廟祫祭之」。至此三年，遂不立廟。有簡墮心，奉祖宗之道有闕，故示象也。

二十五年三月戊申晦，潛潭巴曰：「戊申食，地動搖，侵兵强。一曰，主兵弱〔五八〕，諸侯争。」在畢十五度，畢爲邊兵。其冬十月，以武谿蠻夷爲寇害，伏波將軍將兵擊之。古今注曰：「二十六年二月戊子，日有食之，盡。」

二十九年二月丁巳朔〔五九〕，潛潭巴曰：「丁巳食，下有敗兵。」在東壁五度〔六〇〕。東壁爲文章，一名娵訾之口。先是皇子諸王各招來文章談説之士，去年中，有人上奏：「諸王所招待者，或真僞雜，受刑罰者子孫，宜可分别。」於是上怒，詔捕諸王客，皆被以苛法，死者甚多。世祖不早爲明設刑禁，一時治之過差，故天示象。世祖於是改悔，遣使悉理侵枉也。

三十一年五月癸酉晦，潛潭巴曰：「癸酉食，連陰不解〔六一〕，淫雨毁山，有兵〔六二〕。」在柳五度，京都宿也。自二十一年示象，至此十年，後二年，宫車晏駕。

中元元年十一月甲子晦，在斗二十八度。斗爲廟，主爵禄。儒説十一月甲子，時王日也，又爲星紀，主爵禄，其占重。

明帝永平三年八月壬申晦，潛潭巴曰：「壬申食，水盛〔六三〕，陽潰陰欲翔〔六四〕。」在氐三度。氐爲宿宫。是時明帝作北宮。古今注曰：「四年八月丙寅，時加未，日有食之。五年二月乙未朔〔六五〕，日有食之，京候者不覺，河南尹〔六六〕、郡國三十已上。六年六月庚辰晦，日有食之，時雒陽候者不覺。」八年十月古今注曰：「十二月〔六七〕。」壬寅晦，日有食之，既。潛潭巴曰：「壬寅食，天下苦兵，大臣驕橫。」在斗十一度。斗，吴也。廣陵於天文屬吴。後二年，廣陵王荆坐謀反自殺。十三年十月古今注曰：「閏八月。」甲辰晦，潛潭巴曰：「甲辰食，四騎脅大水。」在尾十七度。京房占曰：「王后壽命絶，後有大水。」十六年五月戊午晦，潛潭巴曰：「戊午食，久旱穀不傷。」在柳十五度。儒説五月戊午，猶十一月甲子也，又宿在京都，其占重。後二年，宫車晏駕。十八年十一月甲辰晦，在斗二十一度。是時明帝既崩，馬太后制爵禄，故陽不勝。

章帝建初五年二月庚辰朔，潛潭巴曰：「庚辰食，彗星東至，有寇兵。」在東壁八度。例在前建武二十九年。是時群臣争經，多相毁者。又别占云：「庚辰食，久旱。」六年六月辛未晦，潛潭巴曰：「辛未食，大水。」在翼六度。翼主遠客。冬，東平王蒼等來朝，明年正月，蒼薨。章和元年八月乙未晦〔六八〕，史官不見，他官以聞。日在氐四度。星占曰：「天下災，期三年。」

和帝永元二年二月壬午，潛潭巴曰：「壬午食，久雨，旬望。」史官不見，涿郡以聞。日在奎八度。京房占曰〔六九〕：「三公與諸侯相賊，弱其君王，天應而日食〔七〇〕。三公失國，後旱且水。」臣昭以爲三公宰輔之位，即竇憲。四年六月戊戌朔，潛潭巴曰：「戊戌食，有土殃，主后死，天下諒陰。」京房占曰：「婚嫁家欲戮。」在七星二度，主衣裳。又曰，行近軒轅左角，爲太后族。是月十九日。按本紀：「庚申，幸北宫，詔捕憲等。」庚申是二十三日〔七一〕。上免太后兄弟竇憲等官，遣就國，選嚴能相，於國蹙迫自殺。七年四月辛亥朔，潛潭巴曰：「辛亥食，子爲雄。」在觜觿，爲葆旅，主收斂。

儒説葆旅宮中之象，收斂貪妒之象。是歲鄧貴人始入。明年三月，陰皇后立，鄧貴人有寵，陰后妒忌之，後遂坐廢。一曰是將入參，參、伐爲斬刈。明年七月，越騎校尉馮柱捕斬匈奴温禺犢王烏居戰。十二年秋七月辛亥朔，在翼八度，荆州宿也。明年冬，南郡蠻夷反爲寇。十五年四月甲子晦，在東井二十二度。東井主酒食之宿也。婦人之職，無非無儀，酒食是議。去年冬，鄧皇后立，有丈夫之性，與知外事，故天示象。是年雨水傷稼。

安帝永初元年三月二日癸酉，在胃二度。主廩倉。是時鄧太后專政，去年大水傷稼，倉廩爲虚。古今注曰：「三年三月，日有食之。」五年正月庚辰朔，在虚八度。正月，王者統事之正日也。虚，空名也。是時鄧太后攝政，安帝不得行事，俱不得其正，若王者位虚，故於正月陽不克，示象也。於是陰預乘陽，故蠻夷並爲寇害，西邊諸郡皆至虚空。七年四月丙申晦，潛潭巴曰：「丙申食，諸侯相攻。」京房占曰：「君臣暴虐，臣下横恣，上下相賊，後有地動。」在東井一度。元初元年十月戊子朔，潛潭巴曰：「戊子食，宮室内淫，雌必惑雄。」京房占曰：「妻欲害夫，九族夷滅，後有大水。」在尾十度。尾爲後宮，繼嗣之宮也。是時上甚幸閻貴人，將立，故示不善，將爲繼嗣禍也。明年四月，遂立爲后。後遂與江京、耿寶等共讒太子廢之。二年九月壬午晦，在心四度。心爲王者，明久失位也。三年三月二日辛亥，在婁五度。史官不見，遼東以聞。四年二月乙巳朔〔七二〕，潛潭巴曰：「乙亥食，東國發兵。」京房占曰：「諸侯上侵以自益，近臣盜竊以爲積，天子未知，日爲之食。」在奎九度。史官不見，七郡以聞。奎主武庫兵。其月十八日壬戌〔七三〕，武庫火，燒兵器也。五年八月丙申朔，在翼十八度。史官不見，張掖以聞。潛潭巴曰：「丙申食，夷狄内攘。」石氏占曰：「王者失禮，宗廟不親，其歲旱。」六年十二月戊午朔，日有食之，幾盡，地如昏狀。古今注曰：「星盡見。」春秋緯曰：「日食既，君行無常，公輔不修德，夷狄强侵，萬事錯。」在須女十一度，女主惡之。後二歲三月，鄧太后崩。永寧元年七月乙酉朔，潛潭巴曰：「乙酉食，仁義不明，賢人消。」京房占曰：「君弱臣强，司馬將兵，反征其主。」在張十五度。史官不見，酒泉以聞。石氏占曰：「日食張，王者失禮。」延光三年九月庚申晦〔一七四〕，京房占曰：「骨肉相賊，後有水。」在氐十五度。氐爲宿宮。宮，中宮也。時上聽中常侍江京、樊豐及阿母王聖等讒言，廢皇太子。四年三月戊午朔，在胃十二度。隴西、酒泉、朔方各以狀上，史官不覺。

順帝永建二年七月甲戌朔，日有食之，潛潭巴曰：「甲戌食，草木不滋，主命不行。」京房占曰：「近臣欲戮，身及戮辱，後小旱。」在翼九度。陽嘉四年閏月丁亥朔〔一七五〕，潛潭巴曰：「丁亥食，匿謀滿玉堂。」京房占曰：「君臣無別。」在角五度。史官不見，零陵以聞。按：張衡爲太史令，表奏云：「今年三月朔方覺日食，北郡懼有兵患〔一七六〕。臣愚以爲可敕北邊瀕塞郡縣，明烽火，遠斥候，深藏固閉，無令穀畜外露。」不詳是何年三月。永和三年十二月戊戌朔，在須女十一度。史官不見，會稽以聞。明年，中常侍張逵等謀譖皇后父梁商欲作亂，推考，逵等伏誅也。五年五月己丑晦，潛潭巴曰：「日食己丑，天下唱之。」在東井三十三度。東井，三輔宿也。又近輿鬼，輿鬼爲宗廟。其秋西羌爲寇，至三輔陵園。六年九月辛亥晦，在尾十一度。尾主後宮，繼嗣之宮也。以爲繼嗣不興之象。

桓帝建和元年正月辛亥朔，日有食之，在營室三度。史官不見，郡國以聞。是時梁太后攝政。三年四月丁卯晦，潛潭巴曰：「丁卯食，有旱，有兵。」京房占曰：「諸侯欲戮，後有裸蟲之殃。」在東井二十三度。例在永元十五年。東井主法，梁太后又聽兄冀枉殺公卿，犯天法也。明年，太后崩。元嘉二年七月二日庚辰，在翼四度。史官不見，廣陵以聞。京房占曰：「庚辰食，君易賢以剛，卒以自傷，後有水。」翼主倡樂，時上好樂過。阮籍樂論曰：「桓帝聞琴，悽愴傷心，倚床而悲〔七七〕，慷慨長息曰：『善乎哉！爲琴若此，一而足矣。』」永興二年九月丁卯朔，在角五度。角，鄭宿也。十一月，泰山盜賊群起，劫殺長吏。泰山於天文屬鄭。永壽三年閏月庚辰晦〔七八〕，在七星二度。史官不見，郡國以聞。例在永元四年。後二歲，梁皇后崩，冀兄弟被誅。延熹元年五月甲戌晦，在柳七度，京都宿也。梁冀別傳曰：「常侍徐璜白言：『臣竊見道術家常言，漢死在戌亥。今太歲在丙戌，五月甲戌〔七九〕，日食柳宿。朱雀，漢家之貴國，宿分周地，今京師是也。史官上占，去重見輕。』璜召太史陳援詰問，乃以實對。冀恐援不爲隱諱〔八〇〕，使人陰求其短，發摘上聞。上以亡失候儀不敬，有司奏收殺獄中。」八年正月丙申晦，在營室十三度。營室之中，女主象也。其二月癸亥，鄧皇后坐酗，上送暴室，令自殺，家屬被誅。呂太后崩時亦然。九年正月辛卯朔，潛潭巴曰：「辛卯食，臣伐其主。」在營室三度。史官不見，郡國以聞。谷永以爲三朝尊者惡之。其明年，宮車晏駕。永康元年五月壬子晦，潛潭巴曰：「壬子食，妃后專恣，女謀王。」在輿鬼一度。儒說壬子淳水日，陽不克，將有水害。其八月，六州大水，渤海海溢〔八一〕。

靈帝建寧元年五月丁未朔，潛潭巴曰：「丁未食，王者崩。」冬十月甲辰晦，日有食之。二年十月戊戌晦〔八二〕，右扶風以聞。三年三月丙寅晦，梁相以聞。四年三月辛酉朔。潛潭巴曰：「辛酉食，女謀主。」谷永上書：「飲酒無節，君臣不別，姦邪欲起。」傳曰：「酒無節，茲爲荒，厥異日食，厥咎亡。」靈帝好爲商估，飲於宮人之肆也。熹平二年二月癸酉晦，在虛二度。是時中常侍曹節、王甫等專權。蔡邕上書曰：「四年正月朔，日體微傷，群臣服赤幘，赴宮門之中，無救，乃各罷歸。天有大異，隱而不宣求御過，是已事之甚者。」六年十月癸丑朔，趙相以聞。谷永上書：「賦斂滋重，不顧黎民，百姓虛竭，則日食，將有潰叛之變。」　光和元年二月辛亥朔，十月丙子晦，在箕四度。箕爲後宮口舌。是月，上聽讒廢宋皇后。按：本傳盧植上書，丙子食自巳過午，既食之後，雲霧晻曖，陳八事以諫。蔡邕對問曰：「詔問踐祚以來，災眚屢見，頻歲日食，地動，風雨不時，疫厲流行，勁風折木，河雒盛溢〔八三〕。臣聞陽微則日食，陰盛則地動，思亂則風，貌失則雨，視闇則疾，簡宗廟，水不潤下〔八四〕，川流滿溢。明君臣，上下，抑陰尊陽，修五事於聖躬，致精慮於共御，其救之也。」　二年四月甲戌朔。　四年九月庚寅朔，潛潭巴曰：「庚寅食，將相誅，大水，多死傷。」　在角六度。　中平三年五月壬辰晦。潛潭巴曰：「壬辰食，河決海溢〔八五〕，久霧連陰。」　六年四月丙午朔，其月浹辰，宮車晏駕。

獻帝初平四年正月甲寅朔，在營室四度。潛潭巴曰：「甲寅食，雷電擊殺，骨肉相攻。」是時李傕〔八六〕、郭汜專政。袁宏紀曰：「未食八刻，太史令王立奏曰：『日晷過度，無有變也。』於是朝臣皆賀。帝密令尚書候焉〔八七〕，未晡一刻而食。尚書賈詡奏曰：『立伺候不明，疑誤上下；太尉周忠，職所典掌，請皆治罪。』詔曰：『天道遠，事驗難明，且災異應政而至，雖探道知幾，焉能無失，而欲歸咎史官，益重朕之不德也。』弗從。於是避正殿，寢兵，不聽事五日。」　興平元年六月乙巳晦。　建安五年九月庚午朔。潛潭巴曰：「庚午食，後火燒官兵。」　六年十月癸未朔〔八八〕。　十三年十月癸未朔，潛潭巴曰：「癸未食，仁義不明。」在尾十二度。　十五年二月乙巳朔。　十七年六月庚寅晦。　二十一年五月己亥朔。潛潭巴曰：「己亥食，小人用事，君子縶。」　二十四年二月壬子晦。

凡漢中興十二世，百九十六年，日蝕七十二：朔三十六，晦三十七，月二日三。

校勘記

〔一〕日月一合一對　「月」字原無，據夢溪筆談卷七補。群衆出版社，一九七四年版。

〔二〕春秋魯隱公三年春王二月己巳日有食之　楊伯峻春秋左傳注：「此年亦實建丑，夏正則爲三月。己巳爲初一，日食必在初一，經不書『朔』，後人以爲史官失之。至於公羊以爲食二日，穀梁以爲食晦，皆不可信。此是建丑之二月，建子應爲正月。以今法推算，此公元前七二〇年二月二十二日之日全食。漢書五行志云：『推隱三年之食，貫中央，上下竟而黑』，亦全食之象。『日有食之』，簡言之即『日食』。説文云：『有，不宜有也。』此言日食非所宜有，故加『有』字，蓋前人臆説。日食而作『日有食之』，乃當時習慣。」

〔三〕而不知壤之所在　「知」字原無，據春秋穀梁傳注疏卷一補。

〔四〕息謂蕃滋也　「滋」原作「數」，據漢書卷二七下之下五行及殿本考證改。

〔五〕地中鳴　「地」原作「池」，據漢書卷二七下之下五行、殿本考證改。下同。

〔六〕謂食月之半也　「食月」原互倒，據漢書卷二七下之下五行注乙正。

〔七〕食有上下者行有高下　兩「有」字原上作「亦」、下作「其」，據春秋左傳正義卷六及殿本考證改。

〔八〕鄭昭公厲公子亹　漢書卷二七下之下師古曰：「謂厲公奔蔡而昭公入，高渠彌殺昭公而立子亹。」

〔九〕十七年冬十月朔　春秋經、傳均作「冬十月朔，日有食之」。漢書卷二七下之下五行與春秋同。元史卷五二曆志二：「大衍推得在十一月交分入食限，失閏也。以今曆推之，是歲十一月加時在晝，交分二十六日八千五百六十入食限。」朱文鑫歷代日食考春秋日食表備注：周十一月注一：杜預云：「日食以書朔爲例，推是年庚午朔日食」是也。姜岌、一行、郭守敬皆推得十一月入食限。楊伯峻春秋左傳注：「依長曆推之，是日爲庚午，入食限，相當公元前六九五年十月十日之日環食。」

〔一〇〕莊公十八年春王三月　元史卷五二曆志云：「大衍推是歲五月朔，交分入食限，三月不應食。以今曆推之，是歲三月朔，不入食限。五月壬子朔，加時在晝，交分入食限，蓋誤『五爲三』。」春秋左傳注云：「此年建丑」，「蓋誤以建丑爲建子，又月之大小有誤，非誤『五』爲『三』。」又云：「公羊傳以爲食晦，穀梁傳以爲夜食，皆臆測之辭。」

〔一一〕夜食地中出而止　「而止」原作「則生」，據愼本、漢書卷二七下之下五行、殿本考證改。

〔一二〕二十五年六月辛未朔　「六月」原無，據春秋經、傳和漢書卷二十七下之下五行補。又元史卷五三曆志「大衍推之，七月辛未朔」，「以今曆推之，是歲七月辛未朔」。

〔一三〕故致月錯　「致」原作「鼓」，據春秋左傳正義卷一〇、殿本考證改。

〔一四〕十二年春王三月庚午　元史卷五三曆志以爲五月庚午朔，蓋春秋經「五」誤爲「三」。春秋左傳注：「諸家多以爲五月庚午朔日食，經誤五爲三，乃據周正建子推算，此年實建丑。」又説：「據今法推算，此次爲日全食，食甚正當正午十二時十五分三十五秒，則當時人所目睹，不容有誤。」

〔一五〕十五年夏五月　春秋左傳注：「是月之日食，在四時四十一分。……中原不可得見。見朱文鑫天文考古録。春秋日食集證則云：『是年在寅月甲申朔日食。周正建子，當在三月，經書五月者，蓋經誤三爲五。』然此年實建丑，馮説亦可商。」

〔一六〕文公元年二月癸亥　元史卷五三曆志二作「三月癸亥朔」，春秋日食集證同元史，春秋左傳注亦認爲作「三月癸亥朔，入食限，是也。」

〔一七〕宣公八年冬十月甲子朔　「冬十月」原作「秋七月」，據元史卷五三曆志二、歷代日食考、春秋日食集證、春秋左傳注改。又「朔」字原無，據同上書補。

〔一八〕既　「既」下原有「晦日食」三字，春秋及三傳、漢書卷二七下之下五行及元史卷五三曆志二等均無此三字，據删。

〔一九〕十年夏四月丙辰　春秋左傳注：「丙辰，朔日。」元史卷五三曆志二、歷代日食考均作「丙辰朔」，是。

〔二〇〕十七年六月癸卯　六月乙巳朔，是月不應有癸卯日。元史卷五三曆志二、歷代日食考、春秋左傳注均作「五月乙亥朔」，是。

〔二一〕十七年十有二月丁巳朔　元史卷五三曆志二：「姜氏云十二月戊子朔，無丁巳」，「大衍推十一月丁巳朔，交分入食限。今曆推之，是歲十一月丁巳朔」。

〔二二〕襄公十四年二月乙未朔　「乙未」原作「己未」，據春秋經、公羊傳、穀梁傳、漢書卷二七下之下五行、殿本考證改。

〔二三〕十五年秋八月丁巳　春秋左傳正義卷三二、元史卷五三曆志二、春秋日食集證、歷代日食考、春秋左傳注均作「七月丁巳朔」，是。

〔二四〕八月癸巳朔　春秋左傳注云：「七月朔既已全蝕，八月朔决無再蝕之理。或以爲史官之誤。鄒伯奇鄒徵君遺書謂『蓋文十一年八月日食，脱簡於此』。集證亦云：『當是文公十一年八月癸巳朔日食，脱簡於此。』」

〔二五〕二十七年冬十有二月乙亥朔　「十有二月」，據本條注文、元史卷五三曆志二、春秋日食集證當爲「十一月」。

〔二六〕應有二十六閏　「二十六」原作「三十六」，據下文「今長曆推得二十四閏，通計少再閏」、春秋左傳正義卷三八改。

〔二七〕十五年六月丁巳朔　「六月」，若以周正計算，當五月丁巳朔。説見元史卷五三曆志二、春秋日食考、春秋日食集證、春秋左傳注。

〔二八〕十七年夏六月甲戌朔　「六月甲戌朔」，按周正當在九月癸酉朔。説見元史卷五三曆志二、春秋日食考、春秋日食集證、春秋左傳注。

〔二九〕伐鼓於朝　四字原無，據春秋左傳注昭公十七年夏六月甲戌朔記事補。

〔三〇〕故太史答言在此月也　「答」原作「參」，據春秋左傳正義卷四八、殿本考證改。

〔三一〕用辭以自責　「辭以」原互倒，據春秋左傳正義、春秋左傳注乙正。

〔三二〕陽將猥出故爲旱　「猥」原作「限」，據元本、殿本考證、春秋左傳正義卷五一改。

〔三三〕烏罪反　「反」原作「友」，據元本、殿本考證、春秋左傳正義卷五一改。

〔三四〕對曰六年及此月也　「對曰」二字原無，據春秋左傳注昭公三十一年十二月辛亥朔記事補。

〔三五〕南方　「方」原作「乃」，據春秋左傳注昭公三十一年十二月辛亥朔注、殿本考證改。

〔三六〕金爲火妃　「妃」原作「始」，據春秋左傳注昭公三十一年十二月辛亥朔注、殿本考證改。

〔三七〕亥　「亥」字原無，據春秋左傳注昭公三十一年十二月辛亥朔注補。

〔三八〕定公五年春三月辛亥朔　「三月」原作「正月」，據春秋左傳注、漢書卷二七下之下五行、元史卷五三曆志二、歷代日食考改。

〔三九〕十有二年冬十一月丙寅朔　元史卷五三曆志二、歷代日食考、春秋日食集證、王韜春秋日食辯證均作「十月丙寅朔」，是。

〔四〇〕日食三十六　元史卷五三曆志二作「凡三十有七事」。按漢書卷二七下之下五行所載日食次數統計，確爲三十七次。

〔四一〕周定王二十六年　「周定王」原作「真定王」，據史記卷一五六國年表三改。「二十六年」，歷代日食考戰國及秦日食表認爲當是周定王二十七年，即秦厲共公三十五年，然厲共公三十四年卒，子躁立，三十五年者當爲躁公元年。

〔四二〕赧王十四年　歷代日食考戰國及秦日食表認爲當是赧王十五年，即秦昭王七年。

〔四三〕秦莊襄王二年四月日食　「二年」原作「三年」，據史記卷一五六國年表三、歷代日食考改。

〔四四〕終於魯定公之十五年　按春秋哀公十四年五月庚申朔，仍載「日有食之」，疑通考此處有誤。

〔四五〕十一月癸卯晦　歷代日食考、兩漢日食表認爲是年十一月並無日食，傳寫之誤。按二十史朔閏表，是年十一月己巳朔，丁酉晦，無癸卯晦。

〔四六〕在虛八度　「虛」原作「度」，據元本、漢書卷二七下之下五行、殿本考證改。

〔四七〕七年十一月庚寅晦　「七年」原作「十年」，據漢書卷二七下之下五行、歷代日食考兩漢日食表改。

〔四八〕中二年九月甲戌晦　「二年」原作「三年」，據漢書卷五景帝紀及卷二七下之下五行、歷代日食考兩漢日食表改。

〔四九〕元鳳元年七月己亥朔　「朔」，漢書卷二七下之下五行作「晦」。

〔五〇〕河平元年四月己亥晦　「晦」原作「朔」，據元本、漢書卷二七下之下五行、卷一〇成帝紀、歷代日食考兩漢日食表改。

〔五一〕臣向前數年言日當食　漢書卷三六劉向傳無「年」字，是。

〔五二〕則失其所建　「失」字原無，據漢書卷三六劉向傳注、殿本考證補。

〔五三〕二年四月壬辰晦　「四月」原作「三月」，據漢書卷一一哀帝紀、歷代日食考兩漢日食表改。

〔五四〕皆月行疾也　「皆月」二字原無，據後漢書志一八五行六補。

〔五五〕君亢急　「亢」原作「尤」，據後漢書志一八五行六注、殿本考證改。

〔五六〕十六年三月辛丑晦　「晦」字原無，據後漢書志一八五行六、歷代日食考兩漢日食表補。

〔五七〕君責衆庶暴害之　「君」原作「若」，據後漢書志一八五行六注、殿本考證改。

〔五八〕主兵弱　「主」原作「亡」，據後漢書志一八五行六注、殿本考證改。

〔五九〕二十九年二月丁巳朔　「二月」原無，據後漢書志一八五行六、歷代日食考兩漢日食表補。

〔六〇〕在東壁五度　「東壁五度」四字原無，據後漢書志一八五行六補。

〔六一〕連陰不解　「連」原作「有」，據後漢書志一八五行六注、殿本考證改。

〔六二〕有兵　「有」原作「連」，據後漢書志一八五行六注、殿本考證改。

〔六三〕水盛　「盛」原作「滅」，據後漢書志一八五行六注改。

〔六四〕陽潰陰欲翔　「潰」原作「濱」，據後漢書志一八五行六注、殿本考證改。

〔六五〕五年二月乙未朔　「二月」原無，據慎本、後漢書志一八五行六注補。

〔六六〕河南尹　「尹」原作「五」，據慎本、後漢書志一八五行六注改。
〔六七〕古今注曰十二月　「十二月」，元本作「十一月」，按歷代日食考兩漢日食表作「十月」，據二十史朔閏表是年十月癸酉朔，三十日壬寅晦，古今注誤。
〔六八〕章和元年八月乙未晦　「章和」原作「元和」，據後漢書志一八五行六改。
〔六九〕京房占曰　「房」原作「易」，據元本、慎本、後漢書志一八五行六注改。
〔七〇〕天應而日食　「天」字原脱，據元本、慎本、後漢書志一八五行六注補。
〔七一〕庚申是二十三日　「是」原作「月」，據元本、後漢書志一八五行六注改。
〔七二〕四年二月乙巳朔　「乙巳」原作「乙亥」，按二十史朔閏表是年二月乙巳朔，無乙亥日。中華書局標點本後漢書志一八五行六改作「乙巳」，又後漢書卷五安帝紀亦作「乙巳」，今據改。下文「潛潭巴曰乙亥食」，亦當爲「乙巳」。
〔七三〕其月十八日壬戌　原作「其年十月八日壬戌」，按二十史朔閏表元初四年二月乙巳朔，十八日壬戌；十月辛丑朔，八日爲戊申。中華書局標點本後漢書志一八五行六改作「其月十八日壬戌」，是，今據改。
〔七四〕延光三年九月庚申晦　「庚申」原作「庚寅」，據中華書局標點本後漢書志一八五行六、卷五安帝紀改。
〔七五〕陽嘉四年閏月丁亥朔　按二十史朔閏表是年閏八月，歷代日食考兩漢日食表作閏八月，是。
〔七六〕北郡懼有兵患　「北郡」，後漢書志一八五行六作「此郡」。
〔七七〕倚床而悲　「床」，後漢書志一八五行六作「扆」。
〔七八〕永壽三年閏月庚辰晦　按二十史朔閏表是年閏五月，歷代日食考兩漢日食表作「閏五月」，是。
〔七九〕五月甲戌　「甲戌」原作「丙戌」，據上文延熹元年五月甲戌晦、後漢書志一八五行六注、卷七桓帝紀改。

〔八〇〕冀恐援不爲隱諱　「恐」，後漢書志一八五行六注引梁冀別傳作「怨」，是。

〔八一〕渤海海溢　「海溢」原作「盗賊」，據後漢書卷七桓帝紀、志一八五行六改。

〔八二〕二年十月戊戌晦　「晦」原作「朔」，據後漢書志一八五行六及卷八靈帝紀改。按二十史朔閏表，是年十月己巳朔，三十日戊戌晦。

〔八三〕河雒盛溢　「溢」字原無，據後漢書志一八五行六改。

〔八四〕水不潤下　「水」原作「上」，據後漢書志一八五行六及殿本考證改。

〔八五〕河決海溢　「溢」字原無，據後漢書志一八五行六補。

〔八六〕是時李傕　「傕」原作「潅」，據後漢書志一八五行六及卷九獻帝紀改。

〔八七〕帝密令尚書候焉　「焉」原作「正」，據後漢書志一八五行六、卷九獻帝紀及殿本考證改。

〔八八〕六年十月癸未朔　中華書局標點本後漢書志一八五行六、卷九獻帝紀均校改爲「六年二月丁卯朔」，二十史朔閏表作「二月丁卯朔」，但歷代日食考兩漢日食表作「六年七月甲子晦，日環食，經菲律賓，中原可見」。

卷二百八十三　象緯考六

日食

魏文帝黄初二年六月戊辰晦，日有食之。有司奏免太尉。詔曰：「災異之作，以譴元首，而歸過股肱〔一〕，豈禹湯罪己之義乎！其令百官各虔厥職。後有天地眚，勿復劾三公。」　三年正月丙寅朔，十一月庚申晦。　五年十一月戊寅晦〔二〕。

明帝太和初，太史令許芝奏，日應蝕，與太尉於靈臺祈禳。帝曰：「蓋聞人主政有不德，則天懼之以災異，所以譴告，使得自脩也。故日月薄蝕，明治道有不當者。朕即位以來，既不能光明先帝聖德，而施化有不合於皇神，故上天有以寤之。宜敕政自脩，有以報於神明。天之於人猶父之於子，未有父欲責其子，而可以獻盛饌以求免也。今外欲遣上公與太史令俱禳祠之，於義未聞也。群公卿士大夫，其各勉脩厥職。有可以補朕不逮者，各封上之。」　太和五年十一月戊戌晦。　六年正月戊辰朔，見吴曆。　青龍元年閏月庚寅朔。

少帝正始元年七月戊申朔。　三年四月戊戌朔。　四年五月丁丑朔。　五年四月丙辰朔〔三〕。　六年十月戊申朔〔四〕。　八年二月庚午朔，是時曹爽專政，丁謐、鄧颺等轉改法度。有日蝕之變，詔群臣問得失。蔣濟上疏曰：「昔大舜佐治，戒在比周；周公輔政，慎於其朋。齊侯問災，晏子對以布惠；魯君問異，臧孫答以緩役。塞變應天，乃實人事。」濟旨譬甚切，而君臣不悟，終至敗亡。　九年正月乙未朔。　嘉平元年二月己未朔。

高貴鄉公甘露四年七月戊子朔。　五年正月乙酉朔。京房易占曰：「日食乙酉，君弱臣强。司馬將兵，反征其王。」五月，有成濟之變。

元帝景元二年五月丁未朔。　三年十一月己亥朔。

晉武帝泰始二年七月丙午朔〔五〕。　十月丙午朔。　七年十月丁丑朔。　八年十月辛未朔。　九年四月戊辰朔。　十年正月乙未。　三月癸亥。　咸寧元年七月甲申晦。　三年正月丙子朔。　四年正月庚午朔。　太康四年三月辛丑朔。　七年正月甲寅朔。　八年正月戊申朔。　九年正月壬申朔〔六〕，六月庚子朔，並日有食之。　永熙元年四月庚申，帝崩。

惠帝元康九年十一月甲子朔，十二月廢皇太子遹爲庶人，尋殺之。　永康元年正月己卯，四月辛卯朔，並日有蝕之。　永寧元年閏月丙戌朔。　光熙元年正月戊子朔。　七月乙酉朔，十一月，惠帝崩。　十二月壬午朔。

懷帝永嘉元年十一月戊申朔。　二年正月丙子朔〔七〕。　六年二月壬子朔。

愍帝建興四年六月丁巳朔，十二月乙卯朔〔八〕，並日有食之。　五年五月丙子，十一月丙子，並日有食之。時帝蒙塵於平陽。

元帝太興元年四月丁丑朔。

明帝太寧三年十一月癸巳朔，在卯至斗。斗，吴分也。其後蘇峻作亂。

成帝咸和二年五月甲申朔，在井。井，主酒食，女主象也。明年，皇太后以憂崩。　六年三月壬戌朔，是時帝已年長，每幸司徒第，猶出入見王導夫人曹氏如子弟之禮。以人君而敬人臣之妻，有虧君德之象也。　九年十月乙未朔，是時帝既冠，當親萬機，而委政大臣，道有虧也。　咸康元年十月乙未朔。　七年二月甲子朔。　三月，杜皇后崩。　八年正月己未朔〔九〕，京都大雨，郡國以聞。是謂三朝，王者惡之。六月而帝崩。

穆帝永和二年四月己酉〔一〇〕，七年正月丁酉〔一一〕，八年正月辛卯，並日有食之。　十二年十月癸巳朔，在尾。尾，燕分，北狄之象也。是時邊表姚襄、苻生互相吞噬，朝廷憂勞，征伐不止。　升平四年八月辛丑朔，日有食之，幾既，在角〔一二〕。凡蝕，淺者禍淺，深者禍大。角爲天門，人主惡之。明年而帝崩。

哀帝隆和元年三月甲寅，十二月戊午朔，並日有食之。明年而帝有疾，不識萬機。

海西公太和三年三月丁巳朔，五年七月癸酉朔，並日有食之。皆海西被廢之應也。

孝武帝寧康三年十月癸酉朔。　太元四年閏月己酉朔。是時苻堅攻没襄陽，執朱序。　六年六月庚子朔。　九年十月辛亥朔。　十七年五月丁卯朔。　二十年三月庚辰朔。明年帝崩。

安帝隆安四年六月庚辰朔。是時元顯執政。　元興二年四月癸巳朔。其冬桓玄篡位。　義熙三年七月戊戌朔。　十年九月丁巳朔。　十一年七月辛亥晦。　十三年正月甲戌朔。明年帝崩。

恭帝元熙元年十一月丁亥朔。自義熙元年至是，日食皆從上始〔一三〕，皆爲革命之徵。

凡魏晉共一百五十年，日蝕七十九，朔六十五，晦七，不言朔、晦七。

宋營陽王景平二年二月癸巳朔〔一四〕，日有蝕之。

文帝元嘉四年六月癸卯朔〔一五〕。六年五月壬辰朔〔一六〕。十一月己丑朔。十七年四月戊午朔。十九年七月甲戌晦。二十三年六月癸未朔。三十年秋七月辛丑朔。

孝武帝孝建元年七月丙申朔，日有食之，既。大明五年九月甲寅〔一七〕。

明帝太始四年十月癸酉朔。五年十月丁卯朔。

後廢帝元徽元年十二月癸卯朔。

順帝昇明二年三月己酉朔。九月乙巳朔。三年三月癸卯朔。

齊高帝建元二年九月甲午朔。三年七月己未朔。

武帝永明元年十二月乙巳朔。

廢帝隆昌元年五月甲戌朔。

明帝建武元年十一月壬申。

東昏侯永元三年正月丙申朔。

梁武帝天監元年七月丁巳朔。五年三月丙寅朔。十年十二月壬戌朔，日食，在牛四度。十五年三月戊辰朔，日有食之，既。普通元年正月乙亥朔，丙子。占曰：「日食，陰侵陽，陽不克陰也，爲大水。」其年七月，江、淮海溢。　三年五月壬辰朔，日有食之，既。　四年十一月癸未朔。　大同四年六月辛丑朔。　太清元年春正月己亥朔。

陳武帝永定三年五月丙辰朔。

文帝天嘉三年九月戊辰朔。

宣帝太建四年九月庚子朔〔一八〕。　六年二月壬辰朔〔一九〕。

後主至德三年春正月戊午朔。

後魏道武帝天興三年夏六月庚辰朔。即東晉安帝隆安四年。　六年夏四月癸巳朔。晉元興二年。　天賜五年七月戊戌朔〔二〇〕。晉義熙三年。

明元神瑞元年九月丁巳朔。晉義熙十年。　二年八月庚辰晦〔二一〕。晉義熙十一年。晉史作七月辛巳朔。　泰常元年七月辛亥晦。　二年正月甲戌朔。晉義熙十四年。　四年冬十一月丁亥朔。

太武始光四年六月癸卯朔。宋文帝元嘉四年。　神䴥元年十一月乙未朔。宋元嘉五年，南史是年五月亦日食，此不載。

太延元年正月乙未朔。　三年冬十一月乙卯朔。

太平真君元年四月戊午朔。宋元嘉十七年。　三年八月甲戌晦。宋元嘉十九年。　六年六月戊子朔。　七年六月癸未朔。元嘉二十三年。　十年四月丙申朔。

文成帝大安元年七月丙申朔。宋孝武孝建元年。　和平元年九月庚申朔。　二年二月壬子朔。宋大明五年〔二二〕。

獻文帝皇興元年十月己亥朔。宋明帝太始四年〔二三〕。　二年四月丙子朔。　十月癸酉朔。宋太始四年〔二四〕。　三年十月丁卯朔〔二五〕。

孝文延興三年十二月癸卯朔〔二六〕。宋廢帝元徽元年。　三年十二月癸卯朔。　四年正月癸酉朔。太和元年十月辛亥朔。　二年二月乙酉晦。宋順帝昇平二年。　三年三月癸卯朔。宋昇平三年。　五年七月庚申朔。齊高祖建元二年，南史書九月甲午朔〔二七〕。　七年十二月乙巳朔。　十二年二月辛亥朔。　十四年二月己巳朔〔二八〕。　十五年正月癸亥晦。　十七年六月庚辰朔。　十八年五月甲戌朔。齊明帝建武元年，南史書十一月壬申朔。　二十年九月庚寅晦。

宣武帝景明元年正月辛丑朔。齊東昏侯永元二年〔二九〕。　七月己亥朔。　二年秋七月癸巳朔。　三年七月丁巳朔。梁武帝天監元年。　永平元年八月壬子朔。　二年八月丙午朔。　四年十二月壬戌朔。梁天監十年。　神龜二年正月辛巳朔。

孝明帝熙平元年三月戊辰朔。梁天監十五年。　延昌元年五月己未晦。　二年五月甲寅朔。　正光元年正月乙亥朔。梁普通元年。　二年五月丁酉朔。　三年五月壬辰朔。梁普通三年。　冬十一月己丑朔。　四年十一月癸未朔。梁普通四年。

孝莊帝永安二年十月己酉朔〔三〇〕。

節閔帝普泰元年六月己亥朔。

孝武永熙元年十月辛酉朔。　二年四月己未朔。　三年四月癸丑朔。

孝靜帝元象元年正月辛酉朔。梁大同四年。興和二年閏五月丁丑朔〔三一〕。武定五年正月己亥朔。梁太清元年。

北齊後主武平七年六月戊申朔。

周武帝保定元年四月丙子朔。十月甲戌朔。二年九月戊辰朔〔三二〕。陳文帝天嘉三年。三年三月乙丑朔。四年二月庚寅朔。八月丁亥朔。五年七月辛巳朔。天和元年正月己卯朔〔三三〕。二年正月癸酉朔。十一月戊戌朔。三年十一月壬辰朔〔三四〕。五年十月辛巳朔。六年四月戊寅朔。陳宣帝太建三年，南史書九月庚子朔〔三五〕。建德元年三月癸卯朔。九月庚子朔。三年二月壬辰朔。陳太建六年。四年二月丙戌朔。十二月辛亥朔。五年六月戊申朔。六年十一月己亥晦〔三六〕。

靜帝大象二年十月甲寅朔。

隋文帝開皇三年二月己巳朔。秋七月丁卯。四年正月甲子朔。七年五月乙亥朔。十一年二月辛巳晦。十二年七月壬申晦。十三年七月戊辰晦。仁壽元年二月乙卯朔。

煬帝大業十二年五月丙戌朔。

按，自李延壽南、北史不作諸志，後來之閱史者，遂以隋書上接晉書。然隋書諸志，南止及梁、陳，而不及宋、齊，北止及齊、周，而不及元魏。而沈約、蕭子顯、魏收諸史，世所罕見。故宋、齊、魏之事無由考焉。近世鄭漁仲作通志，號爲該洽，然其天文略所書日食，以梁武帝天監十年上接宋恭帝元熙元年，蓋上以隋志之所有者書之，而更不考宋、齊之事，疏略如此。又況梁、陳兩代日食凡十四，而隋志僅書其四，則隋志亦未爲詳盡也。今就帝紀中刷出所書日食類而載之，南宋、齊、梁、陳，北魏、周、齊、隋，上承晉，下接唐，然後所載稍備。然南自宋武帝永初元年至陳後主禎明二年，北自魏明帝泰常五年至隋文帝開皇八年，此一百六十九年之間，南史所書日食僅三十六，而北史所書乃七十九，其間年歲之相合者纔二十七，又有年合而月不合者，如南齊高帝建元二年，即北魏孝文太和五年〔三七〕，是年日食，南史書九月甲午朔，北史書六月庚申朔之類〔三八〕，夫縣象著明，同此一宇宙也，豈有食於北而不食於南之理。如以爲陰雲不見，則不書食，然北史所書過倍南史之數，豈南常陰翳而北常開霽乎？又歲年之不合，與年同而月異，皆所不可曉者。春秋日食不書日與晦、朔，猶以爲官失之，今二史抵牾乃如此，其爲官失也大矣。

唐高祖武德元年十月壬申朔，日有食之，在氐五度。占曰：「諸侯專權，則其應在所宿國；諸侯附從，則爲王者事。」四年八月丙戌朔，在翼四度。楚分也。六年十二月壬寅朔，在斗十九度。吳分也。九年十月丙辰朔，在氐七度。

太宗貞觀元年閏三月癸丑朔〔三九〕，在胃九度。九月庚戌朔，在亢五度。胃爲天倉，亢爲疏廟。二年三月戊申朔，在婁十一度。占爲大臣憂。三年八月己巳朔，在翼五度。占曰：「旱。」四年正月丁卯朔〔四〇〕，在營室四度。七月甲子朔，在張十四度，占爲禮失。六年正月乙卯朔，在虛九度。虛耗祥也。八年五月辛未朔，在參七度。九年閏四月丙寅朔，在畢十三度。占爲邊兵。十一年三月丙戌朔，在婁三度。占爲大臣憂。十二年閏二月庚辰朔，在奎九度。奎，武庫也。十三年八月辛未朔，在翼十四度。翼爲遠夷。　十七年六月己卯朔，在東井十六度，京師分也。　十八年十月辛丑朔，在房三度。房，將相位。　二十年閏三月癸巳朔，在胃九度。占曰：「主有疾。」　二十二年八月己酉朔，在翼五度。占曰：「旱。」

高宗顯慶五年六月庚午朔，在柳五度。　龍朔元年五月甲子晦，在東井二十七度。皆京師分也。　麟德二年閏三月癸酉，在胃九度。占曰：「主有疾。」　乾封二年八月己丑朔〔四一〕，在翼六度。總章二年六月戊申朔，在東井二十九度。　咸亨元年六月壬寅朔，在東井十八度。　二年十一月甲午朔，在箕九度。　三年十一月戊子朔，在尾十度。　東井，京師分。箕爲后妃之府。尾爲後宮。　五年三月辛亥朔，在婁十三度。占爲大臣憂。　永隆元年十一月壬申朔，在尾十六度。　開耀元年十月丙寅朔，在尾四度。　永淳元年四月甲子朔，在畢五度。　十月庚申朔，在房三度。

武后垂拱二年二月辛未朔，在營室十五度。　四年六月丁亥朔，在東井二十七度，京師分也。　天授二年四月壬寅朔，在昴七度。　如意元年四月丙申朔，在胃十一度，皆正陽之月。　長壽二年九月丁亥朔，在角十度。角內爲天廷。　延載元年九月壬午朔，在軫八度。軫爲車騎。　證聖元年二月己酉朔，在營室五度。　聖曆三年五月己酉朔，在畢十五度。　長安二年九月乙丑朔，幾既，在角初度。三年三月壬戌朔〔四二〕，在奎十度。占曰：「君不安。」　九月庚寅朔，在亢七度。

中宗神龍三年六月丁卯朔，在東井二十八度。京師分也。　景龍元年十二月乙丑朔，在南斗二十一度〔四三〕。斗爲丞相位。

玄宗先天元年九月丁卯朔，在角十度。開元三年七月庚辰朔〔四四〕，在張四度。七年五月己丑朔，在畢十五度。九年九月乙巳朔，在軫十八度。十二年閏十二月丙辰朔，在虛初度。十七年十月戊午朔，不盡如鉤，在氐九度。二十年二月甲戌朔，在營室十度。八月辛未朔，在翼七度。二十一年七月乙丑朔〔四五〕，在張十五度。二十二年十二月戊子朔，在南斗十三度。二十三年閏十一月壬午朔，在南斗十一度。二十六年九月丙申朔，在亢九度。二十八年三月丁亥朔，在翼三度〔四六〕。天寶元年七月癸卯朔，在張五度。五載五月壬子朔，在畢十六度〔四七〕。十三載六月乙丑朔，幾既，在東井十九度。京師分也。

肅宗至德元載十月辛巳朔，日有食之，既，在氐十度。上元二年七月癸未朔，日有食之，既，大星皆見，在張四度。

代宗大曆三年三月乙巳朔，在奎十一度。十年十月辛酉朔，在氐十一度。宋分也。十四年七月戊辰朔，在張四度。十二月丙寅晦，在危十二度。

德宗貞元三年八月辛巳朔〔四八〕，在軫八度。五年正月甲辰朔，在營室六度。八年十一月壬子朔，在尾六度。宋分也。十二年八月己未朔，在翼十八度，占曰：「旱。」十七年五月壬戌朔，在東井十度。

憲宗元和三年七月辛巳朔〔四九〕，在七星三度。十年八月己亥朔，在翼十八度。十三年六月癸丑朔，在輿鬼一度。京師分也。

穆宗長慶二年四月辛酉朔，在胃十三度。　三年九月壬子朔，在角十二度。

文宗太和八年二月壬午朔，在奎二度。　開成元年正月辛丑朔，在虚三度。

武宗會昌三年二月庚申朔，在東壁一度。并州分也。　四年二月甲寅朔，在營室七度。　五年七月丙午朔，在張七度。　六年十二月戊辰朔，在南斗十四度。

宣宗大中二年五月己未朔，在參九度。　八年正月丙戌朔，在危二度。危爲元枵，亦耗祥也。

懿宗咸通四年七月辛卯朔，在張十七度。

僖宗乾符三年九月乙亥朔，在軫十四度。　四年四月壬申朔，在畢三度。　六年四月庚申朔，在胃八度。　文德元年三月戊戌朔，在胃一度。

昭宗天祐元年十月辛卯朔，在心二度。　三年四月癸未朔，在胃十二度。

右唐著紀二百八十九年，日食九十三，朔九十一，晦一，二日一。

梁太祖開平五年正月丙戌朔，日有食之。　乾化元年正月丙戌朔。

少帝龍德三年十月辛未朔。

唐莊宗同光三年四月癸亥朔，司天奏在昴。主歲大旱。

明帝天成元年八月乙酉朔。　二年八月己卯朔。　三年二月丁丑朔〔五〇〕，其日陰雲不見，百官稱賀。　長興元年六月癸巳朔。　二年十一月甲申朔。先是司天奏：朔日合食二分。伏緣所食微少，太陽光影相鑠，伏恐不辨虧闕。請其日不入閤，百官不守司。從之。

晉高祖天福二年正月乙卯朔。二日〔五二〕。三年正月戊申朔。四年七月庚子朔。七年四月甲寅朔。八年四月戊申朔。

少帝開運元年九月庚午朔。二年八月甲子朔。三年二月壬戌朔。

漢隱帝乾祐元年六月戊寅朔。二年六月癸酉朔。三年十一月甲子朔。

周太祖廣順二年四月丙戌朔。

宋太祖皇帝建隆元年五月己亥朔。二年四月癸巳朔。乾德三年二月壬寅朔，驗之不食。五年六月戊午朔。開寶元年十二月己酉朔。三年四月辛未朔。四年十月癸亥朔。五年九月丁巳朔。七年二月庚辰朔。八年七月辛未朔。

太宗太平興國二年十一月丁亥朔。六年九月乙未朔。七年三月癸巳朔。八年二月戊子朔。雍熙二年十二月庚子朔。三年六月戊戌朔。淳化二年閏二月辛未朔。三年二月乙丑朔。四年二月己未朔。五年十二月戊寅朔，雲陰不見，與不食同。侍臣稱賀。

真宗咸平元年五月戊午朔。十月丙戌朔。二年九月庚辰朔。三年三月戊寅朔。五年七月甲午朔。景德元年十二月庚辰朔。三年五月壬寅朔，雲陰不見。四年五月丙申朔。十月甲午朔，雲陰不見。大中祥符二年三月丙辰朔，陰雨不見。五年八月丙申朔。六年十二月戊午朔。七年十二月癸丑朔，驗之不食。八年六月己酉朔。天禧三年三月戊午朔。五年七月甲戌朔，當食既，測驗及四分止。

仁宗乾興元年七月甲子朔〔五二〕，日食幾盡。　天聖二年五月丁亥朔，日當食，候之不食。　四年十月甲戌朔〔五三〕。　六年三月丙申朔。　七年八月丁亥朔。　明道二年六月甲午朔，皆食。　景祐三年，殿中丞王立言：「四月己酉朔，日當食二分半，候之不食。」　寶元元年正月丙辰朔〔五四〕，食六分，申一刻便復。　六月戊子，日官楊惟德等言，來歲閏十二月，則庚辰歲正月朔，日當食，請移閏於庚辰，則日食在前正月之晦。帝曰：「閏所以正天時而授民事，其可曲避乎！不許。」　康定元年正月丙辰朔，食。　慶曆二年六月壬申朔，食五分，至酉六刻，帶二分入濁不見。　三年五月丁卯朔，食。　四年十一月戊午朔〔五五〕，日當食不食。　五年四月丁亥朔，日應食而雲晦不見。　六年三月辛巳朔，食四分半，申三刻復。　皇祐元年正月甲午朔，食一分。　四年十一月壬寅朔，食二分弱，未正一刻復。　五年十月丙申朔，午正一刻食，至四分半。　至和元年四月甲午朔，食九分餘，闕於西南，申正一刻甚，是日雷雨，降詔恤刑及預降德音。占曰：「正陽之月日食，王者惡之。」　嘉祐元年八月庚戌朔，食二分。　三年八月己亥朔，食三分半。　四年正月丙申朔，食三分餘，未初三刻復。占曰：「受歲而食日，王者惡之。」先是日食，欲改戊戌年十二月爲閏以避之，詔不許。　六年六月壬子朔，未初刻食四分，入雲不見。

時議稱賀，修起居注司馬光上言：「臣愚以爲，日之所照，周徧華夷，雲之所蔽，至爲近狹。今若太陽實虧而有浮翳塞，雖京師不見，四方必有見者，此乃天戒至深，不可不察也。臣聞漢成帝永始元年九月，日有食之，四方不見，京師見。谷永以爲沈湎於酒，禍在內也。二年二月，日有食之，四方見，京師不見。谷永以爲百姓屈竭，禍在外也。臣愚以爲，永之所言，似未協天意。夫四方不見京師見者，禍尚淺也。四方見京師不見者，禍寖深也。日者人君之象，天意若日，人君爲陰邪所蔽，災慝明著，天下皆知其憂危，而朝廷獨不知也。由是言之，人主尤宜側身戒懼，憂念社稷，而群臣乃始相率稱賀，豈得不謂之上下相蒙，誣罔天譴哉。又所食不滿分數者，曆官術數之不精，當治其罪，亦非所以爲賀也。」

神宗熙寧元年正月甲戌朔，日有食之。二年七月乙丑朔，太史言日當食八分，是日陰雲蔽食，不及定分。六年四月甲戌朔，太史言日當食，陰雲不見。八年八月庚寅，太史言日當食，陰雲不見。元豐元年六月癸卯朔〔五六〕，太史言當食，驗之不食。三年十一月己丑朔〔五七〕，太史言日食六分，不及所食分數。四年十一月癸未朔〔五八〕，太史言當食，驗之不食。五年四月壬子朔，太史言日有食之，陰雲不見。六年九月癸卯朔〔五九〕，日有食之。

哲宗元祐二年七月庚戌朔〔六〇〕，太史言日當食，陰雲不見。六年五月己未朔。九年三月壬申朔，太史言日當食，陰雲不見，初虧至未時三刻，雲間見日西南已食一分餘，六刻食甚至七分，有雲，不見復圓。紹聖二年二月丁卯朔〔六一〕，太史言日當食，驗之不食。四年六月癸未朔〔六二〕，太史言當食，陰雲不見。元符三年四月丁酉朔。

徽宗建中靖國元年四月辛卯朔，太史言日當食，陰雲不見。大觀元年十一月壬子朔。二年五月庚戌朔。四年九月丙寅朔。政和三年三月壬子朔。五年七月戊辰朔。八年五月壬午朔〔六三〕。　宣和元年四月丙子朔。　五年八月辛巳朔，太史言日當食，陰雲不見。

高宗建炎三年九月丙午朔，食於亢四度。　紹興五年正月乙巳朔，食於女分。占曰：「有喪。」又曰：「東國發兵。」是年徽宗崩於五國城。　七年二月癸巳朔，食於室。占：「人主遊處不節，外戚擅權。」　十三年十二月癸未朔，食於牛，霧雲蔽之不見，用舊制拜表稱賀。　十五年六月乙亥朔，食於井。占：「諸侯死。」又曰：「大旱，民流亡。」　十七年十月辛卯朔，食於氐。　十八年四月戊子朔。　十九年三月癸未朔。　二十四年五月癸丑朔。　二十五年五月丁未朔。日皆當食，霧雲不見。於是十月秦檜卒。　二十八年三月辛酉朔，日當食，霧雲不見。始降詔免賀，猶宣付史館。　三十年八月丙午朔，食於翼。占：「王者失禮，宗廟不親。」又曰：「民流，天下有大變，兵起，期三年。」於是始有言金人將敗盟，次年逆亮果犯邊。　三十一年正月甲戌朔，太史局言日當食，而不食。占：「人君修德罪己，察姦理賢，寬恩布德，上動於天，則有食而不食。」　三十二年正月戊辰朔〔六四〕，食於女，五月上內禪。

孝宗隆興元年六月庚申朔，食於井。　二年六月甲寅〔六五〕，霧雲不見。　乾道五年八月甲申朔，食於翼。　九年五月壬辰朔，食於井。　淳熙元年十一月甲申朔〔六六〕，食於尾。　三年三月丙午朔，日當食，霧雲不見。　四年九月丁酉朔，日當食，霧雲不見。　時孝宗厲精爲治。　十年十一月壬戌朔，食於心。占曰：「食壬戌，群小萌，食太半，災重，相死。」又曰：「法令有失，將相相疑。」　十五年八月甲子朔，食於翼。占曰：「甲子日食〔六七〕，夷兵動。」又曰：「在翼爲王者失禮，又秋食爲兵。」　十六年二月辛酉朔，日當食。始孝宗將以正月內禪，宰臣周必大言：「新天子即位而食，遽當避殿，恐宜少緩。」上大以爲然。故展内禫在次月，至是日霧雲蔽，不見虧分。

寧宗慶元元年三月丙戌朔，食於婁。占：「多冤訟，其分有叛臣或大水。」又曰：「戒邊臣。」於是侂胄用事，始有意北伐。四年正月己亥朔，霧雲不見。五年正月癸巳朔，霧雲不見。六年六月乙酉朔，日食。太史言，夜食不見。嘉泰二年五月甲辰朔，食於畢。占：「主大水潦，諸侯死，邊將亡，遠國謀亂。」後三年，吴曦反於蜀，伏誅。三年四月己亥朔，日當食，而太史局言，日體圓明不見虧分。凡言不見虧分者，食不及一分也。開禧二年二月壬子朔。嘉定四年十一月己酉朔〔六八〕，皆當食，皆不見虧分。七年九月壬戌朔，食於角。九年二月甲申朔，食於室。十年七月丙子朔，食於張。十一年七月庚午朔，日食一分，其日正午或見或不見。太史局言，是爲陽勝陰微，日體不虧。十四年五月甲申朔，食於畢。十六年九月庚子朔，日食於軫。

程氏演繁露曰：古謂日輪規環千里，特言其周廣當然者耳，而無有言其如何其圓者也。沈括取銀圜爲喻曰：月如銀圜，本自無光，日耀之乃有光，其圓非圓，乃月與日相望，其光全耳。及其闕也，亦非真闕，乃日光之所不及耳。此喻最爲精審，予已詳著之矣。淳熙丙申三月，予爲少蓬，太史局言，朔日巳時，日食西北隅，食至一分半而復，已而，日行加巳，呼請臺官即道山下，以盆貯油對日景候之，時既及巳，雲忽驟起，少選雲退，則日輪西北角微有虧闕，約其所欠，殆不及一分，蓋食已而復，非不及一分半也。其年某人忘其名。使虜，自北而回，正當食時，其行適及河北，自北望之，則日輪虧及十分之二，是太史之言，固不能精，亦不全謬也。予因此之見，益知沈括銀圜之説，確與之合也。臨安距河北則向南二千餘里矣。日食而北，人在東南，故從東南見之闕處全少，是以其分而闕僅及一也，至於人在河北，日並東南，故其食處多見，而遂十分虧二，以此見日輪正圓可驗也。此如東京所鑄渾儀，今在臨安清臺，則於西北兩柱移低兩寸〔六九〕，以順天勢，其痕迹尚在，可驗也。南北異地，於以準望天度，則臨安與汴京自是不同也。

校勘記

〔一〕而歸過股肱　「過」字原無，據三國志卷二魏志文帝紀、晉書卷一二天文中補。

〔二〕五年十一月戊寅晦　「戊寅晦」，三國志卷二魏志文帝紀、晉書卷一二天文中作「戊申晦」。

〔三〕五年四月丙辰朔　「丙辰朔」原作「壬子朔」，據晉書卷一二天文中、歷代日食考魏晉日食表改。

〔四〕六年十月戊申朔　「十月」原作「七月」，據晉書卷一二天文中、歷代日食考魏晉日食表改。

〔五〕晉武帝泰始二年七月丙午朔　「丙午朔」，晉書卷一二天文中作「丙午晦」。按二十史朔閏表，是年六月丙子晦。

〔六〕九年正月壬申朔　「九年」原作「十年」，據慎本、晉書卷一二天文中、卷三武帝紀改。二十史朔閏表亦是九年正月壬申朔。下文「六月庚子朔」亦在武帝太康九年。

〔七〕二年正月丙子朔　「丙子朔」，晉書卷一二天文中、卷五懷帝紀均作「丙午朔」。

〔八〕十二月乙卯朔　「乙卯」原作「甲申」，中華書局標點本晉書卷五愍帝紀校勘記〔四三〕據資治通鑑考異、宋志改。按歷代日食考魏晉日食表和二十史朔閏表、晉紀所改是，今從之。

〔九〕八年正月己未朔　「己未」原作「乙未」，據晉書卷七成帝紀、宋書卷三四五行五、歷代日食考魏晉日食表改。

〔一〇〕穆帝永和二年四月己酉　「四月己酉」，歷代日食考魏晉日食表説「當作五月甲子朔」。按二十史朔閏表，是年四月甲午朔，五月甲子朔。四月己酉爲十六日。

〔一一〕七年正月丁酉　「丁酉」，宋書卷三四五行五作「丁酉朔」，按歷代日食考魏晉日食表、二十史朔閏表，當有「朔」字。

〔一二〕幾既在角　「既」字原無，據晉書卷一二天文中補。

〔一三〕日食皆從上始　「皆」原作「日」，據晉書卷一二天文中改。

〔一四〕宋營陽王景平二年二月癸巳朔　「癸巳朔」原作「己卯朔」，據中華書局標點本宋書卷四少帝紀校勘記〔一二〕改。

〔一五〕文帝元嘉四年六月癸卯朔　「六月」原無，據宋書卷三四五行五、卷五文帝紀及南史卷二宋本紀二文帝紀、殿本考證補。

〔一六〕六年五月壬辰朔　「六年」原作「五年」，據宋書卷三四五行五、卷五文帝紀及南史卷二宋本紀二文帝紀改。

〔一七〕大明五年九月甲寅　宋書卷三四五行五作「甲寅朔」。按歷代日食考南北朝日食表亦有「朔」字，二十史朔閏表是年九月甲寅朔。當從宋書五行志。

〔一八〕宣帝太建四年九月庚子朔　「四年」原作「三年」，據陳書卷五宣帝紀、南史卷一〇陳本紀下改。

〔一九〕六年二月壬辰朔　「二月」原作「三月」，據陳書卷五宣帝紀、南史卷一〇陳本紀下改。

〔二〇〕天賜五年七月戊戌朔　「七月」原作「十月」，據魏書卷一〇五之一天象一、北史卷一魏本紀改。

〔二一〕二年八月庚辰晦　按中華書局標點本北史卷一校勘記〔一八〕指出：「按此出魏書一〇五天象志。但神瑞二年八月壬子朔，庚辰是二十六日，不應爲晦，疑干支有誤。」又本條注文「晉義熙十一年，晉史作七月辛巳朔」。但查上文爲「七月辛亥晦」，與晉書天文志合。疑本條記事與注文干支，均當爲「七月辛亥晦」。

〔二二〕二年二月壬子朔宋大明五年　魏書卷一〇五天象志「和平三年二月壬子朔，日有食之」。歷代日食考南北朝日食表宋大明六年二月壬子朔，日環食。據此則和平「二年」當爲「三年」，大明「五年」當爲「六年」。

〔二三〕獻文帝皇興元年十月己亥朔宋明帝太始四年　按北魏獻文帝皇興元年當爲宋明帝太始三年。又魏書卷一〇五天象志「己亥朔」作「己卯朔」。二十史朔閏表太始三年十月己卯朔，原「己亥」當作「己卯」。

〔二四〕十月癸酉朔宋太始四年　「四年」原作「五年」，按宋太始四年即北魏皇興二年。又宋書卷三四五行五太始四年十月癸酉朔，日有食之；魏書卷一〇五天象志皇興二年十月癸酉朔，日有食之，兩者正合，今據改。

〔二五〕三年十月丁卯朔　「丁卯朔」原作「丁酉朔」，據宋書卷三四五行五、歷代日食考南北朝日食表改。

〔二六〕孝文延興三年十二月癸卯朔　「三年」原作「元年」，「朔」字原無，據上文「宋元徽元年十二月癸卯朔」、宋書卷三四五行五、魏書卷一〇五天象志、歷代日食考南北朝日食表改補。疑下文「三年十二月癸卯朔」重出。

〔二七〕五年七月庚申朔齊高祖建元二年南史書九月甲午朔　據上文「建元二年九月甲午朔」，南史卷四齊本紀、歷代日食考南北朝日食表「太和五年」當爲「太和四年」，「七月庚申朔」當爲「九月甲午朔」。

〔二八〕十四年二月己巳朔　「二月」原作「正月」，據魏書卷一〇五天象志、歷代日食考南北朝日食表改。

〔二九〕宣武帝景明元年正月辛丑朔齊東昏侯永元二年　「二年」原作「三年」，按永元二年即景明元年，「三年」則不合。又魏書卷一〇五天象志作「景明元年」、歷代日食考南北朝日食表作「永元二年」，正合，今據改。

〔三〇〕孝莊帝永安二年十月己酉朔　「己酉朔」原作「乙酉朔」，據魏書卷一〇五天象志改。按二十史朔閏表，是年十月己酉朔。

〔三一〕興和二年閏五月丁丑朔　「二年」原作「元年」，據北史卷五魏本紀五、通鑑卷一五八梁紀一四武帝大同六年閏五月丁丑朔、歷代日食考南北朝日食表改。按梁武帝大同六年即東魏孝靜帝興和二年。

〔三二〕二年九月戊辰朔　「戊辰朔」原作「壬辰朔」，據上文陳文帝「天嘉三年九月戊辰朔」、南史卷九陳本紀上、通鑑卷一六八陳紀二文帝天嘉三年九月戊辰朔、歷代日食考南北朝日食表改。

〔三三〕天和元年正月己卯朔　「元年」原作「六年」，據隋書卷二一天文下、通鑑卷一六九陳紀三天康元年即周天和元年春正月己卯記事改。按周用天和曆，天和元年正月己卯朔；陳用大明曆，陳天嘉七年即周天和元年，天嘉七年正月戊寅朔，己卯爲是月初二。

〔三四〕三年十一月壬辰朔　「三年」原作「二年」，按上文已有「二年十一月戊戌朔」，此有誤。據通鑑卷一七〇陳紀四光大二年即周武帝天和三年十一月壬辰朔記事、歷代日食考南北朝日食表改。

〔三五〕陳宣帝太建三年南史書九月庚子朔　查南史卷一〇陳宣帝太建三年並無「九月庚子朔」記事，此有誤。按通鑑卷一七〇陳紀四宣帝太建三年夏四月戊寅朔、隋書卷二一天文下周武帝天和六年即陳宣帝太建三年，四月戊寅朔，日有食之。疑此處係將南史書太建四年九月庚子朔日食，即下文建德元年九月庚子朔舛錯致誤。

〔三六〕六年十一月己亥晦　「晦」原作「朔」，據周書卷六武帝紀下、通鑑卷一七三陳紀宣帝太建九年十一月己亥晦改。按二十史朔閏表，周建德六年即陳太建九年，是年十一月庚午朔，己亥晦。

〔三七〕如南齊高帝建元二年即北魏孝文太和五年　按建元二年爲太和四年，或建元三年爲太和五年。北史孝文帝紀無太和四年日食記事，疑「建元二年」當是「建元三年」之誤。

〔三八〕南史書九月甲午朔北史書六月庚申朔之類　按北史孝文太和五年六月無日食記載，此「六月」當係「七月」之誤。又建元二年九月甲午朔日食，見於南史，但建元二年與太和五年不相合，見校勘記〔三六〕。而南史又載建元三年七月己未朔，日有食之。據此則和北史所載太和五年七月庚申朔日食相差一日，此乃曆法不同所致。疑通考歲年有誤。

〔三九〕太宗貞觀元年閏三月癸丑朔　「朔」字原無，據新唐書卷三二天文二、卷二太宗紀和歷代日食考唐代日食表補。

〔四〇〕四年正月丁卯朔　「正月」原作「閏正月」，據新唐書卷三二天文二、卷二太宗紀、唐會要卷四二删「閏」字。按二十史朔閏表，貞觀四年非閏年。

〔四一〕乾封二年八月己丑朔　「己丑朔」原作「己酉朔」，據新唐書卷三二天文二、卷三高宗紀和歷代日食考唐代日食表改。

〔四二〕三年三月壬戌朔　「三年」原作「二年」，據新唐書卷三二天文二、卷四則天皇后紀及通鑑卷二〇七唐紀二三則天后長安三年三月壬戌朔改。

〔四三〕在南斗二十一度　「二十一」原作「二十八」，據新唐書卷三二天文二、殿本考證改。

〔四四〕開元三年七月庚辰朔　「庚辰」原作「庚申」，據新唐書卷三二天文二、卷五玄宗紀及通鑑二一一唐紀二七玄宗開元三年七月庚辰朔改。

〔四五〕二十一年七月乙丑朔　「朔」字原無，據新唐書卷三二天文二、歷代日食考唐代日食表補。

〔四六〕在翼三度　「翼」，新唐書卷三二天文二作「婁」。
〔四七〕在畢十六度　「畢」原作「婁」，據新唐書卷三二天文二、殿本考證改。
〔四八〕德宗貞元三年八月辛巳朔　「三年」原作「二年」，據新唐書卷三二天文二、卷七德宗紀及通鑑二三三唐紀四九德宗貞元三年八月辛巳朔改。
〔四九〕憲宗元和三年七月辛巳朔　「七月」原無，據新唐書卷三二天文二、卷七憲宗紀及通鑑二三七唐紀五三憲宗元和三年七月辛巳朔補。
〔五〇〕三年二月丁丑朔　「二月」原作「五月」，「朔」字原無，據舊五代史卷一三九天文志、新五代史卷五九司天考、通鑑二七六後唐紀明宗天成三年二月丁丑朔改補。
〔五一〕晉高祖天福二年正月乙卯朔二日　通鑑二八一後晉紀高祖天福二年正月乙卯朔下考異曰：實録：「正月甲寅朔，乙卯日食。」十國紀年：「蜀乙卯朔日食。」蓋晉人避三朝日食而改曆也。
〔五二〕仁宗乾興元年七月甲子朔　據二十史朔閏表是年七月己巳朔，歷代日食考宋代日食表説「甲子」當作「己巳」。
〔五三〕四年十月甲戌朔　按是年十月癸酉朔，歷代日食考宋代日食表説「甲戌」當作「癸酉」。
〔五四〕寶元元年正月丙辰朔　「丙辰」，宋史卷五二天文五作「戊戌」，二十史朔閏表是年正月戊戌朔，歷代日食考宋代日食表説當作「戊戌朔」；又説日食當在正月丁卯晦。
〔五五〕四年十一月戊午朔　「戊午朔」原作「戊申朔」，據宋史卷五二天文五、歷代日食考宋代日食表、二十史朔閏表改。
〔五六〕元豐元年六月癸卯朔　「朔」字原無，據宋史卷五二天文五、卷一五神宗紀和歷代日食考宋代日食表補。
〔五七〕三年十一月己丑朔　「朔」字原無，據宋史卷五二天文五、卷一六神宗紀和歷代日食考宋代日食表補。

〔五八〕四年十一月癸未朔　「朔」字原無，據宋史卷五二天文五、卷一六神宗紀和歷代日食考宋代日食表補。

〔五九〕六年九月癸卯朔　「朔」字原無，據宋史卷五二天文五、卷一六神宗紀和歷代日食考宋代日食表補。

〔六〇〕哲宗元祐二年七月庚戌朔　「朔」字原無，據宋史卷五二天文五、歷代日食考宋代日食表補。二十史朔閏表是年七月庚戌朔。

〔六一〕紹聖二年二月丁卯朔　「二年」原作「三年」，「朔」字原無，據宋史卷五二天文五、歷代日食考宋代日食表改補。

〔六二〕四年六月癸未朔　「朔」字原無，據宋史卷五二天文五、卷一八哲宗紀和歷代日食考宋代日食表補。

〔六三〕八年五月壬午朔　宋史卷五二天文五、卷二一徽宗紀均作「重和元年五月壬午朔」。按政和八年十一月改元重和，日食發生於五月，或史家紀元方法不同所致。

〔六四〕三十二年正月戊辰朔　「戊辰朔」原作「戊申朔」，據宋史卷五二天文五、建炎以來繫年要録卷一九六、歷代日食考宋代日食表改。

〔六五〕二年六月甲寅　「二年」原作「三年」，據元本、宋史卷五二天文五、卷三三孝宗紀和歷代日食考宋代日食表改。

〔六六〕淳熙元年十一月甲申朔　「十一月」原作「十二月」，據元本、宋史卷五二天文五、卷三四孝宗紀改。

〔六七〕甲子日食　「甲」字原無，據元本補。

〔六八〕嘉定四年十一月己酉朔　按宋史卷五二天文五於此條前有「三年六月丁巳朔」一條，是。有兩條記事，則可與下文「皆當食，皆不見虧分」相合。

〔六九〕則於西北兩柱移低兩寸　「北兩」二字原無，據元本、殿本考證補。

卷二百八十四　象緯考七

日變

春秋魯哀公六年，有雲如衆赤鳥，夾日以飛三日。楚子使問諸周太史，周太史曰：「其當王身乎！日爲人君，妖氣守之，故以爲當王身。雲在楚上，惟楚見之，故禍不及他國。若禜之，禜，禳祭也。可移於令尹、司馬。」王曰：「除腹心之疾，而置之股肱，何益？不穀不有大過，天其夭諸？有罪受罰，又焉移之！」遂弗禜。

漢武帝建元二年四月戊申，有如日夜出。

元帝永光元年四月，日色青白，亡景，韋昭曰：「日下無景也〔一〕。無景，惟質見耳。」正中時有景無光。韋昭曰：「無光耀也。」是夏寒，至九月，日乃有光〔二〕。京房易傳曰：「美不上人，兹謂上弱，厥異日白，七日不温。順無所制，兹謂弱，孟康曰：「君順從於臣下，無所能制。」日白六十日，物無霜而死。天子親伐，兹謂不知，日白，體動而寒。弱而有任，兹謂不亡，日白不温，明不動。辟愆公行，兹謂不伸。孟康曰：「辟，君也。有過而公行也。」厥異日黑，大風起，天無雲，日光晻。師古曰：「晻與暗同也。」不難上政，兹謂見過，日黑居仄〔三〕，大如彈丸。」

成帝河平元年正月壬寅朔，日月俱在營室，時日出赤。二月癸未，日朝赤，且入又赤，夜月赤。甲申，日出赤如血，亡光，漏上四刻半，乃頗有光，燭地赤黄，食後乃復。京房易傳曰：「辟不聞道，兹謂亡，厥異日赤。」三月乙未，日出黄，有黑氣大如錢，居日中央。京房易傳曰：「祭天不順，兹謂逆。厥異日赤，其中黑。聞善不予，兹謂失知，厥異日黄。」夫大人者，與天地合其德，日月合其明。故聖王在上，總命群賢，以亮天功，則日之光明，五色備具，燭燿亡主；有則爲異，應行而變也。色不虚改，形不虚毁。觀日之五變，足以監矣。

李尋對曰：「夫日者，衆陽之長，煇光所燭，萬里同晷，人君之表也。師古曰：「晷，景也。」故日將旦，清風發，群陰伏，君以臨朝，不牽於色。日初出，炎以陽，君登朝，佞不行，忠直進，不蔽障。日中煇光，君德盛明，大臣奉公。日將入，專以壹，君就房，有常節。君不修道，則日失其度，晻昧亡光。師古曰：「晻與暗同，又音烏感反。」各有云爲。其於東方作，日初出時，師古曰：「作，起也。日出之時，人物皆起。」陰雲邪氣起者，法爲牽於女謁，服虔曰：「謁，請也。」有所畏難；日出後，爲近臣亂政；日中，爲大臣欺誣；日且入，爲妻妾役使所營。師古曰：「營〔四〕，謂繞也。」間者日尤不精，光明侵奪失色，邪氣珥蜺數作。本起於晨，相連至昏，其日出後至日中間差瘉。師古曰：「瘉讀愈同。」小臣不知内事，竊以日視陛下志操，衰於始初多矣。其咎恐有以守正直言而得罪者，傷嗣害世不可不慎也。」

按尋此對在哀帝時。帝召尋待詔黄門，詔問以日月失度，星辰亂行，災異仍重之事。尋所對如此。然哀帝時日食凡再，俱見於史，而此所言日無精光，邪氣連昏之事，則天文、五行志所不載云。

光武建武七年四月丙寅，日有暈抱，白虹貫暈，在畢八度。古今注曰：「時日加卯，西面東面有抱〔五〕，須臾成暈，中有兩鉤，在南北面〔六〕，有白虹貫暈，在西北南面，有背在景，加已皆解也。」畢爲邊兵。秋，隗囂反，侵安定。皇德傳史曰：「白虹貫，下破軍，晉分也。」

章帝建初元年正月壬申，白虹貫日。五年七月甲寅夜，白虹出。七年四月甲寅〔七〕，日加卯，西面有抱，須臾成暈，有白虹貫日。

殤帝延平元年六月丁未，日暈上有半暈，暈中外有璚，背兩珥。十二月丙寅，日暈再重，中有背璚。

順帝永建二年正月戊午，白虹貫日。三年正月丁酉〔八〕，日有白虹貫交暈中。六年正月丁卯，日暈兩珥，白虹貫珥中。永和六年正月己卯，暈兩珥，中赤外青，白虹貫暈中。春秋元命包曰：「陰陽之氣，聚爲雲氣，立爲虹蜺，離爲背璚，分爲抱珥。」考異郵曰：「臣謀反，偏刺日。」巫咸占曰〔九〕：「臣不知則日月璚。」如淳曰：「蝃蝀謂之虹，雌謂之蜺，向外曰背，刺日曰璚，在旁如半鐶向日曰抱，在畔直對曰珥。」孟康曰：「璚如璚也。」宋均曰：「黃氣抱日，輔臣納忠。」

靈帝時，日數出東方，正赤如血，無光，高二丈餘乃有景。且入西方，去地二丈，亦如之。京房占曰：「國有佞讒，朝有殘臣，則日不光，暗冥不明。」孟康曰：「日月無光曰薄。」其占曰，事天不謹，則日月赤。是時月出入去地二三丈，皆赤如血者數矣。春秋感精符曰：「日無光，主勢奪，群臣以讒術。色赤如炭，以急見伐，又兵馬發〔一〇〕。」禮斗威儀曰〔一一〕：「日月赤，君喜怒無常，輕殺不辜，戮於無罪，不事天地，忽於鬼神。時則天雨，土風常起，日食無光，地動雷降。其時不救，兵從外來，爲賊殘而不葬。」京房占曰：「日無故日夕無光，天下變枯，社稷移主〔一二〕。」光和四年二月己巳，黃氣抱日，黃白珥在其表。春秋感精符曰：「日朝珥則有喪孽。」又云：「日已出，若其入，而雲皆赤黃，名曰日空，不出三年，必有移民而去者也。」中平四年三月丙申，黑氣大如爪〔一三〕，在日中。春秋感精符曰：「日黑則水淫溢。」五年正月，日色赤黃，中有黑氣如飛鵲，數月乃銷。　六年二月乙未，白虹貫日。春秋感精符曰：「虹貫日，天下悉極，文法大擾，百姓殘賊，酷法横殺，下多相告，刑用及族，世多深刻，獄多怨宿，吏皆慘毒。」又曰：「國多死孽，天子命絶，大臣爲禍，王將見殺。」星占曰：「虹蜺主内婬，土精填星之變。」易讖曰：「聰明蔽塞，政在臣下，婚戚干朝，君不覺悟，虹蜺貫日。」

獻帝初平元年二月壬辰，白虹貫日。袁山松書曰：「三年十月丁卯，日有重兩倍。」吴書載韓馥與袁術書曰〔一四〕：「凶出於代郡。」

晉武帝泰始元年七月甲寅，日暈再重，白虹貫之。　太康元年正月己丑朔，五色氣貫日，自卯至酉。占曰：「君道失明，丑爲斗、牛，主吴、越。」是時孫皓淫暴，四月降。

惠帝元康元年十一月甲申，日暈再重，青赤有光。　九年正月，日中有若飛燕者，數日乃銷，王隱以爲愍懷廢死之徵。　永康元年正月癸亥朔，日暈三重。　十月乙未，日闇，黄霧四塞。　占曰：「不及三年，下有拔城大戰。」十二月庚戌，日中有黑氣〔一五〕。　京房易傳曰：「祭天不順兹謂逆，厥異日中有黑氣。」永寧元年九月甲申，日中有黑子。　京房易傳占：「黑者陰也，臣不掩君惡，令下見，百姓惡君，則有此變。」又曰：「臣有蔽主明者。」　太安元年十一月〔一六〕，日中有黑氣。　永興元年十一月，日中有黑氣分日。　光熙元年五月壬辰、癸巳，日光四散，赤如血流，照地皆赤。　甲午，又如之。　占曰：「君道失明。」

懷帝永嘉元年十一月乙亥，黄黑氣掩日，所照皆黄。　按河圖占曰「日薄也」。　其説曰：「凡日食皆於晦朔，有不於晦朔者爲日薄〔一七〕。　非日月同宿〔一八〕，時陰氣盛，掩日光也。」占類日蝕。　二年正月戊申，白虹貫日。　二月癸卯，白虹貫日，青黄暈五重。　占曰：「白虹貫日，近臣爲亂，不則諸侯有反者。」暈五重，有國者受其祥，天下有兵，破亡其地。」明年，司馬越暴蔑人主。五年，劉聰破京都，帝蒙塵於寇庭。

五年三月庚申，日散光，如血下流，所照皆赤。日中有若飛燕者。

愍帝建興二年正月辛未辰時〔一九〕，日隕於地。又有三日相承，出於西方而東行。五年正月庚子，三日並照，虹蜺彌天。日有重暈，左右兩珥。占曰：「白虹，兵氣也。三、四、五、六日俱出並爭，天下兵作。王立亦如其數〔二〇〕。」又曰：「三日並出，不過三旬，諸侯爭爲帝。日重暈，天下有立王。暈而珥，天下有立侯。」故陳卓曰：「當有大慶，天下其三分乎！」三月而江東改年爲建武，劉聰、李雄亦跨曹、劉疆宇，於是兵連累葉。

元帝太興元年十一月乙卯，日夜出，高三丈，中有赤青珥。四年二月癸亥，日鬬。三月癸未，日中有黑子〔二一〕。四月辛亥，帝親録訊囚徒〔二二〕。永昌元年十月辛卯，日中有黑子。時帝寵幸劉隗，擅威福，虧傷君道，王敦因之舉兵，逼京都，禍及忠賢。

明帝太寧元年正月己卯朔〔二三〕，日暈無光。癸巳，黄霧四塞。占曰：「君道失明，陰陽昏，臣有陰謀。」京房曰：「下專刑之應。」敦既陵上，卒伏其辜。十一月丙子，白虹貫日。史官不見，桂陽太守華包以聞。

成帝咸和九年七月，白虹貫日。咸康元年七月，白虹貫日。二年七月，白虹貫日。自後庾氏專政，由后族而貴，蓋亦婦人擅國之義，故頻年白虹貫日。八年正月壬申，日中有黑子，丙子乃滅。夏，帝崩。

穆帝永和八年，張重華在涼州，日暴赤如火，中有三足烏，形見分明，五日乃止。　十年十月庚辰，日中有黑子，大如鷄卵。　十一年三月戊申，日中有黑子，大如桃，二枚。時天子幼弱，久不親國政。

升平三年十月丙午，日中有黑子，大如鷄卵，少時而帝崩。

海西公太和三年九月戊辰夜〔一四〕，二虹見東方。　四年四月戊辰，日暈，厚密，白虹貫日中。　十月乙未，日中有黑子。　五年二月辛酉，日中有黑子，大如李。　六年三月辛未，白虹貫日，日暈五重。　十一月，桓温廢帝，即簡文咸安元年也。

簡文咸安二年十一月丁丑，日中有黑子。

孝武寧康元年十一月己酉，日中有黑子，大如李。　二年三月庚寅，日中有黑子二枚，大如鴨子。十一月己巳，日中黑子大如鷄卵。時帝已長，而康獻皇后以從嫂臨朝，實傷君道，故日有瑕也。　太元十三年二月庚子，日中有黑子二，大如李。　十四年六月辛卯，日中又有黑子，大如李。　二十年十一月辛卯，日中又有黑子，是時會稽王以母弟干政。

安帝隆安元年十二月壬辰，日有暈，有背璚。是後不親萬機，會稽王世子元顯專行威罰。　四年十一月辛亥，日中有黑子。　元興元年二月甲子，日暈，白虹貫日中。　三月庚子，白虹貫日，未幾，桓玄剋京都，王師敗績。　明年，桓玄篡位。　義熙元年五月庚午，日有彩珥。壬辰、癸巳，日光四散，赤如流血，照地皆赤。　六年五月丙子，日暈有璚。時盧循逼京都，内外戒嚴。　七月，循走。　七年七月，五虹見東方。占曰：「天子黜。」其後劉裕代晉。　十年，日在東井，有白虹十餘丈在南干日。災在秦分，秦亡之象。

恭帝元熙二年正月壬辰，白氣貫日，東西有直珥各一丈，白氣貫之交匝。

宋文帝元嘉四年十月辛卯，日晝昏，十日乃明。

孝武大明七年十一月日始出四五丈，色赤如血，未没四五丈，亦如之。至八年春，凡三度，謂之日死。

齊高祖建元元年十二月未時，日暈，色黄無光，至申乃散。二年閏月乙酉，日黄無光。四年十一月丙子，日黄色無光。

武帝永明五年十一月丁亥，日出五竿〔二五〕，朱色赤黄〔二六〕，暈抱珥直背。

東昏侯永元元年十二月乙酉，日中有黑子三枚。

梁武帝太清元年十二月己卯，白虹貫日。三年正月庚申，白虹貫日三重。

元帝承聖元年十一月丙子，有兩日俱見。

陳文帝天嘉七年二月庚午，日無光，烏見。占曰：「王者惡之。」其日庚午，吴、楚之分野。四月甲子，日有交暈，白虹貫之。是月癸酉，帝崩。

宣帝大建十年二月癸亥，日上有背。占曰：「其野失地，有叛兵。」甲子，吴明徹兵敗於吕梁，將卒没於周。明年，淮南地盡入於周。

後魏文成帝興安元年十一月己卯，日出赤如血。

孝文帝太和二年正月辛亥，日暈，東西兩珥。　四年正月癸丑，日暈，東西有背。　八年正月戊寅，有白氣貫日。

宣武帝景明二年八月戊辰，日赤無光，中有黑氣。　三年正月乙巳，日有黑氣。　正始二年四月甲辰，卯時暈匝，西有一背黄，南北有珥，内赤外黄，漸滅。　十二月己酉，日暈，北有一抱，内赤外黄白，兩傍有珥下。　三年十月乙巳，日赤無光。　延昌元年十月甲戌至辛卯，日初出及將没赤白無光。

孝明帝熙平元年三月丁丑，日出無光，至申時酉時。　神龜三年十月己巳，太史奏：自八月以來，黄埃掩日，日出三丈，色如赭，無光耀。　正光五年閏月乙酉〔二七〕，日暈，内赤外青，南北有珥〔二八〕，下有抱兩背〔二九〕，内赤外青。　十二月丙申，日暈，南北有珥，上有抱一背〔三〇〕。　孝昌三年五月戊戌，辰時暈匝，内赤外白，兩珥。

孝莊帝永安二年十月己酉朔〔三一〕，日從地下食出，虧從西南角起。

節閔帝普泰元年三月丁卯〔三二〕，日月並赤赭色，天地溷濁，十一月，日暈再重。

孝武帝太昌元年五月，日暈再重。　十月辛酉朔，日從地下食出，虧從西南角起。

後周武帝保定五年正月辛卯，白虹貫日。　占曰：「爲兵喪。」　天和元年二月庚午，日鬬，光遂散，日烏見。　十月辛卯，黑雲貫日。　建德二年二月辛亥，白虹貫日。　占曰：「臣謀君，不出三年。」又曰：「近臣爲亂。」後年，衛王直舉兵反。　六年十一月甲辰，日晡時，日中有黑子，大如杯。　占曰：「君有過而臣不諫，人主惡之。」

宣帝大成元年正月丙午、癸丑，日皆有背。占曰：「臣爲逆，有反叛，邊將去之。」又曰：「卿大夫欲爲主。」其後隋公作霸，尉遲迥、王謙、司馬消難等舉兵。

靜帝大象元年二月癸未，日將出入時，其中並有烏色，大如鷄卵，經四日乃滅。

隋文帝開皇九年正月己巳，白虹夾日。占：「臣背主。」又「無德者亡」。是月滅陳。仁壽四年七月乙未，日青無光，八日乃復。占：「主勢奪。」又「日無光，有死王」。丁未，上崩。漢王諒反，楊素討平之。皆兵喪亡國死王之應。

煬帝大業十三年十一月辛酉，日光四散如流血。占曰：「賊入宮，主以急兵見伐。」又曰：「臣逆君。」明年三月，宇文化及等弒帝，諸王及幸臣並被戮〔三〕。

唐太宗貞觀初，突厥有五日並照。二十三年三月，日赤無光。李淳風曰：「日變色，有軍急。」又曰：「其君無德，其臣亂國。」濮陽復曰〔四〕：「日無光，主病。」

高宗咸亨元年二月壬子，日赤無光。癸丑，四方濛濛，日有濁氣，色赤如赭。上元二年三月丁未，日赤如赭。永淳元年三月，日赤如赭。文明元年二月辛巳，日赤如赭。

武后長安四年正月壬子，日赤如赭。

中宗景龍三年二月庚申，日色紫赤無光。

玄宗開元十四年十二月己未，日赤如赭。二十九年三月丙午，風霾，日無光，近晝昏也。占爲上刑急，人不樂生。天寶三載正月庚戌，日暈五重。占曰：「是謂氣光，天下有兵。」

肅宗上元二年二月乙酉〔三五〕，白虹貫日。

代宗大曆二年七月丙寅，日旁有青赤氣，長四丈餘。壬申，日上有赤氣，長二丈。九月乙亥至於辛丑，日旁有青赤氣。三年正月丁巳，日有黄冠、青赤珥。辛丑，亦如之。凡氣長而立者爲直，横者爲格，立於日上爲冠。直爲有自立者，格爲有戰鬭。又曰：「赤氣在日上，君有佞臣。黄爲土功，青赤爲憂。」

德宗貞元二年閏五月壬戌，日有黑暈。六年正月甲子，日赤如血。十年三月乙亥，黄霧四塞，日無光。

憲宗元和二年十月壬午，日傍有黑氣如人形跪，手捧盤向日〔三六〕，盤中氣如人頭。四年閏三月，日傍有物如日。五年四月辛未，白虹貫日。十年正月辛卯，日外有物如烏。十一年正月己卯〔三七〕，日紫赤無光。

穆宗長慶元年六月己丑，白虹貫日。三年二月庚戌，白虹貫日。

敬宗寶曆元年六月甲戌，赤虹貫日。九月甲申，日赤無光。二年三月甲午，日中黑氣如杯。辛亥，日中有黑子。四月甲寅，白虹貫日。

文宗太和二年二月癸亥，日無光，白霧晝昏〔三八〕。十二月癸亥，有黑祲與日鬭。五年二月辛丑，白虹貫日。六年三月，有黑祲與日如鬭。庚戌，日中有黑子。四月乙丑，黑氣磨日。七年正月庚戌，白虹貫日。八年七月甲戌，白虹貫日，日有交暈。十月壬寅，白虹貫日，東西際天，上有背玦。

九年二月辛卯，日月赤如血。壬辰，亦如之。開成元年正月辛丑朔，白虹貫日。二月己丑，亦如之。二年十一月辛巳，日中有黑子，大如鷄卵，日赤如赭，晝昏至於癸未。五年正月己丑，日暈，白虹在東方，如玉環貫珥。二月丙辰〔三九〕，日有重暈，有赤氣夾日。十二月癸卯朔，日傍有黑氣來觸。

武宗會昌元年十一月庚戌，日中有黑子。四年正月戊申，日無光。二月己巳，白虹貫日，如玉環。

宣宗大中十三年四月甲午，日暗無光。

懿宗咸通六年正月，白虹貫日，中有黑氣，如鷄卵。七年十二月癸酉，白氣貫日，日有重暈。甲戌，亦如之。白氣，兵象也。十四年二月癸卯，白虹貫日。

僖宗乾符元年，日中有黑子。二年，日中有若飛燕者。六年十一月丙辰朔，有兩日並出而鬬，三日乃不見。鬬者，離而復合也。廣明元年日暈如虹，黃氣蔽日無光。日，不可以二；虹，百殃之本也。中和三年三月丙午，日有青黃暈。四月丙辰，亦如之。丁巳、戊午，又如之。光啓三年十一月己亥，下晡，日上有黑氣。四年二月己丑，日赤如血。庚寅，改元文德。是日，風，日赤無光。

昭宗景福元年五月，日色散如黃金。光化三年冬，日有虹蜺背璚彌旬。日有赤氣，自東北至於東南。天復元年十月，日色散如黃金。十一月，又如之。三年二月丁丑〔四〇〕，日有赤氣，自東北至於東南。天祐元年二月丙寅，日中見北斗。其占重。十一月癸酉，日中有黃暈，傍有青赤氣一。二年正月甲申，日有黃白暈，暈上有青赤背。乙酉，亦如之。暈中生白虹，漸東，長百餘丈。二月乙巳〔四一〕，日有黃白暈，如半環。有蒼黑雲夾日，長各六尺餘，既而雲變，狀如人如馬，乃消。占曰：「背者，叛背之象。日暈有虹者爲大戰，半暈者相有謀。蒼黑，祲祥也。夾日者，賊臣制君之象。變而如人者爲叛臣，如馬者爲兵。　三年正月辛未，日有白黃暈，上有青赤背。二月癸巳，日有黃白暈，如半環，有青赤背。

後唐明宗天成元年十月己丑至於庚子，日月赤而無光。　二年二月乙酉，日中有黑氣，狀如鷄卵。

後晉高祖天福元年十二月己卯朔，日有白虹二。　三年三月壬子，日有白虹。

後周世宗顯德三年十二月庚午〔四二〕，白虹貫日。

五代史司天考論曰：「五代亂世，文字不完，史官所記亦有詳略，其日月五星之變，大者如是。日有冠珥、環暈、纓紐、負抱、戴履、背氣，十日之中常七八，其繁不可勝書，而背氣尤多。」

顯德七年正月癸卯，日既出，其下復有一日相掩，黑光磨蕩久之。時太祖北征，知星者苗訓指謂親吏楚昭輔曰：「天命也。」是日，周恭帝遜位。

宋太祖皇帝開寶七年正月丙戌，日有黑子二。

真宗景德元年十二月甲辰，日有影，如三日狀。占在危宿，幽州之野，時契丹請和。　三年九月戊申，日赤如赭。占曰：「將相憂。」明年，河陽節度、同平章事王顯卒。　四年四月甲申，日白無光。

仁宗寶元二年十二月庚申〔四三〕，日赤如朱，踰二刻復。　慶曆八年二月乙未，日赤無光。

神宗熙寧十年二月辛卯，日中有黑子如李。占：「臣於君〔四四〕，不掩惡，令民見」，則有此變。或「王者惡之」，至乙巳散。　元豐元年閏正月庚子，日中有黑子如李，至二月戊午，凡十有九日散。十二月丙午，日中有黑子亦如李，至丁巳，凡十有二日散。　二年二月甲寅，日中有黑子如李，至癸亥散。

徽宗崇寧二年五月癸卯，日淡赤無光，至申乃復。　三年十月壬辰，日中有黑子如棗大。　政和二年四月辛卯，日中有黑子，乍二乍三，如栗大。　八年十一月辛亥，日中有黑子如李大。　宣和二年正月己未，日蒙蒙無光。五月己酉，日中有黑子如棗大。　三年十二月辛卯，日中有黑子如李，占：「臣蔽主明。」　四年二月癸巳，日蒙蒙無光。

高宗建炎三年三月己卯朔，日中有黑子，壬寅乃消伏。占：「臣不掩君惡。」又「臣有蔽主明者」。紹興元年二月己卯，日中有黑子如李大，三日而伏。占：「臣蔽主明。」　六年十月壬戌，日中有黑子如李大。占：「臣蔽主明。」　七年二月庚子，日中有黑子如李大，旬日乃消。　四月戊申，日有黑子如前。　八年二月辛酉，日中有黑子大如棗。占：「君有過而臣不諫。」十月乙亥，日有黑子。

孝宗淳熙十三年五月庚辰，日生黑子如棗大，至甲申日乃復。

光宗紹熙四年十一月辛未，日生黑子。占：「祭天不順兹爲逆，厥異日中有黑子。」黑子者，陰也，臣不掩君惡。」又曰：「臣有蔽主明者。」

寧宗慶元六年八月乙未，日内生黑子如棗大，凡六日乃消伏。　十一月乙酉，日又生黑子如棗大，凡二十日乃伏。時侂胄用事，群姦附和，蔽主明。　嘉泰二年十二月甲戌，日生黑子如棗大，至丙戌消伏。　四年正月癸未，日生黑子如棗大。　開禧元年四月辛丑，亦如之。

日煇日暈

建隆元年訖開寶末，凡冠氣七，珥百，抱氣七，承氣六，赤黃氣三，黃白氣三，青氣二，纓一，暈一百五十六，半暈四十五，重暈五十九，重半暈七，交暈一十八，背氣二百三十一，紐氣七〔四五〕，戟氣三。

太平興國元年訖至道末，凡冠氣一十八，戴氣三，抱氣一十三，珥七十七，承氣三，赤黃氣八，璚氣一，青氣二，暈五十九，半暈二十二，重暈一十二，交暈三，背氣四十四，紐氣三，戟氣一，直氣一十五。

咸平元年訖乾興末，凡重輪二四，彗一，五色輝氣一，冠氣二百六十六，珥四十一，戴氣一百九十七，抱氣五十七，承氣一百八十四，直氣七十七，光氣黃氣九，赤黃氣四，紫氣五，赤黃交氣二〔四六〕，赤黃綠碧氣二，青赤氣二十一，黃白氣一，黑氣二，白氣五，纓三，戟氣一，紐氣二，背氣二百九十九，暈一千二百三十一，半暈六百五十三，重暈二十七，交暈一十三。

天聖元年訖嘉祐末，凡日黃耀有光一，輝氣一十九，龍鳳雲慶雲二，五色雲八，紫黃雲五，赤黃雲一，紫雲一，黃雲二，青黃紫暈一，暈八百五十五〔四七〕，周暈二十六，重暈一十六，交暈五，連環暈一，珥八百四十七，冠氣一百四十，戴氣二百五十六，承氣一百，重承氣一，抱氣一十八，負氣一，背氣一百七，格氣二，直氣五，白虹貫日四，白氣如繩貫日并暈一〔四八〕。

治平元年訖四年，凡五色雲八，輝氣一，暈一百二十八，周暈三，重暈十二，交暈二，珥八十九，冠氣一十一，戴氣三十九，承氣五，背氣二十三，白虹貫日一，白虹貫珥一。

治平四年訖元豐末，凡日暈一千三百五十六，周暈二百七十七，重暈七十四，交暈四十九，連環暈一，珥八百八十二，冠氣四十二，戴氣二百七十一，承氣五十，抱氣二，背氣二百四十六，直氣二，戟氣一，纓氣五，璚氣一，白虹貫日九，貫珥三，五色雲二十六。

元豐八年三月五日訖元符三年正月十二日，暈五百二十八，周暈二百五十七，重暈六十八，交暈六十七，五色氣暈一，珥五百五十六，冠氣六十一，戴氣一百五十二，承氣三十三，背氣一百七十四，直氣三，戟氣四，纓氣一，格氣五，白虹貫日一十六，貫珥一，五色雲五十二。

元符三年正月訖靖康二年四月，凡日暈九，暈戴三，半暈一，暈珥背一，半暈重背一，暈纓一，珥背三，珥十三，暈珥七，冠氣七，暈背四，戴氣六，承氣二，抱氣四，背氣一十四，五色氣暈一，直氣四，環暈戴氣三，戟氣一，履氣二，半暈履一，半暈再重一，五色雲二。

高宗建炎三年春，白虹貫日，占：「近臣爲亂。」或「諸侯叛」。 三年五月庚子，日生兩珥，占：「主民壽考。」 四年二月辛丑〔四九〕，白虹貫日。 於是金虜始退，群盜大起。 十一月癸卯，日生背氣。 紹興元年正月壬戌，日生背氣。 二月丙辰，日暈周匝。 二年四月壬申，日生戴氣。占：「人君德至於天，則有戴氣。」戴者，德也，推戴福祐之象。次月之戊寅復然。於是宗子伯琮始育於宮中。 閏四月丙申〔五〇〕，日生背氣。占：「背叛乖逆，邪謀不成。」於是孔彥舟叛降劉豫。 三年二月乙卯，日生戴氣。 丙申，生抱氣。占：「戴者，推戴福祐之象，君德至於天則有之。」抱者，抱扶向就之狀，主鄰國臣庶來降，亦有子孫之喜，臣下忠誠以附其上。」 四年正月壬子，日生承氣。占：「臣承君也，人主有喜。」二月，趙鼎參知政事。三月辛未，日有抱氣，色黃潤澤。占：「天子有喜，有和親來降者，不戰而降，軍罷。」六月壬辰，日暈於井，占：「秦分，有憂〔五一〕。」五年正月庚申，日生戴氣。占：「國有喜。」是歲建資善堂，皇子建節封公。六年十一月丙申〔五二〕，日生兩珥。七年二月辛丑，氛氣翳日。八年二月辛巳，白虹貫日。占：「諸侯有叛。」或「歲中有喪」。次年，皇后邢氏崩於五國城。二十一年閏四月壬申〔五三〕，日生暈。占：「臣專政。」又云「邊兵動，虜主死」。時秦檜在相位。二十七年二月壬寅，白虹貫日。六月壬寅，日有直氣。三十年四月戊辰〔五四〕，日生暈周匝。占：「邊兵動，虜主死，或多風。」其應在次年。

孝宗隆興二年六月甲子，日有戟氣，長斜倚日傍。占：「戈戟相傷之象。」七月己亥，日有直氣。乾道元年六月丁未，日生格氣。占：「格鬬之象。」二年二月庚辰，日左生氣，直氣一條。三年三月丁巳，日下暈，外生赤黃色承氣一條。四月辛卯，日生赤黃暈周匝。五月戊戌〔五五〕，日赤暈周匝，在畢。占：「邊兵動。」甲辰，日下暈，外生青黃色承氣。君臣相承，有喜之象。淳熙八年閏三月丙申〔五六〕，日暈周匝。占：「丙申日暈，臣不賢。日在昴，胡、趙之君亡。」十三年五月己卯，日暈周匝。十五年六月丙申，日生背氣。十六年三月壬寅〔五七〕，日半暈再重。占：「國民蕃息，歲大和。」

光宗紹熙元年六月甲申，日生暈周匝。二年二月壬寅，日生戴氣。三月辛未，日生暈周匝。四月癸未，日生戴氣。七月庚申，日上暈外生背氣。四年二月癸亥，日暈周匝。占：「臣專政。日躔奎宿，其下有兵，大人凶。」十一月辛巳，日暈外背氣。五年四月乙卯，日暈周匝。丙午〔五八〕，日上暈外生背氣。

寧宗慶元元年正月丙辰，白虹貫日。占：「百殃之本，衆亂之基，有兵。」又曰：「近臣爲亂。」於是侂胄用事，時政以變，兵禍始矣。二月辛巳，日有背氣。四月己未，日生格氣。占：「格鬭之象。」二年五月己丑，日生背氣。嘉泰元年六月辛卯，日暈周匝。嘉定六年四月己卯，日生赤黄暈周匝，躔在胃宿。占：「后族盛。」日暈胃宿，則倉庫之官凶，或穀不登。七年三月壬申〔元〕，日生赤黄暈，外生青赤黄承氣，後暈周匝。占：「日有承氣，臣承君也。」十一年二月丙辰，白虹貫日。十七年六月辛卯，日有背氣。

校勘記

〔一〕日下無景也　「日」字原無，據漢書卷二七下之下五行補。

〔二〕日乃有光　「日」字原無，據漢書卷二七下之下五行補。

〔三〕日黑居仄　「仄」原作「反」，據漢書卷二七下之下五行、殿本考證改。

〔四〕營　「營」字原無，據慎本補。

〔五〕西面東面有抱　「西面」原作「西向」，據元本、慎本、後漢書志一八五行六改。

〔六〕在南北面　「面」字原無，據後漢書志一八五行六補。

〔七〕七年四月甲寅　「甲寅」，慎本、後漢書志一八五行六作「丙寅」。按是年四月戊戌朔，十七日甲寅，二十九日丙寅。

〔八〕三年正月丁酉　「三」原作「二」，據後漢書志一八五行六改。按永建二年正月戊申朔，無丁酉，三年正月辛未朔，丁酉二十七日。

〔九〕巫咸占曰　「占曰」原互倒，據後漢書志一八五行六、殿本考證乙正。

〔一〇〕又兵馬發　「又」原作「久」，「發」原作「廢」，據元本、後漢書志一八五行六改。

〔一一〕禮斗威儀曰　「威」原作「度」，據元本、後漢書志一八五行六及殿本考證改。

〔一二〕社稷移主　「主」原作「亡」，據中華書局標點本後漢書志一八五行六改。

〔一三〕黑氣大如爪　「爪」，後漢書志一八五行六作「瓜」。

〔一四〕吴書載韓馥與袁術書曰　「馥」原作「復」，據元本、慎本、後漢書志一八五行六、殿本考證改。

〔一五〕日中有黑氣　「日」字原無，據晉書卷一二天文中補。

〔一六〕太安元年十一月　「太安」原作「泰安」，據晉書卷一二天文中、卷四惠帝紀改。

〔一七〕有不於晦朔者爲日薄　「有不」二字原互倒，據晉書卷一二天文中、宋書卷三四五行五乙正。

〔一八〕非日月同宿　晉書卷一二天文中「非」上有「雖」字。

〔一九〕愍帝建興二年正月辛未辰時　「辰時」原作「庚申」，據晉書卷五孝愍帝紀、卷一二天文中中華書局標點本校勘記〔一三〕改。

〔二〇〕王立亦如其數　「王立」原作「丁巳」，按愍帝建興五年正月甲申朔，十七日庚子，是月無丁巳。宋書卷三四五行五作「王立」，據改。

〔二一〕四年二月癸亥日鬬三月癸未日中有黑子　宋書卷三四五行五、通鑑卷九一晉紀一三元帝太興四年均作「三月癸亥日中有黑子」，疑是。按二十史朔閏表，是年二月庚寅朔，無癸亥；三月庚申朔，癸亥初四，癸未二十四，標點本晉書天文中校勘記説三月無癸未，恐非是。

〔二二〕四月辛亥帝親録訊囚徒　「四月」原無，標點本晉書天文中校勘記：「斠校：『辛亥』上脱『四月』二字。」按晉書卷六元帝紀：「帝親覽庶獄」，據補。按二十史朔閏表，是年三月無癸亥，四月己丑朔，癸亥爲二十三日。

〔二三〕明帝太寧元年正月己卯朔　「朔」字原無，據晉書卷一二天文中、宋書卷三四五行五補。按二十史朔閏表，是年正月己卯朔。

〔二四〕海西公太和三年九月戊辰夜　「夜」原作「見」，據元本、晉書卷一二天文中、殿本考證改。

〔二五〕日出五竿　「五」，南齊書卷一二天文上作「三」。

〔二六〕朱色赤黄　「朱」原作「失」，據南齊書卷一二天文上改。

〔二七〕正光五年閏月乙酉　「光」原作「元」，據魏書卷一〇五天象志、殿本考證改。

〔二八〕南北有珥　「有」字原無，據魏書卷一〇五天象志及下文補。

〔二九〕下有抱兩背　魏書卷一〇五天象志作「上有一抱兩背」。

〔三〇〕上有抱一背　魏書卷一〇五天象志作「上有兩抱一背」。

〔三一〕孝莊帝永安二年十月己酉朔　「朔」字原無，據魏書卷一〇五天象志補。按二十史朔閏表，是年十月己酉朔。

〔三二〕節閔帝普泰元年三月丁卯　「丁卯」，魏書卷一〇五天象志作「丁亥」，是。

〔三三〕諸王及幸臣並被戮　「戮」原作「弑」，據隋書卷二一天文下及文義改。

〔三四〕濮陽復曰　按新唐書卷五九藝文志三五行類有樵子五行志，題濮陽夏撰，崇文總目卷四、今本樵子五行志，亦題濮陽夏撰。疑此濮陽復即樵子五行志作者濮陽夏。中華書局標點本宋史卷二〇六校勘記〔二九〕可參考。

〔三五〕肅宗上元二年二月乙酉　「二年」原無，據新唐書卷三二天文二、殿本考證補。
〔三六〕手捧盤向日　「日」字原無，據新唐書卷三二天文二、殿本考證補。
〔三七〕十一年正月己卯　「正月」原無，據元本、新唐書卷三二天文二補。
〔三八〕白霧晝昏　「晝昏」原互倒，據元本、新唐書卷三二天文二乙正。
〔三九〕二月丙辰　「二」原作「三」，據新唐書卷三二天文二改。按是年三月丁丑朔，無丙辰。
〔四〇〕三年二月丁丑　「二」原作「二」，據慎本、新唐書卷三二天文二改。按二十史朔閏表，天復二年二月戊寅朔，是月無丁丑。
〔四一〕二月乙巳　「乙」原作「己」，據新唐書卷三二天文二改。按二十史朔閏表，天祐二年二月庚寅朔，是月無己巳。
〔四二〕後周世宗顯德三年十二月庚午　「十二月」原作「十一月」，據新五代史卷五九司天考、舊五代史卷一三九天文志改。按二十史朔閏表，顯德三年十一月無庚午日。
〔四三〕仁宗寶元二年十二月庚申　「二年」原作「元年」，據宋史卷五二天文五改。按二十史朔閏表，寶元元年十二月癸亥朔，無庚申日。二年十二月丁巳朔，四日爲庚申。
〔四四〕占臣於君　「占」原作「主」，據慎本、下文相同内容習用語改。下同。
〔四五〕紐氣七　「紐」原作「細」，據宋史卷五二天文五、殿本考證改。下同。
〔四六〕赤黄交氣二　「赤」原作「色」，據宋史卷五二天文五、殿本考證改。
〔四七〕青黄紫暈一暈八百五十五　宋史卷五二天文五無「一暈」二字。
〔四八〕白氣如繩貫日并暈一　「日」與「暈」原互易，據宋史卷五二天文五、殿本考證改。

〔四九〕四年二月辛丑　「辛丑」原作「辛亥」，據宋史卷五二天文五、卷二六高宗紀改。按二十史朔閏表，是年二月甲戌朔，無辛亥。

〔五〇〕閏四月丙申　「閏四月」原無，據宋史卷五二天文五補。

〔五一〕占秦分有憂　「占」原作「秦」，據殿本考證改。

〔五二〕六年十一月丙申　「丙申」，愼本作「丙戌」，宋史卷五二天文五作「庚寅」，按二十史朔閏表，紹興六年十一月乙丑朔，丙戌爲二十二日，庚寅爲二十六日，無丙申日。

〔五三〕二十一年閏四月壬申　「閏」字原無，據宋史卷五二天文五補。按二十史朔閏表，是年四月無壬申日，閏四月壬申爲初二。

〔五四〕三十年四月戊辰　「三十年」，宋史卷五二天文五作「三十一年」。

〔五五〕五月戊戌　宋史卷五二天文五作「五月戊戌朔」。

〔五六〕淳熙八年閏三月丙申　「閏」字原無，據宋史卷五二天文五補。按二十史朔閏表，是年三月無丙申日，閏三月丙申爲十九日。

〔五七〕十六年三月壬寅　「十六年」原無，據宋史卷五二天文五補。

〔五八〕丙午　宋史卷五二天文五作「六月丙午」。按二十史朔閏表，是年四月壬辰朔，乙卯爲二十四日，丙午爲十五日，則記事日期顛倒。六月庚寅朔，丙午爲十七日，承上文四月後，則與時序相合。疑當從宋志。

〔五九〕七年三月壬申　「三月」原作「二月」，據宋史卷五二天文五改。按二十史朔閏表，是年二月無壬申，三月丙寅朔，壬申爲初七。

卷二百八十五　象緯考八

月食月變

中興天文志或曰：「日月猶水火也。火外光，水含景，故月之光生於日之所照，其魄生於日之不照也。故當日則光盈，照之全也，自是而闕，以日光之映其有不全，乃至於晦，愈相近而不之照故也。嘗觀諸水，日之所照，每借以爲光，仰而映於屋梁，若一有掩焉，則向之光於屋梁者不復見也。月之借於日猶是，故夫月之光也，以日之光有照焉。則月之食也，亦其日之光有掩焉耳。人之於月，獨見其光與食，豈知有借於日哉？太史遷曰：『月食，常也；日食，不臧也。』是以春秋書日之食，不書月食，月食固無可書也〔一〕。然嘗試以前説推之於月之食，以知日之行於地中，其亦有食焉。不然，則日光之全，月與相望，其何食之有？月食所關豈細哉！夫日月者，象君臣也。咎繇稱：『元首明，股肱良；元首叢脞，股肱惰。』股肱良惰之分關於君德，月有光食顧不然乎？於是月食而書亦可也。湯誥曰：『萬方有罪，罪在朕躬。』古之畏天戒者，不以移於股肱。嗚呼！書月食其亦足以戒乎。

又曰：孟康曰：「星入月，而星見於月中，是爲星食月；月掩星，而星滅不見，是爲月食星。」隋天文志曰：「月食五星，歲以饑，熒惑以亂，填星以殺，太白以强國戰，辰以女亂。」孝宣本始四年七月甲辰，辰星在翼，月犯之。地節元年正月戊午，月食熒惑，熒惑在角、亢。成帝建始四年十一月，月食填星〔二〕。陽朔元年七月，月犯心。此其證也。

漢高祖七年，月暈，圍參、畢七重。占曰：「畢、昴間，天街也；街北，胡也；街南，中國也。昴爲匈奴，參爲趙，畢爲邊兵。」是歲高皇帝自將兵擊匈奴，至平城，爲冒頓單于所圍，七日乃解。

成帝建始元年八月戊午，晨漏未盡三刻，有兩月重見。京房易傳曰：「婦貞厲，月幾望，君子征，凶。」師古曰：「小畜上九爻辭也。幾音鉅依反。」言君弱而婦彊，爲陰所乘，則月並出。晦而月見西方謂之朓，朔而月見東方謂之仄慝，孟康曰：「朓者，月行疾在日前，故早見。仄慝者，行遲在日後，當没而更見。」師古曰：「朓音吐了反。」仄慝則侯王其肅，朓則侯王其舒。劉向以爲朓者疾也，君舒緩則臣驕慢，故日行遲而月行疾也。仄慝者不進之意，君肅急則臣恐懼，故日行疾而月行遲，不敢迫近君也。不舒不急，以正失之者，食朔日。劉歆以爲舒者侯王展意顓事，臣下促急，故月行疾也。肅者王侯縮朒不任事，服虔曰：「朒音忸怩之忸。」鄭氏曰：「不任事之貌也。」師古曰：「朒音女六反。」臣下弛縱，故月行遲也。師古曰：「弛，放也，音式爾反。」當春秋時，侯王率多縮朒不任事，故食二日仄慝者十八，食晦日朓者一，此其效也。考之漢家，食晦朓者三十六，終亡二日仄慝者，歆説信矣。此皆謂日月亂行者也。

哀帝時李尋上疏言：月者，衆陰之長，銷息見伏，百里爲品，千里立表，萬里連紀，品，同也，言百里內度數同也〔三〕。千里則當立表度其景，萬里則繼其本所起紀其宿度也。妃后大臣諸侯之象也。朔晦正終始，絃爲繩墨，望成君德，春夏南，秋冬北，間者，月數以春夏與日同道，孟康曰：「房有四星，其間有三道。春夏南行，南頭第一星裏道也。秋冬北行，北頭第一星裏道也。與日同道者，謂中央道也。此三道者，日月五星之所由也。」過軒轅上后受氣，軒轅南大星爲后。入太微帝廷揚光煇，犯上將近臣，列星皆失色，厭厭如滅，此爲母后與政亂朝，陰陽俱傷，兩不相便。外臣不知朝事，竊信天文即如此，近臣已不足仗矣。屋大柱小，可爲寒心。唯陛下親求賢士，無彊所惡，以崇社稷，尊强本朝。

光武建武八年三月庚子夜，月暈五重，紫微青黄似虹，有黑氣如雲，月星不見，丙夜乃解。中元元年十一月甲辰，月中星齒往來出入。

桓帝永壽三年十二月壬戌，月食非其時。延熹八年正月辛巳，月蝕非其時。

獻帝興平二年十二月，月在太微端門中，重暈二珥，兩白氣廣八九寸，貫月東西南北。

魏文帝黄初四年十一月，月暈北斗。占曰：「有大喪，赦天下。」七年五月，帝崩，明帝即位〔四〕，大赦天下。

晉懷帝永嘉五年三月壬申丙夜，月食，既；丁夜，又食，既。占曰：「月食盡，大人憂。」又曰：「其國貴人死。」

海西公太和四年閏月乙亥，月暈軫，復有白暈貫月北，暈斗柄三星。占曰：「王者惡之。」六年，桓温廢帝。

安帝隆安五年三月甲子，月生齒。占曰：「月生齒，天子有賊臣，群下自相殘。」桓玄篡位之徵也。

義熙九年十二月辛卯朔，月猶見東方，是謂之仄慝，則侯王其肅。是時劉裕輔政，威刑自己，仄慝之應云。十一年十一月乙未，月入輿鬼見而暈。占曰：「王憂財寶出。」一曰：「月暈，有赦。」月掩犯五緯〔五〕。

梁武帝太清二年五月，兩月相承如鈎，見於西方。占曰：「其國亂，必見於亡國。」

簡文帝大寶元年正月丙寅，月晝光於東方。占曰：「月晝光，有隱謀，國雄逃。」又云：「月晝明，姦邪並作，擅君之朝。」其後景篡弑〔六〕。

西魏文帝大統十四年正月朔，兩月並見。

周武帝天和五年正月乙巳，月在氐，暈，有白虹長丈所貫之，而有兩珥連接，規北斗第四星。占曰：「兵大起，大戰，將軍死於野。」是冬，齊師寇邊。明年，詔齊公憲率師禦之。自龍門渡河，攻拔其新築五城。兵大起，大戰之應也。建德五年十月己未、庚申〔七〕，月連暈，規昴、畢、五車及參。占曰：「兵起，爭地。」又曰：「王自將兵，天下大赦。」宣政元年正月丙子，月食昴。占曰：「有白衣之會。」又曰：「匈奴侵邊。」其月突厥寇幽州，殺掠吏人。五月，帝北伐。六月，帝疾甚，還京，次雲陽而崩。

隋煬帝大業九年正月二十七日，兩月並見。

唐太宗貞觀初，突厥有三月並出。

高宗儀鳳二年正月甲子朔，月見西方，是謂朓。朓則侯王其舒。

武太后時，月過望不虧者二。

玄宗天寶三載正月庚戌，月有紅氣如垂帶。

肅宗至德元載建子月癸巳乙夜，月掩昴而暈，色白，有白氣自北貫之〔八〕，昴，胡也。白氣，兵喪。建辰月丙戌，月有黃白冠，連暈，圍東井、五諸侯、兩河及輿鬼。東井，京師分也。

代宗大曆十年九月戊申，月暈熒惑、畢、昴、參、東及五車，暈中有黑氣，乍合乍散。十二月丙子，月出東方，上有白氣十餘道如疋練〔九〕貫五車及畢、觜、觿、參、東井、輿鬼、柳、軒轅，中夜散去。占曰：「女主凶。」白氣爲兵喪，五車主庫兵，軒轅爲後宮，其宿則晉分及京師也。

憲宗元和十一年己未旦，日已出，有虹貫月於營室。

文宗開成四年閏正月甲申朔、乙酉，月在營室，正偃魄質成，早也。占爲臣下專恣之象。五年正月戊寅朔、甲申，月昏而中，未絃而中，早也。占曰同上。

昭宗景福二年十一月，有白氣如環，貫月，穿北斗，連太微。天復二年十二月甲申夜〔一〇〕，月有三暈，裏白，中赤黃，外緑。天祐三年二月丙申，月暈熒惑。

梁太祖開平四年十二月庚午，月食。

唐莊宗同光三年三月戊申，月食。九月甲辰，月食。

明宗天成三年十二月乙卯，月食。四年六月癸丑，月食，既。十二月庚戌，月食，既。

晉高祖天福二年七月丙寅，月食。五年十一月丁丑，月食。

出帝開運元年三月戊子，月食。九月乙酉，月食昴。

漢高祖天福十二年十二月乙未，月食。

宋太祖乾德六年十一月庚寅。　開寶二年十月戊子。　三年四月乙酉。　五年八月壬寅。　七年八月庚寅，驗天不食。

太宗太平興國二年六月甲辰，既。　十一月壬寅。　三年十月丙寅，雲陰不見。　五年八月乙卯，既。　九年正月丙寅。　雍熙二年七月戊午，驗天不食。　四年五月丁丑。　端拱二年三月丁酉，當食氏八度，既，驗天不食。　淳化元年三月庚寅。　二年八月壬午，既。　三年正月癸卯、八月丙子，雲陰不見。　五年六月乙未，食九分。　占云「后妃、臣下災」。　明年，孝章皇后崩。　十二月癸巳，既。　占曰：「大臣災。」明年春，同知樞密院事劉昌言罷；夏，宰相呂蒙正、參知政事蘇易簡罷。　至道元年六月己丑，雲陰不見。　十二月丁亥。　二年十月辛亥。

真宗咸平元年十月庚子。　二年九月乙未。　三年二月壬戌，八月庚申。　四年八月甲寅。　五年正月辛亥，七月戊申。　六年正月甲辰，七月壬寅。　占：「羌夷有兵。」明年，契丹大舉寇邊。　景德元年十一月乙丑。　二年五月壬戌，十月庚寅。　三年十一月癸丑。　四年五月辛亥，雲陰不見。　九月戊寅，驗天不食。　大中祥符元年九月癸酉。　二年九月丁卯，驗天不食。　翼日上命辰也。　三年閏二月甲子。　五年正月甲申，陰翳不見；七月庚辰，十二月丁丑。　八年十月辛卯。　九年四月己丑，雲陰不見。　天禧元年四月壬午，十月庚辰。　三年二月壬寅。　四年八月癸巳。

仁宗天聖二年五月壬寅，月當食不見。　四年五月戊午。　慶曆二年六月丁亥，食六分，既，而入濁，不見復。　五年四月庚子，曉漏初食。　九月戊戌，食六分，欲復，入雲不見。　六年九月壬辰，食三分。　皇祐二年七月庚子。　四年十一月丙辰，食未復而盡。占曰：「后妃臣下裁。」後二年，貴妃張氏薨。先是預詔日官，以唐戊寅、麟德、大衍、五紀、正元、觀象、宣明、崇真〔二一〕及皇朝應天、乾元、儀天、崇天曆，算此月太陰食分及辰刻分野。　五年十月辛亥，食。　至和二年九月庚午，食。　三年八月甲子，食，既。占曰：「后宫宜崇德以致福。」嘉祐二年二月壬戌，食三分復。八月戊午。　三年閏十二月辛巳，食。　四年六月戊寅，食幾盡。十二月乙亥，食，既。占曰：「月陰類后妃大臣之位，食則修刑及兵。今食既，宜恤刑以除咎。若三日有雨雪，則不占。」來年，二月赦天下，太子少傅王舉正卒。　五年十二月己巳、　七年十月己丑皆食。　八年十月癸未，食，既，卯初七刻食甚，已而入濁不見。

英宗治平元年四月庚辰，食。

神宗治平四年二月甲午，月食，丑之四刻，虧見西方，在翼十有五度，至六刻食甚，及八分彊，至酉地入濁不見。主飛蝗多死，北夷有兵。　熙寧元年七月乙酉，月食，丑之五刻，在危十度，虧見東北方，食及二分半入濁不見，食甚及復。主齊分，有喪，大臣憂。　二年閏十一月丁未，月食，亥之一刻，虧見東方，起東北，至子之初刻，食甚，及八分弱，在井度中，至三刻復。主五穀不登。　三年五月乙巳，月當食，雲陰雨不見。　四年五月己亥，月食，戌之一刻，虧見東南方，出濁未圓六分，在東井度中，至五刻復。主大臣黜，或宮中宜崇福。　十一月丙申〔二二〕，月食，卯之二刻，虧見西方，起東南，至六刻，食甚，及四分半弱，在東井一度少，至明入濁〔二三〕，不見復。　占同上。　六年三月戊午，月食，亥之一刻，虧見東南，六刻，食甚，及七分弱，子之四刻復。　九月乙卯，月食，丑之四刻，虧見東北方，至寅之一刻，食甚，及六分，涉已退未圓三分入濁，不見，復。　七年九月己酉，月食，丑之一刻，虧見正東方，至六刻，食既，在婁二度弱，至明刻，不見復。　九年正月壬申，月食，雲陰不見。　十年正月丙寅，月食，子之三刻，虧見東南方，至七刻，食甚，及七分，在張度中，至丑三刻復。　主后有憂，周地，貴人卒死及大戰拔城。　七月癸亥，月食，雲陰不見。　元豐元年正月庚申，月食，有雲障之，至丑五刻，見西南方正東，食及四分半，寅初食既。　曉刻雲映，不見復。　主羅貴，周分，貴人死。　六月戊午，月食，戌之一刻，雲間見正東方，食及七分半，至二刻，食既，在虛度中，至亥三刻半復。　主後宮憂，大臣有咎，齊分有喪。　二年六月壬子，月食，雲陰不見。　三年十月甲戌，月食，既，因雲陰不見。　四年四月辛未，月食，既，自戌之二刻出濁已食甚，月體東退生光，一分正西，九分在尾度中，至六刻復。　主后妃災。　十月辛巳，食於昏，出濁，食及七分，在畢度中，至二刻復。　主有赦令，邊臣有咎，趙分有兵，胡人有疫。　五年十月癸亥，月食，自酉之二刻虧，見東北方，至七刻食甚，及三分在昴七度，太弱，戌之三刻復。　主邊兵起，或女主憂。　六年八月丁亥，月食，驗之不食。　七年二月乙酉，月食，八月辛巳，月食，皆雲陰不見。　八年八月丙子，月食，戌之三刻虧初，至七刻蝕既，子之一刻復。

哲宗元祐元年十二月戊戌，月蝕，雲陰不見。　三年六月庚寅，月蝕，亥之五刻虧初，至子六刻食既，丑四刻復，在斗度中，吳分。　主吳兵起，大臣有憂。　十二月丁亥，月食，雲陰不見。　四年五月甲申，月食，初雲陰不見，至丑初刻，食已九分，在斗度中，吳分，至六刻復。　主大臣憂，有小兵。　五年五月戊寅，月食，雲陰不辨虧蝕。　六年四月癸卯，月食，雲陰不辨虧蝕。　七年三月戊戌，月食，亥初一刻虧初，至七刻食既，子七刻復食甚，在氐度中。主大臣有憂。十日内有風雨則解災。 八年九月己丑，月食，雲陰不見。 紹聖三年七月癸卯，月食，雲陰不見虧蝕。 四年正月庚子，月食，雲陰不見初虧，至酉七刻已食三分，戌一刻食及四分，後復有雲障之。 主貴臣、後宮有憂，周分，民饑。 五年五月壬戌，月當食而不食。 元符二年五月丙辰，月食，子之三刻至丑二刻食既，寅二刻復，在箕度中。 主御者或掌樂人當黜，又爲風。 十月甲寅，月食，亥之四刻虧初，至子四刻食既，丑四刻復，在參度中。 主兵官當黜。 三年十月戊申，月食四分。

徽宗崇寧二年二月甲子，月食既。 主貴人當之。 八月辛酉，月食既。 主西方兵起。 三年二月己未，月食三分。 主貴人當之。 八月丙辰，月食四分。 主西方兵起。 四年十二月戊寅，月食七分七。 主王者宮室不安。 五年六月乙亥，月食九分。 主旱。 十二月壬申，月食既。 主有女喪。 大觀三年十月丙戌，月食五分。 主有女喪。 四年四月甲申，月食既。 九月庚辰，月食既。 政和元年三月戊寅，月食五分。 九月甲戌，月食六分。 三年二月丁酉〔一四〕，月食十分。 七月甲午，月食八分。 主其下君憂或兵起。 四年正月辛卯，月食既〔一五〕，主賤人當之。 六年十一月乙巳，月食七分。 七年十一月己亥，月食。 八年五月丙申，月食九分。 主旱。 宣和二年三月丙辰，月食三分。 主人主當之。 六年正月癸亥，月食六分。 主賤人當之。 十二月戊午，月食既。 主有女喪。

高宗建炎三年二月壬午望，食於軫。 紹興元年八月己卯望，當食〔一六〕，雲陰蔽之。 二年二月十四日丙子，月體如食。 太史言：「是謂月未當闕而闕。」七月十六日甲戌，食之，既，在室。 三年七月戊辰望，食於危。四年十二月庚寅望，食於井。五年十一月乙酉望，食於井，既。六年五月十四日辛巳，食於南斗。十一月己卯望，八年三月辛丑望，九月丁酉望，月皆食，黔雲不見。九年九月壬辰望，食於胃，既。十二年七月丙午望，當食，黔雲不見。十三年六月庚子望，食於虚，既。十二月戊戌望，當食，黔雲蔽之不見。十四年六月甲午望，食於女。十五年五月己未望，當食，黔雲不見。十六年四月甲寅望，食於尾。二十一年二月丙辰望，當食，黔雲蔽不見。二十五年五月壬戌望，月食，候之至酉，以山色遮映不見虧分。二十七年九月丁丑望。食，史失宿次。三十年正月甲午望。月當食，陰雲蔽之〔一七〕。

孝宗隆興二年五月己亥望，乾道元年四月甲午望，月當食，黔雲不見。四年二月望，食於軫。五年二月辛丑望，六年十一月丁酉望，八年六月壬子望，淳熙元年四月壬申望，皆當食，黔雲不見。二年四月丙寅望，食於房，既。九月癸亥望，三年三月庚申望，五年二月己卯望，皆當食，黔雲不見。六年正月甲戌望，食於翼，既。八年十一月丁亥望，食於井。九年十一月辛巳望，食於井。十年五月己卯望，食於箕。十二年三月戊戌望，食於亢。九月乙未望，十三年三月壬辰望，皆當食，黔雲不見。八月丙寅〔一八〕，食於奎，既。十四年八月甲申望，十六年十二月辛丑望。

光宗紹熙元年六月丁酉望，十一月乙未望〔一九〕，二年六月壬辰望，三年四月乙巳望，五年九月癸卯望，皆當食，黔雲不見。慶元二年八月壬戌望，食於壁。三年七月己未望，食於翼，既。四年七月庚戌望，食於危。六年五月庚午望，寧宗嘉泰二年五月己未望，三年三月癸未望，開禧元年三月壬申望，閏八月己巳望，皆當食，陰雲不見。　三年正月壬辰望，食於張，七月戊子望，食於危。　嘉定元年二月丙戌望，當食，既，雨不見。十二月庚辰望，食於星。　二年六月丁丑望，食於女。　三年十一月庚戌望，食於參。　五年十月戊子望，食於昴。　七年二月庚午望，食於角〔二〇〕。八月丁未，食於奎。　八年八月辛丑望，食於壁。　九年二月己亥望，閏七月乙未望，皆當食，雲陰不見。　十年十二月戊午望，食於柳。　十一年六月乙卯望，食於牛。　十二月壬子，食於井。　十二年五月庚戌望，當食，既，霒雲不見。　十一月丙午望，食於井。　十三年五月甲辰望，食，霒雲不見。　十四年十月丙寅望，食於胃。　十五年三月癸卯望〔二一〕，食於氐，霒雲不見。　十六年三月丁巳望，當食，霒雲不見。

月煇月暈

建隆元年訖開寶末，凡珥二十九，煇氣一十三，暈二十九，重暈一，半暈一十四，交暈二，紐氣二。

太平興國元年訖至道末〔二二〕，凡冠氣一，珥六，煇氣五，赤氣二，抱氣一，暈八，半暈二〔二三〕，背氣一。

咸平元年訖乾興末，凡重輪三，珥一百二十，冠氣十一〔二四〕，煇氣二〔二五〕，承氣八，抱氣三，戴氣九，赤黃氣十七，五色氣十一，赤青氣二〔二六〕，黃紅氣一，暈三百九十四，五色重暈二十，背氣一。

天禧四年四月乙酉，西南方兩月重見。　占：「大臣争權，有誅。」又曰：「有大水。」其年秋，宰相寇準以罪貶滑州，河決京師，大雨壞廬舍。

天聖元年訖嘉祐末，月凡揚光一，光芒氣一，紅光煇氣一，五色暈氣一，暈一百五十七，周暈三十三，交暈四，連環暈一，珥七十三〔二七〕，冠氣五，戴氣一十三，承氣五，背氣一，白虹貫月一，黃虹貫月二。

治平元年訖四年，五色煇氣一，五色暈氣一，暈五十一，珥一十五，冠氣一，戴氣四，背氣三。

治平四年訖元豐末，凡月五色煇氣十一，五色暈氣六，暈四百六十三〔二八〕，周暈二百四十七，交暈二，珥一百三十四，冠氣七，戴氣五十，承氣五，背氣一十，白虹貫月五、貫珥一。

元豐八年三月五日至元符三年正月十二日，凡月五色暈氣九，暈八十九，周暈三百五十一〔二九〕，重暈一，交暈三，珥一百三，冠氣七〔三〇〕，戴氣二十七，背氣八，白虹貫月二、貫珥一。

元符三年正月訖靖康二年四月，凡月暈珥二〔三一〕，五色暈五，珥二，暈冠一，交暈一，重暈一〔三二〕，白虹貫月一，五色雲一〔三三〕。

建炎四年十月己卯，月生五色暈。占：「人主有後宮喜。」次年，張婕妤、吳才人進封。紹興二年二月丙子，月未當闕而闕，體如蝕，色赤黃。占：「大臣黜。」又曰：「臣下不奉法，侵奪主勢。」於是張浚專制於蜀，始議召歸。四年六月壬午，月暈而珥。占：「期六十日兵起。」十一月壬申，月色無光。五年正月戊午，月暈於東井。占：「有胡兵。」一曰：「夷狄求和。」

嘉泰三年七月壬午，白虹如半暈穿貫月中。占曰：「白虹貫月，大兵將起，軍戰於野。」

凡日傍一珥軍喜，二珥民壽，三珥后喜，四珥立侯王及子孫喜。戴者，推德；抱者，國降；承者，臣承君喜；冠者，封建；暈珥爲忿爭；半暈纓得地；直爲自立；交爲大戰；背爲背叛；戟爲兵鬬；貫刺君惡，若在月則應后妃；五色雲爲慶雲太平之應，見則國有慶。

容齋洪氏隨筆曰：曆家論日月食，自漢太初以來〔二四〕，始定日食，不在朔則在晦，否則二日，然甚少。月食則有十四、十五、十六之差，蓋置望參錯也。天體有二交道，曰交初，曰交中。交初者，星家以爲羅睺，交中者，計都也。隱暗不可見，於是爲入交法以求之，然不過能求朔望耳。若餘日入交，則書所不載。由漢及唐二十八家，暨本朝十一曆，皆然。姑以慶元丁巳歲五次月食考之，二月望爲入交中，七月爲交初，唯十月二十日、二十一日連兩夜，乃以二更盡月食之既，纔兩刻復明，十一月十八夜復如之。按此三食，皆是交。中十月二十夜月在張五度，而計都在翼二度，次夜月在張十七度，計都未動〔二五〕，相距才四度耳。十一月十八夜，月在星五度，計都在張十九度，相距二十度。十二月十七夜五更，月在星二度，入交陽末，卯初四刻交甚，食六分半，八刻退交。十八夜四更，月在張六度，入交中陰初，至寅四刻交甚，食九分，卯五刻退交。其驗如此。予竊又有疑焉：太陰一月一周天，必兩值交道，今年遂至八食，一一如星官曆翁之說，仍不拘月望，則玉川子之詩不勝作矣，當更求其旨趣云。頃見太史局官劉孝榮言：「月本無光，受日爲明，望夜正與日對，故一輪光滿。或月行有遲疾先後，日光所不照處，則爲食。朔旦之日，日月同宫，如月在日上，掩太陽而過，則日光爲所遮，故爲日食。非此二日，則無薄蝕之理。」其說亦通。

又夷堅志：紹興三十二年正月，予被命接伴北使，次盱眙，天文官荆大聲隨行，見向西邊大星去月三寸許，指示予曰：「此木星也，或食月，或爲月所食，少刻便可決。」予質其義，曰：「月體自若，而星居月上，此爲星食月；月遇之而星隱不見，此爲月食星。」既而仰視高空，失星所在，俄出於月東，問其兆應如何？唯唯不肯説。至四月半，予報聘，挾荆行，荆出一書，大抵皆星氣占驗。其一曰：「月星相食，當有易主事。」時已竊聞將有堯禪舜之舉矣。予按景祐乾象新書引晉書「月蝕歲星，野有逐相」。又引天文總論曰：「主殺戮將相王侯之象，或其分有兵喪。」其説淺矣。五月十六日五更初，過臨淮境，瞻月外有環暈五重，附近者紫紅色，白者次之，青者又次之，黄者又次之，最外深紅，各相去一丈，分寸不差，忒其圓如規。馬上諦視起敬，荆馳至旁，附耳曰：「是爲月重輪，前史所紀，多不過兩三重，而今五數，但太陰極盛，恐非太陽之利耳。」將曉乃没。未一月而高宗遜位。乾道二年六月，北極前星之左有小星，大聲謂予：「向者不記有此星，若本無而今有，懼爲東宫禍三年。」又指軒轅星之側客星曰：「非中宫福。」已而皆然。八月中，蒙宣對便殿，孝宗聖意悲哽，邁輒奏大聲之説，以爲上穹默定久矣，乞少寬宸抱。上固素諳星象，慘然曰：「朕亦見之。」時大聲浮湛廛市，遂遭逢，今以春官大夫判太史局。

校勘記

〔一〕月食固無可書也　「無可」二字元本互倒。

〔二〕月食填星　「月」字原無，據漢書卷二六天文六補。

〔三〕言百里内度數同也　「度數」，漢書卷七五李尋傳注互倒。

〔四〕明帝即位　「帝」原作「年」，據晉書卷一三天文下、永樂大典卷七八五七改。按三國志魏書明帝紀，文帝黄初七年五月丁巳，明帝即位。

〔五〕月掩犯五緯　按以上五字與上下文無關，本卷内容爲「月食月變」，此五字係「月掩犯五緯」，當係衍文。又查晉書天文志月變之後爲「月掩犯五緯」，因知此五字爲晉志子目，馬端臨不慎，誤將晉志子目抄入致衍。

〔六〕其後景篡弑　「景」，據隋書卷二一天文下知爲侯景，此脱「侯」字。

〔七〕建德五年十月己未庚申　「五年」，隋書卷二一天文下作「六年」。

〔八〕有白氣自北貫之　「白」字原無，據新唐書卷三二天文二、下文「白氣，兵喪」補。

〔九〕上有白氣十餘道如疋練　「白氣」原無，據元本、下文「白氣爲兵喪」、新唐書卷三二天文二補。

〔一〇〕天復二年十二月甲申夜　「甲申」原作「甲辰」，據新唐書卷三二天文二改。按是年十二月癸酉朔，十二日甲申，無甲辰。

〔一一〕崇真　按新唐書卷三〇下曆六下：「景福元年，曆成，賜名崇玄。」同書卷五九藝文三：景福崇玄曆四十卷。舊五代史卷一四〇曆志亦作「景福崇玄曆」。玉海卷一〇則作「曆成，賜崇元」。按史諱舉例云，宋人避始祖玄朗諱，將「玄改爲元或爲真」。又，清人避聖祖玄燁諱，亦以元字代玄。據上述可知，所謂崇真和崇元曆，當爲避諱所改。此處崇真當回改爲崇玄。

〔一二〕十一月丙申　「丙申」，宋史卷五二天文五作「丙戌」。

〔一三〕至明入濁　元本「明」下有「刻」字，下文有「至明刻」，疑元本是。

〔一四〕三年二月丁酉　「二月」原作「六月」，據元本、宋史卷五二天文五改。按二十史朔閏表，是年六月庚戌朔，是月無丁酉。二月癸未朔，十五日丁酉。

〔一五〕月食既　「既」原無，據元本、宋史卷五二天文五補。

〔一六〕當食　宋史卷五二天文五作「當月食」，是。

〔一七〕月當食陰雲蔽之　此七字原無，文義不明，據宋史卷五二天文五補。

〔一八〕八月丙寅　「丙寅」，宋史卷五二天文五作「庚寅」，按二十史朔閏表，是月十六日庚寅，無丙寅。

〔一九〕光宗紹熙元年六月丁酉望十一月乙未望　「六月丁酉望十一月」八字原無，據元本、宋史卷五二天文五補。但宋志無兩「望」字。

〔二〇〕食於參五年十月戊子望食於昴七年二月庚午望食於角　原作「食於角」，無上面二十字，據元本、宋史卷五二天文五補。但宋志無宿次，餘皆同元本。

〔二一〕十五年三月癸卯望　「癸卯」，宋史卷五二天文五作「癸亥」。按二十史朔閏表，是年三月庚戌朔，無癸卯，十四日癸亥。

〔二二〕太平興國元年訖至道末　「末」字原無，據宋史卷五二天文五及上下文例補。

〔二三〕半暈二　「二」，宋史卷五二天文五作「三」。

〔二四〕冠氣十一　「十一」，宋史卷五二天文五作「十二」。

〔二五〕煇氣二　「二」，宋史卷五二天文五作「十一」。

〔二六〕赤青氣二　「赤青」，宋史卷五二天文五互倒。

〔二七〕珥七十三　「三」，宋史卷五二天文五作「二」。

〔二八〕暈四百六十三　「六」，宋史卷五二天文五作「二」。
〔二九〕周暈三百五十一　「三」，宋史卷五二天文五作「二」。
〔三〇〕冠氣七　「七」原作「十」，據元本、宋史卷五二天文五改。
〔三一〕凡月暈珥二　宋史卷五二天文五作「凡暈五，暈珥二」。
〔三二〕重暈一　原無，據宋史卷五二天文五補。
〔三三〕五色雲一　「雲」原作「暈」，據元本、宋史卷五二天文五改。
〔三四〕自漢太初以來　「太」字原無，據容齋五筆月非望而食條補。
〔三五〕計都未動　「動」，容齋五筆月非望而食條作「定」。

卷二百八十六　象緯考九

孛彗

春秋魯文公十四年秋七月，有星孛入於北斗。孛，彗也。既見而移入北斗，非常所有，故書之。左傳周内史叔服曰：「不出七年，宋、齊、晉之君，皆將死亂。」後三年，宋弑昭公，五年齊弑懿公，七年晉弑靈公。史服但言事徵而不論其占，固非末學所得詳言。公羊傳：孛者何？彗星也。狀如彗。其言入於北斗何？據大辰不言入，又不言孛名。北斗有中也。中者魁中。何以書？記異也。孛者邪亂之氣，彗者掃舊布新之象。穀梁傳：孛之爲言猶茀也。其曰入北斗，斗有環域也。據孛於大辰及東方皆不言入，此言入者，明斗有規郭入其魁中也〔一〕。劉向曰：北斗貴星，人君之象也。彗星亂臣之類，言邪亂之臣將弑君。

昭公十七年冬〔二〕，有星孛於大辰。大辰，房、心、尾也。傳曰：「有星孛於大辰，西及漢。夏之八月辰星見，在天漢西，今孛星出辰西，光芒東及天漢。夏，户雅反，下文同。見，賢遍反。申須曰：『彗，所以除舊布新也。申須，魯大夫。彗，似跪反，又息遂反。天事恒象。天道恒以象類告示之。今除於火，火出必布焉。諸侯其有火災乎！今火向伏，故知當須火出乃布散爲災。向，許亮反，又作嚮。』梓慎曰：『往年吾見之，是其徵也。徵，始有形象而著也。火出而見。前年火出時。見，賢遍反，下及注同。今茲火出而章，必火入而伏。隨火没也。其居火也久矣。歷二年。其與不然乎？

言必然也。與如字，又音預。火出，於夏爲三月，謂昏見。於商爲四月，於周爲五月。夏數得天，得天正。若火作，其四國當之，在宋、衛、陳、鄭乎！宋，大辰之虚也。大辰，大火，宋分野。陳，太皞之虚也。太皞居陳，木火所自出。鄭，祝融之虚也，祝融，高辛氏之火正，居鄭。皆火房也。房，舍也。星孛及漢，漢，水祥也。天漢，水也。衛，顓頊之虚也，故爲帝丘。衛，今濮陽縣，昔帝顓頊居之，其城内有顓頊冢。濮音卜。其星爲大水，衛星營室，營室水也。水火之牡也，牡，雄也。牡，茂后反。其以丙子若壬午作乎！水火所以合也。丙午火，壬子水，水火合而相薄，水少而火多，故水不勝火。薄，本又作搏，音博。若火入而伏，必以壬午。尚未知今孛星當復隨火星具伏不？故言若。復，扶又反。不過其見之月。火在周之五月。』」公羊傳：「其言如大辰何？據北斗言入於大辰，非常名。在大辰也，大辰者何？大火也。大火謂心。大火爲大辰，伐爲大辰，伐謂參伐也。大火與伐，天所以示民時早晚，天下所以取正。故謂之大辰時也。北辰亦爲大辰。」北辰，北極，天之中也，常居其所，迷惑不知東西者，須視北辰以别心、伐所在〔三〕，故加亦。亦者，兩相須之意也。二十六年，齊有彗星，出齊之分野，不書魯不見彗。齊侯使禳之，晏子曰：「無益也，祇取誣焉。誣，欺也。天道不謟，不貳其命，謟，疑也。若之何禳之？且天之有彗也，以除穢也。君無穢德，又何禳焉？若德之穢，禳之何損？」

哀公十三年冬十一月，有星孛於東方。平旦衆星皆没而孛乃見，故不言所在之次。公羊，孛者何？彗星也。其言於東方何？據北斗言星名也。見於旦也。旦者，日方出，時宿不復見，故言東方知爲旦。

貞定王二年，彗星見。

先公曰：史表稱彗見於秦。愚按春秋終於魯哀公之十四年，而麟獲於魯。左傳終於魯哀公之二十六年，明年而彗見於秦，天人之理，何其昭昭也。秦人亡二周，滅六國，包舉宇内，并吞八荒，廢井田，開阡陌，掃除先王之典籍，彗之爲禍烈矣！表彗見，以爲傳鑑補遺之首書。

考王八年，彗星見。

赧王十年，彗星見。　十二年，彗星見。　十九年，彗星見。

秦始皇七年，彗星先出東方，見北方；五月見西方十六日。　九年，彗見或竟天。四月見西方，又見北方，從斗以南，八十日。　十三年正月，彗星見東方。　三十三年，明星出西方。徐廣曰：「皇甫謐云，彗星也。」

漢天文志：秦始皇之時，十五年間彗星四見，久者八十日，長或竟天。後秦遂以兵兼六國，外攘夷狄，死人如麻。

漢高帝三年七月，有星孛於大角，旬餘乃入。劉向以爲是時項羽爲楚王，伯諸侯，而漢已定三秦，與項羽相距滎陽〔四〕，天下歸心於漢，楚將滅，故彗除王位也。一曰羽阬秦卒，燒宮室，弑義帝，亂王位，故彗加之也。

文帝後七年，有星孛於西方，其本直尾、箕，末指虛、危，長丈餘，及天漢，十六日不見。劉向以爲，尾，宋地，今楚彭城也。箕爲燕，又爲吴、越、齊。宿在漢中，負海之國，水澤地也。是時景帝新立，信用鼂錯，將誅正諸侯，其象先見。後三年，七國反，皆誅滅云。

孝景二年，彗星出西南。其三年，吴、楚七國反。中三年三月丁酉〔五〕，彗星見西北，其色白，長丈，在觜觿，且去益小，十五日不見。占曰：「必有破國亂君，伏死其辜。」觜觿，梁也。」其年梁王得罪。

孝武建元三年三月，有星孛於注、張，歷太微，干紫宮，至於天漢。春秋「星孛於北斗，齊、宋、晉之君皆將死亂」〔六〕。今星孛歷五宿，其後濟東、膠西、江都王皆坐法削黜自殺，淮南、衡山反，誅。三年四月，有星孛於天紀，至織女。占曰：「織女有女變，天紀爲地震。」至四年十月而地動，其後陳皇后廢。六年六月，有星孛於北方。劉向以爲明年淮南王安有邪謀，而陳皇后驕恣，其後廢后，王誅。八月，長星出於東方，長終天，三十日去。占曰：「是爲蚩尤旗，見則王者征伐四方。」其後兵誅四夷，連數十年。元狩四年四月，長星又出西北，是時伐胡尤甚。

班固曰：「建元六年，蚩尤之旗見，其長竟天，後遂命將出征，略取河南，建置朔方。其春戾太子生。自是之後，師行三十年，所誅屠夷滅死者不可勝數。及巫蠱事起，京師流血，僵尸數萬，太子子父俱敗。故太子生長於兵，與之終始，何獨一鞶臣哉。」劉奉世曰：按武紀建元六年長星見，更元光，至元朔元年春，戾太子始生，贊殊爲乖誤。

元封元年五月有星孛於東井，又孛於三台，其後江充作亂，京師紛然。此明東井、三台爲秦地效也。元封中，星孛於河戍。占曰：「南戍爲越門，北戍爲胡門。」其後漢兵擊拔朝鮮，以爲樂浪、玄菟郡，朝鮮在海中，越之象也；居北方，胡之域也。太初中，星孛於招搖。星傳曰：「客星守招搖，蠻夷有亂，民死君。」其後漢兵擊大宛，斬其王。招搖，遠夷之分也。

宣帝地節元年正月，有星孛於西方，去太白二丈所。劉向以爲，太白爲大將，彗孛加之，掃滅之象也。明年，大將軍霍光薨，後二年，家夷滅。

元帝初元五年，彗星出西北，赤黃色，長八尺所，後數日長丈餘，東北指，在參分。後二歲餘，西羌反。

成帝建始元年正月，有星孛於營室，青白色，長六七丈，廣尺餘。劉向、谷永以爲，後宮懷妊之象。彗星加之，將有害懷妊，絕繼嗣者。一曰後宮將受害也。其後趙皇后立，妹爲昭儀，害兩皇子，上遂無嗣，趙后姊妹，卒皆伏誅。

元延元年七月辛未，有星孛於東井，踐五諸侯，孟康曰：「五諸侯，星名。」出河戍北，率行軒轅、太微，後日六度有餘，晨出東方。十三日夕見西方，犯次妃、長秋、斗、填，蜂炎再貫紫宮中〔七〕，大火當後，達天河，除於妃后之域，南逝度，犯大角、攝提，至天市而按節徐行，服虔曰：「謂行遲。」炎入市中，旬而後西去。五十六日與蒼龍俱伏。谷永對曰：「上古以來，大亂之極，所希有也。察其馳騁驟步，芒炎或長或短，所歷奸犯，師古曰：「奸音干。」內爲後宮女妾之害，外爲諸夏叛逆之禍。」劉向亦曰：「三代之亡，攝提易方。秦、項之滅，星孛大角。」是歲，趙昭儀害兩皇子。後五年，成帝崩，昭儀自殺。哀帝即位，趙氏皆免官爵，徙遼西。哀帝亡嗣。平帝即位，王莽用事，追廢成帝趙皇后、哀帝傅皇后，皆自殺。外家丁、傅皆免官爵，徙合浦，歸故郡。平帝無嗣，莽遂篡國。

哀帝建平二年二月，彗星出牽牛七十餘日。傳曰：「彗，所以除舊布新也。牽牛，日、月、五星所從起，曆數之元，三正之始。彗而出之，改更之象也。其出久者，爲其事大也。」其六月甲子，夏賀良等建言當改元易號，增漏刻。詔書改建平二年爲太初元年，號曰陳聖劉太平皇帝，漏刻以百二十爲度。八月丁巳，悉復蠲除之，賀良及黨與皆伏誅流放。其後卒有王莽篡國之禍。

王莽地皇三年十一月，有星孛於張，東南行五日不見。孛星者，惡氣所生，爲亂兵。或謂之彗星，所以除穢而布新也。張爲周地，星孛於張，東南行即軫、翼之分。軫、翼爲楚，是周、楚地將有兵亂。後一年正月，光武起兵舂陵，破南陽，更始爲天子，都雒陽，西入長安。光武興河北，復都雒陽，居周地，除穢布新之象。

光武建武十五年正月丁未，彗星見昴，炎長三丈，韓楊占曰〔八〕：「在昴，大國起兵也。」稍西北行入營室，犯離宮。韓楊占曰：「彗出營室、東壁之間，爲兵起也。」三月乙未，至東壁滅，見四十九日。彗星爲兵入除穢，昴爲邊兵，彗星出之爲有兵。至十一月，定襄都尉陰承反，太守隨誅之。盧芳從匈奴入居高柳，至十六年十月降，上璽綬。一曰，昴星爲獄事。是時大司徒歐陽歙以事繫獄，踰歲死。營室，天子之常宮；離宮，妃后之所居。彗星入營室，犯離宮，是除宮室也。是時郭皇后已疏，至十七年十月，遂廢爲中山太后，立陰貴人爲皇后，除宮之象。　三十年閏月甲午，水星在東井二十度，生白氣，東南指，炎長五尺，爲彗，東北行，至紫宮西藩止〔九〕，五月甲子不見。凡見三十一日。水常以夏至放於東井，閏月在四月，尚未當見而見，是嬴而進也。東井爲水衡，水出之爲大水。是歲五月及明年，郡國大水，壞城郭，傷禾稼，殺人民。白氣爲喪，有炎作彗，彗所以除穢。紫宮，天子之宮，彗加其藩，除宮之象。荆州星經曰：「彗在東井，國大人死。七十日主當之，五十日相當之，三十日兵將當之。」後三年，光武帝崩。

孝明帝永平三年六月丁卯，彗星出天船北，長二尺所，稍北行至亢南，見三十五日去〔一〇〕。天船爲水，彗出爲大水。是歲伊、雒水溢，到津城門，壞伊橋，郡七縣三十二皆大水。八年六月〔一二〕，長星出柳、張三十七度，犯軒轅，刺天船，陵太微，氣至上階，凡見五十六日去。柳，周地。是歲多雨水，郡十四傷稼。十八年六月己未，彗星出張，長三尺，轉在郎將，南入太微，皆屬張。張爲周地東都。太微，天子廷，彗星犯之，爲兵喪。其八月帝崩。

孝章建初元年八月庚寅，彗星出天市，長二尺所，稍行入牽牛三度，積四十日稍滅。二年十二月戊寅〔一三〕，彗星出婁三度，長八九尺，稍入紫宮中，百六日滅〔一三〕。爲大人忌。後四年，明德皇后崩。

孝安永初三年十二月，彗星起天苑南，東北指，長六七尺，色蒼白。天苑爲外軍，彗星出其南爲外兵。其後任尚、馬賢等擊羌，降之。

孝順永建六年彗星出於斗、牽牛，滅於虛、危。虛、危爲齊，牽牛吴、越。故海賊浮於會稽，山賊捷於濟南。永和六年二月丁巳〔一四〕，彗星見東方，長六七尺，色青白，西南指營室及墳墓星。郗萌占曰：「彗星出而中營室，天下亂，易政，以五色占其吉凶。」丁丑，彗星在奎一度，長六尺，癸未昏見。河圖曰：「彗星出貫奎，庫兵悉出，禍在强侯、外夷，胡應逆首謀也〔一五〕。」西北歷昴、畢，甲申在東井，遂歷輿鬼、柳、七星、張，光炎及三台，至軒轅中滅。古今注曰：「五月庚寅，太白晝見。十一月甲午，太白晝見。」營室者，天子常宮。墳墓主死。彗星起而在墳墓、營室，不出五年，天下有大喪。後四年，孝順帝崩。昴爲邊兵，又爲趙。羌周馬父子後遂爲寇。又劉文劫清河相射暠，欲立王蒜爲天子，暠不聽，殺暠，王閉門距文，官兵捕誅文，蒜以惡人所劫，廢爲尉氏侯，又徙爲犍陽都鄉侯，薨，國絶。歷東井、輿鬼爲秦，皆羌所攻鈔。炎及三台，爲三公。是時，太尉杜喬及故太尉李固爲梁冀所陷入，坐文書死。及至注、張爲周，滅於軒轅中爲後宮。其後懿獻后以憂死，梁氏被誅，是其應也。

孝桓建和元年八月乙丑，彗星芒長五尺，見天市中，東南指，色黄白，九月戊辰不見。時梁冀驕亂。延熹四年五月辛酉，客星在營室，稍順行，生芒長五尺所，至心一度，轉爲彗。占爲大喪。後四年，鄧氏以憂死。

孝靈光和元年八月，彗星出亢北，入天市中，長數尺，稍長至五六丈，赤色，經歷十餘宿，八十餘日，乃消於天苑中。彗除天市，天帝將徙，帝將易都。至初平元年，獻帝遷都長安。三年冬，彗星出狼、弧，東行至於張乃去。張爲周地，彗星犯之爲兵亂。後四年，京都大發兵擊黄巾賊。五年七月〔一六〕，彗星出三台下，東行入太微，至太子、幸臣，二十餘日而消。彗入太微，天下易主。至中平六年，宫車晏駕。中平五年二月〔一七〕，彗星出奎，逆行入紫宫。後三出，六十餘日乃消。占曰：「彗除紫宫，天下易主。」

孝獻初平二年九月〔一八〕，蚩尤旗見，長十餘丈，色白，出角、亢之南。占曰：「蚩尤旗見，則王征伐四方。」其後曹公征討天下且三十年。四年十月，孛星出兩角間，東北行，入天市中而滅。占曰：「彗除天市，天帝將徙，帝將易都。」是時上在長安，後二年東遷，明年七月至雒陽，其八月，曹公迎上都許。建安五年十月辛亥，有星孛於大梁，冀州分也。時袁紹在冀州。其年十一月，紹軍爲曹軍所破。七年夏，紹死，後曹公遂取冀州。九年十一月，有星孛於東井、輿鬼，入軒轅、太微。十一年正月，星孛於北斗，首在斗中，尾貫紫宫，及北辰。占曰：「彗星掃太微宫，人主易位。」其後魏文帝受禪。十二年十月辛卯，有星孛於鶉尾。荆州分也。時荆州牧劉表據荆州。時益州從事周群以爲荆州牧將死而失土〔一九〕。明年秋表卒，以小子琮自代。曹公將伐荆州，琮懼，舉軍詣公降。十七年十二月，有星孛於五諸侯。周群以爲西方專據土地者，皆將失土。時益州牧劉璋據益州，漢中太守張魯別據漢中，韓遂據涼州，宗建別據枹罕〔二〇〕。明年冬，曹公遣偏將擊涼州。十九年獲宗建，韓遂逃於羌中，病死。其年秋〔二一〕，璋失益州。二十年秋，曹公攻漢中〔二二〕，魯降。二十三年三月，孛星辰見東方二十餘日，夕出西方，犯歷五車、東井、五諸侯、文昌、軒轅、后妃、太微，鋒炎指帝座。占曰：「除舊布新之象也。」

魏文帝黄初六年十月乙未，有星孛於少微，歷軒轅。占：「爲兵喪，除舊布新之象。」時帝軍廣陵，辛丑，親御甲冑觀兵。明年五月，帝崩。

明帝太和六年十一月丙寅，有星孛於翼，近太微上將星。占曰：「爲兵喪。」甘氏曰：「孛彗所當之國，是受其殃。」翼又楚分野，孫權封略也。明年，權有遼東之敗。又明年，諸葛亮入秦川，孫權發兵緣江淮屯要衝，權自圍新城以應亮，天子東征權。青龍四年十月甲申，有星孛於大辰，長三尺；乙酉，又孛於東方。十一月己亥，彗星見，犯宦者、天紀星。占曰：「大辰爲天王，天下有喪。」劉向五紀論曰：「春秋星孛於東方，不言宿者，不加宿也。宦者在天市，爲中外有兵。天紀爲地震。孛彗主兵喪。」景初二年八月，彗星見張，長三尺，逆西行，四十一日滅。占同上。張，周分野。

少帝正始元年十月乙酉，彗星見西方，在尾，長二丈〔二三〕，拂牽牛，犯太白；十一月甲子，進犯羽林。占曰：「尾爲燕，又爲吴，牛亦吴、越之分。太白爲上將，羽林爲中軍兵。爲吴、越有喪，中軍兵動。」二年五月，吴遣三將寇邊。吴太子登卒。六月，宣帝討諸葛恪於皖，太尉滿寵薨。六年八月戊午，彗星見七星，長二尺，色白，進至張，積二十三日滅。七年十一月癸亥，又見軫，長一尺，積五十六日滅。九年三月又見昴，長六尺，色青白，芒西南指。七月又見翼，長二尺，進至軫，積四十二日滅。按占曰：「七星、張爲周分野，翼、軫爲楚，昴爲趙、魏，彗所以除舊布新，主兵喪也。」嘉平元年，宣帝誅曹爽兄弟及其黨與，皆夷三族，京師嚴兵。三年，誅楚王彪，又襲王凌於淮南〔二四〕。淮南，東楚也。魏諸王幽於鄴。嘉平三年十一月癸亥，有星孛於營室，西行，積九十日滅。占曰：「有兵喪。室爲後宫，後宫有亂。」四年二月丁酉，彗星見西方，在胃，長五六丈，色白，芒南指，貫參，積二十日滅。五年十一月，彗星又見軫，長五丈，在太微左執法，西南指〔二五〕，積百九十日滅。按占曰：「胃，兖州之分野〔二六〕。參，主兵。太微，天子庭。執法，爲執政。孛彗，爲兵喪。除舊布新之象。」正元元年二月，李豐、豐弟翼、后父張緝等謀亂，皆誅，皇后亦廢。九月，廢帝爲齊王。

高貴鄉公正元元年十一月，白氣出南斗側，廣數丈，長竟天。王肅曰：「蚩尤之旗也，東南其有亂乎！」二年正月，有彗星見於吴、楚分，西北竟天。鎮東大將軍毌丘儉等據淮南叛，景帝討平之。按占：「蚩尤旗見，王者征伐四方。」自後又征淮南，西平巴蜀，是歲吴主孫亮立。

吴五鳳元年，長星見斗牛，吴、越分。按占：「吴有兵喪，除舊布新之象也。」太平三年，孫綝盛兵圍宫，廢亮爲會稽王，故國志又書於吴也。淮南、江東同揚州地，故於時變見吴、楚之分，則魏之淮南，多與吴同其災。是以毌丘儉等以孛爲己應，遂起兵而敗。後三年，即魏甘露二年，諸葛誕又反淮南，吴遣將救之。及城陷，誕衆與吴兵死没各數萬人，猶前長星之應也。

魏甘露二年十一月，彗星見角，色白。占曰：「彗星見兩角間，色白者，軍起不戰，邦有大喪。」景元元年，高貴鄉公爲成濟所害。

元帝景元三年十一月壬寅，彗星見亢，色白，長五寸，轉北行，積四十五日滅。占曰：「爲兵喪。」一曰：「彗星見亢，天子失德。」四年，鍾會、鄧艾伐蜀，剋之。二將俱以反誅。咸熙二年五月，彗星見王良，長丈餘，色白，東南指，積十二日滅。占曰：「王良，天子御駟。彗星掃之，禪代之表〔二七〕，除舊布新之象也。」白色爲喪。王良在東壁宿，又并州之分野。八月，元帝崩，十二月，武帝受魏禪。

晉武帝泰始四年正月丙戌，彗星見軫，青白色，西北行，又轉東行。占曰：「爲兵喪。軫又楚分野。」三月，皇太后王氏崩。十月，吴寇江夏、襄陽。五年九月，星孛於紫宫。占如上。紫宫，天子内宫。十年，武元楊皇后崩。十年十二月，有星孛於軫。占曰：「天下有兵起。軫又楚分野。」咸寧二年六月甲戌，星孛於氐。占曰：「天子失德易政。氐，又兖州分。」七月，星孛於大角。大角爲帝座。八月，星孛於太微，至翼、北斗、三台。占曰：「太微，天子庭，大人惡之。」一曰：「有改王。翼，又楚分野。北斗主殺罰。三台爲三公。」三年正月，星孛於西方。三月，星孛於胃。胃，徐州分。四月，星孛於女御。女御爲後宫。五月，又孛於東方。七月，星孛紫宫。占曰：「天下易主。」四年四月，蚩尤旗見東井。後年，傾三方伐吴，是其應也。五年三月，星孛於柳。四月，又孛於女御。七月，孛於紫宫。占曰：「外臣陵主。柳，又三河分野。大角、太微、紫宫、女御，並爲王者。」明年，吴亡，是其應也。孛主兵喪。征吴之役，三河、徐、兗之兵悉起，交戰於吴、楚之地，吴丞相、都督以下梟戮十數，偏裨行陣之徒馘斬萬計，皆其徵也。太康二年八月，有星孛於張。占曰：「爲兵喪。」十一月，星孛於軒轅。占曰：「後宫當之。」四年三月戊申，星孛於西南。是年齊王攸、任城王陵、琅琊王伷、新都王該薨〔二八〕。八年九月，星孛於南斗，長數十丈，十餘日滅。占曰：「斗，主爵禄，國有大憂。」一曰：「孛於斗，王者疾病，天下易政，大亂兵起。」太熙元年四月〔二九〕，客星在紫宫。占曰：「爲兵喪。」太康末，武帝耽宴遊，多疾病。是月己酉，帝崩。永平元年〔三〇〕，賈后誅楊駿及其黨與，皆夷三族，楊太后亦見弑。又誅汝南王亮、太保衛瓘、楚王瑋，王室兵喪之應也。

惠帝元康五年四月，有星孛於奎，至軒轅、太微，經三台、大陵。占曰：「奎爲魯，又爲庫兵，軒轅爲後宫，太微天子庭，三台爲三司，大陵有積尸死喪之事。」其後武庫火，西羌反。後五年，司空張華遇禍，賈后廢死，魯公賈謐誅。又明年，趙王倫篡位。於是三王興兵討倫，兵士戰死十餘萬人。永康元年十二月，彗星出牽牛之西，指天市。占曰：「牛者七政始，彗出之，改元易號之象也。天市一名天府，一名天子旗，帝座在其中。」明年，趙王倫篡位，改元，尋爲大兵所滅。二年四月，彗見齊分。占曰：「齊有喪。」時齊王冏起兵討趙王倫，倫滅，冏明年復敗。泰安元年四月，彗星晝見。二年三月，彗見東方，指三台。占曰：「兵喪象。三台爲三公。」三年正月，東海王越執太尉長沙王乂，張方又殺之。永興二年八月，有星孛於昴、畢。占曰：「爲兵喪。昴、畢又趙、魏分野。」十月丁丑，有星孛於北斗。占曰：「旋璣更授，天子出走〔三一〕。」又曰：「彊國發兵，諸侯争權。」是後，諸王交兵，皆有應。明年，惠帝崩。

成帝咸和四年七月，有星孛於西北，犯斗，二十三日滅。占曰：「爲兵亂。」十二月，郭默殺江州刺史劉胤〔三二〕，荆州刺史陶侃討默，斬之。時石勒又始僭號。咸康二年正月辛巳，彗星夕見西方，在奎。占曰：「爲兵喪。奎，又爲邊兵。」三年正月，石季龍僭天王位。四年，石季龍伐慕容皝，不克。既退，皝追擊之，又破麻秋。時皝稱蕃，邊兵之應也。六年二月庚辰，有星孛於太微。七年三月，杜皇后崩。

康帝建元元年十一月六日，彗星見亢，長七尺，白色。占曰：「亢爲朝廷，主兵喪。」二年，康帝崩。

穆帝永和五年十一月乙卯，彗星見於亢，芒西向，色白，長一丈。六年正月丁丑，彗星又見於亢。占曰：「爲兵喪、疾疫。」其五年八月，褚裒北征，兵敗。十一月，冉閔殺石遵，又盡殺胡十餘萬人，於是中土復大亂。十二月，褚裒薨。是年大疫。升平二年五月丁亥，彗星出天船，在胃。占曰：「爲兵喪，除舊布新。出天船，外夷侵。」一曰：「爲大水。」四年五月，天下大水。五年，穆帝崩。

哀帝興寧元年八月，有星孛於角、亢，入天市。按占曰：「爲兵喪。」三年正月，皇后王氏崩。二月帝崩。慕容恪攻没洛陽，沈勁等戰死。

孝武寧康二年二月丁巳〔三三〕，有星孛於女、虚，經氐、亢、角、軫、翼、張，至三月丙戌，彗星見於氐。九月丁丑，有星孛於天市。占曰：「爲兵喪。」太元元年七月，苻堅破凉州虜張天錫。太元十五年七月壬申，有星孛於北河，或經太微、三台、文昌，入北斗，色白，長十餘丈；八月戊戌，入紫微乃滅。占曰：「北河或一名胡門，胡門有兵喪。掃太微，入紫微，王者當之。三台爲三公，文昌爲將相，將相、三公有災。入北斗，諸侯戮。」一曰：「掃北斗，强國發兵，諸侯争權，大人憂。」二十一年，帝崩。隆安元年，王恭、殷仲堪、桓玄等發兵，請追王國寶，朝廷從而殺之，司馬道子由是失勢，禍亂成矣。

安帝隆安四年二月己丑，有星孛於奎，長三丈，上至閣道、紫宮西蕃，入北斗魁，至三台；三月，遂經於太微帝座端門。占曰：「彗星掃天子庭閣道，易主之象也。」經三台，入北斗，占同上條。十二月戊寅，有星孛於貫索、天市、天津。占曰：「貴臣獄死，内外有兵喪。天津爲賊斷，王道天下不通〔三四〕。」按占：「災在吴、越。」五年二月，有孫恩兵亂，攻侵郡國。於是内外戒嚴，營陣屯守，栅斷淮口。九月桓玄表至，逆謀陵上。其後玄遂篡位，亂京都，大饑，人相食，百姓流亡，皆其應也。　義熙十一年五月甲申，彗星二出天市，掃帝座，在房、心北。房、心，宋之分野。按占：「得彗柄者興，除舊布新，宋興之象。」十四年五月庚子，有星孛於北斗魁中。七月癸亥，彗星出太微西，柄起上相星下，芒漸長至十餘丈，進掃北斗、紫微、中台。占曰：「彗出太微，社稷亡，天下易主。入北斗、紫微，帝宫空。」十四年，劉裕還彭城，受宋公。十二月，安帝崩。

恭帝元年正月戊戌，有星孛於太微西蕃。占曰：「革命之徵。」其年，宋有天下。

宋武帝永初三年二月丙戌，有星孛於虚、危。十一月戊午，有星孛於營室。

少帝景平元年正月乙卯，有星孛於東壁。十月己未，有星孛於氐。

文帝元嘉十九年九月丙辰，有客星在北斗，因爲彗，入文昌，貫五車，掃畢，拂天節，經天苑，季冬乃滅。　二十六年十月癸卯，彗星見於太微。　二十八年四月乙卯〔三五〕，彗星見於昴。六月壬子，見太微中，對帝座。次年，元凶劭構逆，帝崩。

齊東昏侯永元三年正月乙巳，長星見，竟天。二月壬戌，蚩尤旗見。

和帝中興元年三月乙巳，彗星竟天。

梁武帝中大通五年正月己酉，長星見。大同五年十月辛丑，彗出南斗，長一尺餘，東南指，漸長一丈餘；十一月乙卯，至婁滅。占曰：「天下有謀王者。」其八年正月〔三六〕，安成民劉敬恭挾左道反〔三七〕，黨與數萬。九年，李賁稱皇帝於交州。

陳文帝天嘉元年九月癸丑，彗星長四尺，芒指西南。占曰：「彗星見，則敵國兵起，得本者勝。」其年，周將獨孤盛領衆趣巴、湘，侯瑱襲破之。六年六月辛酉，有彗長丈餘，見於上台。占曰：「陰謀姦宄起。」一曰：「宫中火起。」其後，帝崩，安成王廢少帝而自立，陰謀之應也。

廢帝光大二年六月丁亥，彗星見。

宣帝大建七年四月丙戌〔三八〕，有星孛於大角。占曰：「人主亡。」十二年十二月辛巳，彗星見西南。占曰：「有兵喪。」明年，帝崩，始興王叔陵作亂。

後魏明元帝泰常元年五月甲申，彗星二見。

北齊武成帝河清四年三月，彗星見。占曰：「除舊布新，易王。」至四月，傳位太子。

後主天統元年六月壬戌，彗星出文昌東北，其大如手，後移，長乃至丈餘，百日乃滅。四年六月，〔三九〕彗星見於東井。七月，孛星見房、心，白如粉絮，大如斗，東行。八月，入天市，漸長四丈，犯瓠瓜，歷虚、危，入室，犯離宫。九月，入奎，至婁而滅。孛者，孛亂之氣。占曰：「兵喪並起，易政，大臣誅。」其後太上皇崩，至武平二年，琅琊王儼矯詔誅録尚書和士開，既而殺儼。

周武帝保定五年六月庚申，彗星出三台，入文昌，犯上將，後經紫宫西垣入危，漸長一丈餘，指室、壁，後百餘日稍短，長二尺五寸，滅虚、危，齊之分野。　天和三年六月甲戌，彗見東井，長一丈，上白下赤而光，漸東行，至七月癸卯，在鬼北八寸所乃滅。占曰：「爲兵，國政崩壞，將軍死，大臣誅。」　建德三年四月乙卯，有星孛於紫宫垣外，大如拳，色赤白，指五帝座，漸東南行，稍長一丈五尺，五月甲子至上台北乃滅。占曰：「天下易政，無德者亡。」後二年帝滅齊。

隋文帝開皇八年十月甲子，有星孛於牽牛。占曰：「臣殺君，天下合謀。內不有大亂，則外有大兵。牛，吴、越之星，陳之分野。」後年，陳氏滅。　十四年十一月癸未，有彗星孛於虚、危及奎、婁，齊、魯之分野。其後魯公虞慶則伏法，齊公高熲除名。

煬帝大業三年二月己丑〔四〇〕，彗星見於東井、文昌，歷大陵、五車、北河，入太微，掃帝座，前後百餘日而止。三月辛亥，長星見西方，竟天，干歷奎、婁、角、亢而没，至九月辛未，轉見南方，亦竟天，又干角、亢，頻掃太微帝座，干犯列宿，唯不及參、井，經歲乃滅。占曰：「去穢布新，天所以去無道，建有德，見久者災深，星大者事大，行遲者期遠，兵大起，國大亂而亡。餘殃爲水旱饑饉、土功疾疫。」其後，築長城，討吐谷渾及高麗〔四一〕，兵戎連歲，水旱、疾疫、土功相仍，群盗并起，邑落空虚。　四年，彗星出五車，掃文昌，至房而滅。　十一年六月，有星孛於文昌東南，長五六寸，色黑而鋭，夜動摇，西北行，數日至文昌，去宫四五寸，不入，却行而滅。占曰：「爲急兵。」其八月，突厥圍帝於鴈門，矢及帝前。　十三年六月，有星孛於太微五帝座，色黄赤，長三四尺所，數日而滅。占曰：「有亡國殺君。」明年三月，宇文化及弑帝。九月，彗見於營室。

唐高祖武德九年二月壬午，有星孛於胃、昴間；丁亥，孛於卷舌。孛與彗皆非常惡氣所生，而孛災甚於彗。

太宗貞觀八年八月甲子，有星孛於虚、危，歷元枵；乙亥不見。十三年三月乙丑，有星孛於畢、昴。十五年六月己酉，有星孛於太微，犯郎位；七月甲戌不見。

高宗龍朔三年八月癸卯，有彗星於左攝提，長二尺餘，乙巳不見。攝提，建時節，大臣象。乾封二年四月丙辰，有彗星於東北，在五車、畢、昴間，乙亥不見。上元二年十二月壬午，有彗星於角、亢南，長五尺。三年七月丁亥，有彗星於東井，指北河，長三尺餘，東北行，光芒益盛，長三丈，掃中台，指文昌，九月乙酉不見。東井，京師分；中台、文昌，將相位；兩河，天闕也。開耀元年九月丙申，有彗星於天市中，長五丈，漸移〔四二〕，東行至河鼓，癸丑不見。市者，貨食之所聚，以衣食生民者；一曰：帝將遷都。河鼓，將軍象。永淳二年三月丙午，有彗星於五車北；四月辛未不見。

中宗光宅元年九月丁丑，有星如半月，見於西方。月，衆陰之長，星如月者陰盛之極。文明元年七月辛未，夕有彗星於西方，長丈餘；八月甲辰不見，是謂天欃。景龍元年十月壬午，有彗星於西方，十一月甲寅不見。二年七月丁酉〔四三〕，有星孛於胃、昴間，胡分也。三年八月壬辰〔四四〕，有星孛於紫宫。

睿宗太極元年六月，有彗星自軒轅入太微，至太角滅。

玄宗開元十八年六月甲子，有彗星於五車。癸酉，有星孛於畢、昴。二十六年三月丙子，有星孛於紫宫垣，歷北斗魁，旬餘因雲陰不見。

肅宗乾元三年四月丁巳，有彗星於東方，在婁、胃間，色白，長四尺，東方疾行，歷昴、畢、觜、觿、參、東井、輿鬼、柳、軒轅，至右執法西，凡五旬餘不見。閏月辛酉朔，有彗星於西方，長數丈，至五月乃滅。婁爲魯，胃、昴、畢爲趙，觜、觿、參爲唐，東井、輿鬼爲京師分，柳其半爲周分。二彗乃見者，荐禍也。又婁、胃間，天倉。

代宗大曆元年十二月己亥，有彗星於瓠瓜，長尺餘，經二旬不見，犯宦者星。五年四月己未，有彗星於五車，光芒蓬勃，長三丈；五月己卯，彗星見於北方，色白；癸未東行，近八穀中星；六月癸卯，近三公；己未不見。占曰：「色白者，太白所生也。」七年十二月丙寅，有長星於參下，其長亘天。長星彗屬。參，唐星也。

憲宗元和十年三月，有長星於太微，尾至軒轅。十二年正月戊子，有彗星於畢。

穆宗長慶元年正月己未，有星孛於翼，丁卯〔四五〕，孛於太微西上將。六月有彗星於昴，長一丈，凡十日不見。

文宗太和二年七月甲辰，有彗星於右攝提南，長二尺。八年九月辛亥，有彗星於太微，長丈餘，西北行，越郎位，庚申不見。開成二年二月丙午〔四六〕，有彗星於危，長七尺餘，西指南斗；戊申，在危西南，芒耀愈盛。癸丑，在虚；辛酉，長丈餘，西行，稍南指；壬戌，在婺女，長二丈餘，廣三尺；癸亥，愈長且闊；三月甲子，在南斗；乙丑，長五丈，其末兩岐：一指氐，一掩房；丙寅，長六丈，無岐，北指，在亢七度；丁卯，西北行，東指；己巳，長八丈餘，在張；癸未，長三尺，在軒轅右不見。凡彗星，晨出則西指，夕出則東指，乃常也。未有遍指四方，凌犯如此之甚者。八月丁酉，有彗星於虚、危，虚、危爲元枵。枵，耗名也。三年十月乙巳，有彗星於軫、魁，長二丈餘，漸長，西指。十一月乙卯，有彗星於東方，在尾、箕，東西亘天；十二月壬辰不見。四年正月癸酉，有彗星於羽林。衞分也。閏月丙午，有彗星於卷舌西北；二月己卯不見。五年二月庚申，有彗星於營室、東壁間，二十日滅。十一月戊寅，有彗星於東方，燕分也。

武宗會昌元年七月，有彗星於羽林、營室、東壁間也。十一月壬寅，有彗星於北落師門，在營室，入紫宫。十二月辛卯不見，并州分也。

宣宗大中六年三月，有彗星於觜、參。參，唐星也。十一年九月乙未，有彗星於房，長三尺。

懿宗咸通五年五月己亥，夜漏未盡一刻，有彗星出東方，色黄白，長三尺，在婁，徐州分也。九年正月，有彗星於婁、胃。十年八月，有彗星於大陵，東北指。占爲「外夷兵及水災」。

僖宗乾符四年五月，有彗星。光啟元年，有彗星於積水、積薪之間。二年五月丙戌，有星孛於尾、箕，歷北斗、攝提。占曰：「貴臣誅。」

昭宗大順二年四月庚辰，有彗星於三台，東行入太微，掃大角、天市，長十丈餘，五月甲戌不見。宦者陳匡知星，奏曰：「當有亂臣入宮。」三台，太一三階也；太微、大角，帝庭也；天市，都市也。　景福元年五月，蚩尤旗見，初出有白彗形如髮，長二尺許，經數日乃從中天下，如匹布，至地如蛇。六月，孫儒攻楊行密於宣州，有黑雲如山，漸下，墜於儒營上，狀如破屋。占曰：「營頭星也。」十一月，有星孛於斗、牛。占曰：「越有自立者。」十二月丙子，天欃出於西南，己卯，化爲雲而没。　二年三月，天久陰，至四月乙酉夜，雲稍開，有彗星於上台，長十丈餘，東行入太微，掃大角，入天市，經三旬有七日，益長，至二十餘丈，因雲陰不見。　乾寧元年正月，有星孛於鶉首。秦分也。　天祐二年四月甲辰，有彗星見於北河，貫文昌，長三丈餘，陵中台、下台；五月乙丑夜，自軒轅左角及天市西垣，光芒猛怒，其長亘天；丙寅雲陰，至辛未少霽，不見。兩河爲天闕，在東井間，而北河，中國所經也。文昌，天之六司。天市，都市也。

梁太祖乾化二年四月壬申，彗出張。甲戌，彗出靈臺。

後唐明宗天成三年十月庚午，彗出西南，長丈餘，東南指，在牛宿五度，至三夕不見。

末帝清泰三年九月己丑，彗出虚、危，長尺餘，形微細，經天壘、哭星。其年十一月，帝遇難，晉高祖登位。

晉高祖天福六年九月壬子，彗出西方，掃天市垣，長丈餘。　八年十月庚戌，彗見東方，西指，尾迹長一尺，在角九度。

周世宗顯德三年正月壬戌夜，有星孛於參宿，其芒指於東南。

宋太祖皇帝開寶八年六月甲子，彗出柳，長四丈，晨見東方，西南指，歷輿鬼至東壁，凡十一舍，八十三日而滅。是歲平江南。

太宗端拱二年七月戊子〔四七〕，有彗出東井、積水西，青白色，光芒漸長，晨見東北旬日，夕見西北，歷右攝提，凡三十日，至亢没。

真宗咸平元年正月甲申，有彗出營室北，光芒尺餘，至丁酉，凡十四日滅。六年十一月辛亥，旄頭犯輿鬼。占與彗同。甲寅有星孛於井、鬼，大如杯，色青白，光芒四尺餘，犯五諸侯，歷五車，入參，凡三十餘日没。占：「有燕兵。」明年冬，契丹入寇。天禧二年六月辛亥，彗出北斗魁第二星東北，長三尺許，與北斗第一星齊，北行經天牢，拂文昌，長三丈餘，歷紫微、三台、軒轅，迹行而西〔四八〕，至七星，凡三十七日没。

仁宗明道二年二月戊戌，東北方有含譽星見，其色黄白，有光芒長二尺許，其後章獻明肅太后崩，或以爲彗。景祐二年八月壬戌夜，有星孛於張、翼，長七尺，闊五寸，十二日而没。十二月己未夜，有星出外屏，有芒氣。皇祐元年二月丁卯，彗出虚，晨見東方，西南指，歷紫微至婁，凡一百一十四日而没。占曰：「有兵喪。」嘉祐元年七月，彗出紫微，歷七星，其色白，長丈餘，至八月癸亥滅。

英宗治平三年三月己未，彗出營室，晨見東方，長七尺許，西南指危，洎墳墓，漸東迹行，近日而伏；至辛巳，夕見西北，有星無芒，彗益東行，别有白氣一，闊三尺許，貫紫微極星，并房宿，首尾入濁，益東行，歷文昌、北斗，貫尾；至壬午，星復有芒，彗長丈餘，闊三尺餘，東北指，歷五車，白氣爲岐，横天，貫北河、五諸侯、軒轅、太微、五帝座、内五諸侯，及角、亢、氐、房宿；癸未，彗長丈五尺，有星孛氣，如一升器，歷營室至張，凡一十四舍，積六十七日，星氣孛皆滅。占曰：「白氣，長星也；孛氣，孛也；光如箒者，彗也。爲兵喪、水旱、饑疫之災。」

神宗熙寧八年十月乙未，星出東南軫度中，如填，青白；丙申，西北生光芒，長三尺，斜指軫，若彗；丁酉，光芒長五尺；戊戌，長七尺，斜指左轄，至丁未入濁不見。主兵喪。元豐三年七月癸未，彗出西北太微垣郎位南，白氣長一丈，斜指東南，在軫度中；丙戌，向西北方行，在翼度中；戊子，長三尺，斜穿郎位；癸卯，犯軒轅，至丁酉入濁不見；庚子晨，復出於張度中，至戊午，凡三十有六日，没不見。主除舊布新，兵喪，火災；又主京城有兵變。

哲宗紹聖四年八月己酉，彗出氐度中，如填，有光，色白，氣長三尺，斜指天市垣中星；九月壬子，光芒長五尺，入天市垣；己未，犯天市宦者，主侍臣有憂；庚申，犯天市垣帝座；戊辰，没不見。主兵喪、大水及赦；又主五穀大貴，侍臣有憂；又主人民亂，大臣憂。

徽宗崇寧五年正月戊戌，彗出西方，如杯口大，光芒散出如碎星，長六丈，闊三尺，斜指東北，自奎宿貫婁、胃、昴、畢，後入濁不見。主兵喪大饑，西北宜備之。大觀四年五月丁未，彗出奎、婁，光芒長六尺，北行入紫微垣，至西北入濁不見。主水旱穀傷兵饑，人主惡之。

欽宗靖康元年六月壬戌，彗出紫微垣，主天下兵變，破軍亡國。閏十一月，彗竟天，時金人入寇，京城失守。

高宗紹興元年九月，僞齊長星見，於是劉豫謀明年遷。十二月戊寅，彗星見。二年八月甲寅，彗見胃。占：「彗大則除舊布新，兵饑、疫癘、水旱交興。」至九月甲戌乃没。次年金虜陷金州入興元。十五年四月戊寅，彗出東方宿度内，五十餘日乃没。占爲：「兵饑，臣下失忠務私，彗掃除之。」丙申，復出參度，旬有五日乃伏。是歲蒙國始建號改元。五月丁巳，彗星因爲客星，其色青白。占喪。十六年十二月戊戌，彗出西南危宿。十七年正月乙亥，彗出東北方女宿，二月二日乃伏。二十二年七月丙午，彗見東北方井宿内；丁未，其星如木星，光芒長二尺。占：「天所以去無道，建有德，彗出有叛者，兵起，大水，晉邦尤甚。」彗晨見東方，又爲君臣争明。癸丑夜，彗星犯五諸侯。占：「大臣憂，執法之臣凶。」

孝宗淳熙二年七月辛丑夜，泛出一小星，在紫微垣外七公星之上，小如火星，參然蓬勃，體氣蒼白，是爲孛星。占：「孛星惡氣所生，爲亂兵，孛德。」又云：「參然孛焉，兵之類也。無内亂則水兵天下合謀，闇蔽不明，有所傷害，災甚於彗。」

寧宗嘉定十五年八月甲午，彗星出右攝提，光芒約三丈以上，其體小如木星，凡兩月，行歷氐、房、心乃没。占：「彗，本類星，末類彗，大則除舊布新，天所以去無道而建有德。彗出，有叛者，兵起其國。彗星昏見，其國受兵。」於是其應金主殂。九月壬戌，彗星消伏。

校勘記

〔一〕明斗有規郭入其魁中也　「入」原作「以」，據慎本、春秋穀梁傳注疏卷一一、殿本考證改。

行補。

〔二〕昭公十七年冬　「七」字原脱，據慎本、春秋左傳注昭公十七年、史記卷二七天官書、漢書卷二七下之下五行補。

〔三〕須視北辰以別心伐所在　「視」原作「是」，據春秋公羊傳注疏卷二三改。

〔四〕與項羽相距滎陽　「與」字原無，據漢書卷二七下之下五行補。

〔五〕中三年三月丁酉　「三年」，中華書局標點本漢書卷二六天文六校勘記引王念孫説當是「二年」。

〔六〕齊宋晉之君皆將死亂　「宋」原作「魯」，據漢書卷二六天文六、春秋左傳注文公十四年改。

〔七〕蜂炎再貫紫宫中　「蜂」原作「螽」，據漢書卷二七下之下五行改。

〔八〕韓楊占曰　「楊」，後漢書志一〇天文上作「揚」。下同。

〔九〕至紫宫西藩止　「止」原作「上」，據後漢書志一〇天文上改。

〔一〇〕見三十五日去　「見」原作「百」，據後漢書志一〇天文上改。

〔一一〕八年六月　後漢書志一〇天文上「月」下有「壬午」二字。

〔一二〕二年十二月戊寅　「二年」原無，據後漢書卷三孝章帝紀、標點本後漢書志一一天文中校勘記補。

〔一三〕百六日滅　後漢書志一一天文中「滅」上有「稍」字。

〔一四〕永和六年二月丁巳　「永和」二字原無，據後漢書志一一天文中、殿本考證補。

〔一五〕胡應逆首謀也　「謀」原作「誅」，據後漢書志一一天文中注改。

〔一六〕五年七月　「五年」原無，按上文已是「三年冬」，此處不應反是「七月」。後漢書志一二天文下作「五年七月」，據補。

〔一七〕中平五年二月　「中平」原作「光和」，據後漢書志一二天文下、卷八孝靈帝紀改。

〔一八〕孝獻初平二年九月　「二年」原作「三年」，據後漢書志一二天文下、卷九孝獻帝紀改。

〔一九〕時益州從事周群以爲荆州牧將死而失土　「爲」字原無，「土」原作「主」，據後漢書志一二天文下、殿本考證補改。

〔二〇〕宗建別據枹罕　「宗」原作「宋」，據後漢書志一二天文下改。下同。又「枹」原作「抱」，據後漢書志一二天文下及卷二八地理志下金城郡屬縣改。

〔二一〕其年秋　「秋」字原無，據後漢書志一二天文下補。

〔二二〕曹公攻漢中　「曹」字原無，據後漢書志一二天文下補。

〔二三〕長二丈　「二」，晉書卷一三天文下作「三」。

〔二四〕又襲王凌於淮南　「凌」原作「陵」，據三國志魏書三少帝紀四、晉書卷一宣帝紀改。

〔二五〕在太微左執法西南指　晉書卷一三天文下「西」下有「東」字，「西」字屬上，作「太微左執法西，東南指」。

〔二六〕兗州之分野　「之分」原互倒，據晉書卷一三天文下乙正。

〔二七〕禪代之表　「之表」原無，據晉書卷一三天文下、宋書卷二三天文一補。

〔二八〕新都王該薨　「該」原作「詠」，據晉書卷一三天文下、卷三武帝紀改。

〔二九〕太熙元年四月　「太」原作「永」，據元本、晉書卷一三天文下、宋書卷二三天文一改。

〔三〇〕永平元年　「永平」原作「元康」，據元本、晉書卷一三天文下、宋書卷二三天文一改。

〔三一〕占曰旋璣更授天子出走　「占曰」原無，據晉書卷一三天文下、宋書卷二四天文二補。

〔三二〕郭默殺江州刺史劉胤　「胤」原作「允」，係清人避諱改，今據元本改回。
〔三三〕孝武寧康二年二月丁巳　「二年」原作「元年」，「二月」原作「正月」，據晉書卷一三天文下、卷九孝武帝紀改。
〔三四〕王道天下不通　「不通」原作「大動」，據晉書卷一三天文下、宋書卷二五天文三改。
〔三五〕二十八年四月乙卯　「乙卯」，南史卷二文帝紀作「己卯」。按二十史朔閏表，是年四月乙卯朔，二十五日己卯，未知孰是。
〔三六〕其八年正月　「正」原作「至」，據愼本、隋書卷二一天文下改。
〔三七〕安成民劉敬恭挾左道反　「恭」，隋書卷二一天文下作「躬」。
〔三八〕宣帝大建七年四月丙戌　「大」，隋書卷二一天文下作「太」。
〔三九〕四年六月　「六月」原無，據隋書卷二一天文下、北史卷八齊本紀補。
〔四〇〕煬帝大業三年二月己丑　「己丑」原作「乙丑」，據元本、愼本、隋書卷三煬帝紀改。
〔四一〕討吐谷渾及高麗　「谷」字原無，據隋書卷二一天文下補。
〔四二〕漸移　「移」，新唐書卷三二天文二作「小」。
〔四三〕二年七月丁酉　「七」原作「二」，據舊唐書卷三六天文下、新唐書卷三二天文二改。
〔四四〕三年八月壬辰　「三年」原無，據新唐書卷三二天文二補。
〔四五〕丁卯　原作「二月丁卯」，據新唐書卷八穆宗紀、舊唐書卷三六天文下删「二月」二字。按二十史朔閏表，是年二月戊辰朔，無丁卯；正月戊戌朔，三十日爲丁卯。

〔四六〕開成二年二月丙午　「二月」原作「三月」，據慎本、新唐書卷三三天文二改。按二十史朔閏表，是年三月甲子朔，無丙午；二月乙未朔，十二日丙午。

〔四七〕太宗端拱二年七月戊子　「七月」原作「六月」，據宋史卷五六天文九、卷五太宗紀改。按二十史朔閏表，是年六月庚戌朔，無戊子日；七月己卯朔，初九日戊子。

〔四八〕迹行而西　「迹」原作「遠」，據慎本、宋史卷五六天文九改。下同。

卷二百八十七　象緯考十

月五星凌犯

秦始皇之時，熒惑守心，及天市芒角，色赤如鷄血。始皇既死，適庶相殺，二世即位，殘骨肉，戮將相，太白再經天。因以張楚並興，兵相跆藉，跆音臺，登躡也〔一〕，或作蹈。秦遂以亡。

漢高帝三年秋，太白出西方，有光幾中，幾中，近踰身。乍北乍南，過期乃入。辰星出四孟。法當出四仲，出四孟爲易主之象。是時，項羽爲楚王，而漢已定三秦，與相距滎陽。太白出西方，有光幾中，是秦地戰將勝，而漢國將興也。辰星出四孟，易王之表也。後二年，漢滅楚。十二年春，熒惑守心。心爲天王也。四月，宫車晏駕。

孝文帝後七年七月，火東行，行畢陽，環畢東北，出而西，逆行至昴，即南乃東行。占曰：「爲喪死寇亂。畢、昴，趙也。」其年帝崩。

孝景三年，填星在婁，幾入，還居奎。奎，魯也。占曰：「其國得地爲得填星。」是歲魯爲國。四年七月癸未，火入東井，行陰，又以九月己未入輿鬼，戊寅出。占曰：「爲誅〔二〕，又爲火災。」後二年，有栗氏事。其後，未央東闕災。中元三年，填星當在觜、觿、參，去居東井。占曰：「亡地，不迺有女憂。」

孝武建元六年，熒惑守輿鬼。占曰：「爲火變，有喪。」是歲高園火災，竇太后崩。　元鼎五年，太白入於天苑。占曰：「將以馬起兵。」一曰「馬將以軍而死耗」。其後，以天馬故誅大宛，馬大死於軍。　元鼎中，熒惑守南斗。占曰：「熒惑所守爲亂賊喪兵；守之久，其國絶祀。南斗，越分也。」其後越相呂嘉殺其王及太后，漢兵誅之，滅其國。

孝昭始元中，漢宦者梁成恢及燕王候星者吳莫如見蓬星出西方天市東門，行過河鼓，入營室中。恢曰：「蓬星出六十日，不出三年，下有亂臣戮死於市。」後太白出西方，下行一舍，復上行二舍而下去。太白主兵，上復下，將有戮死者。後太白出東方，入咸池，東下入東井。人臣不忠，有謀上者。後太白入太微西藩第一星，北出東藩第一星，北東下去。太微者，天廷也。太白行其中，宮門當閉，大將披甲兵，邪臣伏誅。熒惑在婁，逆行至奎，法曰「當有兵」。後太白入昴。莫如曰：「蓬星出西方，當有大臣戮死者。太白星入東井、太微廷，出東門，漢有死將。」後熒惑出東方，守太白。兵當起，主人不勝。後流星下燕萬載宮極，東去，李奇曰：「極，屋梁也，三輔間名爲極。」或曰：「極，棟也〔三〕，三輔間名棟爲極。」尋棟東去也。延篤謂之堂前闌楯也。」法曰「國恐，有誅」。其後左將軍桀、驃騎將軍安與長公主、燕刺王謀作亂，咸伏其辜。兵誅烏桓。

孝宣本始元年四月壬戌甲夜，辰星與參出西方〔四〕，其二年七月辛亥夕，辰星與翼出，皆爲蚤。占曰：「大臣誅。」其後熒惑守房之鈎鈐〔五〕，鈎鈐，天子之御也。晉灼曰：「上言房爲天駟，其陰右驂，旁有二星曰鈐，故曰天子之御也。」占曰：「不太僕，則奉車，不黜即死也〔六〕。房、心，天子之宮也。房爲將相，心爲子屬也。其地宋，今楚彭城也。」　四年七月甲辰，辰星在翼，月犯之。占曰：「兵起，上卿死，將相也。」是日熒惑入輿鬼天質。占曰：「大臣有誅者，名曰天賊，在大人之側。」地節元年正月戊午乙夜〔七〕，月食熒惑，熒惑在角、亢。占曰：「憂在宮中，非賊而盜也。有內亂，讒臣在旁。」其辛酉，熒惑入氐中。氐，天子之宮，熒惑入之，有賊臣。後四年，霍氏謀反，坐誅。孟康曰：「凡星入月，見月中，爲星食月；月掩星，星滅，爲月食星。」

孝成建始四年七月，熒惑踰歲星，居其東北半寸所如連李。時歲星在關星西四尺所，熒惑初從畢口大星東東北往，數日至，往疾去遲。占曰：「熒惑與歲鬭，有病君饑歲。」至河平元年三月，旱，傷麥，民食榆皮。二年十二月壬申，太皇太后避時昆明東觀。如淳曰：「食貨志武帝修昆明池，列觀環之。或曰，即病謝君男，故避其時。」十一月乙卯，月食填星，星不見，時在輿鬼西北八九尺所。占曰：「月食填星，流民千里。」至河平元年三月，流民入函谷關。河平二年十月下旬，填星在東井軒轅南耑大星尺餘，歲星在其西北尺所，熒惑在其西北二尺所，皆從西方來。填星貫輿鬼，先到歲星次，熒惑亦貫輿鬼。十一月上旬，歲星、熒惑西去填星，皆西北逆行。占曰：「三星若合，是謂驚位，是謂絶行，外內有兵與喪，改立王公。」其十一月丁巳，夜郎王歆大逆不道，牂牁太守立捕殺歆。三年九月，東郡盜起，左將軍千秋卒，史丹爲左將軍。明年，梁王賀薨。陽朔元年七月壬子，月犯心星。占曰：「其國有憂，若有大喪。房、心爲宋，今楚地。」十一月，楚王友薨。綏和二年春，熒惑守心。二月乙丑，丞相翟方進欲塞災異，自殺。三月丙戌，宮車晏駕。

哀帝元壽元年十一月，歲星入太微，逆行干右執法。占曰：「大臣有憂，執法者誅，若有罪。」二年十月戊寅，高安侯董賢免大司馬，歸第自殺。

李尋上疏曰：「臣聞五星者，五行之精，五帝司命，應王者號令爲之節度。歲星主歲事，爲統首，號令所紀，今失度而盛，此君指意欲有所爲，未得其節也。又填星不避歲星者，后帝共政，相留於奎、婁，張晏曰：「歲星爲帝，填星爲女主也。」當以義斷之。熒惑往來亡常，周歷兩宮，作態低昂，張晏曰：「兩宮謂紫微、太微。」入天門，上明堂，貫尾亂宮。孟康曰：「角兩星爲天門，房爲明堂，尾爲後宮。」蘇林曰：「常占當從尾北，而今貫之，尾爲後宮之義也。」太白發越犯庫，張晏曰：「發越，疾貌。庫，天庫也。」孟康曰：「奎爲天庫。」兵寇之應也。貫黃龍，入帝庭，張晏曰：「黃龍，軒轅也。」當門而出，隨熒惑入天門，至房而分，欲與熒惑爲患，不敢當明堂之精。此陛下神靈，故禍亂不成也。熒惑厥弛，張晏曰：「厥弛，動摇貌。」佞巧依勢，微言毀譽，進類蔽善。師古曰：「進其黨類而壅蔽善人。」太白出端門，孟康曰：「端門，太微正南門。」臣有不臣者。火入室，金上堂，張晏曰：「熒惑入營室也。」孟康曰：「火入室，謂熒惑歷兩宮也。金謂太白也。上堂，入房星也。」不以時解，其憂凶。填歲相守，又主内亂。宜察蕭墻之内，毋忽親疏之微，師古曰：「微謂其事微。」誅放佞人，防絶萌芽，以盪滌濁濊，消散積惡，師古曰：「濊與穢同也。」毋使得成禍亂。辰星主正四時，當效於四仲；四時失序，則辰星作異。今出於歲首之孟，天所以譴告陛下也。政急則出早，政緩則出晚，政絶不行，則伏不見，而爲彗茀。師古曰：「茀與孛同。」四孟皆出，爲易王命；四季皆出，爲星家所諱。今幸獨出寅孟之月，蓋皇天所以篤祐陛下，師古曰：「篤，厚也。祐與右同。右猶助也。」宜深自改。治國故不可以戚戚，欲速則不達。經曰：「三載考績，三考黜陟。」師古曰：「虞書舜典之辭也。言三年一考功績，三考一行黜陟也。」加以號令不順四時，既往不咎，來事之師也。」

莽地皇四年秋，太白在太微中，燭地如月光〔八〕，太白爲兵，太微爲天庭。太白贏而北入太微，是大兵將入天子廷也。時莽遣兵至昆陽，爲光武所破。漢將鄧曄進攻京師，十月殺莽，大兵蹈籍宮廷之中。更始入長安，復敗〔九〕，赤眉立劉盆子爲天子，皆以大兵入宮廷，是其應也。

光武建武六年九月丙戌〔一〇〕，月犯太微西藩。十一月辛亥，月犯軒轅。七年九月庚子，土入鬼中。漢史：「鎮星逆行輿鬼，女主貴親有憂。」巫咸曰：「有土功事。」是歲太白經太微。八年四月辛未，月犯房第二星，光芒不見。九年正月乙卯，金犯婁南星。甲子，月犯軒轅第二星，壬寅，犯心大星〔一一〕。七月戊辰，月並犯昴。黄帝星占〔一二〕：「土犯鬼，皇后有憂，失亡其勢。」河圖：「月犯房，天子有憂，四足之蟲多死。」漢史曰：「國有憂，將軍死。」九年七月乙卯，金犯軒轅大星。十一月，金又犯軒轅。孟康曰：「犯，七寸以内光芒相及也。」韋昭曰：「自下往觸之曰犯。」軒轅者，後宮之官，大星爲皇后，金犯之爲失勢。時郭后已失勢見疏，後廢爲中山太后。十二年七月丁丑，月犯昴頭兩星。八月辛酉，水見東方翼分。九月甲午〔一三〕，火犯輿鬼。十三年二月乙卯，火犯輿鬼西北。黄帝占曰：「熒惑守輿鬼，大人憂。」一曰：「多火災。」石氏曰：「爲旱。」十六年四月，土星逆行。十七年三月乙未〔一四〕，火逆行，從東門入太微，到執法星東，己酉，南出端門。十八年十二月壬戌，月犯木星。十九年閏月戊申，火逆，從氐到亢。二十一年七月辛酉，月入畢。二十三年三月癸未，月食火星。郗萌占：「熒惑逆行氐爲失火。」三十一年七月戊午，火在輿鬼一度，入鬼中，出尸星南半度，十月己亥，犯軒轅大星。熒惑爲凶哀，其後二年，光武崩。中元二年八月丁巳，火犯太微西南角星，相去二寸。西南角星爲將相〔一五〕。後太尉趙憙〔一六〕、司徒李訢坐事免官。

孝明永平元年閏九月辛未〔一七〕，火在太微左執法星所，光芒相及。十一月辛未，土逆行，乘東井北軒轅第二星。二年十二月戊辰，月食火星。十年七月甲寅，月犯歲星。十一年六月壬辰，火犯土星。十三年閏月丁亥，火犯輿鬼，爲大喪，質星爲大臣誅戮。晉灼曰：「鬼五星，其中白者爲質。」其年十二月，楚王英坐謀逆自殺〔一八〕。十五年十一月乙丑，太白入月中，爲大將戮，人主亡，不出三年。後三年，孝明帝崩。十六年正月丁丑，歲星犯房右驂，北第一星不見，辛巳乃見。石氏星經曰：「歲星守房，良馬出厩。」古今注曰：「正月丁未，月犯房。」房右驂爲貴臣〔一九〕，歲星犯之爲見誅。是後司徒邢穆，坐與阜陵王延交通，知逆謀，自殺。四月癸未，太白犯畢。畢爲邊兵。後北匈奴寇邊〔二〇〕，入雲中，至漁陽〔二一〕。使者高弘發三郡兵追討，無所得。太僕祭肜坐不進下獄〔二二〕。

孝章建初元年正月丁巳，太白在昴西一尺。二月甲申，金入斗魁〔二三〕。

孝和永元二年九月金犯軒轅。占曰：「女主失勢。」其年竇氏被誅，太后失勢〔二四〕。五年正月甲戌，月乘歲星。七月壬午，歲星犯軒轅大星。九月，金在南斗魁中，爲水。石氏曰：「爲旱。」爲大將將死。火犯房北第一星，爲將相。其六年正月，司徒丁鴻薨。十二月車騎將軍鴻坐追虜失利，下獄死。六年六月丁亥，金在東井。十三年正月辛未，水乘輿鬼。十二月癸巳，犯軒轅大星。十四年正月乙卯，月犯軒轅，在太微中。二月丁酉，水入太微西門。十六年七月庚午，水在輿鬼中。輿鬼爲死喪，後一年帝崩。

孝安永初元年五月戊寅，熒惑逆行守心前星。心爲天子明堂，熒惑逆行守之，爲反臣。時安帝未臨朝，鄧太后攝政，鄧隲及弟悝等秉國〔二五〕。司空周章意不平，謀閉宮門誅隲等，廢太后及帝，事覺，自殺。　三年正月庚戌，月犯心後星。河圖曰：「亂臣在旁。」己亥，太白入斗中。月犯心後星，不利子〔二六〕。心爲宋。五月丁酉，沛王正薨〔二七〕。太白入斗中，爲貴相凶。臣昭按，楊厚對曰：「以爲諸侯王子多在京師，容有非常，宜亟發還本國。」太后從之。星尋滅不見。以斯而言，太白入之，災在貴相。　六月癸酉〔二八〕，太白入輿鬼，爲將凶。後中郎將任尚坐贓棄市。　元初元年三月癸酉，熒惑入輿鬼。　二年九月辛酉，熒惑入輿鬼中。　三年三月，熒惑入輿鬼中。五月丙寅，太白入畢口。黃帝占：「火攻〔二九〕，近期十五日，遠期四十日。」又曰：「大臣當之，亂國易主〔三〇〕。」七月甲寅，歲星入輿鬼。閏月己未，太白犯太微左執法。　四年正月丙戌，歲留輿鬼。石氏經曰：歲星入留輿鬼五十日不下，民有大喪；百日不下，民半死。黃帝經曰：「守鬼十日，金錢散諸侯。」郗萌曰：「五穀多傷，民以飢死者無數。」四月壬戌，太白入輿鬼中。石氏占：「太白入鬼，一曰病在女主，一曰將戮死。」己巳，辰星入輿鬼中。郗萌曰：「以罪誅大臣。一曰后疾。一曰大人憂。」五月己卯，辰星犯歲星。六月丙申，熒惑入輿鬼中，戊戌，犯輿鬼大星。九月辛巳，太白入南斗口中。黃帝經曰：「大人當之，國易政。」　五年三月丙申，鎮星犯東井鉞星〔三一〕。五月庚午，辰星犯輿鬼質星。丙戌，太白犯鉞星。　六年四月癸丑，太白入輿鬼。郗萌曰：「太白守輿鬼，疾在女主。」六月丙戌，熒惑在輿鬼中。黃帝經曰：「熒惑犯守鬼，國有大喪，有女喪，大將有死者。」荊州星占曰：「熒惑犯鬼，忠臣戮死，不出一年中。」丁卯，鎮星在輿鬼中。黃帝經曰：「鎮星入鬼中，大臣誅。」海中、石氏曰：「大人憂。」辛未〔三二〕，太白犯左執法。　自永初五年到永寧，十年中〔三三〕，太白一晝見經天，再入輿鬼，一守畢，再犯左執法，入南斗，犯鉞星。熒惑五入輿鬼，鎮星一犯東井鉞星，一入輿鬼。歲星、辰星再入輿鬼，凡五星入輿鬼中，皆爲死喪。　熒惑、太白其犯鉞、質星爲誅戮。斗爲貴將，執法爲近臣。客星在虛、危爲喪，爲哭泣。星占曰：「不一年，遠期二年。」昴、畢爲邊兵，又爲獄事。至建光元年三月癸巳，鄧太后崩；五月庚辰〔三四〕，太后兄車騎將軍隲等七侯皆免官，自殺，是其應也。　延光古今注曰：「元年四月丙午〔三五〕，太白晝見。」二年八月己亥，熒惑出太微端門。　三年二月辛未，太白犯昴。石氏星占曰：「太白守昴，兵從門闕入，主人走。」郗萌曰：「不有亡國，必有誅主。」又云：「入昴，大赦。」五月癸丑，太白入畢。郗萌曰：「太白入畢口，馬馳人走。」又曰：「有中喪。」九月壬寅，鎮星犯左執法。　四年四月，太白入輿鬼中。古今注曰：「四月甲辰入。」六月壬辰，太白出太微。九月甲子，太白入斗口中。十一月，客星見天市。熒惑出太微，爲亂臣。太白犯昴、畢，爲邊兵〔三六〕，一曰大人當之。鎮星犯左執法，有誅臣。太白入輿鬼中，爲大喪。太白出太微，爲中宮有兵；入斗口，爲貴將相有誅。時大將軍耿寶、中常侍江京與阿母王聖等構譖太子保，廢之，以北鄉侯懿代。四年三月，帝崩。立北鄉侯，侯病薨，京等復不欲立保，白太后，更徵諸王子擇所立。中黄門孫程等共誅江京〔三七〕、閻顯，立保爲天子，是爲順帝。皆姦人强臣狂亂王室，其於死亡誅戮，兵起宫中，是其應也。

孝順永建二年二月丁巳，月犯心；七月丁酉，犯昴。八月乙巳，熒惑入輿鬼。　三年二月癸未，月犯心後星。　五年夏，熒惑守氐，諸侯有斬者。是冬，班始腰斬馬市。　六年四月，熒惑入太微中，犯左、右執法西北方六寸所。　永和二年八月庚子，熒惑犯南斗。斗爲吴。黄帝經曰：「不期年，國有亂，有憂。」海中占：「爲多火災。一曰旱。」古今注曰：「九月壬午，月入畢口中。」明年五月，吴郡太守行丞事羊珍等反〔三八〕，又九江賊蔡伯流等攻廣陵〔三九〕，燒城郭，殺都尉。　三年八月甲寅，辰星入輿鬼。己酉，熒惑入太微，辰入輿鬼，爲大臣有死者；入太微，亂臣在廷中。其四年，祀南郊，中常侍張逵等與曹騰等争權〔四〇〕，白帝言騰等反，矯詔收之，騰等自解説，帝悟，逵自知事不諧，乃奔走，自刺。又征西將軍馬賢擊西羌，父子俱戰没，是其應也。四年七月，熒惑入南斗，犯第三星，八月，入太微中，斗爲貴相，爲揚州。熒惑犯之爲兵喪。其六年，大將軍梁商薨。九江、丹陽賊周生等反，攻没郡縣。漢安二年五月丁亥，辰星犯輿鬼。占爲大喪。六月乙丑，熒惑光芒犯鎮星。占爲大人忌。明年八月，孝順帝崩；又明年，冲帝崩。

孝質本初元年三月癸丑，熒惑入輿鬼；四月辛巳，太白入輿鬼，皆爲大喪。五月庚戌，太白犯熒惑，爲逆謀，閏月一日，帝爲梁冀所鴆崩。

孝桓建和元年八月壬寅，熒惑犯輿鬼質星。二年二月辛卯，熒惑行在輿鬼中。三年五月己丑，太白行入太微右掖門，留十五日，出端門。丙申，熒惑入東井。八月己亥，鎮星犯輿鬼中南星。乙丑，彗星芒長五尺，見天市中，東南指，色黄白，九月戊辰不見。熒惑犯輿鬼爲死喪，質星爲戮臣，入太微爲亂臣。鎮星犯輿鬼爲喪。彗星見天市中爲貴人〔四一〕。至和平元年十二月甲寅，梁太后崩，梁冀益驕亂矣。

永壽元年三月丙申，鎮星逆行入太微中，七十四日去左掖門。七月己未，辰星入太微中，八十日去左掖門。八月己巳，熒惑入太微，二十一日出端門。太微，天子廷也。鎮星爲貴臣妃后，逆行爲匿謀。辰星入太微爲大水，一曰後宫有憂。是歲雒水溢至津門，南陽大水。熒惑留入太微中，又爲亂臣。是時梁氏專政。九月癸巳，熒惑犯歲星，爲姦臣謀，大將戮。二年六月甲寅〔四二〕，辰星入太微，遂伏不見。辰星爲水，爲兵，爲妃后。八月戊午，太白犯軒轅大星，爲皇后。其三年四月戊寅，熒惑入東井口中，爲大臣有誅者。其七月丁丑，太白犯心前星，爲大臣。後二年七月〔四三〕，懿獻皇后以憂死。大將梁冀使其蒼頭秦宮刺殺議郎邴尊，又欲殺鄧后母宣，事覺，桓帝收冀及妻壽襄城君印綬，皆自殺。誅諸梁及孫氏宗族，或徙邊，是其應也。延熹四年三月甲寅〔四四〕，熒惑犯輿鬼質星。其占：「大臣有戮死者。」五年，南郡太守李肅坐罪棄市。七年七月戊辰〔四五〕，辰星犯歲星。八月庚戌，熒惑犯輿鬼質星。庚申，歲星犯軒轅大星。十月丙辰，太白犯房北星。丁卯，辰星犯太白。十二月乙丑，熒惑犯軒轅第二星。辰星犯歲星，爲兵。熒惑犯質星，有戮臣。歲星犯軒轅，爲女主憂。太白犯房北星，爲后宮。其八年二月，太僕南鄉侯左勝以罪賜死〔四六〕，勝弟中常侍上蔡侯悺、北鄉侯黨皆自殺。癸亥，皇后鄧氏坐執左道廢，遷於桐宮死〔四七〕，親黨皆繫暴室；又荆州刺史芝等坐爲賊所拘略，桂陽太守任胤背敵走，皆棄市，是其應也。

八年五月癸酉，太白犯輿鬼質星。壬午，熒惑入太微右執法。閏月己未，太白犯心前星。十月癸酉，歲星犯左執法。十一月戊午，歲星入太微，犯左執法。九年正月壬辰，歲星入太微中，五十八日出端門。六月壬戌，太白行入輿鬼。七月乙未，熒惑行輿鬼中，犯質星。九月辛亥，熒惑入太微西門，積五十八日。永康元年正月庚寅，熒惑逆行入太微東門，留太微中百一日出端門。七月丙戌，太白晝見經天。太白犯心前星，太白犯輿鬼質星，有戮臣。熒惑入太微爲賊臣。太白犯心前星爲兵喪。歲星入太微犯左執法，將相有誅者。歲星入守太微五十日，占貴人憂。太白、熒惑入輿鬼，皆爲死喪，又犯質星爲戮臣。熒惑留太微中百一日，占爲人主。太白晝見經天爲兵，憂在大人。其九年十一月，太原太守劉瓆、南陽太守成瑨皆坐殺無辜，荆州刺史李隗爲賊所拘，尚書郎孟璫坐受金漏言，皆棄市；永康元年十二月丁丑，桓帝崩，太傅陳蕃、大將軍竇武、尚書令尹勳、黄門令山冰等皆枉死，太白犯心、熒惑留太微之應也。

孝靈建寧元年六月，太白在西方，入太微，犯西蕃南頭星。太微，天廷也，太白行其中，宫門當閉，大將被甲兵，大臣伏誅。其八月，陳蕃、竇武等被害。熹平元年十月，熒惑入南斗中。占曰：「熒惑所守爲兵亂。」斗爲吴。其十一月，會稽許昭等聚衆自稱大將軍，攻破郡縣。　五年四月，熒惑在太微中守屏。占為亂臣。是時中常侍趙忠、張讓等並為姦亂。　光和四年四月，熒惑逆行守心後星。十月戊午，月食心後星。占曰：「爲大喪。」後三年，帝崩〔四八〕。中平六年八月丙寅，太白犯心前星，戊辰犯心中大星。其日未冥四刻，大將軍何進於省中爲諸黄門所殺。己巳，車騎將軍何苗爲進部曲將吴匡所殺。

魏文帝黄初四年三月癸卯，月犯心大星。占曰：「心爲天王位，王者惡之。」十二月丙子，月犯心大星。占同上。五年歲星入太微逆行，積百四十九日乃出。占曰：「五星入太微，從右入三十日已上，人主有大憂。」一曰有赦至〔四九〕。七年五月，帝崩，明帝即位〔五〇〕，赦天下。六年五月壬戌，熒惑入太微，至壬申，與歲星相及，俱犯右執法，至癸酉乃出。占曰：「從右入三十日已上，人主有大憂。」又曰：「月、五星犯左右執法，大臣有憂。」一曰：「執法者誅，金、火尤甚。」十一月，皇子東武陽王鑒薨。七年正月，驃騎將軍曹洪免爲庶人。四月，征南大將軍夏侯尚薨。五月，帝崩。蜀記稱，明帝問黄權曰：「天下鼎立，何地爲正？」對曰：「當驗天文。往者熒惑守心而文帝崩，吴、蜀無事，此其徵也。」按三國史並無熒惑守心之文，疑是入太微。八月，吴遂圍江夏，寇襄陽，大將軍、宣帝救襄陽，斬吴將張霸等，兵喪更王之應也。

明帝太和五年五月熒惑犯房。占曰：「房四星，股肱臣將相位也。月、五星犯之，將相有憂。」其七月，車騎將軍張郃追諸葛亮，爲亮所殺。十二月，太尉華歆薨。十一月乙酉，月犯軒轅大星。占曰：「女主憂。」十二月甲辰，月犯鎮星，凡月蝕五星，其國皆亡，五星入月，其野有逐相。六年三月乙亥，月犯軒轅大星。　青龍二年十月乙丑，月犯鎮星。戊寅，月犯太白。占曰：「人君死。」又爲兵。景初元年，公孫淵叛，討之。三年正月，帝崩。　二年三月辛卯〔五一〕，月犯輿鬼，輿鬼主斬殺。占曰：「人多病，國有憂。」又曰：「大臣憂。」是年夏及冬，大疫。四年五月，司徒董昭薨。七月己巳，月犯楗閉。占曰：「有火災。」三年七月，崇華殿災。　三年六月丁未，填星犯井鉞。戊戌，太白又犯之。占曰：「凡月、五星犯井鉞，悉爲兵災。」一曰：「斧鉞用，大臣誅。」七月，填星犯東井距星。占曰：「大人憂，大水，五穀不成。」景初元年夏，大水傷稼。十月，月犯熒惑。占曰：「貴人死。」二年四月，司徒韓曁薨。　四年五月，太白犯畢左股第一星。占曰：「畢爲邊兵，又主刑罰。」九月，涼州塞外胡阿畢師使侵犯諸國，西域校尉張就討之，斬首捕虜萬計。七月甲寅，太白犯軒轅大星。占曰：「女主憂。」其後皇后毛氏崩。　景初二年二月己丑，月犯心距星，又犯中央大星。　五月乙亥，月又犯心距星及中央大星。按占曰：「王者惡之。犯前星，太子有憂。」三年正月，帝崩，太子立，卒見廢。其年十月甲午，月犯箕。占曰：「將軍死。」正始元年，車騎將軍黃權薨。

少帝正始元年四月戊午，月犯昴東頭第一星。十月庚寅，月又犯昴北第四星〔五二〕。占曰：「月犯昴，胡不安。」二年六月，鮮卑阿妙兒等寇西方，敦煌太守王延破之，斬二萬餘級。三年，又斬鮮卑大帥及千餘級。　二年九月癸酉，月犯輿鬼西北二星；三年二月丁未，又犯西南星。占曰：「有錢令。」一曰：「大臣憂。」三年三月，太尉滿寵薨。　四年正月，帝加元服，賜群臣錢各有差。　四年十一月〔五三〕，月再犯井鉞。　是月宣帝討諸葛恪，恪棄城走。　五年三月，曹爽征蜀。　五年十一月癸巳，填星犯亢距星。　占曰：「諸侯有失國者。」　七年七月丁丑，月犯左角。　占曰：「天下有兵，左將軍死。」七月乙亥，熒惑犯畢距星。　占曰：「有邊兵。」一曰：「刑罰用。」　九年正月辛亥，月犯亢南星。　占曰：「兵起。」一曰：「將軍死。」七月癸丑，填星犯楗閉。　占曰：「王者不宜出宮下殿。」嘉平元年，天子謁陵，宣帝奏誅曹爽等，天子野宿，於是失勢。　嘉平元年正月甲子，太白襲月。　六月，太白犯井距星。　占曰：「國失政，大臣爲亂。」四月，太白犯輿鬼。　占曰：「大臣誅。」一曰：「兵起。」其年宣帝奏廢誅曹爽。　二年三月己未，太白又犯井距星。　三年七月，王凌與楚王彪有謀，皆伏誅，人主遂卑。

吴孫權赤烏十三年夏五月，日北至〔五四〕，熒惑逆行，入南斗。　秋七月，犯魁第三星而東。　漢晉春秋云：「逆行。」按占：「熒惑入南斗，三月吴王死。」一曰：「熒惑逆行，其地有死君。」太元二年〔五五〕，權薨，是其應也。　故國志書於吴〔五六〕。　是時王凌謀立楚王彪，謂「斗中有星，當有暴貴者」。以問知星人浩詳。詳疑有故，欲悦其意，不言吴有死喪，而言「淮南楚分，吴、楚同占，當有王者興」。故凌計遂定。　嘉平三年四月戊寅〔五七〕，月犯東井。　五月甲寅，月犯亢距星。　占曰：「將軍死〔五八〕。」一曰：「爲兵。」是月王凌、楚王彪等誅。　七月，皇后甄氏崩。　四年三月，吴將爲寇，鎮東將軍諸葛誕破之走。其年七月己巳，月犯輿鬼。九月乙巳，又犯之。十月癸未，熒惑犯亢南星。占：「群臣有亂。」十一月丁未，月犯鬼積尸。　五年六月戊午，太白犯角。占曰：「群臣有謀，不成。」庚辰，月犯箕星。占曰：「軍將死。」七月，月犯星井鉞〔五九〕。丙午，月又犯鬼西北星。占曰：「國有憂。」十一月癸酉，月犯東井距星。占曰：「將軍死。」正元元年正月，鎮東將軍毌丘儉、揚州刺史文欽反，兵俱敗，死〔六〇〕。二月，李豐及弟翼、后父張緝等謀亂，事泄，悉誅，皇后張氏廢。九月，帝廢爲齊王。蜀將姜維攻隴西，車騎將軍郭淮討破之。

高貴鄉公正元二年二月戊午，熒惑犯東井北轅西頭第一星。　甘露元年七月乙卯，熒惑犯東井鉞星。壬戌，月又犯鉞星。八月辛亥，月犯箕。　吳廢孫亮。太平元年九月壬辰〔六一〕，太白犯南斗。吳志所書也。占曰：「太白犯斗，國有兵，大臣有反者。」其明年，諸葛誕反。又明年，孫綝廢亮。吳、魏並有兵事也。　甘露元年九月丁巳，月犯東井。二年六月己酉，月犯心中央大星。八月壬子，歲星犯井鉞。九月庚寅，歲星逆行，乘井鉞。十月丙寅，太白犯亢距星。占曰：「逆臣爲亂，人君憂。」景元元年五月，有成濟之變，諸葛誕誅，皆其應也。　二年三月庚子，太白犯東井。占曰：「國失政，大臣爲亂。」是夜歲星又犯東井。占曰：「兵起。」至景元元年，高貴鄉公敗。　三年八月壬辰，歲星犯輿鬼質星。占曰：「斧鑕用，大臣誅。」　四年四月甲申，歲星又犯輿鬼東南星。占曰：「鬼東南星主兵，木入鬼，大臣誅。」景元元年，殺尚書王經。

元帝景元元年春，月犯建星。按占：「月、五星犯建星，大臣相譖。」其後鍾會、鄧艾破蜀，會譖艾。二年四月，熒惑入太微，犯右執法。占曰：「人主有大憂。」一云：「大臣憂。」　四年十月，歲星守房。

占曰：「將相有憂。」一云：「有大赦。」明年，鄧艾、鍾會皆夷滅，赦蜀土〔一三〕。五年，帝遜位。

校勘記

〔一〕登躡也　「躡」字原作「攝」，據漢書卷二六天文六改。

〔二〕爲誅　「誅」字下元本有「伐」字，漢書卷二六天文六有「罰」字。

〔三〕極棟也　「極棟」原互倒，據元本、漢書卷二六天文六乙正。

〔四〕辰星與參出西方　「方」字原無，據漢書卷二六天文六補。

〔五〕其後熒惑守房之鈎鈐　「鈐」原作「鈴」，據漢書卷二六天文六改。下同。

〔六〕不黜即死也　「黜」原作「出」，據元本、漢書卷二六天文六、殿本考證改。

〔七〕地節元年正月戊午乙夜　「夜」原作「亥」，據元本、漢書卷二六天文六改。

〔八〕燭地如月光　「光」字原無，據後漢書志一〇、漢書卷九下王莽傳、永樂大典卷七八五七補。

〔九〕復敗　「復」字原無，據元本、永樂大典卷七八五七補。

〔一〇〕光武建武六年九月丙戌　按二十史朔閏表，是年九月丁酉朔，是月無丙戌，疑有誤。

〔一一〕壬寅犯心大星　按二十史朔閏表，是年正月癸丑朔，無壬寅。中華書局標點本後漢書志一〇校勘記引盧校，謂上有甲子，此當是丙寅。

〔一二〕黄帝星占　「黄」原作「皇」，據元本、後漢書志一〇注改。

〔一三〕九月甲午　按二十史朔閏表，是年九月壬戌朔，無甲午，疑有誤。

〔一四〕十七年三月乙未　中華書局標點本後漢書志一〇校勘記曰：「按建武十七年三月丙申朔，乙未爲二月晦，注有訛。」

〔一五〕西南角星爲將相　按上文及後漢書志一〇天文上「西」字上均應有「火犯」二字。

〔一六〕後太尉趙憙　「憙」原作「熹」，據後漢書志一〇天文上、卷二六趙憙傳改。

〔一七〕孝明永平元年閏九月辛未　中華書局標點本後漢書志一一天文中校勘記曰：「查永平元年無閏，是年九月乙卯朔，有辛未，『閏』字當衍。」

〔一八〕其年十二月楚王英坐謀逆自殺　後漢書卷二孝明帝紀永平十三年「十一月，楚王英謀反，廢，國除，遷於涇縣」。又十四年「前楚王英自殺」。卷七二楚王英傳亦作十三年廢英，十四年自殺。通鑑卷四五漢紀三七與上紀、傳同。據此則十二月當作「十一月」，自殺則在明年（十四年）。

〔一九〕房右驂爲貴臣　「臣」字原無，據後漢書志一一天文中補。

〔二〇〕後北匈奴寇邊　「邊」字原無，據元本、後漢書志一一天文中補。

〔二一〕至漁陽　「漁」原作「咸」，據後漢書一一天文中改。中華書局標點本後漢書志一一校勘記可參考。

〔二二〕太僕祭肜坐不進下獄　「肜」原作「彤」，據後漢書志一一天文中、卷一一九南匈奴傳、通鑑卷四五漢紀三七改。

〔二三〕二月甲申金入斗魁　按後漢書志一一天文中校勘記認爲，此當爲孝章建初二年九月事，可參考。

〔二四〕孝和永元二年九月金犯軒轅占曰女主失勢其年竇氏被誅太后失勢　按「二年」，後漢書志一一天文中繫於「三年」，又「竇氏被誅」在四年。查後漢書卷一七竇皇后紀、卷二三竇憲傳及通鑑卷四八漢紀四〇，均記此事於和帝永元四年，故「其年」當爲「四年」，而非「二年」。

〔二五〕鄧隲及弟悝等秉國　「弟」原作「第」，據後漢書志一一天文中、卷一六鄧寇傳改。

〔二六〕不利子　「子」原作「於」，據後漢書志一一天文中改。

〔二七〕沛王正薨　「正」原作「牙」，據後漢書志一一天文中、卷五孝安帝紀改。

〔二八〕六月癸酉　此繫於孝安永初三年，後漢書志一一天文中則記在永初四年。

〔二九〕火攻　原作「大敗」，據後漢書志一一天文中、永樂大典卷七八五七改。

〔三〇〕亂國易主　「亂」字原無，據後漢書志一一天文中、永樂大典卷七八五七補。

〔三一〕鎮星犯東井鉞星　「鉞」原作「錢」，據後漢書志一一天文中改。

〔三二〕辛未　後漢書一一天文中作「辛巳」。

〔三三〕自永初五年到永寧十年中　「十」原作「七」，據後漢書志一一天文中改。又自永初五年至永寧，即公元一一一至一二〇，當爲十年。

〔三四〕五月庚辰　「庚辰」原作「庚申」，據元本、後漢書志一一天文中、通鑑卷五〇漢紀四二改。

〔三五〕元年四月丙午　按二十史朔閏表，是年四月乙亥朔，無丙午，疑有誤。

〔三六〕爲邊兵　「邊」原作「近」，據標點本後漢書志一一天文中校勘記改。

〔三七〕中黄門孫程等共誅江京　「門」字原無，據元本、後漢書志一一天文中補。

〔三八〕吴郡太守行丞事羊珍等反　「郡」原作「君」，據元本、後漢書志一一天文中、卷六孝順帝紀改。

〔三九〕又九江賊蔡伯流等攻廣陵　「九」字原無，據元本、後漢書志一一天文中、卷六孝順帝紀改。

〔四〇〕中常侍張逵等與曹騰等争權　「逵」原作「達」，據後漢書志一一天文中、卷六孝順帝紀改。

〔四一〕彗星見天市中爲貴人　「爲」下原有「質」字，據後漢書志一二天文下删。

〔四二〕二年六月甲寅　按二十史朔閏表，是年六月丁巳朔，無甲寅，疑有誤。

〔四三〕後二年七月　「二」原作「一」，「七」原作「四」，據後漢書志一二天文下改。

〔四四〕延熹四年三月甲寅　按二十史朔閏表，是年三月己未朔，無甲寅，疑有誤。

〔四五〕七年七月戊辰　按二十史朔閏表，是年七月庚午朔，無戊辰，疑有誤。

〔四六〕太僕南鄉侯左勝以罪賜死　「勝」，中華書局標點本後漢書志一二天文下校勘記據錢大昕説，桓帝紀、宦者傳俱作「稱」，趙岐傳作「勝」。又通鑑卷五五漢紀四七亦作「稱」。

〔四七〕遷於桐宫死　「桐」原作「祠」，據後漢書志一二天文下改。

〔四八〕光和四年四月熒惑逆行守心後星十月戊午月食心後星占曰爲大喪後三年帝崩　按此段文字，後漢書志一二天文下繫於中平三年四月。後漢書卷八孝靈帝紀載，靈帝死於中平六年夏四月丙辰，上推三年，當是中平三年四月。

〔四九〕一曰有赦至　「至」字原無，據元本、晉書卷一三、宋書卷二三天文一補。

〔五〇〕明帝即位　「明」下原有「年」字，據晉書卷一三天文下删。可參考本書卷二八五校勘記〔四〕。

〔五一〕二年三月辛卯　「二年」原作「三年」，據晉書卷一三天文下、宋書卷二三天文一改。

〔五二〕月又犯昴北第四星　「北」下晉書卷一三天文下有「斗」字，宋書卷二三天文一有「頭」字。按上文有「月犯昴東頭第一星」，此稱「又犯」，則作「頭」是。

〔五三〕四年十一月　晉書卷一三天文下、宋書卷二三天文一「四年」下有「十月」，疑此處脱「十月」二字。

〔五四〕日北至　「日」原作「月」，據元本、晉書卷一三天文下改。

〔五五〕太元二年　「元」原作「和」，據元本、晉書卷一三天文下、宋書卷二三天文一改。

〔五六〕故國志書於吴　「志」字原無，據元本、晉書卷一三天文下、宋書卷二三天文一補。

〔五七〕嘉平三年四月戊寅　「嘉平」原無，據晉書卷一三天文下補。

〔五八〕將軍死　「將軍」原互倒，據晉書卷一三天文下、宋書卷二三天文一乙正。

〔五九〕月犯星井鉞　晉書卷一三天文下、宋書卷二三天文一無「星」字。

〔六〇〕兵俱敗死　晉書卷一三天文下「死」字上有「誅」字。

〔六一〕吴廢孫亮太平元年九月壬辰　「吴廢孫亮」原在空格之上，屬甘露元年記事，誤。按甘露爲吴末帝年號，甘露元年時孫亮被廢已七年。今據晉書卷一三天文下、宋書卷二三天文一、三國志卷四八吴書三嗣主傳三改。

〔六二〕赦蜀土　「土」原作「士」，據晉書卷一三天文下、宋書卷二三天文一改。

卷二百八十八　象緯考十一

月五星淩犯

晉武帝咸寧四年九月，太白當見不見。占曰：「是謂失舍，不有破軍，必有亡國。」是時羊祜表求伐吴，上許之。五年十一月，兵出，太白始夕見西方。太康元年平吴。太康八年三月，熒惑守心。占曰：「王者惡之。」太熙元年四月乙酉，帝崩。

惠帝元康三年四月，熒惑守太微六十日。占曰：「諸侯三公謀其上，必有斬臣。」一曰：「天下亡國〔一〕。」是春太白守畢，至是百餘日。占曰：「有急令之憂。」一曰：「相死。」又爲邊境不安。後賈后陷殺太子。六年十月乙未，太白晝見。九年六月，熒惑守心。占曰：「王者惡之。」八月，熒惑入羽林。占曰：「禁兵大起。」其後，帝見廢爲太上皇，俄而三王起兵討趙王倫，倫悉遣中軍兵相距累月。永康元年三月，中台星坼，太白晝見。占曰：「台星失常，三公憂。太白晝見，爲不臣。」是月，賈后殺太子，趙王倫尋廢殺后，斬司空張華。其五月，熒惑入南斗。占曰：「宰相死，兵大起。斗，又吴分野。」是時趙王倫爲相，明年簒位，三王興師誅之。泰安二年，石冰破揚州。其八月，熒惑入箕。占曰：「人主失位，兵起。」明年，趙王倫簒位，改元。二年二月，太白出西方，逆行入東井。占曰：「國失政，大臣爲亂。」時齊王冏起兵討趙王倫，倫滅冏，擁兵不朝，專權淫奢，明年誅死。　永寧元年七月，歲星守虛、危。占曰：「有兵憂。虛、危，齊分。」一曰：「守虛，饑；守危，徭役繁多，下屈竭。」辰星入太微。占曰：「爲內亂，群臣相殺。」太白守右掖門。占曰：「爲兵，爲亂，爲賊。」八月戊午，填星犯左執法，又犯上相。占曰：「上相憂。」熒惑守昴。占曰：「趙、魏有災。」辰星守輿鬼。占曰：「秦有災。」九月丁未，月犯左角。占曰：「人主憂。」一曰：「左衛將軍死，天下有兵。」　泰安二年二月，太白入昴，七月熒惑入東井，是秋太白守太微。占曰：「天下擾，兵大起，國亂，上將以兵亡。」是年冬，成都、河間攻洛陽。八月，長沙王奉帝出距二王。二年正月，東海王越執長沙王乂，張方又殺之。十一月庚辰，歲星入月中。占曰：「國有逐相。」十二月壬寅，太白犯月。占曰：「天下有兵。」　三年正月，月犯太白，熒惑入南斗。占同。七月，左衛將軍陳畛率衆奉帝伐成都王〔二〕，六軍敗績，兵逼乘輿。時天下盜賊群起，張昌尤盛。　永興元年七月庚申，太白犯角、亢，經房、心，歷尾、箕，九月，入南斗。占曰：「犯角，天下大戰；犯亢，有大兵，人君憂；入房、心，爲兵喪；犯尾、箕，女主憂。」一曰：「天下大亂。入南斗，有兵喪。」一曰：「將軍爲亂。」其所犯守，又兗、豫、幽、冀、揚州之分野。」是年七月，有蕩陰之役。九月，王浚殺幽州刺史和演，攻鄴，鄴潰，於是兗、豫爲天下兵衝。陳敏又亂揚土。劉元海、石勒、李雄等並起微賤，跨有州郡。皇后羊氏數被幽廢。皆應也。　二年四月丙子，太白犯狼星。占曰：「大兵起。」九月，歲星守東井。占曰：「有兵。井又秦分野。」是年苟晞破公師藩〔三〕，張方破范陽王虓，關西諸將攻河間王顒，顒奔走〔四〕，東海王迎殺之。

光熙元年四月，太白失行，自翼入尾、箕。占曰：「太白失行而北，是謂反生。不有破軍，必有屠城。」五月，汲桑攻鄴，魏郡太守馮嵩出戰，大敗，桑遂害東燕王騰，殺萬餘人，焚燒魏時宮室皆盡。其九月丁未，熒惑守心。占曰：「王者惡之。」己亥，填星守房、心。占曰：「填守房，多禍喪；守心，國内亂，天下赦。」是時，司馬越專權，終以無禮破滅，内亂之應也。十一月，帝崩，懷帝即位，大赦天下。

懷帝永嘉二年正月庚午，太白伏不見，二月庚子，始晨見東方，是謂當見不見。占同上。其後破軍殺將，不可勝數，帝崩虜庭，中夏淪覆。三年正月庚子，熒惑犯紫微。占曰：「當有野死之王。又爲火燒宮。」是時太史令高堂冲奏，乘輿宜遷幸，不然必無洛陽。五年六月，劉曜、王彌入京都，焚燒宮廟，執帝歸平陽。三年〔五〕，填星久守南斗。占曰：「填星所居久者，其國有福。」是時安東將軍、琅邪王始有揚土。其年十一月，地動，陳卓以爲是地動之應也。五年十月，熒惑守心。六年六月丁卯，太白犯太微。占曰：「兵入天子庭，王者惡之。」七年〔六〕，帝崩於寇庭，天下行服大臨。

元帝太興元年七月，太白犯南斗。占曰：「吴、越有兵，大人憂。」二年二月甲申，熒惑犯東井。占曰：「兵起，貴臣相戮。」八月己卯，太白犯軒轅大星。占曰：「後宫憂。」十一月辛巳，月犯熒惑。占曰：「有亂臣。」三年五月戊子，太白入太微，又犯上將星。占曰：「天子自將，上將誅。」九月，太白犯南斗。十月己亥，熒惑在東井，居五諸侯南，踟躕留積三十日。占曰：「熒惑守井二十日以上，大人憂；守五諸侯，諸侯有誅者。」永昌元年三月，王敦反，攻京師，六軍敗績，人主謝過。敦殺周顗、刁協、譙王承、甘卓。閏十一月，帝崩。十二月己未，太白入月在斗。郭璞曰：「月屬坎，陰府法象也。太白金行而來犯之，天意若曰刑理失中，自毁其法。」四年十二月丁亥，月犯歲星在旁。占曰：「其國兵，饑人流亡。」

永昌初，王敦反，百姓困於兵革。

明帝太寧三年正月，熒惑逆行入太微。占曰：「爲兵喪，王者惡之。」閏八月，帝崩，後二年，蘇峻反，攻焚宫室，太后以憂偪崩，天子幽劫於石頭城，遠近兵亂，至四年乃息。

成帝咸和六年正月丙辰，月入南斗。占曰：「有兵。」是月石勒殺略婁、武進二縣人。明年，石勒衆又抄略南沙〔七〕、海虞。其十一月，熒惑守胃、昴。占曰：「趙、魏有兵。」八年七月，石勒死，石季龍自立。是時，雖二石僭號，而其强弱常占於昴，不關太微、紫宫也。八年三月己巳，月入南斗，與六年占同。其年七月，石勒死，彭彪以譙，石生以長安，郭權以秦州，並歸順。於是遣督護喬球率衆救彪〔八〕，彪敗球退。又石季龍、石斌攻滅生權。其七月，熒惑入昴。占曰：「胡王死。」一曰：「趙地有兵。」是月，石勒死，石季龍多所攻没。八月，月又犯昴。占曰：「胡不安。」九年三月己亥，熒惑入輿鬼，犯積尸。占曰：「兵在西北，有没軍死將。」六月、八月，月又犯昴。是時石弘雖襲勒位，而石季龍擅威横暴，十一月，廢弘自立，遂幽殺之。咸康元年二月己亥，太白犯昴。占曰：「兵起，歲中旱。」四月，石季龍略騎至歷陽，加司徒王導大司馬，治兵列守衝要。是時石季龍又圍襄陽。六月，旱。其年三月丙戌〔九〕，月入昴。占曰：「胡王死。」八月戊戌，熒惑入東井。占曰：「無兵兵起，有兵兵止。」十一月，月犯昴。二月乙未，太白入月。四月甲午，月犯太白。二年正月辛亥〔一〇〕，月犯房南第二星。八月，月又犯昴。九月庚寅，太白犯南斗〔一一〕。占曰：「斗爲宰相，又揚州分，金犯之，死喪之象〔一二〕。」其後石虎僭王，攻段遼，襲慕容皝，不克，皝擊破并虜段遼。三年七月己酉，月犯房上星。八月，熒惑入輿鬼，犯積尸。甲戌，月犯東井距星。九月，月犯建星。　四年四月己巳、七月乙巳，月俱奄太白。占曰：「人君死，又爲兵，人主惡之。」五月戊戌，熒惑犯右執法。占曰：「大臣死，執政憂。」九月，太白又犯右執法。按占曰：「五星災同，金、火尤甚〔一三〕。」十一月戊子，太白犯房上星。占曰：「上相憂。」　五年四月辛未，月犯歲星在胃。占曰：「國饑，人流。」乙未，月犯歲星在昴，又犯畢距星。占曰：「兵起。」七月己酉，月犯房上星。占曰：「將相憂。」是月庚申，丞相王導薨。庾冰代輔政。八月，太尉郗鑒薨。又有沔南、邾城之敗〔一四〕，百姓流亡萬餘家。　六年正月，征西大將軍庾亮薨。　六年三月甲辰，熒惑犯太微上將星。占曰：「上將憂。」四月丁丑，熒惑犯右執法。占曰：「執政者憂。」六月乙亥，月犯牽牛中央星。占曰：「大將憂。」是時，尚書令何充爲執法，有譴，欲避其咎，明年求爲中書令。其四月丙午，太白犯畢距星。占曰：「兵革起。」一曰：「女主憂。」六月乙卯，太白犯軒轅大星。占曰：「女主憂。」七年三月，皇后杜氏崩〔一五〕。　七年三月壬午，月犯房。四月己丑，太白入輿鬼。五月，太白晝見。八月辛丑，月犯輿鬼。八年六月，熒惑犯房上第二星。占曰：「次相憂。」八月壬寅，月犯畢。占曰：「下犯上，兵革起。」十月，月又掩畢大星。占同上。其建元二年〔一六〕，車騎將軍庾冰薨。庾翼大發兵，謀伐石季龍，專制上流，朝廷憚之。

康帝建元元年正月壬午〔一七〕，太白入昴。占曰：「趙地有兵。」又曰：「天下兵起。」四月乙酉，太白晝見。是年，石季龍殺其子邃。遣將寇没狄道，及屯薊東，謀慕容皝。　三年，歲星犯天關。安西將軍庾翼與兄冰書曰〔一八〕：「歲星犯天關，占曰：『關梁當分。』比來江東無他故，江道亦不艱難，而石季龍頻年再閉關，不通信使，此便是天公憒憒〔一九〕，無皂白之徵也。」其閏月乙酉，太白犯斗。占曰：「爲喪，天下受爵禄。」九月，帝崩，太子立，大赦，賜爵。

穆帝永和元年正月丁丑，月入畢。占曰：「兵大起。」戊寅，月犯天關。占曰：「有亂臣更天子之法。」五月辛巳，太白晝見，在東井。占曰：「爲臣强，秦有兵。」六月辛丑，月入太微，犯屏西南星。占曰：「輔臣有免罷者。」七月、八月，月皆犯畢。占同上。己未月犯輿鬼。占曰：「大臣有誅。」九月庚戌，月又犯畢。是年初，庾翼在襄陽七月，翼疾將終，輒以子爰之爲荆州刺史，代己任。爰之尋被廢。明年，桓温又輒率衆伐蜀，執李勢，送至京師。蜀本秦地也。　二年二月壬子，月犯房上星。四月丙戌，又犯房上星。八月壬申，太白犯左執法。　三年正月壬午，月犯南斗第五星。占曰：「將軍死，近臣去。」五月壬申，月犯南斗第四星，因入魁。占曰：「有兵。」一曰：「有大赦。」六月，月犯東井距星。占曰：「將軍死，國有憂。」戊戌，月犯五諸侯。占曰：「諸侯有誅。」九月庚寅，太白犯南斗第五星。占曰：「爲喪，爲兵。」四年七月丙申，太白犯左執法。甲寅，月犯房。丁巳，入南斗，犯第二星。乙丑，太白犯左執法。占悉同上。十月甲辰，月犯亢。占曰：「兵起，將軍死。」十一月戊戌，月犯上將星。三年六月，大赦。是月陳逵征壽春〔二〇〕，敗而還。七月，氐蜀餘寇反，亂益土。九月，石季龍伐涼州五年，征北大將軍褚裒卒。　四年四月，太白入昴。是時，戎晉相侵，趙地連兵尤甚。七月，太白犯軒轅。占曰：「在趙，及爲兵喪。」甲寅，月犯房。十月甲戌，月犯亢。占曰：「兵起，將軍死。」八月，石季龍太子宣殺弟韜，宣亦死。其十一月戊戌，月犯上將星。五年正月，石季龍僭號稱皇帝，尋死。　五年四月丁未，太白犯東井。占曰：「秦有兵。」九月戊戌，太白犯左角。占曰：「爲兵。」十月，月犯昴。占曰：「胡有憂，將軍死。」是年八月，褚裒北征，兵敗。十月，關中二十餘壁舉兵内附。石遵攻没南陽。十一月，冉閔殺石遵，又盡殺胡十餘萬人，於是趙、魏大亂。十二月，褚裒薨。八年，劉顯、苻健、慕容儁並僭號。殷浩北伐，敗績，見廢。　六年二月辛酉，月犯心大星。占曰：「大人憂。」又豫州分野也。丁丑，月犯房。占曰：「將相憂。」六月己丑，月犯昴。占同上。乙未，月犯五諸侯。占同上〔二一〕。七月壬寅，月始出西方，犯左角。占曰：「大將死〔二二〕。」一曰：「天下有兵。」丁未，月犯箕。占曰：「將軍死。」丙寅，熒惑犯鉞星。占曰：「大臣有誅。」八月辛卯，月犯左角，太白晝見，在南斗。月犯右執法。占並同上。是歲，司徒蔡謨免爲庶人。　七年二月，太白犯昴。占同上。三月乙卯，熒惑入輿鬼，犯積尸。占曰：「貴人有憂。」五月乙未，熒惑犯軒轅大星。占曰：「女主憂。」太白入畢口，犯左股。占曰：「將相當之。」六月乙亥，月犯箕。占曰：「國有兵。」丙子，月犯斗。丁丑，熒惑入太微，犯右執法。八月庚午，太白犯軒轅。戊子，太白犯右執法。占悉同上。七年，劉顯殺石祗及諸將帥，山東大亂，疾疫死亡。　八年三月戊戌，月犯軒轅大星。癸丑，月入南斗，犯第二星。五月，犯心星。六月癸酉，月犯房。七月壬子，歲星犯東井距星。占曰：「内亂兵起。」八月戊戌，熒惑入輿鬼。占曰：「忠臣戮死。」丙辰，太白入南斗，犯第四星。占曰：「將爲亂。」一曰：「丞相免。」十二月〔二三〕，月在東井，犯歲星。占曰：「秦饑，人流亡。」　九年二月乙巳，月入南斗第三星。三月戊辰，月犯房。八月，歲星犯輿鬼東南星。占曰：「兵起。」時帝幼冲，母后專政，將相有隙，兵革連起，慕容儁僭號，攻伐不休。　十年正月乙卯〔二四〕，月蝕昴星。占曰：「趙、魏有兵。」癸酉，填星奄鉞星。占曰：「斧鉞用。」三月甲申〔二五〕，月犯心大星。占曰：「王者惡之。」九月辛酉，太白犯左執法。十一月，月奄填星，在輿鬼。占曰：「秦有兵。」時桓温伐苻健，破姚襄。十一年三月辛亥，月奄軒轅。占同上。四月庚寅，月犯牛宿南星。占曰：「國有憂。」八月己未，太白犯天江。占曰：「河津不通。」十二年六月庚子，太白晝見，在東井。占如上。己未，月犯鉞星。八月癸酉，月奄建星。九月戊寅，熒惑入太微，犯西蕃上將星。十一月丁丑，熒惑犯太微東蕃上將星。十二年十一月，齊城陷，執段龕，殺三千餘人。永和三年，鮮卑侵略河、冀。升平元年，慕容儁遂據臨漳，盡有幽、并、青、冀之地。緣河諸將奔散，河津隔絶。時權在方伯，九服交兵。

升平元年四月壬子，太白入輿鬼。丁亥，月奄井南轅西頭第二星〔二六〕。占曰：「秦地有兵。」一曰：「將死。」六月戊戌，太白晝見，在軫。占同上。軫是楚分野。壬子，月犯畢。占曰：「爲邊兵。」七月辛巳，熒惑犯天江。占曰：「河津不通。」十一月，歲星犯房。占曰：「豫州有災。」其年五月，苻堅殺苻生而立。十二月，慕容儁入屯鄴。二年八月，豫州刺史謝奕薨。

二年閏二月〔二七〕，月犯歲星，在房。十月，太白犯哭星。占曰：「有大哭泣。」二月〔二八〕，填星犯軒轅大星。占曰：「人主惡之。」甲午，月犯東井。

三年正月，熒惑犯揵閉星。三月，復逆行，犯鈎鈐。占俱曰：「人主惡之。」月犯太白，在昴。占曰：「人君死。」一曰：「趙地有兵，胡不安。」六月，太白犯東井。七月，熒惑犯天江。丙戌，太白犯輿鬼。占悉同上。戊子，月犯牽牛中央大星。占曰：「牽牛，大將犯之，將軍死〔二九〕。」八月，太白犯軒轅大星。甲子，月犯畢大星。占曰：「爲邊兵。」一曰：「下犯上。」三年十月，諸葛攸舟軍入河，敗績。豫州刺史謝萬入潁〔三〇〕，衆潰而歸，萬除名。司徒、會稽王以二鎮敗，求自貶三等〔三一〕。四年正月，慕容儁死，子暐代立，慕容恪殺其尚書令陽鶩等。　四年正月，月犯牽牛中央大星。六月，辰星犯軒轅。占曰：「女主憂。」己未，太白入太微右掖門，從端門出。占曰：「貴奪勢。」一曰：「有兵。」又曰：「出端門，臣不臣。」八月，太白犯氐。占：「國有憂。」熒惑犯太微西蕃上將星。九月，太白入南斗口，犯第四星。占曰：「爲喪；有赦，天下受爵禄。」十二月，熒惑犯房，月犯揵閉。占：「人主惡之。」

五年正月乙丑，月在危宿奄太白。占曰：「天下靡散。」乙巳，填星逆行犯太微。三月，月犯填星，在軫。占曰：「爲大喪。」五月，月犯太微，又犯建星。占曰：「大臣相謀。」時殷浩敗績，坐廢。其月辛亥，月犯牽牛宿。占曰：「國有憂。」六月癸亥，月犯氐東北星。占曰：「大將當之〔三二〕。」五年正月，北中郎將郄曇薨。五月，帝崩，哀帝立，大赦，賜爵，褚后失勢。七月，慕容恪攻冀州刺史呂護於野王，護奔滎陽。是時，桓温以大衆次宛，聞護敗，乃退。六月癸酉，月奄氐東北星。占曰：「大將軍當之。」九月乙酉，月奄畢。占曰：「有邊兵。」十月丁未，月犯畢大星。占曰：「下犯上。」又曰：「有邊兵。」八月，范汪廢〔三三〕。隆和元年，慕容暐遣將寇河陰。

哀帝興寧三年七月，月犯南斗。占曰：「女主憂。」歲星犯輿鬼。占曰：「人君憂。」明年，庾后崩。

海西公太和元年二月，月奄熒惑，在參。占曰：「爲内亂，帝不終之徵。」一曰：「參，魏地。」五年，慕容暐亡。　二年正月，太白入昴。五年，苻堅滅燕，據幽、冀、司、并四州。　六年閏月，熒惑守太微端門。占曰：「天子亡國。」又曰：「諸侯、三公謀其上。」一曰：「有斬臣。」辛卯，月犯心大星。占曰：「王者惡之。」十一月，桓温廢帝，并奏誅武陵王，簡文不許，温乃徙之新安。皆臣强之應也。

簡文帝咸安元年十二月辛卯，熒惑逆行入太微，二年三月猶不退。占曰：「國不安，有憂。」是時帝有桓温之逼。　二年五月丁未，太白犯天關。占曰：「兵起。」歲星形色如太白。占曰：「進退如度，姦邪息。變色亂行，主無福。歲星於仲夏當細小而不明，此其失常也。又爲臣强。」六月，太白晝見，在七星。乙酉，太白犯輿鬼。占曰：「國有憂。」七月，帝崩。桓温以兵威擅權，將誅王坦之等，内外迫脅。又庾希入京城，盧悚入宫〔三四〕，並誅滅之。

孝武寧康元年正月戊申，月奄心大星。按占曰：「災不在王者，則在豫州。」一曰：「王命惡之〔三五〕。」三月丙午，月奄南斗第五星。占曰：「大臣有憂死亡。」一曰：「將軍死。」七月，桓温薨。九月癸巳，熒惑入太微。是時女主臨朝，政事多缺。　二年閏月己未，月奄牽牛南星。占曰：「左將軍死。」十二月甲申，太白晝見，在氐。氐，兗州分野。　三年五月丙午，北中郎將王坦之薨。　三年六月癸卯，太白犯東井。占曰：「秦地有兵。」九月戊申，熒惑奄左執法。占曰：「執法者死。」太元元年，苻堅破涼州。二年十月，尚書令王彪之卒。　太元元年四月丙戌，熒惑犯南斗第三星；丙申，又奄第四星。占曰：「兵大起，中國饑。」一曰：「有赦。」八月癸酉，太白晝見，在氐。氐，兗州分野。九月，熒惑犯哭泣星，遂入羽林。占曰：「天子有哭泣事，中軍兵起。」十一月己未，月奄氐角〔三六〕。占曰：「天下有兵。」一曰：「國有憂。」　二年二月，熒惑守羽林。占曰：「禁兵大起。」九月壬午〔三七〕，太白晝見，在角。角，兗州分野。升平元年五月，大赦。　三年八月，秦人寇樊、鄧、襄陽、彭城。　四年二月，襄陽陷，朱序没。四月，魏興陷，賊聚廣陵、三河，衆五六萬。於是諸軍外次衛要，丹陽尹屯衛京師。六月，兗州刺史謝玄討賊，大破之。是時中外連兵，比年荒儉。　四年十一月丁巳，太白犯哭星。占曰：「天子有哭泣事。」　五年七月丙子，辰星犯軒轅。占曰：「女主當之。」九月癸未，皇后王氏崩。　十二年二月，熒惑入月。占曰：「有亂臣死，若有相戮者。」一曰：「女親爲政，天下亂。」時瑯琊王輔政，王妃從兄王國寶以姻昵受寵，袁悅等交遘主相，扇揚朋黨。帝殺悦。自是主相有隙，亂階興。　十三年十一月，辰星入月，在危。占曰：「賊臣欲殺主，不出三年，必有内惡。」十二月，熒惑在角亢，形色猛盛。占曰：「熒惑失其常，吏且棄其法，諸侯亂政。」自是慕容垂、翟遼、姚萇、苻登、慕容永並阻兵争强。　十四年十二月，月犯歲星，熒惑入羽林。占並同上。十五年，翟遼據司、兖，衆軍累討弗克。慕容氏又跨略并、冀。七月，旱。八月，諸郡大水，兖州又蝗。　十五年九月，熒惑入太微。十月，太白入羽林。　十六年十一月癸巳，月奄心前星。占曰：「太子憂。」時太子常有篤疾。　十八年正月，熒惑入月。占曰：「憂在宫中，非賊乃盜也。」一曰：「有亂臣，若有戮者。」二十一年九月，帝暴崩，衆言張夫人弑逆。又王國寶邪狡，卒伏其辜。　十九年四月，月奄歲星，在尾。占曰：「爲饑，燕國亡。」二十年，慕容垂伐魏，反爲所破，死者數萬人。垂死，國遂衰亡。　二十年六月，熒惑入天囷。占曰：「大饑。」十二月己巳，月犯揵閉及東西咸。占曰：「揵閉，司心腹喉舌。東西咸，主陰謀。」　二十一年四月壬午，太白入天囷。占曰：「爲饑。」六月，歲星犯哭泣星。占曰：「有哭泣事。」是年帝崩。隆安元年王恭等舉兵脅朝廷，於是内外戒嚴，殺王國寶以謝之。又連歲水旱，三方動，衆人饑。

安帝隆安元年正月，熒惑犯哭泣星。占曰：「有哭泣事。」六月，月奄太白，在太微端門外。占曰：「國受兵。」乙酉，月奄歲星，在東壁。占曰：「爲饑，衛地有兵。」二年六月，郗恢遣鄧啟方以萬人伐慕容德於滑臺〔三八〕，啟方敗。三年，桓玄等並舉兵，内外戒嚴。三年五月，月奄東上相，辰星犯軒轅大星。占悉同上。其年，庾楷等舉兵，表誅王愉等，内外戒嚴。三年，洛陽没於寇。桓玄破荆、雍州，殺殷仲堪等。孫恩聚衆攻没會稽，殺内史。四年正月乙亥，月犯填星，在牽牛。占曰：「吴、越有兵喪，女主憂。」六月，月犯哭星，又犯填星。十月，月奄歲星，在北河。占：「爲饑，胡有兵。」其四年五月，孫恩亂。七月，太皇太后李氏崩。七月癸亥，大角星散搖五色。占曰：「王者流散。」丁卯，月犯天關。占：「王者憂。」九月，熒惑犯少微，又守之。占曰：「處士誅。」十月，月犯東次相，其次年盧循、桓玄内外遘逆。元興元年四月，月奄辰星。七月，大饑，人相食。熒惑在東井，犯輿鬼、積尸。八月，太白犯右執法。九月，太白犯進賢。占曰：「進賢者誅。」二年二月，歲星犯西上將。六月，月奄斗第四星。占曰：「大臣誅，不出十一月〔三九〕。」十二月，月犯熒惑。是月，桓玄篡位。三年正月，熒惑逆行，犯太微西上相。占曰：「天子戰於野，上相死。」月奄歲星於左角〔四〇〕。占曰：「天下兵起。」二月熒惑逆行，在左執法西北。占曰：「執法者誅。」四月，月奄軒轅第二星。五月，月奄斗第二星，填星入羽林。是年春，劉裕討桓玄，玄劫天子如江陵。五月，義軍破滅之。義熙元年三月，月奄左執法及心前星。占曰：「豫州有災。」太白犯東井。占曰：「秦有兵。」四月，月犯填星，在東壁。占曰：「其地亡國，貴人死。」一曰：「人流。」八月，太白犯斗第一星。占曰：「天下有兵。」一曰：「大人憂。」九月，熒惑犯少微。占曰：「處士誅。」又犯左右執法。十月，奄填星〔四一〕，在營室。十一月丙戌，太白犯鉤鈐。占曰：「喉舌憂。」十二月己卯，歲星犯天關〔四二〕。占曰：「有兵亂，河津不通。」十一月，荆州刺史魏咏之薨。二年二月，司馬國璠等攻没弋陽。四月，姚興伐仇池公楊盛，擊走之。九月，益州刺史司馬榮期爲其參軍楊承祖所害。三年十二月，司徒、揚州刺史王謐薨。四年正月，太保、武陵王遵薨。三月，左僕射孔安國卒。自後政在劉裕，人主端拱而已。

二年二月，太白犯南河〔四三〕。占曰：「兵起。」己丑，月犯心後星。占曰：「豫州有災。」四月癸丑，月犯太微西上將。己未，月犯房南第二星。乙丑，歲星犯天江。占曰：「有兵亂，河津不通。」五月癸未，月犯左角。占曰：「左將軍死，天下有兵。」壬寅，熒惑犯氐。占曰：「氐爲宿宫，人主憂。」六月庚午，熒惑犯房北第二星。八月癸亥，熒惑犯南斗第五星；丁巳，犯建星。占曰：「爲兵。」九月壬午，熒惑犯哭星，又犯泣星。是年二月甲戌，司馬國璠等攻没弋陽〔四四〕。又慕容超侵略徐、兖。三年正月，又寇北徐州，至下邳。十二月，司徒王謐薨。四年正月，武陵王遵薨。五年，慕容超復寇淮北。四月，劉裕大軍討之，拔臨朐，又圍廣固拔之〔四五〕。十二月，月奄太白，在危。占曰：「齊亡國。」五年，劉裕滅燕。

三年，月奄心後星，又犯左角。八月，太白犯左執法，熒惑復犯之。九月，熒惑犯進賢。

四年正月，熒惑犯天關。五月，月奄斗第二星，填星犯天廩。占曰：「天下饑，倉粟少。」六月，太白犯太微西上將，又犯左執法。十月，熒惑入羽林。

五年二月，月犯昴。占曰：「胡不安，天子破匈奴。」五月戊戌，歲星入羽林。九月犯昴。十月，熒惑犯氐，又犯鈎鈐。己巳，月奄心大星〔四六〕。占曰：「王者惡之。」是年，劉裕討慕容超。十月，魏王珪遇弑殂。次年，盧循逼郊甸。

六年三月丁卯，月奄房南第二星。災在次相〔四七〕。己巳，又奄斗第五星。占：「斗上吴地兵起〔四八〕。」太白犯五諸侯。占曰：「諸侯有誅。」五月甲子，月奄斗第五星。己亥，月奄昴三星〔四九〕。占曰：「國有憂。」一曰：「有白衣之會。」六月己丑，月犯房南第二星。甲午，太白晝見。七月己亥，月犯輿鬼。占曰：「國有憂。」一曰：「秦有兵。」八月壬午，太白犯軒轅大星。甲申，月犯心前星，災在豫州〔五〇〕。丙戌，月犯斗第五星。占同上。丁亥〔五一〕，月奄牛宿南星。占曰：「天下有大誅。」乙未，太白犯少微。丙午，太白在少微而晝見。九月甲寅，太白犯左執法。丁丑，填星犯畢。占曰：「有邊兵。」是年徐道覆、盧循反，衆逼郊畿。七年十二月，破斬之。八年，豫州刺史劉道規卒。

七年四月，熒惑入輿鬼。占曰：「秦有兵。」一曰：「雍州災。」六月，填星犯天關。占曰：「臣謀主。」月犯歲星，在畢。占曰：「有邊兵，且饑。」八月，太白犯房南第二星。月犯歲星，在參。占曰：「益州兵饑。」七月，朱齡石克蜀，蜀又反，討滅之。十一月，太白犯哭星。

八年正月，月犯歲星，在畢。七月癸亥，月奄房北第二星。己未，月犯井鉞。八月戊申，月犯泣星。十月辛亥，月奄天關。占曰：「有兵。」十一月丁丑，填星犯東井。占曰：「大人憂。」十二月癸卯，填星犯井鉞。是年八月，皇后王氏崩。九月，誅劉蕃、謝琨〔五二〕，討滅劉毅。十二月，朱齡石滅蜀。

九年二月，熒惑入輿鬼。占曰：「有兵喪。」太白犯南河。占曰：「兵起。」五月壬辰，太白犯右執法，晝見。七月庚午，月奄鈎鈐。占曰：「喉舌臣憂。」九月庚午，歲星犯軒轅大星。己丑，月犯左角。時劉裕擅命，兵革不休。十年，裕討司馬休之〔五三〕，王師不利，休之等奔長安。

十年正月丁卯，月犯畢。占曰：「將相有以家坐罪者。」二月己酉，月犯房北星。五月壬寅，月犯牽牛南星。乙丑，歲星犯軒轅大星。占悉同上。六月丙申，月奄氐。占曰：「將死之，國有誅者。」七月庚辰，月犯天關。占曰：「兵起。」熒惑犯井鉞。

填星犯輿鬼，遂守之。占曰：「大人憂，宗廟改。」八月丁酉，月奄牽牛南星〔五四〕。占同上。九月，填星犯輿鬼。占曰：「人主憂。」丁巳，太白入羽林。十二月己酉，月犯西咸。占曰：「有陰謀。」十一年，林邑寇交州，距敗之。十一年三月丁巳，月入畢。占曰：「天下兵起。」一曰：「有邊兵。」己卯，熒惑入輿鬼。閏月丙午，填星又入輿鬼。占曰：「爲旱，大疫，爲亂臣。」五月癸卯，熒惑入太微；甲辰，犯右執法。六月己未，太白犯東井。占曰：「秦有兵。」戊寅，犯輿鬼。占曰：「國有憂。」七月辛丑，月犯畢。占同上。八月壬子，月犯氐。占同上。庚申，太白順行，從右掖門入太微。丁卯，奄左執法。十一月癸亥，月入畢。占同上。乙未，月入輿鬼而暈。十二年五月，月犯歲星，在左角。占曰：「爲饑。」歲星留房、心之間，宋之分野。始封劉裕爲宋公。六月壬子，太白順行，入太微右掖門。己巳，月犯畢。占同上。七月，月犯牛宿。十月，丙戌，月入畢。十三年五月丙子，月犯軒轅。丁亥，犯牽牛。癸巳，熒惑犯右執法。八月己酉，月犯牽牛〔五五〕。丁卯，月犯太微。占曰：「人君憂。」九月壬辰，熒惑犯軒轅。十月戊申，月犯畢。占悉同上〔五六〕。月犯箕。占曰：「國有憂。」甲寅，月犯畢。占同上。乙卯，填星犯太微，留積七十餘日。占曰：「亡君之戒。」壬戌，月犯太微。十四年三月癸丑〔五七〕，太白犯五諸侯。四月壬申，月犯填星於張。占曰：「天下有大喪。」其明年，帝崩。五月庚子，月犯太微。七月甲辰，熒惑犯輿鬼。占曰：「秦有兵。」又「爲旱，爲兵喪。」亦曰：「大人憂，宗廟改，亦爲亂臣。」時劉裕擅命，軍旅數興，饑旱相屬，其後卒移晉室。丁巳，月犯東井。占曰：「軍將死。」八月甲子，太白犯軒轅。癸酉，填星入太微，犯右執法，因留太微中，積二百餘日乃去。占曰：「填星守太微，亡君之戒，有徙王。」九月乙未，太白入太微，犯左執法。丁巳，入太微。占曰：「大人憂。」十月甲申，月入太微。癸巳，熒惑入太微，犯西蕃上將，仍順行至左掖門内，留二十日，乃逆行。義熙十二年七月，劉裕伐姚泓。十三年八月，擒姚泓，司、兗、秦、雍悉平。十四年，劉裕還彭城受宋公。十一月，左僕射前將軍劉穆之卒。明年，西虜寇長安，雍州刺史朱齡石諸軍陷没，官軍捨而東。

恭帝元熙元年正月、三月、五月，月皆犯太微。辰星犯軒轅。六月，太白犯太微。七月，月犯歲星，太白犯哭星。十二月，月、太白俱入羽林〔五八〕。二年二月〔五九〕，填星犯太微。元年七月，劉裕受宋王。是年六月〔六〇〕，帝遜位於宋。

宋孝武孝建二年五月乙未，熒惑入南斗。

齊東昏侯永元三年十一月甲寅，辰星及太白俱見南方。是日，荆州長史蕭穎胄奉南康王寶融起兵，後即帝位，是爲和帝。

梁武帝天監元年八月壬寅，熒惑守南斗。占曰：「糴貴，五穀不成，大旱，多火災，宰相死。」是歲，大旱，米斗五千，人多餓死。五月，尚書范雲卒。二年五月丙辰，月犯心。占曰：「有亂臣。」其四年，交州刺史李凱舉兵反。七月丙子，太白犯軒轅大星。七年九月己亥，月犯東井。占曰：「有水災。」其年，京師大水。十三年二月，太白失行，在天關。占曰：「津梁不通。」又「兵起」。其年，填星守天江。占曰：「有江河塞，有决溢，有土功。」其年，大發軍衆造浮山堰〔六一〕，堨淮水〔六二〕。至十四年，填星去天江而堰壞，奔流决溢。十四年十月辛未，太白犯南斗。十七年閏八月戊辰，月行奄昴。普通六年三月丙午，歲星入南斗。九月壬子，太白犯右執法。大通元年八月，月奄填星。占曰：「有大喪，天下無主，國易政。」其後上幸同泰寺捨身，王公以錢奉贖，又太子薨，皆無主、易政、大喪之應。中大通元年閏月壬戌，熒惑犯鬼積尸星。占曰：「有大喪、大兵、破軍殺將。」其二年，蕭玩帥衆援巴州，爲魏所敗，玩被殺。六年，熒惑在南斗。占曰：「熒惑出入留舍南斗中，有賊臣謀反〔六三〕，天下易政、改元。」其年十二月，北梁州刺史蘭欽舉兵反，後改大同元年。大同三年三月，歲星奄建星。占曰：「有反臣。」其年，會稽山賊起。七年，交州刺史李賁反。太清三年正月，熒惑守心。占曰：「王者惡之。」三月，熒惑又守心。占曰：「大人易政，主去其宮。人饑亡，天下大潰。」其年，帝爲侯景所逼，崩。七月，九江大饑，人相食。九月，月在斗，奄歲星。占曰：「天下亡君。」其後，侯景篡殺。

元帝承聖三年九月甲午，月犯心中星。占曰：「有反臣，王者惡之，有亡國。」其後三年，帝爲周師所俘，梁亡，陳氏取國。

陳武帝永定三年九月，月入南斗。占曰：「大人憂，太子殃。」後二年，帝崩，太子昌在周爲質，文帝立。後昌還國，爲侯安都迎殺之。

文帝天嘉元年五月，熒惑犯右執法。占曰：「大臣有憂，執法者誅。」後四年，司空侯安都賜死。二年五月己酉，歲星守南斗。六月丙戌，熒惑犯東井。七月乙丑，熒惑入鬼中。戊辰，熒惑犯斧質。十月，熒惑行在太微右掖門〔六四〕。三年閏二月己丑，熒惑逆行，犯上相。甲子，太白犯五車、填星。七月，太白犯輿鬼。八月癸卯，月犯南斗。丙午，月犯牽牛。庚申，太白入太微。十一月丁丑，月犯畢左股。辛巳，熒惑犯歲星。戊子，月犯角。庚寅，月入氐。　四年六月癸丑，太白犯右執法。七月戊子，熒惑犯填星。八月甲午，熒惑犯軒轅大星。丁未，太白犯房。九月戊寅，熒惑入太微，犯右執法。癸未，太白入南斗。占曰：「太白入斗，天下大亂，將相謀反，國易政。」又曰：「君死，不死則廢。」又曰：「天下受爵禄。」其後安成王爲太傅，廢少帝而自立，改官受爵之應也。辛卯，熒惑犯左執法。十一月辛酉，熒惑犯執法〔六五〕。甲戌，月犯畢左股。　五年正月甲子，月犯畢大星奎〔六六〕。丁卯，月犯星。壬寅，月入氐，又犯熒惑。癸卯，月犯房上星。五月，熒惑逆行二十一日，犯氐東南、西南星。占曰：「國有賊臣。」又曰：「人主無出，廊廟間有伏兵。」又曰：「君死，有赦。」後二年，少帝廢之應也。六月丙申，月犯亢。七月戊寅，月犯畢大星。閏十月庚申，月犯牽牛。丙子，又犯左執法。十一月，月食畢大星。　六年四月，月犯畢軒轅〔六七〕。占曰：「女主有憂。」五月，太白犯軒轅。占同。其後，少帝廢，廢後慈訓太后崩。六月己未，月犯氐。八月戊辰，月奄畢大星。丙子，月與太白並，光芒相著，在太微西藩南三尺所。九月辛巳，熒惑犯左執法。癸未，太白犯右執法。辛卯，犯左執法。乙巳〔六八〕，月犯上相。

廢帝天康元年五月，月犯軒轅女御大星。占曰：「女主憂。」後年，太后崩。癸未，月犯左執法。光大元年正月，月犯軒轅大星。占曰：「女主當之。」八月，月食哭星。占曰：「有喪泣事。」明年，太后崩，臨海王廢。己未，月犯歲星。占曰：「國亡君。」十二月辛巳，月又犯歲星。辛卯，月犯建星。占曰：「大人惡之。」　二年正月，月奄歲星。占曰：「國亡君。」五月，月犯太白。六月，太白犯左執法〔六九〕。八月，月犯太微〔七〇〕。十一月丙午，歲星守左執法〔七一〕。甲申，月犯太微東南星。戊子，太白入氐。其年帝廢。

宣帝太建七年五月，熒惑犯右執法。十年十月，月食熒惑。占曰：「國敗君亡，大兵起，破軍殺將。」來年，吳明徹敗於吕梁。十三年，帝崩。　十二年十月戊午，月犯牽牛，吳、越之野。占曰：「其國君有憂。」後年帝崩。

齊文宣帝天保元年十二月，熒惑犯房北頭第一星及鈎鈐。占曰：「大臣有反者。」二年，太尉彭樂謀反，誅。　八年二月，歲星守少微，經六十三日。占曰：「五官亂。」五月，歲星犯太微上將。占曰：「大將憂，大臣死。」其十年，誅諸元宗室四十餘家。乾明元年，誅楊遵彦等〔七二〕，皆「五官亂」、「大將憂，大臣死」之應〔七三〕。　七月，月奄心星。占曰：「人主惡之。」　九年二月，熒惑犯鬼質。占曰：「斧質用，有大喪。」三月，熒惑犯軒轅。其十年五月，誅諸元；十月，帝崩。「斧質用，大喪」之應也。

廢帝乾明元年三月，熒惑入軒轅。占曰：「女主凶。」太寧二年，太后崩。

肅宗皇建二年七月，熒惑入鬼中，犯鬼質。占曰：「有大喪。」十一月，帝暴崩。

武成帝河清元年七月，太白犯輿鬼。占曰：「有兵謀，誅大臣，斧質用。」十月，冀州刺史平秦王高歸彦反，討誅之。　又二年，殺太原王紹德，皆斧質之應。　八月，月奄畢。占曰：「國君死，大臣誅，有邊兵，破軍殺將。」其月，歸彦以反誅。　三年，周師與突厥入并州，大戰城西，伏屍流血百餘里。皆其應也。

後主天統五年二月，歲星逆行，奄太微上將。占曰：「天下大驚，四輔有誅者。」五月甲午，熒惑犯鬼積尸。占曰：「大臣誅，兵大起，斧質用，有大喪。」至武平二年九月，誅琅邪王儼；三年，誅右丞相斛律明月；四年，誅蘭陵王長恭，皆懿親名將。四年，誅崔季舒等。皆斧質用之應。　四年五月，熒惑犯右執法。占曰：「大將軍死，執法者誅。」其應如前。

周閔帝元年五月癸卯，太白犯軒轅。占曰：「大臣出令。」又曰：「皇后失勢。」辛亥，熒惑犯東井北端第二星。占曰：「其國亂。」又曰：「大旱。」其年九月，冢宰護廢帝，幽而弒之；又殺司會李植等。其冬，大旱。皆「大臣出令，大臣死，旱」之應也。

明帝二年三月，熒惑入軒轅。占曰：「王者惡之〔七四〕，女主凶。」其月，獨孤后崩。六月庚子，填星犯井鉞，與太白并。占曰：「傷成於鉞，君有戮死者。」其年，太師護毒帝崩。

武帝保定二年閏正月，太白入昴。二月壬寅，熒惑犯太微上相。三月壬午，熒惑犯左執法。七月，太白犯輿鬼。　三年九月，熒惑犯太微上將。十月，熒惑犯左執法。　四年三月，熒惑犯房右驂。占曰：「上相誅，車馳人走，天下兵起。」其年十月，伐齊；十二月，柱國、庸公王雄力戰死之〔七五〕，遂班師。兵起將死之應也。　天和二年七月〔七六〕，太白犯軒轅大星，相去七寸。占曰：「女主失勢，大臣當之。」又曰：「西方禍起。」其十一月，太保、許公宇文貴薨。十月，熒惑犯鉤鈐，去之六寸。占曰：「王者憂。」又曰：「車騎驚，三公謀。」　三年三月，太白犯井北轅第一星。占曰：「將軍惡之。」其七月，隋公楊忠薨。四月，太白入輿鬼，犯積尸。占曰：「大臣誅。」又曰：「亂臣在內，有屠城。」　四年二月，歲星逆行，奄太微上將。占曰：「天下大驚，國不安，四輔有誅，必有兵革，天下大赦。」五月，熒惑犯輿鬼及積尸。占曰：「大臣有誅。」後三年，太師宇文護以不臣誅。　六年四月，熒惑逆行，犯輿鬼。占曰：「有兵喪，大臣誅，兵大起。」其月，取齊宜陽等九城。六月，齊將攻陷汾州。建德元年九月，月犯心中星，相去一寸。占曰：「亂臣在旁，不出五年，下有亡國。」後伐齊，平之。二年二月，熒惑奄鬼西北星。占曰：「大賊在大人之側。」又曰：「大臣有誅。」四月，太白奄西北星，又奄東北星。占曰：「國有憂。」六月，月犯心中後二星。占曰：「不出三年，有亡國，人主惡之。」九月，太白犯左執法。占曰：「大臣憂，執政誅。」三年十二月，月犯歲星，在危，相去二寸。占曰：「其邦流亡，不出三年。」辛卯，月行在營室，食太白。占：「其國以兵亡。營室，衞，在齊地。」後齊亡。四年三月，月犯軒轅大星。占曰：「女主有憂。」又「五官有亂」。五年十月，熒惑犯太微西蕃上將星。占曰：「天下不安，上將誅。」六年〔七〕，皇太子西巡，討吐谷渾。吐谷渾寇邊，天下不安之應。六月，熒惑入鬼。占曰：「有喪，旱。」十月，歲星犯大陵。六年四月，先時熒惑入太微宮二百日，犯東蕃上相，西蕃上將，句已往還。至此月甲子出端門。占曰：「爲大臣代主。」又曰：「臣不臣，有反者。」又曰：「大喪。」後宣、武繼崩。高祖以大運代起。十月，月食熒惑，在斗。占曰：「國敗君亡，兵大起。」斗爲吳、越，陳之分野。宣政元年七月，月犯心前星。占曰：「太子惡之，若失位。」後靜帝立爲天子，不終之徵。己未，太白犯軒轅大星。占：「女主凶。」後二年，宣帝崩，隋氏受命，廢楊后爲平樂公主，餘四后悉廢爲比丘尼。八月庚辰，太白入太微。占曰：「爲天下驚。」又曰：「近臣起兵，大臣相殺，國有憂。」其後，趙、陳等五王爲執政所誅，大臣相殺之應也。九月丁酉，熒惑入太微西掖門，庚申犯左執法，相去三寸。占曰：「天下不安，大臣有憂。」又曰：「執法者誅，若有罪。」是月，汾州稽胡反，討平之。十一月，突厥寇邊，圍酒泉，殺略吏人。明年二月，殺柱國、郯公王軌。皆其應也。十二月癸未，熒惑入氐，守犯之三十日。占曰：「天子失其宮。」又曰：「賊臣在内，下有反者。」又曰：「國君有繫饑死，若毒死者。」静帝禪位，隋高祖幽殺之。

宣帝大象元年七月壬辰，熒惑奄房北頭第一星。占曰：「亡君之誡。」又曰：「將軍爲亂，王者惡之，大臣有反者，天子憂。」其十二月，帝親御驛馬，日行三百里。四皇后及文武侍衛數百人，並乘驛以從。房爲天駟，熒惑主亂，此宣帝亂道德，馳騁車騎，將亡之誡。八月辛巳，熒惑犯南斗第五星。占曰：「且有反臣，道路不通，破軍殺將。」尉遲迥〔七八〕、王謙等起兵敗亡之徵也。九月己酉，太白入南斗魁中。占曰：「天下有大亂，將相謀反，國易政。」又曰：「君死，不死則疾。」又曰：「天下爵禄。」皆高祖受命，群臣分爵之徵也。十月壬戌，歲星犯軒轅大星。占曰：「女主憂，若失勢。」

静帝大定元年正月，歲星逆行，守右執法。熒惑奄房北第一星。占曰：「房爲明堂，布政之宮，無德者失之。」二月，隋王稱帝。

隋高祖開皇八年二月，填星入東井。占曰：「填星所居有德，利以稱兵。」其年，大舉伐陳，克之。

煬帝大業元年六月，熒惑入太微。占曰：「熒惑爲賊，爲亂入宮，宮中不安。」三年三月〔七九〕，熒惑逆行，入南斗，色赤如血，如三斗器，光芒震耀，長七八尺，於斗中句已而行。占曰：「有反臣，道路不通，國大亂，兵大起。」其後，楊玄感反，雖誅滅，而群盜屯聚，剽掠州縣，道路不通。斗牛，楚、越分野，玄感父初封越後徙封楚。九年五月丁丑，熒惑入南斗。十一年，熒惑守羽林。占曰：「衛兵反。」十三年六月，鎮星贏而旅於參。參，唐星也。李淳風曰：「鎮星主福，未當居而居，所宿國吉。」七月，熒惑守積尸。十一月，熒惑犯太微。

恭宗義寧二年三月丙午，熒惑入東井。占曰：「大臣憂。」

校勘記

〔一〕天下亡國　「天下」，晉書卷一三天文下作「天子」。

〔二〕左衛將軍陳眕率衆奉帝伐成都王　「眕」原作「矙」，據晉書卷四惠帝紀、卷一三天文下及通鑑卷八五晉紀七改。

〔三〕是年苟晞破公師藩　「藩」原作「蕃」，據晉書卷四惠帝紀、卷一三天文下及通鑑卷八五晉紀七改。

〔四〕顛奔走　「顛」字原無，據晉書卷一三天文下、宋書卷二四天文二補。

〔五〕三年　原作「四年」，據元本、晉書卷一三天文下改。

〔六〕七年　原作「七月」，中華書局標點本晉書卷一三天文下校勘記〔三〕引拾補謂「七月」當作「七年」。晉書卷五懷帝紀載：「（永嘉七年）春正月丁未，帝遇弒，崩於平陽。」據改。

〔七〕石勒衆又抄略南沙　「南沙」原作「南陟」，據晉書卷一三天文下、通鑑卷九四晉紀一六改。

〔八〕於是遣督護喬球率衆救彪　「喬球」，宋書卷二四天文二作「高球」。

〔九〕其年三月丙戌　「三月」原作「二月」。按二月己亥朔，無丙戌；三月己巳朔，丙戌十八日。宋書卷二四天文二作「三月」，據改。

〔一〇〕二年正月辛亥　「辛亥」，宋書卷二四天文二作「辛卯」。是月甲子朔，無辛亥，辛卯二十八日。

〔一一〕太白犯南斗　晉書卷一三天文下、宋書卷二四天文二，此句下有「因晝見」三字。

〔一二〕死喪之象　晉書卷一三天文下、宋書卷二四天文二，此句下有「晝見，爲不臣，又爲兵喪」九字。

〔一三〕金火尤甚　「火」原作「水」，據中華書局標點本晉書卷一三天文下、永樂大典卷七八五七改。

〔一四〕又有沔南郝城之敗　「沔」原作「沔」，據晉書卷一三天文下、宋書卷二四天文二改。

〔一五〕皇后杜氏崩　「氏」字原脱，據元本補。

〔一六〕其建元二年　「二年」原作「元年」，據晉書卷一三天文下、宋書卷二四天文二、通鑑卷九七晉紀一九改。

〔一七〕康帝建元元年正月壬午　「元年」原作「二年」，據晉書卷一三天文下、宋書卷二四天文二、永樂大典卷七八五七改。

〔一八〕三年歲星犯天關安西將軍庾翼與兄冰書曰　按庾冰卒於建元二年十一月庚辰，此言三年翼與冰書，必誤。又，康帝死於建元二年九月戊戌，己亥，太子即位，是爲穆帝，明年改元永和，建元無三年，此言三年誤。宋書卷二四天文二載，建元元年，「歲星犯天關」及翼與冰書。「三年」，疑是「元年」之訛。

〔一九〕此便是天公憒憒　「便」，晉書卷一三天文下、宋書卷二四天文二均作「復」。

〔二〇〕是月陳逵征壽春　「逵」原作「達」，據晉書卷一三天文下、宋書卷二四天文二改。

〔二一〕占同上　「占」下原衍「曰」字，據元本、晉書卷一三天文下删。

〔二二〕大將死　晉書卷一三天文下、宋書卷二四天文二「將」下均有「軍」字。

〔二三〕十二月　本書繫於永和八年，宋書卷二四天文二繫於永和九年。

〔二四〕十年正月乙卯　「乙卯」原作「己卯」，是月己酉朔，七日乙卯，無己卯。據晉書卷一三天文下、宋書卷二四天文二改。

〔二五〕三月甲申　「三月」，晉書卷一三天文下、宋書卷二四天文二作「二月」。

〔二六〕月奄井南轅西頭第二星　「二」原作「三」，據元本、晉書卷一三天文下改。

〔二七〕二年閏二月　「二月」原作「三月」，據晉書卷一三天文下、宋書卷二四天文二改。

〔二八〕二月　原作「十二月」，據中華書局標點本晉書卷一三天文下校勘記〔九〕改。又，「二月，填星犯軒轅大星。占曰：『人主惡之。』甲午，月犯東井」二十一字當在上文「閏二月」之前。

〔二九〕牽牛大將犯之將軍死　晉書卷一三天文下、宋書卷二四天文二作「牽牛，天將也，犯中央大軍，將軍死」。是。

〔三〇〕豫州刺史謝萬入潁　「潁」原作「朝」。按通鑑卷一〇〇晉紀二二穆帝升平三年冬十月載：「既而萬率衆入渦、潁以援洛陽。」晉書卷一三天文下、宋書卷二四天文二均作「潁」，今據改。

〔三一〕司徒會稽王以二鎮敗求自貶三等　此繫於升平三年十月，晉書卷一三天文下、宋書卷二四天文二均繫於三年十一月。

〔三二〕六月癸亥月犯氐東北星占曰大將當之　中華書局標點本晉書卷一三校勘記〔一〇〕拾補：「此十六字因下文而衍，但改『癸酉』爲『癸亥』耳。按六月丙寅朔，無癸亥，有癸酉，盧說是。」

〔三三〕八月范汪廢　周家禄晉書校勘記云：「本紀，范汪廢在十月。」

〔三四〕盧悚入宫　「悚」原作「慓」，據晉書卷一三天文下、宋書卷二五天文三及通鑑卷一〇三晉紀二五改。

〔三五〕王命惡之　「王」，晉書卷一三天文下、宋書卷二五天文三均作「主」。

〔三六〕月奄氐角　「氐」，宋書卷二五天文三作「左」。

〔三七〕九月壬午　「壬午」原作「壬子」。按是年九月壬戌朔，二十一日壬午，是月無壬子。元本、晉書卷一三天文下均作「壬午」，今據改。

〔三八〕郗恢遣鄧啟方以萬人伐慕容德於滑臺　「慕容德」原作「慕容」。元本、晉書卷一三天文下均作「慕容寶」，但中華書局標點本晉書卷一三校勘記〔一三〕云：「勞校：『寶』當作『德』。晉書卷一二七有慕容德傳，今據補。」

〔三九〕不出十一月　晉書卷一三天文下、宋書卷二五天文三均作「不出三年」。

〔四〇〕月奄歲星於左角　宋書卷二五天文三繫於元興三年二月甲辰。

〔四一〕奄填星　「奄」上宋書卷二五天文三有「月」字，可從之。

〔四二〕歲星犯天關　「天關」，晉書卷一三天文下、宋書卷二五天文三均作「天江」。

〔四三〕太白犯南河　「南河」，晉書卷一三天文下作「南斗」。

〔四四〕司馬國璠等攻没弋陽　「璠」原作「潘」，據元本、晉書卷一三天文下、宋書卷二五天文三改。

〔四五〕又圍廣固拔之　「拔之」原無，據元本、晉書卷一三天文下、宋書卷二五天文三補。

〔四六〕月奄心大星　「月」字原無，據元本、晉書卷一三天文下、宋書卷二五天文三補。

〔四七〕災在次相　中華書局標點本晉書卷一三校勘記〔一八〕云：宋志三災上有「占曰」二字。商榷、拾補皆謂此脱「占曰」。

〔四八〕占斗上吴地兵起　晉書卷一三天文下作「占曰：斗主吴，吴地兵起」。宋書卷二五天文三作「占曰：斗主兵，兵起」。

〔四九〕月奄昴三星　晉書卷一三天文下「昴」下有「第」字。

〔五〇〕災在豫州　「災」上疑脱「占曰」二字。

〔五一〕丁亥　原作「丁丑」，據元本、晉書卷一三天文下、宋書卷二五天文三改。

〔五二〕謝琨　元本、晉書卷一三天文下、宋書卷二五天文三均作「謝混」。

〔五三〕十年裕討司馬休之　按劉裕討休之在十一年三月，休之等奔長安姚泓在十一年五月。疑「十年」當爲「十一年」。

〔五四〕月奄牽牛南星　「星」字原無，據晉書卷一三天文下、宋書卷二五天文三補。

〔五五〕月犯牽牛　「月」字原無，據晉書卷一三天文下、宋書卷二五天文三補。

〔五六〕占悉同上　「占」字原脱，據元本、晉書卷一三天文下、宋書卷二五天文三補。

〔五七〕十四年三月癸丑　「癸丑」原作「癸巳」，按三月丙申朔，無癸巳，據宋書卷二五天文三、永樂大典卷七八五七改。

〔五八〕月太白俱入羽林　「月」下原衍「入」字，據晉書卷一三天文下、宋書卷二五天文三刪。

〔五九〕二年二月　「二月」原作「三月」，據晉書卷一三天文下、宋書卷二五天文三改。

〔六〇〕是年六月　「是年」，宋書卷二五天文三作「二年」，中華書局標點本晉書卷一三校勘記〔二六〕云當從宋志。

〔六一〕大發軍衆造浮山堰　「堰」字原無，據下文及隋書卷二一天文下補。

〔六二〕堨淮水　「堨」原作「碣」，據隋書卷二一天文下及文義改。

〔六三〕有賊臣謀反　「反」原作「及」，據元本、隋書卷二一天文下及殿本考證改。

〔六四〕熒惑行在太微右掖門　「門」下隋書卷二一天文下有「内」字。

〔六五〕熒惑犯執法 「執法」，隋書卷二一天文下作「右執法」。按上文有「熒惑犯左執法」，此當從隋志。

〔六六〕月犯畢大星奎 「奎」字原脱，據元本、隋書卷二一天文下補。

〔六七〕月犯畢軒轅 「畢」，元本、隋書卷二一天文下均無，疑衍。

〔六八〕乙巳 原作「己巳」，按天嘉六年九月庚辰朔，二十六日乙巳，是月無己巳，隋書卷二一天文下作「乙巳」，據改。

〔六九〕太白犯左執法 「左」，隋書卷二一天文下作「右」。

〔七〇〕月犯太微 「月」字原脱，據元本、隋書卷二一天文下補。

〔七一〕歲星守左執法 「左」，隋書卷二一天文下作「右」。

〔七二〕誅楊遵彦等 「遵彦」原互倒，據隋書卷二一天文下、北齊書卷五廢帝紀、卷三四楊愔傳乙正。

〔七三〕大將憂大臣死之應 「大將憂」三字原無，據隋書卷二一天文下及上文補。

〔七四〕王者惡之 「者」字原脱，據元本及隋書卷二一天文下補。

〔七五〕十二月柱國庸公王雄力戰死之 「十二月」三字原無，據隋書卷二一天文下、通鑑卷一六九陳紀三補。

〔七六〕天和二年七月 「二年」原作「元年」，據隋書卷二一天文下、周書卷五武帝紀上改。

〔七七〕六年 周書卷六武帝紀下繫於「五年二月辛酉」，中華書局標點本隋書卷二一天文下校勘記〔五〕引張森楷隋書校勘記「應是五年」。

〔七八〕尉遲迥 「迥」原作「迴」，據周書卷二一、北史卷六二尉遲迥傳改。

〔七九〕三年三月 按此下「熒惑逆行入南斗」至「後徙封楚」，隋書卷二一天文下載於「九年五月丁丑，熒惑入南斗」下，是。又「三年三月」下同上書有「長星見西方」等一百三十餘字，此處有脱文。

卷二百八十九　象緯考十二

月五星凌犯

唐高祖武德元年六月丙子，熒惑犯右執法。占曰：「執法，大臣象。」二年七月戊寅，月犯牽牛。凡月與列宿相犯，其宿地憂。牽牛，吳、越分。九月庚寅，太白晝見。冬，熒惑守五諸侯。六年七月癸卯，熒惑犯輿鬼西南星。占曰：「大臣有誅。」七年六月，熒惑犯右執法。七月戊寅，歲星犯畢。占曰：「邊有兵。」八年九月癸丑，熒惑入太微。太微，天廷也。冬，太白入南斗。斗，主爵禄。九年五月，太白晝見。六月丁巳，經天；己未，又經天。在秦分。丙寅，月犯氐。氐爲天子宿宫。己卯，太白晝見。七月辛亥，晝見。甲寅，晝見。八月丁巳，晝見。太白，上公；經天者，陰乘陽也。

太宗貞觀三年三月丁丑，歲星逆行入氐。占曰：「人君治宫室過度。」一曰：「饑。」五年五月庚申，鎮星犯鍵閉。占爲「腹心喉舌臣」。九年四月丙午，熒惑犯軒轅。十年四月癸酉，復犯之。占曰：「熒惑主禮，禮失而後罰出焉。」軒轅爲後宫。十一年二月癸未，熒惑入輿鬼。占曰：「賊在大人側。」十二年六月辛卯，熒惑入東井。占曰：「旱。」十三年五月乙巳，犯右執法。六月，太白犯東井北轅。井，京師分也。十四年十一月壬午，月入太微。占曰：「君不安。」十五年二月，熒惑逆行，犯太微東上相。　十六年五月，太白犯畢左股〔一〕，爲邊將；六月戊戌，晝見。九月己未，熒惑犯太微西上將；十月丙戌，入太微，犯左執法。　十七年，火犯鍵閉〔二〕。　三月丁巳，守心前星；癸酉，逆行，犯鈎鈐。熒惑常以十月入太微，受制而出，伺其所守犯，天子所誅也。鍵閉爲心腹喉舌臣，鈎鈐以開闔天心，皆貴臣象。　十八年十一月乙未，月掩鈎鈐。　十九年七月壬午〔三〕，太白入太微，是夜月掩南斗，太白遂犯左執法，光芒相及箕、斗間。漢津，高麗地也。太白爲兵，亦罰星也。　二十年七月丁未，歲星守東壁。占曰：「五穀以水傷。」　二十一年四月戊寅，月犯熒惑。占曰：「貴臣死。」十二月丁丑，月食昴。占曰：「天子破匈奴。」　二十三年五月丁亥〔四〕，犯右執法。七月，太白晝見。乙巳，鎮星守東井。占曰：「旱。」閏十二月辛巳，太白犯建星。占曰：「大臣相譖。」

高宗永徽元年二月己丑，熒惑犯東井。占曰：「旱。」四月己巳，月犯五諸侯。熒惑犯輿鬼。占曰：「諸侯凶。」五月己未，太白晝見。　二年六月己丑，太白入太微，犯右執法；九月甲午，犯心前星。十二月乙未，太白晝見。　三年正月壬戌，犯牽牛。牽牛爲將軍，又吳、越分也。丁亥，歲星掩太微上將。二月己丑，熒惑犯五諸侯。五月戊子〔五〕，掩右執法。　四年六月己丑，太白晝見。　六年七月乙亥，歲星守尾。占曰：「人主以嬪爲后。」己丑，熒惑入輿鬼；八月丁卯，入軒轅。　顯慶元年四月丁酉，太白犯東井北轅。占曰：「秦有兵。」　五年二月甲午，熒惑入南斗；六月戊申，復犯之。南斗，天廟；去復來者，其事大且久也。　龍朔元年六月辛巳，太白晝見經天；九月癸卯，犯左執法。　二年七月己丑，熒惑守羽林。羽林，禁兵也。　三年正月己卯，犯天街。占曰：「政塞姦出。」六月乙酉，太白入東井。占曰：「君失政，大臣有誅。」麟德二年三月戊午，熒惑犯東井；四月壬寅，入輿鬼，犯質星。乾封元年八月乙巳，熒惑入東井。二年五月庚申〔六〕，入軒轅。三年正月乙巳，月犯軒轅大星。咸亨元年四月癸卯，月犯東井。占曰：「人主憂。」七月壬申，熒惑入東井。占曰：「旱。」丙申，月犯熒惑。占曰：「貴人死。」十二月丙子，熒惑入太微。二年四月戊辰，復犯，太微垣，將相位也。五年六月壬寅，太白入東井。上元二年正月甲寅，熒惑犯房。占曰：「君有憂。」一曰：「有喪。」三年正月丁卯，太白犯牽牛。占曰：「將軍凶。」儀鳳二年八月辛亥，太白犯軒轅左角。左角，貴相也。三年七月戊寅，熒惑犯鉤鈐。四年四月戊午，入羽林。占曰：「軍憂。」調露元年七月辛巳，入天囷。永隆元年五月癸未，犯輿鬼。丁酉，太白晝見經天。是謂陰乘陽。陽，君道也。永淳元年五月丁巳，辰星犯軒轅。九月庚戌，熒惑入輿鬼，犯質星。十一月乙未，復犯輿鬼，去而復來，是謂「勾巳」。

武后垂拱元年四月癸未，辰星犯東井北轅。辰星爲廷尉，東井爲法令，失道則相犯也。十二月戊子，月掩軒轅大星。二年三月丙辰，復犯之。萬歲通天元年十一月乙丑，歲星犯司怪。占曰：「水旱不時。」聖曆元年五月庚午，太白犯天關。天關，主邊事。二年，熒惑入輿鬼。三年三月辛亥，歲星犯左執法。久視元年十二月甲戌晦，熒惑犯軒轅。自乾封二年後，月及熒惑〔七〕、太白、辰星凌犯軒轅者六。長安二年，熒惑犯五諸侯，渾儀監尚獻甫奏：「臣命在金，五諸侯太史之位，火克金，臣將死矣。」武后曰：「朕爲卿禳之。」以獻甫爲水衡都尉，水生金，又去太史之位，卿無憂矣。」是秋，獻甫卒。四年，熒惑入月，鎮星犯天關。

中宗神龍元年三月癸巳，熒惑犯天田。占曰：「旱。」七月辛巳，掩氐西南星。占：「賊臣在內。」二年閏正月丁卯，月掩軒轅后星。九月壬子，熒惑犯左執法。己巳，月犯軒轅后星；十一月辛亥，犯昴。占曰：「胡王死。」戊午，熒惑入氐；十二月丁酉，犯天江。占曰：「旱。」三年五月戊戌，太白入輿鬼中。占曰：「大臣有誅。」景龍三年六月癸巳，太白晝見，在東井，京師分也。四年二月癸未，熒惑犯天街。五月甲子，月犯五諸侯。

睿宗景雲二年三月壬申，太白入羽林。八月己未，歲星犯執法。太極元年三月壬申〔八〕，熒惑入東井。

玄宗先天元年八月甲子，太白襲月。占曰：「太白，兵象；月，大臣體。」二年十一月丙子，熒惑犯司怪。開元二年七月己丑，太白犯輿鬼東南星。七年六月甲戌，太白犯東井鉞星。占曰：「斧鉞用。」八年三月庚午，犯東井北轅；五月甲子，犯軒轅。十一年十一月丁卯，歲星犯進賢。十四年十月甲寅，太白晝見。二十五年六月壬戌，熒惑犯房。二十七年七月辛丑，犯南斗。占曰：「貴相凶。」天寶十三載五月，熒惑守心五旬餘。占曰：「主去其宮。」十四載十二月，月食歲星在東井。占曰：「其國亡。」東井，京師分也。

肅宗至德二載七月己酉，太白晝見經天，至於十一月戊午不見，歷秦、周、楚、鄭、宋、燕之分。十二月，歲星犯軒轅大星。占曰：「女主謀君。」乾元元年五月癸未，月掩心前星。占曰：「太子憂。」六月癸丑，入南斗魁中。占曰：「大人憂。」二年正月癸未，歲星食月，在翼，楚分也。一曰：「饑。」二月丙辰，月犯心中星。占曰：「主命惡之。」上元元年五月癸丑，月掩昴。占曰：「胡王死。」八月己酉〔九〕，太白犯進賢。十二月癸未，歲星掩房。占曰：「將相憂。」三年建子月癸巳，月掩昴，出昴北，八月丁卯，又掩昴。

代宗廣德元年四月己丑〔一〇〕，月掩歲星。占曰：「饑。」永泰元年九月辛卯，太白晝見經天。大曆二年七月癸亥，熒惑入氐，其色赤黃。乙丑，鎮星犯水位。占曰：「有水災。」乙亥，歲星犯司怪。八月壬午，月入氐；丙申，犯畢。九月戊申，歲星守東井。占皆爲有兵。乙丑，熒惑犯南斗，在燕分。十二月丁丑〔一一〕，犯壘壁。占曰：「兵起。」三年正月壬子，月掩畢；八月己未，復掩畢；辛酉，入東井。九月壬申，歲星入輿鬼。主死喪。丁丑，熒惑入太微，二旬而出。己卯，太白犯左執法。四年二月壬寅，熒惑守房上相；丙午，有芒角；三月壬午，逆行入氐中。是月，鎮星犯輿鬼。七月戊辰，熒惑犯次相；九月丁卯，犯建星。占曰：「大臣相譖。」五年二月乙巳，歲星入軒轅。六月丁酉，月犯進賢；庚子犯氐。庚戌太白入東井。六年七月乙巳，月掩畢，入畢中。壬子，月犯太微。八月甲戌，熒惑犯鎮星。庚辰，月入太微。九月壬辰，熒惑犯哭星；庚子，犯泣星。是夜，月掩畢；丁未，入太微；十月丁卯，掩畢。己巳，熒惑犯壘壁。甲戌，月入軒轅。占曰：「憂在後宮。」十一月壬寅，入太微；丙午，掩氐；十二月己巳，入太微。七年正月乙未，犯軒轅，二月戊午，掩天關。占曰：「亂臣更天子法令。」己巳，熒惑犯天街；四月丁巳，入東井。辛未，歲星犯左角。占曰：「天下之道不通。」壬申，月入羽林；五月丙戌，入太微。八年四月癸丑，歲星掩房。占曰：「將相憂。」又宋分也。甲寅，熒惑入壘壁；五月庚辰，入羽林。七月己卯，太白入東井，留七日，非常度也。占曰：「秦有兵。」乙未，月入畢中；癸未〔一二〕，入羽林。己丑，太白入太微。占曰：「兵入天廷。」八月，晝見。十一月丁巳，月掩畢；壬戌，入輿鬼，掩質星。庚午，月及太白入氐中。占曰：「君有哭泣事。」十一月己卯，月入羽林。癸未，太白入房。占曰：「白衣會。」不曰犯而曰入，蓋鈎鈐間。癸丑，月掩天關；甲寅，入東井；癸酉〔一三〕，入羽林。九年三月丁未，熒惑入東井。四月丁丑，月入太微。五月己未，太白入軒轅。占曰：「憂在後宫。」六月己卯，月掩南斗；庚辰，入太微；七月甲辰，掩房；辛亥，入羽林；壬戌，入輿鬼。九月辛丑，太白入南斗。占曰：「有反臣。」又曰：「有赦。」十年甲子，熒惑入氐，宋分也。十月戊子，歲星入南斗。占曰：「大臣有誅。」十二月戊辰，月入羽林。三月庚戌，熒惑入壘壁；四月甲子，入羽林。八月戊辰〔一四〕，月入太微。十一月閏八月丁酉，太白晝見經天。十二年正月乙丑，月掩軒轅；癸酉，掩心前星，宋分也；丙子，入南斗魁中。二月乙未，鎮星入氐中。占曰：「其分兵喪。」李正己地也。三月壬戌，月入太微；四月乙未，掩心前星；五月丙辰，入太微；戊戌〔一五〕，入羽林；七月庚戌，入南斗。乙亥，熒惑入東井。十月壬辰，月掩昴；庚子，入太微；十一月乙卯，入羽林；十二月壬午，復入羽林。自六年至此，月入太微者十有二，入羽林者八；熒惑入東井〔一六〕，再入羽林，三入壘壁；月、太白、歲星皆入南斗魁中〔一七〕。十四年春，歲星入東井。

德宗建中元年十一月，月食歲星，在秦分。占曰：「其國亡。」是月，歲星食天尸，天尸，輿鬼中星。占曰：「有妖言，小人在位，君王失樞，死者大半。」三年七月，月掩心中星。貞元四年五月丁卯，月犯歲星，在營室。六月癸卯，熒惑逆行入羽林。占曰：「君有憂。」六年五月戊辰，月犯太白，間容一指。占曰：「大將死。」十年四月，太白晝見。十一年七月，熒惑、太白相繼犯太微上將。十三年二月戊辰，太白入昴。三月庚寅，月犯太白。十九年三月，熒惑入南斗，色如血。斗，吴、越分；色如血者，旱妖也〔一八〕。二十一年正月己酉〔一九〕，太白犯昴，趙分也。

順宗永貞元年十二月丙午，月犯畢。己酉，歲星犯太微西垣，將相位也。

憲宗元和元年十月，太白入南斗；十二月，復犯之。斗，吴分也。二年正月癸丑，月犯太白于女、虛。二月壬申，月掩歲星。占曰：「大臣死。」四月丙子，太白犯東井北轅。己卯，月犯房上相。三年三月乙未，鎮星食月，在氐。占曰：「其地主死。」四年九月癸亥，太白犯南斗。七年正月辛未，月掩熒惑。五月癸亥，熒惑犯右執法。六月己亥，月犯南斗魁。八年七月癸酉，月犯五諸侯。十月己丑，熒惑犯太微西上將；十二月，掩左執法。九年二月丁酉，月犯心中星；七月辛亥，掩心中星。占曰：「其宿地凶。」心，豫州分。壬辰〔二〇〕，月掩軒轅。是月，太白入南斗，至十月出，乃晝見。熒惑入南斗中，因留，犯之。南斗，天廟，又丞相位也。十年八月丙午，月入南斗魁中。十一年二月丙辰，月掩心。是月，熒惑入氐，因逆行。三月己丑，月犯鎮星，在女。齊分也。四月丙辰，太白犯輿鬼。占曰：「有僇臣。」六月甲辰，月掩心後星。是月，熒惑復入氐，是謂「勾己」。十一月戊寅，月犯歲星；十二月甲午，犯鎮星，在危，亦齊分也。十二年三月丁丑，月犯心。十三年正月乙未，歲星逆行，犯太微西上將。三月，熒惑入南斗，因逆留，至於七月，在南斗中，大如五升器，色赤而怒，乃東行，非常也。八月甲戌，太白犯左執法。乙巳，熒惑犯哭星〔二一〕。十月甲子，月犯昴，趙分也。十四年正月癸卯，月犯南斗魁。占曰：「相凶。」五月丙戌〔二二〕，月犯心中星；七月乙酉，掩心中星。十五年正月丙申，復犯中星。四月，太白犯昴。七月庚申，熒惑逆行，入羽林。八月己卯，月掩牽牛，吳、越分也。十一月壬子，月犯東井西轅〔二三〕。

穆宗長慶元年正月丙午，月掩東井鉞，遂犯南轅第一星。二月乙亥，太白犯昴，趙分也。丁亥，月犯歲星，在尾。占曰：「大臣死。」燕分也。三月庚戌，太白犯五車，因晝見，至於七月，以曆度推之，在唐及趙、魏之分。占曰：「兵起。」七月壬寅，月掩房次相。九月乙巳，太白犯左執法。二年九月，太白晝見。熒惑守天囷，六旬餘乃去。占曰：「天囷，上帝之藏，耗祥也。」十月，熒惑犯鎮星於昴。甲子，月掩牽牛中星。占曰：「吳、越凶。」十一月丁丑，掩左角；十二月，復掩之。占曰：「將死。」甲寅，月犯太白於南斗。四年三月庚午，太白犯東井北轅，遂入井中，晝見經天，七日而出，因犯輿鬼，京師分也。五月乙亥，月掩畢大星。六月丙戌，鎮星依曆在觜觿，贏行至參六度，當居不居，失行而前，遂犯井鉞。占曰：「所居宿久，國福厚；易，福薄。」又曰：「贏，爲王不寧；鉞主斬刈〔二四〕，而又犯之，其占重。」癸未，熒惑犯東井；丁亥，入井中。己丑，太白犯軒轅右角，因晝見，至於九月。占曰：「相凶。」十月辛巳，月入畢口。十一月，熒惑逆行向參，鎮星守天關。十二月戊子，月掩東井。

敬宗寶曆元年四月壬寅，熒惑入輿鬼，掩積尸；七月癸卯，犯執法。甲辰，鎮星犯東井。甲子，月掩畢大星。癸未，太白犯南斗。丙戌，月犯畢；十月辛亥，犯天囷。十一月庚辰，鎮星復犯東井。癸未，月犯東井。二年正月甲申，犯左執法；戊子，入於氐。三月丙午，犯畢。五月甲午，熒惑犯昴。六月，太白犯昴。七月壬申，月犯畢。八月庚戌，熒惑犯輿鬼。

文宗太和元年正月庚午，月掩畢；三月癸丑〔二五〕，入畢，掩大星。月變於畢者，自寶曆元年九月及茲而五。五月，月掩熒惑，在太微西垣。丙戌，熒惑犯執法。二年正月庚午，月掩鎮星。七月甲辰，熒惑掩輿鬼質星。十月丁卯，月掩東井北轅。三年二月乙卯，太白犯昴。壬申，熒惑掩右執法；七月，入於氐；十月入於南斗。四年四月庚申，月掩南斗杓次星。十一月辛未，熒惑犯右執法。五年二月甲申，月掩熒惑。三月，熒惑犯南斗杓次星。六年四月辛未，月掩鎮星於端門。己丑，太白晝見。七月戊戌，月掩心大星。辛丑，月掩南斗杓次星。七年五月甲辰，熒惑守心中星。六月丙子，月掩心中星，遂犯熒惑。七月甲午，月掩心中星；丙申，掩南斗口第二星；九月丁巳，入於箕；戊辰，入於南斗。癸酉，太白入南斗。冬，鎮星守角；次年二月始去。八年七月戊子〔二六〕，月犯昴。十月庚子，熒惑、鎮星合於亢。十二月丙戌，月掩昴。是歲，月入南斗者五。占曰：「大人憂。」九年夏，太白晝見，自軒轅至翼、軫。六月庚寅，月掩歲星，在危而暈。十月庚辰，月復掩歲星，在危。開成元年正月甲辰，太白掩建星。占曰：「大臣相譖。」六月丁未，月掩心前星；八月乙巳，入南斗。二年正月壬申，月掩昴。二月己亥，月掩太白於昴中。六月甲寅，月掩昴而暈，太白亦有暈。六月己酉，大星晝見。庚申，太白入東井。七月壬申，月入南斗；丁亥，掩太白於柳。八月壬子太白入太微，遂犯左、右執法。九月丙子，月掩昴。三年二月己酉，掩心前星。二月戊午，熒惑入東井；三月乙酉，入輿鬼。五月辛酉，太白犯輿鬼。庚午，月犯心中星。甲寅〔二七〕，太白犯右執法。七月乙丑，月掩心前星。十月辛卯，太白犯南斗。四年二月丁卯，月掩歲星於畢；三月乙酉，掩東井。七月乙未，月犯熒惑。占曰：「貴臣死。」八月壬申，熒惑犯鉞，遂入東井。十月戊午，辰星入南斗魁中。占曰：「大赦。」五年春，木當王，而歲星小闇無光。占曰：「有大喪。」二月壬申，熒惑入輿鬼。四月，太白入輿鬼。五月，辰星見於七星，色赤如火。七月乙酉，月掩歲星。

武宗會昌元年閏八月丁酉〔二八〕，熒惑入輿鬼中。占曰：「有兵喪。」十二月庚午，月犯太白於羽林。二年正月壬戌，掩太白於羽林。六月丙寅，太白犯東井。十月丙戌，月掩歲星於角。三年三月丙申，又掩歲星於角。七月癸巳，熒惑入東井，色蒼赤，動搖井中；八月丁丑，犯輿鬼。十月壬午晝，月食太白於亢。四年二月，歲星守房，掩上相；熒惑逆行，守軒轅，四旬乃去。庚申，月掩畢大星。十月癸未，太白與熒惑合，遂入南斗。五年二月壬午，太白掩昴；五月辛酉，入畢口；八月壬午，犯軒轅大星。九月癸巳〔二九〕，熒惑犯太微上將。六年二月丁丑，犯畢大星。丁亥，月出無光，犯熒惑於太微，頃之，乃稍有光，遂犯左執法；丙申，掩牽牛南星，遂犯歲星。牽牛，揚州分。

宣宗大中十一年八月，熒惑犯東井。

懿宗咸通十年春，熒惑逆行，守心。

僖宗乾符二年四月庚辰，太白晝見，在昴。三年七月，常星晝見。四年七月，月犯房〔三〇〕。六年冬，歲星入南斗魁中。占曰：「有反臣。」光啓二年四月，熒惑犯月於角。文德元年七月丙午，月入南斗。八月，熒惑守輿鬼。占曰：「多戰死。」

昭宗龍紀元年七月甲辰，月犯心。　乾寧二年七月癸亥，熒惑犯心。　光化二年，鎮星入南斗。三年八月壬申〔三一〕，太白應見在氐不見，至九月丁亥乃見，是謂當出不出。十一月丁未，太白犯月，因晝見。　天復元年五月，自丁酉至於己亥，太白晝見經天，在井度。十月，大角五色散搖，煌煌如火。占曰：「王者惡之。」　二年五月甲子，太白襲熒惑，在軒轅后星上，太白遂犯端門，又犯長垣中星。占曰：「賊臣謀亂，京畿大戰。」十月甲戌，太白夕見，在斗，去地一丈而墜。占曰：「兵聚其下。」又曰：「山摧石裂，大水竭。」庚子，辰星見氐中，小而不明。占曰：「負海之國大水。」是歲，鎮星守虛，三年二月始去虛。十一月丙戌〔三二〕，太白在南斗，去地五尺許，色小而黃，至明年正月乃高十丈，光芒甚大。是冬，熒惑徘徊於東井間，久而不去。京師分也。　三年八月丙午，歲星在哭星上，生黃白氣如孛狀。　天祐元年二月辛卯，太白夕見昴西，色赤，炎燄如火。壬辰，有三角如花而動搖。占曰：「有反，城有火災，胡兵起〔三三〕。」六月甲午，太白在張，芒角甚大。癸丑，勾己犯水位〔三四〕。自夏及秋，大角五色散搖，煌煌然。占同。

梁太祖開平二年夏四月辛丑，熒惑犯上將。　乾化二年正月，熒惑犯房第二星。戊申，月犯心大星。四月甲寅，月掩心大星。五月壬戌，熒惑犯心大星，去心四度，順行。心，帝王之星。其年六月五日，帝崩。

梁主瑱貞明四年十二月，鎮星犯文昌上將。

後唐莊宗同光二年八月，熒惑犯星。九月，熒惑在江東犯第一星。是年大水。　三年丙申，熒惑犯上相。四月甲子，熒惑犯左執法。六月丙寅，歲星犯右執法。

明宗天成元年四月庚戌，金犯積尸。七月己未，月犯太白。乙丑，月入南斗魁。八月癸卯，太白犯心大星。乙巳，月犯五諸侯。辛亥，熒惑犯上將。九月丁巳，月犯心大星。己巳，月犯昴。庚午，熒惑犯右執法。己卯，熒惑犯左執法。十月戊子，熒惑犯上相。丙午，月掩左執法。十一月丁丑，月暈匝火、木。戊寅，月犯金、木、土。十二月，熒惑犯氐。乙巳，月掩庶子〔三五〕。　二年二月辛卯，熒惑犯鍵閉。三月，月掩鬼。己巳，熒惑犯上相。乙亥，月入羽林。四月丁亥，月犯左執法〔三六〕。癸卯，月入羽林。六月辛丑，熒惑犯房。庚子，月犯五諸侯。九月壬子，歲犯房。庚申，月入羽林。壬申，月犯上將。十月壬午，月犯五諸侯。十一月乙卯，月入羽林。　三年四月丁酉，月犯五諸侯。五月丁巳，月掩房距星。六月乙酉，月掩心庶子。癸巳，月入羽林。七月，月入南斗魁。閏八月，熒惑犯上將。戊申，月犯南斗。乙卯，熒惑犯右執法。庚戌，太白犯右執法。十一月，月掩軒轅大星。乙未，太白犯鎮，月掩房。十二月，熒惑犯房。　四年正月癸巳，月入南斗魁。二月，月及火、土合於斗。三月，歲犯牛。七月丁丑，月入南斗。九月丙子，熒惑入哭星。

長興元年六月乙卯〔三七〕，太白犯天罇。八月己亥，月犯南斗。乙卯，月犯積尸。十一月，熒惑犯氐。十二月，熒惑犯天江。　二年正月，太白犯羽林。庚辰月犯心距星。二月丁未，月犯房。四月，熒惑犯羽林。八月丁巳，辰犯端門。十一月丙戌，太白犯鍵閉。　三年四月庚辰，熒惑犯積尸。九月庚寅，太白犯哭星。十一月己亥，太白犯壁壘。　四年九月辛巳，太白犯右執法。清泰元年六月甲戌〔三八〕，太白犯右執法。

晉高帝天福元年三月，熒惑犯積尸。　三年五月壬子，月犯上將。　四年四月辛巳，太白犯東井北轅。甲午，太白犯五諸侯。五月，太白犯輿鬼中星。九月癸未，月掩畢。六年八月辛卯，太白犯軒轅。九月己卯，熒惑犯上將。　八年八月丙子，熒惑犯右掖。十月丙辰，熒惑犯進賢。十一月，月犯房。

出帝開運元年二月壬戌，太白犯昴。己巳，熒惑犯天籥。四月丁巳〔三九〕，太白犯五諸侯。七月〔四〇〕，月犯熒惑。壬午，月入南斗。庚寅，月、太白犯東井〔四一〕。八月甲辰，熒惑入南斗。九月丙子，月入南斗。庚寅，月犯五諸侯。十月癸卯，月入南斗。十一月辛巳，月犯昴。　二年七月〔四二〕，月犯角。壬寅，月犯心前大星。庚戌，歲犯井鉞。八月甲戌，歲犯東井。九月己酉，月犯昴。甲寅，太白犯南斗魁。十一月〔四三〕，太白犯哭星。癸丑，月掩距星〔四四〕。戊午，月犯心後星。

漢高帝天福十二年十月己丑，太白犯亢距星。十一月〔四五〕，月犯昴。乙亥，月掩心大星。己卯，月犯南斗。

隱帝乾祐元年四月〔四六〕，月犯南斗。乙未，月入南斗。七月〔四七〕，月掩心庶子星。八月〔四八〕，鎮犯太微西垣。戊戌，歲犯右執法。九月〔四九〕，月掩鬼。十月〔五〇〕，歲犯左執法。　二年六月壬午，月犯心。丙戌，月犯天關。八月乙亥，月犯房次將。九月壬寅，太白犯右執法。辛酉，鎮犯右執法。甲寅，月犯昴。　三年二月〔五一〕，月犯昴。六月〔五二〕，鎮犯左掖。七月〔五三〕，熒惑犯司怪。八月〔五四〕，太白犯房。庚戌，太白犯心大星。十月〔五五〕，月犯心大星。

周太祖廣順元年二月〔五六〕，歲犯咸池。己未，熒惑犯五諸侯。三月〔五七〕，歲守心。己卯，熒惑犯鬼。

壬午，熒惑犯天尸。四月〔五八〕，歲犯鈎鈐。二年七月〔五九〕，熒惑犯井鉞。八月〔六〇〕，熒惑犯天罇。九月〔六一〕，熒惑犯鬼。庚辰，太白掩右執法。十月〔六二〕，太白犯進賢。三年四月〔六三〕，熒惑犯靈臺。五月〔六四〕，熒惑犯上將。丙申，熒惑犯右執法。七月〔六五〕，月犯房。

世宗顯德六年六月〔六六〕，熒惑與心大星合度，光芒相射，其月帝崩。先是，熒惑勾己於房、心間凡數月，至上臨崩之前一夕，與心大星合度，是夜方順行。

宋太祖建隆元年正月甲子，太白犯熒惑於婁；十月壬申，又犯於軫。占曰：「荆楚有兵。」時李重進以揚州叛，討平之。癸卯〔六七〕，熒惑犯進賢；十一月，犯氐。占曰：「後宫災。」明年，昭憲皇太后崩。三年十月，熒惑犯氐。占曰：「後宫災。」明年，孝明皇后崩。十二月，熒惑入天鑰，月入南斗魁。占曰：「大臣憂。」踰年，宰相范質、王溥、魏仁浦罷。開寶五年二月，熒惑退入太微，犯上相〔六八〕。明年，宰相趙普出鎮。

太宗太平興國八年三月己巳，熒惑犯歲星。占云：「有赦。」九年七月，月犯五諸侯第三星。占曰：「諸侯有誅責。」九月丁未，月犯南斗魁；甲子，又犯昴。占曰：「胡不安。」十一月戊戌，太白入氐。占曰：「有兵。」次年，河北用兵。端拱元年十二月，熒惑犯亢第二星。占云：「大臣憂。」又曰：「鄭旱。」明年，京輔少雨。淳化元年七月，月犯畢。占云：「陰國憂。」又「主霖雨。」二年正月丙戌，熒惑犯房第一星。占曰：「大臣憂。」其年，宰相吕蒙正，樞密使王顯，參政王沔、陳恕罷。四年四月，熒惑入羽林。占云：「主有兵。」明年，李繼隆擒趙保忠，王繼恩平李順。十月，太白犯南斗魁〔六九〕。占云：「將相憂。」明年，右驍衛大將軍張遜卒。其年冬，宰相李沆、參政賈黄中、同知樞密院温仲舒罷。五年十月，熒惑入氐，犯西南星。占云：「后妃、大臣憂。」明年，孝章皇后崩。十一月乙卯，月犯畢大星。占云：「五日内有雨雪之應。」至道三年九月癸未，月入軒轅。占曰：「宫中有憂。」明年，秦國成聖繼明夫人薨。

真宗咸平元年六月壬辰，月入太微。占曰：「大臣有憂。」是年冬，宰相吕端、參政温仲舒罷。庚戌，歲星入氐〔七〇〕。占曰：「氐爲路寢，王者宿宫。歲星三入，天子當將兵於野。」明年，契丹犯塞，車駕幸河北。七月癸酉，太白犯角左星。占曰：「有兵，戰不勝，將軍憂。」踰年，虜寇河間，副都部署康保裔戰死。二年正月己卯，月入南斗魁。占曰：「吴分饑疫。」明年，兩浙大饑，民疫死。十月癸亥，月犯昴。占曰：「匈奴受兵。」明年，范廷召大破契丹於莫州東〔七一〕。八月甲子，熒惑犯輿鬼。占曰：「執法憂。」明年，御史中丞趙昌言等貶。十月丙午，太白入南斗。占曰：「丞相憂。」明年，宰相向敏中罷。乙卯，月犯五車。占曰：「主兵起，路壅塞。」其年，遷賊大擾，靈州陷。閏十二月，月犯角大星。占曰：「主大戰。」明年，遷賊圍麟州，擊敗之。五年八月，熒惑犯房。占曰：「將相憂。」明年，宰相吕蒙正罷。十二月甲申，月掩心前星。占曰：「月數犯心後星，復掩前星，皇太子憂。」明年，周王薨。又皇太子生兩月不育。六年正月辛亥，月犯房上將次將、心小星。占曰：「將臣死。」其年，戎寇南牧，副都部署王繼忠戰殁。四月，太白犯輿鬼。占曰：「大臣有薨黜者。」是秋，兖王薨。十一月甲辰，熒惑犯太微上相。占曰：「上相憂。」明年，宰相李沆卒。景德元年六月，月犯昴。占曰：「匈奴受兵。」戊寅，又犯五車東南星。占曰：「兵起。」七月乙巳，熒惑犯氐。占曰：「天子親征。」是冬，契丹來寇。上勞軍於澶州。閏九月，太白犯南斗。占曰：「外國有使至。」又曰：「有赦令。」其年，契丹使來求和，赦河北。　二年六月，月犯南斗。占曰：「大臣死。」其年，宰相畢士安薨。九月丁未，熒惑、太白犯太微上相。占曰：「丞相有免者。」明年，宰相寇準罷。　三年九月戊子〔七二〕，辰星晨見東方，在亢。太白又見西方，在尾。占曰：「金、水各一方〔七三〕，主有兵不戰。」　大中祥符元年七月己未，歲星在太微。占曰：「將相憂。」明年，殿前都指揮使劉謙卒。　二年九月，月入東井。占曰：「有大水。」明年夏，京師大水壞廬舍。十月，鎮星犯進賢。占曰：「卿相憂。」明年，節度使同平章事石保吉、安定郡公惟吉卒。丁酉，月犯畢。占曰：「北國憂。」踰月，契丹母卒。　三年三月，鎮星犯進賢。占曰：「卿相憂。」明年，參政馮拯罷。四月，歲星退行入氐；丙午〔七四〕，又守氐。占曰：「主饑疫。」明年，江、淮饑。壬戌，太白犯建星。占曰：「大臣有出者。」明年，參政趙安仁罷。　五年十月，太白犯箕。占曰：「後宮有大慶。」其年，立皇后。閏月，熒惑在諸王北。占曰：「侯王憂。」踰年，舒王薨。　六年四月甲辰，昏度月犯南斗〔七五〕。占曰：「大臣憂。」明年，樞密使王欽若、陳堯叟，副使馬知節罷。　八年二月，熒惑犯五諸侯。占曰：「侯王憂。」其年，榮王元儼降封端王。閏六月，月犯鍵閉。占曰：「將相災。」明年，天平節度周瑩卒，樞密使同平章事陳堯叟罷。　九年十二月，月入太微。占曰：「大臣憂。」明年，參政王曾罷。　天禧元年二月，鎮星犯建星。占曰：「大臣憂。」其年，太尉王旦薨。八月，太白犯房次相。占曰：「將相有大憂。」明年，徐王薨。十月，月入太微端門。占曰：「大臣憂。」明年，參政張知白罷。十一月，又犯太微上相，踰年宰相王欽若罷。　二年正月，月犯南斗距星。占曰：「德令下。」其年，立皇子，大赦。六月，月犯房。占曰：「房，中道也。月行中道，天下和平。」三年五月，鎮星犯牽牛。占曰：「有土功。」其年，河決滑州，大興役徒塞之。十月，太白犯進賢。占曰：「卿相有憂。」明年，宰相向敏中卒。十一月，月入太微。占曰：「大臣憂。」明年，宰相李迪罷。四年二月，月犯箕。占曰：「有大風。」其年四月，西北大風起，飛沙折木，晝晦數刻。四月，月掩房次將。占曰：「臣下有憂，宜察邪亂之臣，不然有暴兵。」戊戌，又掩南斗魁。占曰：「將相有憂。」其年，宰相寇準罷。五月癸亥，又掩日後星。占曰：「臣下災，有陰謀。」是年，周懷政謀亂，覺，伏誅。

仁宗乾興元年三月，木犯房。占云：「秋多雨水。」四月，月犯南斗魁第二星。占曰：「宜謹關梁，察姦詐，將帥有憂。」十一月，月犯五車。占曰：「有兵疫事。」天聖元年五月，月掩房。占曰：「次將災。」九月，火犯壘壁陣。占曰：「將兵者有災。」二年二月，月犯鬼，因掩積尸。十一月，火犯房。三年正月，火犯天籥。五月，金犯太微上將。七月，月犯房。十一月，火犯外屏。四年二月，火犯天高。十月，月犯東井。占曰：「冬多雨雪，春多雨水。」五年九月，金犯靈臺。占曰：「日官失職，水旱失時。」乙巳，金犯明堂。占曰：「天子易宮，宜避正殿正寢，以順天道。」十月，月犯牽牛中星。占曰：「牛疫犧牲之官有憂。」六年正月甲寅，日官言：「熒惑行近天街，當犯而不犯，請宣付史館。」從之。六月，月犯氐。占曰：「兵、饑、刑失中。」八月，木犯鉞。十月，月犯東井。七年六月，月掩畢。八月，木犯輿鬼。八年正月，火犯東井。占曰：「秦分小兵作。」四月，木犯鬼尸。九月，木犯軒轅。十月，月掩畢第二星。九年九月，火犯輿鬼。十一月，月掩畢。明道元年二月庚午，金犯五車。六月，金犯東井，光相接。八月，金掩軒轅左角。十一月，月犯謁者。　二年二月，月入畢口。九月，月入太微。十月，金犯南斗。　景祐元年正月，木犯東咸。五月，火犯右執法。七月，月犯南斗。十一月，月犯房。　二年三月，金犯東井；四月，犯五諸侯。七月，火犯靈臺。十一月，金入氐。　三年正月，火犯進賢。六月，月犯氐。八月，月犯南斗。　四年六月，金犯東井。七月，金犯軒轅大星。十月，土犯左執法。　寶元元年正月，火犯房。四月，月犯角。九月，火犯天鷄。　二年五月，月犯心大星；十月，犯南斗。　康定元年正月，火犯建星。六月，木犯井鉞。七月，木犯東井。十一月，月犯軒轅御女。　慶曆元年正月，月犯房次將；六月，犯東井。七月，月掩斗天相〔七六〕。十一月，木退犯輿鬼。占曰：「秦分饑。」　二年二月，月犯輿鬼。四月，木犯鬼尸。　三年五月，金犯軒轅大星。九月，木犯左執法。　四年二月，木犯左執法。七月，月犯東井。　五年二月，火犯東井；五月，犯軒轅大星。十二月，月犯房上相。　六年七月，金犯左角。十一月，月犯畢距星。　七年正月，火犯五諸侯。六月，土犯建。八月，月犯畢大星。　八年二月，金犯五車東南星。六月，月犯畢。八月，火犯鬼尸。十一月，月掩畢。　皇祐元年二月，又掩畢。五月，火犯右執法。九月，金犯斗天相。十一月，月掩畢。　二年三月，月犯軒轅大星。八月，月入東井。十一月，月犯畢，入氐。占曰：「水蟲多死。」　三年三月，月犯畢。四月，月入太微。占曰：「貴臣失勢。」八月，火犯天江。　四年正月，月犯東井。占爲風雨之候及水官有黜者。八月，犯輿鬼。十月，金犯南斗。占曰：「兵起。」　五年六月，金犯井鉞。閏七月，火犯天江。占曰：「旱饑。」　至和元年十一月，火犯亢。　二年九月，犯壘壁陣。　三年二月，月犯氐。占曰：「氐爲宿宮，月犯之，郎將有咎。」四月，金犯畢。占：「畢爲邊兵。」七月，月犯南斗。占：「南爲天廟，丞相、太宰之位。今月宿魁中，犯之，大臣其有咎，風雨則解。」嘉祐元年十月，金入氐。占曰：「天下疫。」二年三月，火犯壘壁陣。占曰：「有兵。」四月，月犯心。占：「大臣有憂。」八月，木犯氐。占曰：「有赦令。」三年二月，月入魁。占曰：「大臣辱。」又曰：「宮中有盜賊。」四月，月犯五諸侯東星。占曰：「將相憂。」九月，月掩箕。占曰：「箕爲後宮。亦曰天鷄，主八風，今月犯之，宜明號令及後宮政教。亦主大風。」十一月，火犯鈎鈐。占曰：「大臣有咎。」四年正月，木犯建。占曰：「建六星，在南斗東北天之都宮，主謀議。木犯之，大臣相譖。宜察臣下之不和者。」四月，月掩昴。占曰：「胡地有災。」七月，火犯畢距星。占曰：「刑罰用，趙分有冤獄。」又「主戰事」。十月，火犯月星。占曰：「主兵亂。」五年三月，月犯南斗距。占曰：「風雨不時。」四月，月掩輿鬼西北星。占曰：「鬼，天日也，以視察姦謀。其西北星爲金玉之積，今月掩之，寶貨出，紀彈之官災，秦地侯王有憂。」七月，木退犯十二諸國代星。占曰：「主其地有兵災。」十月，土退犯東井距星。占曰：「民多疾病。」六年正月，月掩心大星。六月，金犯畢距星。占曰：「邊兵動，大將危，屬趙、冀之分，宜備河北。」七月，月掩心大星。占曰：「心大辰，海内之主，宜寅奉天道，崇德以禳之。」十月，火退犯五諸侯。占曰：「大謀變不成。」七年三月，火犯輿鬼西北星。占曰：「有天下有兵喪，忠臣憂。」五月，火犯靈臺。占曰：「日官有咎。」八月，土入鬼。占曰：「大臣憂。」十一月，金犯罰星。占曰：「刑罰有所未中。」八年二月，月犯東井。占曰：「爲水事。」六月，火犯諸王。占曰：「宗室諸王有咎。」七月，月犯牽牛。占曰：「牛多死，將軍有憂，馬暴貴。」十二月，火犯軒轅。占曰：「後宮有憂。」

英宗治平元年正月，月掩天關。占曰：「司關津者有罪，邪臣有欲更變天子法令者。」閏五月，木入東井。占曰：「暴雨害黍稷及有川瀆之事。」七月，金犯輿鬼。占曰：「兵革動，孕婦多損，屬秦分。」十月，金入氐。占曰：「霜不時，春糴貴，宋分疫。」二年正月，月犯左角。占曰：「鄭分兵、旱。」四月，木犯天罇。占云：「主憫育孤民憐給衣食之事。」七月，火犯鬼鑕。占曰：「主兵賊動，秦分災。」十月，月犯牽牛中星。三年三月，火犯太微西垣上將。占曰：「將相有憂。」四月，犯右執法。九月，木犯靈臺。占曰：「候天文災變者當其咎。」十月，犯太微西垣上將。占曰：「不利總兵者。」

月犯五緯

宋太祖建隆二年十一月癸未，犯歲星。開寶三年九月乙卯，犯鎮星。

太宗太平興國三年七月己亥，掩熒惑。八月甲戌，與太白合。八年七月辛亥〔七〕，凌犯歲星。端拱元年二月戊申，犯鎮星。辛亥，犯歲星。六月丁卯，掩鎮星。淳化元年十一月丙申，與熒惑合。二年六月己丑，犯歲星。三年三月癸亥，與太白合。九月戊午，掩熒惑。十二月甲申，與熒惑合。四年十月癸未，與辰星合。五年十月己亥，犯歲星。至道三年八月戊申，犯鎮星。十二月癸丑，犯歲星。

真宗咸平元年三月乙丑，犯熒惑。五月己巳，掩歲星。十二月甲午，犯鎮星。二年二月戊子，犯太白。十一月乙未，犯熒惑。三年二月壬子，犯太白。四年十月辛酉，掩熒惑。五年二月癸巳，犯歲星。　六年十一月癸卯，犯鎮星。七月庚午，犯歲星〔七八〕。　大中祥符二年十一月丙子，又犯。三年十月丙辰，犯熒惑。　四年正月丁丑，犯太白。二月壬辰，犯鎮星。八月丙寅，犯太白。　五年三月癸未，犯鎮星。　六年二月丙戌，犯歲星。　七年十二月丁丑，犯鎮星。四月丙辰，掩熒惑。八月癸未，犯鎮星。　九年五月己巳，犯歲星。十月戊戌，犯太白。十二月丙戌，犯熒惑。　天禧元年正月戊申，犯歲星。　三年四月乙未，犯熒惑，相距五寸許。　九月己卯，犯歲星。　七月辛亥，犯太白。　八月庚子，犯熒惑。　五年五月辛卯，犯鎮星。

仁宗天聖三年正月丁未，月犯火。　五年七月己未，犯木。八月丁亥，犯火。十一月戊申，掩木。　六年九月己酉，犯土。　明道元年九月戊子，又犯土。　景祐二年四月丁巳，掩金。　五年三月戊申，入太微，犯土。四月庚寅，犯木。　慶曆元年八月庚子，掩土〔七九〕。十月丙申，犯土。　四年七月壬午，犯火。　六年三月丙申，犯木。七月乙酉，又犯木。　皇祐元年七月丙午，又犯木。　二年六月壬申，犯土。　四年十月己丑，犯木。　至和二年五月庚辰，犯土。十月己酉，犯木。十二月辛卯，犯土，光芒相接。　甲辰，掩木。　三年三月丙寅，又掩土。閏三月癸巳，又掩木。　五月戊子，犯土。　嘉祐二年四月庚申，犯火。　六月戊申，犯金。　乙卯犯火。　四年五月丁酉，犯金。占曰：「强國作難。」十月甲戌，犯火。　十二月庚午，掩火。　五年三月甲午，掩火，在井七度半。占曰：「憂在宮中。」又「輔相死」。　六年閏八月辛丑，犯土，在井十七度。　占曰：「女主憂，後宮有出者。」十一月癸亥，又犯土。占曰：「後宮憂。秦分民流。」　八年七月壬戌，掩木，在畢五度。十一月辛亥，又掩木。

校勘記

〔一〕太白犯畢左股　「畢」字原無，據新唐書卷三三天文三、永樂大典卷七八五六及殿本考證補。

〔二〕十七年火犯鍵閉　新唐書卷三三天文三作「十七年二月，犯鍵閉」。「犯」字前省去「熒惑」二字。元本作「十七年月犯鍵閉」。「月」字前脱「二」字。按本書例當書某月，唐志是。

〔三〕十九年七月壬午　按舊唐書卷三六天文下、唐會要卷四三五星凌犯均作「九月二十四日」。

〔四〕二十三年五月丁亥　「二十三年」，新唐書卷三三天文三作「二十二年」。按二十史朔閏表，貞觀二十三年五月甲辰朔，是月無丁亥；二十二年五月辛巳朔，七日丁亥。疑是。

〔五〕五月戊子　舊唐書卷三六天文下、唐會要卷四三五星凌犯均作「六月二日」。按二十史朔閏表，永徽三年五月丁巳朔，是月無戊子；六月丁亥朔，二日戊子。疑「五月」爲「六月」之誤。

〔六〕二年五月庚申　按二十史朔閏表，乾封二年五月辛酉朔，是月無庚申。舊唐書卷三六天文下無「庚申」二字。

〔七〕月及熒惑　「月」字原脱，據元本、新唐書卷三三天文三補。

〔八〕太極元年三月壬申　「太極元年」原無，「三月壬申」原繫於景雲二年。按唐會要卷四三五星凌犯繫於太極元年；舊唐書卷三六天文下作「太極元年三月三日」，二十史朔閏表太極元年三月庚午朔，三日壬申，今據補。

〔九〕八月己酉　按二十史朔閏表，上元元年八月戊午朔，無己酉。

〔一〇〕代宗廣德元年四月己丑　「廣德元年」，元本及新唐書卷三三天文三均作「寶應二年」。按代宗寶應二年七月壬子改元廣德，史家紀元書法不同。

〔一一〕十二月丁丑　「十」原作「下」。按新唐書卷三三天文三作「十二月丁丑」，舊唐書卷三六天文下作「十二月丁酉」，干支不同，但均爲「十二月」，「下」當係「十」之訛。

〔一二〕癸未　本書繫於七月，舊唐書卷三六天文下作「九月癸未」。永樂大典卷七八五七同本書。

〔一三〕癸酉　舊唐書卷三六天文下作「十二月癸酉」。按二十史朔閏表，大曆八年十二月辛未朔，三日癸酉。疑「癸酉」上脱「十二月」三字。

〔一四〕八月戊辰　「戊辰」，舊唐書卷三六天文下作「戊子」。按二十史朔閏表，是年八月壬戌朔，七日戊辰，二十七日戊子。據本卷所載月球運行情況推算，疑「戊辰」誤。

〔一五〕戊戌　按二十史朔閏表，是年五月辛亥朔，無戊戌。舊唐書卷三六天文下繫此日於是年六月，非五月，疑是。

〔一六〕熒惑入東井　新唐書卷三三天文三「入」字前有「三」字。

〔一七〕月太白歲星皆入南斗魁中　原作「月、太白、歲星犯皆南斗魁中」，不通。元本無「犯」字，新唐書卷三三天文三作「月、太白、歲星皆入南斗魁中」，今據以删補。

〔一八〕旱妖也　「妖」，新唐書卷三三天文三作「祥」。

〔一九〕二十一年正月己酉　按二十史朔閏表，貞元二十一年正月辛未朔，無己酉。

〔二〇〕壬辰　按二十史朔閏表，元和九年七月丙午朔，是月無壬辰。

〔二一〕乙巳熒惑犯哭星　按本書繫於元和十三年八月，據二十史朔閏表，八月壬子朔，無乙巳。舊唐書卷一五憲宗紀下載，是年「九月甲辰，熒惑近哭星」。九月壬午朔，二十三日甲辰，二十四日乙巳。疑本書脱「九月」二字。

〔二二〕五月丙戌　「丙戌」，舊唐書卷三六天文下作「庚寅」。按二十史朔閏表，元和十四年五月戊寅朔，九日丙戌，十三日庚寅。據本卷所載月球運行情况推算，此處疑誤。

〔二三〕月犯東井西轅　「西」，元本作「城」，新唐書卷三三天文三作「北」。

〔二四〕鉞主斬刈　「鉞」原作「越」，據元本、新唐書卷三三天文三改。

〔二五〕三月癸丑　按二十史朔閏表，太和元年三月壬戌朔，無癸丑。

〔二六〕八年七月戊子　「戊子」，舊唐書卷三六天文下作「己巳」。按二十史朔閏表，太和八年七月庚戌朔，無戊子，二十日己巳，疑是。

〔二七〕甲寅　按二十史朔閏表，開成三年五月丁巳朔，無甲寅。

〔二八〕武宗會昌元年閏八月丁酉　「閏八月」，舊唐書卷三六天文下、唐會要卷四三五星凌犯均作「閏九月」。按二十史朔閏表，是年閏九月。此疑誤。

〔二九〕九月癸巳　按二十史朔閏表，會昌五年九月乙巳朔，無癸巳。唐會要卷四三五星凌犯作「九月二十九日」，二十九日癸酉。此疑誤。

〔三〇〕月犯房　「月」字原脱，據元本、新唐書卷三三天文三補。

〔三一〕三年八月壬申　「壬申」原作「壬寅」，據元本、新唐書卷三三天文三改。

〔三二〕十一月丙戌　按二十史朔閏表，天復二年十一月丁酉朔，無丙戌。

〔三三〕胡兵起　「兵」字原無，據新唐書卷三三天文三、永樂大典卷七八五七補。

〔三四〕勾己犯水位　「犯」字原無，據新唐書卷三三天文三補。

〔三五〕月掩庶子　「掩」下原有「心」字，據元本、新五代史卷五九司天考二删。

〔三六〕月犯左執法　「左」，新五代史卷五九司天考二作「右」。

〔三七〕長興元年六月乙卯　「長興」原作「長安」。按唐明宗無「長安」年號，據元本、新五代史卷五九司天考二改。

〔三八〕清泰元年六月甲戌　「清泰元年」四字原無，據新五代史卷五九司天考二、舊五代史卷一三九天文補。

〔三九〕四月丁巳　「丁巳」原脱，據元本、新五代史卷五九司天考二、舊五代史卷一三九天文補。

〔四〇〕七月　新五代史卷五九司天考二作「七月庚辰」。

〔四一〕庚寅月太白犯東井　「庚寅」，新五代史卷五九司天考二、舊五代史卷一三九天文均作「甲申」；又均無「月」字。

〔四二〕二年七月　新五代史卷五九司天考二「七月」下有「乙未朔」三字。

〔四三〕十一月　新五代史卷五九司天考二、舊五代史卷一三九天文「十一月」下均有「甲午朔」三字。

〔四四〕月掩距星　新五代史卷五九司天考二「掩」下有「角」字。

〔四五〕十一月　新五代史卷五九司天考二、舊五代史卷一三九天文「十一月」下均有「壬戌」二字。

〔四六〕隱帝乾祐元年四月　新五代史卷五九司天考二「四月」下有「甲午」二字。

〔四七〕七月　新五代史卷五九司天考二「七月」下有「甲寅」二字。

〔四八〕八月　新五代史卷五九司天考二作「八月乙酉」，舊五代史卷一三九天文作「八月己丑」。

〔四九〕九月　新五代史卷五九司天考二作「九月丁卯」。

〔五〇〕十月　新五代史卷五九司天考二、舊五代史卷一三九天文均作「十月丁丑」。

〔五一〕三年二月　新五代史卷五九司天考二「二月」下有「甲戌」二字。

〔五二〕六月　新五代史卷五九司天考二、舊五代史卷一三九天文均作「六月乙卯」。

〔五三〕七月　新五代史卷五九司天考二、舊五代史卷一三九天文作「七月甲申」。
〔五四〕八月　新五代史卷五九司天考二、舊五代史卷一三九天文作「八月癸卯」。
〔五五〕十月　新五代史卷五九司天考二、舊五代史卷一三九天文作「十月辛酉」。
〔五六〕二月　新五代史卷五九司天考二、舊五代史卷一三九天文作「二月丁巳」。
〔五七〕三月　新五代史卷五九司天考二、舊五代史卷一三九天文作「三月甲子」。
〔五八〕四月　新五代史卷五九司天考二、舊五代史卷一三九天文作「四月甲午」。
〔五九〕二年七月　新五代史卷五九司天考二作「二年七月乙丑」。
〔六〇〕八月　新五代史卷五九司天考二、舊五代史卷一三九天文均作「八月乙未」。
〔六一〕九月　新五代史卷五九司天考二、舊五代史卷一三九天文作「九月辛酉」。
〔六二〕十月　新五代史卷五九司天考二、舊五代史卷一三九天文作「十月壬辰」。
〔六三〕三年四月　新五代史卷五九司天考二、舊五代史卷一三九天文作「四月乙丑」。
〔六四〕五月　新五代史卷五九司天考二、舊五代史卷一三九天文作「五月辛巳」。
〔六五〕七月　新五代史卷五七司天考二作「七月乙酉」。
〔六六〕世宗顯德六年六月　按五代會要卷一一五星凌犯「六月十八日，熒惑與心大星合度」。顯德六年六月乙亥朔，十八日壬辰。
〔六七〕癸卯　宋史卷五五天文八作「癸酉」。按建隆元年十月丁卯朔，七日癸酉，是月無癸卯。
〔六八〕犯上相　「犯」字原脱，據元本、宋史卷五五天文八補。

〔六九〕太白犯南斗魁　宋史卷五五天文八「魁」下有「第二星」三字。

〔七〇〕歲星入氐　「氐」，宋史卷五五天文八作「亢」。

〔七一〕范廷召大破契丹於莫州東　「莫」原作「黄」。按黄州時屬淮南路，契丹未至此地。據宋史卷六真宗紀、長編卷四六真宗咸平三年春正月丁亥記事改。

〔七二〕三年九月戊子　「三年」，宋史卷五五天文八作「四年」。按二十史朔閏表，景德三年九月庚子朔，是月無戊子日；四年九月甲子朔，二十五日戊子。疑本書誤。

〔七三〕金水各一方　元本「各」下有「出」字。是。

〔七四〕丙午　宋史卷五五天文八作「丙子」。按二十史朔閏表，大中祥符三年四月庚戌朔，是月無丙午日，二十七日丙子。疑本書誤。

〔七五〕六年四月甲辰昏度月犯南斗　「四月」，宋史卷五三天文六作「五月」。按二十史朔閏表，大中祥符六年四月壬戌朔，無甲辰；五月辛卯朔，十四日甲辰，疑本書誤。

〔七六〕月掩斗天相　宋史卷五五天文八「掩」下有「南」字。

〔七七〕八年七月辛亥　「辛亥」，宋史卷五三天文六作「辛巳」。按二十史朔閏表，太平興國八年七月甲寅朔，無辛亥，二十八日辛巳。疑本書誤。

〔七八〕七月庚午犯歲星　按宋史卷五三天文六繫於景德二年，並於此前有「景德元年八月壬申，犯鎮星。二年五月辛卯，犯鎮星」二十字。

〔七九〕掩土　「土」，宋史卷五三天文六作「歲星」。

卷二百九十　象緯考十三

月五星凌犯

神宗治平四年正月庚申，月入東井。主風雨。又犯軒轅大星〔一〕。主歲饑，母后親屬咎罰。五月甲申，月犯左執法。主執法官憂。八月〔二〕，熒惑犯軒轅大星。主女主災。十二月〔三〕，熒惑犯亢。主民疫。　熙寧元年正月庚辰，填退犯上相。主大臣有咎。八月甲寅，熒惑犯天江第二星。主水壞城邑，民饑。十月丙戌，歲入氐。主后有喜，亦主赦。　二年正月戊寅，月入東井。主風雨。七月辛巳，太白犯輿鬼東南星〔四〕。主兵。十一月丙子，填犯亢距星。主逆臣有謀，五穀傷，民流亡。　三年二月辛卯，熒惑入天籥。主防姦盜或火。五月癸巳，熒惑退犯天江。主旱。九月，月掩天關。主有亂臣更天子法令，或典司關津者有罪。十月戊午，熒惑犯壘壁陣西北星。主兵。　四年正月乙未，月犯天關。主有亂臣更法令，亦主掌關津者有罪。四月，犯天江。主津梁不通。八月甲子，犯壘壁陣西第一星。主軍兵憂。十一月丁亥，辰犯罰南一星。宜察獄。　五年正月乙丑〔五〕，熒惑犯天江東第一星。主大旱或大水。六月己酉，太白犯畢距星。主兵起將有咎。七月癸巳，月犯羽林軍西第一星。主兵出。十一月戊午，熒惑犯外屏西第二星。主民不安。　六年正月甲子，月犯東咸西南第二星。主陰謀及民饑。六月癸未，太白犯東上相。主相有咎，亦主兵喪。七月丙寅，太白犯南斗距星。主國有兵事，亦主外國有使來。十月辛巳，月犯外屏西第五星。主人民不安。

七年正月丁未，填犯天江東北第一星。主江河決溢，土功興。六月，月犯天江北星。主邊遠道路阻塞。十一月，熒惑犯左執法，又入太微垣。主大臣有憂。

八年正月癸卯，月犯司怪北第一星。主有怪異事。閏四月戊戌〔六〕，太白犯輿鬼西北星。主大將憂，民多疫。七月庚午，月犯狗國西南星。主三韓、鮮卑、烏丸、玁狁之屬有咎。十月戊戌，月犯外屏西第三星。主民憂。

九年正月辛未，月犯長垣第一星。主胡夷兵動。六月辛卯，歲入東井。有軍在外，亦有川瀆之事。七月丁丑，歲犯天罇西星。主貧餒闕食。十月庚子，月犯五諸侯西第四星。主將相憂。十一月乙亥，月犯箕東北星。主暴風雨。

十年四月丙戌，熒惑犯輿鬼東北星。主魚鹽貴。九月己酉，太白入太微垣。主廷尉、丞相、御史有黜者。十二月辛卯，月掩輿鬼西北星。主將有咎，或大臣黜。

元豐元年四月庚申，月入南斗。主大臣辱，女主災。七月戊戌，熒惑犯天罇西北星。主秦分民饑。十二月壬戌，太白犯建西第二星。主大臣互譖毁，外國有使至。

二年二月壬戌，熒惑入犯輿鬼東北星。主兵馬出。四月己卯〔七〕，月犯日星下。主下不順，宜以赦宥應之。七月癸未，月犯雲雨東北星。主多雨。十二月庚戌，犯軒轅太民。主大臣黜。

三年六月癸巳，太白犯畢距第二星。主邊兵敗。七月丁卯，熒惑入東井。主無兵兵起，有兵兵罷。十二月癸未，月犯建西第三星。主大臣相譖。

四年三月壬辰，月入東井。主貴臣死。七月庚戌，熒惑入氐。主有賊臣。宜宮中慎火。十月壬戌，月犯雲雨西北星。主多雨水。

五年二月辛酉，月犯水位第一星〔八〕。主水流溢。七月乙巳，熒惑入輿鬼。主金玉用，有大赦，秦分没軍殺將。十月丁巳，月入犯雲雨西南星。主雨澤成萬物。六年三月己亥，熒惑犯東上相。主大臣有咎。六月戊戌〔九〕，熒惑入犯氐東南星。主慎火。八月癸未，熒惑犯天江南第二星。主旱。十二月庚辰，月掩犯畢距第二星。主邊兵動，女主憂。七年三月壬寅，月犯畢距星。主多雨。四月丁亥，歲犯羅堰。主糧貴。十月甲午，月犯心大星。主王者憂。八年二月乙酉，熒惑犯東咸。主人民有疾疫，旱災。六月丙子，月犯建第四星〔一〇〕。主大臣相譖。八月甲戌，太白犯軒轅〔一一〕。軒轅者，黄帝之神，黄龍之體，后妃之所主職。今太白行犯以所主占之。十一月癸卯，月犯畢大星。主大臣死。又主有邊兵。若七日有風雨，即解之。

哲宗元祐元年二月甲戌，月犯左執法。主大臣有憂，又主大臣有免者。四月辛丑，月犯罰。主掌罰者憂。八月，月犯畢大星。主多雨。十月丙午，月入太微垣，犯右執法。主大臣有憂，將相有免者。二年三月，月犯建。主有兵，又主大臣相譖。五月戊辰，月犯羅堰星。主水溢。十一月甲戌，月犯罰。主罰贖平。三年七月甲子，歲犯天罇。主給濟貧乏。十二月甲寅，熒惑犯天籥。主掌管籥官有咎，宜察關鍵。四年三月丁亥，月犯天江。主河津不通。四月，犯氐。主兵起，將臣有憂。七月乙亥，犯罰星。主罰贖平。九月辛卯，月入太微垣軌道，吉。五年正月辛巳，月入太微垣，犯内屏。主輔臣有免者。四月庚寅〔一二〕，月掩畢。爲女主有憂，當以赦令除咎。十月庚子，月犯羽林軍。主大臣有憂，亦主兵將黜。六年三月庚辰，填星犯東井。主水旱不時。四月己亥，填星入太微，行軌道，吉。七年三月戊戌，月入氐。主政令行，臣下忠孝。四月癸亥，月犯進賢。宜舉俊賢，搜遺逸。七月辛未，月犯司怪。主怪異事。十二月壬戌，太白犯雲雨。主有雨澤，萬物成。　八年正月丙申，月犯進賢。主進賢之官有憂。六月己酉，太白犯諸王東第二星。主宗臣憂。七月甲申，月犯心距星。主大臣憂。十月，月犯外屏。主民人憂。　紹聖元年二月，月犯斗。主風雨不時。四月丙午，月犯五諸侯第二星〔一三〕。主大臣憂。八月丙子，月犯箕東北星。主多風及糴貴。十一月丙午，太白犯西咸南第一星〔一四〕。主兵。二年正月甲寅，月犯角距星。主大臣誅，有獄事。五月己酉，犯箕東北星。主多風，又主后憂、災。八月，犯外屏西第一星。主民不安。十一月犯輿鬼東北星。主民多疾。　三年二月庚辰，太白入昴。主大赦。七月癸巳，太白入東井。將軍惡之，先起兵者敗。又主有大水。十一月壬戌，月犯鈎星。主多盜。　四年二月己亥〔一五〕，月犯天門東星。陰陽不調。四月庚子，狗犯西星〔一六〕。主盜賊劫掠人民。七月丁巳，熒惑掩犯積薪。主大旱，兵起。十月癸巳，填犯進賢。主賢者得罪黜免。　元符元年正月丙辰，填犯進賢。占同上。六月乙未，月犯雲雨。主多雨澤。七月乙丑，熒惑犯氐。宜察臣下及修火禁。十月甲午，辰入氐。主貴臣暴憂，法官有獄事。　二年正月壬戌，犯天門東星。主陰陽不順。四月丁丑，月犯井東扇北第三星。主水官有黜，刑政不平，又主風雨。七月壬子，犯建西第三星。主大臣相譖。十月己未，熒惑犯進賢。主賢臣退黜。　三年正月辛未，熒惑犯氐東南星。主君憂，又主將相有憂。四月壬寅，熒惑退行，犯亢南第一星。主亂兵，疾疫。九月，太白犯南斗西第二星。主小人在位，兵革欲興。十二月丙辰，月入氐。主天下兵起。

徽宗建中靖國元年二月癸卯，月犯軒轅右角太民。主大饑，人流，女主有憂。四月乙巳，月犯罰星。

主法令曲。八月丁酉，月犯建第二星〔一七〕。主大臣相譖。十月甲辰，熒惑犯平道西第一星。主隱士升，又主天下大亂。崇寧元年正月己巳，月犯水位西第四星〔一八〕。主水溢流。閏六月庚辰，太白犯進賢。主賢者黜。十月乙丑，月入畢口。主君臣憂兵。二年二月壬戌，熒惑犯昴〔一九〕。主胡人聚中國，匈奴兵起。五月己亥，月犯雲雨東北。主雨不時。八月丙子，太白入氐。主糴貴。十月甲子，熒惑犯亢南第一星。主有亂臣。三年二月癸亥〔二〇〕，太白犯昴距星。主胡王死，又主臣有謀，易政令。四月壬子，熒惑犯壘壁陣西第五星。主兵大起。七月戊戌，太白犯積薪。主大旱，民流。十一月己丑，月入太微垣。主有姦人在主側。四年三月壬寅，熒惑犯井鉞。主斧鉞用。八月庚辰〔二一〕，太白犯罰。主賞罰失平。十二月，填犯建第二星〔二二〕。主臣下相譖。五年正月戊申，月入太微垣。主四夷兵盛。五月辛丑，月入氐。主兵動。八月丁卯，熒惑犯天街南。主邊兵動。十月乙丑，熒惑犯昴東南星。主饑疫。

大觀元年正月丁未，太白犯外屏。主障蔽。四月戊午，太白入井。主政急，民流。五月甲午，月犯進賢。主蔽賢。九月己丑，月犯天籥。主關籥不禁。十二月丁未，月犯建。主大臣相譖。二年二月癸巳，月入太微垣，犯內屏。主姦人在國。四月癸巳，月犯壘壁陣。主用兵。七月癸酉，熒惑犯司怪。主水旱不時。九月壬申，月入太微垣。主四夷兵盛。三年二月己丑，月入太微垣，犯內屏。主上下失禮，輔臣免。五月辛亥，太白犯天狗〔二三〕。主陰謀。十二月丙申，歲犯外屏。主障蔽。四年正月戊申，月犯天街。主邊兵動。六月乙亥，月犯進賢。主賢人退。閏八月丙午，填犯泣。主喪。十一月庚寅，太白犯天江〔二四〕。主水。政和元年二月乙卯，月犯南斗。主大臣、后妃憂。六月己酉，月入羽林軍。主兵起。七月壬申，月犯狗。主守禦不嚴。　二年六月辛亥，熒惑入井。主先舉兵者將死。九月丁卯，歲犯鬼。主君憂民饑。　三年正月乙亥，熒惑犯太微垣内屏。主上下失禮，輔臣免。六月戊午，太白入太微垣，犯右執法。凶。九月庚寅，熒惑犯天江。主旱。十月乙丑，月犯鬼。主秦分有兵。　四年十一月庚寅，熒惑犯進賢。主賢人得罪貶死。　五年正月乙亥，熒惑犯亢。主有亂臣，疾疫。六月壬子，月犯狗。主守禦臣憂。九月甲申，月犯昴。主匈奴憂。十月丙辰，月入鬼。主君臣憂。　六年閏正月，歲犯亢。主佞臣用。六月辛未，月犯心大星。主人主憂。七月辛亥，歲犯亢。主臣爲亂。十二月癸亥，入氐。主賊臣在内。　七年正月丁酉，熒惑犯鍵閉。宜戒行幸。七月乙未，熒惑犯天江。主旱。十月丙辰，填星犯畢。主兵起西北而不戰。　八年正月丁亥，熒惑犯外屏。主蔽障。六月己巳，月犯雲雨。主雨澤。九月癸亥〔二五〕，熒惑犯進賢。主賢者得罪。十月戊申，熒惑入氐。主宫中火災。　宣和元年九月，熒惑犯壘壁陣〔二六〕。主兵作。十一月己未，月犯鬼主。將軍死，大臣黜，國有憂。　二年正月己酉，月犯畢。主天下有變令。十月庚辰，熒惑犯亢。主有亂臣，民多疾。　三年正月戊申，熒惑犯南斗。主破軍殺將，暴兵起。十一月丙戌，月犯罰。主刑罰用。　四年三月甲戌，歲犯昴。主北征胡。　五年正月壬戌，月犯畢。主天下有變令。五月甲寅，太白犯鬼。主有兵謀。九月己未，熒惑犯司怪。主水旱不時。十一月，太白犯房。主人君將相憂。　六年正月己巳，月入氐。主兵大作。十月丁巳，月犯畢。主天下有變令，刑急臣叛。　七年五月壬辰，太白犯畢。主邊兵起，民饑。六月丁巳，月入羽林軍。主兵興。十二月丙辰，月入太微垣。主君弱臣强，四夷兵盛。

欽宗靖康元年三月庚戌〔二七〕，月入太微垣。主君弱臣強，四夷兵盛。五月壬申，太白入鬼，犯積尸氣。主亂臣在内，兵起，大臣、將軍誅。七月己卯，月入羽林軍。主兵起。十月丙辰，月入太微垣。主四夷兵盛。十一月庚午，太白犯亢。主君自將兵。二年二月丁卯，月入太微垣。主大國破亡。

月犯五緯

神宗治平四年正月辛亥，月犯辰。主上卿憂。八月辛未，犯太白。主將二心。癸酉，掩歲。主邊兵。九月壬寅，犯太白。主鄭、楚分兵。十月戊辰，掩填星。主楚分流民。又犯熒惑。主荆楚兵。熙寧元年二月丁巳，犯填。主宫女出，楚分流民。四月壬子，犯歲。主楚分兵或饑。五年四月癸亥，犯填。占同。閏七月庚申，犯熒惑。主察讒臣或貴人有咎。六年九月甲辰，掩太白。主燕分兵。十年九月庚午，犯歲。主周分饑。十二月壬辰，犯歲。占同，仍有邊兵。元豐七年十月甲午，犯辰。主兵，校尉有憂。八年八月戊寅，犯填。主後宫有出者。十一月戊戌，犯歲。主衛分饑，民流，亦爲邊兵。庚子，犯填。主後宫有憂及民流、土功興。

哲宗元祐三年七月庚午，犯太白。主秦分兵。十月壬辰，犯歲；四年三月丙子，又犯，皆主秦分兵、饑。七月辛卯，犯填；十月癸丑，掩之，皆主後宫有出者。六年九月癸卯，犯熒惑。主有兵。十二月甲戌，掩歲。主鄭分饑，邊兵動。八年十二月丁巳，犯熒惑。主有兵戰，小吏憂。紹聖元年六月甲戌，犯太白。主秦分兵。九月辛酉，犯填；十二月癸未，又犯，皆主後宫宜崇福及主民流。二年正月庚戌，又犯。主周分下陵上，及後宮憂。四月壬申，又犯。主民流。三年九月戊戌，犯歲。主齊分饑，有邊兵。四年七月丁丑，犯熒惑。主兵戰，小吏憂。元符二年八月壬辰，犯歲；十一月辛巳、十二月戊申，又犯，皆主晉分民流、饑。三年六月癸卯，犯熒惑。主小吏死，貴人出，大將亡。

徽宗建中靖國元年五月辛未，犯填。主下犯上，后災，民流亡。崇寧元年七月丁亥，犯太白。主强侯作難，國戰不勝，民靡散。五年二月戊子，犯熒惑。主兵起，大將死，貴人出。大觀二年十二月戊子，犯熒惑。占同。四年七月戊午，犯歲。主邊兵動，民饑流亡。政和元年正月己巳，犯歲。占同。宣和元年正月乙卯，犯填。主下犯上，人民流。三年八月戊申，犯熒惑。主兵起，小吏死，大將亡，貴人出。四年八月庚戌，犯填。主下犯上，後宮災，民流亡。七年十一月乙酉，犯熒惑。主貴人出，兵起，將亡。

高宗建炎三年三月乙未，月入氐。占曰：「兵動。」是夜，土犯亢。占曰：「臣有謀。」是月，苗傅、劉正彦作亂，至秋伏誅。五月丙午，歲星逆行，犯房。占：「將相有憂。」於是呂頤浩相，杜充降虜。七月辛巳，太白入太微垣。占：「邪臣伏誅。」次年，張浚奏誅范瓊。癸巳，歲星犯鈎鈐。占曰：「王者失政，近臣起亂。」是冬，上將謀航海避狄，禁兵謀作亂，伏兵誅之。八月癸丑，熒惑入鬼，犯積尸。占：「賊在君側。」又「軍死將亡」。於是虜大入浙西，殺人如麻。閏八月丙戌，太白犯心前星〔二八〕。占：「兵興，殃在貴人。」又主「王者惡之」。次逼明堂，纔一舍。上甚懼。壬寅，稍北歸黃道。甲子，熒惑犯太微垣西上將星〔二九〕。占：「上將爲天子所誅。」丙寅〔三〇〕，熒惑入太微垣。占：「天下不安。」草澤天文耿靜言：「熒惑行當在巳，今超過午，入太微，於法爲凶。」十一月乙巳，熒惑出太微垣東左掖門。己酉，犯垣東上相，徘徊不去。是歲，虜大入江浙湖南，上航海幸温、台，來春始還越。四年正月癸亥，太白犯建星。占：「大臣相譖。」八月辛卯，犯五諸侯。占：「將相憂。」九月，趙鼎罷。紹興元年正月己亥朔〔三一〕，熒惑入羽林。占：「有叛臣起。」是春，李成叛。二月癸卯〔三二〕，月犯五諸侯西第五星。占：「將相憂。」四月癸酉，月犯權星。占：「主有逆賊，火災。」冬，越州火。辛巳，月犯心。占：「大臣有憂。」未幾，范宗尹罷相。八月辛未，月復犯心。未幾，張浚罷，秦檜相。癸酉，月犯昴。占：「胡王死，期不出五年。」應在四年，吳乞買殂。九月乙巳，月入羽林。占：「兵起。」己巳，月犯太白。占：「强國以戰敗。」十月，吳玠大敗兀术於和尚原。十月丁丑，熒惑犯執法〔三三〕。占：「大臣憂。」庚辰，順行出太微垣東北掖門。十一月辛丑，熒惑犯進賢。占：「賢者得罪免、黜。」先是，婁寅以言宗社大計擢監察御史，秦檜惡之，諷言者論而黜之。二年正月丙申，熒惑入氐。占：「天子失其宫。」是月，上移蹕臨安。二月辛未，月犯五諸侯第四星。占：「將相有憂。」於是吕頤浩與秦檜不協，檜罷相。五月乙亥，熒惑犯氐東南星。占：「將相有憂。」又「有火災」。未幾，臨安火。七月甲戌，熒惑犯天江。占曰：「大旱，次年旱。」三年七月癸亥，月入南斗，行魁中。占：「大臣憂。」其後吕頤浩罷。十一月丁巳，月犯壘壁陣西第六星。占：「兵起。」是月僞齊引兵寇淮；兀术聚兵寇蜀，吳玠擊却之。辛未，熒惑犯氐。占：「多火災。」於是臨安四月火災。十二月辛未〔三四〕，月犯昴。占：「胡王死。」應在次年。丙申，月犯鬼。占：「秦分有兵。」次年春，兀术犯大散關，吳玠破之。辛丑，熒惑犯房北第一星。占：「將相憂。」又曰：「馬貴。」於是吳玠始通西馬。四年二月壬戌〔三五〕，月犯東諸侯第一星。占：「將相憂。」其秋，朱勝非罷。五月辛亥，熒惑犯輿鬼。占：「有兵謀，斧鉞用。」十月丙子，熒惑犯壘壁陣西北；戊戌，又犯第六星。占：「兵大起。」是日，上親征，發臨安，以殿前司及神武中軍從。十二月丙戌，月犯昴西北星。占：「胡王死，天子破匈奴，不出三年。」於是，金主吳乞買殂，亶代立。　五年二月庚戌〔三六〕，填犯建星、太白。四月壬子，歲星犯井鉞。占：「斧鉞用。」十一月己丑，太白犯壘壁陣。占：「兵起。」甲午，月入井。占：如之。於是大舉伐劉豫。十二月己卯，熒惑犯天江。占：「旱。」次年旱。　六年五月辛卯，太白犯畢。上謂輔臣曰：「金星犯畢，占：『邊有敗兵。』當諭張浚令諸帥戒飭守邊者。雖自有分野，亦不得不戒。」明年六月，酈瓊殺呂祉，以其軍降劉豫。六月己未，月犯昴。占：「胡王死。」明年，粘罕死。十二月辛酉，歲入鬼。占：「大臣災，相黜。」於是趙鼎罷。　七年正月癸亥，月逆行入鬼，犯積尸。占：「王者憂，國有兵喪。」三月壬午，亦然。於是徽宗寧德訃至。三月辛巳，月犯牛宿西第一星。占：「臣將黜。」又曰：「大臣將兵。」於是冬，張浚罷，趙鼎復相，呂頤浩守建康。四月甲午，熒惑入井。占：「兵，旱。」是秋旱。五月丁丑，月犯建星。占：「大臣相譖。」時張浚與趙鼎不協，上疏毀之。癸酉，月犯牛南星。占：「下有憂，將軍死。」厥應在九年吳玠薨，十年岳飛被譖死也。八月丙申，月犯房北第二星。占：「次相憂。」於是張浚以酈瓊叛罷相，俄貶永州。十二月戊午，金入羽林軍。占：「天子以軍自守。」其夜月犯房北第一星。占：「將相憂。」於是始議講和。　九年正月辛卯，月入東井。其四月癸丑，六月乙亥，八月丙申，十月甲子，十二月己未，皆復犯井。占：「諸侯貴人死。」是歲呂頤浩、吳玠、李綱相繼薨。二月己巳，月入氐。其四月癸亥，六月戊午，八月癸丑亦如之。占：「兵動。」於是金人始歸河南、陝西，俄復興兵取之。四月癸亥，月犯氐。占：「天下兵起。」六月戊午，復入氐。是歲金人既敗盟，諸將各出師敗之。九月壬戌，月犯天高。占：「將死臣誅。」十二月丁巳，復犯天高。次年，趙鼎再貶，岳飛下獄死。十年正月戊子，木入氐。占：「有赦。」甲辰留。其七月辛未，復入氐。占：「當有善令。」其歲太平年豐，立后有喜。後二年，立后吴氏。三月辛卯，月入氐。六月、七月、八月、十二月，皆入氐。同占：「兵起。」是歲，兀术再入寇，諸將進取大捷。十一年十一月乙卯，月入太微垣。占：「大臣有憂，將相有免者。若期三年，有爲天子所誅。」於是岳飛下獄死，韓世忠罷。丙辰，月犯進賢。占：「賢者得罪。」明年，胡銓貶，張戒勒停，自此賢者多貶黜，死亡不可勝數。十二年，月犯氐、井、畢，入太微者相仍。於是張俊罷，劉光世薨。十四年正月庚申，月入畢，掩大星。占：「陰國有憂。」是歲，金人伐蒙，不克，乃册之爲帝。十七年五月壬戌，木順行入東井。占：「天下有川瀆之事。」於是浙西、建康同日大水。九月己卯，金入太微垣。占：「屬楚地。」於是漳州盜起。十九年正月辛丑，火犯亢。占：「大人多疾，有不臣。」其年，秦檜始以病告。七月戊申，火星犯南斗。占：「丞相有事。」次年，施全刺秦檜不中而誅。八月戊午，月入南斗。十月辛未，火順行，犯壘壁陣。次年，信州、建州皆有盜起。二十年七月己卯，月犯角宿距星。占：「大人憂，有獄事。」是時連起大獄。八月癸亥，月犯畢宿距星。占：「胡王死。」二十一年十一月戊申，月犯昴星。占：「胡王死，將軍死。」皆爲完顔亮將亡之兆。二十二年正月丙辰，月犯心東星。占：「大臣有憂。」是歲八月，韓世忠薨。二十三年三月戊申，月犯南斗。是歲浙西水。二十四年六月丙午，月犯羅堰。是秋大水。十月乙未，月掩建星。占：「大臣相譖。」　二十九年正月乙亥，月犯氐距星。占：「女后後宮災。」是秋，顯仁太后崩。二月癸卯，入氐方口内。占：「兵動。」是歲凡四。於是金主亮遷汴，謀叛盟。七月辛亥，火星入鬼宿，犯積尸氣。占：「兵喪，旱災，兵在西北，軍死將亡。」次年，逆亮兵五十萬屯宿、泗，謀入寇。　三十年正月戊戌，月入氐。占：「兵動。」二月乙丑亦如之。是歲凡五。六月壬申，金星順行入東井。占：「先起兵者敗，將軍犯罪，政急民流。」明年，虜亮入寇。　三十一年正月甲申，月犯東井。是歲凡七。二月，入氐。是歲凡三〔三七〕。皆兵兆也。七月壬辰，金星順行犯角距星。占：「天下大戰，道路不通。」　三十二年正月戊寅，歲星退行入太微垣。占：「軌道吉。」又曰：「天下喜，或有赦。」其年五月乙未，木順行入太微垣。占同。是年，孝宗受禪。庚申，月入井。是歲凡八。

孝宗隆興元年二月己巳，月入東井。是歲凡三〔三八〕。癸卯〔三九〕，月入羽林軍。爲兵起。是歲凡三。　二年正月戊子，月入羽林軍。是歲凡八〔四〇〕。其冬虜犯淮南。辛亥，熒惑犯房宿。占：「將軍亂，國君將相憂。」於是張浚罷。未幾，洪适罷。己巳〔四一〕，月犯長垣。其閏十一月戊辰〔四二〕，亦如之。占：「長垣四星，占主邊界城墻，以備胡兵。」於是金人使來，欲割四郡，卒與之。　乾道元年三月辛未，月入羽林軍。是年凡八。　二年六月乙酉，月入斗。八月庚辰，亦如之。占：「女后憂，太子辱。」九月庚戌，月犯哭星。主悲泣事。十一月戊午，月犯權星。占曰：「女后憂。」明年，皇后夏氏崩，太子愭薨。　三年四月壬申，月犯五諸侯。占：「將相憂。」是年吴璘薨。癸丑〔四三〕，月掩南斗。占：「大臣太子辱，風雨不時。」丁丑，月犯房。占爲「將相憂」。庚辰，月復入南斗魁。是歲兩浙水旱。其冬葉顒、魏杞罷相。　四年二月丁巳，月入羽林軍。是歲凡十〔四四〕。　六年二月丁未，月入羽林。占爲「兵起」。是歲凡三。　九年六月癸亥，火星犯太微垣西扇右執法星。占：「大臣有憂。」十月庚午，木犯太微垣右執法。占：「將相、執法臣憂。」十二月亦如之。明年，虞允文以帥蜀薨於興元。　淳熙二年七月戊子，月犯房宿。占：「將相、執法憂。」次年，葉衡貶。　四年七月辛酉，火犯氐宿。占：「將相憂。」明年，龔茂良罷貶〔四五〕。　五年正月壬戌，土星留守諸王星。明年，魏王愷薨〔四六〕。　六年十一月己未，月犯木。占：「齊分，歲荒民流亡。」明年，江、浙、淮西、湖北旱，除民賦，賑恤之。　八年正月己未，月入東井。是歲凡六。閏三月丁未，月入太微垣，是歲凡六。　十三年七月甲申，月掩心宿。八月己卯，月掩大星。　十四年三月戊午，月行犯心宿距星。占：「大臣有憂。」是冬，梁克家薨〔四七〕。四月辛卯，月入羽林軍。是歲凡三〔四八〕。五月，月犯心宿大星，又犯中央星。占：「人主有憂。」是年冬，高宗上仙。六月庚寅，月行入斗宿内。占：「大臣、太子憂。」是冬，太子參決辭，不許。十月壬辰，火星留守五諸侯。占：「諸侯貴人死。」次年，恩平郡王璩薨。　十五年正月壬子，木星行犯房宿北第一星。占：「將相憂。」　二月己巳，木星留守房宿。占：「有赦，天下和平。」次年，光宗受禪，大赦。六月己丑，太陰犯昴。占：「胡王死。」明年正月，金主雍殂。　十六年正月辛丑，土星留守氐宿方口内。占：「守氐，有德令，土功興。」又云：「皇后、太子喜，歲安。」於是二月立后。

光宗紹熙元年五月己未，太陰行在斗宿距星西北。占：「風雨不時，臣將黜死，女后憂。」二年八月庚寅，火星入鬼宿，犯積尸。占：「在西北，軍將死亡。」三年正月己酉，火星入太微垣内留守。

占：「太微垣在翼、軫之宿北，天子之庭，五帝之座，十二諸侯之府。」今熒惑入中留，天子惡之。是時上有疾，久不視朝。四月丁巳，火星犯太微垣右執法星。占：「有逆賊，宮中不安。」八月甲辰，金星行犯權星左角少民星。占：「女后、宗族災。」又云：「大臣當之。」 四年十月丁酉，火星入太微垣內，徘徊內屏者凡四閲月。占：「宮中不安，歲饑。」又曰：「有喪。」次年六月，孝宗上仙。十一月己巳，火星犯上相星。占：「上相有罪。」次年留正黜。 五年八月壬辰，火星犯房宿。占：「將相憂。」於是羅點卒。次年，趙汝愚貶死。十一月庚戌，木犯諸王星。占：「諸侯宗臣災。」

寧宗慶元元年六月丁卯，金入東井。占：「先起兵者敗，將軍死，政急民流。」九月丙戌，火入太微垣。占：「有逆賊。」 二年八月乙亥，木犯權星。次年，慈福太皇太后崩。 三年二月辛亥，月入畢。占：「陰國有憂。天子用誅罰急，臣叛，將相災，或邊兵入。」 四年三月乙巳，木星入太微垣，犯右執法。六月乙丑，土星犯壘壁陣星西方第五星。占爲「兵起」。十月戊午，月行入太微垣內，至次年凡四，並同。此爲四夷姦人來聽伺之象。 嘉泰元年五月丁丑，火星細行不行黄道爲死色。占爲「變色有喪」。是歲臨安大火，三日乃息。 三年七月戊子，木星行入羽林軍。 四年三月壬申，月犯權星。占：「有逆賊并火災。」六月戊申，入羽林軍；七月丙子，又入羽林軍。時出師北伐。 開禧元年正月己卯，火星留守五諸侯星從西第四星。占：「諸侯兵死。」是歲吴曦反於蜀，俄伏誅。 三月己巳，月入太微垣。 四月戊申，月入羽林軍。 二年六月丙寅，月入羽林軍內。占爲「兵起」。七月乙未，木星犯井宿鉞星。占爲「斧鉞用」，又爲「亂兵起」。 三年二月癸丑，月犯五車東南星。占：「兵起，駕道不通。」己未，火星退留守權星。占：「女后有憂。」於是成肅太皇太后崩。九月乙亥，木星順行入鬼宿，在積尸氣，鎮星西南。占：「大臣災。」又犯鎮星。「兵喪，王者疾，斧鉞用」。是冬，侂胄誅，斬蘇師旦。嘉定元年二月丙午，月犯昴。占：「胡王死。」次年，金人戕其主允濟。二年二月乙酉，火星退行犯太微垣上相星。三月己酉，火星留守太微垣中。占爲「大臣有憂」。於是五月有羅日愿謀變。六月甲申，月行掩土星，是爲月蝕土星。占：「月犯土星，則其地下犯上。」又曰：「凡月蝕五星，其分有災，或亡地。」於是李元礪反於郴州，連破數縣。十月乙丑，月食火星。占：「月食火星，其地亂。」五年正月丁巳，月入東井，於是久雨。八年正月辛未，月入東井。占：「水旱不時。」是夏，大旱，蝗。九年正月丙寅，月入東井。於是兩浙、江東有水災。十年七月乙酉，金星行犯角。占：「天下大戰，道路不通。」是冬，金虜寇四川。明年，山東李全來歸。十一年八月己丑，木星留守東井。占爲「三軍大起」。於是金人犯隨、棗陽。十二年四月壬申，土退行入氐宿方口內。占：「天下有兵，期不出四年。」又曰：「將有亡地者。」於是金人陷興元。六月庚辰，金星順行入井。占：「大水，先起兵者敗，將軍犯罪，政急民流。」是歲，莫簡反於蜀。十三年二月庚寅，木星順行犯鬼。占：「民饑，人君憂。」是歲秋，景獻太子薨。十六年正月戊申，木星留守氐宿距星。占：「歲豐，后有喜。」甲寅，降生皇子。

雜星變

秦末項羽救鉅鹿，枉矢西流，枉矢所觸，天下之所伐射。滅亡象也。物莫直於矢，今蛇行不能直而枉者，執矢者亦不正，以象項羽執政亂也。羽遂合從，阬秦人，屠咸陽。凡枉矢之流，以亂伐亂也。

漢孝文後二年正月壬寅，天欃夕出西南。歲星之精。占曰：「爲兵喪。」其六年十一月，匈奴入上郡、雲中，漢起三軍以衛京師。八月，天狗下梁壄。

孝景三年七月，天狗下。占爲「破軍殺將。狗又守禦類也，天狗所降，以戒守禦。」其年，吴、楚反攻梁，梁堅城守，遂伏尸流血其下。中二年六月壬戌〔四九〕，蓬星見西南，在房南，去房可二丈，大如二斗器，色白。癸亥，在心東北，可長丈所。甲子，在尾北，可六丈。丁卯，在箕北，近漢稍小，且去時大如桃。壬申去，凡十日。占曰：「蓬星出，必有亂臣。房、心間，天子宮也。」是時梁王欲爲漢嗣，使人殺漢争臣袁盎。漢按誅梁大臣，斧鉞用。梁王恐懼，布車入關，伏斧鉞謝罪，然後得免。

孝昭始元中，蓬星出西方天市東門，行過河鼓，入營室中。梁成恢曰：「蓬星出六十日，不出三年，下有亂臣戮死於市。」詳見五星淩犯。元鳳五年四月，燭星見奎、婁間。占曰：「有土功，胡人死，邊城和。」其六年正月，築遼東、玄菟城。二月，度遼將軍范明友擊烏桓還。

莽地皇四年，王尋、王邑圍昆陽，有營頭星墮軍上。詳見雲氣門。

漢靈帝熹平二年四月，有星出文昌，入紫微宮，蛇行，有首尾，無身，赤色，有光炤垣墻。占曰：「文昌爲上將貴相。」後六年，司徒劉郃爲中常侍曹節所譖〔五〇〕，下獄死。光和中，國皇星東南角去地一二丈，如炬火狀，十餘日不見。占曰：「國皇星爲内亂，外内有兵喪。」其後黄巾賊張角燒州郡，朝廷遣將討平，斬首萬餘級〔五一〕。中平六年，宮車晏駕，大將軍何進令司隸校尉袁紹私募兵千餘人，陰跱雒陽城外，竊呼并州牧董卓使將兵至京都，共誅中官，對戰南、北宫闕下，死者數千人，燔燒宫室，遷都西京。及司徒王允與將軍呂布誅卓，卓部曲將郭汜、李傕旋兵攻長安，公卿百官吏民戰死者且萬人。天下之亂，皆自内發。

晉惠帝永康元年三月〔五二〕，妖星見南方。占曰：「妖星出，天下大兵將起。」是月賈后殺太子趙王倫，尋廢后，殺張、裴，又廢帝自立。於是三王並起，迭總大權。元康四年九月甲午，枉矢東北行，竟天。六年六月丙午夜，有枉矢自斗魁東南行。按占曰：「以亂伐亂。北斗主執殺，出斗魁，居中執殺者，不直之象也。」是後趙王殺張、裴，廢賈后，因自篡盗，以至屠滅，以亂伐亂之應也。一曰：氐帥齊萬年反之應也。光熙元年五月，枉矢西南流。時司馬越西破河間兵，奉迎大駕，尋收繆胤、何綏等，肆無君之心，天下惡之。及死而石勒焚其屍柩，是其應也。

元帝大興三年四月壬辰，枉矢出虚、危，没翼、軫。占曰：「枉矢所觸，天下之所伐。翼、軫，荆州之分野。」太寧二年，王敦殺譙王承及甘卓，而敦又梟夷，是其應也。

穆帝升平二年十二月，枉矢自東南流於西北，其長半天。四年十月庚戌，天狗見西南。占曰：「有大兵，流血。」

孝武太元二十年九月，有蓬星如粉絮，東南行〔五三〕，歷女、虚，至哭星。占曰：「蓬星見，不出三年，必有亂臣戮死於市。」時王國寶交構朝廷。二十一年，帝崩。安帝隆安四年，王恭等興兵，朝廷殺國寶。

梁武帝普通元年九月乙亥，有星晨見東方，光爛如火。占曰：「國皇見，有内難，有急兵反叛。」其三年，義州刺史文僧朗以州叛。

陳後主至德元年正月壬戌，蓬星見。占曰：「必有亡國亂臣。」後帝於太皇寺捨身作奴，以祈冥福，不恤國政，用施文慶等，以至亡國。

隋文帝仁壽四年六月庚午，有星入於月中。占曰：「有大喪，有大兵，亡國破軍殺將。」七月，帝崩。煬帝大業十二年九月戊午，有枉矢出北斗魁，委曲蛇形，注於南斗。占曰：「主以兵去，天之所伐。」亦曰：「以亂伐亂。」後二年，宇文化及弑帝僭號。

唐武后光宅元年九月二十九，有星如半月，見西方。

肅宗上元元年閏四月二十一日，妖星見於西方，長數丈，至五月滅。

昭宗乾寧元年七月，妖星見，非彗非孛，不知其名，時人謂之妖星，或曰惡星。　天復元年五月，有三赤星，各有鋒芒，在南方，既而西方、北方、東方亦如之。頃之，又各增一星，凡一十六星。少時，先從北滅。占曰：「濛星也。見則諸侯兵相攻。」己巳夕〔五四〕，有星當箕下，如炬火，炎炎上衝。人初以爲燒火也，高丈餘乃隕。占曰：「機星也。主天下有亂。」

天祐元年四月，有星狀如人，首赤身黑，在北斗下紫微中。占曰：「天衝也。天衝抱極泣帝前，血濁霧下天下寃。」後三日而黑風晦暝。　二年四月庚子夕，西北隅有星類太白，上有光似彗，長三四丈，色如赭。辛丑夕，色如縞。或曰五車之水星也，一曰昭明星也。　三年十二月昏，東方有星如太白，自地徐上，行極緩，至中天，如上絃月，乃曲行，頃分之爲二。占曰：「有大孽。」

後唐明宗天成元年三月，惡星入天庫，流星犯天棓。

宋高宗紹興三十一年六月己巳，北斗天權星東北有一小星出，光似彗，太史指以爲含譽，非也。

孝宗淳熙十四年五月，有星出濁際，大與日等，入時與日相摩蕩。高宗在德壽宮登臺見之，召能天文者修武郎王道問之，道跪奏曰：「是謂蓬星，見則有兵，然分非中國，夷狄應之耳。」出語所親曰：「非兵也，喪爾，某不敢言。」是冬，高宗不豫，遂上仙。於是金人亦有大喪，虜亦應天道云。

按，雜星變者，出於五緯、彗孛、客星之外，前史間載之。至宋天文志則失於紀録，而所書流星最多，往往錯見於流星條下矣。獨中興志有此二則，故載之於此，而餘則見流星門云。

校勘記

〔一〕又犯軒轅大星　「星」，宋史卷五三天文六作「民」。按宋史卷五一軒轅十七星，「南大星，女主也」。又「右一星大民，太后宗也。……乘守大民，爲大饑，太后宗黜」。本條下文占語爲「主歲饑，母后親屬咎罰」。與「大民」所主一致。疑「大星」爲「大民」之訛。

〔二〕八月　宋史卷五五天文八作「八月辛亥」。

〔三〕十二月　宋史卷五五天文八作「十二月乙卯」。

〔四〕七月辛巳太白犯輿鬼東南星　宋史卷五五天文八「辛巳」作「辛未」，「太白」下有「犯天樽」三字。永樂大典卷七八五六與宋史同。

〔五〕五年正月乙丑　「乙丑」，宋史卷五五天文八作「己丑」。按二十史朔閏表，熙寧五年正月辛巳朔，是月無乙丑，己丑爲十日。宋志是。

〔六〕閏四月戊戌　「戊戌」原作「甲戌」。按二十史朔閏表，是月壬辰朔，無甲戌日，今據宋史卷五五天文八、永樂大典卷七八五六改。

〔七〕四月己卯　「四月」，宋史卷五三天文六作「五月」。按二十史朔閏表，四月己亥朔，無己卯；五月戊辰朔，己卯爲十二日。

〔八〕月犯水位第一星　宋史卷五三天文六「位」下有「星西」二字。

〔九〕六月戊戌　宋史卷五五天文八作「閏六月戊戌」。按二十史朔閏表，是年六月乙巳朔，是月無戊戌；閏六月乙亥朔，戊戌爲二十四日。

〔一〇〕月犯建第四星　宋史卷五三天文六「建」下有「星西」二字。

〔一一〕太白犯軒轅　宋史卷五五天文八「轅」下有「少民」二字。

〔一二〕四月庚寅　「四月」，宋史卷五四天文七作「五月」。按二十史朔閏表，四月丙申朔，無庚寅；五月乙丑朔，庚寅爲二十六日。

〔一三〕月犯五諸侯第二星　宋史卷五四天文七「侯」下有「西」字。

〔一四〕太白犯西咸南第一星　「西咸」原互倒。按宋史卷五〇天文三「東咸西咸各四星，東咸在心北，西咸在房西北，日月五星之道也」。此處當作「西咸」，據宋史卷五五天文八、永樂大典卷七八五六乙正。

〔一五〕四年二月己亥　「二月」，宋史卷五四天文七作「閏二月」。按二十史朔閏表，二月丙辰朔，無己亥；閏二月丙戌朔，己亥爲十四日。

〔一六〕狗犯西星　「狗」字原無，據宋史卷五四天文七補。

〔一七〕月犯建第二星　宋史卷五四天文七「建」下有「西」字。

〔一八〕月犯水位西第四星　「第四星」，宋史卷五四天文七作「第一星」。

〔一九〕熒惑犯昴　宋史卷五五天文八「昴」下有「西南星」三字。

〔二〇〕三年二月癸亥　「二月」原作「三月」。按二十史朔閏表，是年三月甲戌朔，無癸亥；二月乙巳朔，癸亥爲十九日，據宋史卷五五天文八、永樂大典卷七八五六改。

〔二一〕八月庚辰　「八月」原作「七月」。按二十史朔閏表，七月丙申朔，無庚辰；八月乙丑朔，庚辰爲十六日。據宋史卷五五天文八、永樂大典卷七八五六改。

〔二二〕填犯建第二星　宋史卷五五天文八「建」下有「西」字。

〔二三〕太白犯天狗　「天狗」，宋史卷五五天文八作「天陰」。

〔二四〕十一月庚寅太白犯天江　「十一月」原作「十月」。按二十史朔閏表，十月丙申朔，無庚寅；十一月乙丑朔，庚寅爲二十六日。又「天」字原無，據宋史卷五五天文八、永樂大典卷七八五六補「一」與「天」字。

〔二五〕九月癸亥　「九月」，宋史卷五五天文八作「閏九月」。按二十史朔閏表，是年九月庚辰朔，無癸亥；閏九月庚戌朔，癸亥爲十四日。又本書作「政和八年」，宋志作「重和元年」，係史家紀元方法不同，是年十一月改元重和，宋志以改元之年爲重和，本書仍以政和八年命其年，實爲一年。

〔二六〕熒惑犯壘壁陣　「壘」字原無，據宋史卷五五天文八補。按晉書卷一一天文上：「壘壁陣十二星，在羽林北，羽林之垣壘也。」宋史卷五〇天文三「壘壁陣十二星」，注曰「一作壁壘」。本書「壘壁」與「壁壘」互見。此處脱「壘」字。

〔二七〕欽宗靖康元年三月庚戌　「三月」，宋史卷五四天文七作「二月」。按二十史朔閏表，三月丁卯朔，無庚戌；二月丁酉朔，庚戌爲十四日。

〔二八〕太白犯心前星　「前星」二字原無，據宋史卷五五天文八、永樂大典卷七八五六補。

〔二九〕甲子熒惑犯太微垣西上將星　「西上將星」四字原無，據下文「占上將爲天子所誅」及宋史卷五五天文八補。又「甲子」此繫於閏八月，宋志繫於「八月」。按二十史朔閏表，是年閏八月丁丑朔，無甲子；八月丁未朔，甲子爲十八日。

〔三〇〕丙寅　此繫於閏八月，宋史卷五五天文八繫於八月，當從宋志。説見上條校勘記。

〔三一〕紹興元年正月己亥朔　「己亥」原作「乙亥」，據宋史卷五五天文八、卷二六高宗紀改。

〔三二〕二月癸卯　「二月」，宋史卷五五天文八作「三月」。按二十史朔閏表，是年二月戊辰朔，無癸卯；三月戊戌朔，癸卯爲六日。

〔三三〕熒惑犯執法　宋史卷五五天文八「執」字上有「左」字。

〔三四〕十二月辛未　「辛未」，宋史卷五四天文七作「辛卯」。按二十史朔閏表，是月無辛未，十一日辛卯。

〔三五〕四年二月壬戌　「二月」，宋史卷五四天文七作「正月」。按二十史朔閏表，二月辛巳朔，無壬戌；正月辛亥朔，壬戌爲十二日。

〔三六〕五年二月庚戌　「二月」，宋史卷五五天文八作「閏二月」。按二十史朔閏表，是年二月乙亥朔，無庚戌；閏二月乙巳朔，庚戌爲六日。

〔三七〕是歲凡三　「三」，宋史卷五四天文七作「五」。

〔三八〕是歲凡三　「三」，宋史卷五四天文七作「六」。

〔三九〕癸卯　原繫於孝宗隆興元年二月，宋史卷五四天文七繫於是年「十月」。按二十史朔閏表，是年二月壬戌朔，無癸卯；十月戊午朔，亦無癸卯，疑有訛。

〔四〇〕是歲凡八　「八」，宋史卷五四天文七作「六」。

〔四一〕己巳　原繫於隆興二年正月，宋史卷五四天文七繫於「二月」。按二十史朔閏表，正月丁亥朔，無己巳；二月丙辰朔，己巳爲十四日。

〔四二〕其閏十一月戊辰　「戊辰」，宋史卷五四天文七作「己巳」。

〔四三〕癸丑　原繫於「三年四月」，宋史卷五四天文七作「三年五月」。按二十史朔閏表，是年四月戊辰朔，無癸丑；五月戊戌朔，十六日癸丑。

〔四四〕是歲凡十　「十」，宋史卷五四天文七作「九」。

〔四五〕明年龔茂良罷貶　「明年」，據上文四年則此爲淳熙五年。查宋史卷三四孝宗紀，淳熙四年六月丁丑「龔茂良罷」，秋七月癸丑，責授寧遠軍節度副使、英州安置。據此則龔茂良罷貶當爲淳熙四年。疑通考有誤。

〔四六〕明年魏王愷薨　據上文，「明年」當指淳熙六年。查宋史卷三四孝宗紀、卷二四六魏王愷傳，愷死於淳熙七年。疑通考有誤。

〔四七〕是冬梁克家薨　「是冬」係指淳熙十四年冬，按宋史卷三八四梁克家傳、卷三四孝宗紀，梁克家死於淳熙十四年六月，疑「是冬」有誤。

〔四八〕是歲凡三　「三」，宋史卷五四天文七作「二」。

〔四九〕中二年六月壬戌　「二年」原作「三年」，據漢書卷二六天文六改。

〔五〇〕司徒劉郃爲中常侍曹節所譖　「郃」原作「群」，據後漢書志一二天文下改。

〔五一〕斬首萬餘級　本書卷二九一象緯考一四及後漢書志一二天文下均作「斬首十餘萬級」。

〔五二〕晉惠帝永康元年三月　「康」原作「熙」，據元本、晉書卷一三天文下改。

〔五三〕東南行　「南行」原互倒，據晉書卷一三天文下乙正。

〔五四〕己巳夕　據上文乃天復元年五月己巳夕，按二十史朔閏表，是年五月壬午朔，無己巳，疑有訛。

卷二百九十一　象緯考十四

流星星隕

春秋魯莊公七年夏四月辛卯，夜，恒星不見。恒，常也。謂常見之星。辛卯，四月五日，月光尚微〔一〕，蓋時無雲，日光不以昏没。夜明也。夜中，星隕如雨，如，而也。夜半乃有雲，星落而且雨，其數多，皆記異也。日光不匿，恒星不見，而云夜中者，以水漏知之。與雨偕也。偕，俱也。公羊傳：恒星者何？列星也。列星不見，則何以知夜之中星反也？反者，星復其位。如雨者何？非雨也，非雨則曷爲謂之如雨？不脩春秋曰：雨星不及地尺而復。不脩春秋謂史記也〔二〕。古者謂史記爲春秋。君子脩之曰：星霣如雨，明其狀似雨耳。不當言雨星不言尺者。霣則爲異，不以尺寸録之。何以書？記異也。穀梁傳：恒星者，經星也。經，常也。謂常列宿。日入至於星出，謂之昔不見者可以見也。夜中星隕如雨，如，而也。星既隕而復雨。隕，云敏反。復，扶又反。其隕也如雨，是夜中與？星既隕而雨，必晦暝，安知夜中乎？與，音餘。暝，亡定反。春秋著以傳著，疑以傳疑，明實録也。傳，直專反〔三〕。中之幾也，而曰夜中著焉耳。幾，微也。星既隕而雨，中微難知，而曰夜中，自以實著尒，非臆度而知。度，徙各反。何用見其中也？失變而録其時，則夜中矣。失星變之始，而録其已隕之時，檢録漏刻，以知夜中。其不曰恒星之隕何也？我知恒星之不見，而不知其隕也。我見其隕而接於地者，則是雨説也。言我見從上來接於下，然後可以言雨星。今唯見在下，故曰隕星，我見之。見，音如字，註曰雨，於仕反，註同。著於上，見於下，謂之雨；著於下，不見於上，謂之隕，豈雨說哉。解經不得言雨星而言隕星也。鄭君曰：衆星列宿，諸侯之象。不見者是，諸侯棄天子禮儀法度也。劉向曰：隕者象諸侯，隕墜失其所也。又中夜而隕者，象不終其性命，中道而落。

僖公十六年春王正月戊申朔，隕石于宋，五。隕，落也。聞其隕，視之石，數之五，各隨其聞見先後而記之。莊七年，星隕如雨，見星之隕而墜於四遠若山若水，不見在地之驗。此則見在地之驗，而不見始隕之星。史各據事而書之也。隕星也。但言星，則嫌星使石隕，故重言隕星。

秦始皇三十六年，熒惑守心，有墜星下東郡，至地爲石。或刻其石曰：「始皇死而地分。」始皇聞之，遣御史逐問，莫服，盡取石旁人誅之，燔其石。

漢惠帝三年，隕石緜諸，一。緜諸道也，屬天水郡。

孝武帝元光中，天星盡搖。上以問候星者，對曰：「星搖者，民勞也。」後伐四夷，百姓勞於兵革。

武帝征和四年二月丁酉，隕石雍，二。天晏無雲，聲聞四百里。雍，扶風之縣〔四〕。晏，天清也〔五〕。

昭帝始元中，流星下燕萬載宮極，東去。李奇曰：「極，屋梁也。或曰〔六〕，極，棟也。三輔間名棟爲極。尋棟東去也。延篤謂之堂前闌楯也。」法曰：「國恐，有誅。」詳五星淩犯門。元平元年二月甲申，晨，有大星如月，有衆星隨而西行。乙酉，牂雲如狗，赤色，長尾三枚，夾漢西行。大星如月，大臣之象，衆星隨之，衆皆隨從之象也。天文以東行爲順，西行爲逆，此大臣欲行權以安社稷。占曰：「太白散爲天狗，爲卒起。卒起見，禍無時，臣運柄。牂雲爲亂君。」到其四月，昌邑王賀行淫辟，立二十七日，大將軍霍光乃白皇太后廢賀。三月丙戌，流星出翼、軫東北，干太微，入紫宮。始出小，且入大，有光。入有頃，聲如雷，三鳴止。占曰：「流星入紫宮，天下大凶。」四月癸未，宮車晏駕。

元帝建昭元年正月戊辰，隕石梁國，六。

成帝建始元年九月戊子，有流星出文昌，色白，光燭地，長可四丈，大一圍，動摇如龍蛇形，有頃，長五六丈，大四圍所，詘折委曲，貫紫宮西，在斗西北子亥間，後詘如環，北方不合，留一刻許。占曰：「文昌爲上將貴相。」時帝舅王鳳爲大將軍，其後宣帝舅子王商爲丞相，皆貴重任政，鳳妒商，譖罷，商自殺，親屬皆廢黜。　四年正月癸卯，隕石藁，四，肥累，一。皆縣名，屬真定。　陽朔三年二月壬戌，隕石白馬，八。東郡之縣名。　四年閏月庚午，飛星大如缶，出西南，入斗下。占曰：「漢使匈奴。」明年，單于死，漢遣使往弔。　鴻嘉二年五月癸未，隕石杜衍，三。南陽之縣名。　永始二年二月癸未，夜過中，星隕如雨，長一二丈，繹繹未至地滅，師古曰：「繹繹，光采貌。」至雞鳴止。谷永對曰：「日月星晨燭臨下土，其有石隕之異，則遐邇幽隱靡不咸睹。星辰附離於天，猶庶民附離王者也。王者失道，綱紀廢頓，下將叛去，故星叛天而隕，以見其象。春秋記異，星隕最大，自魯嚴以來，至今再見。臣聞三代所以喪亡者，皆繇婦人群小，湛湎於酒。湛讀曰沈，又音耽。下亦同。書云：『乃用婦人之言，四方之逋逃多罪，是信是使。』師古曰：「周書泰誓也。言紂惑於妲己，而昵近亡逃罪人，信用之。」詩曰：『赫赫宗周，褒姒威之。』師古曰：「小雅正月之詩也。已解於上。威，許悅反。」『顛覆厥德，荒沈于酒』。師古曰：「大雅抑之詩也（七）。刺王傾敗其德，荒廢政事而耽酒。」及秦所以二世而亡者，養生太奢，奉終太厚。方今國家兼而有之，社稷宗廟之大憂也。」京房易傳曰：「君不任賢，厥妖天雨星。」元延元年三月〔八〕，隕石都關，二〔九〕。山陽之縣名〔一〇〕。四月丁酉，日餔時，天曤晏〔一一〕，殷殷如雷聲，有流星頭大如缶，長十餘丈，皎然赤白色，從日下東南去〔一二〕。四面或大如盂，或如鷄子，燿燿如雨下，至昏止。郡國皆言星隕。春秋：星隕如雨，爲王者失勢，諸侯起伯之異也。其後王莽遂專國柄。王氏之興萌於成帝時，是以有星隕之變。後莽遂篡國。綏和元年正月辛未，有流星從東南入北斗，長數十丈，二刻所息。占曰：「大臣有繫者。」其年十一月庚子，定陵侯淳于長坐執左道下獄死。

哀帝建平元年正月丁未，隕石北地，十。其九月甲辰，隕石虞，二。梁國之縣名〔一三〕。

平帝元始二年六月，隕石鉅鹿，二。

自惠盡平，隕石凡十一，皆有光燿雷聲，成、哀尤屢見。

光武建武十年三月癸卯〔一四〕，流星如月，從太微出，入北斗魁第六星，色白。旁有小星射者十餘枚，滅則有聲如雷，食頃止。孟康曰：「流星，光迹相連也，絶迹而去爲飛也。」流星爲貴使，星大者使大，星小者使小。太微天子廷，北斗魁主殺。星從太微出，抵北斗魁，是天子大使將出，有所伐殺。古今注曰：「正月壬戌，月犯心後星，閏月庚辰，火入輿鬼，過軫北。庚申，月在斗，赤如丹者也。」十二月己亥，大流星如缶，出柳，西南行入軫〔一五〕，且滅時分爲十餘，如遺火狀，須臾有聲，隱隱如雷。柳爲周，軫爲秦、蜀〔一六〕。大流星出柳入軫者，是大使從周入蜀。是時光武帝使大司馬吴漢發南陽卒三萬人，乘船泝江而上擊蜀。十二年十一月丁丑，敗公孫述兵，殺述。明日，漢入屠蜀城，誅述大將公孫晃、延岑等，所殺數萬人，夷滅述妻宗族萬餘人以上。是大將出伐殺之應也。其小星射者，及如遺火分爲十餘，皆小將相隨之象。有聲如雷隱隱者，兵將怒之徵也。　十二年正月古今注曰：「丁丑，月犯軒轅大星。」己未，小星流百枚以上，或西北，或正北，或東北，二夜止。古今注曰：「二月辛亥，月入氐，暈珥圍角、亢、房。」六月戊寅晨〔一七〕，小流星百枚以上，四面行。小星者，庶民之類；流行者，移徙之象也。或西北，或東北，或四面行，皆小民流移之徵。是時西討公孫述，北征盧芳。匈奴助芳侵邊，漢騎將軍馬武，騎都尉劉納，閻興軍下曲陽、臨平、呼沱以備胡。匈奴入河東，中國未安，米穀荒貴，民或流散。後三年，吴漢、馬武又徙鴈門、代郡、上谷、關西縣吏民六萬餘口，置常山關〔一八〕、居庸關以東，以避胡寇。自是小民流移之應。十月丁卯，大星流有光，發東井，西行，聲隆隆。郗萌占曰：「流星出東井，所之國水。」中元二年十月戊子，大流星從西南東北行，聲如雷。流星爲使。中郎將竇固、揚虛侯馬武等將兵西征也。

孝明永平元年四月丁酉，流星大如斗，起天市樓，西南行，光照地。流星爲外兵，西南行爲西南夷。是時益州發兵擊姑復蠻夷大牟替滅陵，斬首傳詣洛陽〔一九〕。七年正月戊子〔二〇〕，流星大如杯，從織女西行，光照地。織女，天之貴女，流星出之，女主憂。其月癸卯，光烈皇后崩。

孝章建初元年二月甲寅，流星過紫宮中，長數丈，散爲三，滅。爲大人忌。後四年，明德皇后崩。六年七月丁酉，夜，有流星起軒轅，大如拳，歷文昌，餘氣正白，向西如文昌，久久乃滅。

孝和永元元年正月辛卯，有流星起參，長四丈，古今注曰：「大如拳，起參東南〔二一〕。」有光，色黄白。古今注曰：「癸亥，鎮在參，又有流星大如桃，色赤，起太微東蕃。」石氏曰：「鎮守參，有土功事。」二月，流星起天棓，東北行，三丈所滅，色青白〔二二〕。壬申，夜，有流星起太微東蕃，長三丈。三月，古今注曰：「戊子，土在參。」丙辰，流星起天津。

古今注曰：「星大如桃，起天津，東至斗，黃白，頻有光。」壬戌〔二三〕，有流星起天將軍，東北行。古今注曰：「色黃，無光。」參爲邊兵，天棓爲兵，太微天廷，天津爲水，天將軍爲兵，流星起之皆爲兵。其六月，漢遣車騎將軍竇憲、執金吾耿秉與度遼將軍鄧鴻出朔方，並進兵臨私渠北鞮海〔二四〕，斬虜首萬餘級，獲生口牛馬羊百萬頭，日逐王等八十一部降，凡三十餘萬人〔二五〕，追單于至西海。是歲七月，又雨水漂人民，是其應也。二年二月丁酉，有流星大如桃，起紫宮東蕃，西北行五丈稍滅。古今注曰：「三月甲子，火在亢南端門第一星南。乙亥，金在東井。」四月丙辰〔二六〕，有流星大如瓜，起文昌東北，西南行，至少微西滅。有頃音如雷聲，已而金在軒轅大星東北二尺所。古今注曰：「丁丑，火在氐東南星東南。」八月丁未，有流星如鷄子，起太微西，東南行四丈所消。十月癸未，有流星大如桃，起天津，西行六丈所消。十一月辛酉，有流星大如拳，起紫宮西，行到胃消。三年九月丁卯，流星大如鷄子，起紫宮西南，至北斗柄間消。尾紫宮占曰：「有流星出紫宮，天子使也。色赤言兵，色白言喪〔二七〕，色黃言蟲，色青言憂，色黑言水，出皆以所之分野命東、西、南、北〔二八〕。」紫宮，天子宮，文昌、少微爲貴臣，天津爲水，北斗主殺。流星起，歷紫宮、文昌、少微、天津，文昌爲天子使，出有兵誅也。竇憲爲大將軍，與其弟篤、景，女弟婿郭舉等坐謀不軌伏誅。六年六月己丑，流星大如桃，起參北，西至參肩南〔二九〕，稍有光。七年正月丁未，有流星起天津，入紫宮中滅，色青黃，有光。八年九月辛丑，夜有流星大如拳，起婁。十一年五月丙午，流星大如瓜，起氐，西南行，稍有光，白色。古今注曰：「六月庚辰，月入畢中。」占曰：「流星白，爲有使客，大爲大使，小亦小使。疾期疾，遲亦遲。大如瓜爲近小，行稍有光爲遲也。又正王日，邊方有受王命者也〔三〇〕。」明年二月，蜀郡旄牛徼外夷白狼樓薄種王唐繒等率種人口十七萬歸義内屬〔三二〕，賜金印紫綬錢帛。十四年十一月丁丑，有流星大如拳，起北斗魁中，北至閣道，稍有光，色赤黄，須臾西北有雷聲。十六年十月辛亥，流星起鉤陳，北行三丈，有光，色黄。元興元年二月庚辰，有流星起角、亢五丈所。四月辛亥，有流星起斗東，北行到須女。七月己巳，有流星起天市五丈所，光色赤。閏月辛亥，水、金俱在氐。巫咸曰：「辰星守氐，多水災。」海中占曰：「天下大旱，所在不收。」荆州星占：「太白守氐，國君大哭。」流星起斗，東北行至須女。須女，燕地。天市爲外軍。水、金會，爲兵誅。其年遼東貊人反，鈔六縣，發上谷、漁陽、右北平、遼西烏桓討之。

殤帝延平元年九月，隕石陳留，四。傳曰：「隕星也。」董仲舒以爲從高反下之象。或以爲庶人惟星，隕，民困之象也。

順帝永和三年二月辛丑，有流星大如斗，從西北東行，長八九尺，色黄赤，有聲隆隆如雷。

桓帝延熹七年二月癸亥，隕石右扶風一，鄠又隕石二，皆有聲如雷。

靈帝光和元年四月癸丑，流星犯軒轅第二星，東北行，入北斗魁中。流星爲貴使，軒轅爲内宫，北斗主殺。是天子大使將出，有伐殺也。至中平元年，黄巾賊起，上遣中郎將皇甫嵩等征之，斬首十餘萬級。中平中夏，流星赤如火，長三丈，起河鼓，入天市，抵觸宦者星，色白，長三丈，後尾曲屈，食頃乃滅，狀似枉矢。占曰：「枉矢流發，其宫射所，謂矢當直而枉者，操矢者邪枉人也。」六年，大將軍何進謀盡誅中官，中官覺，於省中殺進，俱兩破滅，天下遂大壞亂。

蜀後主建興十三年，諸葛亮率大衆伐魏，屯於渭南。有長星赤而芒角，自東北西南流，投亮營，三投再還，往大還小。占曰：「兩軍相當，有大流星來，走軍上及墜軍中者〔三〕，皆破敗之徵也。」九月，亮卒於軍，焚營而退，群帥交怒，多誅殘。

魏明帝景初二年，宣帝圍公孫文懿於襄平。八月丙寅，夜有大流星長數十丈，白色，有芒鬣，從首山東北流，墜襄平城東南。占曰：「圍城而有流星來，走城上及墜城中者破。」又曰：「星墜，當其下有戰場。」又曰：「凡星所墜，國易姓。」九月，文懿突圍走，至星墜所被斬，屠城，坑其衆。

元帝景元四年六月，有大流星二，並如斗，見西方，分流南北，光炤地，隆隆有聲。按占：「流星爲貴使，星大者使大。」是年，鍾、鄧尅蜀。二星蓋二帥之象。二帥相背，又分流南北之應。鍾會既叛，三軍憤怒，隆隆有聲，兵將怒之徵也。

晉武帝泰始四年七月，星隕如雨，皆西流。占曰：「星隕爲百姓叛。西流，吴人歸晉之象也。」後二年〔三〕，吴夏口督孫秀率部曲二千餘人來降。太康九年八月壬子，星隕如雨。劉向傳言：「下去其上之象。」後三年，帝崩而惠帝立，天下自此亂矣。

惠帝泰安二年十一月辛巳，有星晝隕中天北下，光變白，有聲如雷。按占曰：「營首，營首所在，下有大兵，流血。」明年，劉、石攻略并州，多所殘滅。王浚起燕、代，引鮮卑攻掠鄴中，百姓塗地，有聲如雷，怒之象也。　永興元年七月乙丑，星隕有聲。　二年十月，星又隕有聲。占同上。是後遂亡中夏。

懷帝永嘉元年九月辛卯，有大星如日，自西南流於東北，小者如斗，相隨，天盡赤，聲如雷。占曰：「流星爲貴使，星大者使大。」是年五月，汲桑殺東燕王騰，遂據河北。十一月，始遣和郁爲征北將軍，鎮鄴〔二四〕。田甄等大破汲桑，斬於樂陵。於是以甄爲汲郡太守，弟蘭鉅鹿太守。小星相隨者，小將副帥之象也。司馬越忿魏郡以東平原以南皆黨於桑，以賞田甄等，於是侵掠桑地，有聲如雷，忿怒之象也。十二月丁亥，星流震散。按劉向説，天官列宿在位之象，其衆小星無名者衆庶之類，此百官衆庶將流散之象也。是後天下大亂，百官萬姓流移轉死矣。四年十月庚子，大星西北墜，有聲。尋而帝蒙塵於平陽。

元帝永昌元年七月甲午，有流星大如甕，長百餘丈，青赤色，從西方來，尾分爲百餘岐，或散。時王敦亂，百姓流亡之應也。

成帝咸康三年六月辛未，流星大如二斗魁，色青赤，光燿地，出奎中，没婁北。按占：「爲饑，五穀不藏。」是月大旱饑。六年二月庚午朔，有流星大如缶，光燿地，出天市西北，入太微。占曰：「大人當之。」八年六月，成帝崩。

穆帝永和八年六月辛巳，日未入，有流星大如三斗魁，從辰巳上，東南行。晷度推之，在箕、斗之間，蓋燕分也。按占：「爲營首。營首之下流血滂沱。」是時慕容儁僭稱大燕，攻伐無已。十年四月癸未，流星大如斗，色赤黄，出織女，没造父，有聲如雷。占曰：「燕、齊有兵，百姓流亡。」其年十二月，慕容儁遂據臨漳，盡有幽、并、青、冀之地。緣河諸將奔敗，河津隔絶，慕容恪攻齊。

海西公太和四年十月壬申，有大流星西下，有聲如雷。明年，遣使免袁真爲庶人。桓温征壽春，真病死，息瑾代立，求救於苻堅。温破苻堅軍。六月，壽春城陷。

孝武太元六年十月乙卯，有奔星東南經翼、軫，聲如雷。占曰：「楚地有兵，軍破，百姓流亡。」十二月，苻堅荆州刺史梁成、襄陽太守閻震率衆伐竟陵，桓石虔擊大破之，生擒震，斬首七千，獲生口萬人。聲如雷，將帥怒之象也。十三年閏月戊辰，天狗東北下，有聲。占曰：「有大戰，流血。」自是後，慕容垂、翟遼、姚萇、苻登、慕容永並阻兵爭强。十四年正月，彭城妖賊又稱僞號於皇丘，劉牢之破滅之。三月，張道破合鄉、太山，向欽之擊走之〔三五〕。

安帝隆安五年三月甲寅，流星赤色，衆多西行，經牽牛、虚、危、天津、閣道，貫太微、紫宫。占曰：「星庶人類，衆多西行，衆將西流之象。經天子庭，主弱臣强，諸侯兵不制。」其年五月，孫恩侵吴郡，殺内史。六月，至京口。於是内外戒嚴，營陣屯守，劉裕追破之。元興元年七月，大饑，人相食。浙江以東流亡十六七，吴郡、吴興户口減半，又流奔而西者萬計。十月，桓玄遣將擊劉軌，破走之，軌奔青州。

石勒末年，星隕於鄴東北六十里，初赤黑，黄雲如幕，長數十丈，交錯如雷震聲，墜地，氣熱如火，塵起連天。時有耕者往視之，土猶然沸，見一石方尺餘，青色，而輕擊之，聲如磬。未幾，石勒死，虎殺其子而自立。

宋文帝元嘉十年十二月，有流星大如甕，尾長二十餘丈。

梁武帝天監十年九月丙申，天西北隆隆有聲，赤氣下至地。占曰：「天狗也，所往之鄉有流血，其君失地。」其年十二月，馬仙琕大破魏軍，斬馘十餘萬，克復朐山城。中大通四年七月甲辰，星隕如雨。占曰：「星隕，陽失其位〔三六〕，災害之象萌也。星隕如雨，人民叛，下有專討，大人憂。」其後侯景狡亂，以憂崩，人衆奔散，皆其應也。　太清三年，有流星長三十丈，墮武軍。

元帝承聖元年十二月，星隕吴郡。　三年十一月，周人圍江陵，有流星墜城中。

陳文帝天嘉六年三月丁卯，日入後，衆星未見，有流星白色，大如斗，從太微間南行，尾長尺餘。占曰：「有兵與喪。」明年，帝崩，少帝廢。

後魏道武帝登國四年三月丁未，有大流星東南行，尾屬地六七丈，有聲。　九年，有星墜於河北，聲如雷震，光明燭天地。

文成帝興安元年五月辛亥，流星大如五斗許，西南爲六七段，有聲。

獻文帝大安元年十一月乙酉，有流星照地，啾啾有聲。

孝静帝武定四年九月丁未，高祖圍玉壁城，有星墜於營，衆驢皆鳴。占曰：「破軍殺將。」高祖不豫，次年崩。

周武帝天和三年二月庚午，有流星大如斗，出在攝提，流至天津滅，有聲如雷。　建德六年十二月癸丑，流星大如月，西流，有聲，蛇行屈曲，光炤地。占曰：「兵大起，下有戰場。」戊辰，平旦有流星大如三斗器，色赤，出紫宮，凝著天，乃北下。占曰：「人主去其宮殿。」是月營州刺史高寶寧反。　其明年，帝總戎北伐，後年，帝崩。

宣帝大成元年六月丁卯〔三七〕，有流星一〔三八〕，大如鷄子，出氐中，西北流，有尾迹，長一丈所，入月中即滅。占曰：「不出三年，人主憂。」又曰：「有亡國。」静帝幽閉之應。　己丑，有流星一，大如斗，色青，有光明照地，出營室，抵壁入濁。　二年四月乙丑，有星大如斗，出天厨，流入紫宫，抵鉤陳乃滅。占曰：「有大喪，兵大起，將軍戮。」又曰：「臣犯上，主有憂。」其五月，帝崩，隋公執國政，大喪，臣犯主之應。趙王、越王以謀執政被誅。又荆、豫、襄三州諸蠻反，尉遲迥、王謙、司馬消難各舉兵畔，不從執政，終以敗亡。此皆大兵起、將軍戮之應也。五月甲辰，有流星一，大如三斗器，出太微端門，流入翼，色青白，光明照地，聲若風吹幡旗。占曰：「有立王若徙王。」又曰：「國失君。」其月己酉，帝崩，劉昉矯制以隋公受遺詔輔政，終受天命。立王、徙王，失君之應也。七月壬子，歲星、太白合於張，有流星大如斗，出五車，東北流，光明燭地。隋文帝開皇元年十一月己巳，有流星，聲如隤墻，光燭地。占曰：「流星有光有聲，名曰天保，所墜國有喜。」其九年，平陳，天下一統。　五年八月戊申，有流星數百，四散而下。占曰：「小星四面流行者，庶人流移之象。」其九年，平陳，江南士人悉播遷京師。　十九年十二月乙未，星霣於渤海。占曰：「王失其位，災害之前也。」又曰：「大人憂。」

煬帝大業十一年十二月戊寅，大流星如斛，墜賊盧明月營，破其衝輣，壓殺十餘人。占曰：「奔星所墜，破軍殺將。」其年，王充擊盧明月城，破之。　十二年五月癸巳，大流星隕於吴郡，爲石。占曰：「有亡國，有死王，有大戰，破軍殺將。」其後，大軍破逆賊劉元進於吴郡。　八月壬子，有大流星如斗，出王良、閣道，聲如隤墻。癸丑，大流星如甕，出羽林。　十三年五月辛亥，大流星如甕，墜於江都。占曰：「其下有大兵戰，流血破軍殺將。」明年，帝遇弑。

唐高祖武德三年十月己未，有星隕於東都，隱隱有聲。

太宗貞觀二年，天狗隕於高昌城中。　十四年八月，有星隕於夏州城中。　十六年六月甲辰，西方有流星如月，西南行三丈乃滅。占曰：「星甚大者，爲人主。」　十八年五月，流星出東壁，有聲如雷。占曰：「聲如雷者〔三九〕，怒象。」　十九年四月己酉，有流星向北斗杓而滅。

高宗永徽三年十月，有流星貫北極。　四年十月十日，睦州女子陳碩真反〔四〇〕，婺州刺史崔義玄討之，有星隕於賊營。　乾封元年正月癸酉，有星出太微，東流，有聲如雷。　咸亨元年十一月，西方有流星，聲如雷。　調露元年十一月戊寅，流星入北斗魁中。　乙巳，流星燭地有光，使星也。

武后延載元年六月，幽州都督孫佺討奚、契丹，出師之夕，有大星隕於營中。

中宗神龍三年三月丙辰，有流星聲如頹墻，光燭天地。　景龍二年二月癸未，有大星隕於西南，聲如雷，野雉皆雊。　景雲元年八月己未，有流星出五車，至上台滅。　九月甲申，有流星出中台，至相滅。

太極元年正月辛卯，有流星出太微，至相滅。

玄宗開元二年五月乙卯晦，有星西北流，或如甕，或如斗，貫北極，小者不可勝數，天星盡搖，至曙乃止。占曰：「星，民象；流者，失其所也。」漢書曰：「星搖者民勞。」　十二年十月壬辰，流星大如桃，色赤黃，有光燭地。占曰：「色赤，爲將軍使。」　天寶三載閏二月辛亥，有星如月，墜於東南，墜後有聲。

肅宗至德二載，賊將武令珣圍南陽。　四月甲辰，夜中有大星，赤黃色，其長數十丈，光燭地，墜賊營中。　十一月壬戌，有流星大如斗，東北流，長數丈，蛇行屈曲，有碎光迸出。占曰：「是謂枉矢。」

代宗廣德二年六月丁卯，有妖星隕於汾州。　十二月丙寅，自乙夜至曙，有星流如雨。　大曆二年九月乙丑，晝有星如一斗器，色黄，有尾長六丈餘，出南方，没於東北。東北於中國則幽州分也。三年九月乙亥，有星大如斗，北流，有光燭地。占：「爲貴使。」六年九月甲辰，有星西流，大如一斗器，光燭地，有尾，迸光如珠，長五丈，出婺女，入天市南垣滅。八年六月戊辰，有流星大如一升器，有尾長丈餘，入太微。十二月壬申，有流星大如一升器，有尾長二丈餘，出紫微，入濁。十年三月戊戌，有流星出於西方，如二升器，有尾，長二丈，入濁。十二年二月辛亥，有流星如桃，尾長十丈，出匏瓜，入太微。

德宗建中四年八月庚申，有星隕於京師。興元元年六月戊午，星或什或伍而隕。貞元三年閏五月戊寅，枉矢墜於虚、危。十四年閏五月辛亥，有星墜於東北，光燭如晝，聲如雷。

憲宗元和二年十二月己巳，西北有流星亘天，尾散如珠。占曰：「有貴使。」四年八月丁丑，西北有大星，東南流，聲如雷鼓。六年三月戊戌，日晡，天陰寒，有流星大如一斛器，墜於兖、鄆間，聲震數百里，野雉皆雊，所墜之上，有赤氣如立蛇，長丈餘，至夕乃滅。時占者以爲「日在戌，魯分也」。不及十年，其野主殺而地分。九年正月，有大星如半席，自下而升，有光燭地，群小星隨之。四月辛巳，有大流星，尾迹長五丈餘，光燭地，至右攝提西滅。十二年九月己亥甲夜，有流星起中天，首如甕，尾如二百斛舡，長十餘丈，聲如群鴨飛，明若火炬，過月下西流，須臾，有聲礱礱，墜地，有大聲如壞屋者三，在陳、蔡間。十四年五月己亥，有大流星出北斗魁，長二丈餘，南抵軒轅而滅。占曰：「有赦。赦視星之大小。」十五年七月癸亥，有大星出鈎陳，南流，至婁滅。

穆宗長慶元年正月丙辰，有大星出狼星北，色赤，有尾迹，長三丈餘，光燭地，東北流，至七星南滅。

四月，有大星墜於吴，聲如飛羽。七月乙巳，有大流星出參西北，色黄，有尾迹，長六七丈，光燭地，至羽林乃滅。八月辛巳，東北方有大星，自雲中出，色白，光燭地，前鋭後大，長二丈餘，西北流，入雲中滅。二年四月辛亥，有流星出天市，光燭地，隱隱有聲，至郎位滅。市者，小人所聚，郎在天廷中〔四一〕，主宿衛。六月丁酉，有小星隕於房、心間。閏十一月丙申，有流星大如斗，抵中台上星。三年八月丁酉夜，有大流星如數斗器，起西北，經奎、婁，東南流，去月甚近，迸光散落，墜地有聲。四年四月，紫微中，星隕者衆。七月乙卯，有大流星出天舡，犯斗魁樞星而滅。占曰：「有舟楫事。」丙子，有大流星出天將軍東北，入濁。

敬宗寶曆元年正月乙卯，有流星出北斗樞星，光燭地，入濁。占曰：「有赦。」二年五月癸巳，西北有流星，長三丈餘，光燭地，入天市中滅。占：「爲有誅。」七月丙戌，日初入，東南有流星，向南滅，以晷度推之，在箕、斗間。八月丙申，有大流星出王良，長四丈餘，至北斗杓滅。王良，奉車御官也。

文宗太和四年六月辛未，自昏至戊夜，流星或大或小，觀者不能數。占曰：「民失其所，王者失道，綱紀廢則然。」又曰：「星在野象物，在朝象官。」七年六月戊子〔四二〕，自昏及曙，四方流星，大小縱横百餘。八年六月辛巳，夜中有流星出河鼓，赤色，有尾迹，光燭地，迸如散珠，北行近天棓滅，有聲如雷。河鼓爲將軍，天棓者，帝之武備。九年六月丁酉，自昏至丁夜，流星二十餘，縱横出没，多近天漢。開成二年九月丁酉，有星大如斗，長五丈，自室、壁西北流，入大角下没。行類枉矢，中天有聲，小星數百隨之。十一月丁丑，有大星隕於興元府署寢室之上，光燭庭宇。三年五月乙丑，有大星出於柳、張，尾長五丈餘，再出再没。　四年二月乙亥，丁夜至戊夜，四方中天，流星大小凡二百餘〔四三〕，並西流，有尾迹，長二丈至五丈。　八月辛未，流星出羽林，有尾迹，長八丈餘，有聲如雷。　羽林，天軍也。　十二月壬申，蚩尤旗見。

武宗會昌元年六月戊辰，自昏至戊夜，小星數十，縱横流散。　占曰：「小星，民象。」七月庚午，北方有星，光燭地，東北流，經王良，有聲如雷。　十一月壬寅，有大星東北流，光燭地，有聲如雷。　四年八月丙午，有大星如炬，火光燭天地，自奎、婁掃北方七宿而隕。　六年二月辛丑，夜中，有流星赤色如桃，光燭地，有尾迹，貫紫微入濁。

懿宗咸通六年七月乙酉甲夜，有大流星長數丈，光燦如電，群小星隨之，自南徂北。　其象南方有以衆叛而之北也。　九年十一月丁酉，有星出，如匹練亘空，化爲雲而没，在楚分，是謂長庚，見則兵起。　十三年春，有二星從天際而上，相從至中天，狀如旃旗，乃隕。　九月，蚩尤旗見。

僖宗乾符二年冬，有二星，一赤一白，大如斗，相隨東南流，燭地如月，漸大，光芒猛怒。　三年，晝有星如炬火，大如五升器，出東北，徐行，隕於西北。　四年七月，有大流星如盂，自虚、危，歷天市，入羽林滅。　占：「爲外兵。」　中和元年，有異星出於輿鬼。　占者以爲惡星。　八月己丑夜，星隕如雨，或如杯如椀者，交流如織。　庚寅夜，亦如之，至丁酉止。　三年十一月夜，星隕於西北，如雨。　光啓二年九月，有大星隕於揚州府署延如閣前，聲如雷，炎光燭地。　十月壬戌，有星出於西方，色白，長一丈五尺，屈曲而隕。　占曰：「長庚也，下則流血。」　三年五月，秦宗權擁兵於汴州北郊，晝有大星隕於其營，聲如雷，是謂營頭，其下破軍殺將。

昭宗乾寧元年夏，有星隕於越州，後有光，長丈餘，狀如蛇，或曰枉矢也。　三年六月，天暴雨，雷電，有星大如椀，起西南，墜於東北，色如鶴練，聲如群鴨飛。占：「爲姦謀。」光化元年九月丙子，有大星墜於北方。　三年三月丙午，有星如二十斛舡，色黃，前鋭後大，西南行。十一月，中天有大星，自東緩流如帶，屈曲，光凝著天，食頃乃滅。是謂枉矢。天復二年二月，帝至自鳳翔，其明日，有大星如月，自東濁際西流，有聲如雷，尾迹横貫中天，三夕乃滅。　天祐元年五月戊寅乙夜，雨晦暝，有星長二十丈，出東方，西南向，首黑，尾赤，中白，枉矢也。一曰長星。　二年三月乙丑，夜中有大星出中天，如五斗器，流至西北，去十丈許而止，上有星芒，炎如火赤而黃，長丈五許，而蛇行，小星皆動而東南，其隕如雨，少頃没。後有蒼白氣如竹叢，上衝天中，色瞢瞢。占曰：「亦枉矢也。」

梁太祖乾化元年十一月甲辰夜，東方有流星，如數升器，出畢宿口，曳光三丈餘，有聲如雷。

後唐莊宗同光三年六月甲申〔四四〕，衆星交流。丙戌，衆星交流。庚寅夜一鼓，西南有流星約七十餘，皆有尾迹，西南流。其年七月，皇太后崩。辛卯，衆小星流於西南。九月丁未，天狗墮，有聲如雷，野雉皆雊。

明宗天成元年六月乙未，衆小星交流。　二年三月庚申，衆小星流於西北。　三年，自正月至於六月，宗人、宗正摇不止。長興元年九月辛酉，衆小星交流而隕。二年九月丙戌夜二鼓初〔四五〕，東北方有小流星入北斗魁滅。至五鼓初，西北方次北有流星，狀如半升器，初小後大，速流入奎滅，尾迹凝天，屈曲似雲而散，光明燭地。又東北有流星，如大桃，出下台星，向西北速流，至斗柄第三星旁滅。五鼓後至明，中天及四方有小流星百餘，流注交横。六月庚午〔四六〕，衆星交流。七月乙亥朔，衆星交流。

閔帝應順元年二月丁酉，衆星流於西北。

末帝清泰元年九月辛丑，夜五鼓初，有大星如五斗器，西南流，尾迹長數丈，色赤，移時盤屈如龍形，蹙縮如二鏵，相鬬而散。又一星稍小，東流，有尾迹凝成白氣，食頃方散。

晉高祖天福三年三月壬申，夜四鼓後，東方有大流星，狀如三升器，其色白，尾迹長二尺餘，屈曲流出河鼓星東三尺東流丈餘滅。

周世宗顯德元年正月庚寅，有大星墜，有聲如雷，牛馬皆逸，京城以爲曉鼓，皆伐鼓應之。三年正月癸亥，五鼓後，有大星出南斗，東北流丈餘滅。

宋太祖建隆元年正月戊午，有星出東北方，如半升器，青赤色，北行，初小後大，尾迹斷續，光燭地。九月癸亥，有星出昴，大如缶。十二月戊辰，有星如半升器，青赤色，出參旗西南，慢行而没，蒼光燭地。三年五月乙丑，天狗墮西南。占曰：「其地有兵。」後王師討西蜀孟昶，既降，草寇連年方定。

乾德二年二月乙丑，有星如三升器，黄白色，四年二月丙午，有星如桃，色赤如弧矢，東南没，有光明。三年六月丁巳，有星如桃，色黄赤，出北斗魁，經太微五帝南，速行至外厨没，其體散落，光燭地。十二月丁巳，有星出天河，青白色，南行至天倉微垣北，過角西，漸大，行五尺餘没，尾迹凝天，有光明。四年正月乙未，有星出社星，青白色，速行，尾迹三丈餘，初小後大，没，初小後大，如半升器，光燭地。没，有光明。四月甲寅，有星出天乳，青赤色，如升器，東南行，貫房没，光燭地。閏八月己丑，有星出天船，如升器，青白色，西北速行，没於文昌。　五年七月戊子，有星出大角，如升器，青白色，北行没，明燭地。　六年六月己卯，有星出河鼓，如升器，慢行，明燭地。　開寶三年九月庚午，廣州民見衆星皆北流。知星者言，劉氏當舉國以歸中原，明年，廣南平。　四年八月辛卯，有星出織女，西北行，尾迹三丈餘，没，久有聲。　五年八月乙巳，有星出王良，西北行四丈，有聲而散。占云：「有聲，怒也。主使出。」　七年九月甲午，有星出室，西北行，星體散落，有聲，明燭地。

太宗太平興國二年三月丙午，有大星出天棓，光燭地。　三年十月甲寅，有星出天船，赤黃色，如二升器，至天棓星體散，明燭地。　七月辛巳〔四七〕，有星如稱權，没於婁。八月壬寅，有星出紫微鈎陳東，如盌大，赤黃色，向北速行，近北極没。占曰：「外國有使至。」是冬，三佛齊、吐蕃、山後兩林蠻來貢。　雍熙元年十月丁酉，有星出昴，赤色，東南蛇行二丈餘没。占曰：「外國使至。」又「爲姦邪之象」。　二年正月壬戌，有星出東井，其大倍於金星，至輿鬼没。占云：「四表來貢。」是歲，占城、邛部川蠻、西南蕃來貢。　四年六月庚戌，酉初，有星出西北，色青白，入濁，當戌地，有聲如雷。占曰：「戌地兵飢流血。」是後李繼遷擾西鄙。　八月乙亥，有星出天關東，色赤黃，尾貫月。　端拱元年四月辛亥，亥時，有星出天津，大如醆，赤黃色，蛇行，有聲，明燭地，犯天津東北星。占云：「枉矢見，逆臣誅。」其年，陳廷山謀叛，磔於市。　閏五月辛亥，丑時，有星出奎，如半月，北行而没。占云：「有溝瀆事。」乙卯，有星出紫微鈎陳西，大如醆，色青，尾迹短，赤光照地，北行而没。　九月癸丑，有星出西南，如太白，有尾迹，至中天，旁出一小星，行丈餘，又出一小星，相隨至五車没。占：「主兵戰，賊敗。」　二年四月辛亥，戌時，有星出東南，如升器，色白，墜於氐、房間。占云：「宰相出。」明年春，趙普留守西京。壬申，有星出漸臺，大如盌，色赤，東南急行，掩左旗，過河鼓没。淳化元年九月辛巳，有星出羽林，色青，南行，光奪月。占曰：「禁兵出。」十一月壬午，流星出天關，如半月，南行，歷東井、郎位、攝提，至大角東北墜於地，光芒四照，聲如隤墻。占曰：「秦、燕分，兵疫水旱。」二年正月丙申，有星出水府西，大如杯，色赤黄，經參旗分爲三星〔四八〕，相從至天苑東没，光燭地。七月癸酉，有星出雲雨側，大如杯，色青白，緩行三尺餘没。占云：「爲大風發屋折木。」三年三月己酉，未時，西北方有星，西北速行，大如杯，色青白，有尾迹。占云：「有陰謀，將不和，刑傷兵疫之象，屬燕分。」四月己卯，有星出文昌西南，速行至柳，分爲二星而没。六月己丑，有星出天市垣屠肆東，色青白，西北慢行丈餘，分爲三星，從而没。四年五月乙未，平明，有星東南出南斗，大如杯，色青白，西北行而没。占云：「衆星没流星出者，爲警動衆庶之象。色青白，主兵，急流事速。」五年八月己酉，常星未見，有星出東方，色青白，東北慢行，入濁没，約出奎、婁間。占爲「兵衆之象」。九月庚午，有星出昴北，大如杯，緩行，過卷舌，至礪石没。占云：「星大事大，緩行事緩，爲候兵討賊殺將之象。」至道元年四月乙巳，常星未見，有星出心北，大如杯，色青赤，急行而墜。占云：「兵象。」七月癸丑，有星出危，大如杯，色青白，入羽林没。占云：「爲兵大起，將軍出。」二年五月辛丑，有星出紫微北，尾迹丈餘，如彗而有聲〔四九〕，墜於室壁間。占云：「所墜之地，破軍殺將。」今墜北方，主北蕃君長災。五月己未，日未及地五尺間，有星出中天，大如杯，色赤黄，有尾迹，東北速行二丈餘没。占云：「動衆之象，荆楚有兵疫。」六月己卯，有星出牽牛西，歷狗國，光芒丈餘，墜東南，及地無聲。又有星出翼，貫天廟，墜於稷星東，光燭地。占云：「胡戎狂亂。」又云兵起，命將宜告廟〔五〇〕。九月丁酉，平明，有星出北方，大如杯，東行三丈餘，分爲三星，從而没。占云：「皇王欲發使慰四方。」三年九月丁丑，有星二隕於西南，一出南斗，一出牽牛，有光三丈許。

真宗咸平五年三月丙午，有星晝出心，至南斗没，赤光丈餘。八月辛巳，有星出營室，大如杯，色白，有光。九月丙申，有星出東方，西南行，大如斗，有聲若牛吼，小星數十隨之而隕。戊戌，又有星十數入輿鬼，至中台，凡一大星偕小星數十隨之，其間兩星如升器，一至狼星〔五一〕，一至南斗没。占曰：「燕、朔民流徙。」又曰：「有兵不戰。」踰年，契丹擾河朔，請盟而去。壬子，有星出中天，如缶，尾迹數道如迸火，西流至狼弧没。　六年五月乙未，有星出王良西，又出北極稍東北，至垣外没，有聲如雷。占曰：「遠邦有歸伏者。」其年，高麗、三佛齊、大食、蒲端國並朝貢。七月壬辰，有星出昴，尾迹丈餘，色白，隱隱有聲，至狼没。占曰：「有赦。」明年，改元，大赦。二月乙酉，威虜軍有星大如斗，歷城西北，尾迹長數里，光炤地，落蕃帳，有聲如雷者三。占曰：「有敗兵流血，殺將伏尸。」明年春，李繼遷寇西凉府〔五二〕，爲潘羅支所敗〔五三〕，中流矢死。　景德元年十月戊申，天雄軍有星出北方，大如斗，隕於西北，赤光丈餘。　二年正月丙子，日未没，有星速流西南，大如杯。占曰：「外國大使至。」是冬，契丹使來。四月癸卯，有星北流入天市，如升器，尾迹丈餘。十二月壬子〔五四〕，有星出胃南，聲如雷，光燭地。　三年五月乙卯，有星出天津東北，至紫微垣北分爲四星，隨而没，赤黄，有尾迹。丁酉，有星出胃北，入天囷，迸爲數星，光燭地。七月庚申，有星出虚旁，有短彗，聲如雷，至東北没，赤光照地。占曰：「秦、楚有暴兵。」明年，宜賊叛，荊楚發兵。十一月辛丑，有星出中台東北，速流，有聲，光燭地。　四年六月丙辰，有星出北方，慢流，至八穀迸爲數星没，光燭地。七月辛卯，有星出敗瓜南，大如杯，漫流，歷河鼓，入天市，至宗人東北迸爲二星没，色赤黄，有尾迹。十二月癸巳，有星出弧矢，赤黄色，尾迹丈餘，光燭地，速流入濁。占曰：「燕、趙饑。」　大中祥符元年二月戊申，有星十餘，急流入濁，色赤黄，有尾迹。五月辛未，有星如太白，出天市垣宗人東南，尾迹丈餘，闊三寸，向北慢流，至女牀西分爲數星没。九月乙丑，有星出天倉，急流東南，星體散落。　二年三月己未，有星如斗器〔五五〕，出天津南，至離珠没，尾迹五尺餘，照地明。占曰：「后宫憂。」四月丙申，有星出八穀，如升器，有尾迹，速流，西至五車東，迸爲數星没。八月丙申，有星出北斗杓西南，急行至郎將西，分爲數段。占曰：「燕分飢。」　三年三月丁未，有星出天市宗人東北，如升器，尾迹二丈，至旗〔五六〕，迸爲數星没，光燭地。五月丁亥，有星出北斗魁，如桃，色青白，尾迹二丈餘。乙丑，有星出傳舍，如桃，色赤黄，至紫微没。壬申，有星出建星，如升器，入南斗没，赤黄，有尾迹。七月庚辰，有星出宗人西，如升器，北流入濁，光照地。八月丁未，有星出貫索，如升器，至帝席没，尾迹光明。九月庚辰，有星出軒轅，如半升器，入太微垣没。十月甲戌，有星出東方，赤黄，無尾迹，分爲數星，稍南没。　四年二月辛亥，有星出東方，尾迹赤黄二丈餘。占：「爲天保星，所見吉。」四月乙丑，有星出柳，如升器，色赤黄，至翼没。六月壬戌，有星出觜東北，如升器，流入濁。占曰：「東北蠻夷憂。」七月壬申，有星出紫微宫，如升器，速流至天皇没。十月戊午，有星出東北，如升器，流入濁。又星出七星南，大如杯，至天稷没，尾迹丈餘。　五年二月戊申，有星出貫索，經庫樓，迸爲數星没。八月戊午，有星大小二十餘，皆有尾迹，北流。又一星如升器，光燭地，出紫微垣外，尾丈餘，闊三寸許，東北流，至傳舍没。占：「有大慶大赦。」是冬，聖祖降，赦常所不原者。　六年十一月丁巳，有星出太微郎位東，大如杯，色赤黄，有尾迹，至軫北迸爲數星没。占曰：「大臣憂。」　七年三月丙戌，有星出南河，大如杯，至玉井没。占曰：「秦、齊飢。」四月辛酉，有星出鉤陳，大如杯，尾迹赤黄。占曰：「發大使宣急令。」是歲，遣巡撫江、淮、兩浙。　八年二月丁卯，有星出郎將北，迸爲三星。四月癸丑，有星出亢西，至右攝提，迸爲數星，隨而没。五月乙酉，有星大如杯，青白色，出人星，至騰蛇没，光燭地。八月己亥，有星出參，大如杯，南流入濁。天禧元年四月己巳，有星出軫，大如杯，至器府北没，光炤地。十二月癸巳，有星出東北，大如杯，尾迹赤黄，急流西南没。　二年八月乙卯，有星二，大如杯，尾迹赤黄，一出五車，一出狼北，入濁。九月戊子，有星如二升器，出南河〔五七〕，色赤黄，至柳没。　三年六月乙巳，星出昴，大如杯，急流至天倉没。十二月壬寅，有星出軒轅，大如杯，尾迹黄，慢流至太微垣，久之，有聲如雷。占曰：「女主之慶。」　四年正月丁巳，有星出王良，大如杯，明照地，至騰蛇没。占曰：「有大水。」其年秋，京師大雨，河渠壅溢，壞廬舍。　五年四月己未，有星出南方，如二升器，北流入濁，尾迹三丈餘。十月乙巳，有星出天津西，大如杯。

校勘記

〔一〕月光尚微　「光」下原有「先」字，據春秋左傳正義卷八莊公七年、殿本考證删。

〔二〕不脩春秋謂史記也 「也」原作「言」，據公羊傳注、殿本考證改。
〔三〕傳直專反 「直」原作「真」，據殿本考證改。
〔四〕扶風之縣 「之」字原無，據漢書卷二七下之下五行注補。
〔五〕天清也 「清」原作「昏」，據元本、漢書卷二七下之下五行注改。
〔六〕或曰 「曰」字原無，據漢書卷二六天文六、殿本考證補。
〔七〕大雅抑之詩也 「抑」原作「板」，據漢書卷二七下之下五行、殿本考證改。
〔八〕元延元年三月 「元年」，漢書卷二七下之下五行作「四年」。
〔九〕隕石都關一 「一」，漢書卷二七下之下五行作「二」。
〔一〇〕山陽之縣名 「之」字原無，據漢書卷二七下之下五行補。
〔一一〕天暒晏 「暒」原作「暝」，據漢書卷二六天文六改。
〔一二〕從日下東南去 「下」字原無，據漢書卷二六天文六補。
〔一三〕梁國之縣名 「之」字原無，據漢書卷二七下之下五行補。
〔一四〕光武建武十年三月癸卯 按建武十年三月丁未朔，無癸卯，疑有誤。據下文所載「是時光武帝使大司馬吴漢發南陽卒三萬人，乘船泝江而上擊蜀」，則應是建武十一年。
〔一五〕西南行入軫 「軫」，中華書局標點本後漢書志一〇校勘記云當作「井」，是。
〔一六〕軫爲秦蜀 「軫」同上云當作「井」。按晉書卷一一天文上州郡躔次：東井、輿鬼，秦，雍州；翼、軫，楚，荆州。作「井」是。下文「大流星出柳入軫者」同。

〔一七〕六月戊寅晨　「戊寅」，後漢書志一〇天文上作「戊戌」，是。按二十史朔閏表，光武建武十二年六月甲午朔，無戊寅，戊戌爲五日。
〔一八〕置常山關　「山」字原無，據後漢書志一〇天文上補。
〔一九〕是時益州發兵擊姑復蠻夷大牟替滅陵斬首傳詣洛陽　「滅」、「傳」原無，據後漢書志一一天文中補。
〔二〇〕七年正月戊子　「正月戊子」原無，據後漢書志一〇天文上補。
〔二一〕起參東南　「南」原作「向」，據元本、後漢書志一一天文中改。
〔二二〕色青白　「白」原作「色」，據後漢書志一一天文中、殿本考證改。
〔二三〕壬戌　按永元元年三月丁亥朔，無壬戌，疑有誤。
〔二四〕並進兵臨私渠北鞮海　「北」，中華書局標點本後漢書志一一天文中校勘記云：當依范書竇憲傳作「比」。
〔二五〕凡三十餘萬人　「三」，後漢書卷二三竇憲傳作「二」。
〔二六〕四月丙辰　按永元二年四月辛巳朔，是月無丙辰，疑有誤。
〔二七〕色白言喪　「喪」原作「義」，據後漢書志一一天文中、開元占經卷四七流星占改。
〔二八〕出皆以所之分野命東西南北　「分」、「北」二字原無，據後漢書志一一天文中、開元占經卷四七流星占及殿本考證補。
〔二九〕西至參肩南　「肩」原作「尾」，據元本、後漢書志一一天文中改。
〔三〇〕邊方有受王命者也　「命」原作「令」，據元本、後漢書志一一天文中改。
〔三一〕蜀郡旄牛徼外夷白狼樓薄種王唐繒等率種人口十七萬歸義内屬　「樓」原作「摟」，「繒」原作「縉」，據元本、後漢書一一天文中、殿本考證改。

〔三二〕有大流星來走軍上及墜軍中者　「及」原作「反」，據晉書卷一三天文下、殿本考證改。

〔三三〕後二年　「後」字原無，據中華書局標點本晉書卷一三天文下校勘記補。按下文孫秀率部曲來降，晉書卷三武帝紀載於泰始六年十二月，正後此二年。

〔三四〕鎮鄴　「鄴」下原有「西」字，據中華書局標點本晉書卷一三天文下校勘記〔三一〕删。

〔三五〕向欽之擊走之　「走」原作「破」，據元本、晉書卷一三天文下改。

〔三六〕陽失其位　「陽」原作「陰」，據隋書卷二一天文下、開元占經卷七六雜星占改。

〔三七〕宣帝大成元年六月丁卯　「大成」，隋書卷二一天文下作「大象」。

〔三八〕有流星一　「一」字原無，據隋書卷二一天文下補。

〔三九〕聲如雷者　「如」字原無，據新唐書卷三二天文二、殿本考證補。

〔四〇〕睦州女子陳碩真反　「碩」原作「石」，據新唐書卷三二天文二、卷三高宗紀改。

〔四一〕郎在天廷中　「廷」原作「建」，據元本、新唐書卷三二天文二、殿本考證改。

〔四二〕七年六月戊子　是年六月丁巳朔，無戊子日，疑有誤。

〔四三〕流星大小凡二百餘　「流星」原互倒，據新唐書卷三二天文二乙正。

〔四四〕後唐莊宗同光三年六月甲申　「三年」，新五代史卷五九司天考二作「二年」。

〔四五〕二年九月丙戌夜二鼓初　「二年九月」原無，據新五代史卷五九司天考二、舊五代史卷一三九天文補。

〔四六〕六月庚午　新五代史卷五九司天考二繫於長興四年，下文「七月乙亥朔」亦繫於四年。此處繫於長興元年，疑誤。

〔四七〕七月辛巳　此繫於太平興國三年。按是年七月甲申朔，無辛巳。宋史卷五七天文一〇繫於興國八年，是年七月甲寅朔，辛巳爲二十八日。疑宋志是。下文「八月壬寅」，亦當爲八年。

〔四八〕經參旗分爲三星　「旗」原作「其」，據宋史卷五七天文一〇改。

〔四九〕如彗而有聲　「如」字原無，據宋史卷五七天文一〇補。

〔五〇〕命將宜告廟　「宜」原作「宣」，據元本、殿本考證改。

〔五一〕一至狼星　「一」原作「大」，據宋史卷五七天文一〇改。

〔五二〕李繼遷寇西涼府　「寇」原作「叩」，據宋史卷七真宗紀、殿本考證改。

〔五三〕爲潘羅支所敗　「支」原作「友」，據宋史卷七真宗紀改。

〔五四〕十二月壬子　宋史卷五七天文一〇作「十一月壬子」。

〔五五〕有星如斗器　「斗」，元本作「升」。

〔五六〕至旗　「旗」上宋史卷五七天文一〇有「左」字。

〔五七〕出南河　「出」下原有「西」字，據宋史卷五七天文一〇删。

卷二百九十二　象緯考十五

流星星隕

仁宗乾興元年五月壬午，星出危，大如杯，赤黄色，有尾迹，速行而東，炸如迸火，隨至羽林軍南没，明燭地。占曰：「北夷兵動。」九月己丑，星出天市垣旁，緩行經天，過天市垣，至營室没。占曰：「大臣出使，土功起。」十月丁酉，星出右旗，如太白，西南速行，至天弁没，明燭地。占曰：「兵動將軍勝。」天聖元年閏九月甲辰，常星未見，星出營室，至外屏没。占曰：「主屋室修營事。」四年五月辛巳，星出天市垣市樓側，東北流入濁。占曰：「有街肆之事。」五年九月丁未，星出北辰，没於天床側。占曰：「宫中不安，宜審察之。」六年四月甲申，夜漏欲盡，有星大如斗器，自北方至於西南，光照地，有聲如雷，曳尾迹長數丈，久之，散爲蒼白雲。八年二月丁酉，星出軒轅大星側，如杯，速行至器府没。占曰：「憂火災。」十年三月癸巳，星出中台，貫北河，入東井没，炸烈有聲，明燭地。食頃，又有星出天市垣宗人側，東流入濁。八月癸亥，星出天船，近勾陳没，明燭地。乙丑，星出胃，大如杯，有尾迹，西北緩行，迸爲六七小星，相隨没於大陵〔一〕，明燭地。九月丙子，星出婁，没於雲雨側，尾迹久方散。食頃，又有星出天大將軍，近奎没，尾迹久方散，明燭地。續又星出北辰，西北速行，至内階没〔二〕。又有星出天苑，没於天園，明燭地。　景祐元年八月己卯，星出東井，行至厠星没，尾迹久方散，明燭地。占曰：「井，秦地，主有水災。没於厠，爲兵象。」九月己丑，星出東井，如太白，赤黄色，有尾迹，向東速行，至柳没，光照地。占曰：「使出有火令。」其夜，星出婁，至奎没，明燭地。占曰：「有溝瀆之事。」　二年八月庚申，星出大陵，如太白，赤黄色，東南緩行，没於昴，尾迹久方散，明燭地。占曰：「四夷有兵。」　四年六月壬申，星出王良，如太白，青白色，有尾迹，東南速行，至婁没，明燭地。占曰：「兵出及倉庫官有憂。」七月戊申，有星數百皆西南流，其最大者一星，至東壁没，光燭地，久之不散。占曰：「衆庶流移之象。」　五年四月壬申，有星出中台，如太白，青白色，有尾迹，向北速行入濁，明燭地。占曰：「將相憂。」又星出天江，如太白，有尾迹，西南速行，至房没。占曰：「有大水。」　寶元二年三月癸丑，星出右旗，赤黄，有尾迹，向南速行，没於建星，明燭地。占曰：「兵爲亂，下有謀。」　康定元年三月癸丑，星出北斗，北行入濁，明燭地。占曰：「使出北方。」　二年九月己酉，有星出奎，如太白，赤黄，有尾迹，西行，没於東壁，明燭地。占曰：「天下文章之士用。」　慶曆二年三月庚戌，星出勾陳側，如太白，赤黄，有尾迹，西北緩行，至天棓没，明燭地。占曰：「天棓主忿争刑罰、藏兵禦難，備非常也。今流星入之，主争地。」七月乙丑，星出西北方，大如醆，西北行丈餘没，色赤黄，有尾迹，明燭地。十二月庚申，有星出弧矢，南行入濁，赤黄，有尾迹，明燭地。占曰：「秦分，兵動及土功事起。」　五年六月〔三〕，星出奎，如太白，西行至天倉没，有尾迹，明燭地。占曰：「有溝瀆事及兵起。」壬戌，星出營室，如太白，赤黄色，東南速行，過危及虚，有尾，明燭地。占曰：「北狄交兵。齊分，民有災。」　六年六月丁巳，星出營室，大如杯，光燭地，有聲，北行，至王良没。占曰：「兵出。」七年六月己巳，星出天田，赤黄色，有尾迹，西南緩行，至折威没。占曰：「邊將憂。」九月〔四〕，星出天苑，如太白，南行，至天園没，有尾迹，明燭地。占曰：「牛馬禽獸多死。」八年六月己卯，星出北斗，至郎位没，有尾迹，明燭地。占曰：「兵出。」八月乙亥，星出東壁，赤黄色，東北速行，至濁没。占曰：「天下文章之士用。」皇祐元年六月己巳，星出匏瓜，赤黄，有尾迹，向南速行，至建星没。占曰：「吴分有謀。」二年四月癸未，星出氐，赤黄色，東南速行，至心没，有尾迹，明燭地。占曰：「内使出，外使來，德令宣布，國人有喜。」四年九月〔五〕，星出紫宫北辰側，赤黄色，西南速行，至貫索没，尾迹凝天，明燭地。占曰：「有赦宥。」五年九月乙亥，星出參，如太白，西北速行，至昴没，有尾迹，明燭地。占曰：「兵出以禦胡寇。」至和元年七月壬戌，星出王良，色赤黄，向北速行，至天船没，有尾迹，明燭地。占曰：「兵涉津梁。」三年九月壬午，星出東井，如太白，赤黄色，向北速行，至文昌没。占曰：「秦、晉分，有水，將兵者還。」嘉祐二年七月丁丑，星出王良，如太白，赤黄色，西南緩行，至亢没，有尾迹，明燭地。占曰：「中官有咎。」三年七月乙酉，星出北河，如太白，赤黄色，東南緩行，散爲數道，至狼没，尾迹凝天。占曰：「北河，胡漢之界，狼，爲盜賊侵掠，宜警邊河，備兵革。」四年五月癸丑，星出營室，大如杯，赤黄色，西南速行，至羽林軍没，炸烈有聲。占曰：「軍行炸而有聲者，戍兵不安。」六月辛未，星出胃，没於勾陳。又有星出天船，至王良没。占曰：「倉廩官災，津梁有阻，策馬者憂。」九月己亥，星出紫宫勾陳側，大如盌，東北速行，曳尾長五尺，初直後曲流至北辰東没，没後尾迹凝結如盤，食頃散。占曰：「流星大者事大，曲行者姦事也。色赤兵象。北行其事在北。方今形體異於常，而小星十數南北分流，衆庶流行之象。宜審察姦謀，以備未萌。」　五年正月辛卯，星出畢，大如盌，赤黃色，速行，至天倉没，明燭地，尾迹炸烈而散，有聲如雷。占曰：「流星大者事大，有聲如雷怒之象。出於畢，主邊事，兵争不利。入天倉，粟以兵出。」八月庚申，星出東壁，東行入濁。占曰：「文學之士有憂。」　六年八月丁未〔六〕，星出狼，大如杯，至天社没，明燭地，尾迹凝天，良久散。占曰：「國多盜賊，風雨不時。」　七年十月庚寅，星出南河，至天社没，明燭地。占曰：「邊兵不安，風雨失序。」　八年七月乙丑，星數百，縱横西流。占曰：「流星無名，衆庶之象，皆西流，民勞役。」

英宗治平元年二月〔七〕，星出紫宫勾陳側，西北入濁没，明燭地，尾迹，炸烈有聲。占曰：「后妃有憂。」　二年八月乙未，星出河鼓，大如醆，色赤黃，速行，至天市垣内宗星没。占曰：「有兵。」　三年四月癸巳，星出房，至濁没，明燭地，尾迹，炸而散。占曰：「卿相有逐者。」　四年正月壬子，星出亢西，如太白，東南急行，至氐東没，赤黃，有尾迹，主國有使清獄頒恩。流於氐，主上卿憂。四月己酉，星出房東，如盂口，西南慢行，至亢没，赤黃，有尾迹，明燭地，聲如擺旗。主有使出恤民，或外國有使來。八月，星出柳東，如太白，東急行入濁，赤黃，有尾迹，主宗廟有喜，賢臣任用。十一月，星出五車東，如杯口，西南急流，至昴北没，赤黃，照地明。主天子遣使恤民，五穀成。亦主西夷交兵。

神宗熙寧元年二月壬戌，星出角東，大如太白，急行，至翼没，赤黃，有尾迹。主天子發使，外國四夷受賜。六月庚申，星透雲出天棓西，如太白，北急行，至天市垣西墻没，赤黃，有尾迹。主藏兵以備難非常。八月癸亥，星出壘壁陣，如太白，緩行，至狗國没，赤黃，照地明〔八〕。　二年二月，星出平星南，急行，入濁没，狀如前。主有執法正紀綱使出。四月辛酉，星出閣道，如太白，東南速行，至東壁没，青白，有尾迹。主文章士用，天子好道，賢臣在位，遠國來賓。七月丁卯，星出危南，西南急行，至壘壁陣没，狀如前。主天下安，五穀熟，土功興。十月己卯〔九〕，星透雲出大陵北，如太白，西南急行，至東壁没，青白，有尾。主用故臣，亦主文章士爲用，遠國來賓。三年二月己丑，星出太微垣西上將南，如盂，西急行，入濁没，狀如前，明燭地。主大臣於楚分有外事。六月壬申，星出紫微垣西垣墻北，東北慢流，至濁没，狀如前。主天子之使言兵事。十二月〔一〇〕，星出外屏，西南速行，入濁没，狀如前。主人多不安。四年三月〔一一〕，星出天市垣内斗星西，西北速行〔一二〕，至貫索西没，狀如前。主倉庫盈溢五穀豐。六月〔一三〕，星出營室，西南流至壘壁陣没，狀如前。主天子行禮出賞，國樂民安。九月甲午，星出紫微垣西墻東北，速行，入濁没，狀如前。主兵或土功之事。五年七月己丑，星出七公南，西南急行，至天市垣西墻没，狀如前。主五穀豐成，倉庫盈溢。十月戊寅，星出紫微垣内後宫東，如杯，北慢行，入濁没。主使出外夷，亦主地動。六年四月丙子，星出貫索，如杯，慢行，至紫微垣墻上宰没，青白，照地明。主外國有使入。六月辛卯，星出營室北，如杯，東南急行，至壘壁陣没，赤黄，有尾迹，照地明。主使出言兵。八月壬辰，星出羽林軍西，如杯，南緩行，入濁没，青白，尾迹分迸，照地明。主軍出邊鄙，亦主軍中不和。七年二月壬申，星出天棓北，東北緩行，至造父没，狀如前。主兵出備邊鄙。四月丙戌，星出天市垣東北，慢行，至候星没，狀如前。主萬物貴。八月癸未，星出羽林軍内，如杯，北慢飛〔一四〕，至大陵没，赤黄，有尾迹。主大軍出。十月庚子〔一五〕，星出天倉西，西南慢流，至敗臼没，如杯，赤黄，尾迹分裂，照地明。主藏五穀待邦用，亦主歲飢粟出。　八年三月丁酉，星出積水東，如太白，速行，至五車東没，赤黄，有尾迹。主糴貴。九月丙寅，星透雲出河鼓北，如太白，東南緩行，至危没，赤黄。主天下民安，五穀熟，土功興。十月乙未，星出弧矢西北，如杯，東南緩行，至濁没，青白，有尾迹，照地明。主南夷來貢，國有賢臣。　九年三月甲子，星透雲出天市内宗正西，西北慢行〔一六〕，至太微垣五帝座没，狀如前。主執政憂，人多死。五月丁丑，星出尾北，東南急行，入濁，狀如前。主後宮有子孫之喜。六月丙午，星出東壁北，如杯，南急流，至羽林軍没，赤黄，有尾迹。主天子用故臣。八月壬寅，星出危北，西南急流至濁，狀如前，照地明。主天下不安。十月丁未，星出柳東，速行入濁，狀如前。主宗廟有喜，賢臣任用，亦主多雨。　十年正月辛巳，星出參西〔一七〕，西南速行，至天苑没。主穀賤，牛馬多傷。四月甲辰，星出郎位北，急流至下台南没，狀如前。主大臣有咎。六月乙巳，星出王良東，西北急流，至紫微垣内勾陳没，狀如前。主兵將出。十月己亥，星出霹靂北，西南急行，至濁没，狀如前。主陽氣太盛，擊辟萬物。　元豐元年閏正月甲辰，星出柳北，西急行，至天廩没，狀如前，照地明。主穀熟。六月甲辰，東南方光燭地，有星如盂，出匏瓜，至内階没，分裂，有聲如雷。主兵喪。八月甲子，星隔雲照地明，東北急行，至濁没。主有大使出東北方，其方流血。十一月丙寅〔一八〕，星出北河北，東南急行，至弧矢没，狀如前。主使出。十二月壬子，星出輿鬼東北，速行，至軒轅没，狀如前。主后有喜。　三年二月辛丑，星出弧矢南，東南速行，至濁没，狀如前。主西戎有兵賊。五月辛未，星出中台北〔一九〕，東南緩行，至天江没，狀如前。主水泛溢，民飢。十一月丙辰，星出厠星東，東南慢流，至濁没，狀如前。主晉分，民疾。　四年正月戊戌，星出五車北，如杯，西南急流，至天囷没，赤黄，尾迹分裂。主外國來貢。六月戊寅，星出紫微垣内厨南，如太白，慢流，至大角没，赤黄，有尾迹。主將出。九月己酉，星出天街北，急行穿五車没，狀如前。主粟麥貴。十一月乙未，星出勾陳北，東北慢行，至濁没，狀如前。主後宫有喜。五年四月庚申，星出角東南，急行，至濁没，狀如前。主發使外國。七月辛巳，星出天市垣内列肆西北，急行，至濁没，狀如前。主人主憂。六年閏六月丙子，星出貫索東北，西南急行，至濁没，狀如前。主貴女憂。九月癸卯，星出五車東北，急行，至濁没，狀如前。主有兵車出。七年四月辛未，星出平星東，西南慢行，至濁没，狀如前。主臣黜，期半年。八年二月庚辰，星出太微北，左執法北，東南急行，入濁没，狀如前。主大臣執法者憂。七月庚申，星出胃宿，急流，至天囷没，狀如前。主外國來降，倉庫盈，賞大臣，及有憂恤事。十月庚寅，星出昴南，急流，至濁没。主有赦令恤民。

哲宗元祐元年二月丙戌〔二〇〕，星出上台北，向西北急流，至王良南没，赤黄，有尾迹，明燭地。主遣使安撫四方，搜揚草澤，招賢集德。七月丁巳，星出墳墓東，慢流，至壁南没，狀如前。主大臣有喪。十一月戊申〔二一〕，星出紫微垣北，西北急流，至濁没，狀如前。主使出。二年正月辛巳，星出軫南，向南急流，至濁没，狀如前。主大臣忠諫，賢人來，國昌萬物賤。九月甲寅，星出天市垣中山北，向西急流〔二二〕，至天紀西没，狀如前。主有赦令賞賜。三年三月己酉，星出亢南，向南慢行，至濁没，狀如前。主天子遣使清姦獄，頒赦令。六月庚子，星出壁南，東南急流，入羽林軍内没，狀如前。主文章士爲用，亦爲兵起。八月癸巳夕，有星自中天向東急流，至濁没，狀如前。主其下兵戰。四年三月戊戌，星透雲出織女東，速行，至天津西没，狀如前。主布帛貴，亦主大衆。九月壬午，星透雲出天棓北，速行，至濁没，狀如前。主修兵備。十一月己酉〔二三〕，星出司怪西南，如杯，慢流，至參旗没，赤黄，有尾迹。主使出其方，亦主兵起。五年正月己丑，星出司怪，西南行，至濁没，狀如前。主遣使。七月辛未，星出危，如太白，東南急流，至濁没，青白，有尾，明燭地。主國安民豐及土功興。十月己未，星出車府西〔二四〕，急流，北至天津西南没，狀如前。主兵軍動，大衆行，及主河事。六年二月辛丑，星出翼東南，急流，至濁没，狀如前。主國人皆受恩賜。七月癸亥，透雲星二，皆如太白，一出天槍東南，急流，至亢東没；一出奎東，西南急流，至壘壁陣東没，赤黄，有尾迹。主有兵起，侯王受賜。十月丁卯，星出王良南，東南急流，至濁没，狀如前。主多風雨，亦主遣將。七年二月戊午，星出敗瓜東南，急流，至虚東没，狀如前。主遣使或冢宰憂。四月甲子，透雲星出天市垣燕星南，急流，至濁没，狀如前。主倉庫盈溢，五穀豐登。又主市有火災。十二月丁未，星出天槍西南，急流，至濁没，狀如前。主大兵起，斧鉞用，亦主賑貸，及遠方賢人至。元符元年三月甲戌，星出天乳北，急流，至大角没，狀如前。主禮義教興，遣使及鄰國使入貢。六月，星出室，如杯，至壁東没，青白，有尾迹。主軍糧豐，五穀成，文士入，賢人用。二年二月癸卯，星出靈臺北，向西慢行，至軒轅没，狀如前。主賢臣在位，天子有子孫之喜。十月辛丑，星出女西北，急流，至牛西北没，狀如前。主五穀貴，有水災。

容齋洪氏隨筆曰：國朝星官曆翁之伎，殊媿漢、唐，故其占測荒茫，幾於可笑。偶讀四朝史天文志云：「元祐八年十月戊申，星出東壁西，慢流，至羽林軍没。主擢用文士，賢臣在位。」「紹聖元年二月丙午，星出壁，室東没〔二五〕。主文士入國，賢臣用。」二年二月癸卯，星出靈臺，北行至軒轅没。主賢臣在位，天子有子孫之喜。按是時宣仁上仙，國是大變，一時正臣以次竄斥，章子厚在相位，蔡卞輔之，所謂四星之占，豈不可笑也！子孫之説，蓋謟劉后云。

辛未〔二六〕星出奎距星西南，急流，至濁没，狀如前。主天下安寧，遠人來貢。八年正月甲申〔二七〕，星出天市垣内候南，東南急流，至濁没〔二八〕，狀如前。主民流。十月戊申，星出天棓東南，北流至濁没，狀如前。主有赦及宥大臣罪。紹聖元年二月丙午〔二九〕，透雲星出壁東，慢流，入濁，狀如前。主天下文章士登用，賢臣在位，遠國來賓。六月，星出人星南，急流，至牛没，狀如前。主牛馬昌盛，關梁入貢。十月甲申，星出天槍南，慢行，至上台没，狀如前。主賑貸，亦主兵及大將憂。二年三月丙辰，星出天津東北，向東慢流，至室北没，狀如前。主使出及外國使至。五月甲寅，星出閣道北，東北急行，至濁没，狀如前。主風雨。十月庚寅，透雲星出張南，東南急流，至濁没，狀如前。主天子社稷昌。三年二月丙子，透雲星出太微垣，慢流，至濁没，狀如前。主使出。五月己未，星出平星西，如杯大，急流，至濁没，青白，有尾迹，明燭地。主臣有黜者。四年六月甲申，星出亢西南，向西急流，至濁没，狀如前。主使出清犴獄，頒恩赦。九月乙卯，星出天囷東之南，急流，入濁没。主帝王布德，令外國貢異寶及賞賚。

按：容齋言星曆之學無傳，故其占不驗。然愚嘗考之，五緯行天其常也，流星飛星之變非常也，故前史所書，或數年一見，或間歲一見，其甚者則一歲頻見，今宋史所書則無月無之，而四朝志尤甚，至有一月而四五見，或同日而數流者，今姑掎摭其略，每季僅一書，而猶覺繁夥。夫其紀載之冗雜如此，則其占驗之茫昧固宜矣。

徽宗建中靖國元年正月，星出西南，如盂，東北急流，入尾距星没，青黑，無尾迹，明燭地。主舊來歸，后族進禄，亦曰，風雨時，稼穡成。崇寧元年三月，星出張，如金星，西南急流，至濁没，狀如前。主諸侯受賜，天子宗廟社稷昌。十月壬子，星出天船，如盂，急流，至五車没，青黑，有尾迹，聲隆隆然。主大水。或曰，水旱不時。二年正月戊申，星出水位，如金星，急流，至北河没，狀如前。主大水。六月戊午，星出亢西南，急流，入濁没，狀如前。主天子遣使清獄頒恩。九月辛巳，星出牛西南，慢流，至狗國没，狀如前。主民流亡。十二月丁未，星出大陵，如金星，至騰蛇没，狀如前。主其下有積尸。一曰，水旱兵喪。三年四月戊申，星出軫西北，慢流，入太微垣内屏星没，狀如前。主外國有急使，期不出一年。十二月甲子，星出天大將軍，西北急流，入王良没，狀如前。主大兵將出。四年正月甲申，星出角，如盂，西南慢流，入濁没，青白，無尾迹。主天子發使外國。五月庚申，星出河鼓西北，急流，入濁没，狀如前。主諸侯作亂，一曰，兵起。十二月甲午，星出參，如杯，東南慢流，入軍市没，狀如前。主大將出，一曰，有赦，又云饑。五年六月庚午，星出西咸〔三〇〕，東北急流，入天市垣内没，狀如前。主王者有憂。一曰，閹臣出。六月乙酉，星出庫樓，向西急流，入濁没，狀如前。主鄭分，受兵。九月癸卯，星出天船，慢流，至諸王没，狀如前。主水旱不時。十二月壬戌，星出奎，向南急流，入天倉没，青白，有尾迹及三丈，明燭地，聲散如裂帛。主天子用文偃武，一曰，歲熟。大觀元年二月丁卯，星出參，如杯，西南急流，入濁没，狀如前。主天子遣使安邊，一曰，米賤，有赦。二年十二月癸卯，流星出奎，如盂，西北急流，入造父没，青白，有尾迹，照地明，有聲。主有溝瀆事。政和元年四月丙辰，星出亢，如盂，西北急流，至右攝提没，赤黄，有尾迹，照地明。主兵來入計於王庭。五月辛巳，日未中，星隕東南。主下有兵流血。二年九月乙卯，星出斗，如杯，西南急流，入濁没，赤黄，有尾迹，照地明。主大臣死。四年九月庚子，星出危墳墓，如盂，東南急流，入羽林没，青白，有尾迹，照地明。主人民安，土功興。一曰，有喪，諸侯憂。七年十二月甲子，星出胃東南，如盂，西北急流，至天大將軍没，赤黄，有尾迹，照地明。主天子以金玉賞大臣，外國有來降者。一曰，趙分，五穀熟。八年九月庚辰，星出斗魁南，如盂，東南急流，至天淵没，赤黄，有尾迹，照地明。主不出其年兵起。一曰，大臣死，江河溢。宣和元年三月丁卯，星出柳，如盂，東北急流，入太微垣，赤黄，有尾迹，照地明。主多雨水。一曰，周分，憂兵起，外國或有急使。十月戊子，星出雲雨，如盂，西南慢流，入羽林軍内没，青白，照地明。主后憂疾，大風雨。二年十二月辛巳，星出奎西南，如杯，西南慢流，至壁没，赤黄，有尾迹，照地明。主其下破軍殺將。一曰，天子好道，用故臣。四年十一月丙寅，星出王良北，如杯，急流，至紫微垣内上輔北没，赤黄，有尾迹，照地明。主匈奴兵起，天下大亂，上輔人君惡之。五年二月丙午，星出北河東北，如杯，東南慢流，至軫没，赤黄，有尾迹，照地明。主天下有難。六年七月丁酉，星出大陽守，如盂，東北急流，入濁没，赤黄，有尾迹，照地明。主將相憂，兵革興。七年十月戊子〔三〕星出王良北，如杯，急流入紫微垣上輔北，赤黄，有尾迹，照地明。主大兵將起，天下大亂，人君惡之。

欽宗靖康元年二月丙辰，星出張，如金星，東南急流，至濁没，青白，有尾迹，照地明。主有赦令。三月壬辰，星出紫微垣内勾陳東南，如金星，東北慢流，至濁没，赤黄，有尾迹，照地明。主兵起，土功興。一曰，人君惡，后妃憂。六月癸丑，星流大如五斗器，衆光隨之，明照地，起東南，墜西北，有聲如雷。庚申，星出紫微垣内華蓋東南，如金星，向北急流，至左樞没。主發使有赦，人君惡之。二年正月乙未，大星出建，向西南急流，至濁没，赤黄，有尾迹，照地明。主吴、秦有兵。

高宗建炎四年十月辛未，流星出壁。占「文章士用」。自是范冲等召。紹興元年三月甲戌〔三二〕，流星出東方，晝隕。占「其下有急兵，破軍殺將，其地流血」。七月乙未朔，流星出河鼓。占「兵出」。十一月丁巳，流星出天槍北。占「兵大起，斧鉞用」。於是命韓世忠提兵入建州討范汝爲，平之。明年，岳飛大破曹成。二年三月甲午，流星出紫微垣華蓋西南。占「主内使出」。戊午，流星出自權星西南，照地明。占「有使來論兵事」。未幾，王倫自虜還，乃遣潘致堯等使虜。金人遣李永壽等來議事。四月乙巳〔三三〕，流星出太微垣西右執法星北。占「主大臣有外事出天庭之門，天子使也」。次月，吕頤浩出師。六年十月，流星出壁西北。占「天下文章士與賢士並用」。於是胡安國、尹焞召。七年八月，有星隕於汴京，是年金人廢僞齊。八年十一月乙巳，流星出天囷東北。占「有賑發事」。於是以米二萬石付岳飛，賑京西湖北饑民，又以錢五千萬付吴玠犒軍。二十六年六月乙亥，流星出東北方，照地明。占「流星晝隕，其北大戰，流血千里，分屬燕野，在幽」。二十八年六月癸巳，有星從西北離地約高一丈，至西北没。三十一年六月甲子，飛星出氐宿，入角宿，赤黄色，初小後大，有小星相隨。占「爲兵」。八月壬午〔三四〕，流星約長三丈，晝隕。占「營頭也。若晝見横天明者，臣下圖議，誅罰善良」。

孝宗隆興元年七月丙申，流星出天市垣内，向西北慢流，至右攝提西没，臨没時，炸散小星二十餘顆，赤色，有音聲，有尾迹。占「天子欲有赦賜事，庫倉盈溢，五穀豐，君喜。入右攝提星，則有外兵事，來入計王庭。炸散有聲，皆爲怒氣，天下不安，急使馳驛。色赤爲兵、旱、火」。八月庚申，流星出羽林軍，向東南急流，至濁没。九月庚戌，流星出紫微垣外座鈎星〔三五〕，向西北急流，抵紫微垣内座尚書没。十一月丁未，飛星出天船，星急流向紫微垣外座内厨西北没，炸出二小星，青白色。二年二月辛酉，飛星出權星，慢流，至太微垣内五帝座大星西南没，青白色，微有尾，大如木星。占「兵起，外國當有急使，爲大人憂」。三年九月戊戌，大角摇動。十一月壬午朔，流星晝隕。占「臣下圖議，誅罰忠良」。癸未夜，流星出犯弧矢，急流，至天廟東南没，大如金星。十二月壬午，亦如之。占「胡兵起，屠城殺將」。乾道四年八月丙辰，流星如蛇，出自十二諸侯國代、哭之間，至師門之下没。占「哭泣之象」。五年九月丙辰，流星如蛇，入天棓。占「流星如蛇行者，姦事也。大而光者，其貴人且衆也。入天棓星，爲天子之先驅分争及刑罰」。六年九月辛巳，有星出狼星，穿入弧矢星，至濁没，如土星大，赤黄色，有尾迹，後化爲緊細白雲，九刻乃散。占「胡兵起，當有屠城殺將」。尾迹化爲白雲，其名大滑〔三六〕，流血積骨，縵縵如秦野，在雍，戎狄將亡之兆。七年七月戊戌，東北方蒼黑雲間，有透雲流星，如拳大，急向西北方，至濁没，狀如前。占「大使也」。凡流星暉然有光白，長竟天。曰「人主之星，相從三軍」。於是次年春，遣虞允文出蜀治兵事。九月甲午，西南方流星急流至濁没，狀如前。主兵刑，民饑。淳熙七年五月乙亥，流星出天市垣東海，慢流，炸作三小星，青白色，尾迹，照地，如盞口。占「青爲憂饑，白爲兵」。十一年四月乙丑，流星透雲出自中天，慢流向東北方没，有尾迹，後炸作散小星從，青白色，有音聲大，如金星，是爲流星夕墜者。占「下有兵疫，炸散有聲，怒之象」。　十三年九月辛亥，流星大如金星，其色先赤後黄白，尾約二尺，委曲如蛇行，有類枉矢。占「爲以亂伐亂」。又云「枉矢，臣不忠不良，天下恐」。又云「政暴虐」。枉矢如蛇行，姦事。

寧宗慶元二年九月甲午，流星晝隕。　四年六月甲午，亦如之。七月壬寅，流星如椀大，出羽林軍之下，青白色。占「爲憂，爲兵」。　嘉泰二年四月辛巳，流星晝隕。占「赤色爲兵、旱」。是歲大旱。四年十一月庚午，流星出天津，急流天市垣没〔三七〕。占「火災，民疾」。　開禧元年十二月庚子，流星赤色及金色，星大，出中天，向濁没。占「爲兵、旱、火」。　二年六月癸丑，流星出招摇，入庫樓，色赤〔三八〕。占同上。　嘉定六年五月癸亥〔三九〕，流星晝隕。占「其地大戰覆軍，流血千里」。　九月癸卯，流星夕隕。占「其下兵疫」。色赤爲兵、旱」。丁巳，流星晝隕。於是金國亂。十月戊戌，流星出自昴宿西南，慢向天廪東南没。占「兵起，他國使來，有赦令」。入天廪，色赤爲旱、火，黄則大熟」。　七年四月壬午〔四〇〕，流星出自軫宿距星東南，慢流至濁没。有使出。辛卯，流星出自天津西南，慢向心宿西北没。占如前。是秋金人使來索歲幣。　十六年十一月壬戌，流星怒聲如雷。

校勘記

〔一〕相隨没於大陵　「没」字原無，據宋史卷五七天文一〇補。

〔二〕至內階没　「內階」，莊天山中國古代流星雨記録（天文學報十四卷一期，一九六六年六月），疑爲「開陽」之誤。

〔三〕五年六月　宋史卷五七天文一〇「六月」下有「辛酉」。

〔四〕九月　宋史卷五七天文一〇作「九月戊寅」。

〔五〕四年九月　宋史卷五七天文一〇「九月」下有「戊申」。

〔六〕六年八月丁未　「丁未」，宋史卷五七天文一〇作「丁卯」。按二十史朔閏表，仁宗嘉祐六年八月辛亥朔，無丁未，丁卯爲十七日。

〔七〕英宗治平元年二月　宋史卷五七天文一〇「二月」下有「丁卯」。

〔八〕照地明　「明」字原無，據宋史卷五七天文一〇補。

〔九〕十月己卯　「十月」，宋史卷五七天文一〇作「十一月」。按二十史朔閏表，熙寧二年十月甲午朔，無己卯，十一月甲子朔，十六日己卯。

〔一〇〕十二月　宋史卷五七天文一〇作「十二月甲子」。

〔一一〕四年三月　宋史卷五八天文一一「三月」下有「癸巳」。

〔一二〕西北速行　「西」字原無，「速」原作「逆」，據宋史卷五八天文一一補改。

〔一三〕六月　宋史卷五八天文一一作「六月丁丑」。

〔一四〕北慢飛　「飛」，宋史卷五八天文一一作「行」。

〔一五〕十月庚子　「庚子」，宋史卷五八天文一一作「丙子」。按二十史朔閏表，是年十月乙丑朔，無庚子，十二日丙子。

〔一六〕西北慢行　「西」、「行」二字原無，據宋史卷五八天文一一補。

〔一七〕星出參西　「西」字原無，據宋史卷五八天文一一補。

〔一八〕十一月丙寅　「十一月」，宋史卷五九天文一二作「十二月」。按二十史朔閏表，是年十一月辛未朔，無丙寅，十二月辛丑朔，二十六日丙寅。

〔一九〕星出中台北　「台」原作「合」，無中合星，據宋史卷五九天文一二改。

〔二〇〕哲宗元祐元年二月丙戌　「元年」原作「二年」，據宋史卷五九天文一二改。

〔二一〕十一月戊申　「十一月」，宋史卷五九天文一二作「十月」。按二十史朔閏表，是年十一月丁卯朔，無戊申，十月乙酉朔，二十五日戊申。

〔二二〕向西急流　「向」字原無，據宋史卷五九天文一二補。

〔二三〕十一月己酉　「己酉」，宋史卷五九天文一二作「乙酉」。按二十史朔閏表，是月丁卯朔，無己酉，十九日乙酉。

〔二四〕星出車府西　「府」原作「房」，「西」字原無，據宋史卷五九天文一二改補。

〔二五〕星出壁室東没　容齋三筆占測天星作「星出壁東，慢流，入濁没」。

〔二六〕辛未　據上文知爲元符二年十月辛未，宋史卷五九天文一二則繫於元祐七年八月。

〔二七〕八年正月甲申　據上文知爲元符八年，而哲宗元符三年去世，無元符八年。宋史卷五九天文一二作「元祐八年正月甲申」。宋志是。

〔二八〕至濁没　「濁」，宋史卷五九天文一二作「箕南」。

〔二九〕紹聖元年二月丙午　按上文已經爲元符，此又作紹聖，前後失序，當有舛錯。

〔三〇〕星出西咸　「咸」字原無，據宋史卷六〇天文一三補。

〔三一〕七年十月戊子　「十月」，宋史卷六〇天文一三作「十一月」。按二十史朔閏表，是年十月戊戌朔，無戊子，十一月戊辰朔，戊子爲二十一日。

〔三二〕紹興元年三月甲戌　「三月」，宋史卷六〇天文一三作「四月」。按二十史朔閏表，是年三月戊戌朔，無甲戌，四月丁卯朔，甲戌爲八日。

〔三三〕四月乙巳　「四月」，宋史卷六〇天文一三作「閏四月」。按二十史朔閏表，是年四月壬戌朔，無乙巳，閏四月辛卯朔，乙巳爲十五日。

〔三四〕八月壬午　「八月」，宋史卷六〇天文一三作「九月」。按二十史朔閏表，是年八月辛丑朔，無壬午，九月庚午朔，壬午爲十三日。

〔三五〕流星出紫微垣外座鈎星　「垣外」原互倒，據宋史卷六〇天文一三、新儀象法要星圖乙正。

〔三六〕其名大滑　「滑」原作「渭」，據元本、晉書卷一二天文中、開元占經卷七一改。

〔三七〕急流天市垣没　「没」字原無，據宋史卷六〇天文一三補。

〔三八〕色赤　「赤」字原無，據宋史卷六〇天文一三補。

〔三九〕嘉定六年五月癸亥　「嘉定」原無，據宋史卷六〇天文一三補。

〔四〇〕七年四月壬午　「四月」，宋史卷六〇天文一三作「三月」。按二十史朔閏表，是年四月乙未朔，無壬午，三月丙寅朔，壬午爲十七日。

卷二百九十三上　象緯考十六上

星晝見

漢安帝永初二年正月戊子，太白晝見。占爲强臣。前志曰：「太白晝見，强國弱，小國强，女主昌。」時鄧氏方盛。　五年六月辛丑，太白晝見，經天。春秋漢含孳曰：「陽弱，辰逆，太白經天。」註云：「陽弱，君柔不堪。」鈎命決曰：「天失仁，太白經天。」　元初四年正月乙未，太白晝見丙上。以下晝日、晝見者，皆太白晝見也。

順帝永建二年二月癸未，太白晝見三十九日。閏月乙酉，見東南維四十一日。　五年閏月庚子。六年十月乙卯。　永和二年五月戊申。　三年二月辛巳。戊子，在熒惑西南，光芒相犯。　三月壬子、六月丙午、八月乙卯，俱太白晝見。太白者，將軍之官，又爲西州。晝見，陰盛，與君争明。熒惑與太白相犯，爲兵喪。是時，大將軍梁商父子秉勢，故太白常晝見也。　漢安二年正月己亥，太白晝見。　七月甲申，見。韓揚占曰：「天下有喪。一曰有白衣之會。」明年八月，順帝崩。　又明年，冲帝崩。

孝桓元嘉元年二月戊午〔一〕，太白晝見。　永興二年閏月丁酉，見。時上幸後宮采女鄧猛，後四年，梁后崩，梁冀誅，猛立爲后，恩寵甚盛。　永壽元年九月己酉，晝有流星長二尺，其色黄白。　延熹九年七月，太白晝見，經天，爲兵，憂在大人。　後一年，桓帝崩，太傅陳蕃、大將軍竇武等謀誅宦官，不克，皆枉死。

魏文帝黄初四年六月甲申，太白晝見。按，劉向五紀論曰：「太白少陰，弱，不得專行，故以己未爲界，不得經天而行。經天則爲晝見，其占爲兵喪，爲不臣，爲更王，强國弱，小國强。」是時，孫權受魏爵號，而稱兵距守。五年十月乙卯，見，占同上。六年十一月丙寅〔二〕，見南斗，遂歷八十餘日，恒見。占曰：「吴有兵。」明年，孫權遣張彌等將兵萬人〔三〕，錫公孫淵爲燕王。淵斬彌等，虜其衆。

明帝青龍三年五月丁亥，見，積三十餘日，以晷度推之，非秦、魏則楚。時，諸葛亮據渭南，宣帝與相持，孫權寇合肥，入淮、沔〔四〕，天子親東征。蜀本秦地，則爲秦、魏、楚兵悉起矣。四年三月己巳，太白與月俱加景晝見，月犯太白。占同上。景初元年十月壬申，見，在尾，歷二百餘日，恒晝見。占曰：「尾，爲燕，有兵。」時，公孫淵自立爲燕王，置百官，發兵距守。宣帝討滅之。

晉惠帝元康六年十月乙未，太白晝見。永康元年三月〔五〕，見。占曰：「爲不臣。」是月，賈后殺太子。趙王倫尋廢殺后及張華〔六〕。明年，倫篡位。永寧元年，自正月至於閏月，五星互經天，縱横無常。星傳曰〔七〕：「日陽，君道也；星陰，臣道也。日出則星亡，臣不得專也。晝而星見午上者爲經天，其占『爲不臣，爲更王』。」今五星悉經天，天變所未有也。石氏説曰：「辰星晝見，其國不亡則大亂。」是後，台鼎方伯，互執大權，二帝流亡，遂至六夷更王，迭據華夏，亦載籍所未有也。其四月，歲星晝見。五月，太白晝見。占同前。二年四月癸酉，歲星晝見。占曰：「爲臣强。」時，齊王冏定京都，因留輔政，專慠無君。成都、河間、長沙王討之，冏兵敗，夷滅。

成帝咸康四年四月己巳，太白晝見，在柳。占「爲兵，爲不臣」。明年，石虎大寇沔南〔八〕，内外戒嚴。

穆帝永和十年七月庚午，太白晝見，晷度推之，災在秦、鄭。時，桓温伐苻健〔九〕，破其嶢柳軍。十二月慕容恪攻齊。　十二年六月庚子，見，在東井。占如上。　升平四年十二月庚辰〔一〇〕，見。

哀帝興寧三年十月〔一一〕，太白晝見，在亢。占「亢爲朝廷，有兵喪，爲臣强」。時，桓温方擅兵，明年，庾后崩。

簡文咸安二年，太白晝見，在七星。

孝武寧康二年十二月甲申，太白晝見，在氐。氐，兖州分野。　太元元年八月癸酉，見，在氐。　二年九月壬午，見，在角。　六年九月丙子，見。　七年十一月，太白又晝見，在斗。占曰：「吴有兵喪。」　八年四月甲子，又晝見，在參。占曰：「魏有兵喪。」是月，桓冲征沔、漢〔一二〕，楊亮伐蜀，並拔城略地。八月，苻堅自將百萬入寇，攻没壽陽，劉牢之、謝玄等破之，堅衆大潰。至九年六月，太后褚氏崩。八月，謝玄出屯彭城經略中州。　九年七月丙戌〔一三〕，見。十一月丁巳，又見。　十年四月乙亥，晝見於畢、昴。占曰：「魏國有兵喪。」是時，苻堅大衆奔潰，趙、魏兵連相攻，堅爲姚萇所殺。　十一年三月戊申，見，在東井。占曰：「秦有兵，臣强。」六月甲申，又見於輿鬼。占曰：「秦有兵。」時，魏、姚萇、苻登連兵，相征不息。甲午，歲星晝見，在胃。占曰：「魯有兵，臣强。」十二年，慕容垂寇東阿，翟遼寇河上，姚萇假號安定，苻登自立隴上，吕光竊據涼土。　十二年六月癸卯，見，在柳。十月庚午，見，在斗。

十三年正月丙戌〔一四〕，又晝見。　十四年四月己巳，太白晝見於柳。六月辛卯，又晝見於翼。九月丙寅〔一五〕，又晝見於軫。　十六年四月癸卯朔，見。　十七年七月丁丑，見。十月丁酉，又晝見。　十八年六月，又晝見。　十九年五月，又晝見於柳。六月辛酉，又晝見於輿鬼。九月又見於軫。　二十年七月丁亥，見，在太微。占曰：「太白入太微，國有憂。晝見，爲兵喪〔一六〕。」　二十一年二月壬申，太白晝見。三月癸卯，太白連晝見〔一七〕，在羽林。占曰：「有强臣，有兵喪，中軍兵起。」三月，太白晝見於胃。占曰：「中軍兵起。」

安帝隆安元年四月丁丑，太白晝見，在東井。占曰：「秦有兵喪。」六月，姚興攻洛陽，郗恢遣兵救之。冬，萇死，子泓代立〔一八〕。　二年六月戊辰，攝提移度失常，歲星晝見，在胃，兗州分野。是年，郗恢遣兵伐慕容寶於滑臺，敗而還。　閏月，太白晝見，在羽林。丁丑〔一九〕，月犯東上相。　五年正月，太白晝見。自去年十二月在斗晝見，至是月。　元興元年三月戊子，太白犯五諸侯，因晝見。占曰：「諸侯有誅。」　義熙元年七月庚辰，見，在翼、軫。占曰：「爲臣强，荆州有兵喪。」　三年正月丙子，見，在奎。五月己丑，見，在參。占曰：「益州有兵喪，臣强。」　六年六月甲午，見。七月，太白犯少微而晝見。　七年六月，見，在翼。　九年五月壬辰，太白犯右執法，晝見。

恭帝元熙元年七月己卯，太白晝見。自義熙元年至是，太白經天者九，革代更王，臣失君之象也。

宋文帝元嘉五年十一月，日食，星晝見。

梁武帝天監四年六月壬戌，歲星晝見。占曰：「歲色黄潤，立竿影見，大熟。」是歲大穰，米斛三十。

又曰「星與日争光，武且弱，文且强」。自此後帝崇尚文儒，躬自講說，終於太清，不修武備。普通四年十一月，太白晝見。六年五月己酉，太白晝見。六月癸未，太白經天。太清三年，太白晝見。占曰：「有大喪，天下革政更王，强國弱，小國强。」其年，帝爲侯景所幽，崩。

陳廢帝光大二年九月戊午，太白晝見。占曰：「太白晝見，國更政易王。」其年十二月，帝廢爲臨海王。

周武帝天和元年十月乙卯，太白晝見，經天。

隋文帝開皇元年三月甲申，太白晝見。占曰：「爲臣强，爲革政。」四月壬午，歲星晝見。占曰：「大臣强，有逆謀，王者不安。」其後劉昉等謀反，伏誅。二十年十月，太白晝見。占曰：「大臣强，爲革政易王。」右僕射楊素熒惑高祖廢太子勇，明年改元，皆陽失位及革政易王之驗也。

唐高祖武德元年五月庚午，太白晝見。占曰：「兵起，臣强。」二年九月庚寅，見。九年五月，見。六月丁巳，經天。己未，又經天，在秦分。己卯，見。七月辛亥，晝見。甲寅，晝見。八月丁巳，晝見。太白，上公；經天者，陰乘陽也。

太宗貞觀二十二年七月，太白晝見。

高宗永徽元年五月己未，太白晝見。十二月乙未，見。四年六月己丑，見。龍朔元年六月辛巳，太白晝見，經天。永隆元年五月丁酉，太白晝見，經天。是爲陰乘陽。陽，君道也。

中宗景龍三年六月癸巳，太白晝見，在東井，京師分野。

玄宗開元十四年十月甲寅，太白晝見。

肅宗至德二載七月己酉，太白晝見，經天，至於十一月戊午不見，歷秦、周、楚、鄭、宋、燕之分。

代宗永泰元年九月辛卯，太白晝見，經天。　大曆八年八月己丑〔二〇〕，太白入太微，晝見。占曰：「兵入天廷。」　十一年閏八月丁酉，太白晝見，經天。

憲宗元和九年七月，太白入南斗，至十月出，乃晝見。

穆宗長慶元年三月庚戌，太白犯五車，因晝見，至於七月。以曆度推之，在唐及趙、魏之分。占曰：「兵起。」　二年九月，太白晝見。　四年三月庚午，太白犯東井北轅，遂入井中，晝見，經天，七日而出，因犯輿鬼，京師分也。六月己丑，太白犯軒轅右角，因晝見，至於九月。占曰：「相凶。」

文宗太和六年四月己丑，太白晝見。　九年夏，見，自軒轅至於翼、軫。　開成二年六月己酉，見。

僖宗乾符二年四月庚辰，太白晝見，在昴。　三年七月常星晝見。

昭宗光化三年十一月丁未，太白犯月，因晝見。　天復元年五月，自丁酉至於己亥，太白晝見，經天，在井度。

後唐莊宗同光三年六月甲子，太白晝見。己巳，見。

明宗天成元年七月庚申，太白晝見。　長興二年五月癸亥，見。閏五月己巳，歲晝見。八月戊子，太白晝見。　十月壬辰，太白晝見。　四年五月癸卯，太白晝見。

末帝清泰元年五月己未，太白晝見。

漢高祖天福十二年四月丙子，太白晝見。

隱帝乾祐二年四月壬午，太白晝見。

周太祖廣順二年，太白經天。

宋太宗太平興國八年三月丙寅，有星晝出西南，當未地，青白色〔二一〕，尾迹二丈餘，没於東南，有光明。占曰：「未地有兵。」是年，西戎入寇宥州〔二二〕，擊敗之。淳化元年七月辛卯，太白在角西南一尺許。司天言：「據纏次當行中道，南乘左角，主有謀不成。按書：太白形最大，星中無比，去太陽四十五度内晝見則占。臣今占候太白晝見，蓋去日極遠，自然之理也。」

真宗咸平三年六月，太白晝見。占曰：「爲兵喪。」四年十二月丙寅〔二三〕，太白晝見，在南斗。五年三月丙午，有星晝出心，至南斗没，赤光丈餘。九月丁未，有星晝出紫微垣如半升器，貫北斗没。六年六月庚午，有星晝出東方〔二四〕，色黃白，有尾迹。占曰：「兵偃民樂之象。」甲午〔二五〕，太白晝見。八月庚午，太白晝見。景德元年六月戊午，有星晝出西南方，赤黃，有尾迹，速流丈餘没。十一月，太白晝見。占曰：「秦有兵。」二年四月甲辰，太白晝見。三年七月乙巳，太白晝見。庚辰〔二六〕，又晝見。十二月，太白晝見。四年三月庚申，有星晝見，出南方。大中祥符元年七月庚申，太白晝見。八月己丑，有星晝出中天，如太白，有尾迹，急流東南，近日没。二年五月乙亥，有星晝出東方，如太白，尾迹赤黃，流至日北没。占曰：「蠻夷起兵。」其年，黎州蠻擾。四年六月丙午，太白晝見。八月乙巳，太白晝見。六年五月乙巳，有星晝出南方，赤光迸逸，若五升器，照地明。壬午，太白晝見。七年七月癸卯，太白晝見。十一月癸未，有星晝出日西南，大如盌，尾迹二丈餘，闊三寸許，青白色，西流而没。占曰：「爲旱火。」明年，榮王宮火。　九年五月庚午，太白晝見。　天禧三年六月辛卯〔二七〕，太白晝見。占曰：「女主昌。」八月辛卯，又晝見。　四年七月丁巳，太白晝見。　五年六月丙午〔二八〕，太白晝見。

仁宗天聖元年十一月壬辰〔二九〕，太白晝見。占曰：「有兵兵罷，無兵兵起，不利先舉。」　天聖二年六月丁卯，晝漏上，星出中天，赤黄色，有尾迹，西南緩行入濁。占曰：「大使以兵事出，其方行緩事遲。」　三年六月壬戌，太白晝見。十二月戊寅，見。　五年五月壬寅，見。　明道元年七月，見三十日。　慶曆三年八月甲寅，見。　皇祐三年四月丙午，見。　至和元年五月壬辰，見。九月己丑，見。十月辛卯，見。　三年四月己丑，見。占曰：「太白少陰晝見於丙，其占爲兵，爲不臣。」　嘉祐二年六月己未，見。占如上。九月戊戌，晝漏上，中天有星出狼，大如杯，東南速行，至濁没，尾迹青白。占曰：「流星大者使大。今晝而星流，主大使出。　狼星，有盗賊侵掠之事。」　四年正月庚戌，太白晝見。占曰：「太白少陰，弱，不得專行，故以己未爲界，不得經天而行。　經天則晝見。」其占爲兵喪，爲不臣，强國弱，小國强。　以日宿推之，屬秦、魯分，宜於其地謹備兵寇，以應天象。　七月辛丑，見。占曰：「西戎秦地防邊事。」十月乙丑，晝漏上，星出天將軍，西南行，至濁没，色青白，尾迹凝天，良久散。　五年三月乙未，歲星晝見。占曰：「爲臣强，爲兵寇。」今推考歲星在女度，屬青、齊分，宜於其地嚴設警備。　九月庚寅，太白晝見。　六年六月乙丑，太白星晝見。　壬申，歲星晝見。占曰：「日者陽，君道也。星者陰，臣道也。日出則星亡，臣不得專也。」今晝而星見，其占爲不臣及兵賊事。　以分野占之，在衛分。十一月癸丑，晝星出東北維，去地五丈許，大如盌，向東北緩行入濁，尾迹青白。占曰：「流星晝出，大臣災，色青白，爲兵憂。又主陰謀事。」以分野日辰推之，在魯、衛分及北狄鴈門。　七年五月戊午，太白見。占皆同四年七月事。六月丙子，歲星見。占曰：「臣有不忠者。」七月己酉，太白經天，復見。占曰：「兵喪，民災，臣不順命，不救，則四夷大動，蠻貊來侵。」十月乙未，見。占曰：「爲不臣，爲兵喪。」　八年七月癸亥，歲星晝見。占曰：「臣强，屬趙冀分〔三〇〕。」

英宗治平元年正月戊戌，太白晝見。占同嘉祐七年十月。六月辛酉，見。占曰：「秦分兵喪。」壬戌，歲星見。占曰：「臣强。」　二年六月己丑，晝有星出中天，大如盌，西速行，至濁没，尾迹赤黄。占曰：「流星晝見，明大，民災，兵革動；速行入濁，其下陰謀相奪。」七月庚申〔三一〕，晝漏未上，星出紫宫，西行，曳尾長二丈，没，尾迹青白。占曰：「有使出西方言兵事。」丁丑，太白見。占曰：「爲兵喪，爲不臣。」十二月辛亥，見。占如上。

神宗治平四年二月丁酉，太白晝見。主爲兵，爲大臣〔三二〕，大國弱，小國强。閏三月癸未，見。主兵凶。五月辛巳，見。七月癸卯，見。八月丁未，見。皆主有兵兵罷，無兵兵起，或大臣有咎。熙寧元年十一月癸酉，見。占：「太白少陰，弱，晝見於午，爲兵喪，爲不臣。」　二年六月壬戌，見。主秦分，兵喪。　三年五月癸巳，見。九月壬子，皆見，主爲兵，爲占同〔三三〕。五年五月丙午〔三四〕，見。　八年三月戊午，見。七月戊寅，見。皆主兵。　九年十月乙酉，見。　十年五月甲戌，見。元豐元年四月癸亥，見。主秦分，兵或喪。　三年七月戊子，見。占同。　四年七月己丑，見。　六年八月己卯，見。　七年十一月乙卯，見。主爲兵，爲不臣。

哲宗元祐元年六月庚戌，見。主無兵兵起，有兵兵罷。十月庚寅，見。主秦地彊。三年二月辛丑，見。七月辛未，見。主秦分，兵動。六年四月壬寅，見。閏八月乙丑，見。七年十一月辛巳，見。八年四月己未，見。紹聖元年正月壬午，晝星出中天，如太白，西南急流，入濁没，赤黄。主兵。五月己酉，太白晝見。六月丁丑，晝有飛星出東南，如太白，西北急流，至中天没，青白，有尾迹，明燭地。主國有喜。九月庚申，太白晝見。二年十一月丙申，見。主兵起。三年五月壬子，見。四年三月己未，晝星出東南丙位，如太白，西南急流，至未位没，赤黄，有尾迹。主秦分，有兵及大疫。六月己酉，太白晝見。元符二年五月甲辰，見。主秦地有兵。八月癸巳，太白、歲晝見。主天下偃武罷兵，天子崇尚文學，任用賢能。

徽宗崇寧元年六月己酉，見。三年正月癸卯，見。大觀二年十一月丁未，見。四年十月戊戌，見。政和三年十二月辛酉，見。四年十月乙丑〔三五〕，見。五年三月辛未，見。八年十月己卯，見。宣和二年六月丁丑，見。六年十一月丙子，見。皆爲大國弱，小國强，女后昌。

高宗建炎元年十月甲戌，太白晝見。紹興元年四月壬申，太白晝見。占「爲兵喪」。是月，隆祐太后崩，諸路兵盜未息。四年六月庚子〔三六〕，太白晝見，經天。於是金人及僞齊合兵入寇。韓世忠敗之於大儀鎮。十一月戊申，太白晝見，經天。於是始下詔聲劉豫罪，致討。金人入光州，陷滁州，諸將退保，逾月，虜始退師。六年正月壬辰，太白晝見，經天。於是諸將進攻劉豫，豫以金人之師入寇，諸將擊破之。　十七年五月辛丑〔三七〕，太白晝見。占「爲兵喪，爲不臣，大臣行毒，不出三年」。於是秦檜酖殺牛皋。　二十八年六月壬辰，太白晝見。時虜亮再營汴，將徙都，舉兵南寇。

孝宗隆興元年七月丙申，太白經天，晝見。　二年六月戊辰，七月庚子，俱太白晝見。　乾道元年三月甲寅、乙亥，太白俱晝見，經天。　二年二月庚子，流星晝見。四月甲申，五月甲寅，九月庚午，太白俱晝見。占：「不出三年有大喪。」　三年九月戊子，太白晝見。　四年五月乙丑〔三八〕，六月辛卯，太白俱晝見。　五年六月庚寅，太白晝見。十一月甲子，五星晝見。　淳熙三年五月癸酉，太白經天，晝見。　四年十一月壬戌，太白晝見。　六年七月乙丑、癸未，太白俱經天，晝見。　九年六月庚申、甲子，九月癸巳，太白俱晝見。　十一年五月乙卯，太白晝見。　十二年六月戊寅，七月丁酉，太白晝見，至八月壬申乃伏。　十四年六月辛卯，七月辛丑，太白俱晝見。

光宗紹熙元年五月丙子，太白晝見。　四年六月丙寅〔三九〕，十一月甲戌，俱太白晝見。

寧宗慶元元年三月庚寅，七月己亥，太白俱晝見。　四年九月壬寅、癸卯，太白俱晝見。　嘉泰元年六月丙午，十一月己巳，十二月己卯，太白俱晝見。占：「爲兵喪，爲不臣，爲秦强。」　三年六月癸亥，太白經天晝見。　開禧元年三月庚申，太白晝見。　二年五月壬寅，太白晝見。　三年十二月乙巳，太白晝見。　金人陷隨州。　嘉定元年五月甲子，太白晝見。　時江西黑風峒爲亂。　四年七月壬戌，太白晝見。　於是攻金人甚急。　五年九月丙午，太白晝見。　六年二月丁丑，太白晝見。　於是金國亂。　十二月壬辰，流星晝隕。　七年五月丁丑，八月乙巳，太白晝見。　是歲，金虜遷都於汴。　九年五月癸酉，太白晝見。明年，金人入寇。十年六月乙丑、癸酉，十一月戊戌，太白俱晝見。於是下詔北伐。金虜寇四川，山東李全來歸。十三年二月庚子〔四〕，三月丁亥，六月辛未、辛卯，太白俱晝見，經天。於是金人犯淮、蜀。九月甲午，太白晝見。十四年三月甲午，太白晝見。十五年五月庚戌，九月辛未，太白俱晝見。十七年六月丁卯，太白晝見。

校勘記

〔一〕孝桓元嘉元年二月戊午　「戊午」，後漢書志一二天文下作「戊子」。

〔二〕六年十一月丙寅　殿本考證：「考三國志及晉書所引係太和六年事，此屬黃初六年，誤。」查三國志魏書明帝紀三、晉書卷一三天文下，殿本考證所說是。

〔三〕孫權遣張彌等將兵萬人　三國志卷八魏書公孫淵傳注引魏略載淵表作「將吏兵四百餘人」。通考取晉書卷一三天文下「將兵萬人」說。待考。

〔四〕入淮沔　「沔」原作「沔」，據三國志卷三魏書明帝紀三、晉書卷一三天文下改。

〔五〕永康元年三月　「三月」原無，據晉書卷一三天文下補。

〔六〕趙王倫尋廢殺后及張華　「尋」字原無，據晉書卷一三天文下補。按晉書卷四惠帝紀「趙王倫矯詔廢賈后爲庶人」及殺張華等，皆在永康元年四月，不在三月，晉志有「尋」字，是。

〔七〕星傳曰　「星」字原無，據晉書卷一三天文下補。
〔八〕石虎大寇沔南　「沔」原作「沔」，據晉書卷一三天文下改。
〔九〕時桓温伐苻健　「健」原作「堅」，據晉書卷一三天文下、卷八穆帝紀改。
〔一〇〕升平四年十二月庚辰　「庚辰」元本作「丙辰」，晉書卷一三天文下、宋書卷二四天文二均作「丙寅」。
〔一一〕哀帝興寧三年十月　「三年」原作「元年」。晉書卷一三天文下、宋書卷二四天文二均作「三年」，據改。又下文「明年，庾后崩」。按興寧三年之明年，爲太和元年，而庾后之死正在太和元年。
〔一二〕桓冲征沔漢　「沔」原作「沔」，據晉書卷一三天文下改。
〔一三〕九年七月丙戌　「丙戌」原作「庚戌」，據元本及晉書卷一三天文下改。
〔一四〕十三年正月丙戌　「丙戌」原作「庚戌」，據元本及晉書卷一三天文下改。
〔一五〕九月丙寅　「丙寅」原作「庚寅」，據元本及晉書卷一三天文下改。
〔一六〕爲兵喪　「爲」字上原有漫漶之「亢」字，據晉書卷一三天文下、宋書卷二五天文三删。
〔一七〕太白連晝見　「見」字原脱，據晉書卷一三天文下、宋書卷二五天文三補。
〔一八〕萇死子泓代立　「泓」，晉書卷一三天文下、宋書卷二五天文三均作「略」。中華書局標點本宋書校勘記引周家禄晉書校勘記云：「姚萇死，在晉孝武太元十八年，不在安帝隆安元年。萇死，子興嗣位，亦無子略代立之文。」
〔一九〕丁丑　原作「十一」，據晉書卷一三天文下、宋書卷二五天文三改。
〔二〇〕大曆八年八月己丑　「八月」，新唐書卷三三天文三作「七月」。
〔二一〕青白色　「色」字原無，據宋史卷五七天文一〇補。

〔二二〕西戎入寇宥州　「宥州」原作「肴州」，據宋史卷四太宗紀及殿本考證改。
〔二三〕四年十二月丙寅　「十二月」原無，據宋史卷五六天文九補。
〔二四〕有星晝出東方　「東方」，宋史卷五七天文一〇作「東北方」。
〔二五〕甲午　此繫於真宗咸平六年六月，按宋史卷五六天文九、卷七真宗紀均繫於「六年五月」，是。
〔二六〕庚辰　宋史卷五六天文九作「庚申」，按朔閏推算，是。
〔二七〕天禧三年六月辛卯　「禧」原作「僖」，據宋史卷八真宗紀、卷五六天文九改。
〔二八〕五年六月丙午　「六月」原作「八月」，據宋史卷八真宗紀、卷五六天文九改。
〔二九〕仁宗天聖元年十一月壬辰　「天聖」，元本及宋史卷五七天文一〇作「乾興」。按真宗死於乾興元年二月戊午，仁宗即位，次年改元天聖。元本及宋志是。
〔三〇〕屬趙冀分　「冀」原作「翼」，無翼州，形近而譌，今改。
〔三一〕七月庚申　按此繫於治平二年，而宋史卷五七天文一〇繫於治平三年。
〔三二〕爲大臣　據上下文疑「大」爲「不」之誤。
〔三三〕三年五月癸巳見九月壬子皆見主爲兵爲占同　「皆見」，疑互倒。又宋史卷五六天文九太白經天作「三年五月癸巳，九月壬子，五年二月癸亥，五月丙午，八年三月戊午，七月戊寅，皆晝見」。
〔三四〕五年五月丙午　「五年」原無，據宋史卷五六天文九、卷一五神宗紀補。
〔三五〕四年十月乙丑　「四年」，元本、宋史卷五六天文九、卷二一徽宗紀均作「六年」。
〔三六〕四年六月庚子　「六月」原作「五月」。按紹興四年五月庚戌朔，是月無庚子日，宋史卷五六天文九、卷二七高宗紀均作「六月」，據改。

〔三七〕十七年五月辛丑　「五月辛丑」，宋史卷五六天文九、卷三〇高宗紀均作「七月辛巳」。

〔三八〕四年五月乙丑　「乙丑」原無，據宋史卷五六天文九、卷三四孝宗紀補。

〔三九〕四年六月丙寅　「丙寅」，宋史卷三六光宗紀作「甲寅」。按紹熙四年六月丙申朔，是月無丙寅日。

〔四〇〕十三年二月庚子　「十三年」，宋史卷五六天文九作「十二年」。按下文「三月丁亥」、「六月辛卯」記事，宋史卷四〇寧宗紀均載，也繫於嘉定十二年，與宋志基本吻合。疑此處當是「十二年」。又下文「九月甲午」記事，寧宗紀和天文均繫於十三年，疑「十三年」當移於「九月甲午」前。

卷二百九十三下　象緯考十六下

五星聚舍

周將伐殷，五星聚房。

齊桓公將伯，五星聚箕。

漢高帝元年十月，五星聚於東井，以曆推之，從歲星也。李奇曰：「歲星得其正度，其四星隨比常正行，故曰從也。」孟康曰：「歲星先至，先至爲主也。」客謂：「張耳曰：『東井，秦地。漢王入秦，五星從歲星聚，當以義取天下。』」

魏崔浩集諸曆家，考校漢元以來日月薄食、五星行度，并譏前史之失，别爲魏曆，以示高允。允曰：「漢元年十月，五星聚東井，此乃曆術之淺事。今譏漢史而不覺此謬〔一〕，恐後人之譏今，猶今之譏古也。」浩曰：「所謬云何？」允曰：「按星傳，太白、辰星常附日而行。十月，日在尾、箕，昏没於申南，而東井方出寅北，二星何得背日而行！是史官欲神其事，不復推之於理也。」浩曰：「天文欲爲變者，何所不可邪！」允曰：「此不可以空言争也，宜更審之。」坐者咸怪之，唯東宫少傅游雅曰：「高君精於曆數，當不虚也。」後歲餘，浩謂允曰：「先論本不經心，及更考究，果如君言。五星乃以前三月聚東井，非十月也。」衆乃嘆服。

孝文後六年四月乙巳，水、木、火三合於東井。占曰：「内外有兵與喪，改立王公。東井，秦分也。」是歲，誅反者周殷長安市。其七年六月，文帝崩。其十一月戊戌，土、水合於危。占曰：「爲雍沮，所當之國不可舉事，用兵必受其殃。」一曰：「將覆軍。危，齊也。」

孝景元年正月癸酉，金、水合於婺女。占曰：「爲變謀，爲兵憂。婺女，粤也。又爲齊。」其七月乙丑，金、木、水三合於張。占曰：「内外有兵與喪，改立王公。張，周地，今之河南，又爲楚。」其二年七月丙子，火與水晨出東方，因守斗。占曰：「其國絶祀。」至其十二月，水、火合於斗。占曰：「爲淬，不可舉事用兵，必受其殃。」一曰：「爲北軍用兵舉事，大敗。斗，吴分也，又爲粤。」是歲，立六皇子爲王，王淮陽、汝南、河間、臨江、長沙、廣川。其三年，七國反，漢遣大將軍周亞夫討平之。吴王亡走粤，粤攻而殺之。齊、趙諸國兵皆敗。中二年正月丁亥〔二〕，金、木合於觜觿，爲白衣之會。其五月甲午，金、木俱在東井。戊戌，金去木留，守之二十日。占曰：「傷成於戉。木爲諸侯，誅將行於諸侯也。」十一月庚午夕〔三〕，金、火合於虚，相去一寸。占曰：「爲鑠，爲喪。虚，齊也。」四年四月丙申，金、木合於東井。占曰：「爲白衣之會。井，秦也。」其五年四月乙巳，水、火合於參。占曰：「國不吉。參，梁也。」其六年四月，梁孝王死。五月，城陽王、濟陰王死。六月，成陽公主死。出入三月，天子四衣白，臨邸第。後元年五月壬午，火、金合於輿鬼之東北，不至柳，出輿鬼北可五寸。占曰：「爲鑠，有喪。輿鬼，秦也。」丙戌，地大動，鈴鈴然，民大疫死，棺貴，至秋止。

後漢章帝建初五年二月戊辰，木、火俱在參。五月戊寅，木、水在東井。黄帝星經曰：「木守東井，有土功之事。」一曰：「大水。」郗萌曰：「歲星守參，后當之。熒惑守，大人當之。」

和帝永元二年正月乙卯，金、木俱在奎；丙寅，水又在奎。巫咸曰：「辰守奎，多水火災，亦爲旱。」古今注曰：「土在東井。」奎主武庫兵，三星會又爲兵喪。 辛未，水、金、木在婁，亦爲兵，又爲匿謀。郗萌曰：「辰守婁，有兵兵罷，無兵兵起。」巫咸、石氏云：「多火災。」古今注：「丙寅，水在奎，土在東井，金在婁，木、火在昴。」 五年四月癸巳，太白、熒惑、辰星俱在東井。黄帝經曰：「五星及客星守井，皆爲水。」石氏曰：「爲旱。」又曰：「太白入東井，留一日以上乃占。大臣當之，期三月，若一年，遠五年。」東井，秦地，爲法。 三星合，内外有兵，又爲法令及水。 其六年七月，水，大漂没人民，傷五穀。九月，遣兵征叛胡。 七年二月癸酉，金、火俱在參。巫咸占曰：「熒惑守參，多火災。」海中占曰：「爲旱。太白守參，國有反臣。」郗萌曰：「有攻戰伐國也。」戊寅，金、火俱在東井。郗萌曰：「熒惑守井，百川皆滿，太白又從舍，蓋二十日流國。」又曰：「雜糴貴。又將相死。」八月甲寅，火、土、金俱在軫〔四〕。春秋緯曰：「五星有入軫者，皆爲兵大起。」巫咸占曰：「五星入軫者，司其出日而數之，期二十日皆爲兵發。司始入處之率一日期，十日軍罷。」石氏星經曰：「辰星守軫，歲水。」郗萌曰：「鎮星出入留舍軫六十日不下，必有大喪。」春秋緯曰：「太白入軫，兵大起。」郗萌曰：「太白守軫，必有死王。」十一月甲戌，金、火俱在心。雒書曰：「太白守心，後九年大饑。」十二月己卯，有流星起文昌，入紫宮消。 丙辰，火、金、水俱在斗。 流星入紫宮，金、火在心，皆爲大喪。 三星合軫爲白衣之會，金、火俱在參、東井，皆爲外兵，有死將。 三星俱在斗，有戮將，若有死相。 八年四月，樂成王黨，七月，樂成王宗皆薨。 將兵長史吳棽坐事徵下獄誅。 元興元年閏七月辛亥，金、水俱在氐。

孝殤帝延平元年正月丁酉，金、火在婁。 金、火合，爲爍，爲大人憂。 是歲八月，帝崩。

孝靈光和三年十月〔五〕，歲星、熒惑、太白三合於虛，相去各五六寸，如連珠。占曰：「火、木、金三合爲喪。」至中平六年，宮車晏駕。虛，齊地。明年，瑯琊王據薨。

孝獻建安十八年秋，歲星、鎮星、熒惑俱入太微，逆行，留守帝坐百餘日。占曰：「歲星入太微，人主改。」

魏明帝太和四年七月壬戌〔六〕，太白犯歲星。占曰：「有大兵。」五年三月，諸葛亮以大衆寇天水，宣帝爲大將軍，拒退之。　青龍二年二月己未，太白犯熒惑。占曰：「大兵起，有大戰。」是年四月，諸葛亮據渭南，吴亦起兵應之，魏東西奔命。

晉惠帝元康三年，鎮星、歲星、太白三星聚於畢、昴。占曰：「爲兵喪。畢、昴，趙地也。」後賈后陷殺太子，趙王廢后，又殺之，斬張華、裴頠，遂篡位，廢帝爲太上皇，天下從此遘亂連禍。　永寧二年十一月，熒惑、太白鬬於虛、危。占曰：「大兵起。破軍殺將。虛、危又齊分也。」十二月，熒惑襲太白於營室。占曰：「天下兵起，亡君之戒。」一曰：「易相。」初，齊王冏之京都，因留輔政，遂專傲無君。是月，成都、河間檄長沙王乂討之，冏、乂交戰，攻焚宮闕，冏兵敗，夷滅。又殺其兄上軍將軍實以下二千餘人。　太安二年〔七〕，成都又攻長沙，於是公私饑困，百姓力屈。　太安三年正月，熒惑犯歲星。占曰：「有戰。」七月，左衛將軍陳眕奉帝伐成都，六軍敗績。　光熙元年九月，鎮星犯歲星。占曰：「鎮與歲合，爲内亂。」是時司馬越專權，終以無禮破滅，内亂之應也。十二月癸未，太白犯鎮星。占曰：「爲内兵，有大戰。」是後河間王爲東海王越所殺。明年正月，東海王越殺諸葛玫等。五月，汲桑破馮嵩，殺東燕王。八月，苟晞大破汲桑。

懷帝永嘉六年七月，熒惑、歲星、太白聚牛、女之間，徘徊進退。按占曰：「牛、女，揚州分。」是後兩都傾覆，而元帝中興揚土。

元帝建武元年五月癸未，太白、熒惑合於東井。占曰：「金、火合曰爍，爲喪。」是時愍帝蒙塵於平陽，七月崩於寇庭。　大興二年七月甲午，歲星、熒惑會於東井。八月乙未，太白犯歲星，合於翼。占曰：「爲兵饑。」　三年六月丙辰，太白與歲星合於房。占同上。永昌元年，王敦攻京師，六軍敗績，王敦尋死。

成帝咸康三年十一月乙丑，太白犯歲星於營室。占曰：「爲兵饑。」四年二月，石季龍破幽州，遷萬餘家以南。五年，季龍衆五萬寇沔南〔八〕，略七千餘家而去。又騎二萬圍陷邾城，殺略五千餘人。四年十二月癸丑，太白犯鎮星，在箕。占曰：「王者亡地。」七年，慕容皝自稱燕王。七年三月，太白、熒惑合於太微中，犯左執法。明年，顯宗崩。　八年十二月己酉，太白犯熒惑於胃。占曰：「大兵起。」其後庾翼大發兵，謀伐石季龍，專制上流。

康帝建元元年八月丁未，太白犯歲星，在軫。占曰：「有大兵。」是年，石季龍將劉寧寇没狄道。

穆帝永和四年五月，熒惑入婁，犯鎮星。占曰：「兵大起，有喪，災在趙。」其年，石季龍死；來年，冉閔殺石遵及諸胡十萬餘人；其後褚裒北伐，喪衆而薨。　六年三月戊戌，熒惑犯歲星。占曰：「爲戰。」七年三月戊子，歲星、熒惑合於奎。其年劉顯殺石祗及諸胡帥，中土大亂。　十二年七月丁卯，太白犯鎮星，在柳。占曰：「周地有大兵。」其年八月桓温伐苻健，退，因破姚襄於伊水，定周地。　升平二年八月戊午，熒惑犯鎮星，在張。占曰：「兵大起。」　三年八月庚午，太白犯鎮星，在太微中。占曰：「王者惡之。」　五年十月丁卯，熒惑犯歲星，在營室。占曰：「大臣有匿謀。」一曰：「衛地有兵。」時桓温擅權，謀移晉室。

海西公太和元年八月戊午〔九〕，太白犯歲星〔一〇〕，在太微中。　三年六月甲寅，太白掩熒惑，在太微端門中。　六年，海西公廢。

簡文咸安二年正月己酉，歲星犯鎮星，在須女，占曰：「爲内亂。」七月，帝崩，桓温擅權，謀殺侍中王坦之等，内亂之應。

孝武寧康二年十一月癸酉，太白掩熒惑，在營室。占曰：「金、火合，爲爍，爲兵喪。」太元元年七月，苻堅伐凉州，破之，虜張天錫。　太元十年十二月己丑〔一一〕，太白犯歲星。占曰：「爲兵饑。」是時河朔未平，兵連在外，冬大饑。　十七年九月丁丑，歲星、熒惑、鎮星同在亢、氐；十二月癸酉，鎮星去，熒惑、歲星猶合。占曰：「三星合，是謂驚立絶行，内外有兵喪與饑，改立王公。」　十九年十月，太白、鎮星、熒惑、辰星合於氐。　十二月癸丑，太白犯歲星，在斗。占曰：「爲亂饑，爲内兵。斗，吴、越分。」至隆安元年，王恭等舉兵，顯王國寶之罪，朝廷殺之。　是後連歲水旱饑。

安帝隆安元年二月，歲星、熒惑皆入羽林。占曰：「中軍兵起。」四月，王恭等舉兵，内外戒嚴。　元興元年八月庚子，太白犯歲星，在上將東南。占曰：「楚兵饑。」一曰：「災在上將。」二年，桓玄篡位，劉裕盡誅桓氏。　二年十月丁丑，太白犯鎮星，在婁。占同上。　三年二月壬辰，太白、熒惑合於羽林，劉裕起義兵，桓玄逼帝東下。　義熙二年十二月丁未，熒惑、太白皆入羽林，又合於壁。三年正月，慕容超寇淮北徐州至下邳。八月，遣劉敬宣伐蜀。　三年二月癸亥，熒惑、鎮星、太白、辰星聚於奎、婁，從鎮星也，徐州分。是時，慕容超僭號於齊，兵連徐、兗，連歲寇抄，至於淮、泗。姚興、譙縱僭號秦、蜀，盧循及魏南北交侵。其五年，劉裕北殄慕容超。其六月辛卯，熒惑犯辰星，在翼。占曰：「天下兵起。」八月己卯，太白掩熒惑。占曰：「有大兵。」其四年，姚略遣衆征赫連勃勃，大爲所破。　五年四月甲戌，熒惑犯辰星，在東井。占曰：「皆爲兵。」十二月辛丑，太白犯歲星，在奎。占曰：「大兵起，魯有兵。」是年四月，劉裕討慕容超。六年二月，滅慕容超於魯地。　七年七月丁卯，歲星犯鎮星，在參。占曰：「歲、鎮合，爲内亂。」一曰：「益州戰，不勝，亡地。」是時，朱齡石伐蜀，後竟滅之。明年，誅謝混、劉毅。　八年七月甲申〔一二〕，太白犯鎮星，在東井。占曰：「秦有大兵。」　九年二月丙午〔一三〕，熒惑、鎮星皆犯東井。占曰：「秦有兵。」三月壬辰，歲星、熒惑、鎮星、太白聚於東井，從歲星也。東井，秦分。十三年，劉裕定關中，其後遂移晉祚。　十四年十月癸巳，熒惑入太微，犯西蕃上將，仍順行至左掖門内，留二十日乃逆行。至恭帝元熙元年三月五日，出西蕃上將西三尺許〔一四〕，又順還入太微。時鎮星在太微，熒惑繞鎮星成鈎己。其年四月丙戌〔一五〕，從端門出。占曰：「熒惑與鎮星鈎己天庭，天下更紀。」十二月，安帝母弟瑯琊王踐阼，是曰恭帝，來年禪於宋。

宋文帝元嘉二十三年二月〔一六〕，金、火、水合於東井。

梁武帝普通七年正月癸卯，太白、歲星在牛相犯。占曰：「其國君凶，易政。」明年三月，改元，大赦。

陳武帝永定三年六月庚子，鎮星在鉞與太白并。占：「太白與鎮合，爲疾，爲内兵。」

文帝天嘉五年四月庚子，太白、歲星合在奎，金在南，木在北，相去二尺許。壬寅，太白、歲星合在婁，相去一尺許。六年正月己亥，太白犯熒惑，相去二寸。占曰：「其野有兵喪，改立侯王。」九月乙巳，太白又犯熒惑。明年，帝崩，少帝廢。

廢帝光大元年八月壬午，鎮星、辰星合於軫。九月戊午，辰星、太白相犯。占曰：「改立侯王。」二年九月庚戌，太白逆行，與鎮星合，在角。占曰：「爲白衣之會。」又曰：「所合之國，爲亡地，爲疾兵。」十二月，廢帝爲臨海王，太建二年薨。

宣帝太建十一年四月己丑，歲星、太白、辰星合於東井。十一年十二月癸酉〔一七〕，辰星在太白上。甲戌，辰星、太白交相掩。占曰：「大兵在野，大戰。」

魏道武天賜四年二月癸亥，金、水、土聚。

節閔帝普泰元年十月，歲星、熒惑、鎮星、太白聚於觜、參，色甚明大。占曰：「當有王者興。」其月，齊高祖起於信都，至中興二年破爾朱兆，開霸業。

齊文宣天保十年六月庚子，鎮星犯井鉞，與太白并。占曰：「子爲元枵，齊之分野，君有戮死者，大臣誅，鑕斧用。」其明年，常山王誅楊愔等，廢少帝。

武成河清四年正月己亥，太白犯熒惑，相去二寸，在奎。甲辰，太白、熒惑、歲星合在婁。占曰：「甲爲齊，三星若合，是謂驚立絶行，其分有兵喪，改立侯王。」

後主武平三年八月癸未，鎮星、歲星、太白合於氐，宋之分野。占曰：「其國有内外兵喪〔一八〕，改立侯王。」其四年十月〔一九〕，陳將吴明徹寇彭城，右僕射崔季舒等諫帝不宜北幸并州，帝怒，並誅之，内外兵喪之應〔二〇〕。

周武帝保定二年十一月壬午，熒惑犯歲星於危南。　五年，太白、熒惑、歲星合於婁。　天和二年五月己丑，歲星與熒惑合，在井宿，相去五尺。井爲秦分。占曰：「其國有兵，爲饑旱，大臣匿謀，下有反者，若亡地。」閏六月丁酉，歲星、太白合在柳，相去一尺七寸，柳爲周分。占曰：「爲内兵。」又曰：「主人凶憂，失城。」是歲，陳湘州刺史華晈率衆來附〔二一〕，遣兵援之，因而南伐，衛公直與陳將戰於沌口，王師失利，遂没陳〔二二〕。　天和六年六月庚辰，熒惑、太白合，在張宿，相去一尺。占曰：「主人兵不勝，所合國有殃。」　建德元年三月丙辰，熒惑、太白合於壁。占曰：「其分有兵喪，不可舉事，用兵必受殃，改立侯王〔二三〕。」其月誅晉公護等及其黨，詔以齊公憲爲大冢宰。　七月丙午，辰與太白合於井，相去七寸。占曰：「其下之國，必以重德致天下。」後半年平齊〔二四〕，致天下之應。　二年十一月壬子，太白掩鎮星，在尾。占曰：「鎮星爲女主，尾爲後宫。」明年，皇太后崩。　三年十一月丙子，歲星與太白相犯，光芒相及，在危。占曰：「其野兵，人主凶，失其城邑。」　宣政元年六月壬午、癸丑，木、火、金三星合，在井。占曰：「其國霸。」又曰：「内外有兵喪，改立王侯。」七月丙辰，熒惑、太白合於七星，相去二尺八寸。占曰：「君憂。」又曰：「其國有兵，改立王侯，有德興，無德亡。」後一年，改置四輔官，傳位太子，改立王侯之應也。

宣帝大象元年四月戊子，太白、歲星、辰星合，在井。占曰：「是謂驚立，是謂絶行，其國内外有兵喪〔二五〕，改立侯王。」其五月，趙、陳、越、代、滕五王並入國。後二年，隋王受命〔二六〕，宇文氏宗族相繼誅滅。十月乙酉，熒惑在虚與鎮星合。占曰：「兵大起，將軍爲亂，大人惡之。」是月，相州段德舉謀反，伏誅。明年，杞公宇文亮舉兵反，擒殺之。二年七月壬子，歲星、太白合於張。九月甲申，熒惑、歲星合於翼。

唐高祖武德元年七月丙午，鎮星、太白、辰星聚於東井，關中分也。二年三月丙申，鎮星、太白、辰星復聚於東井。九年六月己卯，歲星、辰星合於東井。占曰：「爲變謀。」

太宗貞觀十八年五月，太白、辰星合於東井。占曰：「爲兵謀。」十九年六月丙辰，太宗征高麗，次安市城，太白、辰星合於東井。史記曰：「太白爲主，辰星爲客，爲蠻夷，出相從，而兵在野爲戰。」

高宗永徽元年七月辛酉，歲星、太白合於柳，在秦分。占曰：「兵起。」

中宗景龍元年十月丙寅，太白、熒惑合於虚、危。占曰：「有喪。」

睿宗景雲二年七月，鎮星、太白合於張。占曰：「内兵。」太極元年四月，熒惑、太白合於東井。

玄宗天寶九載八月，五星聚於尾、箕，熒惑先至而又先去。尾、箕，燕分也。占曰：「有德則慶，無德則殃。」十四載二月，熒惑、太白鬬於畢、昴、井、鬼間，至四月乃伏。十五載五月，熒惑、鎮星同在虚、危，中天芒角大動摇。占者以爲北方之宿，子午相衝，災在南方。

肅宗至德二載四月壬寅，歲星、熒惑、太白、辰星聚於鶉首，從歲星也，罰星先去而歲星留。占曰：「歲星、熒惑爲陽，太白、辰星爲陰。陰主外邦，陽主中邦。陽與陰合，中外相連以兵。」八月，太白芒怒，掩歲於鶉火，又晝見經天。鶉火，周分也。乾元元年四月，熒惑、鎮星、太白聚於營室。太史南宮沛奏：「其地戰不勝。衛分也。」

代宗大曆三年七月壬申，五星並出東方。占曰：「中國利。」八年閏十一月壬寅，太白、辰星合於危，齊分也。十年正月甲寅，歲星、熒惑合於南斗。占曰：「饑，旱，吳、越分也。」一曰：「不可用兵。」七月庚辰，太白、辰星合於柳，京師分也。

德宗建中二年六月，熒惑、太白鬭於東井。四年六月，熒惑、太白復鬭於東井，京師分也。金、火罰星鬭者，戰象也。興元元年春，熒惑守歲星，在角、亢。占曰：「有反臣。角、亢，鄭地。」貞元四年五月乙亥，歲星、熒惑、鎮星聚於營室。占曰：「其國亡。地在衛分。」六年閏三月庚申，太白、辰星合於東井。占曰：「爲兵憂。」戊寅，熒惑犯鎮星，在奎，魯分也。

憲宗元和九年十月辛未，熒惑犯鎮星，又與太白合於女，在齊分。十年六月辛未，歲星、熒惑、太白、辰星合於東井。占曰：「中外相連以兵。」十一年五月丁卯，歲星、辰星合於東井；六月己未，復合於東井。占曰：「爲變謀而更事。」十一月戊子，鎮星、熒惑合於虛、危。十二月，鎮星、太白、辰星聚於危，皆齊分也。十四年八月丁丑，歲星、太白、辰星聚於軫。占曰：「兵喪，在楚分與南方夷貊之國。」十五年三月，鎮星、太白合於奎。占曰：「內兵，徐州分也。」十二月，熒惑、鎮星合於奎。占曰：「主憂。」

穆宗長慶二年二月甲戌，歲星、熒惑合於南斗。占曰：「饑、旱。」八月丙寅，熒惑犯鎮星，在昴、畢，因留相守。占曰：「主憂。」四年八月庚辰，熒惑犯鎮星於東井，鎮星既失行犯鉞，而熒惑復往犯之。占曰：「内亂。」

敬宗寶曆二年八月丁未，熒惑、鎮星復合於東井、輿鬼間。

文宗太和二年九月，歲星、熒惑、鎮星聚於七星。三年四月壬申，歲星犯鎮星。占曰：「饑。」四年五月丙午，歲星、太白合於東井。六年正月，太白、熒惑合於羽林。十月，太白、熒惑、鎮星聚於軫。八年七月庚寅，太白、熒惑合相犯，推曆度在翼，近太微。占曰：「兵起。」開成三年六月丁亥，太白犯熒惑於張。占曰：「喪。」四年正月丁巳，熒惑、太白、辰星聚於南斗，推曆度在燕分。占曰：「内外兵喪，改立王公。」冬，歲星、熒惑俱逆行、失色，合於東井，京師分也。

武宗會昌二年六月乙丑，熒惑犯歲星於翼。占曰：「旱。」四年十月癸未，太白、熒惑合於南斗。

咸通中，熒惑、鎮星、太白、辰星聚於畢、昴，在趙、魏之分。詔鎮州王景崇被衮冕，軍府稱臣以厭之。

僖宗文德元年八月，歲星、鎮星、太白聚於張，周分也。占曰：「内外有兵，爲河内、河東地。」

昭宗光化三年十月，太白、鎮星合於南斗。占曰：「吴、越有兵。」

後唐莊宗同光二年八月甲申，歲星、熒惑合，在翼十四度。三年九月丙辰，太白、歲星相犯。

明宗天成二年正月甲戌，熒惑、歲星相犯。三年春正月壬申，金、火合於奎。九月庚辰，鎮星、歲星合於箕。辛巳，太白、熒惑合於軫。十二月壬寅，金、木相犯於斗。

晉出帝開運元年十二月癸丑，太白犯辰。

漢高祖天福十二年六月，鎮星、太白、歲星、熒惑聚於張。占者云：「有帝王興於周者。」高祖起義，自平陽趨洛以應之。及隱帝將嗣位，又封周王。暨周太祖登位，以姬姓之後，復繼宗周。天人之符，乃有所屬。

隱帝乾祐二年九月庚戌，太白犯鎮。丁卯，太白犯歲。鎮自元年八月己丑入太微垣犯上將、執法、內屏、謁者，鈎己往來，至是歲十一月辛亥而出。凡四百四十三日。十一月辛酉，太白犯木〔二七〕。

周太祖廣順元年十一月，辰星、歲星合宿於尾，幽燕之分。占：「其地合有變，兼主饑饉、疾疫。」

宋太祖建隆三年十一月壬申，歲星、熒惑合於房。乾德四年六月己亥，太白、熒惑合於張。五年三月，五星如連珠，聚於奎，當魯分，從鎮星，晨見東方。占曰：「有德受慶，大人奄有四方，子孫蕃昌。從鎮星，王者以重致天下重福。」明年，真宗降誕。六年正月壬寅，歲星、鎮星、太白合於婁。開寶三年五月庚戌，太白、鎮星合於畢，相去二寸許。六月乙未，太白、歲星合於東井，相去四寸許。五年十月甲辰，太白、熒惑合於牽牛。

太宗雍熙二年七月丙戌，熒惑、歲星合於軫。三年五月丙戌，熒惑、太白合於畢。四年十二月丁巳，太白、鎮星、歲星合於南斗魁。端拱二年九月乙巳，鎮星、熒惑合於南斗，相去尺餘。十一月壬辰，歲星、熒惑合於危。　淳化二年正月癸丑，鎮星、太白合於須女。　三月癸丑，太白、歲星合於婁，太白在歲星南。　三年正月丙辰〔二八〕，太白、熒惑合於婁，歲星在胃。日官鄭昭晏言，測金、火行度合相犯，今火行而南，金稍北，有若相避。　五年六月丙午，歲星、太白合於柳，相去三寸許。　至道元年五月庚戌，歲星、太白、太陰同度不相犯。　乙卯，鎮星、熒惑合於東壁，相去七寸許。　丙辰，太白、歲星合於七星，不相犯。

真宗景德三年七月己酉，辰星、歲星、太白合於柳。　四年七月，五星當聚鶉火，既而近太陽〔二九〕，同時伏。　占曰：「猶臣避君之明。」九月戊子，歲星與鎮星合於翼〔三〇〕。　大中祥符元年九月乙酉，太白、歲星合於角、亢。　占：「在兖州之野。」其年，東封泰山。　十月庚寅，五星順行，同色。　六年正月癸巳，五星順行，五色。　占曰：「天下兵偃。」　天禧二年八月癸丑，歲星、熒惑合於張。　占曰：「東宮大慶。」其年，仁宗升儲。

仁宗天聖元年三月丁丑，火犯木。　占曰：「天下受福。」　二年九月戊申，金犯火。　三年五月癸巳〔三一〕，金、水相犯於井。　五年六月辛卯，火犯土；壬辰，掩土。　七年五月辛未，金犯土，在畢宿一度半。　八年六月乙酉，金犯火。　景祐元年閏六月庚辰，金犯土。　二年五月丁亥，又犯土。　九月辛巳，火犯土，相去二寸許，在張六度。　三年五月丁亥，日官言，太歲及歲星在北方，宜飭備邊。　四年九月辛亥，火犯土，在翼十五度。　康定元年九月壬申，水犯土。　慶曆三年九月甲申，金犯木。　皇祐三年十一月丁丑，火犯土。　至和三年九月乙巳，金犯木。　嘉祐三年閏十二月甲戌，火犯木，躔斗四度。占曰：「有子孫喜，燕分有兵。」五年正月壬辰，金犯木。占曰：「爲戰陣，大將有憂，宜飭兵備。」六年三月癸巳，火又犯木，在營室。占曰：「衛地有兵，又爲赦令。」七月己丑，金犯土，躔井十二度。占曰：「秦分兵饑。」七年正月庚申，又犯木。占曰：「爲饑，爲兵；營室，衛分。」六月丁丑，又犯火，在翼一度半。占曰：「内有盜臣。又爲兵事。翼，楚分也。」八年四月己丑，又犯木，在胃。占曰：「趙分，兵、饑。」是日，熒惑晨見東方。先是，自七年八月庚辰夕伏，積二百四十九日，祈禳於集英殿，其日始見。五月庚申，火犯木，在昴四度。占曰：「子孫之福，又宜察趙分兵謀之事。」慶曆三年十一月壬辰，五星皆在東方。占曰：「中國安寧〔三二〕。」

英宗治平元年十一月庚午，水犯金，在尾十六度。占曰：「辰星與太白合，爲陰謀，爲兵憂，在燕、趙分。」二年四月丁巳，金犯木。占曰：「爲兵、饑，亦主后妃有憂。」戊子，金犯土，在張五度。占曰：「太子不安，周分有兵。」八月己亥，火犯木，躔柳七度半。占曰：「秦分有兵謀，亦爲赦令。」十月丙申，又犯土，在翼二度。占曰：「南楚之分，兵起。」三年十二月癸卯，金犯火，躔危四度。占曰：「有兵謀事。」

神宗治平四年九月癸巳，太白犯鎮，主兵或饑。十月甲子，熒惑犯鎮，主兵大起。十一月乙卯〔三三〕，又犯歲，主赦及天下受福。熙寧元年十一月己丑，太白犯熒惑。主兵，客敗主勝；或防逆謀。三年正月己未，熒惑犯歲。主赦或子孫喜。十月乙酉，太白犯鎮，主有兵。八年三月庚寅，又犯鎮，主燕分，兵。十年七月癸酉，又犯歲，主秦分，饑。元豐二年五月庚寅，熒惑犯歲，主兵。四年十月乙亥，又犯太白，主兵。五年三月丙戌，太白犯鎮，主兵戰，女主災。十二月丙寅，辰犯歲，主兵。七年十一月甲寅，太白犯歲，主大將凶。

哲宗元祐元年閏二月戊申，八年四月乙卯，太白犯熒惑，皆主兵起。紹聖元年閏四月庚午，熒惑犯鎮，主兵起及後宮宜崇福。三年九月丙午，太白犯鎮，主楚分，有兵。元符元年十二月乙未，太白犯熒惑，主大兵，西國敗。二年十月乙巳，太白犯鎮，主鄭分饑及後宮憂。十二月辛亥，熒惑犯鎮，主兵起及後宮〔三四〕。

徽宗崇寧三年四月丙辰，熒惑犯鎮，主兵起，大戰。又曰，女子當之。十一月庚寅，太白犯辰，主國不安，先起兵者凶。大觀元年十二月乙酉，太白犯熒惑，主君病，太子憂。二年正月甲寅，太白犯歲，主大戰，民饑，王者有賊。十月丁酉，太白犯鎮，主太子不安。十一月壬申，太白犯歲，主大戰，民饑，王者有賊。三年三月辛未，太白犯歲。四年二月辛巳〔三五〕，太白犯歲。占同。五月甲辰，熒惑犯歲，主兵大起，册太子，有赦。政和元年二月辛丑，太白犯鎮，主兵饑，太子不安。十二月乙未，太白犯鎮，占同。三年七月乙丑，熒惑犯太白，主君亡，天下兵起。四年十月甲子，熒惑犯歲，主兵起，册太子，有赦。七年正月癸卯，熒惑犯歲，占同。宣和二年十月己卯，太白犯熒惑，主君亡，天下兵起。三年閏五月壬午，熒惑犯歲，主兵起，册太子，有赦。七年七月乙未，太白犯歲，主王者有賊，大戰，民饑。

欽宗靖康元年六月辛丑，太白犯歲，占同。六月丙辰，土、火、金、木聚，主大盪其下，兵喪並起，君子憂，小人流。

高宗建炎四年六月戊子，熒惑與鎮合於亢。占：「主兵、喪、旱。」是歲，虜再犯淮，立僞齊，江湖群盜大起，鄭后訃至，次年隆祐太后崩。十一月辛丑，太白歲星合於南斗。占爲戰，大將死。又西方凶。於是張浚以五路之師敗於富平，誅趙哲，自秦州退軍興州，次年陝西皆陷。紹興元年十一月乙卯，太白與鎮星合於心〔三六〕。四年三月乙亥，辰星與太白合於畢。占：「爲兵憂。」又曰：「西方有兵，不戰。」是秋，岳飛敗虜於襄、鄧，張憲破之於唐州，襄、漢悉平。五年正月乙卯，太白、鎮合於南斗。閏二月丙午，熒惑、歲星合於昴。占：「爲内亂，臣有謀，爲旱，爲饑，北軍困。」是歲，亢旱。七年四月丁巳，金、火合於東井。占：「爲爍，爲喪，其下之國，不可舉事用兵。」又曰：「大人憂，主兵不勝，有破軍殺將。」又曰：「有兵，兵罷國安。」於是王倫歸，虜許和，又許還河南諸州。五月乙亥，水、金、火三星合於井。占：「是謂驚立絶行，有兵、喪，民饑。」是年，劉豫爲金人所廢。甲申，火、木、金合於柳。戊子，水、火、金、木合於柳。占謂：「大盪，有兵、喪，君子憂，小人流。」閏十月丁卯，火、水合於氐。占：「爲北軍用兵舉事，大敗。」九年三月癸卯，金、火合於井度。占：「爲爍，爲喪，其下之國，不可舉兵。」又曰：「有破死將。」於是金人入東京，河南陝西相繼陷。九月丁未，水、木合於角。庚申，金、木合於角。占：「大將死。」十月壬申，金、木合於氐。占同。次年，岳飛死於獄。十年十一月丁未，金、土合於危。占：「爲疾，爲内兵。」十二月戊子，土、金合於室。十一年三月庚子朔，土、金復合於室。十七年五月乙丑，木與金合。占：「大將死，白衣會。」十九年六月壬戌，金星行犯土星。占：「太子不安，憂。」於是秦檜動搖皇子。七月丁未，金、木、水合於張。占：「其分國内外有兵災，民饑，改立王侯。」是歲，完顏亮弒其主亶而自立。　二十八年十月乙未，水星順行犯土星。占：「夏寒，雨雪，妨女后。」閏六月己巳，火星犯木星。占：「册太子，當有赦。」明年，始正皇子名。

孝宗隆興元年七月壬寅，熒惑、辰星合於柳。占：「周分，赤地千里，又爲饑，有覆軍殺將，在秋爲兵，或大旱。」是年，有宿離之敗。　乾道四年二月壬子，水、金合於胃。占：「爲變謀，爲兵憂。」同夜昏度瞻見金、土，晨度瞻見木、火、水，是爲水、金、火、土、木星俱見。占：「五星並見，其年必惡。」八月己亥，水、金、火、土、木五星又俱見。　六年五月乙亥，五星俱見。七月乙巳，火星犯木，在畢。占：「册太子，當有赦。」次年，立恭王惇爲皇太子。　十月庚申，五星俱見。　八年十月癸卯，五星俱見〔三七〕。　九年三月辛丑，火、木合於柳。　四月乙丑，火、木合於星。　占皆云「爲內亂，臣有謀」。又云「當其野旱，以饑亡」。是歲浙東、江東西、湖北諸州旱。　淳熙十三年閏七月戊午夜，五星皆夕伏，至戊辰，五星伏聚在軫，又至八月乙亥，日月五星俱聚軫。占謂：「易行，有德受慶，亡德受殃。」

光宗紹熙四年三月辛巳，水星與金星會於昴宿內。占：「爲兵起，爲變謀。」

寧宗慶元元年四月辛酉，木、金合於井。占：「爲白衣會，將相死。」六月庚午，金、木合於井。占：「西方凶。」又歲星所在，太白從之，伐者利。　三年八月甲戌，金、火、木三星合於翼。占：「三星合，是謂驚立絶行，其分國内外有兵喪，兵饑，改立王侯。」後二年，光宗上僊。　四年八月甲戌，火與土合於虛。占：「爲兵亂，旱，喪。」　五年八月辛丑，火星犯木星。占：「册太子，當有赦。」　六年四月癸巳，火、土合於室，及火犯土星。占：「爲憂主孽卿會，大人惡之。」又曰：「女子當之。」於是慈懿皇后李氏、光宗皇帝相繼崩。嘉泰二年正月丁巳，金、火、水合於南斗。占：「三星合，爲驚立絶行。」於是金國盜起，邊釁始開。五月庚戌，火星順行犯土星。占：「大戰。」開禧二年二月壬申，金、木、土三星合於昴宿。占：「其分國内外有兵喪，民饑，改立王侯。」

校勘記

〔一〕今議漢史而不覺此謬　「議」原作「議」，據上文「并議前史之失」及北史卷三一、魏書卷四八高允傳改。

〔二〕中二年正月丁亥　「二年」原作「三年」，據中華書局標點本漢書卷二六天文六改。

〔三〕十一月庚午夕　漢書卷二六天文六於「十一月」前有「中三年」繫年，是。

〔四〕火土金俱在軫　「火」，後漢書志一一天文中作「水」。

〔五〕孝靈光和三年十月　「三年」，後漢書志一二天文下作「五年」。

〔六〕魏明帝太和四年七月壬戌　「七月」原作「十一月」，據晉書卷一二天文中改。

〔七〕太安二年　「太安」原作「泰安」。按晉惠帝年號爲「太安」，晉書卷一二天文中、宋書卷二四天文二作「太安」，據改。下文「太安三年正月」同。

〔八〕季龍衆五萬寇沔南　「沔」原作「沔」，據晉書卷一三天文下改。

〔九〕海西公太和元年八月戊午　「元年」，晉書卷一二天文中同，宋書卷二四天文三作「二年」。

〔一〇〕太白犯歲星　「星」字原脱，據晉書卷一二天文中、宋書卷二四天文三補。
〔一一〕太元十年十二月己丑　「十年」，晉書卷一二天文中作「十一年」。
〔一二〕八年七月甲申　「七月」原作「十月」，據宋書卷二五天文三改。
〔一三〕九年二月丙午　「丙午」原作「庚午」，據晉書卷一二天文中、宋書卷二五天文三改。
〔一四〕出西蕃上將西三尺許　下「西」字原無，據晉書卷一二天文中、宋書卷二五天文三補。
〔一五〕其年四月丙戌　「丙戌」原作「庚戌」，據晉書卷一二天文中、宋書卷二五天文三改。
〔一六〕宋文帝元嘉二十三年二月　「二十三年」，宋書卷二五天文三作「二十二年」。
〔一七〕十一年十二月癸酉　「十一年」，隋書卷二一天文下作「十二年」。
〔一八〕其國有内外兵喪　「兵」字原無，據下文「内外兵喪之應」及隋書卷二一天文下補。
〔一九〕其四年十月　原作「四月」，據隋書卷二一天文下及北齊書卷八後主紀四年冬十月記事補。
〔二〇〕内外兵喪之應　隋書卷二一天文下「應」字後有「也」字，是。
〔二一〕陳湘州刺史華皎率衆來附　「湘州」原作「相州」，據周書卷五武帝紀上、隋書卷二一天文下改。
〔二二〕王師失利遂没陳　隋書卷二一天文下於「王師失利」下有「元定、韋世冲以步騎數千先渡」十二字，據此則没於陳者爲元定等步騎，而非上文衛公直所率全部王師。隋志所載與周書卷五武帝紀上同。通考此處有誤。
〔二三〕改立侯王　隋書卷二一天文下於此句前有「又曰」二字，此句後有「有德者興，無德者亡」八字，疑本書此處有脱文。
〔二四〕後半年平齊　隋書卷二一天文下作「後四年，上帥師平齊」。按周書卷六武帝紀下，建德六年二月平齊，距此時四年餘。此處「後半年」當係「後四年」之誤。

〔二五〕其國內外有兵喪　「國」字原無，據隋書卷二一天文下補。

〔二六〕隋王受命　「王」字原無，據隋書卷二一天文下補。

〔二七〕十一月辛酉太白犯木　按新五代史卷五九司天考、舊五代史卷一三九天文均將「太白犯木」繫於乾祐三年十月辛酉。

〔二八〕三年正月丙辰　「三年」原作「二年」。按淳化二年正月丙申朔，是月無丙辰，宋史卷五六天文九作「三年」，據改。

〔二九〕五星當聚鶉火既而近太陽　宋史卷五六天文九無「既」字，依文義宋志是。

〔三〇〕歲星與鎮星合於翼　「與鎮星」三字原無，據宋史卷五六天文九補。

〔三一〕三年五月癸巳　「癸巳」，宋史卷五六天文九作「癸未」。

〔三二〕慶曆三年十一月壬辰五星皆在東方占曰中國安寧　「壬辰五星皆」與「方占曰中國安寧」十二字原缺，據乾隆十三年武英殿三通合刻本文獻通考及宋史卷五六天文九五緯俱見補。

〔三三〕十一月乙卯　「乙卯」，宋史卷五六天文九作「己卯」。

〔三四〕主兵起及後宮　疑「後宮」下有脫文。

〔三五〕四年二月辛巳　「辛巳」，宋史卷五六天文九作「辛未」。

〔三六〕太白與鎮星合於心　「於心」二字原無，據宋史卷五六天文九補。

〔三七〕五星俱見　「俱」字原無，據宋史卷五六天文九補。

卷二百九十四　象緯考十七

瑞星

漢武帝元封元年，望氣，王朔言：「候獨見鎮星出如瓜，食頃復入。」有司皆曰：「陛下建漢家封禪，天其報德星云。」德星即鎮星也，言天以德星報帝。

晉武帝太元二年七月己卯，老人星見。　三年七月乙酉，老人星見南方。　十月丁巳，老人星見。

梁武帝天監四年八月庚子，老人星見。占曰：「老人星見，主壽昌。」自是，每年恒以秋分後見於參南，至春分而伏〔一〕，武帝壽考之象云。

宋太祖皇帝開寶四年八月辛卯，景星見。

真宗景德三年四月戊寅，周伯星見〔二〕，出氐南騎官西一度，狀半月，有芒角，煌煌然可以鑒物，歷庫樓東，八月，隨天輪入濁，十一月復見，在氐。自是，常以十一月晨見東南方，八月西南入濁。占曰：「天下無兵，國大昌。」又氐爲露寢，即天子正寢也。　大中祥符七年正月己酉，含譽星見。其年九月丙戌，又見，似彗，有尾而不長。與周伯星同占。

太祖朝壽星見。　乾德三年八月辛酉，　四年八月乙卯，　六年正月戊申。　開寶二年七月乙亥。

卯。太宗朝壽星見。太平興國四年八月乙亥，五年八月己卯，六年八月己卯，八年八月辛卯。雍熙三年八月己酉，四年八月辛亥。端拱元年八月乙卯，二年八月癸亥。淳化元年八月丁卯，二年八月辛未，三年八月戊寅，四年九月己亥，五年八月己丑。至道元年八月己亥，二年閏七月己亥，三年八月辛丑。

真宗朝壽星見。咸平元年八月癸丑，二年八月癸亥，三年八月丁卯，四年八月甲子，五年八月乙丑，六年八月丙子。景德元年八月癸酉，二年八月庚辰，三年八月庚寅，四年二月己卯，八月甲午。大中祥符元年正月丁亥，八月丙申，二年二月壬辰，八月乙巳，三年二月辛巳，八月己酉，四年正月戊寅，八月癸丑，五年正月辛巳，八月己未，六年五月庚子〔三〕，八月丙寅，七年正月癸丑，八月己巳，八年七月癸酉，九年正月甲寅，八月壬午。天禧元年八月癸巳，二年正月丁巳，八月辛卯，三年二月辛卯〔四〕，八月己亥，四年八月己亥，五年二月丙午，八月乙巳，皆出於丙。

仁宗朝壽星見。天聖元年二月己亥，二年八月丙子，四年七月壬申。景祐二年正月己丑。至和三年二月辛卯，八月己未。嘉祐二年八月庚申，三年八月丙辰，四年正月庚戌，八月癸未，五年八月庚午，六年正月癸丑，八月壬辰，七年正月辛亥，八年正月辛酉。

英宗朝壽星見。治平元年二月己丑，七月癸巳。二年二月癸巳，八月己亥，三年正月庚辰，八月庚戌。

神宗朝老人星見。治平四年二月癸巳，八月戊申。熙寧元年正月乙未，八月己卯，二年二月乙卯，八月壬戌，三年正月甲寅，八月癸酉，四年二月己未，八月丁丑，五年二月己未，閏七月乙亥，六年正月庚午，八月丁酉，七年二月甲申，八月庚寅，八年二月己丑，八月庚戌，九年二月丁酉，八月庚子，十年正月己卯，九月戊申。元豐元年二月己酉，八月丙午，二年二月壬戌，八月乙卯，三年二月甲寅，八月己未〔五〕，四年八月丁卯，五年二月甲戌，八月己巳，六年二月己未，八月丁丑，七年二月辛巳，八月己卯，八年二月庚辰，八月辛巳。

哲宗朝老人星見。元祐元年二月戊寅，八月庚子，二年二月庚寅，九月辛亥，三年二月癸巳，八月己亥，四年二月壬子，八月丁未，五年正月甲午，八月辛亥，六年二月己亥，閏八月壬戌，七年正月壬子，八月壬戌，八年二月丙寅，八月己巳，九年二月乙丑。紹聖元年八月庚子，二年二月壬午，八月丁丑，三年二月庚午，八月癸未，四年二月甲申，八月甲申，五年二月庚辰。元符元年八月辛卯，二年二月乙未，九月壬辰。

徽宗朝老人星見。崇寧元年二月壬寅，八月癸丑，二年二月甲寅，八月庚戌，三年二月戊午，八月辛酉，四年二月庚申，八月丙寅，五年二月戊辰，八月甲戌。大觀元年二月乙亥，八月丁丑，二年二月甲午，八月壬午，三年二月戊子，八月癸巳，四年二月乙未，閏八月丁酉。政和元年二月癸卯，八月己亥，二年二月乙巳，八月己酉，三年二月甲午，八月己未，四年二月己酉，八月辛未，五年二月庚申，八月甲子，六年閏正月壬戌，八月丁卯，七年五月戊午，八月丙子，八年二月壬申，八月乙亥。　宣和元年二月癸未，八月癸未，　二年二月辛巳，八月己丑，　三年二月丙戌，八月癸巳，　四年二月己亥，八月辛丑，　五年二月庚子，八月丙午，　六年二月戊申，八月辛亥，　七年二月癸丑，八月庚申，皆見於丙。主人君壽昌，天下安寧，賢士進用。

自太平興國以來，星見必賀，至熙寧四年詔罷賀禮。

客星

漢武帝元光元年六月，客星見於房。占曰：「爲兵起。」其二年十一月，單于將十萬騎入武州，漢遣兵三十餘萬以待之。

昭帝元鳳四年九月，客星在紫宮中斗樞極間。占曰：「爲兵。」其五年六月，發三輔郡國少年詣北軍。

宣帝地節元年六月戊戌甲夜，客星居左右角間，東南指，長可二尺，色白。占曰：「有姦人在宮庭間。」其丙寅，又有客星見貫索東北，南行，至七月癸酉夜入天市，芒炎東南指，其色白。占曰：「有戮卿；一曰有戮王，期皆一年，遠二年。」是時，楚王延壽謀逆自殺。四年，霍氏謀反誅。　黄龍元年三月，客星居王良東北可九尺，長丈餘，西指，出閣道間，至紫宮。其十二月，宫車晏駕。

元帝初元元年四月，客星大如瓜，色青白，在南斗第二星東可四尺。占曰：「爲水饑。」其五月，渤海水大溢。六月，關東大饑，民多餓死，瑯琊郡人相食。　二年五月，客星見昴分，居卷舌東可五尺，青白色，炎長三寸。占曰：「天下有妄言者。」其十二月，鉅鹿都尉謝君男詐爲神人，論死，父免官。孟康曰：「姓謝，名君。男者，兒也，不記其名，直言男耳。」

後漢光武建武三十一年十月，有客星焰二尺許，西南行，至明年二月二十二日，在輿鬼東北六尺所滅，凡見百一十三日。輿鬼尸星，主死亡，客星居之，爲死喪。後二年，光武崩。

按，漢書嚴光傳：帝即位，思光，召之。至京入宫，論道舊故，因共偃卧，光以足加帝腹。明日，太史奏客星犯御座甚急。帝笑曰：「朕故人嚴子陵其卧耳。」通鑑載徵光事在建武五年，然史志五年不言客星之事云。

孝明永平四年八月辛酉，客星出梗河西北，指貫索，七十日去。梗河爲胡兵。至五年，北匈奴七千騎入五原、雲中。貫索，貴人之牢。其十二月，陵鄉侯梁松坐怨望誹謗下獄死。七年三月庚戌，客星光氣二尺所，在太微左執法南端門外，凡見七十五日。八年十二月戊子，客星出東方。九年正月戊申，客星出牽牛，長八尺，歷建星至房南滅。見至五十日。牽牛主吴、越，房、心爲宋。後廣陵王荆、楚王英謀逆事覺自殺。廣陵屬吴，彭城古宋地。十三年十一月，客星出軒轅四十八日。十四年正月戊子，客星出昴六十日，在軒轅右角稍滅。昴主邊兵。後一年，漢遣竇固、耿秉等將兵擊匈奴。一曰軒轅右角爲貴相，昴爲獄事。時考楚事未竟，司徒虞延坐與楚王英交通自殺。

孝章元和二年四月丁巳〔六〕，客星晨出東方，在胃八度，長三尺，歷閣道入紫宫，留四十日滅。閣道、紫宫，天子之宫也。客星犯，入留久，爲大喪，後四年，帝崩。

孝和永元十三年十一月乙丑，軒轅第四星間有小客星，色青黄。軒轅爲後宮，星出之，爲失勢。其十四年六月，陰皇后廢。十六年四月戊午，客星出紫宫，西行至昴，五月滅。昴爲趙。後一年和帝崩。又一年，殤帝崩，無嗣，太后遣使迎清河孝王子即位〔七〕，是爲安帝。清河，趙地，是其應也。

孝安永初元年八月戊申，客星在東井、弧星西南。占爲大水。是歲郡國四十一縣三百一十五雨水。四瀆溢，傷稼，壞城郭，殺人民。三年六月甲子〔八〕，客星大如李，蒼白，芒氣長二尺，西南指上階星。指上階，爲三公。後太尉張敏免官。元初二年十一月甲午〔九〕，客星見西方。己亥，在虚、危南至胃、昴。郗萌曰：「客星入虚，大人當之。」又曰：「客星守危，强臣執國命，在后族。又且大風，有危敗。」黄帝星經曰：「客星入守若出危，大饑，民食貴。」延光三年十一月，客星見天市。占爲貴人喪。四年，帝崩。

孝順永建六年十二月壬申，客星芒氣長二尺餘，西南指，色蒼白，在牽牛六度。客星芒氣白爲兵，牽牛爲吴、越。後一年，會稽海賊曾於等殺長吏，拘奪吏民。揚州六郡逆賊章何等稱將軍，犯四十九縣，大攻略吏民。陽嘉元年閏月戊子〔一〇〕，客星氣白，廣二尺，長五丈，起天苑西南。主馬牛，爲外軍，色白爲兵。是時，燉煌太守徐白使疏勒王盤等兵二萬人入于闐界，虜掠斬首三百餘級。烏桓校尉耿曄使烏桓親漢都尉戎末瘣等出塞，鈔鮮卑，斬首，獲生口財物。鮮卑怨恨，鈔遼東、代郡，殺傷吏民。是後，西戎、北狄爲寇害，以馬牛起兵，馬牛亦死傷於兵中，至十餘年乃息。

孝靈中平五年六月丁卯〔一一〕，客星如三升椀，出貫索，西南行入天市，至尾而消。占曰：「客星入天市〔一二〕，爲貴人喪。」明年，宫車晏駕。中平二年十月癸亥，客星出南門中，大如筵〔一三〕，五色喜怒稍小，至後年六月消。占曰：「爲兵。」至六年，司隸校尉袁紹誅滅中官〔一四〕，大將軍部曲吴匡攻殺車騎將軍何苗，死者數千人。

魏文帝黄初三年九月甲辰，客星見太微左掖門内。占曰：「客星出太微，國有兵喪。」十月，帝南征孫權，是後累有征役。

明帝景初二年十月癸巳，客星見危，逆行，在離宫北、騰蛇南。甲辰，犯宗星。己酉，滅。占曰：「客星所出，有兵喪。」虚、危爲宗廟，又爲墳墓。客星近離宫，則宫中將有大喪，就先君於宗廟之象也。三年正月，帝崩。

高貴鄉公甘露四年十月丁丑，客星見太微中，轉東南行，歷軫宿，積七日滅。占曰：「客星出太微，有兵喪。」景元元年，帝爲成濟所弑。

晉惠帝永興元年五月，客星守畢。占曰：「天子絶嗣。」一曰：「大臣有誅。」時諸王擁兵，其後惠帝失統，終無繼嗣。

海西公太和四年二月，客星見紫宫西垣，至七月乃滅。占曰：「客星守紫宫，臣弑主。」六年，桓温廢帝。

孝武太元十一年三月，客星在南斗，至六月乃没。占曰：「有兵，有赦。」是後，司、雍、兗、冀常有兵役。十二年正月大赦，八月又大赦。十八年二月，客星在尾中，至九月乃滅。占曰：「燕有兵喪。」二十年，慕容垂伐魏，爲所破，死者數萬人。二十一年，垂死，國遂衰亡。

安帝元興元年十月，有客星色白如粉絮，在太微西，至十二月入太微。占曰：「兵入天子庭。」二年十二月，桓玄篡位，放遷帝后於潯陽。三年二月，劉裕盡誅桓氏。

宋文帝元嘉十九年，客星在北斗化爲彗。詳見彗門。

陳廢帝光大二年六月壬子，客星見氐東。

周武帝保定元年九月丁巳，客星見於翼。天和三年七月己未，客星見房、心，白如粉絮，大如斗，漸大，東行，八月入天市，長如匹所，復東行，犯河鼓右將；癸未，犯匏瓜，又入室，犯離宮；九月壬寅，入奎，稍小；壬戌，至婁北一尺所滅。凡六十九日。占曰：「兵起，若有喪，白衣會，爲饑旱，國易政。」又曰：「兵犯外城，大臣誅。」建德三年二月戊午，客星大如桃，青白色，出五車東南三尺所，漸東行，稍長二尺所；至四月壬辰，入文昌；丁未，入北斗魁中，後出魁，漸小。凡見九十三日。占曰：「天下兵起，車騎滿野，人主有憂。」又曰：「天下亂兵大起，臣謀主。」其七月，衛王直舉兵反，討禽之。十月，始州民王鞅擁衆反，討平之。

唐文宗太和三年十月，客星見於水位。開成二年三月甲申，客星出於東井下。戊子，客星别出於端門内，近屏星。四月丙午，東井下客星没。五月癸酉，端門内客星没。壬午，客星如孛，在南斗天籥旁。

昭宗乾寧三年，有客星三，一大二小，在虚、危間，乍合乍離，相隨東行，狀如鬭，經三日而二小星没，其大星後没。虚、危，齊分也。光化三年正月，客星出於中垣宦者旁，大如桃，光炎射宦者，宦者不見。

天復二年正月，客星如桃，在紫宮華蓋下，漸行至御史〔一五〕。丁卯，有流星起文昌，抵客星，客星不動。己巳，客星在杠守之，至明年猶不去。占：「將相出兵。」

梁太祖乾化元年五月，客星犯帝座。

宋太祖建隆二年十二月己酉，客星出天市垣宗人星東，微有芒彗，三年正月辛未〔一六〕，西南行入氐宿，二月癸丑，至七星没。

太宗太平興國八年二月甲辰，客星出太微垣端門東，近屏星北行。占曰：「主弼臣失禮免。」端拱二年七月丁亥，客星出北河星西北，稍暗，微有芒彗，指西南。淳化元年正月辛巳，客星出軫宿，逆行至張，七十日，經四十度乃不見。占云：「有土功。」又云：「有使來。」

真宗景德二年八月甲辰，客星出紫微天棓側，孛孛然如粉絮，稍入垣内，歷御女、華蓋，凡十一日没。占曰：「后妃災。」踰年，莊穆皇后崩。　三年三月乙巳，客星出東南方。　大中祥符四年正月丁丑，客星見南斗魁前。占曰：「有赦令。」其年親祀汾陰后土，大赦。　天禧五年四月丙辰，客星出軒轅前星西北，大如桃，速行，經軒轅大星入太微垣，掩右執法，犯次將，歷屏星西北，凡七十五日入濁没。占曰：「周雒之分，大臣憂。」

仁宗明道元年六月乙巳，客星出東北方，近濁，如木星太微，有芒彗，至丁巳，凡十三日而没。　至和元年五月己丑，客星出天關東南，可數寸，歲餘消没。

神宗熙寧二年六月丙辰，客星出箕度中，至七月丁卯，犯箕乃散。主民饑，大臣有見棄者，或大水河溢，船行平地。　三年十一月丁未，客星出天囷。主倉庫憂火災。

哲宗元祐六年十一月辛亥，客星出參度中，犯掩厠星，主有暴兵，米貴，晉分兵災；壬子，犯九斿星。十二月癸酉入奎，至七年三月辛亥乃散，主邊兵動。

高宗紹興八年五月，客星守婁，魯分也，虜將悟室占之，太史曰：「無傷。」至七月，虜殺魯、兖、滕、虞等二十一王，虜亦應天象也。　九年，客星守亢。亢，陳分也。九月，虜將悟室被誅，悟室封陳王云。

孝宗淳熙八年六月己巳〔一七〕，客星出奎宿，犯傳舍。占：「客星亦妖星，天之使者，見於天而無常所，入列舍以示休咎。星大者事大而禍深。色白其分有兵喪。今客星出紫微外座傳舍星，宜備姦使邊夷侵境。」又云：「出奎宿爲兵，姦臣僞惑天子。」於是金虜遣使來争執進書儀。甲戌，客星守傳舍第五星。　九年正月癸酉，客星始不見。自去年六月己巳至是，凡一百八十五日乃消伏。時虜使久在館，至是乃去。

寧宗嘉泰三年六月乙卯，東南方泛出一星，在尾宿，青白色，無芒彗，係是客星，如土星大。占：「客星者，天之使者。偶見於天而無常所，入列宿以示休咎。色青，憂疾；白爲兵喪。兵革罷，民饑死。」於是韓侂胄方謀用兵。

雲氣　虹蜺

漢昭帝元平元年正月庚子，日出時有黑雲，狀如猋風亂鬊〔一八〕，音舜。轉出西北，東南行，轉而西，有頃亡。占曰：「有雲如衆風，是謂風師，法有大兵。」其後兵起烏孫，五將征匈奴。二月乙酉，牂雲如狗，赤色，長尾三枚，夾漢西行。詳見流星門。

成帝永始二年二月癸未夜，東方有赤色，大三四圍，長二三丈，索索如樹，南方有大四五圍，下行十丈餘，皆不至地滅。占曰：「東方客之變氣，狀如樹木，以此知四方欲動者。」明年十二月己卯，尉氏男子樊並等謀反，賊殺太守，劫略令丞，自稱將軍，皆誅死。庚子，山陽鐵官亡徒蘇令等殺傷吏民，取庫兵，聚黨數百人爲大賊，踰年經歷郡國四十餘。一日有兩氣同時起，並見，而並、令等同月俱發也。

哀帝建平元年正月丁未，日出時，有著天白氣，廣如一疋布，長十丈餘，西南行，讙如雷，西南行一刻而止，名曰天狗。傳曰：「言之不從，則有犬禍詩妖。」到其四年正月、二月、三月，民相驚動，讙嘩奔走，傳行詔籌祠西王母，又曰：「從目人當來。」十二月，白氣出西南，從地上至天〔一九〕，出參下，貫天厠，廣如一疋布，長十丈餘，十餘日去。占曰：「天子有陰病。」其三年十一月壬子，太皇太后詔曰：「皇帝寬仁孝順，奉承聖緒，靡有解怠，而久病未瘳。夙夜惟思，殆繼體之君不宜改作。春秋大復古，其復甘泉泰畤、汾陰后土如故。」

王莽地皇四年，漢兵起南陽，至昆陽，莽遣王尋、王邑將諸郡兵，號百萬，圍昆陽城數重，軍勢甚盛。晝有雲氣如壞山墮軍上，軍人皆厭，所謂營頭之星也。占曰：「營頭之所墮，其下覆軍，流血三千里。」袁山松書曰：「怪星晝行，名曰『營頭』，行振大誅也。」時光武將兵救昆陽，殺王尋，莽軍敗散，王邑還長安，莽敗俱誅死，營頭之變，覆軍流血之應也。

和帝永元十二年十一月癸酉夜，有蒼白氣，長三丈，起天園，東北指軍市，見積十日。占曰：「兵起，十日期歲。」明年十一月，遼東、鮮卑二千餘騎寇右北平。　十六年四月丁未，紫宮中生白氣如粉絮。占：「爲喪。」後一年，和帝崩，殤帝即位一年崩。

順帝永建二年九月戊寅，有白氣，廣三尺，長十丈餘，從北落師門南至斗。

靈帝熹平二年八月，白氣如一疋練，衝北斗第四星。占：「白氣衝北斗，爲大戰。」明年冬，揚州刺史臧旻等攻盜賊，斬首數千級。　光和元年六月丁丑，有黑氣墮北宮温明殿東庭中，黑如車蓋，起奮迅〔二〇〕，身五色，有頭，體長十餘丈，形貌似龍。上問蔡邕，對曰：「所謂天投蜺者也。不見足尾，不得稱龍。易傳曰：『蜺之比無德，以色親也。』潛潭巴曰：『虹出，后妃陰脅王者。』又曰：『五色迭至，照於宮殿，有兵革之事。』演孔圖曰：『天子外苦兵〔二一〕，威內奪，臣無忠，則天投蜺。』按邕集稱曰：「演孔圖曰：『蜺者，斗之精也。失度投蜺見態，主惑於毀譽。』合誠圖曰：『天子外苦兵者也。』」變不空生，占不空言。」邕對又曰：「意者陛下樞機之內，衽席之上，獨有以色見進，陵尊踰制，以昭變象。若群臣有所毀譽，聖意低迴，未知誰是。兵戎未息，威權漸移，忠言不聞，則虹蜺所在生也。抑內寵，任中正，決毀譽，分直邪，各得其所；勒守衞，整武備，威權之機不以假人，則其效也。」

先是立皇后何氏，皇后每齋當謁祖廟，輒有變異不得謁。中平元年黃巾賊張角等立三十六方，起兵燒郡國，山東七州處處應角。遣兵外討角等，內使皇后二兄爲大將統兵。其年，宮車晏駕，皇后攝政，二兄秉權。譴讓帝母永樂后，令自殺。陰呼并州牧董卓欲共誅中官，中官逆殺大將軍進，兵相攻討，京都戰者塞道。皇太后母子遂爲太尉卓等所廢黜，皆死。天下之敗，兵先興於宮省，外延海內，二三十歲，其殃禍起自何氏。袁山松書曰：「是年七月，虹晝見御座玉堂後殿前庭中，色青赤也。」

晉惠帝永興元年十二月壬寅夜，有赤氣亘天，砰隱有聲。　二年十月丁丑，赤氣見北方，東西竟天。占曰：「並爲大兵。砰隱有聲，怒之象也。」是後，四海雲擾，九服交兵。　光熙元年十二月甲申，有白氣若虹，中天北下至地，夜見五日乃滅。占曰：「大兵起。」明年，王彌起青、徐，汲桑亂河北，毒流天下。

懷帝永嘉三年十一月乙亥〔二二〕，有白氣如帶，出南北方各二，起地至天，貫參伐中。占曰：「天下大兵起。」四年三月，司馬越收繆胤等〔二三〕。又，三方雲擾，攻戰不休。五年三月，司馬越死於甯平城，石勒攻破其衆，死者十餘萬人。六月，京都焚滅，帝如虜庭。

愍帝建興元年十月己巳夜，有赤氣曜於西北。荊州刺史陶侃討杜弢之黨於石城，戰敗。

宋文帝元嘉三十年正月乙亥朔，會群臣於太極前殿，有青黑氣從東南來，覆映宮上。是年二月，元凶劭構逆，帝崩於合殿。三月，武陵王討劭，建牙於軍門，有紫雲二蔭於牙上。

陳宣帝太建四年，有白氣如虹，自北方貫北斗紫宮。　十二年二月壬寅，白虹見西方。占曰：「有喪。」後一年帝崩。

北齊後主天統三年五月戊寅甲夜，西北有赤氣竟天，夜中始滅。十月丙午，天西北頻有赤氣。占曰：「有大兵大戰。」後周武帝總衆來伐。

周武帝天和二年十月辛卯，有黑氣一，大如杯，在日中；甲午，又加一，經六日乃滅。占曰：「臣有蔽主之明者。」　六年二月己丑夜，有蒼雲，廣三丈，經天，自戌加辰。　建德四年十月癸亥〔二四〕，帝率衆攻晉州。是日，虹見晉州城上，首向南，尾入紫宮，長十丈餘。庚午，克之。丁卯夜，白虹見，長十餘丈，頭在南，尾入紫宮中。占曰：「天下兵戰流血。」又曰：「若無兵，必有大喪。」至六年正月，平齊。

静帝大象二年六月甲戌，有赤氣起西方，漸東行徧天。

唐高祖武德初，隋將堯君素守蒲州，有白虹下城中。

太宗貞觀十一年七月一日，黄氣竟天，大雨，穀水溢。

高宗永隆元年六月戊子〔一五〕，虹蜺亘天，蜺者，斗之精。占曰：「后妃陰脅王者。」又曰：「五色疊至，照於宫殿，有兵。」

睿宗延和元年六月〔一六〕，幽州都督孫佺帥兵襲奚，將入賊境，有白虹垂頭於軍門。占曰：「其下流血。」

中宗景龍元年九月十八日，有赤氣竟天，其光燭地，三日乃止。

肅宗至德二載正月丙子，南陽夜有白虹四，上亘百餘丈。

代宗寶應元年七月，西北方有赤光亘天，貫紫微，漸流於東，彌漫北方，照曜數十里。

德宗貞元二年正月，大雨雪，平地深尺餘，雪上有黄黑色，狀如浮埃。

憲宗元和十三年十二月丙辰，有白虹，闊五尺，東西亘天。

敬宗寶曆元年十二月乙酉夜，有霧起，須臾遍天，霧上有赤氣，或深或淺，久而乃散。

武宗會昌四年正月己酉，西方有白虹。

懿宗咸通元年七月戊戌〔二七〕，白虹横亘西方。己酉，白虹横亘西方。十一月丁酉，戌時，妖星初出，如匹練，亘空化爲雲而没，在楚分。九年七月戊戌，白虹横亘西方。

僖宗中和二年七月丙午夜，西北有赤氣，如絳，竟天。光啟二年九月〔二八〕，白虹見西方。十月壬辰夜，又如之。

昭宗光化二年春，有白氣竟天如練，自西南徹東北而旋。天復三年三月庚申，有曲虹在日西北。

後唐明宗天成二年十二月壬辰酉時，西南方有赤氣，如火燄燄〔二九〕，約二千里。占者云：「不出二年，其下當有大兵。」

晉高祖天福二年正月二日夜初，北方有赤氣，西至戌亥地，東北至丑地，南北闊三丈，狀如火光，赤氣内見紫微宫及北斗諸星，至三點後，内有白氣數條，次西行，至夜半子時方散。八年正月丙戌，黄霧四塞。九年正月乙未，大霧中二白虹相偶。四月庚戌，大霧中有蒼白二虹。

末帝開運元年正月乙未，大霧中有白虹相偶。占者云：「海淫所興，其將有戰。」時帝在澶州與契丹相守。

周太祖廣順元年十一月甲子，白虹竟天。

宋太祖乾德三年七月己卯夜，西方起蒼白氣，長五十尺〔三〇〕，貫天船、五車，亘井宿。占曰：「主兵動。」六年十月己未，旦〔三一〕，西北起蒼白氣三道〔三二〕，長二十尺〔三三〕，趨東散。占曰：「游兵之象。」

太宗太平興國四年四月己未夜，西北方有白氣壓北斗。　雍熙三年正月己未夜，赤氣如城。占：「爲兵。」　四年正月癸酉夜，白氣起角、亢，經太微垣，歷軒轅大星，至月旁散。　端拱元年十月壬申遲明，巽上有雲氣過中天，連地，濃潤，前赤黄，後蒼黑色，先廣後大，行勢如截。　占曰：「將領行陣有大克捷。」十一月戊午夜，西北方有赤氣如日脚，高二丈。　至道二年二月丙子夜，西方有蒼白氣，長短八道，如彗掃，稍經天漢，參錯如交虵。　占曰：「所見之方主兵勝。」

真宗咸平三年十月辛亥，黑氣貫北斗。　占曰：「兵起，人疫。」十二月庚午，黑氣長三丈餘，貫心宿，入天市垣，抵帝座，久方散。　四年三月丙申，白氣二，亘天。　十月辛亥，黑氣貫北斗。　五年正月，白氣如虹貫日，久而散。　七月戊戌，白氣如陣貫東井。　六年四月己巳，白氣東西亘天。　丁丑，白氣貫日。五月辛亥，白氣出昴，至東壁没。　六月辛未，赤氣出婁，貫天庾。　占曰：「倉廪有火災。」丙子，白氣出河鼓左右旗，分爲數道没。　七月癸卯，白氣如彗，起西南方。　占曰：「有兵喪。」　景德元年三月，白氣貫軒轅，蒼白氣十餘如布亘天。　七月辛亥，黄氣出壁，長五尺餘〔三四〕。　占曰：「兵出。」十一月癸丑，黑氣十餘道衝日。　二年正月丙寅，黄白氣貫月，黑氣環之〔三五〕。　二月丁亥，白氣五道貫北斗。　占：「爲大風，幸臣憂。」十月丙子，白氣出閣道西，孛孛有光。　占曰：「宫中憂。」　三年三月丙辰，北方赤氣亘天，白氣貫月。　十月甲午，黑氣貫北斗魁。　占曰：「夷兵起。」　四年三月己未，白氣東西亘天。　庚申，白氣出南方，長二丈許，久而不散。　四月庚午，白氣貫北斗，長十丈。　占：「爲大風。」庚寅，白氣如布襲月，三丈許。甲午，南方有黑氣貫心宿，長五丈許。　占：「大水。」十一月己巳，中天有赤氣如掃，長七尺，在輿鬼南。

占曰：「秦兵疫。」 大中祥符元年正月癸亥朔，黄氣出於艮。占曰：「主五穀熟。」丁丑，白氣二，東西亘天。七月，西北方白雲氣如彗竿三十餘條。占曰：「主兵戰。」 二年九月戊午，黄氣如柱，起東南方，長五丈許。 三年四月丁巳，中天有黑氣，東西亘天。占爲水。十二月癸亥，青赤氣貫太微。 五年二月壬寅，白氣長五丈，出東井，貫北斗魁及軒轅。占：「爲兵，爲雷雨。」 七年九月〔三六〕，有氣出紫微，爲宫闕狀，光燭地。 天禧三年四月，黄氣如柱貫月。占曰：「女后喜。」

仁宗天聖七年二月己卯夜，蒼黑雲長三十尺〔三七〕，貫弧矢、翼、軫。占曰：「荆楚水。」 明道元年十月庚子夜，黄白氣五，貫紫微垣。十二月壬戌，西北有蒼白氣亘天。 景祐元年八月壬戌夜，有黄白氣如彗，長七尺餘，出張、翼之上，凡三十三日不見。 四年七月戊申夜，黑氣長丈餘，出畢宿下。 寶元二年正月壬子夜，蒼黑雲起西北，長三十尺，漸東南行，歷婁、胃、昴、畢及火、木，相次中天而散。占曰：「水災，食穀腐敗，胡王死，邊兵憂，若七日有雨，則不占。」三月甲寅夜，細黑雲起西北方，長三十尺，貫王良，及營室。占曰：「衞分，大人憂。」 康定元年三月丙子夜，東南方近濁，黑氣横亘數丈，闊尺許，良久散。占曰：「東南有水憂。」六月壬子，黑氣起心宿西，長五十尺〔三八〕，首尾侵濁，久之散。占曰：「大雨水。」 二年八月庚辰夜，東方有白氣，長十尺許，在星宿度中，至十日，長丈餘，衝天相，居星宿大星南九十餘日没。 壬午夜，黑氣起西南，長七丈，貫危宿、羽林，入濁，至天津，良久散。 癸卯夜，蒼白雲起西北，闊二尺許，首尾至濁，良久漫。占曰：「其下有兵。」 慶曆二年十一月壬申，黑氣貫北斗柄。 八月甲申〔三九〕，白氣貫北斗。 三年正月戊戌，中天有白氣，長二十尺〔四〇〕，向西南行，貫日。占曰：「邊兵憂。」四月癸卯，白氣二，生西北隅，上中天，首尾至濁，東南行，良久散。占曰：「其下有兵寇。七日有大風雨則不占。」七月戊辰夜，西南生黑氣，長三丈許〔四一〕，經天而散。占曰：「雨水。」八月壬子夜，白氣貫北斗魁。　四年五月甲子夜，黑氣起東北方，近濁，長五丈許，良久散。占曰：「大雨水，宜治津梁。」九月辛巳夜，中天有白氣，長二丈許，貫參宿〔四二〕、南河東北，行少頃散。占曰：「風雨之候。」十一月甲子夜，蒼白雲起，南近濁，久方散。占曰：「南方有兵寇。七日有大風雨則不占。」　八年正月丁酉夜，黑氣生，首尾至濁，漸東行，久之不散。占曰：「水災。」二月辛卯夜，西方近濁生黑氣，長三丈許，良久散。占曰：「水災。」　皇祐四年十一月壬寅夜，黑氣生東方，南北至濁，貫參宿、軒轅。占曰：「主邊境有火憂。」辛酉夜，白氣起北方近濁，長五丈許，歷北斗，久之散。占曰：「多大風。」

英宗治平元年六月戊午夜，蒼白雲起東北方，長一丈許，貫畢。占云：「有兵禍。」　二年二月乙未夜，蒼黑雲起西北方，長五丈許，貫東井及北斗，良久散。占曰：「大水，民疾病。」四月癸巳夜，蒼黑雲起西北方，長三十尺，西至軒轅太民，北抵鈎陳。占曰：「雨水，後宮有疾病之憂。」丙午夜，西北方有白氣，漸東南行，首尾至濁，貫角宿，移西北，久方散。占曰：「有兵戰疾疫事。」九月庚申夜，西北蒼黑雲長三丈許，貫營室壘壁陣及天河。占曰：「土功興及雨水。」　三年六月丁未夜，東方有蒼白雲，長一丈許，貫畢。占曰：「歲不收，亦陰雨之候。」

神宗治平四年二月癸巳夜，蒼白雲起南方，長三丈，闊尺，貫南門星。主兵出。　閏三月辛巳，蒼黑雲起南方，兩首至濁，闊尺，貫尾、箕、斗、牛、庫樓、騎官。主陰雨。　五月戊寅夜，蒼黑雲起北方，長三丈，闊尺，貫紫微垣、王良。主蕃國有暴兵及奉車官憂。壬寅夜，蒼黑雲起北方，長三丈，闊尺，貫紫微垣。主暴兵。六月癸亥夜，白雲起東北方，長五丈，上闊下束，貫天船、閣道、傳舍〔四三〕、紫微垣、天棓。主嗇夫遇賊，亦爲雨候。八月乙亥夜，黑雲起西北方，長丈，闊尺，貫北斗。主陰雨。十月庚申夜，黄氣一，上下貫月中。主女主憂。十二月庚戌夜，蒼黑雲起南方，長三丈，闊二尺，貫五車、東井、五諸侯。主陰雲。　熙寧元年正月乙酉夜，蒼白雲起西南方，長四丈，闊尺，貫月及南河、輿鬼〔四四〕、軒轅。主秦分，暴兵。六月己酉夜，蒼黑雲起北方，長二丈，闊尺，貫北斗魁，東貫文昌。主三公疾，民憂。十月庚申夜，蒼黑雲起北方，東西兩首至濁，貫織女、天棓、紫微垣、北斗魁。主暴兵，三日有雨則解。　二年四月甲辰夜，蒼白雲起東南方，長二丈，闊尺，貫天市垣。主人多疾疫。七月甲申，日下有五色雲。十一月每夕有赤氣見西北隅，如火，至人定乃滅。　三年二月庚辰夜，蒼黑雲起西北方，長三丈，闊二尺，貫王良、扶箱、天廚。占同上。　四年六月己未夜，蒼黑雲起西北方，長丈，闊尺〔四五〕，貫五車。又起西北方，長丈餘，貫北斗魁、文昌。主大臣憂。　五年七月丁亥夜，白雲起南方，長丈，貫氐、房、心。　六年五月庚申夜，蒼黑雲起東北方，長五丈，闊二尺，貫雲雨、閣道。　七年三月壬子，蒼白雲起西南方，長二丈，闊尺，貫日，經中天過，白氣如帶。主兵。四月壬申夜，蒼白雲起北方，長五丈，闊二尺，貫北斗魁、鉤陳、王良、閣道，東至奎。六月辛未夜，蒼黑雲起天河中，長五丈，南北兩首至濁，貫尾、箕；又蒼黑雲起東方，長五丈，貫羽林軍、外屏。丙戌夜，蒼白雲起南方，長二丈，貫危、室、壁及八魁。主齊、衛分憂，或土木功。壬辰夜，蒼白雲起西北方〔四六〕，長二丈，貫天棓、紫微垣。主分爭與刑罰，藏兵禦難，備非常，人之處有憂。

又主牛畜多死。七月庚戌夜，蒼白雲起東方，長丈餘，貫參旗及參。宜察臣下。八年二月己巳夜〔四七〕，蒼黑雲起東方，長三丈，貫心、天市垣列肆宗星〔四八〕。主物貴。五月癸亥夜，蒼黑雲起西方，長三丈，貫軒轅、太微垣五帝座。主諸侯憂。十月庚子夜，黑雲起西北方，長三丈，貫畢、大陵、鉤星。九年四月庚寅夜，白氣長丈，起東北方天市垣〔四九〕。辛亥夜，蒼黑雲起南方，長二丈，貫庫樓、騎官、積卒、心、尾。主憂。六月乙未，蒼白雲起東北方，長四丈，貫室、壁、閣道。主兵憂。七月己卯夜，蒼黑雲起南方，長四丈，貫軍市、天園。主兵。十月乙酉夜，蒼黑雲起西北方，長四丈，貫北斗、鉤、車府。主雨。十年六月癸未夜，蒼黑雲起南方，長三丈，闊尺，貫龜、鼈、天淵。主多雨水。七月丙子夜，蒼黑雲起北方，長丈，貫北斗魁。主民憂貴臣獄，或多雨。八月庚辰，蒼黑雲起東北方，長二丈，貫參、井、北河、五諸侯。主諸侯憂，或大水。九月庚申夜，蒼黑氣起北方，由北斗魁杓貫紫微垣至天棓。元豐二年四月戊申夜，白雲起南方，長三丈，貫庫樓、積卒、龍尾。主將死，或大臣黜。五年四月壬申夜，蒼白雲起北方，長三丈〔五〇〕，出太微垣，貫五帝座、常陳。主人主大喜。八年七月庚申夜〔五一〕，蒼黑雲生北方，長三丈，闊尺，貫北斗、文昌、天槍。主三日内有雨及大臣黜。

哲宗元祐三年七月戊辰夜，東北方近濁，天明照地，如月將出，漸徧西北，有白氣經天。主兵，宜防西、北二鄙。紹聖二年十一月，桂陽監慶雲見。元符二年九月戊辰夜，赤氣起北方，紫微垣、北斗星東南；次有白氣十道，各長五尺。主兵及大臣黜。

徽宗崇寧元年十一月己酉，赤氣隨日没。主大旱及外有告急。二年五月戊子夜，蒼白氣起東南方，長三丈，貫尾、箕、斗。主蠻夷入貢，舊臣來歸。政和元年十一月甲戌夜，蒼白氣起紫微垣，貫四輔。主相凶。五年四月庚子，有白雲自北直徹中天，漸成五色，如華蓋。七年五月乙卯夜，赤雲、白氣起東北方，主大旱，民飢喪。宣和元年六月辛巳夜，有赤氣起北方，半天如火。主臣叛君。二年二月戊戌夜，赤雲起東北，漸向西北，入紫微垣。主臣叛君，天下兵起。三年九月壬午夜，蒼白氣長三丈，貫月。主其下有亂者。四年九月丁丑，西方日下有赤氣。七年四月壬子夜，有赤雲入紫微垣。主兵起。

欽宗靖康元年正月丁丑夜，赤白氣起西方。主所向兵至。九月戊寅，有赤氣隨日出。十一月己丑〔五二〕，日下有赤氣。閏十一月丁酉，赤氣亘天。二年正月己亥夜，西北陰雲中有火〔五三〕，長二丈餘，闊數尺，時時見。丁未，霧氣四塞，人對面不相視。二月壬午夜，白氣如虹，自南亘北，漸移西南至東北。二月戊子夜，白氣貫斗。

高宗建炎元年八月壬申，東北方有赤氣。四年三月辛亥，白虹貫日。京房易傳曰：「蜺，日旁氣也。白蜺雙出日中，玆謂擅陽。」五月壬子，赤雲亘天中，又有白氣十餘道貫之如練，起於紫微垣，犯北斗及文昌，由東南而散。占兵大起，又所向兵至，宮中有喪。紹興元年二月己巳，白氣亘天。占有暴兵。七年十一月癸卯，有赤雲如火，隨日入。八年二月辛巳，日中有白虹亘天。九月甲申，正北方有赤氣如火影。二十七年二月乙酉，赤氣出紫微垣。壬寅，白虹貫日。三十年二月壬申，西北方、正北方、東北方一帶約五處赤氣如火影。十一月甲午，西南方白氣由尾宿歷壁宿、婁宿、昴宿止。十二月戊申夜，白氣出尾宿，歷心、房、氐、亢、角宿，入天市，貫太微，至郎位止，有類天漢。白氣主兵。明年，虜亮大入寇。辛酉，曲虹見日之西。占曰：「虹蜺，陰陽交錯之氣。曲虹冬見，異之尤甚也。」三十一年十二月辛丑，白氣自斗歷牛、女、虛〔五四〕。

孝宗隆興元年十二月壬午，白氣自危宿歷室、壁、婁、胃、昴宿。二年正月甲寅，白氣自壁宿歷奎、婁、昴、畢、觜、參。乾道元年正月庚午夜，白氣出奎，漸上，經婁、胃、昴，貫畢，入參。占：「主殺伐，主邊城。」三月戊辰夜，白氣自參宿至角宿，與天漢相接，其白氣約廣七丈已來。占：「有暴兵。」四月丁酉夜，蒼白氣自西北漸上，東北入天市垣。辛丑，入北斗魁中。乙巳，入紫微垣內，至天極、天樞中。十一月丙寅，白氣出女，歷虛、危、室、壁，上奎、婁、胃、昴宿。十二月庚午〔五五〕，白氣亘天。三年十月丙申，虹出非時。四年三月己丑，四方皆昏濛若下塵。占名曰霾。語云：「天地霾，君臣乖。」五年正月甲申，昏霧四塞，又曰黃霧。六年十月庚午，赤氣隨日出。占：「氣如火隨日出者，軍行有兵憂。」十一月丁丑，赤氣隨日入。占：「有告急者，或檄天下召兵，不行。」七年六月壬寅，十月戊午，赤氣隨日出。八年十月乙巳，赤氣隨日入。丙午，赤氣隨日出。占：「君側有佞臣。」九年十月壬申，日出前東方并日入後西方，有雲氣若烟非烟，若雲非雲，青、赤、黃三色，光潤。占：「凡氣有三色，名曰矞雲。矞雲見則國有慶，乃人君修德而致。」淳熙元年十月戊寅，東北方主曲虹，見日之東。二年十月庚辰，東南方生青、赤、黃蝃虹，虹生非時。三年八月丁酉，赤氣隨日没。戊戌，赤氣隨日出。五年十月丁巳，曲虹見日之東。十年正月戊子，西南有白氣，如天漢而明，南北廣六丈，東西亘天。占：「有兵起。」十四年十一月甲寅，赤氣隨日入。

光宗紹熙四年十一月甲戌夜，赤雲、白雲見。占：「赤雲如火影，見者如疋帛，天下多兵。」五年六月壬寅，白氣如帶道亘天。己酉，亦然。喪之象也。於是孝宗崩，寧宗受禪。

寧宗慶元元年正月丙辰，白虹貫日。四年八月庚辰，赤氣如帶亘天。占：「有暴兵。」五年二月癸酉夜，白氣如帶道亘天。嘉泰三年七月壬午，白虹貫日。四年二月庚申，赤氣亘天。次月，臨安大火，迫近太廟。十一月虹生非時。壬申，白氣如帶道亘天。占：「有暴兵。」嘉定六年十月乙卯，有赤氣隨日出。十一月辛卯，有赤氣隨日入。十一年二月丙辰，白虹貫日。

宋中興天文志曰：書星變而至於蝀虹雷電非時，塵霧雲氣雜見，必書何也？凡皆氣也。張自明曰：「一元肇判，分陰分陽，輕清爲天，重濁爲地，逆生五行，順布五氣，故五氣之會，其精秀靈，明者爲日、爲月、爲星、爲河漢；五氣之散，颶而爲風，和而爲雨，鬱而爲霧，結而爲雲，舒而爲霞，凝而爲露，肅而爲霜，冽而爲雪，戰而爲雹，擊而爲雷，爍而爲電，駁而爲虹，其變十有二，無非氣也。而是氣之忽合忽分，又各有形有象，殆不可偏舉。其爲災爲祥，亦或有應有不應，或應焉而人莫之知也。然而推步宿曜之道度，分晝亘舍之名數，覘象色之所見，驗躔分之攸屬，參之於璣衡，候之於晷漏，探應感於精祲，求形驗於事情，以考以告，以戒以勸，以慮以備，占其有益於人國。」太史遷曰：「孔子六經紀異而説不書，至於天道不傳；傳其人，不待告；告非其人，雖言不著。」有味其言哉。所志者占云。

校勘記

〔一〕至春分而伏　「春分」原作「秋分」。按上文爲「每年恒以秋分後見於參南」，此言「至秋分而伏」，文理不順。隋書卷二一天文下作「秋分」，據改。

〔二〕周伯星見　「見」字原無，據下文「復見在氐」及宋史卷五六天文九補。

〔三〕六年五月庚子　「五月」，元本作「正月」。

〔四〕三年二月辛卯　「三年」原作「五年」，按朔閏推算五年二月無辛卯日，據宋史卷五六天文九改。

〔五〕八月己未　「己未」，元本作「乙未」。

〔六〕孝章元和二年四月丁巳　「二年」原作「元年」。按下文「後四年，孝章帝崩」，即章和二年二月壬辰，見本紀，上推四年，當爲元和二年。後漢書卷三章帝紀元和二年夏四月乙巳，「客星入紫宮」。今據改。但後漢書本紀「丁巳」作「乙巳」。

〔七〕太后遣使迎清河孝王子即位　「使」字原無，據後漢書志一一天文中補。

〔八〕三年六月甲子　「三年」，後漢書志一一天文中作「四年」。

〔九〕元初二年十一月甲午　「二年」，後漢書志一一天文中作「三年」。

〔一〇〕陽喜元年閏月戊子　「閏」字下原空一格，據元本、後漢書志一一天文中删。按後漢書卷六孝順帝紀陽嘉元年閏十二月戊子，「客星出天苑」，知閏月者爲閏十二月。

〔一一〕孝靈中平五年六月丁卯　「中平」原作「光和」，按下文「明年，宮車晏駕」之明年，當爲中平六年，因靈帝死於中平六年，而非光和六年。後漢書志一二天文下亦將此條記事繫於中平五年六月丁卯，據改。

〔一二〕客星入天市　「客星入」三字原無，據後漢書志一二天文下補。

〔一三〕中平二年十月癸亥客星出南門中大如筵　「筵」原作「筳」，據後漢書志一二天文下改，但該志作「大如半筵」。又本書此條繫於中平二年十月癸亥，亦應據後漢書志一二天文下移至孝靈中平五年六月丁卯之前。

〔一四〕司隸校尉袁紹誅滅中官　「官」原作「宮」，據後漢書志一二天文下、卷八孝靈帝紀改。

〔一五〕漸行至御史　「御史」，新唐書卷三二天文二作「御女」，是。

〔一六〕三年正月辛未　「正月」原作「十二月」，據宋史卷五六天文九改。

〔一七〕孝宗淳熙八年六月己巳　「孝宗淳熙」四字原無，據宋史卷五六天文九補。又宋史卷三五孝宗紀淳熙八年十二月戊辰有「金遣魏貞吉等來賀明年正旦。以争進書儀」云云，與本書此條記事相合。

〔一八〕狀如猋風亂鬡　「猋」原作「焱」，據漢書卷二六天文改。

〔一九〕從地上至天　「上」原作「土」，據漢書卷二六天文改。

〔二〇〕黑如車蓋起奮迅　後漢書志一七五行五同，但卷八靈帝紀注引東觀記作「如車蓋隆起，奮迅」。

〔二一〕天子外苦兵　「苦」原作「若」，據後漢書志一七五行五改。下同。

〔二二〕懷帝永嘉三年十一月乙亥　「十一月」原作「十二月」，據晉書卷一三天文下改。

〔二三〕司馬越收繆胤等　「胤」原作「允」，清避世宗胤禛諱改，今據晉書卷一三天文下、卷六〇繆胤附傳改回。

〔二四〕建德四年十月癸亥　「四年」，隋書卷二一天文下作「六年」。

〔二五〕高宗永隆元年六月戊子　「高宗永隆」，舊唐書卷三六天文下、新唐書卷三六五行三均作「唐隆」。唐隆係景龍四年六月温王李重茂所改。下文占曰：「后妃陰脅王者。」中宗時適受韋氏及安樂公主所脅。又曰：「五色叠至，昭於宫殿，有兵。」當時有李隆基等起兵誅韋氏殺安樂公主事。據此則「高宗永隆」當爲「温王唐隆」，兩唐書志是。

〔二六〕睿宗延和元年六月　「睿宗延和」原作「武太后延載」，據元本、新唐書卷三六五行三及卷一〇六孫佺傳、通鑑卷二一〇唐紀二六睿宗延和元年六月記事改。又，改動廟號、年號後，此條應置於下一條中宗景龍元年九月十八日記事之後。考慮到前一條高宗永隆元年六月戊子記事亦須更動，今姑仍舊。

〔二七〕懿宗咸通元年七月戊戌　按是月己酉朔，無戊戌日。新唐書卷三六五行三不載此條，又下文九年七月戊戌記事同，疑此處「元年」爲「九年」之誤，如是則此條係衍文。

〔二八〕光啟二年九月　「光啟」前原有「昭宗」二字，今移至下一行「光化」之上。按「光啟」爲唐僖宗年號，唐昭宗無「光啟」年號，而有「光化」年號。據元本、清乾隆十三年武英殿三通合刻本、新唐書卷三六五行三改。又，改動之後，「光啟」前按例空一格，下一行「昭宗光化二年春」另行空二格轉行頂格。

〔二九〕如火燄燄　舊五代史卷一三九天文志同。五代會要卷一一雜災變無下一「燄」字，疑是。

〔三〇〕長五十尺　「尺」，宋史卷六〇天文一三作「丈」。

〔三一〕六年十月己未旦　「旦」原作「亘」，據宋史卷六〇天文一三改。

〔三二〕西北起蒼白氣三道　「起」字原無，據元本、宋史卷六〇天文一三補。

〔三三〕長二十尺　「尺」，元本、宋史卷六〇天文一三作「丈」。

〔三四〕長五尺餘　「尺」，元本、宋史卷六〇天文一三作「丈」。

〔三五〕黄白氣貫月黑氣環之　「貫月黑氣」四字原無，據宋史卷六〇天文一三補。
〔三六〕七年九月　宋史卷六〇天文一三作「七年五月」。
〔三七〕蒼黑雲長三十尺　「尺」，宋史卷六〇天文一三作「丈」。
〔三八〕長五十尺　「尺」，宋史卷六〇天文一三作「丈」。
〔三九〕八月甲申　「八月」二字原無，據宋史卷六〇天文一三、卷一一仁宗紀補。
〔四〇〕長二十尺　「尺」，宋史卷六〇天文一三作「丈」。
〔四一〕長三丈許　「丈」原作「尺」，據元本及宋史卷六〇天文一三改。
〔四二〕貫參宿　宋史卷六〇天文一三作「貫卷舌」。
〔四三〕傳舍　「舍」原作「入」，據宋史卷六〇天文一三改。
〔四四〕輿鬼　「輿」字原無，據宋史卷六〇天文一三補。
〔四五〕闊尺　「尺」字原無，據宋史卷六〇天文一三補。
〔四六〕蒼白雲起西北方　「西北」，宋史卷六〇天文一三作「西南」。
〔四七〕八年二月己巳夜　宋史卷六〇天文一三此句下有「蒼黑雲起西方，長丈，貫軫、軒轅。乙酉夜」十五字。
〔四八〕天市垣列肆宗星　「宗星」，宋史卷六〇天文一三作「宗人」。
〔四九〕白氣長丈起東北方天市垣　宋史卷六〇天文一三作「白氣起東北方天棓，入天市垣」。
〔五〇〕長三丈　「三」，宋史卷六〇天文一三作「二」。
〔五一〕八年七月庚申夜　「七月」，宋史卷六〇天文一三作「十月」。

〔五二〕十一月己丑 「己丑」，宋史卷六〇天文一三作「乙丑」。

〔五三〕西北陰雲中有火 宋史卷六〇天文一三「火」下有「光」字。

〔五四〕白氣自斗歷牛女虛 宋史卷六〇天文一三作「其夜，白氣歷牛、女、危，至婁止，約廣六丈，類天漢，東西亘天」。

〔五五〕十二月庚午 宋史卷六〇天文一三「十二月」前有「二年」二字。

卷二百九十五　物異考一

總序

漢五行志：漢興，承秦滅學之後，景、武之世，董仲舒治公羊春秋，始推陰陽，爲儒者宗。宣、元之後，劉向治穀梁春秋，數其禍福，傳以洪範，傳讀曰附，謂附著，或作傳〔一〕，謂以洪範義傳而說之也。與董仲舒錯。謂錯互不同也。至向子歆治左氏傳，其春秋意亦已乖矣；言五行傳，又頗不同。是以攬仲舒別向、歆，攬與擥同，謂引取之。攬音來敢反。傳載眭孟、夏侯勝、京房、谷永、李尋之徒所陳行事，訖於王莽，舉十二世，以傳春秋，著於篇。傳讀曰附，謂比附其事。

經曰：「初一曰五行。五行：一曰水，二曰火，三曰木，四曰金，五曰土。水曰潤下，火曰炎上，皆從水火自然之性也。木曰曲直，言可揉而曲，可矯而直。金曰從革，革，更也，可更銷鑄也。土爰稼穡。爰，於也，可於其上稼穡也。種之曰稼，收聚曰穡。」

傳曰：「五行傳，伏勝作。田獵不宿，不得其時也。或曰不豫戒曰不宿，不戒以其時也。飲食不享，不行享獻之禮。出入不節，奪民農時，及有姦謀，李奇曰：「姦謀，增賦履畝之事。」臣瓚曰：「姦謀，謂邪謀也。」師古曰：「即下所謂作爲姦詐以奪農時。李說是也。」則木不曲直。」

説曰：木，東方也。於易，地上之木爲觀。其於王事，威儀容貌亦可觀也。故行步有佩玉之度，登車有和鑾之節，田狩有三驅之制，飲食有獻享之禮，出入有名，使民以時，務在勸農桑，謀在安百姓，如此則木得其性矣。若乃田獵馳騁不反宮室，飲食沉湎不顧法度，妄興繇役以奪民時，作爲姦詐以傷民財，則木失其性矣。蓋工匠之爲輪矢者多傷敗，如淳曰：「揉輪不曲，矯矢不直也。」及木爲變怪，臣瓚曰：「梓柱更生及變爲人形是也。」是爲木不曲直。

傳曰：「棄法律，逐功臣，殺太子，以妾爲妻，則火不炎上。」

説曰：火，南方，揚光輝爲明者也。其於王者，南面嚮明而治〔二〕。書云：「知人則哲，能官人。」故堯、舜舉群賢而命之朝，遠四佞而放諸埜。古野字〔三〕。孔子曰：「浸潤之譖、膚受之愬不行焉，可謂明矣。」賢佞分別，官人有序，帥由舊章，敬重功勳，殊別嫡庶，如此則火得其性矣。若乃信道不篤，或燿虚僞，讒夫昌，邪勝正，則火失其性矣。自上而降，及濫炎妄起，焚宗廟，燒宮館，雖興師衆，不能救也，是爲火不炎上。

傳曰：「修宮室，飾臺榭，内淫亂，犯親戚，侮父兄，則稼穡不成。」

説曰：土，中央，生萬物者也。其於王者，爲内事。宮室、夫婦、親屬，亦相生者也。古者天子諸侯，宮廟大小高卑有制，后夫人媵妾多少進退有度〔四〕，九族親疏長幼有序。孔子曰：「禮，與其奢也，寧儉。」故禹卑宮室，文王刑於寡妻，此聖人之所以昭教化也。如此則土得其性矣。若乃奢淫驕慢，則土失其性。亡水旱之災而草木百穀不熟，是爲稼穡不成。

傳曰：「好戰攻，輕百姓，飾城郭，侵邊境，則金不從革。」

說曰：金，西方，萬物既成，殺氣之始也。故立秋而鷹隼擊，秋分而微霜降。其於王事，出軍行師，把旄仗鉞，誓士衆，抗威武，所以征叛逆止暴亂也。詩云：「有虔秉鉞，如火烈烈。」又曰：「載戢干戈，載櫜弓矢。」動靜應宜，「說以犯難，人忘其死」。金得其性矣。若乃貪欲恣睢，務立威勝，不重人命，則金失其性。蓋工冶鑄金鐵，金鐵冰滯涸堅〔五〕，不成者衆，乃爲變怪〔六〕，是爲金不從革。

傳曰：「簡宗廟，不禱祠，廢祭祀，逆天時，則水不潤下。」

說曰：水，北方，終藏萬物者也。其於人道，命終而形藏，精神放越，聖人爲之宗廟以收魂氣，春秋祭祀，以終孝道。王者即位，必郊祀天地，禱祈神祇，望秩山川，懷柔百神，亡不宗事。師古曰：「懷，來也。柔，安也。謂招來而祭祀之，使其安也。宗，尊也。」慎其齋戒，致其嚴敬，鬼神歆饗，多獲福助。此聖王所以順事陰氣，和神人也。至發號施令，亦奉天時。十二月咸得其氣，則陰陽調而終始成。如此則水得其性矣。若乃不敬鬼神，政令逆時，則水失其性。霧水暴出，百川逆溢，壞鄉邑，溺人民，及淫雨傷稼穡，是爲水不潤下。京房易傳曰：「顓事有知，誅罰絕理，厥災水，其水也，雨殺人以隕霜，大風天黃。飢而不損茲謂泰，厥災水，水殺人。辟遏有德茲謂狂，應劭曰：「辟，天子也。有德者雍遏不見用也。」師古曰：「遏音一曷反。」厥災水，水流殺人，已水則地生蟲。歸獄不解，茲謂追非，李奇曰：「歸罪過於民，不罪己也。」張晏曰：「謂釋有罪之人而歸無辜者也。解，止也。追非，遂非也。」厥水寒，殺人。追誅不解，茲謂不理，厥水五穀不收。大敗不解，茲謂皆陰。解，舍也，王者於大敗，誅首惡，赦其衆，不則皆函陰氣，師古曰：「函讀與含同〔七〕。」厥水流入國邑，隕霜殺穀〔八〕。」

經曰：「敬用五事。五事：一曰貌，二曰言，三曰視，四曰聽，五曰思。貌曰恭，言曰從，視曰明，聽曰聰，思曰睿。容，通也，古文作睿。恭作肅，從作艾〔九〕，讀曰乂，治也。明作悊，聰作謀，上聰則下謀，故聰爲謀也。容作聖。休徵：善行之驗也。曰肅，時雨若；艾，時暘若；悊，時燠若；謀，時寒若；聖，時風若。凡言時者，皆謂行得其道，則寒暑風雨以時應而順之。咎徵：言惡行之驗。曰狂，恒雨若；僭，恒暘若；僭，僭差。舒，恒燠若；急，恒寒若；霿，恒風若。」服虔曰：「霿音人備反〔一〇〕。」應劭曰：「人君瞉霿鄙吝，則風不順之也。」師古曰：「凡言恒者，謂所行者失道，則寒暑風雨不時，而恒久爲災也。霿音莫豆反。瞉音構，又音寇。」

傳曰：「貌之不恭，是謂不肅，厥咎狂，厥罰恒雨，厥極惡。時則有服妖，時則有龜孽，鄭玄曰：「龜，蟲之生於水而游於春者，屬木。」時則有鷄禍，鄭玄曰：「鷄，畜之有冠翼者也，屬貌。」時則有下體生上之痾，鄭玄曰：「痾，病也，貌氣失之病也。」漢書音義曰：「若梁孝王之時牛足反出背上也。」時則有青眚青祥。鄭玄曰：「青，木色也。眚生於此，祥自外來也。」唯金沴木。」服虔曰：「沴，害也。」如淳曰：「沴音拂戾之戾，義亦同。」鄭玄曰：「沴，殄也。凡貌、言、視、聽、思心，一事失則逆人之心，人心逆則怨，木、金、水、土、火氣爲之傷，傷則衝勝來乘殄之，於是神怒人怨，將爲禍亂。故五行先見變異，以譴告人也。及妖孽禍痾眚祥，皆其氣類暴作非常時爲怪者也。各以物象爲之占也。」「凡六沴之作，歲之朝，月之朝，日之朝，則后王受之。歲之中，月之中，日之中，則正卿受之。歲之夕，月之夕，日之夕，則庶民受之。鄭玄曰：「自正月盡四月，爲歲之朝，自五月盡八月爲歲之中，自九月盡十二月爲歲之夕。上旬爲月之朝，中旬爲月之中，下旬爲月之夕。平旦至食時爲日之朝，禺中至日昳爲日之中，晡時至黄昏爲日之夕。受之，受其凶咎也。」其二辰以次相將，其次受之。」鄭玄曰：「二辰謂日、月也。假令歲之朝也，日、月中則上公受之，日、月夕則下公受之；歲之中也，日、月朝則孤卿受之，日、月夕則大夫受之；歲之夕也，日月朝則上士受之，日月中則下士受之。其餘差以尊卑多少，則悉矣。」

說曰：凡草木之類謂之妖〔一一〕。妖猶夭胎，言尚微也。蟲豸池尔反。之類謂之孽。孽則芽孽矣。及六畜，謂之禍，言其著也。及人，謂之痾。痾，病貌也，言寖作任反。深也。甚則異物生，謂之眚；自外來，謂之祥。祥猶禎也。氣相傷，謂之沴。沴猶臨莅，不和意也。每一事云「時則」以絶之，言非必俱至〔一二〕，或有或亡，或在前或在後。孝武時，夏侯始昌通五經，善推五行傳，以傳族子夏侯勝，下及許商，皆以教所賢弟子。其傳與劉向同，惟劉歆傳獨異。貌之不恭，是謂不肅。肅，敬也。内曰恭，外曰敬。人君行己，體貌不恭，怠慢驕蹇，則不能敬萬事，失在狂易，故其咎狂也。上慢下暴，則陰氣勝，故其罰常雨也。水傷百穀，衣食不足，則姦宄並作，故其極惡也。一曰，人多被刑，或形貌醜惡，亦是也。風俗狂慢，變節易度，則爲剽匹妙反。輕奇怪之服，故有服妖。水類動，故有龜孽。於易，巽爲鷄，鷄有冠距文武之貌，而不爲威儀〔一三〕，貌氣毁，故有鷄禍。一曰，水歲鷄多死及爲怪〔一四〕，亦是也。上失威儀，則下有彊臣害君上者〔一五〕，故有下體生於上之痾。木色青，故有青眚青祥。凡貌傷者病木氣，木氣病則金沴之，衝氣相通也。於易，震在東方，爲春爲木；兑在西方，爲秋爲金；離在南方，爲夏爲火；坎在北方，爲冬爲水。春與秋，日夜分，寒暑平，是以金木之氣易以相變，故貌傷則致秋陰常雨，言傷則致春陽常旱也。至於冬夏〔一六〕，日夜相反，寒暑殊絶，水火之氣不得相并，故視傷常燠，聽傷常寒者，其氣然也。逆之，其極曰惡；順之，其福曰攸好德。劉子晉傳曰〔一七〕，有鱗蟲之孽，羊禍，鼻痾。說以爲於天文東方辰爲龍星，故爲鱗蟲；於易，兑爲羊，木爲金所病，故致羊禍，與常雨同應。此說非是。春與秋，氣陰陽相敵，木病金盛，故能相并，惟此一事耳。禍與妖痾祥眚同類，不得獨異。

傳曰：「言之不從，是謂不乂，厥咎僭，厥罰恒暘，厥極憂。時則有詩妖，時則有介蟲之孽，時則有犬禍，時則有口舌之痾，時則有白眚白祥。惟木沴金。」

說曰：「言之不從。」從，順也。「是謂不乂」，乂，治也。孔子曰：「君子居其室，出其言不善，則千里之外違之，況其邇者乎！」詩曰：「如蜩音調。如螗，音唐。如沸如羹。」言上號令不順人心，虛譁音華。憒亂，則不能治海內，失在過差，故其咎僭。僭〔一八〕，差也。刑罰妄加，群陰不附，則陽氣勝，故其罰常暘也。旱傷百穀，則有寇難，上下俱憂，故其極憂也。君炕苦朗反。陽而暴虐，臣畏刑而箝巨淹反。口，則怨謗之氣發於歌謠，故有詩妖。介蟲孽者，謂小蟲有甲飛揚之類，陽氣所生也，於春秋爲螽，音終。今謂之蝗，皆其類也。於易，兑爲口，犬以吠守，而不可信，言氣毁故有犬禍。一曰，旱歲犬多狂死及爲怪，亦是也。及人，則多病口喉欬苦愛反。嗽蘇豆反。者，故有口舌痾。金色白，故有白眚白祥。凡言傷者，病金氣；金氣病，則木沴之。其極憂者，順之，其福曰康寧〔一九〕。劉歆言傳曰時則有毛蟲之孽。說以爲天文西方參爲獸星，故爲毛蟲。

傳曰：「視之不明，是爲不悊，厥咎舒，厥罰恒燠，厥極疾。時則有草妖，時則有蠃蟲之孽，師古曰：「螽、螟之類無鱗甲毛羽，故謂之蠃蟲也。音郎果反。」時則有羊禍，時則有目痾，時則有赤眚赤祥。惟水沴火。」

說曰：「視之不明，是謂不悊。」悊，知也。詩云：「不明爾德，時無背無側；爾德不明，以無陪無卿。」師古曰：「大雅蕩之詩也。言不別善惡，有逆背傾仄者，有堪爲卿大夫者，皆不知之也。仄，古側字。」言上不明，暗昧蔽惑，則不能知善惡，親近習，長同類，師古曰：「習，狎也。近狎者則親愛之，同類者則長益也。」亡功者受賞，有罪者不殺，百官廢亂，失在舒緩，故其咎舒也。盛夏日長，暑以養物，政弛緩，故其罰常燠也。燠則冬温，春夏不和，傷病民人，故極疾也。誅不行則霜不殺草，繇臣下則殺不以時，師古曰：「繇讀與由同，言誅罰由於臣下。」故有草妖。凡妖，貌則以服，言則以詩，聽則以聲。視則以色者〔二〇〕，五色物之大分也，在於眚祥，故聖人以爲草妖，失秉之明者也。師古曰：「謂失所執之權也。音彼命反。」温燠生蟲，故有蠃蟲之孽，謂螟螣之類師古曰：「螟食苗心，螣食苗葉之蟲也。螟音冥，螣音徒得反。」當死不死，未當生而生，或多於故而爲災也。劉歆以爲屬思心不容。於易，剛而包柔爲離，師古曰：「兩陽居外，一陰在內，故云剛包柔〔二一〕。」離爲火爲目。羊上角下蹏，剛而包柔，羊大目而不精明，視氣毀故有羊禍。一曰，暑歲羊多疫死，及爲怪，亦是也。及人，則多病目者，故有目痾。火色赤，故有赤眚赤祥。凡視傷者病火氣，火氣傷則水沴之。其極疾者，順之，其福曰壽。李奇曰：「於六極之中爲疾者〔二二〕，逆火氣，致疾病也。能順火氣，則禍更爲福。」劉歆視傳曰有羽蟲之孽，鷄禍。說以爲於天文南方喙爲鳥星〔二三〕，故爲羽蟲；禍亦從羽，故爲鷄；鷄於易自在巽。說非是。庶徵之恒燠，劉向以爲春秋亡冰也。小燠不書，無冰然後書，舉其大者也。京房易傳曰：「祿不遂行茲謂欺，厥咎燠，雨雪四至而温。臣安祿樂逸茲謂亂，燠而生蟲。知罪不誅茲謂舒，其燠，夏則暑殺人，冬則物華實。重過不誅，茲謂亡徵，其咎當寒而燠六日也。」

傳曰：「聽之不聰，是謂不謀，厥咎急，厥罰恒寒，厥極貧。時則有鼓妖，時則有魚孽，時則有豕禍，時則有耳痾，時則有黑眚黑祥。爲火沴水。」

說曰：「聽之不聰，是謂不謀。」言上偏聽不聰，下情隔塞，則不能謀慮利害，失在嚴急，故其咎急也。盛冬日短，寒以殺物，政促迫，故其罰常寒也。寒則不生百穀，上下俱貧，故其極貧也。君嚴猛而閉下，臣戰栗而塞耳，則妄聞之氣發於音聲，故有鼓妖。寒氣動，故有魚孽。雨以龜爲孽，服虔曰：「多雨則龜多出。」龜能陸處，非極陰也；魚去水而死，極陰之孽也。於易，坎爲豕，豕大耳而不聰察，聽氣毀，故有豕禍也。一曰，寒歲豕多死，及爲怪，亦是也。及人，則多病耳者，故有耳痾。水色黑，故有黑眚黑祥。凡聽傷者病水氣，水氣病則火沴之。其極貧者，順之，其福曰富。劉歆聽傳曰有介蟲孽也。

傳曰：「思心之不容〔二四〕，是謂不聖，厥咎霿，莫豆反。厥罰恒風，厥極凶短折。時則有脂夜之妖，時則有華孽，時則有牛禍，時則有心腹之痾，時則有黃眚黃祥，時則有金木水火沴土。」

說曰：「思心之不睿，是謂不聖。」思心者，心思慮也；容，寬也。孔子曰：「居上不寬，吾何以觀之哉！」言上不寬大包容臣下，則不能居聖位。貌言視聽，以心爲主，四者皆失，則區霿無識〔二五〕，師古曰：「區音口豆反，霿音莫豆反。其下並同。」故其咎霿也。雨旱寒燠，亦以風爲本，四氣皆亂，故其罰常風也。常風傷物，故其極凶短折也。傷人曰凶，禽獸曰短，草木曰折。一曰，凶，夭也；兄喪弟曰短，父喪子曰折。在人腹中，肥而包裹心者脂也，心區霿則冥晦，故有脂夜之妖。師古曰：「脂妖及夜妖。」一曰，有脂物而夜爲妖，若脂水夜污人衣，淫之象也。一曰，夜妖者，雲風並起而杳冥，故與常風同象也。溫而風則生螟螣，有裸蟲之孽。師古曰：「裸亦羸字也，從衣果聲。」劉向以爲於易，巽爲風爲木，卦在三月四月，繼陽而治，主木之華實。風氣盛，至秋冬木復華，故有華孽。一曰，地氣盛則秋冬復華。一曰，華者色也，土爲內事，爲女孽也。於易，坤爲土爲牛，牛大心而不能思慮，思心氣毀，故有牛禍。一曰，牛多死及爲怪，亦是也。及人，則多病心腹者，故有心腹之痾。土色黃，故有黃眚黃祥。凡思心傷者病土氣，土氣病則金木水火沴之，故曰「時則有金木水火沴土」。不言「惟」而獨曰「時則有」者，非一衝氣所沴，明其異大也。其極曰凶短折，順之，其福曰考終命。劉歆思心傳曰時則有臝蟲之孽，謂螟螣之屬也。

傳曰：「皇之不極，是謂不建，厥咎眊，音耄。厥罰恒陰，厥極弱。時則有射妖，時則有龍蛇之孽，時則有馬禍，時則有下人伐上之痾〔二六〕，鄭玄曰：「夏侯勝説『伐』宜爲『代』，書亦或作『伐』。陰陽之神曰精氣，情性之神曰魂魄。君行不由常，侜張無度，則是魂魄傷也，王極氣失之病也。天於不中之人，恒耆其毒〔二七〕，增以爲病，將以開賢代之也。春秋傳所謂『奪伯有魄』者是也。不名病者，病不著於身體也。」時則有日月亂行，星辰逆行。」

說曰：「皇之不極，是謂不建。」皇，君也。極，中；建，立也。人君貌言視聽思心五事皆失，不得其中，則不能立萬事，失在眊悖，故其咎眊也。師古曰：「眊，不明也。悖，惑也，音布內反。」王者自下承天理物。雲起於山，而彌於天；師古曰：「彌，滿也。」天氣亂，故其罰常陰也。一曰，上失中，則下彊盛而蔽君明也。易曰「亢龍有悔，貴而亡位，高而亡民，賢人在下位而亡輔」，師古曰：「乾上九文言也。」如此，則君有南面之尊，而亡一人之助，故其極弱也。盛陽動進輕疾。服虔曰：「陽行輕且疾也。」禮，春而大射，以順陽氣。韋昭曰：「將祭，與群臣射，謂之大射。」上微弱則下奮動〔二八〕，故有射妖。易曰「雲從龍」，師古曰：「乾九五文言。」又曰「龍蛇之蟄，以存身也」。師古曰：「下繫辭也。」陰氣動，故有龍蛇之孽。於易，乾爲君爲馬，馬任用而彊力，君氣毀，

故有馬禍。一曰，馬多死及爲怪〔二九〕，亦是也。君亂且弱，人之所叛，天之所去，不有明王之誅，則有

篡弒之禍，故有下人伐上之痾。凡君道傷者病天氣，不言五行沴天，而曰「日月亂行，星辰逆行」者，爲若下不敢沴天，猶春秋曰「王師敗績於貿戎」，不言敗之者，以自敗爲文，尊尊之意也。劉歆皇極傳曰有下體生上之痾。說以爲下人伐上，天誅已成，不得復爲痾云。

唐史五行志序曰：「萬物盈於天地之間，而其爲物最大且多者有五：一曰水，二曰火，三曰木，四曰金，五曰土。其用於人也，非此五物不能以爲生，而闕其一不可，是以聖王重焉。夫所謂五物者，其見象於天也爲五星，分位於地也爲五方，行於四時也爲五德，稟於人也爲五常，播於音律爲五聲，發於文章爲五色，總其精氣之用謂之五行。自三代之後，數術之士興，而爲災異之學者務極其說，至舉天地萬物，動植無大小，皆推其類而附之於五物，曰五行之屬。以謂人稟五行之全氣以生，故於物爲最靈。其餘動植之類，各得其氣之偏者，其發爲英華美實氣臭滋味、羽毛鱗介、文采剛柔，亦皆得其一氣之盛。至其爲變怪非常，失其本性，則推以事類吉凶影響，其說尤爲委曲繁密。蓋王者之有天下也，順天地以治人，而取材於萬物以足用。若政得其道，而取不過度，則天地順成，萬物茂盛，而民以安樂，謂之至治。若政失其道，用物傷夭，民被其害而愁苦，則天地之氣沴，三光錯行，陰陽寒暑失節，以爲水旱、蝗螟、風雹、雷火、山崩、水溢、泉竭、雪霜不時，雨非其物，或發爲氛霧、虹蜺、光怪之類，此天地災異之大者，皆生於亂政。而考其所發，驗以人事，往往近其所失，而以類至。然時有推之不能合者，豈非天地之大，固有不可知者邪？若其諸物種類，不可勝數，下至細微家人

里巷之占，有考於人事而合者，有漠然而無所應者，皆不足道。語曰：『迅雷風烈必變。』蓋君子之畏天也，見物有反常而爲變者，失其本性，則思其有以致而爲之戒懼，雖微不敢忽而已。至爲災異之學者不然，莫不指事以爲應。及其難合，則旁引曲取而遷就其説。蓋自漢儒董仲舒、劉向與其子歆之徒，皆以春秋、洪範爲學，而失聖人之本意。至其不通也，父子之言自相戾，可勝嘆哉！昔者箕子爲周武王陳禹所有洪範之書，條其事爲九類，別其説爲九章，謂之『九疇』。考其説初不相附屬〔三〇〕，而向爲五行傳，乃取其五事、皇極、庶證附於五行〔三一〕，以爲八事皆屬五行歟，則至於八政、五紀、三德、稽疑、福極之類，又不能附。至俾洪範之書失其倫理〔三二〕，有以見所謂旁引曲取而遷就其説也。然自漢以來，未有非之者，又其祥眚禍痾之説，自其數術之學，故略存之，庶幾深識博聞之士有以考而擇焉。夫所謂災者，被於物而可知者也，水旱、螟蝗之類是已。異者，不可知其所以然者也，日食、星孛、五石、六鷁之類是已。孔子於春秋，記災異而不著其事應，蓋慎之也。以謂天道遠，非諄諄以諭人，而君子見其變，則知天之所以譴告，恐懼修省而已。若推其事應，則有合有不合，有同有不同。至於不合不同，則將使君子怠焉，以爲偶然而不懼。此其深意也。蓋聖人慎而不言如此，而後世猶爲曲説以妄意天，此其不可以傳也。故考次武德以來，略依洪範五行傳，著其災異，而削其事應云。」

老泉蘇氏曰：「五行含羅九疇者也，五事檢御五行者也，皇極裁節五事者也。今夫皇極之建也，貌必恭，恭作肅；言必從，從作乂；視必明，明作哲；聽必聰，聰作謀；思必睿，睿作聖。如此則五行得其性，雨、暘、燠、寒、風皆時而五福應矣。若夫皇極之不建也，貌不恭，厥咎狂；言不從，厥咎僭；視之不明，厥咎豫；聽不聰，厥咎急；思不睿，厥咎蒙。如此則五行失其性，雨、暘、燠、寒、風皆常而六極應矣。歆、向之惑，始於福極分應五事，遂强爲之説，故其失寖廣而有五焉。今其傳以極之惡，福之攸好德，歸諸貌；極之憂，福之康寧，歸諸言；極之疾，福之壽，歸諸視；極之貧，福之富，歸諸聽；極之凶短折，福之考終命，歸諸思。所謂福止此而已，所謂極則未盡其弱焉，遂曲引皇極以足之。劉向五行傳云：「皇之不極，厥極弱。」皇極非五事匹，其不建之咎，止一極之弱哉！其失一也。且逆而極，順而福，傳之例也。至皇之不極，則其極既弱矣，吾不識皇之極，則天將以何福應之哉！若曰五福偕應，則皇之不極，惡憂、疾貧、凶短折，曷不偕應哉！此乃自廢其例，其失二也。箕謂咎曰狂、僭、豫、急、蒙而已，罰曰雨、暘、燠、寒、風而已，今傳又增咎以眊，增罰以陰，五行傳云：「皇之不極，厥咎眊，厥罰常陰。」此其掇聖人之言，以就固謬。況眊與蒙無異，而陰可兼之，而別名之，得乎？其失三也。經之首五行而次五事者，徒以五行天而五事人，人不可以先天耳，然五行之逆順，必視五事之得失，使吾爲傳，必以五事先五行。借如傳『貌之不恭，是謂不肅，厥咎狂，則木不曲直，厥罰常雨』。其餘亦如之。察劉之心，非不欲爾。蓋五行盡於思，無以周皇極，苟如庶驗，增之則雖惷，亦怪駭矣。故離五行五事而爲解，以蔽其釁，其失四也。傳之於木，其説以爲貌矣，及火土金水，則思言視聽殊不及焉。自相駮亂，其失五也。夫九疇之於五行，可以條而入者惟二，箕子陳之，蓋有深旨矣。五事一也，庶驗二也。驗之肅、乂、哲、謀、聖，一出於五事；事之貌、言、視、聽、思，一出於五行，此理之自然，可不條而入之乎？其他八政、五紀、三德、稽疑、福極，其大歸雖無越於五行五事，非可條而入之者也。條而入，非理之自然，故其傳必鈎牽扳援，文致而强附之，然後可以僅知此福此極之所以應此事者。立言如此，其亦勞矣。且傳於福極既爾，則於八政、五紀、三德、稽疑亦當爾，而今又不爾，何也？經曰：『五，皇極，皇建其有極，斂時五福，用敷錫厥庶民。』此言皇極建而五福備，使經云皇極之不建，則必以六極易五福矣，焉在其條而入之乎！且皇極九疇之尤貴者，故聖人位之於中，以貫上下，譬如庶驗。然曰雨、曰暘、曰燠、曰寒、曰風、曰時，時於雨、暘、燠、寒、風，各冠其上耳，又可列之爲一驗乎？若是則劉之傳惑且强明矣。噫傳之法，二劉唱之，班固志之。班固叙傳云：「河圖命庖，洛書賜禹，八卦成列，九疇逌叙。春秋之占，咎證是舉。告往知來，王事之表。述五行志第七。」後之史志五行者，孰不師而效之，世之讀者又孰不從而然之，是以膠爲一論，莫有考正，吾得無言哉！」

夾漈鄭氏曰：「仲尼既没，先儒駕以妖妄之說而欺後世，後世相承，罔敢失墜者，有兩種學，一種妄學，務以欺人，一種妖學，務以欺天。凡說春秋者，皆謂孔子寓褒貶於一字之間，以陰中時人，使人不可曉解。三傳唱之於前，諸儒從之於後，盡推己意而誣以聖人之意，此之謂欺人之學。說洪範者，皆謂箕子本河圖、洛書，以明五行之旨。劉向創釋其傳於前，諸史因之而爲志於後，析天下災祥之變而推之於金、木、水、火、土之域，乃以時事之吉凶，而曲爲之配，此之謂欺天之學。夫春秋者，成周之典也；洪範者，皇極之書也。臣舊作春秋傳，專以明王道，削去三家褒貶之說，所以杜其妄，今作災祥略，專以記實迹，削去五行相應之說，所以絶其妖。且萬物之理，不離五行，而五行之理，其變無方。離固爲火矣，而離中有水，坎固爲水矣，而坎中有火，安得直以秋大水爲水行之應？成周宣榭火，爲火行之應乎？況周得木德，而有赤烏之祥，漢得火德，而有黄龍之瑞，此理又如何邪？豈其晉厲公一視之遠，周單公一言之徐，而能關於五行之沴乎？豈其晉申生一衣之偏，鄭子臧一冠之異，而能關於五行之沴乎？如是則五行之繩人甚於三尺矣。臣竊觀漢儒之説，以亂世無如春秋之深，災異無如春秋之衆者，是不考其實也。臣每謂春秋，雖三王之亂世，猶治於漢、唐之盛時，何哉？春秋二百四十二年，而日食三十六，唐三百年，而日食過百。舉春秋地震五，漢和平中，積二十一日，而地百二十四動。舉春秋山傾者二，漢文帝時，一年之間，齊、楚山二十九所同日圮。舉春秋大水者八，後漢延平中，一月之間，郡國三十六大水。其他小小災異，則二百四十年之事，不及後世一年也。如李梅冬實、鸜鵒來巢之類，在後世不勝書，使春秋之人而親見後世事，豈但慟哭流涕而已哉！以春秋視後世，不爲亂世也，何哉？後世之法度不及春秋之法度，後世之人才不及春秋之人才，其所以感和氣而彌災異者，又安可望春秋乎？嗚呼，天地之間，災祥萬種，人間禍福，冥不可知，奈何以一蟲之妖，一氣之戾，而一一質之以爲禍福之應〔三〕，其愚甚矣。況凶吉有不由於災祥者，宋之五石六鷁，可以爲異矣，而内史叔興以爲此陰陽之事，非吉凶所生。魏安平太守王基筮於管輅，輅曰：『君家有三怪，一則生男女墮地，走入竈死；二則大蛇牀上銜筆；三則烏來入室與燕鬭。兒入竈者，宋無忌之妖；蛇銜筆者，老書佐之妖；烏與燕鬭者，老鈴下之妖。此三者足以爲異，而無凶兆，無所憂也。』王基之家，卒以無患。觀叔興之言，則國不可以災祥論興衰；觀管輅之言，則家不可以變怪論休咎；惟有和氣致祥，乖氣致異者，可以爲通論。」

按：古今言災異者，始於五行傳，而歷代史氏所述災異因之，然必曰某事召某災，證合某應，如醫師之脉訣，占書之繇辭，則其說太牽强而拘泥。老泉之論，足以正其牽强之失；夾漈之論，足以破其拘泥之見。然鄭論一歸之妖妄，而以爲本無其事應，則矯枉而至於過正矣，是謂天變不足畏也，不如蘇論之正大云。

禮記禮運：「故聖王所以順，山者不使居川，不使渚者居中原，而弗敝也。使各安其居，不勞敝之也。用水、火、金、木，飲食必時。用水，謂漁人以時漁爲梁，春獻鼈蜃，秋獻龜魚也。用火，謂司爟四時變國火以救時疾，及季春出火，季秋納火是也。用金，謂丱人以時取金玉錫石也。用木，謂山虞仲冬斬陽木，仲夏斬陰木。飲食，謂食齊視春時，羹齊視夏時，醬齊視秋時，飲齊視冬時。合男女，頒爵位〔三四〕，必當年德，謂媒氏令男三十而娶，女二十而嫁。司士稽士任進退其爵禄。用民必順。不奪農時。故無水旱昆蟲之災，民無凶饑妖孽之疾。故天不愛其道，地不愛其寶，人不愛其情。言嘉瑞出，人情至也。故天降膏露，地出醴泉，山出器車，河出馬圖，鳳凰麒麟，皆在郊棷，龜龍在宫沼。其餘鳥獸之卵胎，皆可俯而窺也。器，謂若銀甕丹甑也。棷，聚草也。疏：按禮緯斗威儀云：「其政太平，山車垂鉤。」注云：「山車，自然之車。垂鉤，不揉治而自圓曲也。銀甕丹甑，援神契云。」則是無故，非有他事使之然也。先王能修禮以達義，體信以達順，故此順之實也。」

歐陽氏五代史王建世家論曰：「嗚呼，自秦、漢以來，學者多言祥瑞，雖有善辯之士，不能祛其惑也！予讀蜀書，至於龜、龍、麟、鳳、騶虞之類也，世所謂王者之嘉瑞〔三五〕，莫不畢出於其國，異哉！然考王氏之所以興亡成敗者，可以知之矣。或以爲一王氏不足以當之，則視當時天下治亂，可以知之矣。龍之爲物也，以不見爲神，以升雲行天爲得志。今偃然暴露其形，是不神也；不上於天而下見於水中，是失職也。然其一何多歟，可以爲妖矣！鳳凰，鳥之遠人者也。昔舜治天下，政成而民悦，命夔作樂，樂聲和，鳥獸聞之皆鼓舞。當是之時，鳳凰適至，舜之史因并記以爲美，後世因以鳳來爲有道之應。其後鳳凰數至，或出於庸君繆政之時，或出於危亡大亂之際，是果爲瑞哉？麟，獸之遠人者也。昔魯哀公出獵，得之而不識，蓋索而獲之，非其自出也。故孔子書於春秋曰『西狩獲麟』者，譏之也。『西狩』，非其遠也；『獲麟』，惡其盡取也。狩必書地，而哀公馳騁所涉地多，不可徧以名舉，故書『西』以包衆地，謂其舉國之西皆至也。麟，人罕識之獸也，以見公之窮山竭澤而盡取，至於不識之獸，皆搜索而獲之，故曰『譏之也』。聖人已没，而異端之説興，乃以麟爲王者之瑞，而附以符命、讖緯詭怪之言。鳳嘗出於舜，以爲瑞，猶有説也，及其後出於亂世，則可以知其非瑞矣。若麟者，前有治世如堯、舜、禹、湯、文、武、周公之世，未嘗一出，其一出而當亂世，然則孰知其爲瑞哉？龜，玄物也，污泥川澤，不可勝數，其死而貴於卜官者，用適有宜爾。而戴氏禮以其在宫沼爲王者難致之瑞，戴禮雜出於諸家，其失亦已多矣！騶虞，吾不知其何物也。詩曰：『吁嗟乎騶虞！』賈誼以爲騶者，文王之囿；虞，虞官也。當誼之時，其説如此，然則以之爲獸者，其出於近世之説乎？夫破人之惑者，難與争於篤信之時，待其有所疑焉，然後從而攻之可也。麟、鳳、龜、龍，王者之瑞，而出於五代之際，又皆萃於蜀，此雖好爲祥瑞之説者亦可疑也。因其可疑者而攻之，庶幾惑者有以思焉。」

致堂胡氏曰：「草木之秀異，禽獸之珍奇，雲物之變動，無時無之，係時好與不好耳。以爲祥瑞，注意於多有，雖元狩之麟，神爵之鳳，尚可力致。蓋嘗有好芝草者，一日官吏入深山窮谷間，覆地皆芝也。蓋數千萬木，遂擇其尤者，少取以復命，又況智巧之徒能僞造乎？花卉可以染植增其態，毛羽可以餵飼變其色，雖石脉木理，猶且假幻使成文字。惟上之人泊然無欲於此也，苟欲之則四面而至矣。漢章帝時，以瑞物仍集，改元章和，而何敞謂宋由、袁安曰：『夫瑞應依德而至，災異緣政而生，今異鳥翔於殿屋，怪草生於庭際，不可不察。』由、安懼不敢答。夫二人位冠群臣，乃爲諂媚之習、蒙蔽之行，以侈逸上心，使忽忘警戒，不亦昧於責難正捄之道乎？」

按：古今言祥瑞者，祥於禮運，而歷代史氏所述祥瑞因之，然有無其證而有其應者，又有反當爲妖而謬以爲祥者，歐陽公、胡氏致堂之論，諠正詞偉，足以祛千古之惑，破諂子之謬，故備著之。

校勘記

〔一〕或作傅 「傅」原作「傳」，據漢書卷二七上五行志上注改。

〔二〕南面嚮明而治 「面」字原脱，據漢書卷二七上五行志上補。

〔三〕古野字 「字」原作「反」，據漢書卷二七上五行志上注改。

〔四〕后夫人媵妾多少進退有度 「進退」二字原脱，據漢書卷二七上五行志上補。

〔五〕金鐵冰滯涸堅 「金鐵」二字原脱，據漢書卷二七上五行志上補。

〔六〕乃爲變怪　「乃」，漢書卷二七上五行志上作「及」。同卷上文，「木」亦作「及木爲變怪」，疑「及」是。

〔七〕函讀與含同　「讀」字原脱，據元本、慎本、馮本及漢書卷二七上五行志上注補。

〔八〕隕霜殺穀　「穀」，漢書卷二七上五行志上作「菽草」。

〔九〕從作艾　「艾」原作「乂」，據元本、慎本、馮本及漢書卷二七中之上五行志中之上改。下同。

〔一〇〕霧音人備反　「備」，漢書卷二七中之上五行志中之上注作「儁」，疑是。

〔一一〕凡草木之類謂之妖　「木」，漢書卷二七中之上五行志中之上作「物」。

〔一二〕言非必俱至　「言」字原脱，據漢書卷二七中之上五行志中之上補。

〔一三〕而不爲威儀　「儀」字原脱，據漢書卷二七中之上五行志中之上補。

〔一四〕水歲鷄多死及爲怪　「鷄多」二字原倒，據漢書卷二七中之上五行志中之上乙。

〔一五〕則下有彊臣害君上者　「下」字原脱，據漢書卷二七中之上五行志中之上補。

〔一六〕至於冬夏　「冬」原作「春」，據漢書卷二七中之上五行志中之上改。

〔一七〕劉子晉傳曰　「劉子晉傳」，漢書卷二七中之上五行志中之上作「劉歆貌傳」。按漢書卷三六劉歆傳，歆字子駿，後改名秀，字穎叔。疑「晉」爲「駿」之訛，又脱「貌」字。

〔一八〕僭　「僭」字原脱，據漢書卷二七中之上五行志中之上補。

〔一九〕其福曰康寧　「曰」字原脱，據漢書卷二七中之上五行志中之上補。

〔二〇〕視則以色者　「則」，漢書卷二七中之下五行志中之下同，晉書卷二八五行志中作「不」。王先謙漢書補注以爲：「晉志『視』下『則』作『不』是也。傳説謂服妖與貌，詩妖與言，鼓妖與聲皆相應。視當與色應，此草妖非色，是視不以色矣。所以然者，以五色分在眚祥也。若仍作『則』字，則理不可通。」

〔二一〕故云剛包柔　「故」字原脱，據漢書卷二七中之下五行志中之下注補。

〔二二〕於六極之中爲疾者　「疾」原作「災」，據漢書卷二七中之下五行志中之下注改。

〔二三〕説以爲於天文南方喙爲鳥星　「於」字原脱，據漢書卷二七中之下五行志中之下補。

〔二四〕思心之不睿　「心」字原脱，據漢書卷二七下之上五行志下之上、晉書卷二九五行志下補。

〔二五〕則區霿無識　「則」字原脱，據漢書卷二七下之上五行志下之上、晉書卷二九五行志下補。

〔二六〕時則有下人伐上之痾　「伐」，後漢書五行志五同，舊唐書卷三七五行志作「代」。

〔二七〕恒者其毒　按尚書大傳卷二鄭玄注，「其」下有「味厚其」三字，本刊郊祀考同。

〔二八〕上微弱則下奮動　「下」原作「不」，據漢書卷二七下之上五行志下之上改。

〔二九〕馬多死及爲怪　「馬」原作「爲」，據元本、慎本、馮本及漢書卷二七下之上五行志下之上改。

〔三〇〕考其説初不相附屬　「初」原作「爲」，據新唐書卷三四五行志一改。

〔三一〕庶證附於五行　「證」原作「徵」，據元本、慎本、馮本及新唐書卷三四五行志一改。

〔三二〕至俾洪範之書失其倫理　「書」原作「害」，據新唐書卷三四五行志一改。

〔三三〕而一一質之以爲禍福之應　「以」字原脱，據通志卷七四補。

〔三四〕頒爵位　「位」字原脱，據禮記禮運補。

〔三五〕世所謂王者之嘉瑞　按新五代史卷六三王建世家無「世」字。

卷二百九十六　物異考二

水災

春秋桓公元年「秋，大水」。董仲舒、劉向以爲桓弑兄隱公，民臣痛隱而賤桓。十三年夏復大水〔一〕。一曰，夫人驕淫，將弑君，陰氣盛，桓不悟，卒見殺。莊公七年「秋，大水，亡麥苗」。董仲舒、劉向以爲莊公母與兄通，共弑桓公，莊釋父讎，復取齊女，臣下賤之之應。十一年「秋，宋大水」。董仲舒以爲時魯、宋比年爲乘丘、鄑之戰，百姓愁怨，陰氣盛，故二國俱水。明年，宋萬弑閔公。二十四年「大水」。董仲舒謂夫人哀姜淫亂不婦，陰氣盛也。宣公十年「秋，大水」。董仲舒以爲時比伐邾取邑〔二〕，亦見報復，兵讎連結，百姓愁怨。成公五年「秋，大水」。董仲舒、劉向以爲時成幼弱，政在大夫，三家專兵，陰勝陽。襄公二十四年「秋，大水」。劉向以爲襄慢鄰國，邾、齊、莒交伐之，魯國小兵弱，數敵强大，百姓愁怨，陰氣盛。

漢高后三年夏，漢中、南郡大水，水出流四千餘家。四年秋，河南大水，伊、雒流千六百餘家，汝水流八百餘家。八年夏，漢中、南郡水復出，流六千餘家。南陽沔水流萬餘家。是時女主獨治，諸吕相王。文帝十二年十一月〔三〕，河決東郡。後三年秋，大雨，晝夜不絶三十五日。藍田山水出，流九百餘家，滰壞民室八千餘所〔四〕，殺三百餘人。時新垣平得幸，立渭陽五帝廟，郊見上帝。後歲餘，謀爲逆，誅，夷三族〔五〕。匈奴數犯北邊，殺略甚衆，漢連歲征討。武帝建元三年春〔六〕，河水溢於平原。元光三年春，河水徙，從頓丘東南流入渤海。五月，河決濮陽，氾郡十六。發卒十萬救決河。起龍淵宮。元鼎二年夏，大水，關東餓死者以千數〔七〕。元帝初元元年，關東十一郡大水〔八〕。二年，北海水溢，流殺人民。永光五年夏及秋〔九〕，大水。潁川、汝南、淮陽、廬江雨，壞鄉聚民舍，及水流殺人。先是一年，有司奏罷郡國廟，是歲又定迭毀，罷太上皇、孝惠帝寢廟〔一〇〕，皆無復修。刑臣石顯用事。成帝建始三年夏，大水。三輔霖雨三十餘日，郡國十九雨，山谷水出，凡殺四千餘人，壞官寺民舍八萬三千餘所。四年，河決東郡金隄〔一一〕。陽朔二年秋，關東大水。

王莽始建國三年〔一二〕，河決魏郡，泛清河以東數郡。

後漢光武建武六年〔一三〕，東郡以北傷水。七年六月戊辰，雒水溢至津城門，弘農都尉治析爲水所漂殺〔一四〕，民溺〔一五〕，傷稼及廬舍。八年秋，大水。三十一年五月，大水。明帝永平三年，京師及郡國七大水。八年秋〔一六〕，郡國十四大水。和帝永元元年七月，郡國九大水，傷稼。穀梁傳曰：「高下有水災曰大水。」京房易傳曰：「顓事。有知〔一七〕，誅罰絶理，厥災水。其水也，雨殺人，隕霜，大風，天黄。饑而不損，茲謂泰，厥災水殺人〔一八〕。辟遏有德，茲謂狂，厥災水流殺人〔一九〕，已水則地生蟲。歸獄不解，茲謂追非，厥水寒殺人。追誅不解，茲謂不理，厥水五穀不收。大敗不解，茲謂皆陰，厥水流入國邑，隕霜殺穀〔二〇〕。」春秋考異郵曰「陰盛臣逆，民悲情發，則水出河決」也。是時和帝幼，竇太后攝政，其兄竇憲幹事，及憲諸弟皆貴顯，並作威虐，常所怨恨，輒任客殺人。其後竇氏誅滅。十年五月丁巳，京師大雨，南山水流出至東郊〔二一〕，壞民廬舍。十二年六月，潁川大水，傷稼。時和帝幸鄧貴人，廢陰后〔二二〕。殤帝延平元年五月，郡國三十七大水，傷稼。董仲舒曰：「水者，陰氣盛也。」是時帝在襁抱，鄧太后專政。臣昭按：本紀是年九月，六州大水。袁山松書曰：「六州河、濟、渭、雒、洧水盛長泛溢，傷秋稼。」安帝永初元年冬十月辛酉，河南新城山水虣出，突壞民田，壞處泉水出，深三丈。是時司空周章等以鄧太后不立皇太子勝而立清河王子，故謀欲廢置。十一月，事覺，章等被誅。是年郡國四十一水出，漂沒人民。謝沈書曰：「死者以千數。」讖曰：「水者，純陰之精也。陰氣盛洋溢者，小人專制擅權，妒疾賢者〔二三〕，依公結私，侵乘君子，小人席勝，失懷得志，故涌水爲災。」二年，大水。臣昭按：本紀京師及郡國四十有水〔二四〕。周嘉傳：「是夏旱，嘉收葬客死骸骨，應時澍雨，歲乃豐稔，則水不爲災也。」。三年，大水。臣昭按：本紀京師及郡國四十一雨水。四年，大水。臣昭按：本紀云三郡。五年，大水。臣昭按：本紀郡國八。六年，河東池水變色，皆赤如血。水變。占曰：「水化爲血者，好任殘賊，殺戮不辜，延及親戚，水當爲血。」是時鄧太后猶專政。古今注曰：「元初二年，潁川襄城流水化爲血〔二五〕。」京房占曰：「流水化爲血，兵且起，以日辰占與其色。」博物記曰：「江河水赤。占曰泣血道路，涉蘇於河以處〔二六〕。」延光三年，大水，流殺人民，傷苗稼。是時安帝信江京、樊豐及阿母王聖等讒言，免太尉楊震，廢皇太子。臣昭按：左雄傳順帝永建四年，司、冀二州大水，傷稼。楊厚傳永和元年夏，雒陽暴水，殺千餘人。質帝本初元年五月，海水溢樂安、北海，溺殺人物。時帝幼，梁太后專政。春秋漢含孳曰：「九卿阿黨，擠排正直，驕奢僭害，則江河潰決。」方儲對策曰：「民悲怨則陰類强，河決海濇，地動土涌。」桓帝建和二年七月，京師大水。去年冬，梁冀枉殺故太尉李固、杜喬。三年八月，京都大水。時梁太后猶專政。　永興元年秋，河水溢，漂害人物。臣昭按：朱穆傳云：「漂害數十萬户〔二七〕。」京房占曰：「江河溢者，天有制度，地有里數，懷容水澤，漫溉萬物。」今溢者，明在位者不勝任也，三公之禍不能容也。率執法者利刑罰，不用常法。　二年六月，彭城泗水增長，逆流。梁冀别傳曰：「冀之專政，天爲見異，衆災並湊，蝗蟲滋生，河水逆流，五星失次，太白經天，人民疾疫，出入六年，羌戎叛戾，盗賊略平民〔二八〕，皆冀所致。」墩煌實録張衡對策曰：「水者，五行之首，滯而逆流者，人君之恩不能下及而致逆也。」潜潭巴曰：「水逆者，反命也。宜修德以應之。」　永壽元年六月，雒水溢至津陽城門，漂流人物。臣昭按：本紀又南陽大水。是時梁皇后兄冀秉政，疾害忠直，威權震主。後遂誅滅。　延熹八年四月，濟北河水清〔二九〕。　九年四月，濟陰、東郡、濟北、平原河水清。　襄楷上言：「河者諸侯之象，清者陽明之徵，豈獨諸侯有規京都計邪？」其明年，宮車晏駕，徵解犢亭侯爲漢嗣，即尊位，是爲孝靈皇帝。　永康元年八月，六州大水，渤海海溢，没殺人。　是時桓帝奢侈淫祀，十一月崩，無嗣。　靈帝建寧四年二月，河水清。袁山松書曰：「禱於龍墿。」五月，山水大出，漂壞廬舍五百餘家。袁山松書曰：「是河東之水暴出也。」　熹平二年六月，東萊、北海海水溢出，漂流人物。　三年秋，雒水出。　四年夏，郡國三水，傷害秋稼。　光和六年秋〔三〇〕，金城河溢，東出二十餘里。　中平五年，郡國六水大出。臣昭按：袁山松書曰「山陽、梁、沛、彭城、下邳、東海、琅琊」，則是七郡。獻帝建安二年九月，漢水溢流，害民田廬舍。　是時天下大亂。袁山松書曰：「曹操專政。十七年七月，大水，洧水溢。」

十八年六月，大水。獻帝起居注曰：「七月，大水，上親避正殿；八月，以雨不止，且還殿。」　二十四年八月，漢水溢流，害民田廬舍。明年禪位於魏。

魏文帝黄初四年六月，大雨霖，伊、洛溢，至津陽城門，漂數千家，殺人。　初〔三一〕，帝即位〔三二〕，自鄴遷洛，營造宫室，而不起宗廟。太祖神主猶在鄴，嘗於建始殿饗祭如家人禮，終黄初不復還鄴。又郊社神祇，未有定位。簡宗廟廢祭祀之罰也。明帝景初元年九月，淫雨，冀、兗、徐、豫四州水出，没溺殺人〔三三〕，漂失財産。時帝崇飾宫室，妨害農戰，觸情恣慾，水不潤下之應。

吴孫權赤烏八年夏，茶陵縣洪水溢出，漂二百餘家。十三年秋，丹陽、故鄣等縣又洪水溢出。按權稱帝三十年，竟不於建業創七廟。唯父堅一廟遠在長沙，而郊祀禮闕。末年雖一南郊，而北郊無聞。吴楚之望亦不見秩，反祀羅陽妖神，以求福助。簡宗廟廢祭祀之罰也。太元元年，又有大風涌水之異。時權信讒，廢太子，又無年不用兵，百姓愁怨。孫亮五鳳元年夏，大水。亮即位四年，乃立權廟。又終吴世不上祖宗號，不修嚴父禮〔三四〕，廢二郊，不秩群神。罰同前。又，時孫峻專政，陰勝陽之應。孫休永安四年五月，大雨，水泉涌溢。昔歲作浦里塘，功費無數，而田不可成，士卒死叛，或自賊殺，百姓愁怨，陰氣盛。五年八月壬午，大雨震電，水泉涌溢。

晉武帝泰始四年九月，青、徐、兗、豫四州大水。七年六月，大雨霖，河、洛、伊、沁皆溢，殺二百餘人。自帝即尊位，不加三后祖宗之號。至泰始二年，又除明堂南郊五帝座，同稱昊天上帝，一位而已。又省先后配地之祀。此簡宗廟廢祭祀之罰也。咸寧元年九月，徐州大水。二年七月癸亥，河南、魏郡暴水，殺百餘人。閏月，荆州郡國五大水，流四千餘家。去年采擇良家子女，露面入殿，帝親簡閲，務在姿色，不訪德行，有蔽匿者以不敬論，搢紳愁怨，天下非之，陰盛之應也。三年六月，益、梁二州郡國八暴水，殺三百餘人。七月，荆州大水。九月，始平郡大水。十月，青、徐、兗、豫、荆、益、梁七州又大水。

是時賈充等用事專恣，而正人疏外者多，陰氣盛也。　四年七月，司、冀、兗、豫、荆、揚郡國二十大水，傷秋稼，壞屋室，有死者。　太康二年六月，泰山、江夏大水，泰山流三百家，殺六千餘人〔三五〕，江夏亦殺人。時平吴後，王濬爲元功而詆劾妄加，荀、賈爲無謀而並蒙重賞，收吴姬五千，納之後宮，此其應也。　四年七月，兗州大水。十二月，河南及荆、揚六州大水。　五年九月，郡國四大水，又殞霜。是月南安等五郡大水。　六年四月，郡國十大水，壞廬舍。　七年九月，郡國八大水。　八年六月，郡國八大水。　惠帝元康二年，有水災。　五年五月，潁川、淮南大水。六月，城陽、東莞音官。大水，殺人，荆、揚、徐、兗、豫五州又水。是時帝即位已五載，猶未郊祀，其蒸嘗亦多不親行事，此簡宗廟廢祭祀之罰。　六年五月，荆、揚二州大水。是時賈后亂朝，寵樹賈、郭，女主專政，陰氣盛之應也。　八年五月，金墉城井溢。漢志，成帝時有此妖，後王莽僭逆。今又有此妖，趙王倫篡位，倫廢帝於此城，井溢所在，其天意也。　九月，荆、揚、徐、冀、豫五州大水。是時賈后暴戾滋甚，韓謐驕猜彌扇，卒害太子，旋以禍滅。　九年四月，宫中井水沸溢。　永寧元年七月，南陽、東海大水。是時齊王冏舉永反。專政，陰盛之應也〔三六〕。　泰安元年七月，兗、豫、徐、冀四州水。時將相力政，無尊主心，陰盛故也。　元帝太興三年六月，大水。是時王敦内懷不臣，傲狠陵上，此陰氣盛也。　四年七月，又大水。　永昌二年五月〔三七〕，荆州及丹陽、宣城、吴興、壽春大水。　明帝太寧元年五月，丹陽、宣城、吴興、壽春大水〔三八〕。是時王敦威權震主，陰氣盛故也。　成帝咸和元年五月，大水。是時嗣主幼沖，母后稱制，庾亮以元舅決事禁中，陰勝陽故也。　二年五月戊子，京都大水。是冬，以蘇峻稱兵，都邑塗地。　七年五月，大水。是時帝未親機務，政在大臣，陰勝陽也。　咸康元年八月，長沙、武陵大水。　穆帝永和四年五月，大水。　五年五月，大水。　六年五月，又大水。是時幼主冲弱，母后臨朝，又將相大臣各執權政，與咸和初同事也。　七年七月甲辰夜，濤水入石頭，死者數百人。是時殷浩以私忿廢蔡謨，遐邇非之。又幼主在上而殷、桓交惡，選徒聚甲，各崇私權，陰勝陽之應也。一説濤水入石頭，以爲兵占。後殷浩、桓温、謝尚、荀羨連年征伐，百姓愁怨也。　升平二年五月，大水。　五年四月，又大水。是時桓温權制朝廷，專征伐，陰勝陽也。　海西太和六年六月，京師大水，平地數尺，浸及太廟。朱雀大航纜斷，三艘流入大江。丹陽、晉陵、吴郡、吴興、臨海五郡又大水，稻稼蕩没，黎庶饑饉。初，四年桓温北伐敗績，十喪其九；五年又征淮南，踰歲乃克，百姓愁怨之應也。　簡文帝咸安元年十二月壬午，濤水入石頭。明年，祅賊盧竦率其屬數百人入殿，略取武庫三庫甲仗，遊擊將軍毛安之討滅之，兵興陰盛之應也。　孝武帝太元三年六月，大水。是時帝幼弱，政在將相。　五年五月，大水。　六年六月，揚、荆、江三州大水。　八年三月，始興、南康、廬陵大水，平地五丈。　十年五月，大水。自八年破苻堅後，有事中州，役無寧歲，愁怨之應也。　十三年十二月，濤水入石頭，毁大航，殺人。明年慕容氏寇擾司、兖，鎮戍西北，疲於奔命，愁怨之應也。　十五年七月，沔中諸郡及兖州大水。是時緣河紛争，征戍勤悴之應也。　十七年六月甲寅，濤水入石頭，毁大航，漂船舫，有死者。京口西浦亦濤入殺人。永嘉郡潮水涌起，近海四縣人多死。後四年帝崩，而王恭再攻京師，京師亦發衆以禦之，兵役頻興，百姓愁怨之應也。　十八年六月己亥，始興、南康、廬陵大水，深五丈。　十九年七月，荆、徐大水，傷秋稼。　二十年六月，荆、徐又大水。　安帝隆安三年五月，荆州大水，平地三丈。去年殷仲堪舉兵向京師，是年春又殺郗恢，陰盛作威之應也。仲堪尋亦敗亡。五年五月，大水。是時會稽王世子元顯作威陵上，又桓玄擅西夏，孫恩亂東國，陰勝陽之應也。元興二年十二月，桓玄篡位。其明年二月庚寅夜，濤水入石頭，商旅方舟萬計漂敗流斷，骸胔在智反。相望。江左雖頻有濤變，未有若斯之甚。三月，義軍克京都，玄敗走，遂夷滅之。三年二月己丑朔夜，濤水入石頭，漂没殺人，大航流敗。義熙二年十二月己未夜，濤水入石頭。明年，駱球父環潛結桓胤、殷仲文等謀作亂，劉稚亦謀反，凡所誅滅數十家。三年五月丙午，大水。四年十二月戊寅，濤水入石頭。明年，王旅北討。六年五月丁巳，大水。乙丑，盧循至蔡洲〔三九〕。八年六月，大水。九年五月辛巳，大水。十年五月丁丑，大水；戊寅，西明門地穿，涌水出，毁門扇及限，亦水沴土也。七月乙丑，淮北風災，大水殺人。十一年七月丙戌，大水，淹潰太廟，百官赴救。明年，王旅北討關、河。

宋文帝元嘉五年六月，都下大水。七年十二月，吴興、晉陵、義興大水。十二年六月，丹陽、淮南、吴興、義興大水〔四〇〕，都下乘船。十七年八月，徐、兖、青、冀四州大水。十八年五月甲申，江水汎溢〔四一〕，害居人。十九年閏五月，都下水。二十四年，徐、兖、青、冀四州大水。二十五年冬，青州城南，遠望見地中如水出有影，謂之地鏡也。孝武大明元年正月庚午，都下雨水。

齊武帝永明九年，吴興、義興大水。廢帝永元元年七月，都下大水，死者甚衆。

梁武帝天監二年六月，太末、信安、豐安三縣大水〔四二〕。春秋考異郵曰〔四三〕：「陰盛，臣逆人悲，則水出河决。」時江州刺史陳伯之、益州刺史劉季連舉兵反叛〔四四〕，師旅數興，百姓愁怨，臣逆人悲之應也。　六年八月，建康大水，濤上御道七尺。　七年五月，建康又大水。時數興師旅，以拒魏軍。　十二年四月，建康大水。時大發卒築浮山堰，以遏淮水，勞運連年〔四五〕，百姓悲怨之應也。　普通元年七月己卯，江、淮、海並溢。　中大通五年五月，建康大水，御道通船。京房易飛候曰：「大水至國，賤人將貴。」蕭棟、侯景僭稱尊號之應也。

後魏宣武帝元年，州鎮十八水，饑〔四六〕。　延昌元年，郡國十一大水。　二年，十三郡大水。

東魏孝静帝元象元年，山東大水，蝦蟇鳴於樹上。

後齊武成河清二年十二月，兗、趙、魏大水。　後主天統三年，并州汾水溢。　讖曰〔四七〕：「水者，純陰之精。　陰氣洋溢者，小人專制。」時和士開、元文遥、趙彦深等專任。　武平六年八月，山東諸州大水。時群小用事，姦佞滿朝。

隋文帝開皇六年，山南荆、浙七州水。　十八年，河南八州大水。　時獨孤后預政，楊素頗專，水陰氣，臣妾盛强之應。　仁壽二年，河南、河北諸州大水。時帝用刑嚴急，京房易傳：「誅罰絶理，則厥災水。」　煬帝大業三年，河南大水，漂没三十餘郡。　帝嗣位已來，未親郊廟之禮，簡宗廟，廢祭祀之應也。

唐太宗貞觀三年秋，貝、譙、鄆、泗、沂、徐、豪〔四八〕、蘇、隴九州水。　水，太陰之氣也。　若臣道顯，女謁行，夷狄彊，小人道長，嚴刑以逞，下民不堪其憂，則陰類勝，其氣應而水至；其譴見於天，月及辰星與列星之司水者爲之變，若七曜循中道之北，皆水祥也。　四年秋，許、戴、集三州水。　七年八月，山東、河南州四十大水。　八年七月，山東、江淮大水。　十年，關東及淮海旁州二十八大水。　十一年七月癸未，黄氣際天，大雨，穀水溢，入洛陽宫，深四尺，壞左掖門，毁宫寺十九〔四九〕；洛水漂六百餘家。　九月丁亥，河溢，壞陝州之河北縣及太原倉，毁河陽中潬。　十六年秋，徐、戴二州大水。　十八年秋，穀、襄、豫、荆、徐、梓、忠、緜、宋、亳十州大水。　十九年秋，沁、易二州水，害稼。　二十一年八月，河北大水，泉州海溢，驩州水。　二十二年夏，瀘、越、徐、交、渝等州水。　高宗永徽元年六月，新豐、渭南大雨，零口山水暴出，漂廬舍；宣、歙、饒、常等州大雨，水，溺死者數百人。秋，齊、定等州十六，水。　二年秋，汴、定、濮、亳等州水。　四年，杭、夔、果、忠等州水。　五年五月丁丑夜，大雨，麟遊縣山水衝萬年宫玄武門，入寢殿，衛士有溺死者。六月，河北大水，滹沱溢，損五千餘家。　六年六月，商州大水。秋，冀、沂、密、兖、滑、汴、鄭、婺等州水，害稼；洛州大水，毁天津橋。　十月，齊州河溢。　顯慶元年九月，括州暴風雨〔五〇〕，海水溢，壞安固、永嘉二縣。　四年七月，連州山水暴出，漂七百餘家。　麟德二年六月〔五一〕，鄜州大水，壞居人廬舍。　總章二年六月〔五二〕，括州大風雨，海溢，壞永嘉、安固二縣，溺死者九千七十人。　冀州大雨，水平地深一丈，壞民居萬家。　咸亨元年五月丙戌，大雨，山水溢，溺死者五千餘人。　二年八月，徐州山水，漂百餘家。　四年七月，婺州大雨，山水暴漲，溺死五千餘人。　上元三年八月，青州大風，海溢，漂居人五千餘家；齊、淄等七州大水。　永隆元年九月，河南、河北大水，溺死者甚衆。　二年八月，河南、河北大水，壞民居十萬餘家。　永淳元年五月丙午，東都連日澍雨；乙卯，洛水溢，壞天津橋及中橋，漂居民千餘家。　六月乙亥，京師大雨，水平地深數尺〔五三〕。秋，山東大雨，水，民大饑。二年七月己巳，河溢，壞河陽城〔五四〕。八月，恒州滹沱河及山水暴出，害禾稼。文明元年七月，温州大水，漂千餘家；括州溪水暴漲，溺死百餘人。武后如意元年四月，洛水溢，壞永昌橋，漂居民四百餘家。七月，洛水溢，漂居民五千餘家。八月，河溢，壞河陽縣。長壽二年五月，棣州河溢，壞居民二千餘家。是歲，河南州十一水。神功元年三月，括州水，壞民居七百餘家。是歲，河南州十九水。聖曆二年七月丙辰，神都大雨，洛水壞天津橋。秋，河溢懷州，漂千餘家。三年三月辛亥，鴻州水，漂千餘家，溺死四百餘人。長安三年六月，寧州大雨，水，漂二千餘家，溺死千餘人。四年八月，瀛州水溢〔五五〕，壞民居數千家。中宗神龍元年四月，雍州同官縣大雨，水，漂没居民五百餘家。六月，河北州十七大水。七月甲辰，洛水溢，壞民居二千餘家。二年四月辛丑，洛水壞天津橋，溺死者數百人。八月，魏州水。景龍三年七月，澧水溢〔五六〕，害稼。九月，密州水，壞民居數百家。玄宗開元三年，河南、河北水。四年七月丁酉，洛水溢，沉舟數百艘。五年六月甲申，瀍水溢，溺死者千餘人；鞏縣大水，壞城邑，損居民數百家；河南水，害稼。八年夏，契丹寇營州，發關中卒援之，宿澠池之缺門，營穀水上，夜半山水暴至，萬餘人皆溺死。六月庚寅夜，穀、洛溢，入西上陽宫，宫人死者十七八，畿内諸縣田稼廬舍蕩盡，掌關衛兵溺死千餘人〔五七〕，京師興道坊一夕陷爲池，居民五百餘家皆没不見。是年，鄧州三鵶口大水塞谷，或見二小兒以水相沃，須臾，有蛇大十圍，張口仰天，人或斬射之，俄而暴雷雨，漂溺數百家。十年五月辛酉，伊水溢，毁東都城東南隅，平地深六尺；河南許、僊、豫、陳、汝、唐、鄧等州大水，害稼，漂没民居，溺死甚衆。六月，博州、棣州河決。十二年六月，豫州大水。八月，兗州大水。　十四年秋，天下州五十水，河南、河北尤甚，河及支川皆溢，懷、衛、鄭、滑、汴、濮人或巢或舟以居，死者千計；潤州大風自東北，海濤没瓜步。　十五年五月，晉州大水。七月，鄧州大水，溺死數千人；洛水溢，入鄜城，平地丈餘，死者無算，壞同州城市及馮翊縣，漂居民二千餘家。八月，澗、穀溢，毁澠池縣。　是秋，天下州六十三大水，害稼及居人廬舍，河北尤甚。　十八年六月壬午，東都瀍水溺揚、楚等州租船，洛水壞天津、永濟二橋及民居千餘家。　二十年秋，宋、滑、兖、鄆等州大水。　二十二年秋，關輔、河南州十餘水，害稼。　二十七年三月，澧、袁、江等州水。　二十八年十月，河南郡十三水。　二十九年七月，伊、洛及支川皆溢，害稼，毁天津橋及東西漕、上陽宫仗舍，溺死千餘人。是秋，河南、河北郡二十四水，害稼。　天寶四載九月，河南、淮陽、睢陽、譙四郡水。　十載，廣陵大風駕海潮，沉江口船數千艘。　十三載九月，東都瀍、洛溢，壞十九坊。　代宗廣德元年九月，大雨，水平地數尺。　時吐蕃寇京畿，以水自潰去。　二年五月，東都大雨，洛水溢，漂二十餘坊；河南諸州水。　大曆元年七月，洛水溢。　二年秋，湖南及河東、河南、淮南、浙東西、福建等道州五十五水災。　七年二月，江州江溢。　十年七月，杭州海溢。　十一年七月戊子夜，澍雨，京師平地水尺餘，溝渠漲溢，壞民居千餘家。　十二年秋，京畿及宋、亳、滑三州大雨，水，害稼，河南尤甚，平地深五尺，河溢。　德宗建中元年，幽、鎮、魏、博大雨，易水、滹沱横流，自山而下，轉石折樹，水高丈餘，苗稼蕩盡。　貞元二年六月丁酉，大風雨，京城通衢水深數尺，有溺死者。　東都、河南、荆南、淮南江、河溢。　三年三月，東都、河南、江陵、汴、揚等州大水。　四年八月，灞水暴溢，殺數百人。　八年秋，自江淮及荆、襄、陳、宋至於河朔州四十餘大水，害稼，溺死二萬餘人，漂没城郭廬舍，幽州平地水深二丈，徐、鄭、涿、薊、檀、平等州皆深丈餘。九年六月，淮水溢，平地七尺，没泗州城。十一年十月，朗、蜀二州江溢。十二年四月，福、建二州大水；嵐州暴雨，水深二丈。十八年春，申、光、蔡等州大水。順宗永貞元年夏，朗州之熊、武五溪溢。秋，武陵、龍陽二縣江水溢，漂萬餘家。京畿長安等九縣山水害稼。憲宗元和元年夏，荆南及壽、幽、徐等州大水。四年十月丁未，渭南暴水，漂民居二百餘家。六年七月，鄜、坊、黔中水。七年正月，振武河溢，毁東受降城。五月，饒、撫、虔、吉、信五州暴水，虔州尤甚，平地有深至四丈者。八年五月，陳州、許州大雨，大隗山摧，水流出，溺死者千餘人。六月庚寅，大風，毁屋揚瓦，人多壓死；京師大水，城南深丈餘，入明德門，猶漸車輻。辛卯，渭水漲，絶濟。時所在百川發溢，多不由故道。滄州水潦，浸鹽山等四縣。九年秋，淮南及岳、安、宣、江、撫、袁等州大水，害稼。十一年五月，京畿大雨，水，昭應尤甚；衢州山水害稼，深三丈，毁州郭，溺死百餘人。六月，密州大風雨，海溢，毁城郭；饒州浮梁、樂平二縣暴雨，水，漂没四千餘户；潤、常、湖〔五八〕、陳、許五州及京畿水，害稼。十二年六月乙酉，京師大雨，水，含元殿一柱傾，市中水深三尺，毁民居二千餘家；河南、河北大水，洺、邢尤甚，平地二丈；河中、江陵、幽澤潞晉隰蘇台越州水，害稼。十五年秋，洪、吉、信、滄等州水。穆宗長慶二年七月，河南陳、許、蔡等州大水；好畤山水漂民居三百餘家；處州大雨，水，平地深八尺，壞城邑、桑田大半。四年夏，蘇、湖二州大雨，水，太湖决溢；睦州及壽州之霍山山水暴出；鄆、曹、濮三州雨，水，壞州城，民居、田稼略盡；襄、均、復、郢四州漢水溢决。敬宗寶曆元年秋，鄜、坊二州暴水；兖、海、華三州及京畿奉天等六縣水，害稼。　文宗太和二年夏，京畿及陳、滑二州水，害稼；河陽水，平地五尺；河決，壞棣州城；越州大風，海溢；河南鄆、曹、濮、淄、青、齊、德、兖、海等州並大水。　三年四月，同官縣暴水，漂没三百餘家；宋、亳、徐等州大水，害稼。　四年夏，江水溢，没舒州太湖、宿松、望江三縣民田數百户；鄜、坊水，漂三百餘家；浙西、浙東、宣歙、江西、鄜坊、山南東道、淮南、京畿、河南、江南、荆襄鄂岳、湖南大水，皆害稼。　五年六月，玄武江漲，高二丈，溢入梓州羅城；淮西、浙東、浙西、荆襄岳鄂、東川大水，害稼。　六年二月，蘇、湖二州大水。　六月，徐州大雨，壞民居九百餘家。　八年秋，江西及襄州水，害稼；蘄州湖水溢，滁州大水，溺萬餘户。　開成元年夏，鳳翔麟遊縣暴雨，水，毁九成宫，壞民舍數百家，死者百餘人。　三年夏，河決，浸鄭、滑外城；陳、許、鄜、坊、鄂、曹、濮、襄、魏、博等州大水；江、漢漲溢，壞房、均、荆、襄等州民居及田産殆盡；蘇、湖、處等州水溢入城，處州平地八尺。　四年秋，西川、滄景淄青大雨，水，害稼及民廬舍，德州尤甚，平地水深八尺。　武宗會昌元年七月，江南大水，漢水壞襄、均等州民居甚衆。　宣宗大中十二年八月，魏、博、幽、鎮、兖、鄆、滑、汴、宋、舒、壽、和、潤等州大水，害稼；徐、泗等州水深五丈，漂没數萬家〔五九〕。　十三年夏，大水。　懿宗咸通元年，潁州大水。　四年閏六月，東都暴水，自龍門毁定鼎、長夏等門，漂溺居人。　七月，東都、許汝徐泗等州大水，傷稼。　九月，孝義山水深三丈，破武牢關金城門汜水橋。　六年六月，東都大水，漂壞十二坊，溺死者甚衆。　七年夏，江淮大水。　秋，河南大水，害稼。　十四年八月，關東、河南水。　僖宗乾符三年，關東水。　昭宗光化三年九月，浙江溢，壞民居。　乾寧三年四月，河圯於滑州，朱全忠決其隄，因爲二河，散漫千餘里。

梁太祖開平四年十月，滑、宋、許、亳水。

後唐莊宗同光二年秋，水災。　三年七月，洛水泛漲，壞天津橋，漂近河廬舍，艤舟爲渡，覆没者日有之。鄴都奏，御河漲，於石灰窑口開故河道，以分水勢。鞏縣河決，注倉敖。　明帝長興三年七月，諸州大水，宋、亳、潁尤甚。

晉高祖天福四年七月，西京大水，伊、洛、瀍、澗皆溢，壞天津橋。八月，河決博平，甘陵大水。　六年九月，河決於滑州，一溉東流，居民登丘冢〔六〇〕，爲水所隔，詔所在發舟船以救之。兗州、濮州界，皆爲水所漂溺。兗州奏，河水東流，闊七十里，水勢南流〔六一〕，入沓河、揚州河。　出帝開運元年六月，黄河、洛河泛溢，壞堤堰；鄭州原武、榮澤縣界河決。

周太祖廣順二年七月，暴風雨，京師水深二尺，壞牆屋不可勝計，諸州皆奏大雨，所在河渠泛溢，害稼。　三年六月，諸州大水，襄州漢江漲溢，壞羊馬城，大城内水深一丈五尺，倉庫漂盡，居人溺者甚衆。

宋太祖建隆元年十月，棣州河決，壞厭次、商河二縣居民廬舍田疇。　二年，宋州汴水溢；孟州河溢，壞堤；蔡州大霖雨，道路行舟〔六二〕；襄州漢水漲溢數丈。　四年八月，齊州河決。　乾德二年四月，揚州廣陵、揚子等縣潮水害民田。　七月，泰州山水暴漲〔六三〕，壞居民廬舍數百區，牛畜死者甚衆。　三年七月，蘄州大雨，水，壞居民廬舍；開封府河溢陽武〔六四〕，塞縣門；河中府、孟州並河漲，孟州壞中潬軍營、民舍數百區〔六五〕，河中壞石臺百餘步；澶州河壞隄，毀護岸石百八十步，又溢於鄆州，壞民田；泰州潮溢〔六六〕，損鹽城縣民田；淄州濟水並清河溢，害鄒平、高苑縣民田。　四年六月〔六七〕，鄆州東阿縣河溢，損民田數百頃；澶州觀城縣河決，壞居民廬舍，注大名。又滑州靈河縣堤壞〔六八〕，水東注衛南縣境及曹州南華縣城〔六九〕。又七月，鄭州滎澤縣河南北堤壞。又八月，宿州汴水溢，壞堤；淄州清河水溢，壞高苑縣城，溺數百家及鄒平縣田疇民舍；泗州淮溢；衡州大雨，水，月餘。　五年，衛州河溢，毁州城，没溺者衆，城中水深五尺。　開寶元年六月，州府二十三大雨，水，江河汎溢，壞民田、廬舍。　二年二月，車駕駐蹕潞州，積雨累日未止。七月，宋州下邑縣汴水決〔七〇〕。九月，京師大雨霖，是歲青、蔡、宿、淄、宋州水及雹，害夏苗；真定府、澶滑澤博洺齊潁蔡陳宋亳宿許州水，害秋苗。　三年，鄭、澶、滑、鄆、淄、濟、虢、蔡、解、徐、岳州水災，害民田。　四年六月，汴水決宋州穀熟縣濟陽鎮；又鄆州河及汶水、清河皆溢，注東阿縣及陳空鎮，壞倉庫、民舍；鄭州河決原武縣；蔡州淮及白露、舒、汝、廬、潁五水並漲，壞廬舍及民田。七月，青、齊州水，傷田。　五年五月，京師雨，連旬不止；河決澶州濮陽縣；河南、河北諸州皆言大雨霖；絳、和、廬、壽州大水。六月，河又決開封府陽武縣之小劉村；宋州、鄭州並汴水決；忠州江水漲二百尺。　六年六月，鄆州河決楊劉口；懷州河決獲嘉；潁州淮、溵水溢，渰民舍、田疇甚衆。七月，貝州歷亭縣御河決，單、濮州並大雨，水，壞州廨、倉庫、軍營、民舍。是秋，大名府、宋亳淄青汝澶滑州並水，傷田。　七年四月，衛、亳州水。泗州淮暴漲入城〔七一〕，壞居民五百家；相州安陽河漲，壞居民廬舍數百區。　八年五月，京師大雨，水；濮州河決郭龍村。六月，澶州河決頓丘縣；沂州大雨，水入城，壞民居舍、田疇。　九年三月，京師大雨，水；秋又霖雨。淄州水，害田。　太宗太平興國二年六月，孟州河溢；又漲於澶州〔七二〕，壞英公村堤三十步；陝州壞浮梁，失舟十五；開封府汴水溢，壞大寧隄〔七三〕，浸害民田；忠州江漲二十五丈；又興州江漲〔七四〕，毀棧道四百餘間；鄭州管城縣焦肇水暴漲，踰京水；濮州大水，害民田凡五千七百四十三頃〔七五〕；潁州潁水漲，壞城門、軍營、民舍。七月，集州江漲，汎嘉川縣民十三户。是歲，道州春霖雨不止，平地水二丈餘。　三年五月，懷州河決獲嘉縣〔七六〕，北注；又汴水決宋州寧陵縣境〔七七〕。六月，泗州淮漲，溢入南城，汴水又漲一丈，塞州北門。十月，滑州靈河縣決河已塞復決〔七八〕。　四年三月，河南府洛水漲七尺五寸，壞民舍；泰州雨水害禾稼；宋州河決宋城縣〔七九〕；衛州河決汲縣〔八〇〕，壞新場堤。八月，梓州江漲，壞閣道、營舍。又九月，澶州河漲，陷浮梁上囤十六；鄆州清、汶二水漲，壞東阿縣民田。　五年五月，京師連旬雨不止，潁州潁水溢〔八一〕，壞堤及民舍；徐州白溝河溢入州城。七月，復州江水漲，毀民舍，隄塘皆壞。　六年，河中府河漲，陷連堤，溢入城，壞軍營七所、民舍百餘區。鄜、延、寧州並三河水漲，溢入州城。鄜州壞軍營，延州壞倉庫、軍民廬舍千六百區，寧州壞州城五百餘步〔八二〕，諸軍營神祠民舍五百二十區〔八三〕。　七年三月，京兆府渭水漲，壞浮梁，溺者五十四人。四月〔八四〕，耀、密、博、衛、常、潤州水，害禾稼。六月，均州涓水、均水、漢江並漲，壞民居，人畜死者甚衆；漢陽軍江水漲五丈餘。七月，大名府御河漲〔八五〕，壞范濟口；南劍州江水漲〔八六〕，壞居人廬舍一百四十餘區；京兆府咸陽縣渭水漲，壞浮梁，工人溺死五十四人。九月〔八七〕，梧州江水漲三丈，入城，壞倉廩及民廬舍。又十月，河決懷州武陟縣〔八八〕，害民田。　八年五月，河大決滑州房村，徑澶、濮、曹、濟諸州，浸民田，壞居人廬舍，東南流入淮。六月，陝州河水漲，壞浮梁；又永定澗水漲，壞民舍、軍營千餘區；河南府澍雨，洛水漲五丈餘，壞鞏縣官署、軍營、民舍殆盡；穀、洛、伊、瀍四水暴漲，壞京城官署、軍營、寺觀、祠廟、民舍萬餘區，溺死者以萬計；又壞河清縣豐饒務倉庫、軍營、民舍千餘區〔八九〕；夔州江水漲七尺。七月，祁州資河漲〔九〇〕，溢入城，壞軍營民舍百餘區；雄州易水漲一丈三尺，壞民廬；鄜州河水漲，溢入城，壞官寺、民舍四百餘區；荆門軍長林縣山水暴漲，壞民居舍五十一區，凡五十六人溺死。八月，徐州清河水漲丈七尺，溢出堤，塞州三面門以禦之。九月，宿州睢水漲，汎民舍六十里。是夏及秋，開封、浚儀、酸棗、陽武、封丘、長垣、中牟、尉氏、襄邑、雍丘等縣河水害田。九年七月，嘉州江水暴漲，壞官署、民舍，溺死者千餘人。又八月，延州南北兩河漲，溢入東西兩城，壞官寺、民舍；淄州霖雨，孝婦河漲溢，壞官寺、民舍，漂溺人畜；澶州河漲，壞民田；孟州河漲，斷浮梁，損民田；雅州江水漲九丈，壞民廬舍；新州江漲，入南寨，壞軍營。雍熙二年七月，朗州江溢，害稼。三年六月，壽州大水。端拱元年五月，英州江水漲五丈餘，壞民田及廬舍數百區。七月，磁州漳、滏二水漲。淳化元年六月，吉州大雨，江漲丈三尺，漂壞民田、廬舍；蘄州黄梅縣堀口湖水漲，壞民田、廬舍都盡；江州江水漲二丈八尺。七月，洪州江水漲，壞州城三十堵及民廬舍二千餘區，漂二千餘户；秦州隴城縣大雨，壞官私廬舍殆盡，溺死者百三十七人。二年四月，京兆府河水漲，壞咸陽縣浮梁，漂艦十七。六月乙酉，汴水溢於浚儀縣，壞連隄，浸民田，上親臨視，督衛士塞之。辛卯，又決於宋州宋城縣；博州大霖雨，河漲溢，壞民廬舍八百七十區；亳州河水溢，東流汎民田，壞廬舍。七月，齊州明水漲，壞黎濟寨城百餘堵；許州沙河溢；雄州唐河水漲〔九一〕，害民田殆盡；嘉州江漲丈八尺，溢入州城，毁民舍；復州蜀、漢二江水漲，壞民田、廬舍。九月，邛州蒲江等縣山水暴漲，壞民舍七十區，死者七十九人。是秋，荆湖北路江水注溢〔九二〕，浸田畝甚衆。　三年七月，河南府洛水漲，壞七里、鎮國二橋；又山水暴漲，壞豐饒務官舍、民居，溺死者二百四十人。十月，商州上津縣大雨，河水溢，壞民舍，溺者三十七人。　四年六月，隴城縣大雨，牛頭河漲二十丈，没溺居人廬舍。七月，京師大雨，十晝夜不止，朱雀、崇明門外積水尤甚，軍營、廬舍多壞。九月，澶州河水漲，衝陷北城，壞居民廬舍、官署、倉庫殆盡，民溺死者甚衆；梓州玄武縣涪江漲二丈五尺，壅決，流入州城，壞官私廬舍萬餘區，溺死者甚衆。是秋，陳、潁、宋、亳、許、蔡、徐、濮、澶、博州霖雨，秋稼多敗。十月，澶州河決，西北流入御河，浸大名府城，知府趙昌言壅城門禦之〔九三〕。　五年秋，開封府、宋亳陳潁泗壽鄧州雨水害稼。　至道元年四月甲辰，京師大雨雷電，道上水數尺。　二年六月，河南府瀍、澗、洛三水漲，壞鎮國橋。七月，建州溪水漲，溢入州城内，壞倉庫、民舍萬餘區；鄆州河水漲，壞連隄四處；宋州汴河決穀熟縣〔九四〕。閏七月，陝州河漲，漂大樹，壞浮梁，失連艦。是月，廣南諸州並雨水。　真宗咸平元年正月〔九五〕，昭州雨霖，害民田，溺死者百五十七人；齊州清、黄河汎溢，壞田廬。　二年十月，漳州山水汎溢〔九六〕，壞民舍千餘區，民黄拏等十家俱溺死。　三年三月，梓州江水漲，壞民田。五月，河決鄆州王陵埽。七月，洋州漢水溢，民多有溺死者。　四年七月，同州洿谷水溢夏陽縣，民溺死者數十人。　五年二月，雄霸瀛莫深滄州、乾寧軍水〔九七〕，溢害民田。六月，京師大雨，漂壞廬舍，民有壓死者；積潦浸道路，自朱雀門東抵宣化門尤甚，皆注惠民河，河復漲溢，軍營多壞。　景德元年九月，宋州汴水決，浸民田，壞廬舍；河決澶州横隴埽等。　二年六月，寧州山水汎溢，壞民舍、軍營，多溺死者。　三年七月，應天府汴水決，南注亳州，合浪宕渠東入於淮。　四年五月〔九八〕，鄭州索水漲，高四丈許，漂滎陽縣居民四十二户，有溺死者。六月，鄧州江水暴漲；南劍州山水汎溢，漂溺居人。七月，河溢澶州，壞王八埽。　大中祥符元年六月，開封府尉氏縣惠民河決。　二年七月，徐、濟、淄、青州大水。八月，無爲軍大風雨拔木，壞城門、營壘、民舍，壓溺千餘人；鳳州大水，漂溺居民。十月，兗州霖雨，害稼；京畿惠民河決，壞民田。　三年五月辛丑，京師大雨，平地數尺，壞軍營、民舍，多壓死者，近畿積潦。六月，吉州、臨江軍並江水汎溢，害民田。九月，河決河中府白浮圖村。　四年七月，江、洪、筠、袁州江漲，害民田，壞州城。八月，河決通利軍，大名府御河水溢，合流壞府城，害民田，人多溺死者。九月，河溢於孟州温縣；蘇州吴江汎溢，壞民廬舍。十一月，楚、泰州潮水害田〔九九〕，民多溺死。　五年正月，河決棣州聶家口。七月，慶州淮安鎮山水暴漲，漂溺居民。　六年六月，保安軍積雨河溢，浸城壘，壞廬舍，判官趙震溺死，又兵民溺者凡六百五十人。七年六月，泗州水溢害民田；河南府洛水漲；秦州定西寨山水暴漲，有溺死者。八月，河決澶州。十月〔一〇〇〕，濱州河溢於安定鎮。　九年六月，秦州獨孤谷水漲，壞長道縣鹽官鎮城橋及官廨、民舍共二百九十五區，溺死者六十七人。七月，延州洎定平、安遠、塞門〔一〇一〕、栲栳四寨山水汎溢，壞隄城。九月，雄、霸州界河汎溢；利州水漂棧閣萬二千八百間〔一〇二〕。　天禧三年六月，河決滑州城西南，漂没公私廬舍，死者甚衆，歷澶、濮、鄆、濟、單至徐州，與清河合，浸城壁，不没者四版。明年，既塞，六月，復決於西北隅。

校勘記

〔一〕十三年夏復大水　「夏」字原脱，據春秋桓公十三年、漢書卷二七上五行志上補。

〔二〕董仲舒以爲時比伐邾取邑　「比」原作「北」，據漢書卷二七上五行志上改。

〔三〕文帝十二年十一月　「十一月」，漢書卷四文帝紀作「十二月」。

〔四〕潰壞民室八千餘所　「潰」，漢紀卷八孝文紀作「漢水出」。

〔五〕夷三族　「三族」原作「人」，據漢書卷二七上五行志上、漢書卷四文帝紀改補。

〔六〕武帝建元三年春　「三」原作「二」，據漢書卷六武帝紀改。

〔七〕關東餓死者以千數　「者」字原脱，據漢書卷六武帝紀、通志卷七四災祥一補。

〔八〕關東十一郡大水　「關東」原作「關中」，據漢書卷九元帝紀改。

〔九〕永光五年夏及秋　「永光」二字原脱，據漢書卷二七上五行志上補。

〔一〇〕罷太上皇孝惠帝寢廟　「孝」原作「於」，據漢書卷二七上五行志上、漢書卷九元帝紀、漢紀卷二二孝元皇帝紀改。

〔一一〕河决東郡金隄　「隄」下原衍「一」「二」字，據漢書卷一〇成帝紀、通志卷七四災祥一删。

〔一二〕王莽始建國三年　「三」原作「二」，據漢書卷九九中王莽傳中、資治通鑑卷三七改。

〔一三〕後漢光武建武六年　「六」，後漢書五行志三劉昭注引古今注作「四」。

〔一四〕弘農都尉治析爲水所漂殺　「析」字原脱，據後漢書五行志三劉昭注引古今注補。

〔一五〕民溺 「溺」原作「人」，據後漢書五行志三劉昭注引古今注改。

〔一六〕八年秋 「八」原作「七」，據後漢書卷二明帝紀、資治通鑑卷四五改。

〔一七〕顯事有知 「有」原作「私」，據元本、慎本、馮本及後漢書五行志三改。

〔一八〕厥災水殺人 「災」，後漢書五行志三作「水」。又按漢書卷二七上五行志上，「水」下復有一「水」字。

〔一九〕厥災水流殺人 「災」，後漢書五行志三作「水」。又按漢書卷二七上五行志上，「水」下復有一「水」字。

〔二〇〕隕霜殺穀 「穀」，後漢書五行志三、晉書卷二七五行志上、宋書卷三三五行志四同。漢書卷二七上五行志上作「菽草」。

〔二一〕南山水流出至東郊 「南」字原脱，據東觀漢記卷二和帝紀補。

〔二二〕廢陰后 「廢陰后」，後漢書五行志三作「陰有欲廢陰后之意」。按後漢書卷四和帝紀、後漢書卷一〇上皇后紀，陰后坐廢事在永元十四年六月，此爲十二年，不當言廢，後漢書五行志三稱「欲廢」爲是。

〔二三〕妒疾賢者 「妒」原作「治」，據後漢書五行志三改。

〔二四〕本紀京師及郡國四十有水 「有」，後漢書卷五安帝紀作「大」。

〔二五〕潁川襄城流水化爲血 「流」原作「臨」，據後漢書五行志三改。

〔二六〕涉蘇於河以處 「河」，後漢書五行志三注引博物記作「何」。

〔二七〕漂害數十萬户 「十」原作「千」，據後漢書卷七桓帝紀、後漢書卷四三朱樂何列傳改。

〔二八〕盜賊略平民 「民」字原脱，據後漢書五行志三注引梁冀别傳補。

〔二九〕濟北河水清 「河」字原脱，據後漢書卷七桓帝紀補。

〔三〇〕光和六年秋　「秋」字原脱，據後漢書五行志三、後漢書卷八靈帝紀、通志卷七四災祥一補。

〔三一〕初　「初」字原脱，據晉書卷二七五行志上、宋書卷三三五行志四補。

〔三二〕帝即位　「帝」下原衍一「自」字，據晉書卷二七五行志上、宋書卷三三五行志四删。

〔三三〕没溺殺人　「没」字原脱，據晉書卷二七五行志上、宋書卷三三五行志四補。

〔三四〕不修嚴父禮　「不」字原脱，據晉書卷二七五行志上、宋書卷三三五行志四補。

〔三五〕殺六千餘人　「千」，宋書卷三三五行志四同，晉書卷二七五行志上、通志卷七四災祥一作「十」，疑是。

〔三六〕陰盛之應也　「應」原作「意」，據晉書卷二七五行志上、宋書卷三三五行志四改。

〔三七〕永昌二年五月　按晉書卷二七五行志上、宋書卷三三五行志四俱同，然永昌止一年，此條記事與下條太寧元年記事疑爲同一事，誤分爲二。

〔三八〕壽春大水　「壽春」原作「壽陽」，據晉書卷二七五行志上、通志卷七四災祥一改。

〔三九〕盧循至蔡洲　「蔡洲」原作「蔡州」，據晉書卷二七五行志上、宋書卷三三五行志四、晉書卷一〇〇盧循傳改。

〔四〇〕丹陽淮南吴興義興大水　按宋書卷五文帝紀同，宋書卷三三五行志四、通志卷七四災祥一，上述四郡外尚有吴郡。

〔四一〕江水汎溢　「江」原作「河」，據宋書卷三三五行志四改。

〔四二〕太末信安豐安三縣大水　「豐安」二字原倒，據梁書卷二武帝紀、南齊書卷一四州郡志上乙正。

〔四三〕春秋考異郵曰　「郵」原作「繇」，據元本、慎本、馮本及隋書卷二二五行志上改。

〔四四〕益州刺史劉季連舉兵反叛　「連」原作「運」，據元本、慎本、馮本及梁書卷二〇劉季連傳、隋書卷二二五行志上改。

〔四五〕勞運連年　「運」，隋書卷二三五行志上作「役」。

〔四六〕州鎮十八水饑　「十八水」，魏書卷八世宗紀、北史卷四魏本紀俱作「十七大」，疑是。

〔四七〕讖曰　「讖曰」二字原脱，據隋書卷二三五行志上補。

〔四八〕貝譙鄆泗沂徐豪　「豪」原作「亳」，據新唐書卷三六五行志三改。

〔四九〕毁宮寺十九　「宮」原作「官」，據舊唐書卷三七五行志、舊唐書卷三太宗紀改。

〔五〇〕括州暴風雨　「括州」原作「温州」，據新唐書卷三六五行志三、新唐書卷三高宗紀改。

〔五一〕麟德二年六月　「六」原作「十」，據元本、慎本、馮本及舊唐書卷四高宗紀、新唐書卷三六五行志三改。

〔五二〕總章二年六月　「六月」，新唐書卷三六五行志三、唐會要卷四二水災上同，新唐書卷三高宗紀、舊唐書卷三七五行志作「九月」。

〔五三〕水平地深數尺　「地」下原衍一「水」字，據元本、慎本、馮本及新唐書卷三六五行志三删。

〔五四〕壞河陽城　「城」原作「橋」，據舊唐書卷五高宗紀、新唐書卷三高宗紀改。

〔五五〕瀛州水溢　按新唐書卷三六五行志三無「溢」字。

〔五六〕澧水溢　「溢」字原脱，據新唐書卷三六五行志三、新唐書卷四中宗紀補。

〔五七〕掌闈衛兵溺死千餘人　「闈」字原脱，據舊唐書卷三七五行志、唐會要卷四四水災下補。又「闈」字，新唐書卷三六五行志三、舊唐書卷八玄宗紀作「閑」。

〔五八〕潤常湖　「湖」原作「潮」，據舊唐書卷三七五行志、唐會要卷四四水災改。

〔五九〕漂没數萬家　「没」字原脱，據新唐書卷三六五行志三補。

〔六〇〕居民登丘冢　「冢」原作「家」，據舊五代史卷一四一五行志、舊五代史卷八〇晉高祖紀、五代會要卷一一水溢改。

〔六一〕水勢南流　「水」字原脱，據五代會要卷一一水溢補。

〔六二〕道路行舟　「道」上原衍一「壞」字，據宋史卷六五五行志三删。

〔六三〕泰州山水暴漲　「泰州山」，宋史卷六一五行志一上作「泰山」，宋史卷一太祖紀一作「春州」。

〔六四〕開封府河溢陽武　按宋史卷二太祖紀二、長編卷五乾德二年八月癸卯條，河決陽武事在八月癸卯。

〔六五〕孟州壞中潬軍營民舍數百區　「中」字原脱，據宋史卷六一五行志一上、宋史卷九一河渠志一補。

〔六六〕泰州潮溢　「潮」原作「湖」，據宋史卷六一五行志一上改。

〔六七〕四年六月　「六」原作「四」，據宋史卷二太祖紀二、長編卷七乾德四年六月甲辰條、宋會要方域一四之一改。

〔六八〕又滑州靈河縣堤壞　按宋史卷二太祖紀二、宋史卷九一河渠志一、長編卷七，河決滑州壞靈河縣堤事在八月。

〔六九〕水東注衛南縣境及曹州南華縣城　按宋史卷二太祖紀二、長編卷七乾德四年閏八月乙丑條，河水注衛南、南華二縣事在閏八月。

〔七〇〕宋州下邑縣汴水決　「汴」原作「河」，據宋史卷二太祖紀二、長編卷一〇開寶二年七月癸酉條改。

〔七一〕泗州淮暴漲入城　按宋史卷三太祖紀三，淮溢入泗州城事在六月。

〔七二〕孟州河溢又漲於澶州　按宋史卷四太宗紀一、宋史卷九一河渠志一、長編卷一八太平興國二年七月乙丑條、宋會要瑞異三之一，孟州、澶州河溢河漲事並在七月。

〔七三〕壞大寧隄　「大寧」原作「大靈」，據元本、慎本、馮本及宋史卷六一五行志一上、宋史卷九三河渠志三、長編卷一八太平興國二年閏七月己酉條改。又按宋史卷九三河渠志三、長編卷一八太平興國二年閏七月己酉條，壞大寧隄事在閏七月。

〔七四〕又興州江漲　按宋史卷四太宗紀一，興州江漲事在九月。

〔七五〕害民田凡五千七百四十三頃　「頃」原作「户」，據宋史卷六一五行志一上改。

〔七六〕懷州河決獲嘉縣　按宋史卷四太宗紀一、長編卷一九太平興國三年四月庚辰條、宋會要方域一四之二，河決獲嘉縣事在四月。

〔七七〕又汴水決宋州寧陵縣境　按宋史卷四太宗紀一、宋史卷九三河渠志三、長編卷一九太平興國三年六月乙亥條，汴決寧陵縣事在六月。

〔七八〕滑州靈河縣決河已塞復決　「縣決河」三字原脱，據長編卷一九太平興國三年十月己巳條、宋會要方域一四之二補。

〔七九〕宋州河決宋城縣　「決」原作「漲」，據元本、慎本、馮本及宋史卷四太宗紀一、宋史卷九三河渠志三、長編卷二〇太平興國四年八月甲戌條、宋會要方域一六之一改。

〔八〇〕衛州河決汲縣　按宋史卷四太宗紀一、長編卷二〇太平興國四年九月己卯條，河決汲縣事在九月。

〔八一〕潁州潁水溢　按宋史卷四太宗紀一、長編卷二一太平興國五年六月丙子條，潁水溢事在六月。

〔八二〕寧州壞州城五百餘步　「步」字原脱，據宋史卷六一五行志一上補。

〔八三〕諸軍營神祠民舍五百二十區　「諸」原作「堵」，據宋史卷六一五行志一上改。

〔八四〕四月　「四月」二字原脱，據宋史卷六一五行志一上、宋史卷四太宗紀一補。

〔八五〕大名府御河漲　「御河」，宋史卷四太宗紀一、宋會要方域一四之二俱作「河」。

〔八六〕南劍州江水漲　「江」下原衍一「州」字，據宋史卷六一五行志一上删。

〔八七〕九月　長編卷二三太平興國七年八月庚申朔條作「八月」。

〔八八〕河決懷州武陟縣　「武陟」，宋史卷六一五行志一上同，宋史卷四太宗紀一、長編卷二三太平興國七年十月壬申條俱作「武德」。

〔八九〕民舍千餘區　「千」，宋史卷六一五行志一上作「百」。

〔九〇〕祁州資河漲　「祁」原作「祚」，據宋史卷四太宗紀一改。

〔九一〕雄州唐河水漲　「唐河水漲」，宋史卷六一五行志一上作「塘水溢」。

〔九二〕荆湖北路江水注溢　「湖」原作「南」，據宋史卷六一五行志一上改。

〔九三〕知府趙昌言壅城門禦之　「府」原作「州」，據宋史卷六一五行志一上、長編卷三四淳化四年十月庚申條、宋會要方域一四之三改。

〔九四〕宋州汴河決穀熟縣　「汴」字原脱，據宋史卷六一五行志一上、宋史卷五太宗紀二補。

〔九五〕真宗咸平元年正月　「正」，宋史卷六五五行志三作「五」。

〔九六〕漳州山水汎溢　「漳」原作「潭」，據元本、慎本、馮本及宋史卷六一五行志一上、長編卷四五咸平二年十月癸亥條改。

〔九七〕雄霸瀛莫深滄州乾寧軍水　「莫」字原脱，據宋史卷六一五行志一上、長編卷五一咸平五年二月戊辰條補。

〔九八〕四年五月　「五」，元本、慎本、馮本及宋史卷六一五行志一上俱作「六」。

〔九九〕楚泰州潮水害田　「泰州」原作「秦州」，據宋史卷六一五行志一上、宋史卷八真宗紀三、長編卷七六大中祥符四年十二月乙巳條改。

〔一〇〇〕十月　「十」，宋史卷八真宗紀三、長編卷八三大中祥符七年十一月甲申條俱作「十一」。

〔一〇一〕塞門　原作「寨門」，據宋史卷六一五行志一上、長編卷八七大中祥符九年七月癸丑條改。

〔一〇二〕利州水漂棧閣萬二千八百間　「二」原作「一」，據元本、慎本、馮本及宋史卷六一五行志一上、長編卷八八大中祥符九年九月庚戌條改。

卷二百九十七　物異考三

水災

仁宗乾興元年，蘇、湖、秀水，壞民田。是歲十月，京東、淮南水災。天聖四年六月丁亥〔一〕，建州、劍州、邵武軍大水〔二〕，壞廬舍，溺人；庚寅，京師及河南府、鄭州大水。九月，京東、江淮、兩浙、福建諸州軍雨，水，壞民廬舍。是歲，汴水決溢。六年七月，江寧府、揚真潤三州江水溢，壞廬舍；雄、霸州大水。八月，永興軍山水暴漲，溺死居民。是月河決王楚埽。七年六月，河北大水。明道二年，京師水，壞軍營、府庫。景祐元年，泗州淮、汴溢。七月，澶州河決橫隴埽。三年，虔、吉等州水。四年六月，杭州江潮溢，壞堤千餘丈。八月，越州大水，漂溺居民。寶元元年，建州水。康定元年，滑州河溢。慶曆八年六月，河決澶州商胡埽。是歲，河北大水。皇祐元年二月，河北黄、御二河決，並注於乾寧軍〔三〕。河朔頻年水災。二年，鎮定復大水，並邊尤被其害。三年七月，河決大名府館陶縣郭固口。嘉祐元年六月，京師及京東西、河北水潦害民田；雨，壞社稷壇及官私廬舍數萬區，城中繫栰渡人。七月，京東西、荆湖北路水災；淮水自夏秋暴漲，環浸泗州城〔四〕。是歲，諸路江河決溢，河北尤甚，民多流亡。六年，淮水溢。英宗治平元年，京師、許蔡陳潁唐泗濠楚廬壽杭宣鄂洪施渝州、光化軍俱有水災。　二年八月庚寅，京師大雨，地上涌水，壞廬舍，漂人畜。　神宗熙寧元年秋，霸州山水漲溢，保定軍大水，害稼，壞官私廬舍、城壁，漂溺居民。　河決恩、冀州，漂溺居民。　二年八月，河決滄州饒安，漂溺居民，移縣治於張爲村；泉州大風雨，水與潮相衝泛溢，損田稼、官私廬舍。　四年八月，金州大水，毁城，壞官私廬舍。　七年六月，熙州大雨，洮河汎溢；陝州大雨，漂溺陝、平陸二縣。　八年四月，潭、衡、邵、道州江水溢，壞官私廬舍。　九年七月，太原府汾河夏秋霖雨，水大漲。　十月，潮州海陽、潮陽二縣海潮漲溢，壞廬舍，溺居民。　十年七月，河決曹村下埽，澶淵絶流，河南徙，又東匯於梁山、張澤濼，凡壞郡縣四十五，官亭、民舍數萬，田三十萬頃；洺州漳河決，注城；大雨水，二丈河、陽河水湍漲，壞南倉，溺居民。　元豐元年，齊州章丘河水溢，壞公私廬舍、城壁，漂溺居民。　舒州山水暴漲，浸官私廬舍。　四年四月，澶州臨河縣小吴河溢，北流，漂溺居民。　五月，淮水泛漲。　七月，泰州海風駕大雨，漂浸州城，壞公私舍數千楹。　七年七月，河北東、西路水〔五〕；北京館陶河溢，水入府城，壞官私廬舍。　八月，趙、邢、洺、磁、相州河水汎溢，壞城郭、軍營。　是年，相州漳河決，溺臨漳縣居民；懷州黄、沁河泛溢，大雨，水，損稼，壞廬舍、城壁；磁州諸縣鎮，夏秋漳、滏河水汎溢；相州臨漳縣斛律口決；壞官私廬舍，傷田稼，損居民。　哲宗元祐八年，京畿、京東西、淮南、河北諸路大水。　紹聖元年，京畿，曹、濮、陳、蔡等州水，害稼。　元符元年，河北、京東等路大水。　二年六月，陝西、京西、河北大水，河溢，流漂人民、廬舍。　徽宗崇寧元年，京城水，壞廬舍，溺人。　大觀元年夏，京畿大水，詔工部都水監疏導，至於八角鎮；河北、京西河溢〔六〕，漂溺民户。　十月，蘇、湖水災。　二年秋〔七〕，黄河決，陷没邢州鉅鹿縣。三年七月，階州久雨，江溢。四年夏，鄧州大水，漂没順陽縣。政和五年六月，江寧府、太平宣州水災。八月，蘇、湖、常、秀等諸郡水災。七年，瀛、滄州河水決，滄州城不没者三板，民死百餘萬〔八〕。八年夏，江、淮、荆、浙諸路大水，民流移漂溺者衆，分遣使者賑濟。發運使任諒，坐不奏泗州壞官私廬舍等勒停。宣和元年五月，大雨，水驟高十丈餘，犯都城，自西北牟駞岡連萬勝門外馬監，居民盡没。前數日，城中井皆渾，宣和殿後井水溢，蓋水信也。至是，詔都水使者決西城索河隄殺其勢，城南居民冢墓俱被浸，遂壞籍田親耕之稼。水至益猛，直冒安上、南薰諸門城守凡半月。已而入汴，汴渠將溢，於是募人決下流，由城北入五丈河，下通梁山濼，乃平。十一月，東南州縣水災。高宗紹興二年閏四月，徽、嚴州水，害稼。三年七月丙子，泉州水，壞城郭、廬舍。五年秋，西川郡國水。六年冬，饒州雨，水，壞城四百六十餘丈。十六年，潼川府東、南江溢，水入城，浸民廬。十八年八月，越、明、婺州水。二十八年六月，興利二州、大安軍大雨〔九〕，水，流民廬，壞橋棧，死者甚衆。九月，江東、淮南數郡水；浙東、西沿江海郡縣大風水，平江、紹興、湖、常、秀、潤爲甚。三十年五月，畿縣於潛、臨安、湖州安吉等三縣山水暴出，漂民廬，壞田桑，人溺死甚衆。三十二年四月，淮水溢數百里，漂民田廬，死者甚衆。六月，浙西郡縣山涌暴水，漂民室，壞田覆舟。孝宗隆興元年八月，浙東、西州縣大風水，越、蘇、湖及崇德縣爲甚。二年七月，蘇、湖、常、秀、潤、昇、宣、池、太平、廣德、廬、和、光、壽春、無爲及淮東郡皆大水，浸城郭，壞廬舍、圩田、軍壘，舟行廛市累日，人溺死甚衆。越月，積陰苦雨，水患益甚。乾道元年六月，常、湖水，壞圩田。二年八月，温州大風，海濤流溢沿江民廬、鹽場，覆舟，溺死者二萬餘人，江濱胔骼尚七千餘人。　三年六月，廬、舒、蘄州水，壞苗稼，漂人畜。七月，臨安府天目山涌暴水，決臨安縣五鄉民廬二百八十餘家，人多溺死。八月，上虞縣、湖、秀州水，壞民田廬。時積潦至於九月，禾稼皆腐。江東水溢於山，江西隆興四縣爲甚。　四年七月，衢州大水，敗城三百餘丈，漂民廬、孳牧，壞禾稼；江陵、建寧、紹興、饒、信皆水。　五年夏秋，温、台凡三大風水，漂民廬，壞稼，溺人甚衆，黄巖縣爲甚。　六年五月，蘇、昇、宣、温、湖、秀、太平、廣德大水，城市有深丈餘者，江西亦大水。八年五月，吉、筠、臨江、隆興皆大水。六月，四川郡縣大水，嘉、眉、邛、蜀、永康、金堂尤甚。　九年五月，嚴、吉、饒、信、池、太平、建康、隆興、廣德軍水，漂民居，壞圩田，分水縣沙塞四百餘畝。六月，湖北郡縣水。　淳熙元年七月，錢塘大風濤，決臨安府江堤一千六百六十餘丈，漂民居六百三十餘家。三年八月，台州大風雨，海濤、溪流合激爲大水，決江岸，壞民廬，溺人。是月，行都及浙東西、江東郡邑多水。　四年五月，建寧、福、南劍大雨水，漂民廬數千家；錢塘江濤大溢，敗堤一百八十餘丈；明州瀕海風，濤敗堤，漂没民田。九月，大風雨駕海濤，錢塘、餘姚、上虞、定海、鄞縣敗堤溺人。　五年六月，階州水，壞城郭；福州、興化俱大水。　六年夏秋，衢、温、台、湖、秀、太平、寧國水，壞圩田，溺人。　八年五月，嚴州、紹興府大水，流民舍，敗堤岸，腐禾稼；徽、江州亦水。　十年五月，信州、襄陽及江東西、浙東數郡水。秋，台州水。八月，雷州大風激海濤，没瀕海民舍，溺人。九月，福、漳州大風雨，水暴至，瀕海聚落、廬舍、人舟皆流入海，漳城半没。　十一年四月，和州水。五月，階州白江水溢，壞隄及民舍，溺人。七月，明州大風雨，山水暴至，浸城，覆舟，殺人。　十二年六月，婺州水。是歲，鄂州水，浸民廬，自夏徂冬乃退。　十四年，汀州水。　十五年五月，淮甸大雨水，淮水溢，廬、濠、楚、無爲、安豐、高郵、盱眙軍皆漂民室，壞田稼。荆江溢，鄂州大水，漂民室三千餘家，復、岳、澧、江陵、常德、德安、漢陽皆水。至六月，建寧、隆興、袁、撫、臨江皆水，圮民廬。　十六年五月，沅、靖州山水溢，沿江下辰州，常德府城没一丈五尺，漂民廬舍。六月，鎮江、潼川俱水，溢壞民廬及田。　光宗紹熙二年五月，建寧水，福州水，浸城屬縣，漂没民廬。利州、潼川、嘉陵江暴漲〔一〇〕，興州、綿、果、合、金、龍、漢、崇慶、懷安、石泉〔一一〕、大安俱有水患，民溺死甚衆。　三年五月，常德雨水，浸民田廬。徽、宣、池、廣德皆水。七月，台州、襄陽、江陵、荆門、復州俱水。鎮江水，損稼。　四年〔一二〕，安豐、紹興、寧國、廣德、筠州水，害稼。興國、贛州、江州、江陵皆水〔一三〕。七月，臨江、隆興、吉州水〔一四〕，圮民廬。自夏及秋，江西九州三十七縣皆水。興化風激海濤，没田廬。　五年五月，池州、寧國、太平、紹興皆水。八月，行都及明、台、温、嚴、常、平江〔一五〕、鎮江、寧國、江陰、常德皆水。　寧宗慶元元年六月，台州諸縣大風雨，山洪海濤並作〔一六〕，没田廬無算。　二年秋，浙東郡國大水。　三年九月，紹興、婺州水，害稼。　五年秋，台、温、衢、婺水，漂廬溺人。　六年五月，嚴、衢、婺、饒、信、徽、南劍、建寧及江西郡國皆大水，自庚午至甲戌，漂民廬，害稼。　嘉泰二年七月，汀州、建寧、福州、南劍及江西郡邑水，害苗稼。　開禧元年九月，淮、漢水溢荆襄〔一七〕。　二年五月，婺州東陽山崩洪，漂聚落五百四十餘所，湮田二萬餘頃〔一八〕。　三年，江、浙、淮郡縣水，鄂、漢尤甚。　嘉定二年六月，西和、利州、成州、閬州、遂寧皆水。七月，台州海濤流圮民廬，溺人。　三年四月，嚴、衢、婺、徽大水，行都水浸民廬，西湖溢，瀕湖民居皆圮。　五年五月，嚴州、台州水〔一九〕。六年六月，嚴州及臨安、紹興、湖州屬縣皆水。九年五月，行都及紹興、嚴、衢、婺、台、處、信、饒、福、漳、泉、興化十二郡大水，漂田廬，害稼。十年冬，浙江濤溢，圮瀕江廬舍，覆舟溺人。蜀、漢二州江没城郭〔二〇〕。十二年，鹽官海失故道，潮汐衝平野三十餘里，至是侵縣治，鹽場多圮。十五年七月，紹興水，衢、婺、徽、嚴暴流與江濤合，圮田廬，害稼。十六年五月，江、淮、浙、荆、蜀郡縣水，蘇、湖、常、秀、池、鄂、楚、太平、廣德爲甚；鄂州江湖合漲，城市沉没，累月不洩。是秋，江濤溢，圮沿江民廬，鹽縣及福、漳、泉、興化大水，壞田稼十五六。十七年五月，福建大水，建寧、南劍尤甚；建昌大水，圮民廬城郭，敗稼。

水異

此即前史五行志所謂火沴水也。世以河清爲祥，而以水變赤爲妖，其爲水異一也，故並載於此。

史記魯襄公二十三年，穀、洛水鬬，將毁王宫。劉向以爲近火沴水也。周靈王將壅之，有司諫曰：「不可。長民者不崇藪，不墮山，不防川，不竇澤。竇，穴也。今吾執政毋乃有所辟，邪辟也〔二一〕。而滑夫二川之神，滑，亂也。使至於争明，明，水道也。以防王宫室，王而飾之，毋乃不可乎！言爲欲防固王宫，使水不得毁，故遏飾二川。懼及子孫，王室愈卑。」王卒壅之。以傳推之，以四瀆比諸侯，穀、洛其次，卿大夫之象也，爲卿大夫將分争以危亂王室也。後數年有如日者五〔二二〕。是歲早霜，靈王崩。景王立二年，儋括欲殺王，而立王弟佞夫。佞夫不知，景王并誅佞夫。及景王死，五大夫争權，或立子猛，或立子朝，王室大亂。京房易傳曰：「天子弱，諸侯力政，厥異水鬬。」考王二年，河水赤於晉龍門三日。

秦武王三年，渭水赤者三日。昭王三十四年，渭水又赤三日。劉向以爲近火沴水也。秦連相坐之法，棄灰於道者黥，網密而刑虐，加以武伐横出，殘賊鄰國，至於變亂五行，氣色謬亂。天戒若曰，勿爲刻急，將致敗亡。昔三代居三河，河洛出圖書，秦居渭陽，而渭水數赤，瑞異應德之效也。京房易傳曰：「君湎於酒，淫於色，賢者潛，國家危，厥異流水赤也。」

後漢光武二十四年六月丙申，沛國睢水逆流，一日一夜止。安帝永初六年，河東池水變色，皆赤如血。水變。占曰：「水化爲血者，好任殘賊，殺戮不辜，延及親戚，水當爲血。」時鄧太后猶專政。元初二年，潁川襄城流水化爲血〔二三〕，不流〔二四〕。京房占曰：「水化爲血，兵且起。」桓帝延熹九年四月〔二五〕，濟陰、東郡、濟北、平原河水清〔二六〕。襄楷説見水災門。靈帝建寧四年二月，河水清。

致堂胡氏曰：「水性潤下而質不同，或清或濁，或輕或重，或弱或悍，或黑或白，或寒或温，或甘或濇，是其質也。若大河之質則黄濁，數千里而不可澄汰者也。凡物反常爲妖，濁而忽清，猶地而出堆阜，山而沸泉涌，非所當有，變異之象也。故襄楷言『自古未有河清者』〔二七〕，後世乃以爲大慶，君臣動色，載於年號，著於邑名，形於歌咏，紀於史牒，不亦異乎！至若大海朝宗衆流，自非並岸風水激薄沙泥渾汙之處，則萬里渟瀅，未嘗濁也。而佞人諂媚，又有以海清爲賀者，不亦異之甚乎！」

晉武帝太康五年六月，任城、魯國池水皆赤如血。按劉向説，近火沴水，聽之不聽之罰也〔二八〕。

穆帝升平三年二月，涼州城東池中有火。四年四月，姑臧澤水中又有火。此火沴水之妖也。明年，張天錫殺中護軍張邕。邕，執政之人也。安帝元興二年十月，錢塘臨平湖水赤，桓玄諷吳郡使言開除以爲己瑞，俄而玄敗。

苻堅時，長安有水影，遠觀若水，視地則見人，至堅晚年而止。

宋文帝元嘉二十四年夏四月，河、濟俱清。二十五年冬，青州城南，遠望見地中如水有影，謂之地鏡。

孝武孝建五年，河、濟清。

齊東昏侯永元元年七月辛未，淮水變赤如血。

陳宣帝大建十四年七月，時後主已即位。江水赤如血，自建康，西至荆州。後主禎明中，江水赤，自方州，東至海。洪範五行傳曰：「火沴水也。法嚴刑酷，傷水性也。五行變節，陰陽相干，氣色繆亂，皆敗亂之象也。」京房易占曰：「水化爲血，兵且起。」其後爲隋所滅。禎明二年四月，郢州南浦水，黑如墨〔二九〕。黑水在關中，而今淮南水黑，荆、揚之地，陷於關中之應。

後齊武成河清元年四月，河、濟清。襄楷曰〔三〇〕：「河，諸侯象。濁反清〔三一〕，諸侯將爲天子之象。」後十餘歲，隋有天下。

後周静帝大象元年六月，咸陽池水變血。與大建十四年同占。是時刑罰嚴急，未幾國亡。

隋煬帝大業三年，武陽郡河清，數里鏡徹。十二年，龍門又河清。後二歲，唐受禪。

唐高祖武德元年七月，新豐鸜鵒谷水清。世傳此水清，天下平。開皇初，暫清復濁，至是復清。

年閏七月，長安古城鹽渠水生鹽，色紅而味甘，狀似方印。　九年二月，蒲州河清。襄楷以爲〔三二〕：「河，諸侯象，清，陽明之效也。」　太宗貞觀十四年二月，陝州、泰州河清〔三三〕。　十六年正月，懷州河清。　十七年十二月，鄭州、滑州河清。　二十三年四月，靈州河清。　高宗永徽元年正月，濟州河清。　二年十二月，衛州河清。　五年六月，濟州河清十六里。　調露二年夏，豐州河清。　武后時，來俊臣家井水變赤如血〔三四〕，井中常有吁嗟聲。　長安初，醴泉坊太平公主第井水溢流。　又并州文水縣猷水竭，武氏井溢。　長安中，并州晉祠水赤如血〔三五〕。　中宗神龍二年三月壬子，洛陽城東七里，地色如水，樹木車馬，歷歷見影，漸移至都，月餘乃滅。　長安街中，往往見水影。　昔苻堅之將死也，長安嘗有是。　景龍四年三月庚申，京師井水溢。　占曰：「君凶。」又曰：「兵將起。」　玄宗開元二十二年八月，清夷軍黃帝祠古井涌浪。　二十五年五月，淄州、棣州河清。　二十九年，亳州老子祠九井涸復涌。　肅宗乾元二年七月，嵐州合河關河三十里清如井水，四日而變。　寶應元年九月甲午，太州至陝州二百餘里河清，澄徹見底。　代宗大曆末，深州束鹿縣中有水影長七八尺，遥望見人馬往來，如在水中，及至前，則不見水。　德宗建中四年五月乙巳，滑州、濮州河清。　十四年閏五月乙丑〔三六〕，滑州河清。　貞元四年，自陝至河陰，河水黑，流入汴，至汴州城，一宿而復。　十七年，福州劍池水赤如血。　二十一年夏，越州鏡湖竭。　是歲，朗州熊、武五溪水鬬。　占曰：「山崩川竭，國必亡。」又曰：「方伯力政，厥異水鬬。」　穆宗長慶元年七月，河水赤三日止。　九月，靈州奏：「黃河清，從陝至定遠界二百五十里見底。」　文宗開成二年夏，旱，揚州運河竭。　宣宗大中八年正月，陝州河清。　懿宗咸通七年，鄭州永福湖水赤如凝血者三日。八年七月，泗州下邳雨湯，殺鳥雀。水沸於火，則可以傷物，近火沴水也。雨者，自上而降，鳥雀，民象。僖宗光啟元年正月，潤州江水赤，凡數日。中和三年秋，汴水入於淮水鬭，壞船數艘。廣明元年，汝州峴陽峰龍池涸，近川竭也。

宋真宗咸平元年五月，撫州王羲之墨池水色變黑如雲。大中祥符元年五月丁丑，泰山王母池水變紅紫色。四年二月己未，河中府寶鼎縣瀵泉有光，如燭焰四五炬，其聲如雷。郭璞注爾雅曰：「河東汾陰縣有水口如車輪許，噴沸涌出，其深無限，名之爲瀵。」即此也。泉本八眼，其一尤沸猛。上祀后土畢，臨觀之，七眼皆涌，此獨澄然若鑑，詔賜泉北五龍廟曰「神淵」。三年八月〔三七〕，解州鹽池紫泉場水次二十許里不種自生，其味特嘉，命屯田員外郎何敏中往祭池廟。八月，東池水自成鹽，僅半池，潔白成塊，晶瑩異常。祀汾陰經度制置使陳堯叟繼獻，凡四千七百斤，分賜近臣及諸軍列校。神宗元豐四年十月，環州河水變甘。徽宗大觀元年八月，乾寧軍河清。二年十二月，陝州河清，同州韓城縣、郃陽縣至清及百里，涉春不變。自是迄政和、宣和諸路數奏河清，輒遣郎官致祭，宰臣等率百官拜表賀，歲以爲常。高宗紹興十四年五月，饒州樂平縣何衝里，田隴數十百頃，當霽天無雲，田水如爲物所吸，聚爲一直西行〔三八〕，高平地數尺，不假隄防而水自行；里南程氏家井水溢，亦高數尺，夭矯如長虹，聲如雷，穿墻毁樓。二水鬭於杉墩，且前且却，約十刻乃解，各反故壑，與史記魯穀、洛水鬭同。京房占曰〔三九〕：「天子弱，諸侯力政，厥異水鬭。」

醴泉

漢宣帝甘露二年，詔曰：「醴泉滂流，枯槁榮茂，其赦天下〔四〇〕。」

後漢光武中元元年夏，京師醴泉涌出，飲之者痼疾皆愈，惟眇、蹇者不瘳。明帝永平十一年，醴泉出。

隋文帝開皇二年，京師承明里醴泉出。

唐玄宗天寶三年三月，武威郡奏：「番禾縣嘉瑞鄉天寶山有醴泉涌出。」僖宗文德元年九月〔四一〕，雲韶殿前，穿井得甘泉。

宋太宗雍熙二年五月，鳳翔府言：「岐山縣有泉，耆舊相傳，時平則流，世亂則竭。自唐室中葉，此泉遂竭，至大中年復流。觀察使崔珙奏之，詔書褒美，賜號潤德泉，碑刻猶在，自後復竭。今忽涌溢，別出細泉數派，畫圖以聞。」真宗大中祥符元年二月，醴泉出蔡州汝陽縣鳳源鄉，有疾者飲之皆愈。又相州永安縣韓陵山牧童，掊地得泉深尺餘，汲取不竭，飲者宿疾皆愈。時或愆雨，禱之必應。四月丁巳，兗州乾封縣民王用田中，有童兒掊土得小青錢數十，争取之，錢墜石罅，因發石，有涌泉二十四眼，味極甘美。又枯石河復有涌泉二十五眼。又一眼出曾阜之上，信宿，勢加倍。又別引數派，雙魚躍其中，有果實流出，似李而小，味甚甘，及今古錢百餘。封禪經度制置使王欽若，貯水馳驛以獻。分賜近臣，詔設欄格，謹護之。六月，詔建亭，以「靈液」爲額。天禧二年閏四月，京師拱聖第十九營有涌泉，疾癘者飲之皆愈。詔建道觀，名曰「祥源」。神宗熙寧元年五月，京師開化坊醴泉出。徽宗政和五年正月，河陽臺觀醴泉出〔四二〕。

黑眚黑祥

王莽地皇元年二月壬申，日正黑。莽惡之。

後漢靈帝光和元年六月丁丑，有黑氣墮所御温德殿庭中。東觀記曰：「墮所御温德殿庭中〔四三〕，如車蓋隆起，奮迅，五色，有頭，體長十餘丈，形貌似龍。」

晉懷帝永嘉五年十二月，黑氣四塞。近黑祥也。帝尋淪陷，王室丘墟，是其應也。愍帝建興二年正月己巳朔，黑霧著人如墨連夜，五日乃止。此近黑祥也。其四年，帝降劉曜。元帝永昌元年十月，京師大霧，黑氣蔽天，日月無光。十一月，帝崩。

宋文帝元嘉三十年正月乙亥朔，會群臣於太極前殿，有青黑氣從東南來，覆映宫上。二月甲子，元凶劭弒逆。

梁元帝承聖三年六月，有黑氣如龍，見於殿内。近黑祥也。黑，周所尚之色〔四四〕，今見於殿内，周師入梁之象。其年，爲周所滅，帝遇害。

陳宣帝大建五年六月，西北有黑雲屬地，散如猪者十餘。洪範五行傳曰：「當有兵起西北。」時後周將王軌軍於吕梁。明年，擒吴明徹，軍皆覆没。

唐代宗大曆二年十月戊戌，黑氣如塵，彌漫於北方。黑氣，陰沴也。德宗貞元四年七月，自陝至河陰，河水黑，流入汴，至汴州城下，一宿而復。近黑祥也。占曰：「法嚴刑酷，傷水性也。五行變節，陰陽相干，氣色繆亂，皆敗亂之象。」十四年，潤州有黑氣如隄，自海門山橫亘江中，與北固山相峙〔四五〕，又有白氣如虹自金山出，與黑氣交，將旦而没。宣宗大中四年正月壬寅，黑氣如帶，東西際天。懿宗咸通十四年七月，僖宗即位，是月，黑氣如盤，自天屬含元殿庭。

宋元豐末，嘗有物大如席，夜見寢殿上，而神宗登遐。元符末，又數見，而哲宗山陵。至大觀間，漸晝見。政和元年以後，大作，每得人語聲則出。先若列屋摧倒之聲，其形僅丈餘，髣髴如龜，金眼，行動硜硜有聲。黑氣蒙之，不大了了，氣之所及，腥血四灑，兵刃皆不能施。又或變人形，亦或爲驢，自春歷夏，晝夜出無時，遇冬則罕見。多在掖庭宮人所居之地，亦嘗及内殿，後習以爲常，人亦不大怖。宣和末，寖少出，而亂遂作。徽宗政和三年夏至，宰臣何執中奉祠北郊。有黑氣數丈出齋宮，行一里許，入壇壝，繞祭所，皆近人穿燈燭而過。俄又及於壇，禮將畢，忽不見。徽宗宣和二三年春夏之際，洛陽府畿間，忽有物如人，或蹲踞如犬。其色正黑，不辨眉目。始，夜則出掠小兒傷食之；後雖白晝，入人家爲惡，所至喧然不安，謂之「黑漢」。有力者夜執槍棒自衛，亦有託以作禍者，如此二歲乃熄。已而北征事起，其後卒成夷狄之禍。高宗建炎三年二月甲寅，日初出，兩黑氣如人形，夾日旁，至巳時初刻乃散。黑氣，陰沴也，亦兵象。孝宗乾道四年春，舒州雨黑米，堅如鐵，破之，米心通黑。淳熙十一年十二月戊辰夜，畿縣新城深浦天雨黑水終夕，盈畘。十六年六月，京城錢塘門旦啟，黑風入，揚沙石，塗人驚避。寧宗慶元元年，徽州黄山民家古井，風雨之夕，黑氣出其中，波浪噴涌。皆黑祥也。

校勘記

〔一〕天聖四年六月丁亥　「丁亥」二字原脱，據宋史卷六一五行志一上、宋史卷九仁宗紀一補。

〔二〕建州劍州邵武軍大水　「劍州」二字原脱，據元本、慎本、馮本及宋史卷六一五行志一上、宋史卷九仁宗紀一、長編卷一〇四天聖四年六月丙戌條補。又按太平寰宇記卷一〇〇、元豐九域志卷九、宋史卷八九地理志五，福建路之劍州，於太平興國四年加「南」字，以别於利州路之劍州，此處劍州上省「南」字，或爲習慣使然。

〔三〕河北黄御二河决並注於乾寧軍　「决並」二字原倒，據宋史卷六一五行志一上、長編卷一六六皇祐元年二月甲戌條乙正。

〔四〕環浸泗州城　「州」原作「水」，據宋史卷六一五行志一上改。

〔五〕河北東西路水　「水」字原脱，據宋史卷六一五行志一上、宋史卷一六神宗紀三補。

〔六〕河北京西河溢　「京西」，宋史卷六一五行志一上同，宋史卷二〇徽宗紀二作「京東」。

〔七〕二年秋　「秋」，宋史卷六一五行志一上、宋史卷二〇徽宗紀二同，宋史卷九三河渠志三作「五月」。

〔八〕民死百餘萬　「百餘萬」，宋史卷六一五行志一上同。按宋史卷八六地理志二，崇寧間滄州有户六萬五千八百五十二，口一十一萬八千二百一十八，此言死百餘萬，疑誤。

〔九〕大安軍大雨　「雨」字原脱，據宋史卷六一五行志一上補。

〔一〇〕嘉陵江暴漲　「江暴漲」，三字原脱，據宋史卷六一五行志一上、宋會要瑞異三之一補。又按宋史卷六一五行志一上，水患俱在七月；宋史卷三六光宗紀，興州大水在七月，餘在五月；宋會要瑞異三之一七，石泉大水在五月，餘在七月。

〔一一〕石泉　「石」原作「右」，據元本、慎本、馮本及宋史卷六一五行志一上、宋史卷三六光宗紀、宋會要瑞異三之一七改。

〔一二〕四年　按宋史卷六一五行志一上，安豐等地水患在五月。

〔一三〕興國贛州江州江陵皆水　按宋史卷六一五行志一上，興國等地水患在六月。

〔一四〕隆興吉州水　按宋史卷六一五行志一上，隆興、吉州水患在八月。

〔一五〕平江　「江」字原脱，據宋史卷六一五行志一上補。

〔一六〕山洪海濤並作　「海」字原脱，據宋史卷六一五行志一上補。

〔一七〕淮漢水溢荆襄　按宋史卷六一五行志一上，「襄」下有「淮東郡國水」五字，義長。

〔一八〕湮田二萬餘頃　「頃」，宋史卷六一五行志一上作「畝」。

〔一九〕嚴州台州水　按宋史卷六一五行志一上，台州水在六月。

〔二〇〕蜀漢二州江没城郭　「州」下原衍一「大」字，據宋史卷六一五行志一上删。

〔二一〕邪辟也　按漢書卷二七中之下五行志中之下，服虔原注爲「音邪辟之辟」。

〔二二〕後數年有如日者五　按漢書卷二七中之下五行志中之下，「有」下有一「黑」字。

〔二三〕潁川襄城流水化爲血　「潁川」原作「潁州」，「流」原作「臨」，據後漢書五行志三注引古今注改。

〔二四〕不流　「不流」二字原脱，據後漢書五行志三注引古今注補。

〔二五〕桓帝延熹九年四月　「九」原作「八」，據後漢書五行志三改。

〔二六〕平原河水清　「平原」二字原脱，據後漢書五行志三補。

〔二七〕故襄楷言自古未有河清者　「襄楷」原作「裴楷」，據後漢書卷三〇下襄楷傳及上文改。

〔二八〕聽之不聰之罰也　下「之」字原作「聰」，據晉書卷二九五行志下改。

〔二九〕黑如墨　「墨」原作「雲」，據隋書卷二三五行志下改。

〔三〇〕襄楷曰　「襄楷」原作「裴楷」，據元本、慎本、馮本及後漢書卷三〇下襄楷傳、隋書卷二三五行志下、新唐書卷三六五行志三改。

〔三一〕濁反清　按後漢書卷三〇下襄楷傳，「濁」上有一「當」字。

〔三二〕襄楷以爲　「襄楷」原作「裴楷」，據新唐書卷三六五行志三改。

〔三三〕陝州泰州河清　「泰州」，新唐書卷三六五行志三同，唐會要卷二八祥瑞上無。

〔三四〕來俊臣家井水變赤如血　「家」字原脱，據新唐書卷三四五行志一補。

〔三五〕并州晉祠水赤如血　「并州」原作「晉州」，「晉」字原脱，據新唐書卷三四五行志一改補。

〔三六〕十四年閏五月乙丑　按建中無十四年，册府元龜卷二五載滑州河清事於貞元十四年閏五月乙丑，故此條與下條舛，當接貞元四年記事下。

〔三七〕三年八月　按上文已記四年二月己未事，此不當又言三年八月事，疑有訛誤。

〔三八〕聚爲一直西行　按宋史卷六二五行志一下，「直」下無「西」字。

〔三九〕京房占曰　「占」原舛在「京」字上，據隋書卷二三五行志下乙正。

〔四〇〕其赦天下　「其」字原脱，據漢書卷八宣帝紀補。

〔四一〕僖宗文德元年九月　按舊唐書卷一九僖宗紀、舊唐書卷二〇昭宗紀，文德元年三月，昭宗已即位而未改元，此處不當仍稱僖宗。

〔四二〕徽宗政和五年正月河陽臺觀醴泉出　自「和」至「出」一二字原闕，據宋史卷六一五行志一上補。

〔四三〕墮所御温德殿庭中　「温德」，後漢書卷八靈帝紀注引東觀記作「温明」。

〔四四〕周所尚之色　「之」字原脱，據隋書卷二三五行志下補。

〔四五〕與北固山相峙　「相」字原脱，據新唐書卷三六五行志三補。

卷二百九十八　物異考四

火災

春秋桓公十四年「八月壬申，御廩災」。董仲舒以爲先是四國共伐魯，魯君臣内怠政事，外侮四鄰，非能保守宗廟終其天年者也。劉向以爲御廩，夫人八妾所舂米之藏以奉宗廟，時夫人有淫行，通於齊侯。挾逆心，欲弑桓公。天戒若曰，夫人不可以奉宗廟。莊公二十年，「齊大災〔一〕」。劉向以爲齊桓好色，以妾爲妻，嫡庶屢更，故致大災〔二〕。僖公二十年「五月乙巳，西宮災」。董仲舒以爲僖娶於楚，而齊媵之，脅公立爲夫人。西宮，小寢，夫人所居也。若曰，妾何爲居此宮！誅去之意也。宣公十六年，「成周宣榭火」。榭，所以藏樂器，宣其名也。董仲舒、劉向以爲十五年王札子殺召伯、毛伯，天子不能誅。天戒若曰，不能行政令，何以禮樂爲而藏之？成公三年「二月甲子，新宮災」。穀梁以爲宣宮。一曰宣公弑子赤而立，不當列於群祖，故天災其廟。襄公九年「春，宋災」。晉侯聞之，問士弱曰：「宋災，於是乎知有天道，何故？」對曰：「古之火正，或食於心，或食於咮，以出入火。師古曰：「咮音竹救反。」是故咮爲鶉火，心爲大火。陶唐氏之火正閼伯，居商丘，祀大火，而火紀時焉。相土因之，故商主大火，商人閱其禍敗之釁必始於火，是以知有天道。」公曰：「可必乎？」對曰：「在道。國亂亡象，不可知也。」韋昭曰：「大亂之君，天不復告，故無象。」說曰：古之火正，謂火官也，掌祭火星，行火政。季春昏，心星出東方，而咮、七星、鳥首正在南方，則用火；季秋，星入，則止火，以順天時，救民疾。帝嚳則有祝融，堯時有閼伯，民賴其德，死則以爲火祖，配祭火星，故曰「或食於心，或食於咮也」。相土，商祖契之曾孫，師古曰：「契讀曰偰，音先列反。字或作卨，其用同耳。據諸典籍，相土即卨之孫，今云曾孫，未詳其意。」代閼伯後主火星。宋，其後也，世司其占，故先知火災〔三〕。賢君見變，能脩道以除凶；亂君亡象，天不譴告，故不可必也。三十年「五月甲午，宋災」。劉向以爲先是宋公聽讒而殺太子痤，應火不炎上之罰也。昭公六年「六月丙戌，鄭災」。是春三月，鄭人鑄刑書。士文伯曰：「火見，鄭其火乎？火未出而作火以鑄刑器，藏爭辟焉。著刑於鼎，故稱刑器。法設下爭，故云爭辟。火而象之，不火何爲？」說曰：火星出於周五月，而鄭以三月作火鑄鼎，刻刑辟書，以爲民約，是爲刑器爭辟。故火星出，與五行之火爭明爲災，其象然也，又棄法律之占也。九年「夏四月，陳火」。時楚靈王滅陳，鄭裨竈曰：「五年，陳將復封，封五十二年而遂亡。」子產問其故，對曰：「陳，水屬也。火，水妃也，而楚所相也。今火出而火陳，逐楚而建陳也。妃以五成，故曰五年。歲五及鶉火，而後陳卒亡，楚克有之，天之道也。」說曰：顓頊以水王，陳其族也。師古曰：「陳，舜後也。舜本出顓頊。」今茲歲在星紀，後五年在大梁。大梁，昴也。金爲水宗，得其宗而昌，故曰「五年陳將復封」。楚之先爲火正，故曰「楚所相也」。天以一生水，地以二生火，天以三生木，地以四生金，天以五生土。五位皆以五而合，而陰陽易位，故曰「妃以五成」。然則水之大數六，火七，水八，金九，土十。故水以天一爲火二牡，木以天三爲土十牡，土以天五爲水六牡，火以天七爲金四牡，金以天九爲木八牡。陽奇爲牡，陰耦爲妃。師古曰：「奇音居宜反。」故曰「水，火之牡也；火，水妃也」。於易，坎爲水，爲中男，離爲火，爲中女，蓋取諸此也。自大梁四歲而及鶉火，四周四十八歲，凡五及鶉火，五十二年而陳卒亡。火盛水衰，故曰「天之道也」。哀公十七年七月己卯，楚滅陳。昭公十八年「五月壬午，宋、衛、陳、鄭災」。董仲舒以爲象王室將亂，天下莫救，故災四國，言亡四方也。定公二年「五月，雉門及兩觀災」。師古曰：「雉門，公宮南門也。兩觀謂闕。」董仲舒、劉向以爲此皆奢僭過度者也。先是，季氏逐昭公，昭公死於外。師古曰：「謂死於乾侯。」定公即位，既不能誅季氏〔四〕，又用其邪説，淫於女樂，而退孔子。師古曰：「齊人歸女樂，季桓子勸定公受之，君臣相與觀之，廢朝禮三日，孔子乃行。」天戒若曰，去高顯而奢僭者。一曰，門闕，號令所由出也，今舍大聖而縱有罪，亡以出號令矣。京房易傳曰：「君不思道，厥妖火燒宮。」哀公三年「五月辛卯，桓、釐宮災」。董仲舒、劉向以爲此二宮不當立，違禮者也。哀公又以季氏之故不用孔子。孔子在陳聞魯災，曰：「其桓、釐之宮乎！」以爲桓，季氏之所出，釐，使季氏世卿者也。四年「六月辛丑，亳社火」。師古曰：「亳社，殷社也。」董仲舒、劉向以爲亡國之社，所以爲戒也。師古曰：「存其社者，欲使君常思敬慎，懼危亡者也。」天戒若曰，國將危亡，不用戒矣。春秋火災，屢於定、哀之間，不用聖人而縱驕臣，將以亡國，不明甚也。一曰，天生孔子，非爲定、哀也，蓋失禮不明，火災應之，自然象也。

漢惠帝四年十月乙亥，未央宮凌室災；藏冰之室。丙子，織室災。織作之室。劉向以爲太后立魯元公主女爲皇后，凌室所以供養飲食，織室所以奉宗廟衣服，與春秋御廩同乂。天戒若曰，皇后亡奉宗廟之德，將絕祭祀。其後，帝崩，后亡子，取后宮美人子立之。呂后崩，諸呂爲亂，大臣誅之而立文帝，惠后幽廢。

高后元年五月丙申，趙叢臺災。劉向以爲時呂氏女爲趙王后，嫉妒，將爲讒口以害趙王。王不悟，卒見幽死〔五〕。文帝七年六月癸酉，未央宮東闕罘罳災。師古曰：「罘罳，謂連闕曲閣也，以覆重刻垣墉之處，其形罘罳然，一曰屏也。罘音浮。」如淳曰：「東闕與其兩傍俱災也〔六〕。」劉向以爲東闕所以朝諸侯之門也，罘罳在其外，諸侯之象也。漢封諸侯王，連城數十。賈誼等以爲違古制度，必將叛逆。先是，淮南、濟北王皆謀反〔七〕，其後七國舉兵而誅。景帝中五年八月己酉，未央宮東闕災。時栗太子以罪廢，自殺。丞相周亞夫下獄死。武帝建元六年二月乙未〔八〕，遼東高廟災。四月壬子，高園便殿火。董仲舒對以「春秋時，亳社、兩觀、桓釐廟災，四者皆不當立，天皆燔其不當立者以示魯。今高廟不當居遼東，高園殿不當居陵旁，於禮亦不當立，與魯所災同」。

按：古者諸侯不敢祖天子，則高廟不當立於遼東也。古者墓以藏體魄，廟以宅神靈，故祭於廟，不祭於墓，則高園殿不當居陵旁也。二者皆失禮之事，謂天燔其不當立者以示警猶之可也。而仲舒所對，累數百言，至謂：「天災若語陛下：『視親戚貴屬在諸侯遠正最甚者，忍而誅之，如吾燔遼東高廟；視近臣在國中處旁仄及貴而不正者，忍而誅之，如吾燔高園殿。』」大概勸帝以多行殺戮，而於郡國陵墓不當立廟之説，略無所發明。帝采其説，而使仲舒弟子呂步舒治淮南獄，深竟黨與，坐死者甚衆。蓋此對徒足以啟帝之忍心，而略不能革漢之失禮矣。故秖取其兩言，而餘語則盡削之云。

武帝太初元年十一月乙酉，未央宮柏梁臺災。先是，大風發其屋，夏侯始昌先言其災日。後有江充巫蠱衛太子事。昭帝元鳳元年燕城南門災。劉向以爲時燕王使邪臣通於漢，爲讒賊，謀逆亂。南門者，通漢道也。四年五月丁丑，孝文廟正殿災。劉向以爲是歲正月，上加元服，有明哲之性。而大將軍光久秉政不歸，亡周公之德，將有國害〔九〕。故正月加元服，五月而災見。古之廟皆在城中，孝文廟始出居外，天戒若曰，去貴而不正者。宣帝既立，光猶秉政，驕溢過制，妻顯弒后，隨以誅滅。宣帝甘露元年四月丙申，中山太上皇廟災。甲辰，孝文廟災。元帝初元三年四月乙未，孝武園白鶴館災。劉向以爲先是前將軍蕭望之、光祿大夫周堪輔政，爲佞臣石顯、許章等所譖，望之自殺，堪廢黜。明年，白鶴館災。園中五里馳逐走馬之館，五里者，言周回五里。不當在山陵昭穆之地。天戒若曰，去貴近逸遊不正之臣，將害忠良。後章坐走馬上林下烽馳逐免官。夜於上林苑下舉火馳射也。永光四年六月甲戌，孝宣杜陵園東闕南方災。時上復用周堪、張猛等，石顯終欲害之。園陵小於朝廷，闕在司馬門中，内臣顯之象也。孝宣，親而貴；門闕，法令所從出也。天戒若曰，去法令，内臣親而貴者必爲國害。後顯卒害猛。

按：魯哀公三年，桓、僖宮災。左傳載：孔子在陳，聞火，曰：「其桓、僖乎？」杜征南注以爲桓、僖親盡而廟不毁，故天示以災。公羊傳之説亦然。蓋踰禮制而以諂瀆事神，則神亦不享其祭，故天降之災，非曰桓、僖有以獲罪於天，而火焚其廟也。至仲舒、劉向則謂以季氏之故，桓則季氏所出，而僖則使季氏世卿者。於是以爲其咎不在當時之君，而歸過於祖宗，其説鑿矣。至其論漢世以來之災異，如高廟之火，以爲爲諸侯王、大臣；文廟之火，以爲爲霍光；宣廟之火，以爲爲石顯。夫諸侯王之過制，霍光之專擅，石顯之姦欺，所以致之者，時君之過也，於先代何預？且曰貴而不正者天燔之，是天欲示警於子孫而焚其祖宗之廟，蓋亦迂遠而不切矣。况宗廟，人主所嚴事者也。災延宗廟，變異不小，不思側身脩行以謝天地祖宗，而方且以驕恣專擅之臣擬之，以爲天惡而欲燔之以示戒，其説不亦謬乎！

成帝建始元年正月乙丑，皇考廟災〔一〇〕。初，宣帝爲昭帝後而立父廟，於禮不正。又時大將軍王鳳擅朝，將害國家，故天見象。鴻嘉三年八月乙卯，孝景廟北闕災。十一月甲寅，許皇后廢。永始元年正月癸丑，大官凌室災〔一一〕。戊午，戾后園南闕災。時趙飛燕大幸，許后既廢，上將立之，故天見象於凌室，與惠帝四年同應。又戾后起於微賤，與趙氏同應。天戒若曰，微賤亡德之人不可以奉宗廟，將絶祭祀。四年四月癸未，長樂宮臨華殿及未央宮東司馬門災。六月甲午，孝文霸陵園東闕南方災。長樂宮，成帝母王太后所居也。未央宮〔一二〕，帝所居也。霸陵，太宗盛德園也。時太后三弟相續秉政，舉宗居位，充塞朝廷，將害國家，故天象仍見。哀帝建平三年正月癸卯，桂宮鴻寧殿災。帝祖母傅太后所居也。時傅太后欲與成帝母等號齊尊，大臣以諫獲罪。後三年，帝崩，傅氏誅滅。平帝元始五年七月己亥，高皇帝原廟殿門災盡。時平帝幼，王太后臨朝，委政王莽，將篡漢祚，墮高帝宗廟，故天象見也。

王莽地皇三年二月，霸橋災，數千人以水沃救，不滅。

後漢光武建武六年十二月，雒陽市火。二十四年正月戊子，雷雨霹靂，火災高廟北門。明帝永平元年六月己亥，桂陽火飛來，燒城寺。章帝建初元年十二月，北宮火燒壽安殿，延及右掖門。元和三年六月丙午，雷雨，火燒北宮朱爵西闕。和帝永元八年十二月丁巳，南宮宣室殿火。時帝幸北宮，竇太后在南宮。明年，竇太后崩。　十三年八月己亥，北宮盛饌門閤火。時和帝幸鄧貴人，陰氏以罪廢死〔一三〕，立鄧貴人爲皇后。　十五年六月辛酉，漢中城固南城門災。此孝和皇帝將絶世之象也。其後二年，帝崩，殤帝及平原王皆早夭，和帝世絶。　安帝永初元年十二月，河南郡縣火，燒殺百五人。　二年，河南郡縣又失火，燒五百八十四人。　四月甲寅，漢陽阿陽城中失火〔一四〕，燒殺三千五百七十人。先是和帝崩，立殤帝，復早夭，平原王勝有廢疾，乃更立清河王子，是爲安帝。　四年三月戊子，杜陵園火。　元初四年二月壬戌，武庫火，燒兵物一百一十五種〔一五〕，直千萬以上。時羌叛，大發兵禦之，積十餘年，天下厭苦兵役。　延光元年八月戊子，陽陵園寢殿災〔一六〕。凡災發於先陵，此太子將廢之象也。若曰，不當廢太子以自翦，如火不當害先陵之寢也。明年，上以讒言廢皇太子爲濟陰王。後二年，宮車晏駕。中黄門孫程等十九人起兵殿省，誅賊臣，立濟陰王。　四年秋七月乙丑，漁陽城門樓災。　順帝永建三年七月丁酉，茂陵園寢殿災。古今注曰：「二年五月戊辰，守宮失火，燒宮藏財物盡。四年，河南郡縣失火，燒人六畜。」　陽嘉元年，恭陵廡災，及東西幕府火。古今注曰：「十二月，河南郡國火燒廬舍，殺人。」太尉李固以爲奢僭所致。陵之初造，禍及枯骨，規廣治之尤飾。又上欲更造宮室，益臺觀，故火起幕府，燒材木。　永和元年十月丁未，承福殿火。臣昭按：楊厚傳是災。先是爵號阿母宋娥爲山陽君，后父梁商本國侯，又多益商封。商子冀不襲父爵，別封襄邑侯。皆過差非禮。　漢安元年三月甲午，雒陽劉漢等百九十七家爲火所燒。古今注曰：「火或從室屋間物中，不知所從起，數月乃止。」後四年，宮車比三晏駕，建和元年君位乃定。　桓帝建和二年五月癸丑〔一七〕，北宮掖庭中德陽殿火，及左掖門。時梁冀挾姦譖殺太尉杜喬〔一八〕。是後梁太后崩，梁氏誅滅。延熹四年正月辛酉，南宮嘉德殿火。戊子，丙署火。二月壬辰，武庫火。五月丁卯，原陵長壽門火。先是亳后因賤人得幸，號貴人，爲后。上以后母宣爲長安君，封其兄弟，愛寵隆崇〔一九〕，又多封無功者。去年春，白馬令李雲坐直諫死。至此彗除心、尾，火連作。五年正月壬午，南宮丙署火。四月乙丑，恭北陵東闕火〔二〇〕。戊辰，虎賁掖門火。五月，康陵園寢火。甲申，中藏府承禄署火。七月己未，南宮承善闥内火。六年四月辛亥，康陵東署火。七月甲申，平陵園寢火。八年二月己酉，南宮嘉德署、黄龍、千秋萬歲殿皆火〔二一〕。四月甲寅，安陵園寢火。閏月，南宮長秋、和歡殿後鉤盾、掖庭、朔平署各火。十一月壬子，德陽前殿西閤及黄門北寺火，殺人。袁山松書曰：「是時連月有火災，諸宮寺或一日再三發〔二二〕。又夜有訛言，擊鼓相驚。陳蕃、劉矩、劉茂上疏諫曰〔二三〕：『古之火皆君弱臣强，極陰之變也。前始春而獄刑慘，故火不炎上。前入春節連寒，木冰，暴風折樹，又八九州郡並言隕霜殺菽。春秋晉執季孫行父，木爲之冰。夫氣弘則景星見，化錯則五星開，日月蝕。災爲已然，異爲方來，恐卒有變，必於三朝，唯言政可以已之〔二四〕。願察臣前言，不棄愚忠，則元元幸甚。』書奏不省。」九年三月癸巳，京都夜有火光轉行，民相驚譟。袁山松書曰：「是時宦豎專朝，鈎黨事起，上尋無嗣〔二五〕，陳蕃、竇武爲曹節等所害，天下無復紀綱。」靈帝熹平四年五月，延陵園災。光和四年閏月辛酉，北宮東掖庭永巷署災。陳蕃諫云：「楚女悲而西宮災，不御宮女，怨之所致也。」五年五月庚申，德陽前殿西北入門内永樂太后宮署火。中平二年二月己酉，南宮雲臺災。庚戌，樂成門災〔二六〕，南宮中門。延及北闕度道〔二七〕，西燒嘉德、和歡殿。案雲臺之災自上起，榱題數百，同時並然，若就縣華鐙，其日燒盡，延及白虎、威興門、尚書、符節、蘭臺。夫雲臺者，乃周家之所造也，圖書、術籍、珍玩、寶怪皆所藏在也。京房易傳曰：「君不思道，厥妖火燒宮。」是時黄巾作慝，七州二十八郡同時俱發，百姓死傷過半。靈帝虐侈滋甚，官非其人，政以賄成。天戒若曰，放賢賞淫，何以舊典爲？故焚其臺門祕府也。其後三年，靈帝暴崩，繼以董卓之亂，火三日不絶，京都爲丘墟矣〔二八〕。獻帝初平元年八月，霸橋災。其後三年，董卓見殺。

魏明帝太和五年五月，清商殿災。初，帝爲平原王，納河南虞氏爲妃。及即位，不以爲后，更立典虞車工卒毛嘉女爲后。后本仄微，非所宜升，以妾爲妻之罰也。青龍元年六月，洛陽宫鞠室災。二年四月，崇華殿災，延於南閣，繕復之。至三年七月，此殿又災。帝問高堂隆：「此何咎也？於禮寧有祈禳之義乎？」對曰：「夫災變之發，皆所以明教誡也，惟率禮脩德可以勝之。易傳曰：『上不儉，下不節，孽火燒其室。』又曰：『君高其臺，天火爲災。』此人君苟飾宫室，不知百姓空竭，故天應之以旱，火從高殿起也。按舊占曰：『災火之發，皆以臺榭宫室爲誡。』今宜罷散作役，務從節約，清掃所災之處，不敢於此有所營造，萐莆上所甲反，下音甫。嘉禾必生此地，以報陛下虔恭之德。」帝不從。遂復崇華殿，改曰九龍。以郡國前後言龍見者九，故以爲名。多棄法度，疲衆逞欲，以妾爲妻之應也。

吴孫亮建興元年十二月，武昌端門災，改作端門，又災内殿。門者，號令所出；殿者，聽政之所。時諸葛恪執政，矜慢放肆，孫峻總禁旅，險害終著。恪喪衆殄人，峻授政於綝，綝廢亮也。太平元年二月朔，建業火〔二九〕。時孫綝執政，矯詔殺吕據、滕胤。明年，又殺朱異。棄法律逐功臣之罰也。孫休永安五年二月，城西門北樓災。六年十月，石頭小城火。時孌人張布專國，多行無禮。孫皓建衡二年三月，大火〔三〇〕，燒萬家，死者七百人。時皓制令詭暴，棄法度，誅名士，後宫女謁盛行。

晉武帝太康八年三月乙丑，震災西閣楚王所止坊及臨商觀牕。十年四月癸丑，崇賢殿災。十一月庚辰〔三一〕，含章鞠室、脩成堂前廡、景坊東屋、暉章殿南閣火。時有上書曰：「漢王氏五侯，兄弟迭任，今楊氏三公，並在大位，故天變屢見，竊爲陛下憂之。」由是楊珧音遥。求退。是時帝納馮紞都敢反。之間，廢張華之功，聽楊駿之讒，離衛瓘之寵，此逐功臣之罰也。明年，宫車晏駕。其後楚王承竊發之旨，戮害二公，身亦不免。震災其坊，又天意乎。惠帝元康五年閏月庚寅，武庫火。張華疑有亂，先命固守，然後救火。是以累代異寶，王莽頭，孔子屐，其逆反。漢高祖斷白蛇劍及二百萬人器械，一時蕩盡。是後愍懷見殺，殺太子之罰也〔三二〕。天戒若曰，冢嗣將傾，社稷將泯，禁兵無所復施，皇旅又將誰衛。帝后不悟，終喪四海。八年十一月，高原陵火。時賈后凶恣，賈謐專朝，惡罪宜見誅絶之應。永興二年七月甲午，尚書諸曹火起，延崇禮闥及閣道。夫百揆王化之本〔三三〕，王者棄法律之應也。後清河王覃入嗣，不終於位，又殺太子之罰也。孝懷帝永嘉四年十一月，襄陽火，燒死者三千餘人。時王如自號大將軍、司雍二州牧，衆四五萬，攻略郡縣。此下陵上，陽失其節之應也。元帝太興中，王敦鎮武昌，武昌災，火起，興衆救之，救於此而發於彼〔三四〕，東西南北數十處俱應，數日不絶。舊説所謂「濫炎妄起，雖興師衆不能救之」之謂也。干寶以爲「此臣而君行，亢陽失節，是爲王敦陵上，有無君之心，故災也」。永昌二年正月癸巳，京都大火。三月，饒安、東光、安陵三縣火，燒七千餘家，死者萬五千人。明帝太寧元年正月，京都火〔三五〕。是時王敦威侮朝廷，多行無禮，内外臣下咸懷怨毒，極陰生陽也。成帝咸和二年五月，京師火。康帝建元元年七月庚申，吴郡災。穆帝永和五年六月，震災石季龍太武殿及兩廟端門。震災月餘乃滅，金石皆盡。其後季龍死〔三六〕，大亂，遂滅亡。海西公太和中，郄愔爲會稽太守。六月，大旱，災，火燒數千家，延及山陰倉米數百萬斛，炎烟蔽天，不可撲滅。此亦桓温强盛，將廢海西，極陰生陽之應也。孝武帝寧康元年三月，京都風火大起。是時桓温入朝，志在陵上，少主踐位，人懷憂恐，此與太寧火事同。太元十年正月，國子學生因風放火，焚房百餘間。是後考課不厲，賞黜無章。蓋有育才之名，而無收賢之實，此不哲之罰先兆也。十三年十二月乙未，延賢堂災。是月丙申〔三七〕，螽斯則百堂及客館、驃騎府庫皆火〔三八〕。於時朝多弊政，衰陵日兆，不哲之罰，皆有象類，主相不悟，終至亂亡。會稽王道子寵幸尼及姏武酣反，老女稱。母，各樹用其親戚，乃至出入宫掖，禮見人主。天戒若曰，登延賢堂及客館者多非其人，故災之也。又孝武帝更不立皇后，寵幸微賤張夫人，夫人驕妒，皇子不繁，乖「螽斯則百」之道，故災其殿焉。道子復賞賜不節，故府庫被災，斯亦其罰也。安帝隆安二年三月，龍舟二乘災。是水沴火也。其後桓玄篡位，帝乃播越。天戒若曰，王者流遷，不復御龍舟，故災之耳。元興元年八月庚子，尚書下舍曹火〔三九〕。時桓玄遥録尚書，故天火，示不復居也。三年，盧循攻略廣州，刺史吳隱之閉城固守。其十月壬戌夜，火起。時百姓避寇盈滿城内，隱之懼有應賊者，但務嚴兵，不先救火。由是府舍焚蕩，燒死者萬餘人，因遂散潰，悉爲賊擒。義熙四年七月丁酉，尚書殿中吏部曹火。九年，京都大火，燒數千家。十一年，京都所在大行火災，吳界尤甚。火防甚峻，猶自不絶〔四〇〕。王弘時爲吳郡，晝在聽事，見天上有一赤物下，狀如信幡，遥集路南人家屋上〔四一〕，火即大發，弘知天爲之災，故不罪火主。此帝室衰微之應也。

宋文帝元嘉五年正月戊子，都下大火。　七年十二月，都下火，延燒太社北墻。　二十九年三月壬午，都下火。

齊東昏侯永元二年七月甲申〔四二〕，宮内火，惟東閤内明帝舊殿數區及太極殿以南得存，餘皆蕩盡。

梁武帝天監元年五月，有盜入南、北掖，燒神虎門、總章觀〔四三〕。　時帝初即位，而火燒觀闕，不祥之甚。既而太子薨，皇孫不得立。及帝暮年，惑於朱异之口，果有侯景之亂，宮室多被焚燒，天誡所以先見也。　普通二年五月，琬琰殿火，延燒後宮三千餘間。　中大通元年，朱雀航華表災。　明年，同泰寺災。　大同三年，朱雀門災，水沴火也。　時帝崇尚佛道，宗廟牲牷，皆以麵代之。　又數詣寺捨身爲奴，令王公以下贖之〔四四〕。　天變數見而不悟，後卒以亡。

陳武帝永定三年，重雲殿災。

東魏孝静天平二年十一月，閶闔門災。　是時齊神武作宰，而大野拔斬樊子鵠，以州來降，神武聽讒而殺之。　司空元暉業免〔四五〕。　逐功臣、大臣之罰也。　武定五年八月，廣宗郡火，燒數千家。

後齊後主天統三年，九龍殿災，延燒西廊。　四年，昭陽、宣光、瑶華三殿災，延燒龍舟。　是時讒言任用，正士道消，祖孝徵作歌謡，斛律明月以誅死。　讒夫昌，邪勝正之應也。　京房易傳曰：「君不思道，厥妖火燒宮。」

隋文帝開皇十四年，將祠泰山，令使者致石象神祠之所。　未至數里，野火歘起，燒像碎如小塊。　時帝頗信讒言，猜阻骨肉，滕王瓚失志而死，創業功臣，多被夷滅，故天見變，而帝不悟。　其後太子勇竟被廢戮。煬帝大業十二年，顯陽門災，舊名廣陽，則帝之姓名。國門之崇顯，號令之所由出也。時帝不遵法度，驕奢荒怠，信讒害忠。天意若曰，害「廣陽」也〔四六〕。

唐太宗貞觀四年正月癸巳，武德殿北院火。二十三年三月，甲弩庫火。高宗永徽五年十二月乙巳，尚書司勳庫火。顯慶元年九月戊辰，恩州、吉州火，焚倉廩、甲仗、民居二百餘家。十一月己巳，饒州火。武太后證聖元年正月丙申夜，明堂火，武太后欲避正殿，徹樂。宰相姚璹以爲火因人，非天災也，不宜貶損。后乃御端門觀酺，引建章故事，復作明堂以厭之。是歲，内庫災，燔二百餘區。萬歲登封元年三月壬寅〔四七〕，撫州火。久視元年八月壬子，平州火，燔千餘家。中宗景龍二年二月〔四八〕，東都凌空觀災。玄宗開元五年十一月乙卯，定陵寢殿火。是歲，洪州、潭州災，延燒州署，州人見有物赤而暾暾飛來，旋即火發。十五年七月甲戌，興教門樓柱災。是年，衡州災，延燒三百餘家，州人見有物大如甕，赤如燭籠，所至火即發。十八年二月丙寅，大雨雪，俄而雷震，左飛龍廐災。占曰：「天火燒廐，兵大起。」十月乙丑，東都宫佛光寺火。天寶二載六月，東都應天門觀災，延燒左、右延福門，經日不滅。京房易傳曰：「君不思道，天火燔其宫室。」九載三月，華嶽廟災，時帝將封西嶽，以廟災乃止。十載八月丙辰，武庫災，燔兵器四十餘萬。武庫，甲兵之本也。肅宗寶應元年十二月己酉，太府左藏庫火。代宗廣德元年十二月辛卯夜，鄂州大風，火發江中，焚舟三千艘〔四九〕，延及岸上民居二千餘家，死者數千人。大曆十年二月，莊嚴寺浮圖災。初有疾風震電，俄而火從浮圖中出。德宗貞元元年，江陵度支院火，焚江東租賦百餘萬。十三年正月，東都尚書省火。十九年四月，家令寺火。　憲宗元和二年七月，洪州火，燔民舍萬七千家。　七年六月，鎮州甲仗庫災，主吏坐死者百餘人。　八年，江陵大火。　十一年十一月甲戌，元陵火。　李師道起宮室於鄆州，將謀亂，既成而火。　文宗太和二年十一月甲辰，禁中昭德寺火。　延至宣政東垣及門下省，宮人死者數百人。　三年十月癸丑，仗内火。　四年三月，陳州、許州火，燒萬餘家。　十月，浙西火。　八年三月，揚州火。　皆燔民舍千區。五月己巳，飛龍神駒中廐火〔五〇〕。　十月，揚州市火，燔民舍數千區。　十二月，禁中昭成寺火。　開成二年六月，徐州火，延燒居民三百餘家。　四年十二月乙卯，乾陵火；丁丑晦，揚州市火，燔民舍數千家。　武宗會昌元年五月，潞州市火。　三年六月，西内神龍寺火；萬年縣東市火，焚廬舍甚衆。　六年八月，葬武宗，辛未，靈駕次三原縣〔五一〕，夜大風，行宮幔城火。　僖宗乾符四年十月，東都聖善寺火。　昭宗大順二年六月乙酉，幽州市樓災，延及數百步。　七月癸丑甲夜，汴州相國寺佛閣災。　是日暮，微雨，震電，或見有赤塊轉門譙藤網中，周而火作。　頃之，赤塊北飛，轉佛閣籐網中，亦周而火作。　既而大雨暴至，平地水深數尺，火益甚，延及民居，三日不滅。

後唐明帝天成四年十一月，汝州火，燒羽林軍營五百餘間。先是，司天奏：「熒惑入羽林，請京師爲火備。」至是應之。　長興二年四月，汴州封禪寺門上忽有火起，延燒近寺廬舍。　相次黎陽縣亦火。

後晉高祖天福三年十一月，襄州奏火焚居民千餘家。

周世宗顯德五年四月，吳越王錢弘俶奏：「十日夜，杭州火，焚燒府署殆盡。」上命中使齎詔恤問。

宋太祖建隆元年，宿州火，燔民舍萬餘區。　二年三月，内酒坊火，燔舍百八十區，酒工死者三十餘。三年正月，滑州甲仗庫火，燔儀門及軍資庫一百九十區，兵器、錢帛並盡。開封府通許鎮民家火，燔廬舍三百四十餘區。二月，安州牙吏施延業家火，燔民舍并顯義軍營共六百餘區。五月，京師相國寺火，燔舍百餘區〔五二〕。海州火，燔數百家，死者十八人。乾德四年二月，岳州衙署、廩庫火，燔市肆、民舍殆盡，官吏踰城僅免。三月〔五三〕，陳州火，燔民舍數千區〔五四〕。潭州火〔五五〕，燔民舍五百區，踰月，民死者三十六人〔五六〕。是春，諸州言火者甚衆。八月，衡州火，燔公署、倉庫、民舍，僅存者千餘區〔五七〕。五年，京師建隆觀火。開寶二年八月〔五八〕，辰州廨火，及燔軍資庫。五年七月，忠州廨火，倉庫殆盡。七年九月，亳州永城縣火，燔民舍一千八十四區〔五九〕。八年四月，洋州火，燔州廨、民舍千七百區。亳州永城縣火，燔軍營、民舍千九百八十區，死者九人。太宗太平興國七年八月，益州西倉災。雍熙元年五月丁丑，乾元、文明二殿災。初夕，陰雲雷震，火起月華門，翊日辰、巳方止。二年九月庚戌夜，楚王元佐宮火，燔舍數百區。王自是以疾廢於家。端拱元年二月，雲安軍威棹營火。二年三月，衡州火，燔州縣官舍、倉庫、軍營三百餘區。又崇賢坊有烏銜火，燔數十處，七日不滅。淳化三年十月，蔡州懷愛軍營火，燔汝河橋民居、官舍三千餘區，死者數人。十二月，建安軍城西火，燔民舍、官廨等殆盡。四年二月，永州保安津舍火，飛燄過江，燒州門及民屋三百餘家。真宗咸平二年四月，池州倉火，燔米八萬七千斛。景德元年正月，平虜軍營火，焚居民廬舍甚衆。四年十一月，鄆州火，燔倉庫並盡〔六〇〕。大中祥符元年正月，桂州甲仗庫災。二年四月，昇州火，燔軍營、民舍殆盡。七年，雄州甲仗庫火。八年二月甲寅，宗正寺火。四月壬申夜，榮王元儼宮火，自三鼓北風甚，癸酉亭午乃止，延燔左承天祥符門〔六一〕、内藏左藏庫、朝元殿、乾元門〔六二〕、崇文院、祕閣、天書法物内香藥庫。　九年五月甲子，左天厩坊草場火。　天禧二年二月戊寅〔六三〕，北宅蔡州團練使德雍院火，延燔數百區。　三年春，京師多火。　六月，永州軍營火，延民舍數百區。　仁宗天聖七年六月丁未，玉清昭應宫災。　初，大中祥符元年，詔建宫以藏天書。　七年，宫始成，凡三千六百一十楹〔六四〕。至是，火發夜中，大雷雨，至曉而盡。　明道元年八月壬戌，脩文德殿成。　是夜，禁中火〔六五〕，延燔崇德、長春、滋福、會慶、延慶、崇徽、天和、承明八殿。　景祐三年七月庚子，太平興國寺災〔六六〕，火起閣中，延燔開先殿及寺舍數百楹。　是夕，大雨震電〔六七〕。　寶元二年六月丁丑〔六八〕，益州火，焚民廬舍三千餘區。　康定元年六月乙未，南京鴻慶宫神御殿火。　慶曆三年十一月丙寅，上清宫火。　八年正月壬午，江寧府火。　初，李景在江南大建宫室、府寺〔六九〕，其制多倣帝室，至是一夕而焚，惟存一廳〔七〇〕，乃玉燭殿也。　至和二年，并州太宗神御殿火。　英宗治平三年正月〔七一〕，温州火，燔屋萬四千間，死者五十人〔七二〕。　神宗治平四年十二月壬子夜，睦親宫火，焚九百餘間；甲寅，廣親宫又火。　熙寧六年二月丙申，永昌陵上宫火，燔東城門。　七年九月壬子，三司火，自巳至戌，焚屋千八十楹〔七三〕，案牘殆盡。　十年正月，仙韶院火，撤屋二百五十楹。　三月丙子，開封府火。　元豐元年八月，邕州火，焚官舍千三百四十六區，諸軍衣萬餘襲，穀帛軍器百五十萬。　四年六月，衡州火，燒官舍、民居七千二百楹。又欽州亦大雷震，火焚城屋。　五年二月，洞真宫火。　八年二月辛巳，開寶寺火。　時寓禮部貢院於寺，點檢試卷官翟曼、陳之方〔七四〕、馬希孟焚死，吏卒死者十四人。　哲宗元祐元年三月，宗室宫院火。　六年十二月，開封府火。　紹聖三年三月初七日，内尚書省火〔七五〕，尋撲滅。上諭執政：禁中屢火，方醮禳，已罷春宴，仍不御垂拱殿三日。　四年七月甲子，禁中火。　元符元年四月，宗室宫院火。　徽宗建中靖國元年六月壬寅，集禧觀火，大雨中久而後滅。　崇寧二年六月，中太一宫火〔七六〕。　三年三月辛丑，大内火〔七七〕。　政和三年四月，蘇州火，延燒公私屋一百七十餘間。　五月辛丑，京師大盈倉火。是歲，成都府大慈寺、温州純州皆火〔七八〕。　八年九月，掖庭大火，自甲夜達曉，大雨如傾，火益熾，凡爇五千餘間，後苑廣聖宫及宫人所居幾盡，焚死者甚衆。　欽宗靖康元年十二月丙子夜，尚書省火，延燒禮、祠、工、刑、吏部，拆尚書省牌擲火中禳之乃息。　二年三月戊戌，天漢橋火，焚百餘家。頃之，都亭驛又火。　己酉，保康門火。　高宗紹興元年十月乙酉，行在、越州大火，民多露處。令有司賑緡粟，弛財葦之征。　十二月辛未，越州再火，吏部文書多焚；乙酉，降旨移蹕錢塘。　二年正月丁巳，宣州大火，燔城中民舍幾盡〔七九〕。　五月庚辰，行在臨安府大火，頃刻，跨山亘六七里，燔民舍一萬數千家。　十二月甲午，行都大火，燔吏刑工部、御史臺、官府、民廬、軍壘盡，乙未旦乃熄，銓選文書無存者。令户部發廩賑焚室。　三年九月庚申，行都闕門外民廬火，燔者甚廣。令户部發廩以賑，命有司脩火政。　四年正月戊寅，行都火，燔闤闠民廬數千家。　六年二月，行都屢火，通燔千餘家。詔沿流州縣幾執姦間者，以李光言而止。　十二月，行都大火，燔民廬萬餘家，人有灼死者。　時上以劉豫入寇親征，都民之暴露者多凍死。令留守秦檜發户部米以賑。　七年二月丁酉，太平州大火，州治、宣撫司及官舍民廬、帑藏、文書皆盡，民之死於火者甚衆，録事參軍吕應中死其職，當塗縣丞李致虚亦死焉。　九年二月己卯，行都火。　七月壬寅，復火。　十年十月，行都火，燔民廬、官舍，延及省部。十一月丁巳，温州大火，燔州學、酤征舶等務、永嘉縣治及民廬千餘家。十一年七月，婺州大火，燔郡獄、倉場務、寺觀甚廣，民廬幾燬其半。九月甲寅，建康府火，燔府治三十餘區〔八〇〕，民廬三千餘家。十二年二月辛巳，鎮江府火，燔倉米數萬石，芻六萬束，民居之焚者尤衆。是月，太平、池州及蕪湖縣火，皆燔民廬。三月丙申，行都火〔八一〕。四月庚辰，行都火。十五年九月甲子〔八二〕，行都民居火，經夕，漸近太室而滅。乙丑，令有司撤火道，周廟垣二十步。十七年十二月辛亥，静江府火，燔民舍甚衆。二十年正月壬午，行都火，燔吏部文書皆盡。二十六年，潭州南岳廟火。即請復作廟，令有司給以緡粟。二十九年四月，鎮江府火，焚軍壘、民廬。令有司予財賑粟。孝宗乾道元年春〔八三〕，德安府應城縣厩驛火。二年冬，真州六合縣武鋒軍壘火。十二月，婺州火。自是火患不息，人火之也。九年九月，台州火，經夕，至於翌日晝漏半，燔郡獄、縣治、醞務及民廬七千餘家。淳熙元年十二月丁巳，泉州火，燔城樓、民舍五十餘家。令有司賑恤。二年六月戊午，潭州南岳廟火。令有司給錢萬五千緡、粟三千斛改作。八月，嚴州火。令守臣恤之。十一月癸亥〔八四〕，麗正門内東廡災。是歲，瀘州火。郡上焚室之書不實，部刺史張之俱坐貶秩。三年九月，大内射殿災，延及東宫門。四年十一月辛酉，鄂州南市火，暴風通夕，燔民舍千餘家。令漕臣、郡守賑恤之。五年四月庚寅，興州沙市火，燔民舍三百四十餘家，人有焚死者。十一月，和州牧營火，燔一百六十區。禁旅番上者居之也。七年二月，江陵府沙市大火，燔民舍數千家，江艦焚溺不可勝計，灼死者甚衆。八月，温州試士，丁酉〔八五〕，火作於貢闈。上令籍元卷姓名再試，防其溢於外貫也。八年正月，揚州火。九年九月，合州大火，燔民居幾盡，官舍僅有存者。十二年八月，温州火，燔城樓、居民廬四百餘家。十月〔八六〕，鄂州大火，燔民居萬餘家。江風暴作，結廬於隄、泊艦於岸者，焚溺無遺。令守臣恤之，且止民毋隄居。十四年五月，大内武庫火，戎器不害。六月庚寅〔八七〕，行都寶蓮山民居火，延七百餘家，救焚將校有死者。令守臣以緡粟賑之。五月，成都府市火，燔民舍萬家。令帥臣賑恤之。十六年九月，南劍州大火，民居存者無幾。光宗紹熙元年八月壬寅，處州火，延州市及民舍數百家。二年四月，行都傳法寺火，延及民廬。言者以戚里土木，爲孽火數起之應。時中宫建廟第，都民之應徙者多。是月，徽州大火，自庚子至於壬寅夜，燔州治、樵樓、官舍、郡獄、緡帑庫務，凡十九所，五百二十餘區，延户廬一千五百家。令部使者賑之粟。五月己巳，金州火，燔州治、官舍、帑藏、保勝軍器庫、城内外民舍甚廣。令總饟及常平使者賑之。三年正月己巳，行都火，通夕，至於庚午，闤闠焚者半。十一月，又火，燔民居五百餘家。十二月甲辰，鄂州火，至於乙巳，燔民居八百家，市井樓帘無存者。寧宗慶元二年八月己酉，永州州市火，燔民廬三百家。皆令守臣賑恤之。三年五月甲申，金州都統司中軍壘舍火，焚一千三百餘區。閏六月乙酉，又火，燔二千餘區。令予緡錢營其壘。六年八月戊戌，徽州火，燔民舍八百餘家，延郡獄、官舍甚廣。令守臣賑恤之。嘉泰元年三月戊寅，行都大火，至於四月辛巳，燔御史臺、司農寺、將作軍器監、進奏文思御輦院、太史局、軍頭皇城司、法物庫、御厨、班直諸軍壘及民居五萬八千九十七家〔八八〕，城内外亘十餘里。灼死之可知者五十有九人，而踐死者不可計。都城九燬其七，時百官皆僦舟以居。是夕火作於寶蓮山御史臺胥楊浩居舍，諫議大夫程松請戮浩以謝都民。再疏，始黥配萬安軍〔八九〕，猶免決。自是都民譌言相驚〔九〇〕，亡賴因以縱火爲姦利。壬午，上降次貶食，下哀痛之詔，内出帑錢一十六萬三千五百七十餘緡，米六萬五千一百九十餘石，賑焚室。　三年正月丁酉，襄陽府火作而風暴，僅燔民舍六十家。選鋒軍校于友直死於救焚，帥、漕臣上其功，贈二秩，官其二子。　十一月甲午，福州火，民舍之焚者四百餘家。　四年三月丁卯，行都大火，燔尚書省、中書省、樞密院、六部、右丞相府、制敕糧料院、親兵營、脩内司，延及學士院、内酒庫、内宮門廡，夜召禁旅入撲。太室撤廟廡，神主移御壽慈宮，册寶隨之。戊辰旦，火及和寧門鴟吻〔九一〕，禁卒張隆飛梯斧鴟，門以不火〔九二〕。是夕火，分數道，燎民廬三千七十餘家〔九三〕。詔出内帑緡錢、豐儲倉米以賑。己巳，神主回御太室。時省部皆寓治驛、寺。壬申，上避路朝，下罪己詔。乙亥，令百官直言時政闕失。　六月，盱眙軍天長縣禁旅戍壘火，鎧械爲盡。　八月壬辰，鄂州外南市火，燔民舍五百餘家。　開禧二年二月癸丑，壽慈宮火〔九四〕。乙卯，上降次去樂。　四月壬子，行都火，燔民居數百家。詔出封樁緡錢、豐儲倉粟以賑。　嘉定二年八月己巳，信州火，燔民廬二百家。　九月丁酉，吉州火，燔五百餘家。　是歲，瀘州火，延及民廬一千餘家。皆令郡賑恤之。　四年閏二月己卯，紹興府嵊縣浦橋火，燔百餘家。　三月，滁州火，燔民居甚廣。皆令各郡賑恤之。　十月，撫州火。　辛卯，福州一夕再火，燔城門、僧寺、民廬千餘家，死者數人。　五年五月己未，和州火，燔民廬二千家。　八年八月辛丑，湖州火，燔寺觀及民廬三百家。　九年七月甲戌，南劍州沙縣火，燔縣門、官舍及民廬一千一百餘家，有死者。令各郡賑恤之。　十一年二月，行都火，燔民居數百家。　九月己巳，禁垣外萬松嶺民舍火，延及四百八十餘家。令出緡粟賑之。　十二年三月庚寅〔九五〕，安豐軍故步鎮火，燔民廬千餘家，死傷於焚者五十餘人。令郡守賑恤之。　八月庚午，慶元府火，燔官舍、民廬、第宅、寺觀甚衆。詔縣焚室而弛其年租賦。　十一月壬子，行都火，燔城内民廬數萬家、禁壘百二十區。賑軍民緡粟，令臨安府帥臣安集焚徙者，且弛財葦之征。十七年四月丁卯，西和州焚軍壘及繞城民廬二千餘家，人火之也。守臣尚震午聞虜焚之而遁，虜實不至。六月丁亥，岳州火，燔岳陽樓、郡獄、帑庫，以及民居八十家。己丑，又火燔百餘家。

火異

周武王伐紂，師渡孟津。既濟，有火自上復於下，至於王屋，流爲烏，其色赤，其聲魄云。註見羽蟲之異。

威烈王三年冬十一月，晉有火下於北方，有聲如鼓。

漢成帝河平四年六月，山陽火生石中，改元爲陽朔。朔，始也。以火生石中，言陽氣之始。

後漢桓帝延熹九年三月癸巳，京師有火光轉行，人相驚譟。

晉惠帝永康元年，帝納后羊氏，將入宮，衣中忽有火，衆咸怪之。後后竟坐廢。光熙元年五月，范陽國地燃，可以爨。

石虎時，石燃於泰山，八日而滅。穆帝升平三年〔九六〕，凉州城東池中有火。姑臧澤水中有火〔九七〕。苻堅時，關中土燃無火，而烟氣大起，方數十里中，月餘不滅。

齊武帝永明十一年，先是魏地謡言，「赤火南流喪南國」。是歲，有沙門從北齎此火至，火赤於常火而微，云以療疾。貴賤争取之，多得其驗。二十餘日，都下大盛，咸云「聖火」。詔禁之不止。火灸至七炷而疾愈。吴興邱國賓密以還鄉，邑人楊道慶虚疾二十年，依法灸即差。

唐太宗貞觀十三年三月壬寅〔九八〕，雲陽石燃，方丈，晝則如灰，夜則有光，投草木則焚，歷年乃止。火失其性而沴金也。幽州坊谷地常有火，長慶三年夏，遂積水爲池。近水沴火也。

宋太祖開寶七年六月，棣州有火自空墜於城北，有物如龍。詳見龍蛇之異。太宗端拱元年，瀘州鹽井竭，遣工入視，忽有聲如雷，火焰突出，工被傷。高宗紹興三十二年，建昌軍新城縣有巨室，篋中時有火光，燔衣帛過半而篋不焚。近孽火也。

赤眚赤祥

左氏傳魯襄公時，宋有生女子赤而毛，棄之堤下，宋平公母共姬之御者見而收之，因名曰棄。長而美好，納之平公，生子曰佐。後宋臣伊戾讒太子痤而殺之。先是，大夫華元出奔晉，華弱奔魯，華臣奔陳，華合比奔衛。劉向以爲時則火災赤眚之明應也。京房易傳曰：「尊卑不別，厥妖女生赤毛。」

漢惠帝二年，天雨血於宜陽，一頃所，劉向以爲赤眚也。時諸呂用事，讒口妄行，殺三皇子，高帝三子。建立非嗣。立後宮子爲惠帝嗣。及呂太后崩，大臣共誅滅諸呂，僵尸流血。京房易傳曰：「歸獄不解，兹謂追非，厥咎天雨血，兹謂不親，民有怨心，不出三年，無其宗人。」又曰：「佞人祿，功臣僇，天雨血。」武帝建元四年，有風赤如血。哀帝建平四年四月，山陽湖陵雨血，廣三尺，長五尺，大者如錢，小者如麻子。後二年，帝崩，王莽擅朝，誅貴戚丁、傅，大臣董賢等皆放徙遠方，與諸呂同象。誅死者少，雨血亦少。

王莽始建國四年夏，赤氣出東南，竟天。

後漢桓帝建和三年秋七月，北地廉雨肉似羊肋，肋，脅骨也。或大如手。近赤祥也。時梁太后攝政，兄冀專權，枉殺李固、杜喬等，天下冤之。其後梁氏誅滅。

魏公孫淵時，襄平北市生肉，長圍各數尺，有頭目口喙，無手足而動摇。此赤祥也。占曰：「有形不成，有體不聲，其國滅亡。」淵尋爲魏所誅。

吴戍將鄧喜殺猪祠神〔九九〕，治畢懸之，忽見一人頭往食肉，喜引弓射中之，咋咋（助陌反）作聲，繞屋三日。近赤祥也。後人白喜謀北叛，闔室受誅。京房易妖曰：「山見葆，江於邑，邑有兵，狀如人頭，赤色。」

晉武帝太康五年四月壬子，魯國池水變赤如血。七年十月〔一〇〇〕，河陰有赤雪二頃〔一〇一〕。此赤祥也。是後四載而帝崩，王室遂亂。惠帝元康五年三月〔一〇二〕，呂縣有流血，東西百餘步。此赤祥也。至元康末，窮凶極亂，僵尸流血之應也。干寶以爲「後八載而封雲亂徐州，殺傷數萬人」，是其應也。永康元年三月，尉氏雨血。夫政刑舒緩，則有常燠赤祥之妖。此歲正月，送愍懷太子幽於許宫。天戒若曰，不宜緩恣姦人，將使太子冤死。惠帝愚眊不寤，是月愍懷遂斃。於是王室成釁，禍流天下。淖（奴效反）。齒殺齊湣（眉隕反）。王日〔一〇三〕，天雨血霑衣，天以告也，此之謂乎？京房易傳曰：「歸獄不解，兹謂追非，厥咎天雨血，兹謂不親，下有怨心，不出三年，亡其宗人。」又曰：「佞人禄，功臣戮，天雨血也。」永寧二年十一月壬寅夜，赤氣竟天，隱隱有聲。永興二年十月，赤氣見於北方，東西竟天。愍帝建興元年，河東雨肉。

劉聰僞建元元年〔一〇四〕，雨血於東宫延明殿，徹瓦在地者深五寸。又雨血平陽，廣袤十里。平陽地震，其崇明觀陷爲池，水赤如血，赤氣至天，有赤龍奮迅而去。流星起於牽牛，入紫微，龍形委蛇，其光照地，落於平陽北十里。視之則肉，臭聞於平陽，長三十步，廣二十七步。肉傍常有哭聲，晝夜不止。數日，聰后劉氏產一蛇一獸，各害人而走。尋之不得，頃之見於隕肉之傍。時聰納劉殷三女爲后，逆骨肉之綱，亂人倫之則。隕肉諸妖，其眚亦大。俄而劉氏死，哭聲自絕。

石虎末，雨血，周遍鄴城。

梁武帝天監十五年七月，荆州市殺人而身不僵，首墮於地，動口張目，血如竹箭，直上丈餘，然後如雨細下。是歲荆州大旱。近赤祥，寃氣之應。

陳宣帝大建十四年正月，御座幄下見一物如車輪，色正赤。尋而帝患，無故大叫數聲而崩。後主至德二年十二月〔一〇五〕，有赤物隕於太極殿前，初下，鐘皆鳴。又嘗進白飲，忽變爲血。又有血霑殿階，瀝瀝然至御榻。俄而國亡。

北齊武成河清二年，太原雨血。劉向曰：「血者陰之精，傷害之象，僵屍之類。」明年，周師與突厥入并州，大戰城西，伏尸百餘里。京房易飛候曰：「天雨血染衣，國亡君戮。」亦後主亡國之應。四年，有物隕於殿庭，色赤，形如赤漆鼓帶小鈴，衆星隨者如小鈴〔一〇六〕。四月，婁太后崩。武平中，有血點地，自咸陽王斛律明月宅，而至於太廟。天戒若曰，殺明月，則宗廟隨而覆矣。後主不悟，國祚竟絕。

隋煬帝大業十三年，上徙居丹陽，將遜居江左，有石自江浮入於揚子，日光四散如血。上甚惡之，次年遇弑。

唐高祖武德七年，河間王孝恭征輔公祏，宴群帥於舟中〔一〇七〕，孝恭以金盌酌江水，將飲之，則化爲血。孝恭曰：「盌中之血，公祏授首之祥。」　武德初，突厥國中雨血三日。　武太后光宅初，宗室岐州刺史崇真之子横、杭等夜宴，忽有氣如血腥。　武后時，來俊臣家井水變赤如血，井中夜有吁嗟歎惋聲，俊臣以木棧之，木忽自投十步外。　長安中，并州晉祠水赤如血〔一〇八〕。　中宗時，成王千里家有血點地，及奩箱上有血淋瀝，腥聞數步。　又中郎將東夷人毛婆羅炊飯〔一〇九〕，一夕化爲血。　中宗景龍二年七月癸巳，赤氣際天，光燭地，三日乃止。　赤氣，血祥也。　玄宗天寶六載，少陵原楊慎矜父墓封域内，草木皆流血，慎矜令浮屠史敬思禳之，退朝裸而桎梏於叢棘間，如是數旬流血不止。　十二載，李林甫第東北隅每夜火光起，或有如小兒持火出入者。　近赤祥也。　十三載，汝南葉縣南有土塊鬭，中有血出，數日不止。　肅宗寶應元年八月庚午夜，有赤光亘天，貫紫微，漸移東北，彌漫半天。　代宗大曆十三年二月，太僕寺有泥像，左臂上有黑汗滴下，以紙承之，血也。　德宗貞元二年十一月壬午，日没有赤氣五，出於黑雲中，亘天。　十二年九月癸卯夜，有赤氣如火，見北方，上至北斗。　十七年，福州劍池水赤如血。　二十一年正月甲戌，雨赤雪於京師。　憲宗元和十四年二月，鄆州從事院門前地有血，方尺餘，色甚鮮赤，不知所從來，以爲自空而墮也。　穆宗長慶元年七月戊午，河水赤，三日止。　敬宗寶曆元年十二月乙酉夜，西北有霧起，須臾遍天，霧止〔一一〇〕，有赤氣，或淺或深，久而乃散。　文宗太和元年四月庚戌，北方有赤氣，中有數白氣間之。　六月乙卯夜，西北有赤氣。　八月癸卯，京師見赤氣滿天。二年閏三月乙卯，北方有赤氣如血。　懿宗咸通七年，鄭州永福湖水赤如凝血者三日。　僖宗乾符六年，中書政事堂忽旦有死人，血污滿地，不知主名。　又御井水色赤而腥，漉之，得一死女子腐爛。　近赤祥也。中和二年七月丙午夜，西北方赤氣如絳，際天。光啟元年正月，潤州江水赤，凡數日。

宋神宗熙寧二年十一月，每夕有赤氣見西北隅如火，至人定乃滅。哲宗元祐三年七月丁卯夜，東北方明如晝，俄成赤氣，内有白氣經天。徽宗建中靖國元年正月朔夕，有赤氣起東北，彌亘西方，久之，中出白氣二，及赤氣將散，復有黑氣在其傍。欽宗靖康元年九月戊寅，有赤氣隨日出。高宗建炎元年八月庚午，東北方有赤氣。占曰：「血祥。」是歲，金虜再犯京師，遂南牧，兵禍拏結，流血之象也。四年五月，洞庭湖夜赤光見東北，亘天，如火明照湖心，上下一色，俄轉東南。此赤祥也。後虜兵犯湘、沔，又鍾相、孔彦舟、曹火星、劉超、彭筠、楊么巨盜，相繼荼毒一道，即其驗也。紹興七年正月乙酉，北方有赤氣達旦。辛卯，東北有赤氣如火，在牛斗間。十一月癸卯，南方有赤氣，東西北皆赤雲，自日入至於甲夜。皆赤祥也。八年九月甲申，赤氣出紫微垣。十八年八月丁亥、九月甲寅，皆有赤氣如火。二十年十一月，建昌軍新城縣永安村風雪大作，夜半若數百千人行聲，語笑歌哭，雜擾匆遽，而凝寒陰黑，咫尺莫辨，窺之無所睹。明旦，雪中有人畜鳥獸蹄迹〔二二〕，流血汙染十餘里，入山乃絶。近血妖，亦赤祥也。二十七年三月乙酉，赤氣出紫微垣。七月壬申，赤氣隨日入。三十年二月壬申，皆有赤氣如火〔二三〕。三十二年春，淮水溢，中有赤氣如凝血。先是，金虜酋完顏亮入寇駐揚州，爲其下所弑，至是始遁。淮水凝血，逆氣之應也。鄭景純曰：「血水類同屬於坎。」後連歲旱，亦其驗也。孝宗隆興二年十一月庚寅，日入後，赤雲隨之。乾道元年八月壬午，赤氣中天，自日入至於甲夜。六年十月庚午，赤氣隨日出。十一月丁丑，赤雲隨日入，至於甲夜。七年七月壬寅、十月戊午、己未，八年十月乙巳、丙午，淳熙三年八月丁酉、戊戌，皆有赤氣隨日入出。十三年，行都民舍有血自地中出，濺屋梁汙人衣。近赤祥也。十四年十一月癸丑、甲寅，有赤氣隨日入出。光宗紹熙三年春，潼川路久旱，日、月、星皆帶赤氣。四年十一月甲戌，赤雲夜見，白雲間之。近赤白祥也。寧宗慶元六年十月，赤氣夜發横天。嘉泰四年二月庚申夜，有赤雲間以白氣，東北亘天，後八日國有大火，言者以爲火祥。嘉定六年十月乙卯，赤氣隨日出。十一月辛卯，赤氣隨日入。

校勘記

〔一〕齊大災　「大」原作「火」，據左傳莊公二十年、漢書卷二七上五行志上改。

〔二〕故致大災　「大」原作「火」，據元本、慎本、馮本及漢書卷二七上五行志上改。

〔三〕故先知火災　「災」字原脱，據漢書卷二七上五行志上補。

〔四〕既不能誅季氏　「既」字原脱，據漢書卷二七上五行志上補。

〔五〕卒見幽死　「幽」原作「憂」，據史記卷九吕太后本紀、漢書卷二七上五行志上改。

〔六〕如淳曰東闕與其兩傍俱災也　「如淳曰東」四字原脱，據漢書卷四文帝紀注補。

〔七〕淮南濟北王皆謀反　「王」字原脱，據漢書卷二七上五行志上補。

〔八〕武帝建元六年二月乙未　「二」原作「六」，「乙未」原作「丁酉」，據漢書卷六武帝紀、資治通鑑卷一七改。又前漢紀卷一〇武帝紀作「三月乙未」。

〔九〕將有國害 「有」，漢書卷二七上五行志上作「爲」，義長。

〔一〇〕皇考廟災 「皇」，漢書卷二七上五行志上同，漢書卷一〇成帝紀、資治通鑑卷三〇俱作「悼」。按漢書卷八宣帝紀、漢書卷六三戾太子傳，皇考廟、悼考廟二者皆指宣帝父史皇孫廟。

〔一一〕大官凌室災 「官」原作「宫」，據元本、慎本、馮本及漢書卷二七上五行志上、漢書卷一〇成帝紀、漢書卷一九上百官公卿表上改。

〔一二〕未央宫 「宫」字原脱，據漢書卷二七上五行志上補。

〔一三〕陰氏以罪廢死 按後漢書卷四和帝紀、後漢書卷一〇上陰皇后紀、後漢書五行志二，陰氏廢死事在永元十四年夏。

〔一四〕漢陽阿陽城中失火 「阿陽」原作「河陽」，據後漢書郡國志五改。

〔一五〕燒兵物一百一十五種 「一十五」，後漢書五行志二作「一十五」。

〔一六〕陽陵園寢殿災 「災」，後漢書五行志二、後漢書卷五安帝紀作「火」。

〔一七〕桓帝建和二年五月癸丑 「二」原作「六」，據後漢書五行志二、後漢書卷七桓帝紀改。

〔一八〕時梁冀挾姦譖殺太尉杜喬 「杜」，後漢書五行志二作「固」，指李固。按後漢書卷七桓帝紀、後漢書卷六三李杜列傳，梁冀同時譖殺前太尉李固、杜喬二人。

〔一九〕愛寵隆崇 「愛」原作「受」，據後漢書五行志二改。

〔二〇〕恭北陵東闕火 「恭北陵」，後漢書五行志二同，後漢書卷七桓帝紀作「恭陵」。

〔二一〕南宫嘉德署黄龍千秋萬歲殿皆火　「黄龍」、「皆火」，後漢書五行志二、通志卷七四災祥典俱同，後漢書卷七桓帝紀，「黄龍」下有一「見」字，「火」上無「皆」字。

〔二二〕諸宫寺或一日再三發　「宫」原作「官」，據後漢書五行志二注引袁山松書、後漢書卷七桓帝紀改。

〔二三〕陳蕃劉矩劉茂上疏諫曰　「矩」原作「志」，下「劉」原脱，據後漢書五行志二注引袁山松書改補。按後漢書卷六六陳蕃傳，有蕃與司徒劉矩、司空劉茂共諫請劉瓆、成瑨、翟超、黄浮等，被劾，矩、茂不敢復言，蕃乃獨上書事。

〔二四〕唯言政可以已之　「言」，後漢書五行志二作「善」，義長。

〔二五〕上尋無嗣　「上」原作「土」，據元本、慎本、馮本、局本及後漢書五行志二改。

〔二六〕樂成門災　「樂成」原作「樂城」，據後漢書卷八靈帝紀注引續漢志改。

〔二七〕延及北闕度道　「度」字原脱，據後漢書卷八靈帝紀注引續漢志補。

〔二八〕京都爲丘墟矣　「爲」、「矣」原脱，據後漢書五行志二補。

〔二九〕建業火　按晉書卷二七五行志上、宋書卷三二五行志三，「火」下有「人火之也」四字。

〔三〇〕大火　晉書卷二七五行志上、宋書卷三二五行志三同，三國志卷四八吴嗣主傳作「天火」。

〔三一〕十一月庚辰　「一」字原脱，據晉書卷三武帝紀補。

〔三二〕殺太子之罰也　「殺」字原脱，據宋書卷三二五行志三補。

〔三三〕夫百揆王化之本　「王」原作「主」，據元本、慎本、馮本及晉書卷二七五行志上、宋書卷三二五行志三改。

〔三四〕救於此而發於彼　「救」字原脱，據晉書卷二七五行志上、宋書卷三二五行志三補。

〔三五〕明帝太寧元年正月京都火　按晉書卷六明帝紀，明帝於永昌元年閏十一月庚寅即位，明年三月戊寅朔，改元太寧，則此條與上文永昌二年正月京都火當爲一事重出。

〔三六〕其後季龍死　「其後」，晉書卷二七五行志上同。按晉書卷八穆帝紀、宋書卷三二五行志三，石季龍卒於永和五年四月，在六月震災前，此謂「其後」，不確。

〔三七〕是月丙申　「丙」原作「景」，據晉書卷二七五行志上、宋書卷三二五行志三改。

〔三八〕驃騎府庫皆火　「火」，晉書卷二七五行志上、晉書卷三武帝紀、宋書卷三二五行志三作「災」。

〔三九〕尚書下舍曹火　「火」，晉書卷二七五行志上、宋書卷三二五行志三同，晉書卷一〇安帝紀作「災」。

〔四〇〕猶自不絶　「自」原作「日」，據晉書卷二七五行志上、宋書卷三二五行志三改。

〔四一〕遥集路南人家屋上　「遥」，晉書卷二七五行志上同，宋書卷三二五行志三作「徑」。

〔四二〕齊東昏侯永元二年七月甲申　「七」，南史卷五齊本紀同，南齊書卷一九五行志作「八」。「申」，南史卷五齊本紀作「辰」。

〔四三〕燒神虎門總章觀　「虎」原作「武」，避唐諱，據梁書卷二武帝紀改。

〔四四〕令王公以下贖之　「令」字原脱，據隋書卷二二五行志上補。

〔四五〕司空元暉業免　「業」字原脱，據魏書卷一二静帝紀、北史卷五魏本紀補。

〔四六〕害廣陽也　「害」，隋書卷二二五行志上作「除」。

〔四七〕萬歲登封元年三月壬寅　「登封」原作「通天」，據元本、慎本、馮本及新唐書卷三四五行志一改。

〔四八〕中宗景龍二年二月　「二年」，新唐書卷三四五行志一作「四年」。

〔四九〕焚舟三千艘　「千」原作「十」，據舊唐書卷三七五行志、舊唐書卷一一代宗紀、新唐書卷三四五行志一改。

〔五〇〕飛龍神駒中廐火　「神」字原脱，據舊唐書卷一七下文宗紀下、新唐書卷三四五行志一補。

〔五一〕靈駕次三原縣　「三」原作「二」，據新唐書卷三四五行志一、新唐書卷三七地理志一改。

〔五二〕燔舍百餘區　「百餘」，宋史卷六三五行志二上作「數百」。

〔五三〕三月　「月」原作「年」，據宋史卷六三五行志二上改。

〔五四〕燔民舍數千區　「千」，宋史卷六三五行志二上作「十」。

〔五五〕潭州火　按宋史卷二太祖紀二，乾德四年，潭州有兩次火災，一次在四月丙午，一次在五月辛巳。此爲第一次火災，疑上脱「四月」二字。

〔五六〕民死者三十六人　按宋史卷六三五行志二上，「民」下有「周澤家火，又燔倉庫民舍數百區」十三字，與宋史卷二太祖紀二之五月辛巳潭州火記事合。此僅記民死三十六人，不言潭州又火事，語義突兀，疑有脱文。

〔五七〕僅存者千餘區　按元本、慎本、馮本「僅」下無「存」字，宋史卷六三五行志二上，「僅」下無「存者」二字。

〔五八〕開寶二年八月　「二」，宋史卷六三五行志二上作「三」。

〔五九〕燔民舍一千八十四區　「八十四」，宋史卷六三五行志二上作「八百餘」。

〔六〇〕燔倉庫並盡　「燔」字原脱，據宋史卷六三五行志二上補。

〔六一〕延燔左承天祥符門　「左」字原脱，據宋史卷六三五行志二上、宋史卷八五地理志一補。

〔六二〕朝元殿乾元門　「殿乾元」三字原脱，據宋史卷六三五行志二上、宋會要瑞異二之三二補。

〔六三〕天禧二年二月戊寅　「寅」，宋史卷六三五行志二上同，長編卷九一天禧二年二月戊辰條作「辰」。

〔六四〕凡三千六百一十楹 「三」，長編卷一〇八天聖七年六月丁未條同，宋史卷六三五行志二上、宋會要瑞異二之三三俱作「二」。

〔六五〕禁中火 「禁」字原脫，據宋史卷六三五行志二上、宋會要瑞異二之三三補。

〔六六〕太平興國寺災 「災」字原脫，據宋史卷一〇仁宗紀二、長編卷一一九景祐三年七月庚子條補。

〔六七〕大雨震電 「震」字原脫，據宋史卷一〇仁宗紀二、長編卷一一九景祐三年七月庚子條補。

〔六八〕寶元二年六月丁丑 「二」原作「三」，據宋史卷六三五行志二上、宋史卷一〇仁宗紀二、長編卷一二三寶元二年六月丁丑條改。

〔六九〕府寺 「寺」原作「事」，據宋史卷六三五行志二上、長編卷一六二慶曆八年正月壬午條改。

〔七〇〕惟存一廳 按長編卷一六二慶曆八年正月壬午條，「一」字下有一「便」字。

〔七一〕英宗治平三年正月 「英宗」二字原闕，「治平」原作「嘉祐」，宋史卷六三五行志二上同。據宋史卷一三英宗紀、宋會要瑞異三之三四補改。

〔七二〕死者五十人 「十」，宋會要瑞異三之三四同，宋史卷一三英宗紀作「千」。

〔七三〕焚屋千八十楹 「十」，長編卷二五六熙寧七年九月壬子條同，宋史卷六三五行志二上作「百」。

〔七四〕陳之方 「之」字原脫，據宋史卷六三五行志二上、宋會要瑞異二之三四補。

〔七五〕内尚書省火 「内」字原脫，據宋史卷六三五行志二上、宋會要瑞異二之三四補。

〔七六〕中太一宫火 「中」字原脫，據宋史卷六三五行志二上、宋史卷一九徽宗紀一補。

〔七七〕大内火 「火」，宋史卷六三五行志二上同，宋史卷一九徽宗紀一作「災」。

〔七八〕温州純州皆火　「純州」，宋史卷六三五行志二上作「絳州」，宋史卷二一徽宗紀三作「滋州」。

〔七九〕燔城中民舍幾盡　「盡」，宋史卷六三五行志二上作「半」。

〔八〇〕燔府治三十餘區　「十」原作「千」，據宋史卷六三五行志二上改。

〔八一〕三月丙申行都火　該條原舛在上文二月辛巳條前，據宋史卷六三五行志二上乙正。

〔八二〕十五年九月甲子　「十五年」三字原脱，據宋史卷六三五行志二上補。

〔八三〕孝宗乾道元年春　「孝宗」原作「雍熙」，顯誤。乾道爲孝宗年號，故改。

〔八四〕十一月癸亥　「癸亥」，宋史卷六三五行志二上同，宋史卷三四孝宗紀二作「庚戌」，宋會要瑞異二之三七作「三日」，是月戊申朔，三日即爲「庚戌」。

〔八五〕丁酉　「丁酉」，宋會要瑞異二之三八作「二十七日」，是月辛巳朔，二十七日爲「丁未」。

〔八六〕十月　「十」，宋史卷六三五行志二上同，宋史卷三五孝宗紀三作「十一」。

〔八七〕六月庚寅　「六月庚寅」，宋史卷六三五行志二上同。按下文仍爲五月記事，時間順序舛誤，此條當接下文成都府市火條下。宋史卷三五孝宗紀三正在「五月乙巳，成都火」條下。

〔八八〕班直諸軍壘及民居五萬八千九十七家　「八千九十七」，宋史卷六三五行志二上同，兩朝綱目備要卷七作「二千四百二十九」。

〔八九〕始黥配萬安軍　「配」字原脱，據宋史卷六三五行志二上補。

〔九〇〕自是都民譌言相驚　「言」原作「自」，據宋史卷六三五行志二上改。

〔九一〕火及和寧門鴟吻　「吻」字原脱，據宋史卷六三五行志二上補。

〔九二〕門以不火　「不」上原衍一「下」字，據宋史卷六三五行志二上删。

〔九三〕燎民廬三千七十餘家　「三」，宋史卷六三五行志二上作「二」。

〔九四〕壽慈宫火　「慈」字原脱，據宋史卷六三五行志二上、宋史卷三八寧宗紀二、宋會要瑞異二之四二補。又「火」，宋史卷六三五行志二上、宋史卷三八寧宗紀二作「災」。

〔九五〕十二年三月庚寅　「三」原作「二」，據宋史卷六三五行志二上、宋史卷四〇寧宗紀四改。

〔九六〕穆帝升平三年　「三」原作「元」，據晉書卷二九五行志下、宋書卷三三五行志四改。

〔九七〕姑藏澤水中有火　按晉書卷二九五行志下、宋書卷三三五行志四，「姑藏」上有「四年四月」四字。

〔九八〕唐太宗貞觀十三年三月壬寅　「三月壬寅」，新唐書卷三四五行志一同，舊唐書卷三七五行志作「四月二十九日」。是月甲辰朔，二十九日爲壬申。

〔九九〕吴戍將鄧喜殺猪祠神　「鄧喜」，晉書卷二八五行志中同，宋書卷三二五行志三作「鄧嘉」。

〔一〇〇〕七年十月　「七」原作「十」，據晉書卷二八五行志中、宋書卷三二五行志三改。又「十月」，晉書卷二八五行志中同，宋書卷三二五行志三作「十一月」。

〔一〇一〕河陰有赤雪二頃　「二」原作「三」，據晉書卷二八五行志中、宋書卷三二五行志三改。

〔一〇二〕惠帝元康五年三月　「五」，晉書卷二八五行志中、宋書卷三二五行志三同，晉書卷四惠帝紀作「六」。

〔一〇三〕淳齒殺齊湣王日　「王日」原作「占曰」，據晉書卷二八五行志中、宋書卷三二五行志三改。

〔一〇四〕劉聰僞建元元年　「建元」原作「建興」，據晉書卷二八五行志中改。

〔一〇五〕後主至德二年十二月　「二年」，隋書卷二三五行志下作「三年」。

〔一〇六〕衆星隨者如小鈴　按北齊書卷七武成帝紀、北史卷八齊本紀，俱無此七字。

〔一〇七〕宴群帥於舟中　「帥」原作「師」，據新唐書卷三四五行志一改。

〔一〇八〕并州晉祠水赤如血　「并」原作「井」，據元本、慎本、馮本及新唐書卷三四五行志一改。「州」原作「水」，據新唐書卷三四五行志一改。

〔一〇九〕又中郎將東夷人毛婆羅炊飯　「郎」原作「節」，據新唐書卷三四五行志一改。

〔一一〇〕霧止　「止」，新唐書卷三四五行志一同，舊唐書卷一七上敬宗紀作「上」。

〔一一一〕雪中有人畜鳥獸蹄迹　「中」原作「深」，「蹄」字原脱，據宋史卷六四五行志二改補。

〔一一二〕皆有赤氣如火　按僅記一事，不當稱「皆有」，宋史卷六四五行志二於此條前尚有二十七年十月壬寅日事，疑有脱誤。

卷二百九十九　物異考五

木異 華孽

殷大戊，「亳有祥，桑穀共生」。二木合而共生。傳曰：「俱生乎朝，七日而大拱。兩手合爲拱。伊陟戒以脩德，而木枯。」劉向以爲桑猶喪也，穀猶生也，殺生之柄失而在下，近草妖。一曰，野木生朝而暴長，小人將暴在大臣之位，危亡國家，象朝將虛之應也。

春秋魯僖公三十三年「十二月，李梅實」。詳見草異門。　考王十三年冬，晉桃杏實。　顯王元年冬，桃華於秦。

漢惠帝五年冬，桃李華，棗實。　呂后元年秋，桃李華。　文帝六年冬十月，桃李華。　昭帝時，上林中大柳樹斷仆地，一朝起立，生枝葉，有蟲食其葉，成文字，曰「公孫病已立」。昌邑王國社有枯樹復生枝葉，眭孟以爲木陰類，下民象，當有故廢之家公孫氏從民間受命爲天子者。昭帝富於春秋，霍光秉政，以孟妖言，誅之。後昭帝崩，無子，徵昌邑王賀嗣位，狂亂失道，光廢之，更立衛太子之孫，是爲宣帝。宣帝本名病已。京房易傳曰：「枯楊生稊，師古曰：「大過九二爻辭也。稊，楊秀之始生者，音徒奚反。」枯木復生，人君亡子。」　元帝初元四年，皇后曾祖父濟南東平陵王伯墓門梓柱卒生枝葉，上出屋。孟康曰：「王伯，莽之祖也。」師古曰：「莽高祖父也。故下云高祖考。卒讀曰猝。猝，暴也。」劉向以爲王氏貴盛將代漢家之象也。後王莽篡位，自説之曰：「初元四年，莽生之歲也，當漢九世火德之厄，而有此祥興於高祖考之門。門爲開通，梓猶子，言王氏當有賢子開通祖統，起於柱石大臣之位，受命而王之符也。」建昭五年，兗州刺史浩賞禁民私所自立社。張晏曰：「民間三月九月义社，號曰私社。」臣瓚曰：「舊制二十五家爲一社，而民或十家五家共爲田社，是私社。」師古曰：「瓚説是。」山陽橐茅鄉社有大槐樹，師古曰：「橐，縣名也，屬山陽郡。茅鄉，橐縣之鄉也。橐音拓。」吏伐斷之，其夜樹復立其故處。

成帝永始元年二月，河南街郵樗樹生枝如人頭，師古曰：「郵謂行書之舍。樗樹似椿。樗音丑余反。椿音丑倫反。」眉目鬚皆具，亡髮耳。

哀帝建平三年十月，汝南西平遂陽鄉柱仆地，生枝如人形，師古曰：「仆，頓也，音赴。」身青黄色，面白，頭有鬚髮，稍長大，凡長六寸一分。京房易傳曰：「王德衰，下人將起，則有木生爲人狀。」

哀帝建平三年，零陵有樹僵地，師古曰：「僵，偃也，音疆。」圍丈六尺（一），長十丈七尺。民斷其本，長九尺餘，枯。三月，樹卒自立故處。師古曰：「卒讀曰猝。」京房易傳曰：「棄正作淫，厥妖木斷自屬。師古曰：「屬，連續也。音之欲反。」天辟惡之。」如淳曰：「天辟，謂天子也。」師古曰：「辟音璧。」

成帝建始四年秋，桃李實。

後漢安帝元初三年，東平陸上言木連理。序例曰：「凡瑞應，自和帝以上，政事多美，近於有實，故書見於某處。自安帝以下，王道衰缺，容或虛飾，故書某處上言也。」

延光三年，潁川上言木連理（二）。

桓帝建和二年，河東言木連理。

延熹九年，雒陽城局竹柏葉有傷者（三）。占曰：「天子凶。」

靈帝熹平三年，右校別作中有兩樗樹，皆高四尺所，其一株宿夕暴長，長丈餘，大一圍，作胡人狀，頭目鬢鬚髮備具。京房易傳曰：「王德衰，下人將起，則有木生人狀。」臣昭以木生人狀，下人將起，京房之占雖以證驗，貌類胡人，猶未辨了。董卓之亂，實擁胡兵，傕、汜之時，充斥尤甚，遂窺間宮嬪，剽虐百姓。鮮卑之徒，踐籍畿封，胡之害深，亦已毒矣。五年十月壬午，御所居殿後槐樹，皆六七圍，自拔，倒樹根在上〔四〕。臣昭曰：「槐是三公之象，貴之也。靈帝授位，不以德進，貪愚是升〔五〕，清賢斯黜〔六〕，槐之倒植，豈以斯乎？」中平中，長安城西北六七里空樹中，有人面生鬢。魏志曰：「建安二十五年正月，曹公在雒陽，起建始殿，伐濯龍樹而血出。又掘徙梨，根傷而血出。曹公惡之，遂寢疾，是月薨。」獻帝興平元年九月，桑復生椹，可食。臣昭曰：「桑重生椹，誠是木異，必在濟民，安知非瑞乎？時蒼生死敗，周、秦殲盡，餓魂餒鬼，不可勝言，食此重椹，大拯危命，雖連理附枝，亦不能及。若以爲怪，則建武野穀旅生，麻菽尤盛，復是草妖邪？」建安二十五年正月〔七〕，魏武帝在洛陽起建始殿，伐濯龍祠樹而血出〔八〕，又掘徙梨，根傷亦血出。帝惡之，遂寢疾，未幾崩〔九〕。

景曜五年〔一〇〕，宮中大樹無故自折。

魏元帝景元三年十月〔一一〕，桃李華。

吳孫亮建興元年九月，桃李華。

晉惠帝元康二年春，巴西郡界竹生紫花，結實如麥，外皮青，中赤白，味甘。元康九年六月庚子，有桑生東宮西廂，日長尺餘，甲辰，枯死。此與殷大戊同妖。太子不能悟，故至廢戮也。班固稱「野木生朝而暴長，小人將暴居大臣之位，危國亡家之象，朝將爲墟也」。是後孫秀、張林用事，遂至大亂。永康元年四月〔一二〕，立皇孫臧爲皇太孫。五月甲子，就東宮，桑又生於西廂。明年，趙王倫篡位，鴆殺臧。此與愍懷同妖也。是月，壯武國有桑化爲柏，而張華遇害。壯武，華之封邑也。孝懷帝永嘉二年冬〔一三〕，項縣桑樹有聲如解材，人謂之桑樹哭。按劉向說，「桑者喪也」，又爲哭聲，不祥之甚。是時京師虛弱，胡寇交侵，東海王越無衞國之心，四年冬，委而南出〔一四〕，五年春，薨於此城。石勒邀其衆，圍而射之，王公以下至衆庶，死者十餘萬人。又剖越棺，焚其屍。是敗也，中原無所請命，洛京亦尋覆没，桑哭之應也。六年五月，無錫縣有四株茱萸樹，相樛君蟉反。而生，狀若連理。先是，郭景純筮延陵蝘於殄反。字或作鼴，音偃。鼠，遇臨之益，曰：「後當復有妖樹生，若瑞而非，辛螫音釋。之木也。倘有此，東西數百里必有作逆者。」及此木生，其後徐馥果作亂，亦草妖也。郭又以爲「木不曲直」。其七月，豫章郡有樟諸良反。樹久枯，是月忽更榮茂〔一五〕，與漢昌邑枯社復生同占。是懷愍淪陷之徵，元帝中興之應也。元帝太興四年，王敦在武昌，鈴下儀仗生華如蓮華，五六日而萎落。此木失其性。干寶以爲狂華生枯木，又在鈴閣之間，言威儀之富，榮華之盛，皆如狂華之發，不可久也。其後敦果以逆戮。一説亦華孽也，於易爲「枯楊生華〔一六〕」。明帝太寧元年九月，會稽剡縣木生如人面。是後王敦稱兵作逆，禍敗無成。昔漢哀、成之世並有此妖〔一七〕，而人貌備具，故其禍亦大。今此但如人面而已，故其變也輕矣。成帝咸和六年五月癸亥，曲阿有柳樹枯倒六載，是日忽復起生。至九年五月甲戌，吴縣吴雄家有死榆樹，是日因風雨起生。與漢上林斷柳起生同象。初，康帝爲吴王，於時雖改封琅邪，而猶食吴郡爲邑。是帝越正體饗國之象也。曲阿先亦吴地，象見吴邑雄之舍，又天意乎！哀帝興寧三年五月癸卯，廬陵西昌脩明家有僵栗樹，是日忽復起生。時孝武年始四歲，俄而哀帝崩，海西即位，未幾而廢，簡文越自藩王入纂大業，登阼享國，又不踰二年，而孝武嗣統。帝諱昌明，識者竊謂西昌脩明之祥，帝諱實應焉。是亦與漢宣帝同象也。海西太和元年，涼州楊樹生松。天戒若曰，松者不改柯易葉，楊者柔脆之木，今松生於楊，豈非永久之葉將集危亡之地邪？是時張天錫稱雄於涼州，尋而降苻堅。孝武太元十四年六月，建寧郡同樂縣枯樹斷折〔一八〕，忽然自立相屬。京房易傳曰：「棄正作淫，厥妖木斷自屬。妃后有專，木仆音赴。反立。」是時正道多僻，其後張夫人專寵，及帝崩，兆庶歸咎張氏焉。安帝元興三年，荆、江二州界竹生實，如麥。

劉曜時，西明門内大樹風吹折〔一九〕，經一宿，樹忽變爲人形，髮長一尺，鬚眉生三寸，皆黄白色，有斂手之狀，亦有兩脚着裙之形，惟無目鼻，每夜有聲，十日而生柯條，遂成大樹，枝葉甚茂。

石勒徵時，所居武鄉北原山上草木皆有鐵騎之象〔二〇〕，家園中人參，花葉甚茂，悉成人狀。父老及相者曰：「此胡狀貌奇異，志度非常，不可量也。」

宋孝武帝大明元年〔二一〕，芳香琴堂東西有雙橘連理，改芳香琴堂爲連理堂〔二二〕。

魏太武太延元年，魏郡野木連理。

齊後主武平五年，鄴城東青桐樹有如人狀。京房易傳曰：「王德衰，下人將起，則有木生爲人狀。」時後主怠於政事，耽荒酒色，大發徭役，後二歲而亡，木不曲直之效。七年，宫中有樹，大數圍，夜半無故自拔。齊以木德王，無故自拔，亡國之應。其年，齊亡。

隋文帝開皇八年四月，幽州人家以白楊木懸竈上，積十餘年，忽生三條，皆長三尺餘，甚鮮茂。仁壽二年春，盩厔人以楊木爲屋梁，生三條，長二尺。京房易傳曰：「妃后有顓，木仆反立，斷枯復生。」獨孤后專恣之應也。仁壽元年十月，蘭州楊樹上松生，高三尺，六節十二枝。宋志曰：「松不改柯易葉，楊者危脆之木，此永久之業，將集危亡之地也。」是時帝惑讒言，幽廢冢嫡，初立晉王爲皇太子。天戒若曰，皇太子不勝任，永久之業，將致危亡。帝不悟，及帝崩，太子立，是爲煬帝，竟以亡國。仁壽四年八月，河間柳樹無故枯落，既而花葉復生。京房易飛候曰：「木再榮，國有大喪。」是歲，宫車晏駕。

唐武德四年，亳州老子祠有枯樹復生枝葉。老子，唐祖也〔二三〕。占曰：「枯木復生，權臣執政。」眭孟以爲有受命者。九年三月，順天門樓東柱已傾毁而自起。占曰：「木仆而自起，國之災。」貞觀十八年十月，山南獻木連理，交錯玲瓏。有同羅木，一丈之榦，并枝者二十餘所。二十一年正月〔二四〕，玉華宫李樹連理，隔澗合枝。顯慶四年八月，有毛桃樹生李。李，國姓也。占曰：「木生異實，國主殃〔二五〕。」垂拱四年三月，雨桂子於台州，旬餘乃止。占曰：「天雨草木，人多死。」長壽二年十月，萬象神宫側檉杉皆變爲柏。柏貫四時，不改柯易葉，有士君子之操；檉杉柔脆，小人性也。象小人居君子之位。延載元年九月，内出梨花一枝示宰相。萬木摇落而生花，陰陽黷也。傳曰：「天反時爲災。」又近常燠也。景雲二年，高祖故第有柿樹，自天授中枯死，至是復生。神龍二年十月，陳州李有華，鮮茂如春。開元二十一年，蓬州枯楊生李枝，有實，與顯慶毛桃生李同占。二十九年，亳州老子祠枯樹復榮。大曆九年，晉州神山縣慶唐觀枯檜復生〔二六〕。興元元年春〔二七〕，亳州真源縣有李樹，植已十四年，其長丈有八尺，至是枝忽上聳，高六尺，周迴如蓋，九尺餘〔二八〕。李，國姓也。占曰：「木生枝聳，國有寇盜。」是歲，中書省枯柳復榮。貞元四年正月，雨木於陳留，十里許，大如指，長寸餘，中空，所下立如植。木生於下，而自上隕者，上下易位之象；碎而中空者，小人象；如植，自立象。元和十一年十二月，桃李華〔二九〕。　十五年九月己酉，大雨，樹無風而摧者十五六。近木自拔也。占曰：「木自拔，國將亂。」　長慶二年七月〔三〇〕，幽州奏，當道有李樹兩根並生，相去七寸，連理，去地二尺，合爲一幹，向上一體，外分布枝葉，高一丈三尺，有實二百二十一顆。　長慶三年十一月，成都栗樹結實，食之如李。　太和二年九月，徐州、滑州李有華，實可食。　三年，成都李樹有木瓜〔三一〕，空中不實。　會昌三年冬，沁源桃李華。　咸通十四年四月，成都李實變爲木瓜。時人以爲：李，國姓也；變者，國奪於人之象。　廣明元年冬，桃李華，山華皆發。　二年春，眉州有檀樹已枯倒，一夕復生。　中和二年九月，太原諸山桃杏華，有實。

後唐同光二年三月，唐州奏，淮瀆廣潤王廟有兩樹，東西相去七尺五寸，各出地七尺五寸，兩樹相向連理。畫圖以進。

晉開運二年十一月，鄧州奏，穰縣和平鄉竹合歡。畫圖進之。

蜀王建永平二年，劍州木連理。

宋太平興國六年正月，温州瑞安縣民張度解木五片，皆有「天下太平」字。　雍熙二年八月，刑部尚書宋琪家牡丹生三華。　淳化三年冬十月，京師太平興國寺牡丹生華。占曰：「有喪。」是歲，恭孝太子薨。　至道二年秋九月，環、慶州梨生華。占曰：「有兵。」明年，虜寇朔方。　大中祥符元年九月〔三二〕，河南府鞏縣柴務牡丹華。　六年，脩昭應宮，有木斷之，文如點漆，貫徹上下，體若梵書。八月，召近臣觀龍圖閣瑞木，有文成字，一有北斗七星形，一有佛手形，一有蛇形。十一月，襄州民劉士〔三三〕，言家生木，有文如龍、魚、鳳、鶴之狀。　七年五月，撫州脩天慶觀，解木有文如墨畫雲氣、峰巒、人物、衣冠之狀焉。七月，綿州彰明縣崇仙觀柱有文爲道士形及北斗七星象。　八年，晉州慶唐觀古柏中別生槐，長丈餘。又葛生柏中，分條垂蔓下覆。　九年，舒州懷寧縣民家，二柳相距三尺許，其枝合如一；資州梅樹與青棡樹上合成連理；太平軍紅橘連理，又黄橘附桑枝而生；瑞聖園槐一株中分四枝，上復合爲一；眉州脩天慶觀，江中獲巨木數百。　咸平二年閏三月〔三四〕，宣、池、歙、杭、越、睦、衢、婺州箭竹生米如稻。詳見穀異門。　慶曆六年九月甲辰，登州有巨木浮海而出者三千餘。　八年九月甲子，潭州南岳南臺寺瑞應峰前一夕雷雨，平地涌木若龜，首足具，高二尺，圍一丈。　熙寧元年三月，簡州木連理。　是歲，英州因雷震，一山梓樹盡枯而爲龍腦，價爲之賤，至京師一兩纔直錢一千四百。　二年，建州民獲木龍。詳見龍蛇之孽。　十年八月乙巳，惠州言柚木有文曰「王帝萬年〔三五〕，天下太平」。　元豐元年五月，劍州木連理。　三年六月己未，饒州長山雨木子數畝，狀類山芋子，味香而辛，土人以爲木子〔三六〕，又曰「菩提子」，明道中嘗有之。　是歲大稔。　十二月，唐州泌陽縣甘棠木連理。　六年五月，亳州衛真縣洞霄宮枯槐生枝葉。　元祐元年八月己丑，杭州民俞舉慶七世同居，家園木連理。　五年四月，德州言木連理。　元符元年八月，施州李木連理。　二年九月，眉州眉山縣榿木二株，異根同榦，本枝相附。　崇寧四年正月，汝州襄城縣李、梨木連理。　大觀元年三月，湟州言爛木生葉〔三七〕。　八月，端州、永興軍並言木連理。　二年十月乙巳，兖州龔丘縣檜生花，萼如蓮實〔三八〕。　十二月，岢嵐軍園池生瑞木。　政和二年七月〔三九〕，玉華殿萬年枝木連理。　是月乙酉，南雄州言楓木連理。　十月，婺州武義縣木根有「萬宋年歲」四字〔四〇〕。　四年，建州言木連理。　五年五月，禁中芭蕉連理。六月，辰州沅陵縣江漲，流出楠木二十七條，可爲明堂梁柱，蔡京等拜表賀。九月丙申，徐州彭城縣柏開花。十二月辛丑，真定府言，元氏縣民王寘屋柱槐木再生枝葉，約高四十餘尺。是歲，邵州海棠木連理，澤州、台州槐木連理，荊門軍紫薇木連理。　六年，坊、兖、洪、明、夔、徐、新、全、隰、太平州並言木連理。梅州枯木生枝。　宣和二年四月，永州民劉思析薪，兩邊各有「天下太平」四字〔四一〕。　紹興十四年四月，虔州民毀欹屋析柱，木理有字五，其文曰「天下太平時」，守臣薛弼上之，時士宇分裂，南北塗炭，不儷於事，近木妖也。或曰木之生也，在先朝盛時。　二十年八月，福州沖虛觀皂莢木翠莢再實。　二十一年，池州建德縣定林寺桑生李實，栗生桃實，占曰：「木生異實，國主殃。」　二十五年十月，贛州獻太平木如虔。時秦檜擅朝，喜飾太平，郡國多上草木之妖以爲瑞。　二十七年四月，徽州祁門縣圃桃已實復華。　隆興初，漢陽軍有插柳枝於石罅者，木無根，石無土，而秀茂成陰，歲有華實。先是，郡獄誣服孝婦殺姑，當刑，祝髻上花以自明，行刑者如其言，而生。此寃氣之鍾於木，而木反麗土之常者也。　淳熙中，興化軍仙游縣九座山古杉木末生花，氣如蘭。　淳熙十六年三月，揚州桑生瓜，櫻桃生茄，此草木互爲妖也。七月，晉陵縣民析薪，中有木字曰「紹熙五年」，如是者二。是時，紹熙新元猶未頒也，而紹熙紀號果止五年，此近木妖也。　紹熙四年，臨安府富陽縣栗生檎實。　五年十一月辛亥，行都雨木，與唐志貞元陳留雨木同占，木生於下而自上隕者，將有上下易位之象。越月，吏部侍郎彭龜年上疏，論知閤門事韓侂胄姦萌，坐黜。後侂胄擅朝。　嘉定六年五月己巳，嚴州淳安、遂安、桐廬三縣大木自拔，占曰：「木自拔，國將亂。」

草異

春秋僖公三十三年「十二月，隕霜不殺草，李梅實」。劉歆以爲草妖。劉向以爲今十月，周十二月。於易，五爲天位，君位九月陰氣至〔四二〕，五通於天位，其卦爲剥，剥落萬物，始大殺矣，明陰從陽命，臣受君令而後殺也。今十月隕霜而不能殺草，此君誅不行，舒緩之應也。時公子遂專權，三桓始世官，其後遂殺子赤，三家逐昭公。董仲舒指略同。京房易傳曰：「臣有緩玆謂不順，厥異霜不殺也。」李梅當剥落，反實，近草妖。先華而後實，不書華，舉重者也。陰成陽事，象臣顓君作威福。一曰，冬當殺，反生，象驕臣當誅，不行其罰也。故冬華者〔四三〕，象臣邪謀有端而不成，至於實，則成矣。一曰，君舒緩甚〔四四〕，燠氣不藏，則華實復生。董仲舒以爲李梅實，臣下强也。記曰：「不當華而華，易大夫；不當實而實，易相室。」師古曰：「相室猶言相國，謂宰相也。相室，相王室。」冬，水王，木相，故象大臣。

漢元帝永光二年八月，天雨草，而葉相樛結，大如彈丸。平帝元始三年正月〔四五〕，天雨草，狀如永光時。京房易傳曰：「君吝於祿，信衰賢去，厥妖天雨草。」

後漢安帝元初三年，有瓜異本共生，八瓜同蔕〔四六〕，時以爲嘉瓜。或以爲瓜者外延，離本而實，女子外屬之象也。是時閻皇后初立，後閻后與外親耿寶等共譖太子，廢爲濟陰王，更外迎濟北王子犢立之，草妖也。古今注曰：「和帝永元七年三月，江夏縣民舍柱生兩枝，其一長尺五寸〔四七〕，分八枝，其一長尺六寸〔四八〕，分五枝，皆青也。」靈帝中平元年夏，東郡，陳留濟陽、長垣，濟陰冤句、離狐縣界，風俗通曰：「西及城皇陽武城郭路邊。」有草生，其莖靡纍腫大如手指，狀似鳩雀龍蛇鳥獸之形，五色各如其狀，毛羽頭目足翅皆具。風俗通曰：「亦作人狀，操持兵弩，萬萬備具，非但仿佛，類良熟然也。」近草妖也。是歲，黃巾賊始起，皇后兄何進，異父兄朱苗，皆爲將軍領兵。後苗封濟陽侯，進、苗遂秉威權，持國柄，漢遂微弱，自此始焉。應劭曰：「關東義兵先起於宋、衛之郊，東郡太守橋瑁負衆怙亂〔四九〕，陵蔑同盟，忿嫉同類，以殞厥命。陳留、濟陰迎助，謂爲離德，棄好即戎，吏民殲之。草妖之興，豈不信哉！」

吳孫亮五鳳元年六月，交趾稗草化爲稻。昔三苗將亡，五穀變種，此草妖也。其後亮廢。孫皓天璽元年，吳郡臨平湖自漢末穢塞，是時，一夕忽開除無草。長老相傳：此湖塞，天下亂；此湖開，天下平。吳尋亡，而九服爲一。天紀三年八月，建鄴有鬼目菜生工黃狗家，依緣棗樹，長丈餘，莖廣四寸，厚二分〔五〇〕。又有蕒菜生工吳平家，高四尺，如枇杷形，上圓，徑一尺八寸，下莖廣五寸〔五一〕，兩邊生葉，緑色。東觀案圖，名鬼目作芝草，蕒菜作平慮，遂以狗爲侍芝郎，平爲平慮郎，皆銀印青綬。干寶曰：「明年平吳，王濬止船正得平渚，姓名顯然，指事之徵也。」黃狗者，吳以土運承漢，故初有黃龍之瑞。及其季年，而有鬼目之妖託黃狗之家。黃稱不改，而貴賤大殊，天道精微之應也。

容齋洪氏隨筆曰：「吳歸命侯天紀三年、唐中宗景龍二年，俱有苦蕒菜生之異，説者以爲草妖。予按蕒菜即苦蕒，今俗呼爲苦蕒者是也。天紀、景龍之事甚相類，歸命次年亡國，中宗後二年遇害〔五二〕，雖事非此致，亦可謂妖矣。平慮草不知何狀，揚雄甘泉賦『并閭』註：如淳曰：『并閭，其葉隨時政〔五三〕，政平則平〔五四〕，政不平則傾也〔五五〕。』顏師古曰：『如氏所説自是平慮耳。』然則亦異草也。鬼目，見爾雅，郭璞云：『今江東有鬼目草，莖似葛，葉員而毛，如耳璫也。赤色叢生。』廣志曰：『鬼目似梅，南人以飲酒。』南方草木狀曰：『鬼目樹，大者如木子，小者如鴨子，七月、八月熟，色黃味酸，以蜜煮之，滋味柔嘉，交阯諸郡有之。』交州記曰：『高大如木瓜而小，傾邪不周正。』本草曰：『鬼目一名東方宿，一名連蟲陸，名羊蹄。』」

晉惠帝元康二年二月，巴西郡界草皆生花，結子如麥，可食。時帝初即位，楚王瑋矯詔誅汝南王亮及太保衞瓘，帝不能察。今非時草結實，此恒燠寬舒之罰。安帝義熙二年九月，揚武將軍營士陳蓋家有苦蕒菜，莖高四尺六寸，廣三尺二寸，厚三寸，亦草妖也。此殆與吴終同象。識者以爲苦蕒者，買勤苦也。自後歲歲征討，百姓勞苦，是買苦也。十餘年中，姚泓烏宏反。滅，兵始戢，是苦蕒之應也。義熙中，宮城上及御道左右皆生蒺藜，亦草妖也。蒺藜有刺，不可踐而行。生宮墻及馳道，天戒若曰，人君不聽政，雖有宮室馳道，若空廢也，故生蒺藜。

宋明帝泰始四年春正月丙辰朔，雨草於宮。

陳後主末年，臨平湖草久塞，忽然自通。

魏太武太延元年，有嘉瓜合蒂，生於中山。

隋高祖時，上黨有人宅後每夜有人呼聲，求之不得。去宅一里所，但見人參一本，枝葉峻茂。因掘去之，其根五尺餘，具體人狀，呼聲遂絶。蓋草妖也。視不明之咎。時晉王陰有奪宗之計，高祖不悟，聽邪言，廢無罪，因此而亂也。

唐武德四年，益州獻芝草如人狀。占曰：「王德將衰，下人將起，則有木生爲人狀。」草亦木類也。

景龍二年，岐州郿縣民王上賓家，有苦蕒菜高三尺餘，上廣尺餘，厚二分。近草妖也。三年，内出蒜條，上重生蒜。蒜，惡草也；重生者，其類衆也。四年，京畿藍田山竹實如麥。占曰：「大饑。」開元二年，終南山竹有華，實如麥，嶺南亦然，竹並枯死，是歲大饑，民採食之。占曰：「竹、柏枯，不出三年有喪。」十七年，睦州竹實。元和十三年八月，鹽鐵使奏：「郾城、上蔡等縣，生菽葀草，引蔓結實，味甘，人賴爲食。」太和九年冬，鄭注金帶有菌生。近草妖也。開成四年六月，襄州山竹有實成米，民採食之〔五六〕。光啟元年七月，河中解、永樂生草，葉自相樛結，如旌旗之狀，人以爲「旗子草」。二年七月，鳳翔麟游草生如旗狀。占曰：「其野有兵。」

宋乾德四年，渭州范裕獻嘉蓮一莖二花，符瑞志所載，雙頭花甚多，不及悉書。太平興國七年八月，知易州白繼贇獻合歡瓜，知河南府焦繼獻合歡牡丹花〔五七〕。大中祥符四年四月〔五八〕，江陵府刑部郎中袁煒家圃芍藥雙華並萼。符瑞志所載，蓮、牡丹、芍藥、甘瓜雙生者甚多，不悉録，各摭其一，以備異聞。咸平二年，知黄州張鑑獻瑞草二本。九月，鄂州武昌縣生異草如柏，色瑩白，枝葉傅地如繡。淳化三年，知開州趙得忠獻忘憂草圖，花萼相重而生。咸平二年閏三月〔五九〕，宣池歙杭越睦衢婺州箭竹生米如稻，時民饑，採之充食。大中祥符三年四月，京師竹有華。占云〔六〇〕：「主歲不登。」天禧元年四月，邵州邵陽縣竹上生穗如米，居民饑乏食，採食之。又饒州浮梁縣山竹生穗如米。慶曆元年二月丙午，京師雨藥。熙寧六年十二月，徐州滕縣官舍生異草，經月不腐。元豐二年六月，忠州雨豆。元豐間，眉州、梓州、處州俱生瑞竹。元祐三年六月，忠州臨江縣雨白黍，又雨黑黍〔六一〕。大觀元年，廬州雨大豆。政和四年八月，建州言境内竹生米數千萬石。五年十一月癸酉，越州言承天寺瑞竹一竿七枝，枝幹相似，其葉圓細，生花結實。紹興十六年正月辛未，瀘州雨豆。豆生於地，自天而下，近草妖也。二十一年，饒州鄱陽縣石門民家籬竹生重萼牡丹，又民家竈鼎生金色蓮花。萬州、虔州、汀州〔六二〕，俱有蓮同蔕異萼。

穀異　野穀　竹米

周唐叔得禾，異畝同穎，唐叔於其食邑内得異禾。畝，壠。穎，穗也。禾各生一壠，而合爲一穗，故異也。獻諸天子，王命唐叔歸周公於東土〔六三〕，異畝同穎，天下和同之象，周公德所致。周公東征未還，故命唐叔以禾歸周公。作歸禾。周公既得命禾，旅天子之命，旅，陳也。陳成王歸禾之命，而推美成王，善則稱君。作嘉禾。

漢哀帝建平元年，光武生於濟陽縣舍。時皇考南頓君爲縣令，是歲縣界有嘉禾生，一莖九穗，因名光武曰秀。

後漢光武建武三年，野穀旅生，旅，寄也。不因播種而生，故曰旅。今字書作穭，音吕，古字通。麻菽尤甚，被於山阜，人收其利焉。明帝永平十一年，嘉禾生。安帝延光二年，九真言嘉禾生。東觀記曰：「禾一百五十六本，七百六十八穗。」桓帝建和二年，嘉禾生大司農帑藏。

魏陳留王咸熙元年，安彌、福禄縣各言嘉禾生。

吳孫權黄龍三年，由拳野稻自生，改爲禾興縣；會稽南始平言嘉禾生。赤烏七年，宛陵言嘉禾生。孫亮時，交趾稗草化爲稻。詳見草異門。

晉惠帝元康二年，竹結實如麥。又有草結實如麥，俱見草妖門。安帝元興三年，荆、江二州界竹結實如麥。

宋孝武帝大明元年〔六四〕，清暑殿西甍鴟尾中央生嘉禾〔六五〕，一株五莖，乃以清暑殿爲嘉禾殿。

梁武帝中大通三年秋〔六六〕，吴興生野稻，飢者利焉。

魏太武太延元年，嘉禾合秀於恒農。

唐開元二年，竹結實如麥。十九年四月，揚州奏：「穭生稻二百一十五頃，再熟稻一千八百頃，其粒與常稻無異。」元和七年十一月，梓州上言，龍川界嘉禾生〔六七〕。開成四年六月，襄州竹成實如米。太和二年，福建進瑞粟一十莖。大中二年七月，福建觀察使殷儼進瑞粟十一莖〔六八〕，莖有五六穗。六年九月，淮南節度使杜悰奏：「海陵、高郵兩縣百姓，於官河中漉得異米煮食，呼爲聖米。」天祐元年七月〔六九〕，河南府奏：「穀水村地内嘉禾合穗〔七〇〕。」

後唐天成四年七月，遂州進嘉禾一莖九穗。

蜀王建武成二年〔七一〕，廣都嘉禾合穗。

宋乾德二年十月，眉州獻禾生九穗圖。四年六月，果州南充縣民何約田禾一莖十三穗，一莖十一穗；七月，又生一莖九穗。開寶八年八月，嘉州廨有禾一莖十四穗生庭中〔七二〕。河中府寶鼎縣民張知友田禾〔七三〕，隔四壠相去二尺許合穗。太平興國三年〔七四〕，懷安軍金水縣民田禾，一莖三十六穗。　六年〔七五〕，召近臣觀嘉穀於後苑，有七穗至四十八穗者。　七年八月〔七六〕，府州府谷縣民劉善田禾，隔三壠合成一穗；遼州平城縣民田禾，隔二壠至五壠合穗，有十三本，或二十一本合爲一者〔七七〕。　天禧元年，竹成米。見草異門。　五年四月，襄州襄陽縣民田，穀穭生成實。　乾德四年，澶州濮陽縣民李温田，麥兩岐、三岐、四岐各五十本，五岐二十本，六岐五本。　淳化五年，亳州永城縣麥一莖三穗，四岐，同幹者三十本。　咸平二年，竹生米。見草異門。　景德二年，梓州麥五岐。　大中祥符四年五月，唐、汝、廬、宿、楚、泗、濠州民田麥自生。　其六月，壽州六安縣民田，穭生麥八十餘頃。　天禧五年四月，襄州營田務，麥自生者四頃餘。　太平興國四年八月，宿州符離縣滹湖穭生稻，民采食之，味如麵，謂之「聖米」。　淳化五年，温州静光院有稻穭生石罅，九穗皆實。　大中祥符三年二月，江陵公安縣民田，獲穭生稻四百斛。　至道二年四月，福州福清縣廨雨黄黑豆；又長樂、太平二縣雨黑豆〔七八〕，皆堅實異常。　大中祥符六年二月，泰州管内四縣生「聖米」，大如芡實。　九年，慶州安化縣民王景温田，秫一稃二米。

右三朝瑞符志載自乾德以來至天禧郡縣所上嘉禾、異麥、野穀之屬，殆不勝書，姑摭其尤異者一二著於此。

天聖元年六月，蘇、秀二州湖田生聖米，飢民取之以食；興州竹有實如大麥，民取以食。　占曰：「大飢。」　慶曆七年，渠州言石照等五縣野穀穭生，民飢之候也。　熙寧三年，安州麥一本三穗至五穗，凡十四莖；深州麥秀兩岐，或三四穗，凡四十畝。　四年，徐州麥一本百七十二穗。　八年，杭州鹽官縣自三月地産物如珠，可食，水産菜如菌，可爲菹，飢民賴之；定州安喜縣禾二本，間五壠合穗；成德軍平山縣禾合穗者二；保州保塞縣禾七本，間一壠或兩壠合穗。　九年，渠州流江縣禾一苗九穗。　元豐元年，武康軍禾一莖十一穗。　二年，袁州禾一莖八穗至十一穗，皆層出，長者尺餘；洪州六縣稻已獲再生，皆實。　元祐三年，劍州、安國軍麥秀兩岐；夔州苗十二穗；潤州丹陽縣麥一本五穗。　四年，嘉州峨眉縣禾異畝同穎，又禾登一百五十三穗。　五年，汀州禾生三十六穗。　六年，南劍州粟一本三十九穗〔七九〕。　紹聖元年，懷安軍禾一本九穗〔八〇〕。　五年，淮西路民田既刈復生實。　政和二年，知定州梁子野奏〔八一〕，嘉禾合穗，一科相隔五壟，計六尺三寸，生爲一穗，并中間壟内一科三莖，上生粟三穗；蔡州麥一莖兩岐、至七八岐者，近約十畝，遠或連野；台州進寧海縣旱禾〔八二〕，一稃二米者凡五石。時方修明堂，遂叶典禮，詔拜表稱賀。

右四朝志載自熙寧以後至於宣、政禾同穎、麥兩岐之事尤多，不及悉書。

芝草　朱草

漢武帝元封二年，甘泉宫内中産芝草，九莖連葉。瑞應圖：王者敬事耆老，不失故舊，則芝草生。内中，謂後庭之室也。

宣帝神爵元年，金芝九莖産於函德殿銅池中。金芝，色象金也。銅池，承霤也。以銅爲之。函與含同。

後漢光武中元元年夏，京師醴泉涌出，又有赤草生於水崖。赤草，朱草也。大戴禮曰：「日生一葉，至十五日以後日落一葉，周而復始。」　明帝永平十七年，芝草生殿前。　章帝建初三年〔八三〕，零陵獻芝草。　五年，零陵

國上芝英草。獻芝草。桓帝建和元年，芝草生中黄藏府。中黄藏府，掌中幣帛金銀諸貨物〔八四〕。靈帝光和四年二月，郡

唐武德四年，益州獻芝草如人狀。占見草異門。貞觀十七年九月，皇太子寢室中産素芝十四莖〔八五〕，並爲龍鳳之形。天寶初，臨川郡人李嘉胤屋柱生芝草，狀如天尊像。上元二年七月甲辰，延英殿御坐上生白芝〔八六〕，一莖三花。白，喪象也。貞元十二年七月，東都留守奏，苑内生芝草一株。長慶元年七月，壽昌殿内槽柱上産玉芝一莖，長九尺〔八七〕。

後唐同光二年九月，萊州奏：「即墨縣人李夢徵室内柱上，生芝草兩本。」畫圖以進。長興三年十月，萊州奏：「即墨縣人王友家生芝草一本三枝〔八八〕，分兩岐或三岐，上漸相向成片而圓，色紫，葉莖一色，其表白，高尺餘。」上命出宫中舊進芝草四本〔八九〕，色莖皆同。

周顯德元年，河陽奏：「汜水縣民家生紫芝數莖。」

南漢劉鋹時，芝菌生宫中。

宋建隆二年七月，亳州獻芝一株。開寶七年，陳州獻芝一本，四十九莖。太平興國四年，華山道士丁少微獻彤芝、黝芝各一笥。五年，真定府行宫殿梁生芝草，如荷葉。八年十一月，歙州婺源縣民王化，於王陵山石上得紫芝一本，叢生五莖。咸平四年，濰州獻芝草一本，如佛狀。六年，永康軍導江縣民潘矩田生芝，一莖三層，黄紫色，高五寸許〔九〇〕。九月，相州牧龍坊生芝一莖，色紫黄，長尺餘，分七枝，枝皆如手五指狀，其最上枝類鳳首。大中祥符元年，東封，遣官祭文宣，於孔林得芝五

株，色黄紫，如雲氣及人戴冠幘之象。詔遣内侍祭謝，復得芝四本，輕黄如雲氣之狀。東封經度制置使王欽若言，親獲芝十一本，又州民所得二十六本，且言：「泰山日生靈草，軍民競採，請量給緡錢絹帛。」從之。欽若來朝，獻芝草八千一百三十九本，有貫草木、附石、連理及飾爲寶山者。九月，趙安仁來朝，獻五色金玉丹紫芝八千七百十一本。十月，泰山芝草再生者甚衆；辛丑，車駕次鄆州，知州馬元方獻芝草五本；甲辰，欽若等又獻泰山芝草三萬八千二百五十本，有並五並三連理，五色重暈，如意寶蓋〔九一〕，上下相連〔九二〕，帶瓦石草木五穀，如寶山、神仙、靈禽、瑞獸之象者六百四十二。詔令封禪日列天書輦前，送諸路名山勝境及賜宰相。是月，復州獻芝草三本，類神仙佛像；河中府酒厨梁上生芝一本，十二葉，其色如玉。六年八月〔九三〕，奉祀經度制置使丁謂至亳州真源縣，太清宫道士、瀨陽鄉民繼獲芝草八十一本以獻；己丑，又獲二百五十本，有一本三莖，一莖三蓋如雲氣佛像者。九月，又得應天府宋城縣所獲芝五十本，獻之。十一月，謂來朝，獻芝草三萬七千一百八本，飾以仙人寶山、靈禽異獸之狀。十二月，獻九萬五千一百本。明年，車駕至真源縣，置二百輿前導，民有詣行闕獻者，又一萬八千本。

按三朝符瑞志載天禧以前草木之瑞，史不絶書，而芝草尤多，然多出於大中祥符以後。東封西祀之時，王欽若、丁謂之徒，以此導諛，且動以萬本計，則何足瑞哉，姑存其略云。

熙寧四年至元豐八年，天下言芝草凡三十七。建中靖國元年至宣和、靖康，天下言芝草尤多。

政和二年二月戊子〔九四〕，河南府新安縣蟾蜍背生芝草。自是而後，祥瑞日聞。玉芝産禁中，殆無虚歲，凡殿宇園苑及妃嬪位皆有之，外則中書尚書二省、太學、醫學亦産紫芝。五年八月甲子，蘄州進一萬二千六百枝，内一枝紫色九榦。十二月己未，汝州至進六萬本，其間連理、雙枝者一千八百八十。有司不勝其紀，初猶表賀，後以爲常，不皆賀也。時朱勝非爲京東提舉學事，行部至密州界，見縣令部數百夫入山採芝。彌漫山谷，皆芝菌也。或附木石，或出平地，有一本數十葉，層叠高大，衆色咸備。郡守李文仲採及三十萬本，每萬本作一綱入貢。文仲尋進職，除本道轉運使云。建炎二年九月癸卯，密州獻芝草，五葉，如人指掌，色赤而澤。卻之。東漢書以草生如手指，爲秉威權持國柄，蓋黄潛善、汪伯彦誤國脅上之應也。紹興十八年〔九五〕，梅州學廟生芝草。二十一年，紹興府府學御書閣下生芝。二十五年五月，太室楹生芝九莖，宰臣秦檜帥百官觀芝，稱賀。自檜既相，和儺罷兵，文飾太平，天下競以草木之妖獻瑞。慶元五年八月，太室西北夾室楹生白芝，四葉。唐書以白芝爲喪祥，明年八月，國連有大喪。嘉泰二年十一月，祕書省右文殿楹生芝二莖。

青眚青祥

五行志以鼠妖爲青眚，今削之，自有專門。

後漢桓帝永興二年四月丙午，光禄勳吏舍壁下夜有青氣，視之得玉鉤、玦各一。鉤長七寸二分，玦周五寸四分〔九六〕，身中皆雕鏤。此青祥也。玉，金類也。七寸二分，商數也。五寸四分，徵數也。商爲臣，徵爲事，蓋爲人臣引決事者不肅，將有禍也。時梁冀秉政專恣，後四歲誅滅。靈帝光和元年七月，有青虹見御座玉堂後殿庭中。

晉武帝咸寧元年八月丁酉，大風折太社樹，有青氣出焉。此青祥也。古曰：「東莞當有帝者。」明年，元帝生。是時，帝太父武王封東莞，由是徙封琅邪。孫盛以爲中興之象。晉室之亂，武帝子孫無孑遺，社樹折之應，又恒風之罰。

唐貞觀十七年四月，立晉王爲太子，有青氣遶東宮殿。始册命而有祲，不祥。十八年六月壬戌，有青黑氣，廣六尺，貫於辰戌，其長亘天。太和九年，鄭注篋中藥化爲蠅數萬飛去。注始以藥術進，化爲蠅者〔九七〕，敗死之象，近青眚也。乾元三年六月，昏，西北有青氣三。

校勘記

〔一〕圍丈六尺　「丈」原作「大」，據漢書卷二七中之下五行志中之下改。

〔二〕潁川上言木連理　「上」字原脱，據後漢書卷五安帝紀補。

〔三〕雒陽城局竹柏葉有傷者　「局」，後漢書五行志二同，後漢書卷七桓帝紀作「傍」。

〔四〕倒樹根在上　「樹」，後漢書五行志二、後漢書卷八靈帝紀俱作「豎」。

〔五〕貪愚是升　「貪」原作「賢」，據後漢書五行志二改。

〔六〕清賢斯黜　「賢」原作「昏」，據元本、慎本、馮本及後漢書五行志二改。

〔七〕建安二十五年正月　按此條記事已見於前中平中條注文，唯此作正文，似涉重出。

〔八〕伐濯龍祠樹而血出　「祠」字原脱，據三國志卷一魏武帝紀注引世語、宋書卷三二五行志三補。

〔九〕未幾崩　三字原闕，據局本補。

〔一〇〕景曜五年　按晉書卷二八五行志中、宋書卷三二五行志三及本書体例，「景」上當有「蜀劉禪」三字。

〔一一〕魏元帝景元三年十月　「元帝」原作「文帝」，據三國志卷四魏三少帝紀、宋書卷三二五行志三改。「景元」原作「景初」，據晉書卷二八五行志中、宋書卷三二五行志三改。

〔一二〕永康元年四月　「四月」，晉書卷二八五行志中、宋書卷三二五行志三同。按晉書卷四惠帝紀，立皇太孫事在五月己巳。

〔一三〕孝懷帝永嘉二年冬　「二」，晉書卷二八五行志中同，宋書卷三二五行志三作「三」。

〔一四〕委而南出　「委」原作「季」，據宋書卷三二五行志三改。

〔一五〕是月忽更榮茂　「月」原作「日」，據晉書卷二八五行志中、宋書卷三二五行志三改。

〔一六〕於易爲枯楊生華　「爲」字原脱，據晉書卷二七五行志上、宋書卷三〇五行志一補。

〔一七〕昔漢哀成之世並有此妖　「成」，晉書卷二八五行志中同，宋書卷三二五行志三作「靈」。

〔一八〕建寧郡同樂縣枯樹斷折　「同樂」原作「銅樂」，據晉書卷一四地理志上、宋書卷三二五行志三改。又「樂」字，晉書卷一四地理志上作「瀨」。

〔一九〕西明門内大樹風吹折　「門」原作「木」，據晉書卷一〇三劉曜載記改。

〔二〇〕所居武鄉北原山上草木皆有鐵騎之象　「上」，晉書卷一〇四石勒載記作「下」。

〔二一〕宋孝武帝大明元年　「大明」原作「孝建」，據宋書卷二九符瑞志下、南史卷二宋本紀中改。

〔二二〕改芳香琴堂爲連理堂　「琴」字原脱，據南史卷二宋本紀中補。

〔二三〕唐祖也　「唐」下原衍一「所」字，據元本、愼本、馮本及新唐書卷三四五行志一删。

〔二四〕二十一年正月　「一」字原脱，據唐會要卷二八祥瑞上補。

〔二五〕國主殃　「國主」二字原倒，據新唐書卷三四五行志一乙正。

〔二六〕晉州神山縣慶唐觀枯檜復生　「慶唐」原作「興唐」，據舊唐書卷三七五行志、新唐書卷三四五行志一改。

〔二七〕興元元年春　「春」，新唐書卷三四五行志一同，舊唐書卷三七五行志、唐會要卷二八祥瑞上作「八月」。

〔二八〕九尺餘　「九尺餘」，舊唐書卷三七五行志、新唐書卷三四五行志一同，唐會要卷二八祥瑞上作「九十餘尺」。

〔二九〕桃李華　「李」，舊唐書卷三七五行志、新唐書卷七憲宗紀同，舊唐書卷一五憲宗紀、新唐書卷三五五行志二作「杏」。

〔三〇〕長慶二年七月　「二年」，唐會要卷二九祥瑞下屬之「三年」。

〔三一〕成都李樹有木瓜　「有」，新唐書卷三四五行志一作「生」。

〔三二〕大中祥符元年九月　「大中祥符」原作「咸平」，據宋史卷六三五行志二上改。

〔三三〕襄州民劉士　「士」原作「七」，據元本、愼本、馮本及宋史卷六五五行志三改。

〔三四〕咸平二年閏三月　「閏」字原脱，據宋史卷六真宗紀一補。又依年代順序，此條當接至道二年秋九月記事下。

〔三五〕王帝萬年　「年」字原脱，據宋史卷六五五行志三補。

〔三六〕土人以爲木子　「木」，宋史卷六五五行志三作「桂」。

〔三七〕湟州言爛木生葉　「爛」，宋史卷六五五行志三作「欄」。

〔三八〕萼如蓮實　「萼」字原脱，據宋史卷六七五行志五補。

〔三九〕政和二年七月　按宋史卷六五五行志三，「二年」作「三年」。
〔四〇〕婺州武義縣木根有萬宋年歲四字　「婺」原作「安」，據宋史卷八八地理志四、宋會要瑞異一之二一改。
〔四一〕兩邊各有天下太平四字　「四」字原脱，據宋會要瑞異一之二三補。
〔四二〕君位九月陰氣至　「氣」字原脱，據漢書卷二七中之下五行志中之下補。
〔四三〕故冬華者　「華」下原衍一「華」字，據漢書卷二七中之下五行志中之下删。
〔四四〕君舒緩甚　「甚」原作「其」，據漢書卷二七中之下五行志中之下改。
〔四五〕平帝元始三年正月　「三」原作「元」，據漢書卷二七中之下五行志中之下改。
〔四六〕八瓜同蔕　「八」原作「二」，據宋書卷二九符瑞志下改。
〔四七〕其一長尺五寸　「長」字原脱，據後漢書五行志二注引古今注補。
〔四八〕其一長尺六寸　「長」字原脱，據局本補。
〔四九〕東郡太守橋瑁負衆怙亂　「橋」原作「喬」，據後漢書五行志二注、三國志卷一魏武帝紀改。「怙」原作「帖」，據元本、慎本、馮本及後漢書五行志二注改。
〔五〇〕厚二分　「二」，晉書卷二八五行志中同，宋書卷三二五行志三作「三」。
〔五一〕下莖廣五寸　「下」字原脱，據三國志卷四八孫皓傳、容齋隨筆卷一〇補。
〔五二〕中宗後二年遇害　「二」原作「一」，據新唐書卷四中宗紀、容齋隨筆卷一〇改。
〔五三〕其葉隨時政　「政」原作「致」，據漢書卷八七上揚雄傳、容齋隨筆卷一〇改。
〔五四〕政平則平　「政」原作「致」，據漢書卷八七上揚雄傳、容齋隨筆卷一〇改。

〔五五〕政不平則傾也　「政」原作「致」，據漢書卷八七上揚雄傳、容齋隨筆卷一〇改。
〔五六〕民採食之　「食」字原脱，據新唐書卷三四五行志一補。
〔五七〕知河南府焦繼獻合歡牡丹花　「焦繼」，按長編卷一七開寶九年三月庚辰條，知河南府爲焦繼勳。疑此脱「勳」字。
〔五八〕大中祥符四年四月　按該條及其下咸平二年、淳化三年、咸平二年閏三月、大中祥符三年四月諸條，年代排列順序有誤。
〔五九〕咸平二年閏三月　按本卷華孽門已載宣、池等州竹生米事，其註稱「詳見穀異門」，則此一事分見華孽、木異、穀異三門。
〔六〇〕占云　「云」字原脱，據宋史卷六三五行志二上補。
〔六一〕又雨黑黍　按宋史卷六三五行志二上，「又」上有「七月」二字。
〔六二〕萬州虔州汀州　按宋史卷六三五行志二上，汀州蓮同蔕異蕚事在二十三年六月。
〔六三〕王命唐叔歸周公於東土　「土」字原脱，據史記卷三三魯周公世家補。
〔六四〕宋孝武帝大明元年　「大明元」原作「孝建二」，據宋書卷二九符瑞志下、南史卷二宋本紀中、玉海卷一九七改。
〔六五〕清暑殿西甍鴟尾中央生嘉禾　「暑」原作「景」，據宋書卷二九符瑞志下、南史卷二宋本紀中、玉海卷一九七改。下同。
〔六六〕梁武帝中大通三年秋　「大通」原作「大同」，據梁書卷三武帝紀、南史卷七梁本紀中、玉海卷一九七改。
〔六七〕龍川界嘉禾生　「龍川」，唐會要卷二九祥瑞下、玉海卷一九七作「龍州」。
〔六八〕福建觀察使殷儼進瑞粟十一莖　「瑞粟」及「一」三字原脱，據唐會要卷二九祥瑞下、玉海卷一九七補。

〔六九〕天祐元年七月　「元」、「七」，唐會要卷二九祥瑞下作「二」、「八」。
〔七〇〕穀水村地内嘉禾合穗　「地」字原脱，據唐會要卷二九祥瑞下補。
〔七一〕蜀王建武成二年　「武成」原作「武定」，據新五代史卷六三前蜀世家改。
〔七二〕嘉州廨有禾一莖十四穗生庭中　按宋史卷六四五行志二下，此條記事繫於大中祥符二年八月，疑是。
〔七三〕河中府寶鼎縣民張知友田禾　「河中府」原作「河間府」，據宋史卷六四五行志二下改。又宋史卷六四五行志二下，寶鼎縣合穗事在大中祥符三年八月。
〔七四〕太平興國三年　按宋史卷六四五行志二下作「大中祥符四年三月」。
〔七五〕六年　按宋史卷六四五行志二下、長編卷八一大中祥符六年七月己未條、玉海卷一九七，召近臣觀嘉穀事在大中祥符六年七月己未，故此「六年」當爲大中祥符六年。
〔七六〕七年八月　按宋史卷六四五行志二下，府州、遼州合穗事在大中祥符七年八月。
〔七七〕或二十一本合爲一者　「本」原作「莖」，據宋史卷六四五行志二下改。
〔七八〕又長樂太平二縣雨黑豆　「縣」字原闕，據局本補。
〔七九〕南劍州粟一本三十九穗　「州」字原脱，據宋史卷六四五行志二下補。
〔八〇〕懷安軍禾一本九穗　「懷安」原作「淮南」，宋無淮南軍，據宋史卷六四五行志二下改。
〔八一〕知定州梁子野奏　「梁子野」，宋史卷六四五行志二下作「梁士野」。
〔八二〕台州進寧海縣旱禾　按宋史卷六四五行志二下，台州進旱禾事在政和五年。又下文云「時方修明堂」，按宋史卷二一徽宗紀三，詔建明堂事正在政和五年。

〔八三〕章帝建初三年　「三」原作「四」，據後漢書卷三章帝紀、玉海卷一九七改。
〔八四〕掌中幣帛金銀諸貨物　「帛」原作「常」，據後漢書卷七桓帝紀改。
〔八五〕皇太子寢室中産素芝十四莖　「素」及「十四」，唐會要卷二八祥瑞上、玉海卷一九七作「紫」及「二十四」。
〔八六〕延英殿御坐上生白芝　「生」字原脱，據舊唐書卷三七五行志、新唐書卷三四五行志一、玉海卷一九七補。
〔八七〕長九尺　「九」，唐會要卷二九祥瑞下、玉海卷一九七作「六」。
〔八八〕即墨縣人王友家生芝草一本三枝　「友」，五代會要卷五祥瑞作「及」。
〔八九〕上命出宫中舊進芝草四本　「出」字原脱，據五代會要卷五祥瑞補。
〔九〇〕高五寸許　四字原闕，據局本及宋史卷六三五行志二上補。
〔九一〕如意寶蓋　按宋史卷六三五行志二上無「意」字。
〔九二〕上下相連　按宋史卷六三五行志二上無「上」字。
〔九三〕六年八月　「八月」二字原脱，據宋史卷六三五行志二上補。
〔九四〕政和二年二月戊子　「戊子」原作「戊午」，是月戊子朔，無戊午日。宋史卷六三五行志二上作「戊子」，宋會要瑞異一之二〇作「二月一日」，亦即「戊子」，故據改。
〔九五〕紹興十八年　「紹興」二字原脱，據宋史卷六三五行志二上補。
〔九六〕玦周五寸四分　「玦」字原脱，據宋書卷二九符瑞志下補。
〔九七〕化爲蠅者　「者」字原脱，據新唐書卷三四五行志一補。

卷三百　物異考六

金異

周威烈王二十三年，九鼎震。　顯王三年，雨金於櫟陽。　赧王五十九年，周亡，秦昭王取九鼎，其一飛入泗水，餘八入於秦中。

漢武帝元鼎元年夏五月，得鼎汾水上。　四年六月，得寶鼎。　元封元年，詔曰：「朕禮首山，昆田出珍物，化或爲黃金。」應劭曰：「昆田，首山之下田也。武帝祠首山，故神爲出珍物，化爲黃金。」　征和二年春，涿郡鐵官鑄鐵，鐵銷，皆飛上去〔一〕，此火爲變使之然也。　其三月，涿郡太守劉屈氂爲丞相，後坐祝詛腰斬。　成帝河平二年正月，沛郡鐵官鑄鐵，鐵不下，隆隆如雷聲，又如鼓音，工十三人驚走。音止，還視地，地陷數尺，鑪分爲十，一鑪中銷鐵散如流星，皆上去，與征和二年同象。　其夏，帝舅五人封列侯。　元舅王鳳擅政，譖殺丞相王商、京兆尹王章。　許后坐廢，趙飛燕爲后，賊害皇子，成帝亡嗣。　一曰，鐵飛屬金不從革。

按：鑄鐵而鐵不成，正金不從革之異也，而西漢五行志以爲火不炎上，誤矣。　今並革而正之。

後漢明帝永平六年二月，王雒山出寶鼎，廬江太守獻之。　詔以礿祭之日〔二〕，陳鼎於廟，以備器用。賜三公以下帛有差。　十一年，漅湖出黃金，廬江太守以獻。湖在廬州合肥縣。　章帝建初七年，幸槐里。

岐山得銅器，形似酒樽，獻之。

魏明帝青龍中，盛修宫室，西取長安金狄，承露盤折〔三〕，聲聞數十里，金狄泣，於是因留霸城。此金失其性而爲異也。

吴孫權赤烏十二年，寶鼎出臨平湖。孫休永安三年，得大鼎於建德縣。

晉惠帝元康三年閏二月，殿前六鐘皆出涕，五刻止。前年賈后殺楊太后於金墉城，而賈惡不止〔四〕，故鐘出涕，猶傷之也。永興元年，成都伐長沙，每夜戈戟鋒有火光如懸燭。此輕人命，好攻戰，金失其性而爲光變也〔五〕。天戒若曰，兵猶火也，不戢將自焚。成都不悟，終以敗亡。懷帝永嘉元年，項縣有魏豫州刺史賈逵石碑，生金可採。此金不從革而爲變也。五月，汲桑作亂，群寇飈起〔六〕。又清河王覃爲世子時，所佩金鈴忽生起如粟者，康王母疑不祥，毁棄之。及後爲惠帝太子，不終於位，卒爲司馬越所殺〔七〕。

程氏演繁露曰：「晉語云『墓碑生金，庾氏大忌』。初不曉生金爲何等語。按吴淑事類賦引魏志曰：『繁昌縣傳禪碑中生金，表送上，群臣盡賀。』王隱晉書曰：『永嘉中，陳國項縣賈逵石碑中生金，人盜鑿取以賣，賣已復生。此江東之瑞也。其曰瑞者，晉爲金行，故金生爲祥，元帝中興其應也。』據此而言，則碑中誠生黄金矣，亦異事哉。」

元帝永昌元年，甘卓將襲王敦，既而中止。及還，家多變怪，照鏡不見其頭。此金失其性而爲妖也。尋爲敦所襲，遂夷滅。石季龍時，鄴城鳳陽門上金鳳凰二頭飛入漳河。海西太和中，會稽山陰縣起倉，鑿地得兩大船，滿中錢，錢皆輪文大形。時日向暮，鑿者馳以告官，官夜遣防守甚嚴。至明旦，失錢所在，惟有船存。視其狀，悉有錢處。安帝義熙初，東陽太守殷仲文照鏡不見其頭，尋亦誅翦，占與甘卓同也。

陳後主禎明二年五月，東冶鐵鑄，有物赤色，大如斗，自天墜鎔所，隆隆有聲，鐵飛破屋而四散，燒人家。東冶者，陳人鑄兵之所。鐵飛爲變者，金不從革之應。天戒若曰，陳國小兵弱云〔八〕。其後卒亡。

隋堯君素守蒲州，兵器夜皆有光如火〔九〕。火爍金，金所畏也，敗亡之象。

劉武周據并州，兵勢甚盛，城上矟刃夜每有火光。

唐垂拱三年七月，魏州地出鐵如船數十丈。廣州雨金。金位正秋，爲刑、爲兵。占曰：「人君多殺無辜，一年兵災於朝。」神龍初，東都白馬寺鐵像，頭無故自落於殿門外。天寶十載六月，大同殿前鐘自鳴。占曰：「庶雄爲亂。」宰臣李適之常列鼎具膳羞〔一〇〕，中夜，鼎躍出相鬭不解，鼎耳及足皆折。乾元二年七月，渾天儀有液如汗下流。元和中〔一一〕，翰林院有鈴，夜中文書入，則引之以代傳呼。長慶中，河北用兵，鈴輒自鳴〔一二〕，與軍中息耗相應，聲急則軍事急，聲緩則軍事緩。光化三年冬〔一三〕，武德殿前鐘聲忽嘶嗄；天復元年九月，聲又變小。

後唐天成中，僞漢欽州羅浮山民掘得古劍，有篆文曰：「己與水同宮，王將耳口同，尹來居口上，山岫護重重。」以獻僞王劉陟，國人莫之辨。及平廣南，競傳其言，知者云：太宗以己亥年降誕，是己水同宮也。於文「耳口王」爲「聖」，「尹口」爲「君」，「重山」爲「出」，蓋己亥年聖君出也。

晉開運三年六月，登州文登縣地内涌出金銅佛像四。

漢乾祐元年三月，中書厨釜鳴者七。是月，宰相李濤罷免，勒歸私第。

宋建隆二年七月，晉州神山縣北谷中〔一四〕，有鐵隨水流出，方二丈三尺，其重七千斤〔一五〕。至道二年二月，桂陽監鎔銀自涌成山峰狀。咸平四年十二月，亳州太清宫鐘自鳴。大中祥符六年九月，臨江軍清江縣民李公邁至雲騰廟前過，遇小童贈塊土，還家剖之，得天尊人主像五軀。慶曆四年五月乙亥，撫州金谿縣得生金山，重三百二十四兩。政和五年正月〔一六〕，湖南提舉常平劉欽言：「蘆荻衝出生金，重九斤八兩，狀類靈芝祥雲。又淘得碎金四百七兩有奇。」十一月，越州言民户拾生金。湟州丁羊谷金坑僅千餘眼得鑛，成金共四等，計一百三十四兩有奇。崇寧四年三月，鑄九鼎，用金甚厚，取九州水土内鼎中。既奉安於九成宫，車駕臨幸，徧禮焉，至北方之寶鼎，忽漏水溢於外。劉炳謬曰：「正北在燕山，今寶鼎但取水土於雄州境，宜不可用。」其後竟以北方致亂。建炎三年，吉州修城，役夫得髑髏棄之水中，俄浮一鐘，有銘五十六字〔一七〕，大略云：「唐興元，吾子殁，瘞廬陵西壘，後當火德五九之際，世衰道敗，浙、梁相繼喪亂，章、貢康昌之日，吾亦復出是邦，東平鳩工，復使吾子同河伯聽命水官。」時郡守命録之，僅録畢而鐘自碎。近金爲變怪也。紹興十一年，主管成都等路茶馬馮康國言〔一八〕：「三月庚申，金虜居長安兵刃皆生火光。」天變豈直示虜，亦示國家以恢疆之圖。此與晉志永興初，成都伐長沙，戈戟火光，及唐志劉武周矟刃火光同占。輕人命，好攻戰，金失其性，爲光怪也。兵猶火也，弗戢自焚，敗亡象也。二十六年七月辛酉夜，天雨水銀。與唐志垂拱廣州雨金同占〔一九〕。金位正秋，爲刑，爲兵。占曰：「人君多殺無辜，一年兵災於朝〔二〇〕。」是歲，成都郫縣地出銅馬，高三尺，工制甚精，中宵風雨，輒聞嘶聲。紹興中，秦檜別墅農夫耕鑿得金甕，重二十四鈞。慶元二年正月，泰寧縣耕夫得鏡，厚三寸，徑一尺二寸，照水徹底，對日争輝，病熱者鑑之，心骨生寒，後爲雷震而碎。十二月，吴縣金鵝鄉銅錢百萬自飛。漢書：「陰盛陽微，金鐵爲飛。」

玉石之異

左氏傳昭公八年「春〔二一〕，石言於晉」。晉平公問於師曠〔二二〕，對曰：「石不能言，神或馮焉。作事不時，怨讟動於民，則有非言之物而言。」於是晉侯方築虒祁之宫。虒祁，地在絳西，臨汾水。劉歆以爲金石同類，是爲金不從革，失其性也。劉向以爲石白色爲主，屬白祥。昭公二十四年，王子鼂以成周之寶珪湛於河〔二三〕。津人得之河上，陰不佞取將賣之，則化爲石。見白祥門。

漢孝昭元鳳三年，泰山有大石起立。詳見白祥門。成帝鴻嘉三年五月乙亥，天水冀南山大石鳴，聲隆隆如雷，有頃止，聞平襄二百四十里許，壄鷄皆鳴。石長丈三尺，廣厚略等，旁著岸脅，去地二百餘丈，民俗名曰石鼓。石鼓鳴，有兵。是歲，廣漢鉗子謀鉗子，謂鉗徒〔二四〕。牢，係重囚處。攻牢，篡死囚鄭躬等，盗庫兵，劫掠吏民。後四年，尉氏樊並等謀反，殺陳留太守，山陽亡徒蘇令等黨與數百人盗庫兵，經歷郡國四十餘，皆踰年乃伏誅。時起昌陵，作者數萬人，徙吏民〔二五〕，作治五年不成。與晉石言同應，師曠所謂「民力彫盡」，傳云「輕百姓」者是也。

魏明帝青龍元年〔二六〕，張掖柳谷口水溢涌，寶石負圖，狀象靈龜，立於川西。有石馬七，及鳳、麒麟、白虎、犧牛、璜玦八卦、列宿、孛彗之象。又有文曰：「大討曹。」此晉之符命，而於魏爲妖。好攻戰，輕百姓，飾城郭，侵邊境，魏氏三祖皆有其事。石圖發於非常之文，此不從革之異。晉定大業，多斃曹氏，石瑞文「大討曹」之應也。

吴孫亮五鳳二年，陽羨離里山大石自立。孫皓天璽元年，鄱陽言，歷陽山石文理成字，凡二十，云「楚九州渚，吴九州都，揚州士，作天子，四世治，太平始」。江表傳曰〔二七〕：歷陽縣有石山臨水，高百丈，其三十丈所，有七穿駢羅，穿中色黄赤，不與本體相似，俗相傳謂之石印。又云，石印封發，天下當太平。下有祠屋〔二八〕，巫祝言石印神有三郎。時歷陽長表上言石印發，皓遣使以太牢祭歷山。巫言，石印三郎説「天下方太平」。使者作高梯，上看印文，詐以朱書石作二十字，還以啟皓。皓大喜曰：「吴當爲九州作都、渚乎！從大皇帝逮孤四世矣，太平之主，非孤復誰？」重遣使，以印綬拜三郎爲王，又刻石立銘，褒贊靈德，以答休祥。又吴興陽羨山有空石，長十餘丈，名曰石室，在所表爲大瑞〔二九〕。乃遣兼司徒董朝、兼太常周處至陽羨縣，封禪國山。明年改元，大赦，以協石文。

晉惠帝元康五年〔三〇〕，有石生於京師宜年里。永康元年，襄陽得鳴石。丹陽湖有浮石〔三一〕。真定獲玉馬〔三二〕。詳並見白祥門。元帝初渡江，有玉册見於臨安，白玉麒麟神璽出於江寧，其文曰「長壽萬年」，皆以爲中興之驗焉。愍帝建興五年，石言於平陽。時帝蒙塵，亦在平陽。故有非言之物而言，妖之大者，俄而帝遇害。

劉曜時，終南山崩，長安人劉終，於崩所得白玉方一尺，有文字曰：「皇亡，皇亡，敗趙昌。」井水竭，構五梁，咢五各反。酉小衰困囂喪。嗚呼！嗚呼！赤牛奮靷直引反。其盡乎！」時群下咸賀，以爲勒滅之徵。曜大悅，齋七日而後受之於太廟，大赦境内，以終爲奉瑞大夫。中書監劉均進曰：「臣聞國主山川，故山崩川竭，君爲之不舉。終南，京師之鎮，國之所瞻，無故而崩，其凶焉可極言！昔三代之季，其災也如是。今朝臣皆言祥瑞，臣獨言非，誠上忤聖旨，下違衆議，然臣不達大理，竊所未同。何則？玉之於山石也，猶君之於臣下。山崩石壞，象國傾人亂。『皇亡，皇亡，敗趙昌』者，此言皇室將爲趙所敗，趙因之而昌。今大趙都於秦雍，而勒跨全趙之地，趙昌之應，當在石勒，不在我也。『井水竭，構五梁』者，井謂東井，秦之分也。五謂五車，梁謂大梁，五車、大梁，趙之分也。此言秦將竭滅，以構成趙也。咢者，歲之次名作咢也，言歲馭作咢酉之年，當有敗軍殺將之事。困謂困敦，丁回反。歲在子之年名〔三三〕，玄囂亦在子之次，言歲馭於子，國當喪亡。『赤牛奮靷』謂赤奮若，在丑之歲名也。牛謂牽牛，東北維之宿，丑之分也，言歲在於丑當滅亡〔三四〕，盡無復遺也。此其誡悟〔三五〕，蓋欲陛下勤脩德化以禳之。」

石虎時，青州言，濟南平陵城北石虎，一夜中忽移在城東南善石溝上，有狼狐千餘迹隨之，迹皆成路。虎大悅曰：「石虎者，朕也。自北而南者，天意將使朕平蕩江南也。其敕諸州兵，明年朕當親董六軍，以副成路之祥。」群臣皆賀。又有石燃於泰山，八日而滅。東海有大石自立，旁有血流；鄴西山石間血流，血長十餘步，廣二尺餘。

慕容儁既僭位，初，石虎使人探策於華山，得玉版，文曰：「歲在申酉，不絶如綫。歲在壬子，真人乃見。」及此，燕人咸以爲儁之應也。又常山大樹自拔，根下得璧七十，珪七十三〔三六〕，光色精奇，有異常玉。儁以爲岳神之命，遣其尚書郎段勤以太牢祠之〔三七〕。

齊高祖受禪之日，滎陽郡人尹千〔三八〕，於嵩山東南隅見天雨石，墜地石開，有玉璽在其中，璽方三寸。文曰：「戊丁之人與道俱，肅然入草應天符，掃平河、洛清魏都。」又曰：「皇帝運興。」千奉璽以獻〔三九〕，按宋武帝於嵩高山得玉璧三十二枚，神人云「此是宋分世之數〔四〇〕」。三十二者〔四一〕，二「三十」也，宋自受命至禪齊，凡六十年云。

梁武帝中大同元年春，曲阿縣建陵隧口石辟邪起舞〔四二〕。

後齊武成河清四年，殿上石自起，兩兩相對。

唐貞觀十七年八月，涼州昌松縣鴻池谷有石五，青質白文成字，曰：「高皇海出多子，李元王八十年，太平天子李世民〔四三〕，千年太子李治，書燕山人士，樂太國主，尚汪譚，獎文仁，邁千古。大王五王六王七王，十鳳毛才子，七佛八菩薩，及上果佛田，天子文武，貞觀昌大，聖延四方，上不治，示孝仙，戈八爲善。」太宗遣使祭之曰：「天有成命，表瑞貞石，文字昭然，歷數惟永，既旌高廟之業，又錫眇身之祚。逮於皇太子治，亦降貞符，具紀姓氏。甫爲寡薄，彌增寅懼。」昔魏以土德代漢，涼州石有文。石，金類，以五勝推之，故時人謂爲魏氏之妖，而晉室之瑞。唐亦土德王，石有文，事頗相類。然其文初不可曉，而後人因推已事以驗之。蓋武氏革命，自以爲金德王，其「佛菩薩」者，慈氏金輪之號也；「樂太國主」則鎮國太平公主、安樂公主，皆以女亂國；其「五王六王七王」者，唐世十八之數。開元二十三年十二月己已，龍池聖德頌石自鳴，其音清遠如鐘磬，近石言也。　至德二年，昭陵石馬汗出。昔周武帝克晉州，齊有石像，汗流濕地，此其類也。　上元二年，楚州獻寶玉十三：曰「玄黄天符」，形如笏，長八寸，有孔，云辟兵疫；曰「玉鷄毛」，白玉也；曰「穀璧」，亦白玉也，粟粒自然，無雕鐫迹；曰「西王母白環」二；曰「如意寶珠」，大如鷄卵；曰「紅靺鞨」，大如巨栗；曰「琅玕珠」二，形如玉環，四分缺一；曰「玉印」，大如半手，理如鹿，陷入印中；曰「皇后採桑鈎」，如箸屈其末；曰「雷公石斧」，無孔；其一闕。凡十三。置之日中，白氣連天。　元和中，文水武士彠碑失其龜頭。　太和三年，南蠻圍成都，毁玉晨殿石爲礓，有吼聲三，乃止。　四年，浙西觀察使王蟠治潤州城隍，中得方石，有刻文曰：「山有石，石有玉，玉有瑕，瑕即休。」廣明元年，華嶽廟玄宗御製碑隱隱然有聲，聞數里間，浹旬乃止，近石言也。

南漢劉鋹時，宮中井旁石自立，行百餘步而仆。

宋太平興國四年九月，嘉州夾江縣民王詣得江石二〔四四〕，皆黝質，丹文隱起成字，一曰「君王萬歲」，一曰「趙二十一帝」。　三年四月〔四五〕，華州言，秦嶺南石洞自開，遣吏馬文則秉炬視之，入數十步，得丹砂千二百粒、獸形石六以獻。　五年五月，鄭州脩東嶽祠，穿土得玉杵臼。　七年六月，深州陸澤縣民王緒田中得白兔，逐入穴，掘之，得石佛五十軀，皆長尺餘。　大中祥符五年四月，慈州民饑，鄉寧縣山生石脂如麵，可爲餅餌。　天禧三年正月晦，潁州沈丘縣民駱新田間震雷，頃之，隕石三入地七尺許。　政和二年，玄圭始出。　晉州上一石，緑色，方三尺餘，當中有文曰「堯天正」，其字如掌大而端楷類手畫者，「堯」字居右，「天正」字綴行如左。　都堂驗視，礱石三分而字畫愈明，又於「堯」字之下隱約出一

「瑞」字，位置始均，蓋曰「天正堯瑞」云。或謂晉陽，堯都也，方玄圭出，乃有此瑞。殆宣和內禪之祥。至宣和四年後，御府所藏，往往復變爲石，而色類白骨。此與周寶圭占略同。

政和三、四年〔四六〕，畿府、汝蔡之間，連山大小石皆變爲瑪瑙，尚方取爲寶帶〔四七〕、器玩甚富。至宣和四年後，御府所藏，往往復變爲石，而色類白骨。此與周寶圭占略同。　五年，鄭州滎陽縣賈谷山麒麟谷採石脩明堂，得一石，有文曰「明」，百官表賀。　七年二月丙戌，張杲言，北嶽廟於廟側二十里黃山獲石柱十六條，脩短闊狹，皆應營造法式，用建正門，毫釐不差。　建炎三年四月，鼎州桃源洞大水，巨石隨流而下，石間成文，或識者三十二字，其文曰：「無爲大道，天知人情。無爲窈冥，神見人形。心言意語，鬼聞人聲。犯禁滿盈，地收人魂。」與唐志貞觀中鴻池谷石文同占。　紹興元年，潭州得白玉於州城蓮池中，孔彥舟以獻於朝。詔却之。漢志以爲玉變近白祥，與石怪同占。後彥舟爲劇盜。　乾道二年三月丙午夜，福清縣石竹山大石自移，聲如雷。石方可九丈，所過成蹊，纔四尺，而山之草木如故。　慶元二年六月辛未，黃巖縣大石自隕，雷雨甚至，山水涌出。

白眚白祥 天雨毛地生毛

春秋左傳昭公二十四年十月癸酉，王子鼂以成周之寶圭湛於河，以祭河也。幾以獲神之助。甲戌，津人得之河上，陰不佞取將賣之，則爲石。時王子鼂篡天子位，萬民不鄉，號令不從，故有玉變，近白祥也。癸酉入而甲戌出，神不享之驗云。　玉化爲石，貴將爲賤也。　後二年，子鼂奔楚而死〔四八〕。

秦始皇三十六年，鄭客遇江神持璧言「祖龍死」事〔四九〕，詳見人異。與周子鼂同應。　是歲，石隕東郡，民或刻其石曰：「始皇死而地分。」此皆白祥，炕陽暴虐，號令不從，孤陽獨治〔五〇〕，群陰不附之所致。其歲始皇死，後三年秦滅。

漢孝昭元鳳三年正月，泰山萊蕪山南匈匈有數千人聲。民視之，有大石自立，高丈五尺，大四十八圍，入地深八尺，三石爲足。石立處，有白烏數千集其旁。眭孟以爲石陰類，下民象，泰山岱宗之嶽，王者易姓告代之處，當有庶人爲天子者。孟坐伏誅。京房易傳曰：「『復，崩來無咎。』復卦之辭，今易作朋來。自上下者爲崩，厥應泰山之石顛而下，顛，墜也。聖人受命人君虜。」又曰：「石立如人，庶士爲天下雄。立於山，同姓；平地，異姓。立於水，聖人；於澤，小人。」

武帝天漢元年三月，天雨白毛。三年八月，雨白氂。京房易傳曰：「前樂後憂，厥妖天雨羽。」又曰：「邪人進，賢人逃，天雨毛。」

吴孫亮五鳳二年五月〔五一〕，陽羨縣離里山大石自立。按京房易傳曰「庶士爲天子之祥也」，其説曰：「立石於山同姓，平地異姓。」干寶以爲「孫皓承廢故之家得位，其應也」。或曰孫休見立之祥也。

晉武帝泰始八年五月，蜀地雨白毛，此白祥也。時益州刺史皇甫晏伐汶山胡，從事何旅固諫，不從。牙門張弘等因衆之怨，誣晏謀逆，害之。京房易傳曰：「前樂後憂，厥妖天雨羽。」又曰：「邪人進，賢人逃，天雨毛。」其易妖曰：「天雨毛羽，貴人出走。」三占皆應。太康十年，洛陽宫西宜秋里石生地中，始高三尺，如香爐形，後如傴於武反。人，盤薄不可掘。按劉向説，此白眚也。明年，宫車晏駕，王室始騷，卒以亂亡。京房易傳曰：「石立如人，庶士爲天下雄。」此近之矣。惠帝元康五年十二月，有石生於宜年里。永康元年，襄陽郡上言，得鳴石，撞宅江反。之，聲聞七八里。永寧元年，齊王冏舉義軍。軍中有小兒，出於襄城繁昌縣，年八歲，髮體悉白，頗能卜，於洪範，白祥也。太安元年，丹陽湖熟縣夏架湖有大石，浮二百步而登岸，民驚譟蘇到反。相告曰「石來」。干寶曰：「尋有石冰入建業。」車騎大將軍、東嬴王騰自并州遷鎮鄴，行次真定。時久積雪，而當門前方數丈獨消釋，騰怪而掘之，得玉馬，高尺許，口齒缺。騰以馬者國姓，上送之，以爲瑞。然馬無齒則不得食，妖祥之兆，衰亡之徵。按占，此白祥也。是後騰爲汲桑所殺，而天下遂亂。成帝咸康初，地生毛，近白祥也。孫盛以爲人勞之異也。是後石季龍滅而中原向化，將相皆甘心焉。於是方鎮屢革，邊戍仍遷，皆擁帶部曲，動有萬數。其間征伐徵賦，役無寧歲，天下勞擾，百姓疲怨。咸康三年六月，地生毛。孝武太元二年五月，京都地生毛，至四年而氐賊次襄陽〔五二〕，圍彭城，向廣陵，征戍仍出，兵連年不解。太元十四年四月，京都地生毛。時苻堅滅後，經略多事，人勞之應也。十七年四月，地生毛。安帝隆安四年四月乙未，地生毛，或白或黑。元興三年五月，江陵地生毛。是後江陵見襲。義熙三年三月，地生白毛。十年三月〔五三〕，地生毛。明年，王旅西討司馬休之。又明年，北掃關洛。

梁武帝大同二年，地生白毛，長二尺，近白祥也。孫盛以爲人勞之異〔五四〕。先是大發卒築浮山堰，功費鉅億，垂成復潰，百姓怨嗟。太清二年九月，地生白毛，長二尺。時侯景舉兵反。

後齊河清元年九月，滄州及長城之下，地多生毛，或白或黑，長四五寸，近白祥也。時北築長城，內興三臺，人苦勞役。天統初，岱山封禪壇玉璧自出。近白祥也。岱山，王者易姓告代之所，玉璧所用幣。而自出，將有易姓者用幣之象。其後齊亡，地入於周，隋高祖受周禪，天下一統，焚柴泰山告祠之應。武平三年，白水巖下青石壁旁，有文曰：「齊亡走。」人改爲「上延」，後主以爲嘉瑞，百僚畢賀。後周師入國，後主棄鄴而走〔五五〕。

隋文帝開皇六年七月，京師雨毛，如髮尾。長者三尺餘，短者六七寸。京房易飛候曰：「天雨毛，其國大饑。」時關中旱，米粟踴貴。十七年，石隕於武安、滏陽間十餘。洪範五行傳曰：「石自高隕者，君將危殆。」後七年，帝崩。開皇末，高祖於宮中埋二小石於地，以誌置牀之所。未幾，變爲玉。劉向曰：「玉者至貴也。賤將爲貴之象。」及大業末，盜皆僭名號。煬帝大業十三年，西平郡有石〔五六〕，文曰：「天子立千年。」百僚稱賀。識者尤之曰：「千年萬歲者，身後之意也。今稱立千年者，禍在非遠。」明年而帝被殺。

唐調露元年十一月壬午，秦州神亭冶北霧開如日初曜〔五七〕，有白鹿、白狼見。近白祥也。垂拱元年九月，淮南地生毛，或白或蒼，長者尺餘，遍居人牀下，揚州尤甚，大如馬鬣，焚之臭如燎毛。占曰：「兵起，民不安。」神龍二年四月己亥，雨毛於越州之鄮縣。占曰：「邪人進，賢人遁。」大曆二年七月甲戌日入時，有白氣亘天。九月戊午夜，白霧起西北，亘天。五年五月甲申，西北有白氣亘天。建中四年四月甲子，京師地生毛，或黃或白，有長尺餘者。貞元四年四月，淮南及河南地生毛。二十年九月庚辰甲夜，有白氣八，東西際天。太和三年八月，西方有白氣如柱。六年二月，蘇州地震，生白毛。七年十月己酉，西方又有白氣如柱者三。光啟二年四月，有白氣頭黑如髮，自東南入於揚州滅。 光化二年三月乙巳，日中有白氣亘天，自西南貫於東北。 天復元年八月己亥，西方有白雲如履底，中出白氣如疋練，長五丈，上衝天，分爲三彗，頭下垂。占曰：「天下有兵。白者，戰祥也。」

宋嘉祐七年三月，徐州彭城縣白鶴鄉地生麪。占曰：「地生麪，民將饑。」五月，濠州鍾離縣地生麪。 熙寧元年，荆、襄間天雨白氂如馬尾，長者尺餘，彌漫山谷。三月丁酉，潭州雨毛。 八年五月丁丑，雨黄毛。 元豐三年五月，青州臨朐、益都石化爲麪，民取食之。 靖康二年二月壬午夜四鼓，白氣如虹，自南亘北，須臾移西南至東北，天明而没。 建炎二年，杜充爲北京留守，一日天雨紙錢於營中，厚盈寸。明日，與金虜戰於城下，敗績。錢，金類，金，兵象；紙，白祥也。 三年三月，白氣貫日。 未幾，苗傅等作亂。凡白氣之占，皆爲天下有兵戰之事，白祥也。 四年五月壬子夜，北方有白氣十餘道如練。語在赤祥。 紹興元年二月己巳夜，東南有白氣。 十一年，馮康國言，三月庚申，金虜居長安油、酒皆變白色。語在金傳及夜妖。 此白祥也，白者，西方兵象也，亦喪祥也。 後金酋亶爲其下所弑。 三十年十一月甲午夜，西南有白氣，出危入昴。 十二月戊申，白氣出尾入軫，貫天市垣。 三十一年十二月辛丑，白氣如帶，東西亘天，出斗歷牛。 隆興元年十二月壬午夜，白氣見西南方，出危入昴。 二年正月甲寅夜，西南有白氣亘天如帶。 乾道元年正月庚午，白氣見西北方，出奎入參。 三月戊辰夜，白氣如帶，自參及角，東西亘天。 四月丁酉夜，白氣見西北方，入天市垣。 辛丑夜，白氣入北斗。 乙巳夜，白氣入紫微垣。 十月己丑夜，蒼白氣見南方，入翼。 十一月丙寅，白氣如帶，出女入昴，東西亘天。 二年十二月庚午夜，白氣如帶，東西亘天，出女入昴。 淳熙十年正月戊子夜，西南有白氣如天漢而明，南北廣可六丈，東西亘天，歷壁至畢〔五八〕。紹熙五年六月壬寅夜，白氣亘天，自紫微至亢、角。己酉日入後，白氣亘天，頃刻而散。慶元五年二月癸酉夜，東北方白氣如帶，自角至參。八月甲子，東北方有白氣如帶，亘天。嘉泰四年十一月壬申，晝有白氣分數道，亘天。紹熙四年十一月癸酉，地生毛。占曰：「兵起，民不安。」後一年韓侂冑用事，卒有開邊毒民之禍。

校勘記

〔一〕皆飛上去　「上」字原脱，據漢書卷二七上五行志上補。

〔二〕詔以礿祭之日　「礿」原作「初」，據後漢書卷二明帝紀改。

〔三〕承露盤折　「盤」下原衍一「盤」字，據晉書卷二七五行志上、宋書卷三一五行志二刪。

〔四〕而賈惡不止　按晉書卷二七五行志上，「賈」下有「后爲」二字，義明。

〔五〕金失其性而爲光變也　「光」字原脱，據元本、慎本、馮本及晉書卷二七五行志上補。

〔六〕群寇飈起　「群」原作「郡」，據晉書卷二七五行志上、宋書卷三一五行志二改。

〔七〕卒爲司馬越所殺　「卒」字原脱，據晉書卷二七五行志上、宋書卷三一五行志二補。

〔八〕陳國小兵弱云　文義未盡，按隋書卷二三五行志上，全句爲「陳國小兵弱，當以和好爲固，無鑄兵而黷武，以害百姓」。

〔九〕兵器夜皆有光如火　「皆」字原脱，據隋書卷七一堯君素傳、新唐書卷三五五行志二補。

〔一〇〕宰臣李適之常列鼎具膳羞　按新唐書卷三五五行志二，「宰」上有「天寶五載四月」六字，故該條當列於上文天寶十載條前。

〔一一〕元和中　按新唐書卷三五五行志二，「中」下有「文水武士彠碑失其龜頭」十字，則元和中爲文水石碑事，與長慶中翰林院鈴事無涉，疑「元和中」三字衍。

〔一二〕鈴輒自鳴　「鈴」，新唐書卷三五五行志二作「夜」。

〔一三〕光化三年冬　「三」原作「四」，據新唐書卷三五五行志二改。

〔一四〕晉州神山縣北谷中　「晉州」原作「晉江」，據宋史卷六六五行志四、宋史卷八六地理志二改。

〔一五〕其重七千斤　「千」原作「十」，據宋史卷六六五行志四改。

〔一六〕政和五年正月　「政和」原作「至和」，據元本、慎本、馮本及宋史卷六六五行志四、宋會要瑞異一之二三改。

〔一七〕有銘五十六字　「五」原作「七」，據宋史卷六六五行志四改。

〔一八〕主管成都等路茶馬馮康國言　「主」原作「王」，據宋史卷一六七職官志七改。「馬」原作「事」，據宋史卷一六七職官志七、建炎以来繫年要録卷一四一改。

〔一九〕與唐志垂拱廣州雨金同占　「垂拱」原作「貞觀」，據新唐書卷三五五行志二、新唐書卷四則天皇后紀改。

〔二〇〕一年兵災於朝　「兵」字原脱，據新唐書卷三五五行志二補。

〔二一〕左氏傳昭公八年春　「左氏傳」原作「春秋」，據左傳昭公八年、漢書卷二七上五行志上改。

〔二二〕晉平公問於師曠　「於」字原脱，據左傳昭公八年、漢書卷二七上五行志上補。

〔二三〕王子鼂以成周之寶珪湛於河　「珪」字原脱，據漢書卷二七中之上五行志中之上及本刊下文補。

〔二四〕謂鉗徒　「徒」原作「徙」，據漢書卷二七上五行志上改。

〔二五〕徙吏民　按漢書卷二七中之上五行志中之上，「民」下有「五千餘户以奉陵邑」八字。

〔二六〕魏明帝青龍元年　按三國志卷三明帝紀，青龍三年末注引魏氏春秋稱：「是歲張掖郡删丹縣金山玄川溢涌，寶石負圖……立於川西。」則「元年」當作「三年」。

〔二七〕江表傳曰　「表」原作「左」，據元本、慎本、馮本及三國志卷四八吴三嗣主傳改。

〔二八〕下有祠屋　「下」字原脱，據三國志卷四八吴三嗣主傳注引江表傳補。

〔二九〕在所表爲大瑞　「表」原作「長」，據三國志卷四八吴三嗣主傳改。

〔三〇〕晉惠帝元康五年　「元康」原作「永熙」，元本、慎本、馮本作「永平」，按永平元年三月即改元元康，晉書卷二八五行志中、宋書卷三一五行志二正作「元康」，故據改。

〔三一〕丹陽湖有浮石　按晉書卷二八五行志中、宋書卷三一五行志二，丹陽浮石事在太安元年，又「陽」下脱「湖熟縣夏架」五字。

〔三二〕真定獲玉馬　按晉書卷二八五行志中、宋書卷三一五行志二，獲玉馬爲司馬騰自并州遷鎮鄴，行次鎮定時之事。又檢晉書卷五懷帝紀、晉書卷三七高密獻王傳，司馬騰鎮鄴事在永嘉元年。

〔三三〕歲在子之年名　「年」字原脱，據晉書卷一〇三劉曜載記補。

〔三四〕言歲在於丑當滅亡　按晉書卷一〇三劉曜載記無「於」字。

〔三五〕此其誠悟　按晉書卷一〇三劉曜載記，「悟」下有「蒸蒸」二字。

〔三六〕珪七十三　「三」原作「玉」，據元本、慎本、馮本及晉書卷一一〇慕容儁載記改。

〔三七〕遣其尚書郎段勤以太牢祠之　「郎」字原脱，據晉書卷一一〇慕容儁載記補。

〔三八〕滎陽郡人尹千　「千」，南史卷四齊本紀上同，南齊書卷一八祥瑞志作「午」。下同。

〔三九〕千奉璽以獻　按南齊書卷一八祥瑞志、南史卷四齊本紀，「璽」下有「詣雍州刺史蕭赤斧赤斧」十字。

〔四〇〕神人云此是宋分世之數　「分」，南史卷四齊本紀上作「卜」。

〔四一〕三十二者　「者」原作「年」，據南史卷四齊本紀上改。

〔四二〕曲阿縣建陵隧口石辟邪起舞　「辟邪」，南史卷七梁本紀中同，梁書卷三武帝紀、隋書卷二二五行志作「麒麟」。

〔四三〕太平天子李世民　「天」原作「太」，據新唐書卷三五五行志二改。

〔四四〕嘉州夾江縣民王諳得江石二　「江石」，宋史卷六六五行志四、宋會要瑞異一之八作「黑石」，長編卷二〇太平興國四年九月癸巳條作「玄石」。

〔四五〕三年四月　按本刊體例，此條當在上條前。

〔四六〕政和三四年　按宋史卷六六五行志四無「三」字。

〔四七〕尚方取爲寶帶　「帶」字原脱，據宋史卷六六五行志四補。

〔四八〕子鼀奔楚而死　「楚」原作「走」，據左傳昭公二十六年、漢書卷二七中之上五行志中之上改。

〔四九〕鄭客遇江神持璧言祖龍死事　「客」原作「容」，據漢書卷二七中之上五行志中之上改。

〔五〇〕孤陽獨治　「陽」字原脱，據漢書卷二七中之上五行志中之上補。

〔五一〕吴孫亮五鳳二年五月　「五月」，晉書卷二八五行志中、宋書卷三一五行志二同，三國志卷四八吴三嗣主傳作

「七月」。

〔五二〕至四年而氐賊次襄陽　「襄陽」原作「襄國」，晉書卷二八五行志中同。據晉書卷九孝武帝紀、宋書卷三一五行志二改。

〔五三〕十年三月　「十」下原衍一「三」字，晉書卷二八五行志中同。據元本、愼本、馮本及宋書卷三一五行志二、太平御覽卷八八〇删。

〔五四〕孫盛以爲人勞之異　「人勞」，隋書卷二二五行志上作「勞人」。

〔五五〕後主棄鄴而走　按隋書卷二二五行志上，「主」下有一「果」字。

〔五六〕西平郡有石　「郡」原作「都」，「有」字原脱，據隋書卷二二五行志上改補。

〔五七〕秦州神亭治北霧開如日初曜　「治」原作「冶」，據新唐書卷三五五行志二改。

〔五八〕歷壁至畢　「壁」原作「璧」，據宋史卷六六五行志四改。

卷三百一　物異考七

歲凶

即五行所謂稼穡不成也。然則歲凶年穀不登，蓋土失其性所致，而地震山崩之屬，亦土失其性也，故以繼歲凶之後。

春秋莊公二十八年「冬，大亡麥禾〔一〕」。劉向以爲水旱當書，不書水旱而曰「大亡麥禾」者，土氣不養，稼穡不成也。時夫人淫于二叔，内外亡別，二叔，謂莊公二弟仲慶父及叔牙。又因凶飢，一年而三築臺，故應稼穡不成，飾臺榭内淫亂之罰云。

秦始皇十七年〔二〕，民大飢。　十九年，大飢。

漢高祖二年，關中大飢，米斛萬錢，人相食。令民就食蜀漢。　武帝建元三年，平原大飢，人相食。　元鼎三年四月，關東郡國十餘飢〔三〕，人相食。　元帝初元元年九月，關東郡國十一飢，或人相食，轉旁郡穀以相救。　二年六月，關東飢，齊地人相食。

王莽地皇時，天下大飢，寇盜蜂起。

後漢光武二年〔四〕，關中飢，人相食。　安帝永初三年，京師大飢，民相食。　桓帝延熹九年，司隸、豫州飢，死者什四五，至有滅户者。　獻帝興平二年〔五〕，關中大飢，人相食啖，白骨委積。

吴孫皓時，常歲無水旱，苗稼豐美，而實不成，百姓以飢，闔境皆然，連歲不已。吴人以爲傷露，非也。劉向春秋説曰：「土氣不養，稼穡不成。」此其義也。皓初遷都武昌〔六〕，尋還建鄴，又起新館，壯麗過甚，犯暑妨農，官私疲怠。月令：「季夏不可興土工。」皓皆冒之。此修宫室飾臺榭之罰也。

晉愍帝建興四年，京師大飢。　元帝大興二年，吴郡、吴興、東陽無麥禾，大飢。　成帝咸和五年，無麥禾，天下大飢。　穆帝永和十年，三麥不登〔七〕。　十二年，大無麥。　孝武太元六年，無麥禾，天下大飢。　安帝元興元年，無麥禾，天下大飢。

北齊後主武平四年，山東飢。時大興土木，窮侈極麗。後宫侍御千餘人，皆寶衣玉食。逆中氣之咎。

隋煬帝大業五年，燕、代、齊、魯諸郡飢。先是建立東都，制度崇侈。又宗室諸王，多遠徙邊郡。

唐貞觀元年，關内飢。　總章二年，諸州四十餘飢，關中尤甚。　儀鳳四年春，東都飢。　調露元年秋，關中飢。　永隆元年冬，東都飢。　永淳元年，關中及山南州二十六飢，京師人相食。　垂拱三年，天下飢。　大足元年春，河南諸州飢。　景龍二年春，飢。　三年三月，飢。　先天二年冬，京師、岐、隴、幽州飢。　開元十六年，河北飢。　乾元三年春，飢，米斗錢千五百。　廣德二年秋，關輔飢，米斗千錢。　永泰元年，飢，京師米斗千錢。　貞元元年春，大飢，東都、河南、河北米斗千錢，死者相枕。　二年五月，麥將登而雨霖，米斗千錢。　十四年，京師及河南飢。　十九年秋，關輔飢。　元和七年春，饑。　八年，廣州饑。　九年春，關内饑。　十一年，東都、陳許州饑。　長慶二年，江淮饑。　太和四年，河北及太原饑。　六年春，劍南饑。　九年春，饑，河北尤甚。　開成四年，温、台、明等州饑。　大中五年冬，湖南饑。　六年夏，淮南饑，海陵、高郵民於官河中漉得異米，號「聖米」。　九年秋，淮南饑。　咸通三年夏，淮南、河南饑。　九年秋，江左及關内饑，東都尤甚。　乾符三年春，京師饑。　中和二年，關内大饑。　四年，關内大饑，人相食。　光啟二年二月，荆、襄大饑，米斗三千錢，人相食。　三年，揚州大饑，米斗萬錢。　大順二年春，淮南大饑。　天祐元年十月，京師大饑。

宋明道二年，南方大旱，種粒皆絶，人多流亡，因饑成疫，死者十二三，官作粥糜以飼之，然得食者輒死，墟里幾爲之空。　建炎元年，汴京大饑，米升錢三百，一鼠之直數百錢，人啖道殣，骼無餘胔，取水藻、春槐葉以食。　三年，山東郡國大饑，人相食。　時金虜陷京東諸郡，民聚爲盜，至車載乾尸爲糧。紹興元年，行在、越州及東南諸路郡國饑。令郡發常平倉粟以賑，勸分，禁遏糴。淮南〔八〕、京東西流民聚常州、平江府者多殍死。亦令各郡賑之。　二年春，兩浙、福建饑，米斗千錢。令憲臣移廣粟以賑。　時餫饟繁急，民益艱食。詔漕江東西上供粟給軍饟，以寬浙民。　三年，吉郴道州、桂陽監饑。皆令宣諭使賑之。流民之聚湖南者，令憲臣賑之。　五年，湖南大饑，殍死、流亡者衆。詔移粟減賦，令漕臣賑之。　夏，潼川路饑，米斗二千，人食糟糠。　興元饑，民流於果、閬。令漕臣賑之。　秋，温、處州饑。漕閩粟萬石以賑。　六年春，浙東、福建饑，湖南、江西大饑，殍死甚衆，民多流徙，郡邑盜起。令帥臣、部使者賑粟勸分，且漕廣粟以助。　夏四月，蜀亦大饑，米斗二千，利路倍之，道殣枕藉。令帥臣賑粟蠲賦。　是歲，果州守臣宇文彬獻禾粟九穗圖，吏部侍郎晏敦復言：「果、遂饑民未蘇，不宜導諛。」坐黜爵。七年夏，欽、廉、邕州飢。令常平使者賑粟。九年，江東西、浙東飢，米斗千錢，饒、信州尤甚。令出常平粟以賑。十年，浙東、江南薦飢，人食草木。令户部條賑飢事，下之諸路。十一年，京西、淮南飢。令通商移粟。十五年，汀、虔州以盜妨農。令郡縣賑粟貸種。十八年冬，浙東、江、淮郡國多飢，令諸道常平使者賑粟。紹興府大飢，民之仰哺于官者二十八萬六千人，賑之不給，人食糟糠、草木，殍死殆半。流民渡江至行都，事上聞，令臨安府賑遣復業。十九年春、夏，紹興府飢流如初。明、婺州亦飢。令常平使者賑集之。二十四年，衢州飢。二十八年，平江府飢。二十九年，紹興府薦飢。皆發常平義廪以賑。隆興元年，紹興府大飢，四川尤甚〔九〕，飢民食蕨根。平江襄陽府、隨泗州、棗陽盱眙大飢，隨、棗間米斗六七千。令有司皆賑之粟。二年，平江府、常秀州飢，華亭縣人食粃糠。行都及鎮江府、興化軍、台徽州亦糴食。皆令守臣及常平使者賑之。淮民飢流江南者數十萬人。詔内郡移粟施惠安集之。乾道元年春，行都、平江鎮江紹興府、湖常秀州大飢，殍徙者不可勝計，州縣爲糜食之。行都城外爲糜四十餘日，數萬人。是歲台明州、江東諸郡皆飢。令賑之粟。夏，亡麥。二年夏，亡麥。三年九月，不雨，麥種不入。四年春，蜀邛綿劍漢州、石泉軍大飢，邛爲甚。盜延八郡，漢飢民至九萬人。内出宸翰賜制置使汪應辰，講行荒政，賜僧牒四百助之。五年夏，饒、信州薦飢，民多流徙。徽州大飢，人食蕨、葛。台楚州、盱眙軍亦飢。令郡守、部使者發廪移粟勸分。秋、冬不雨，淮郡麥種不入。六年冬，寧國府、廣德軍、太平温湖秀池徽和州皆飢〔一〇〕。令漕江西、廣東粟以賑。七年秋，江東西、湖南十餘郡飢，江筠州、隆興府爲甚。人食草實，流徙淮甸。發廪賑之，不給，詔立勸分賞格。内出左帑增賑饒州，出内帑收育棄孩。淮郡亦薦飢，金虜諜知，運麥於淮北岸易南岸銅鑼，斗錢八千。江西飢，民流光濠、安豐間，皆效淮人私糴，淮鏹爲秏。荆南亦艱食。宣撫使下蜀粟以賑。八年，江西亡麥，隆興府薦飢，南昌、新建縣飢民仰給者二萬八千餘人。先是去歲秋，詔淮、浙、江、湖諸路帥漕臣勸課二麥，官借種糧。九年春，成都、永康、邛三州飢。秋，台州飢。發江西米數萬石以賑。温、婺州亦飢。令各郡賑粟，禁遏糴。是郡國告飢，詔盡發常平粟，截上供賦以賑，令帥漕臣申勸種麥。淳熙元年，浙東、湖南〔一〕、廣西、江西、蜀關外皆飢，台、處、郴、桂、昭、賀尤甚。令賑以常平義廩，江西一道至六十二萬斛。二年，淮東西、江東飢，滁真揚州、盱眙軍、建康府爲甚。詔賑以常平米，弛賦，通商，貸種糧〔二〕，勸布麥，立勸分賞格。是歲，鎮江寧國府、常州、廣德軍亦饎食。皆賑之粟。三年，淮甸飢。夏，台州亡麥。冬，復施隨郢州、荆門軍、襄陽江陵德安府大飢。四年春，尤飢。令發屯田粟二萬六千五百餘石以賑。六年冬，和州飢。泰通楚州、高郵軍大飢，人食草木。皆賑之粟。七年，鎮江府、台州、無爲廣德軍民大飢。令出常平米賑之。賑廣德軍至於越歲之春，弛兩歲帛賦。是歲，江、浙、荆、湘、淮郡皆飢。皆蠲賦予粟，或一道至十四五萬石。八年春，江州飢，人採葛而食。詔罷守臣章騂。冬，行都、寧國建康府、嚴婺太平州、廣德軍飢，徽、饒州流徙入淮郡者萬餘人。令兩淮漕臣授田，江東帥、漕臣賑粟。十一月辛卯，内出庚牌下淮南勸種麥，遣使分行兩浙、江東、淮南路賑贍安集之，令江、浙、湖北行勸分賞格。己亥，浙東常平使者朱熹進對論荒政，請粟勸分及蠲田賦、身丁錢，上嘉納之。十二月戊申，詔江、浙、淮、湖北三十八郡並免之。九年春，大亡麥，行都飢，於潛、昌化縣人食草木。出豐儲倉米萬石，令尹臣爲糜以食之，飢民之就食者一萬四千五百人，流民一千五百餘人。浙西湖州、浙東紹興府衢婺嚴明台州飢。徽州大飢，穜稑亦絶。令常平使者賑恤之。湖北七郡薦飢。令帥臣賑之。蜀潼、利、夔三路郡國十八皆飢，流徙者數千人。令饟漕、守臣分賑之。十年，合、昌州薦飢。令饟漕臣賑以緡粟。恭州飢民就賑相踐死者三千餘人〔三〕。　十一年，泉汀漳州、興化軍亡禾。邕、賓、象州飢。令帥臣賑粟貸種。　十二年，福建飢，亡麥。　江西、廣東西飢。皆令帥臣賑粟。　金州飢，有流徙者。令郡賑之。　十四年，金、洋、階、成、鳳、西和州人乏食。令漕臣賑之粟。　七月，秀州飢，有流徙者。詔出粟二萬斛，令郡賑恤之。　臨安府九縣飢。令發廩二十萬石以賑。　十六年夏，成州亡麥。　冬，階、成、鳳、西和州薦飢。令饟臣賑之。　乾道、淳熙間，上篤意民事，勸課農桑，宮中親蠶，後苑種稼藝麥，以驗歲功。　間取民間繭麥觀之，或繭薄穗短，則歎然爲農婦不滿。　修圩浚渠，廣勸種麥。　遇水旱之變，則發廩予財蠲賦，已責移粟勸分，郡國殿最，視荒救爲升黜。　一時吏治篤厚，風俗趨本，奏對者多言農田水利。　方守血食之神，非順成不加封爵。　歲雖小儉，莫不疾呼於上，發粟往哺，競以民庸自見。　故荒政靡歲不聞，然家給人足。　行都米斗五六十錢，江淮、荆襄，粒米狼戾，蜀麰斤至十餘錢，民物阜樂，庶幾小康。　夫豈一日之積哉！　趙雄嘗奏，得南康守臣朱熹書言：「荒政之行，民戴上恩，凶年化爲樂歲。」上曰：「陳峴亦奏，蜀雨暘時，若民俗熙恬，農事天下大本，朕未嘗不念。　邇來士大夫方知以農事爲重，以虛浮爲恥。」又曰：「朕不鬻爵以清入仕之源，惟以賑飢推官，乃爲民也。」。　紹熙二年，蘄州飢。令郡賑粟萬石。　夔路五郡飢，渝、涪爲甚。令漕臣賑粟七萬石，殍者尚數千人。　階、成、鳳、西和州亡麥。　三年，資、榮州亡麥，普叙簡隆州、富順監皆大飢，亡麥，殍者甚衆；流民聚成都府至千餘人，威遠縣棄兒且六百人，爲糜以食，飢民八萬餘人，多不能活。詔出緡粟賑之。　揚州亦飢。令出粟十萬石以賑。　四年，簡、資、普州飢，綿州亡麥。令漕臣均賑。　夏，紹興府亡麥。　安豐軍大亡麥。　五年冬，亡麥苗，行都、淮、浙西東、江東郡國皆飢，常明州、寧國鎮江府、廬滁和州爲甚，人食草木。詔出帑廩，鬻僧牒，益以漕計賑之。　或一郡至五萬緡石，不給，航廣粟以續之。　令憲、漕、常平使者所部勸分，免賦，通商，禁遏糴，收棄兒。　慶元元年春，常州飢，民之死徙者衆。　楚州飢，人食糟粕。　淮、浙流民多聚於行都。上念郡國賑恤未至，詔部使者、守令謹行荒政，收哺遺幼，免臨安紹興慶元鎮江府、常湖秀州、江陰軍夏賦而賑之粟。　三年，浙東郡國亡麥，台州大亡麥，民飢多殍。　襄、蜀亦飢。　四年秋，浙東、西薦飢，多道殣。　六年冬，常州大飢，仰哺者六十萬人。　潤揚楚通泰州、建康府、江陰軍亦乏食。皆令守令賑之。　嘉泰元年，浙西郡國薦飢，常州、鎮江嘉興府爲甚。皆令常平使者賑之。　二年，四川飢，廣安懷安軍、潼川府大亡麥。出川緡八十萬令帥臣賑之。　衡郴州、武岡桂陽軍乏食。　三年春，邵、永州大飢，死徙者衆，民多剽盗。令常平使者賑之粟。夏，行都艱食。出豐儲倉米十萬石以賑。　四年春，撫袁州、隆興府、臨江軍大飢，殍死者不可勝瘞，有舉家二十七人同赴溺者。令郡發常平廩賑之，部使者益以緡粟。　開禧二年，紹興府、衢婺州亡麥。　湖北、京西、淮東西郡國飢，民聚爲剽盗。分命宣諭使賑恤。　南康大安軍、忠涪州皆飢。令部使者及守臣賑粟。　嘉定元年，淮南大飢，人食草木，流徙江、浙者百萬人。　先是，開禧開邊，淮郡殘於兵火，農久失業，米斗二千，殍死者十三四，炮人肉、馬矢中以食。　詔所至郡國賑恤歸業，時邦儲亦匱，郡計不支，去者多死，亦有爲濠、豐餘虜俘掠而北者。　是歲，行都亦飢，米斗千錢。詔發廩廣糴，賑糶勸分。　二年春，兩淮、荆、襄、建康府大飢，米斗錢數千，人食草木。　淮民刲道殣食盡，發瘞胔繼之，人相搤噬；流徙之聚於揚州者數千家，渡江者聚建康，殍死日八九十人。詔發廩賑施，皆十萬餘石，令州郡置粥院，爲糜以活之。　是秋，諸路復大歉，常、潤尤甚。　冬，行都大飢，殍者横市，道多棄兒。十二月甲戌，令發粟賑施，盡其月。　三年春，建康府大飢，人相食。　五月，衢州飢，頗聚爲剽盗。守臣孫子直平之，勸分以賑。　七年，台州大亡麥。　八年，淮、浙、江東西飢，都昌縣飢民聚爲盗者三十六黨。自秋至於明年夏，縣官出錢三百三十三萬緡、粟四百八十五萬石以賑。　九年，行都飢，閭巷有殍。令賑粟蠲逋。　十年，台、衢、婺、饒、信州飢，多聚爲剽盜，台爲甚。蜀石泉軍飢，殍死殆萬人。皆令郡賑之。十一年秋，淮、浙、江東飢饉，無麥苗。　十二年春，潼川府飢而不害。　十三年春，福州飢，人食草根。令郡賑之。　十六年春，海州新附山東民飢，令海州賑之。京東、河北路新附山西民亦飢。令楚州賑之，粟皆萬石。湖南永、道州大飢。令帥臣移粟以賑。　是歲，行都、江淮閩浙郡國皆無麥禾。　十七年春，餘杭、錢塘、仁和三縣飢，令帥臣賑之。　鎮江府飢，郡爲糜以賑者日千餘人。真、鄂州亦乏食。令通商勸分。

地震

史紀周幽王二年，周三川皆震。應劭曰：「震，地震三川竭也。」師古曰：「三川，涇、渭、洛也。洛，即漆沮也。川自震耳，故將壅塞，非地震也。」劉向以爲金木水火沴土者也。伯陽甫曰：服虔曰：「周太史。」「周將亡矣！天地之氣不過其序，若過其序，民亂之也。陽伏而不能出，陰迫而不能升，應劭曰：「迫，陰迫陽，使不能升也。」於是有地震。今三川實震，是陽失其所而填陰也。應劭曰：「失其所，失其道也。填陰，爲陰所填不得升也。」師古曰：「填音竹刃反〔一四〕。」陽失而在陰〔一五〕，原必塞；師古曰：「原謂水泉之本也。」原塞，國必亡。　夫水，土演而民用也；應劭曰：「演，引也，所以引出土氣者也。」師古曰：「演音衍。」土無所演，而民乏財用，不亡何待？昔伊雒竭而夏亡，河竭而商亡，今周德如二代之季，其原又塞，塞必竭；川竭，山必崩。　夫國必依山川〔一六〕，山崩川竭，亡之徵也。　若國亡，不過十年，數之紀也。」是歲，三川竭，岐山崩。　劉向以爲陽失在陰者，謂火氣來煎枯水，故川竭也。　山川連體，下竭上崩，事埶然也。　時幽王暴虐，妄誅伐，不聽諫，迷於褒姒，廢其正后，師古曰：「褒姒，褒人所獻之女也。正后，申后也。蓋白華之詩所爲作也。」廢后之父申侯與犬戎共攻殺幽王。一曰，其在天文，水爲辰星，辰星爲蠻夷。月食辰星，國以女亡。幽王之敗，女亂其内，夷攻其外。京房易傳曰：「君臣相背，厥異名水絶。」有名之水。

文公九年「九月癸酉，地震」。劉向以爲先是齊桓、晉文、魯僖二伯賢君新没，周襄王失道，楚穆王弑父，諸侯皆不肖，權傾於下，天戒若曰，臣下强盛者將動爲害。後宋、魯、晉、莒、鄭、陳、齊皆弑君。諸震，略皆從董仲舒説也〔一七〕。京房易傳曰：「臣事雖正，專必震，其震，於水則波，於木則摇，於屋則瓦落。大經在辟而易臣，兹謂陰動〔一八〕，服虔曰：「經，常也。辟音刑辟之辟。」蘇林曰：「大經，五行之常經也。在辟，衆陰犯殺其上也。」師古曰：「辟讀曰僻，謂常法僻壞而易臣也。」厥震摇政宫。大經摇政，兹謂不陰，厥震摇山，山出涌水。嗣子無德專禄，兹謂不順，厥震動丘陵，涌水出。」襄公十六年「五月甲子，地震」。劉向以爲先是鷄澤之會，諸侯盟，大夫又盟。是歲三月，諸侯爲溴梁之會，而大夫獨相與盟，五月地震矣。其後崔氏專齊，欒盈亂晉，良霄傾鄭，閽殺吴子，燕逐其君，楚滅陳、蔡。昭公十九年「五月己卯，地震」。劉向以爲是時季氏將有逐君之變。其後宋三臣、曹會皆以地叛，蔡、莒逐其君，吴敗中國殺二君。二十三年「八月乙未，地震」。劉向以爲是時周景王崩，劉、單立王子猛，尹氏立子朝。其後季氏逐昭公，黑肱叛邾，吴殺其君僚，宋五大夫、晉二大夫皆以地叛。哀公三年「四月甲午，地震」。劉向以爲是時諸侯皆信邪臣，莫能用仲尼，盗殺蔡侯〔一九〕，齊陳乞弑君。

貞定王三年，晉空桐震七日，臺舍皆壞，人多死。

秦始皇十五年，地動。十七年，地動。自樂、徐以西至平陰，臺屋墻垣大半壞。

漢惠帝二年正月，地震隴西，厭音一甲反。四百餘家。文帝五年二月，地震。景帝後元年五月，地震。　武帝元光四年五月，地震。　征和二年八月，地震，壓殺人。　後元元年秋七月，地震。　宣帝本始四年四月壬寅，地震河南以東四十九郡，北海、琅邪地震，壞祖宗廟城郭，殺六千餘人。　地節三年九月壬申〔二〇〕，地震。　元帝初元二年二月戊午，地震隴西郡，毀落太上皇廟殿壁木飾，壞敗城郭〔二一〕、宮寺、民廬，壓殺人衆。　永光三年冬，地震。　成帝建始三年，地震。　綏和二年九月丙辰，地震，自京師至北邊郡國三十餘壞城郭，凡殺四百一十五人。

王莽天鳳三年二月乙酉，地震。

後漢世祖建武二十二年九月，郡國四十二地震，南陽尤甚，地裂壓殺人。其後武谿蠻夷反，爲寇害，至南郡，發荊州諸郡兵，遣武威將軍劉尚擊之，爲夷所圍，復發兵赴之，尚遂爲所没。　章帝建初元年三月甲寅〔二二〕，山陽、東平地震。　和帝永元四年六月丙辰，郡國十三地震。春秋漢含孳曰：「女主盛〔二三〕，臣制命，則地動坼，畔震起，山崩淪。」時竇太后攝政，兄竇憲專權，將以是受禍也。後五日，詔收憲印綬，兄弟就國，逼迫皆自殺。　五年二月戊午，隴西地震。　先儒説民安土者也，將大動，行大震。　九月，匈奴單于於除鞬叛〔二四〕，遣使發邊郡兵討之。　七年九月癸卯，京都地震。儒説閹官無陽施，猶婦人也。是時和帝與中常侍鄭衆謀奪竇氏權，德之，因任用之，及幸常侍蔡倫，二人始並用權。　九年三月庚辰，隴西地震。　閏月，塞外羌犯塞，殺略吏民，使征西將軍劉尚擊之。　安帝永初元年，郡國十八地震。　李固曰：「地者陰也，法當安靜。今乃越陰之職，專陽之政，故應以震動。」是時鄧太后攝政專事，訖建光中，太后崩，安帝乃得制政，於是陰類並勝，西羌亂夏，連十餘年。　二年，郡國十二地震。　三年十二月辛酉，郡國九地震。　四年三月癸巳，郡國四地震〔二五〕。　五年正月丙戌，郡國十地震。　七年正月壬寅、二月丙午〔二六〕，郡國十八地震。　元初元年，郡國十五地震。　二年十一月庚申，郡國十地震。　三年二月，郡國十地震。　十一月癸卯，郡國九地震。　四年，郡國十三地震。　五年，郡國十四地震。　六年二月乙巳，京都、郡國四十二地震，或地坼裂，涌水，壞敗城郭、民室屋，壓人。　冬，郡國八地震。　永寧元年，郡國二十三地震。　建光元年九月己丑〔二七〕，郡國三十五地震，或地坼裂，壞城郭、室屋，壓殺人。　是時安帝不能明察，信宮人及阿母聖等讒言〔二八〕，破壞鄧太后家，於是專聽信聖及宦者，中常侍江京、樊豐等皆得用權。　延光元年七月癸卯，京都、郡國十三地震。　九月戊申〔二九〕，郡國二十七地震。　二年，京都、郡國三十二地震〔三〇〕。　三年，京都、郡國二十三地震。　是時以讒免太尉楊震，廢太子。　四年十一月丁巳〔三一〕，京都、郡國十六地震。　時安帝既崩，閻太后攝政，弟兄閻顯等並用事，遂斥安帝子，更徵諸國王子，未至，中黄門遂誅顯兄弟。　順帝永建三年正月丙子，京都、漢陽地震。　漢陽屋壞殺人，地坼涌水出。　是時順帝阿母宋娥及中常侍張昉等用權。　陽嘉二年四月己亥，京都地震。是時爵號宋娥爲山陽君。　四年十二月甲寅，京都地震。　永和二年四月丙申〔三二〕，京都地震。　是時宋娥構姦誣罔，五月事覺，收印綬，歸田里。　十一月丁卯，京都地震。　是時太尉王龔以中常侍張昉等專弄國權，欲奏誅之，時龔宗親有以楊震行事諫之止云。　三年二月乙亥，京都、金城、隴西地震裂，城郭、室屋多壞，壓殺人。　閏月己酉，京都地震。　十月，西羌二千餘騎入金城塞，爲涼州害。　四年三月乙亥，京都地震。　五年二月戊申，京都地震。　建康元年正月，涼州部郡六地震〔三三〕。　從去年九月以來至四月，凡百八十日震〔三四〕，山谷坼裂，壞敗城寺，傷害人物。　三月，護羌校尉趙沖爲叛胡所殺。　九月丙午，京都地震。　是時順帝崩，梁太后攝政，欲爲順帝作陵，制度奢廣，多壞吏民冢。　尚書欒巴諫事〔三五〕，太后怒，癸卯，詔書收巴下獄，欲殺之。　丙午地震。　於是太后乃出巴，免爲庶人。　桓帝建和元年四月庚寅，京都地震。　九月丁卯，京都地震。　是時梁太后攝政，兄冀持權。　至和平元年，太后崩，然冀猶秉政專事，至延熹二年，乃誅滅。　三年九月己卯，地震，庚寅，又震。　元嘉元年十一月辛巳，京都地震。　二年正月丙辰，京都地震。　十月乙亥，京都地震。　永興二年二月癸卯，京都地震。　永壽二年十二月，京都地震。　延熹四年，京都、右扶風、凉州地震。　五年五月乙亥，京都地震。　是時桓帝與中常侍單超等謀誅除梁冀，聽之，並使用事專權。　又鄧后本小人，性行無常，苟有顔色，立以爲后，後卒坐執左道廢，以憂死。　八年九月丁未，京都地震。　靈帝建寧四年二月癸卯，地震。　是時中常侍曹節、王甫等皆專權。　熹平二年六月，地震。　六年十月辛丑，地震。　光和元年二月辛未〔三六〕，地震。　四月丙辰，地震。　靈帝時，宦者專恣。　二年三月，京兆地震。　三年自秋至明年春，酒泉表氏地八十餘動，涌水出，城中官寺民舍皆頓〔三七〕，縣易處，更築城郭。　獻帝初平二年六月丙戌，地震。　興平元年六月丁丑，地震。　後主炎興元年〔三八〕，蜀地震。　時宦人黄皓專權。　按司馬彪説，閹宦無陽施，猶婦人也。　皓見任之應與漢和帝時同事也。　是冬，蜀亡。

魏明帝青龍二年十一月，京都地震。　從東來〔三九〕，隱隱有聲，摇屋瓦。　景初元年六月戊申，京都地震。　是秋，吴將朱然圍江夏，荆州刺史胡質擊退之。　又公孫淵叛，自立爲燕王，改元，置百官。　明年，討平之。齊王正始二年十一月〔四〇〕，南安郡地震。三年七月甲申，南安郡地震；十二月，魏郡地震。六年二月丁卯，南安郡地震。時曹爽專政，遷太后於永寧宮，太后與帝泣別〔四一〕。連年地震，是其應也。

吴孫權黄武四年，江東地連震。時權受魏爵命，爲大將軍、吴王，而改元專制，不修臣迹。京房易傳曰：「臣事雖正，專必震。」劉向云「臣下强盛〔四二〕，將動而爲害」之應也。嘉禾六年五月，江東地震。赤烏二年正月，地再震。時吕壹專事，步隲上疏，以爲臣下專政之應。赤烏十一年二月，江東地仍震。時權聽讒，尋黜朱據，廢太子。

晉武帝泰始五年四月辛酉，地震。是年冬，新平氐、羌叛。明年，孫皓遣大衆入渦音戈。口。七年六月丙申〔四三〕，地震。咸寧二年八月庚辰，河南、河東、平陽地震。四年六月丁未，陰平廣武地震；甲子，又震。太康二年二月庚申，淮南、丹陽地震。五年二月壬辰〔四四〕，京師地震。六年七月己丑〔四五〕，地震。七年七月，南安、犍其焉反。爲地震。八月，京兆地震。八年五月壬子，建安地震。七月，陰平地震。八月，丹陽地震。九年正月，會稽、丹陽、吴興地震。四月辛酉，長沙、南海等郡國八地震。七月至於八月，地又四震，其三有聲如雷。九月，臨賀地震；十二月，又震。十年十二月己亥，丹陽地震。太熙元年正月，地又震。武帝世，始於賈充，終於楊駿，阿黨昧利，苟竊朝權。至於末年，所任轉弊，故頻年地震，過其序也，終喪天下。惠帝元康元年十二月辛酉，京師地震。此夏，賈后使楚王瑋殺汝南王亮及太保衛瓘，此陰道盛、陽道微故也。四年二月，上谷、上庸、遼東地震。五月，蜀郡山移；淮南壽春洪水出，山崩地陷，壞城府。八月，上谷地震，水出，殺百餘人。十月，京都地震。十一月，滎陽、襄城、汝陰、梁國、南陽地皆震。十二月，京都又震。是時，賈后亂朝，終至禍敗之應也。漢鄧太后攝政時，郡國地震。李固以爲「地，陰也，法當安静。今乃越陰之職，專陽之政，故應以震」。此同事也。京房易傳曰：「小人剥廬，厥妖山崩，兹謂陰乘陽，弱勝彊。」又曰：「陰背陽則地裂，父子分離，夷羌叛去。」　元康五年五月丁丑，地震。六月，金城地震。　六年正月丁丑，地震。　八年正月丙辰〔四六〕，地震。　太安元年十月〔四七〕，地震。時齊王冏專政之應也。　二年十二月丙辰〔四八〕，地震。是時，長沙王乂專政之應也。　孝懷帝永嘉三年十月，荆、湘二州地震〔四九〕。時司馬越專政。　四年四月，兖州地震。五月，石勒寇汲郡，執太守胡寵，遂南濟河〔五〇〕，是其應也。　愍帝建興二年四月甲辰，地震。　三年六月丁卯，長安又地震〔五一〕。時主幼，權傾於下，四方雲擾，兵亂不息之應也。　元帝太興元年四月，西平地震，涌水出〔五二〕。十二月，廬陵、豫章、武昌、西陵地震，涌水出，山崩。干寶以爲王敦陵上之應也。　二年五月己丑〔五三〕，祁山地震，山崩，殺人。是時，相國南陽王保在祁山，稱晉王不終之象也。　三年四月庚寅〔五四〕，丹陽、吴郡、晉陵又地震。　成帝咸和二年二月，江陵地震。三月，益州地震。四月己未，豫章地震〔五五〕。是年，蘇峻作亂。　九年三月丁酉，會稽地震。　穆帝永和元年六月癸亥，地震。是時，嗣主幼冲，母后稱制，政在臣下，所以連年地震。　二年十月〔五六〕，地震。　三年正月丙辰〔五七〕，地震；九月，又地震。　四年十月己未，地震。　五年正月庚寅，地震。是時，石季龍僭即皇帝位，亦過其序也。　九年八月丁酉，京都地震，有聲如雷。　十年正月丁卯，地震，聲如雷，鷄雉皆鳴呴。呼后反。十一年四月乙酉，地震。五月丁未，地震。升平二年十一月辛酉，地震。五年八月，涼州地震。哀帝隆和元年四月甲戌，地震。是時政在將相，人主南面而已。興寧元年四月甲戌，揚州地震，湖瀆溢。二年三月庚寅〔五八〕，江陵地震。是時桓温專政。海西公太和元年二月，涼州地震，水涌。是海西將廢之應也。簡文帝咸安二年十月辛未，安成地震。是年帝崩。孝武帝寧康元年十月辛未，地震。二年二月丁巳，地震。七月甲午，涼州地又震，山崩。是時，嗣主幼沖，權在將相，陰盛之應也。太元二年閏三月壬午，地震；五月丁丑，地震。十一年六月己卯，地震。是後緣河諸將連歲兵役，人勞之應也。十五年三月己酉朔夜，地震。八月，京都地震；十二月己未，地震。十七年六月癸卯，地震。十二月己未，地又震。是時群小弄權，天下側目。十八年正月癸亥朔，地震。二月乙未夜〔五九〕，地震。安帝隆安四年四月乙未，地震。九月癸丑，地震。是時，幼主沖昧，政在臣下。義熙四年正月壬子夜，地震，有聲。十月癸亥，地震。五年正月戊戌夜，潯陽地震，有聲如雷。明年，盧循下。八年，自正月至四月，南康、廬陵地四震。明年，王旅西討荆、益。十年三月戊寅，地震。

宋武帝永初二年秋七月己巳〔六〇〕，地震。文帝元嘉十二年夏四月，都下地震。十五年七月辛未，地震。孝武大明二年四月辛丑，地震。六年七月甲申，地震，有聲如雷，兖州尤甚，魯郡山摇者二。後廢帝元徽五年五月，地震。

齊東昏侯永元元年七月，地震，至來歲晝夜不止，小屋多壞。

梁武帝天監五年十一月〔六一〕，京師地震。京房易飛候曰：「地動以冬十一月者〔六二〕，其邑飢亡。」時交州刺史李凱反。明年，霜，歲儉人飢。　普通三年正月，建康地震。時義州刺史文僧朗以州叛。　六年十二月，地震。京房易飛候曰：「地冬動有音，以十二月者，其邑有行兵。」是時，帝令豫章王琮將兵北伐。　中大通五年正月〔六三〕，建康地震。京房易飛候曰：「地以春動，歲不昌。」是歲，大水，百姓飢饉。大同二年十一月〔六四〕，建康地震。京房易飛候曰：「地震以十一月，邑有大喪及飢亡。」明年，霜爲災，百姓饑。　三年十月〔六五〕，建康地震。是歲，會稽山賊起。　七年二月，建康地震。是歲，交州人李賁舉兵逐刺史蕭諮。　九年閏正月，地震。李賁自稱皇帝〔六六〕，署置百官。　太清三年四月，建康地再震。時侯景自爲大丞相、録尚書事，帝所須不給。是月，以憂憤崩〔六七〕。

陳永定二年五月，建康地震。時王琳立蕭莊於郢州。　太建四年十一月，地震。陳寶應反閩中。

禎明元年正月，地震。施文慶、沈客卿專恣之應也。

後齊河清二年，并州地震。和士開專恣之應。

後周建德二年，涼州地頻震，城郭多壞。時羌夷叛。

隋文帝開皇十四年五月，京師地震。京房易飛候曰：「地動以夏五月，人流亡。」是歲關中饑，百姓就糧於關東。　二十年十一月戊子，立晉王廣爲皇太子。是日，天下地震。　仁壽二年四月，岐、雍地震。易飛候曰：「震以四月，五穀不熟，人大饑。」

唐武德二年十月乙未，京師地震。陰盛而反常則地震，故其占爲臣强，爲后妃專恣，爲夷犯華，爲小人道長，爲寇至，爲叛臣。　七年七月，巂州地震〔六八〕，山摧壅江，水噎流。　貞觀七年十月乙丑，京師地震。　十二年正月壬寅，松、叢二州地震，壞廬舍。　二十年九月辛亥，靈州地震，有聲如雷。　二十三年八月癸酉朔，河東地震，晉州尤甚，壓殺五十餘人；乙亥，又震。十一月乙丑，又震。　永徽元年四月己巳朔，晉州地震；己卯，又震。六月庚辰，又震，有聲如雷。　二年十月，又震。十一月戊寅，定襄地震。帝始封晉王，初即位而地屢震，天下將由帝而動摇象也。　儀鳳二年正月庚辰〔六九〕，京師地震。　永淳元年十月甲子，京師地震。　垂拱三年七月乙亥〔七〇〕，京師地震。　四年七月戊午，又震。八月戊戌，神都地震。　延載元年四月壬戌，常州地震。　大足元年七月乙亥，揚、楚、常、潤、蘇五州地震。　二年八月辛亥，劍南六州地震。　景龍四年五月丁丑，剡縣地震。　景雲二年正月甲戌，并、汾、絳三州地震，壞廬舍，壓死百餘人。　開元二十二年二月壬寅，秦州地震，西北隱隱有聲，坼而復合，經時不止，壞廬舍殆盡，壓死四千餘人。　二十六年三月癸巳，京師地震。　至德元載十一月辛亥朔，河西地震，裂有聲，陷廬舍，張掖、酒泉尤甚，至二載三月癸亥乃止。　大曆二年十一月壬申，京師地震，自東北來，有聲如雷者三。　三年五月丙戌，又震。　十二年，恒、定二州地大震，三日乃止，束鹿、寧晉地裂數丈，沙石隨水流出平地，壞廬舍，壓死數百人。　建中元年四月己亥，京師地震。　三年六月甲子，又震。　四年四月甲子，又震。　五月辛巳，又震。　貞元二年五月己酉，又震。　三年十一月丁丑夜〔七一〕，京師、東都、蒲、陝地震。　四年正月庚戌朔夜，京師地震。　辛亥、壬子、丁卯、戊辰、庚午、癸酉、甲戌、乙亥，皆震，金、房二州尤甚，江溢山裂，屋宇多壞，人皆露處。　二月壬午，京師又震；甲申、乙酉、丙申，三月甲寅、己未、庚午、辛未，五月丙寅、丁卯，皆震。　八月甲午〔七二〕，又震，有聲如雷；甲辰，又震。

九年四月辛酉，又震，有聲如雷，河中、關輔尤甚，壞城壁廬舍，地裂水涌。　十年四月戊申，京師地震；癸丑，又震，侍中渾瑊第有樹涌出，樹枝皆戴蚯蚓。　十三年七月乙未，又震。　元和七年八月，京師地震，草樹皆搖。　九年三月丙辰，巂州地震〔七三〕，晝夜八十，壓死百餘人，地陷者三十里。　十年十月，京師地震。　十一年二月丁丑〔七四〕，又震。　十五年正月，穆宗即位，戊辰，始朝群臣於宣政殿，是夜地震。　太和二年正月壬申，地震。　七年六月甲戌，又震。　九年三月乙卯，京師地震，屋瓦皆墜，户牖間有聲。　開成元年二月乙亥，又震。　二年十一月乙丑夜，又震。　四年十一月甲戌〔七五〕，又震。　會昌二年正月癸亥，宋、亳二州地震。　十二月癸未，京師地震。　大中三年十月辛巳，上都及振武、河西、天德、靈武、鹽夏等州地震，壞廬舍，壓死數十人。　十二年八月丁巳，太原地震。　咸通元年五月，上都地震。　六年十二月，晉、絳二州地震，壞廬舍，地裂泉涌，泥出青色。　八年正月丁未，河中、晉絳二州地大震〔七六〕，壞廬舍，人有死者。　十三年四月庚子朔，浙東、西地震。　乾符三年六月乙丑，雄州地震，至七月辛巳止，州城廬舍盡壞，地陷水涌，傷死甚衆。　是月，濮州地震。　十二月，京師地震有聲。　四年六月庚寅，雄州地震。　六年二月，京師地震，有聲如雷，藍田山裂水涌。　中和三年秋，晉州地震，有聲如雷。　光啟二年春，成都地震〔七七〕，月中十數。　占曰：「兵、饑。」十二月，魏州地震。　乾寧二年三月庚午，河東地震。

宋乾德三年，京師地震。　至道二年十月，潼關西靈、夏、環、慶等州地震，城郭廬舍多壞，占云：「兵、饑。」是時，西戎寇靈州，明年，遣將率兵援糧以救之。　關西民有饑殍者。　咸平二年九月，常州地震，壞鼓角樓、羅務、軍民廬舍甚衆。　四年九月，慶州地震者再。　六年正月，益州地震。　景德元年正月丙申夜，京師地震；癸卯夜，復震；丁未夜，又震，屋宇皆動，有聲，移時方止。　癸丑，冀州地震，占云〔七八〕：「土工興，有急令，兵革興。」是年，契丹犯塞。　二月，益、黎、雅州地震。　三月，邢州地震不止。四月己卯夜，瀛州地震。　五月，邢州地復震不止。　十一月壬子，日南至，京師地震。　癸丑，石州地震。四年七月丙戌，益州地震。　己丑，渭州瓦亭寨地震者四。　大中祥符二年三月，代州地震。　四年六月，昌、眉州並地震。　七月，真定府地震〔七九〕，壞城壘。　天聖五年三月戊辰，秦州地震。　七年十月丙午，京師地震。　景祐四年十二月甲申，忻、代、并三州地震，壞廬舍，覆壓吏民。　忻州死者萬九千七百四十二人，傷者五千六百五十五人，畜死者五萬餘。　代州死者七百五十九人，并州千八百九十人。　寶元元年正月庚申，并、忻、代州地震。　十一月，忻州地震。　十二月甲子，京師地震。　慶曆三年五月乙亥，忻州地大震，説者曰：「地道貴静，今數震摇，兵興民勞之象也。」　四年五月庚午〔八〇〕，忻州地震，西北有聲如雷。　五年七月丁酉，廣州地震。　八月庚午〔八一〕，荆南、岳州並地震〔八二〕。　六年二月戊寅，青州地震。　三月庚寅，登州地震，岠嵎山摧。　自是震不已，每震，即海底有聲如雷。　五月甲申，京師地震。　七年十月乙丑，河陽、許州地震。　皇祐二年十一月丁酉夜〔八三〕，秀州地震，有聲自西北起如雷。　嘉祐二年，雄、霸等州地震。　五年五月己丑，京師地震。　治平四年秋，漳泉建州、邵武興化軍等處皆地震，潮州尤甚，地裂泉涌，壓覆州郭及兩縣屋宇，士民、軍兵死者甚衆。　八月己巳，京師地震。　熙寧元年七月甲申，地震。　乙酉、辛卯，再震。　八月壬寅、甲辰，又震。　是月，鄆州須城、東阿二縣地震終日，滄州清池、莫州亦震，壞官私廬舍、城壁。是時，河北復大震，或數刻不止，有聲如雷，樓櫓、民居多摧覆，壓死者甚衆。九月戊子，莫州地震，有聲如雷。十一月乙未，京師及莫州地震。十二月癸卯，瀛州地大震。丁巳，冀州地震。辛酉，滄州地震，涌出沙泥、船板、胡桃、螺蚌甲之屬。十二月，潮州地再震。是歲，數路地震，有一日十數震，有踰半年震不止者。　元豐八年五月，京師地震。　元祐二年二月辛亥，代州地震，有聲。　四年春，陝西、河北地震〔八四〕。　七年九月己酉，蘭州、鎮戎軍、永興軍地震。十月庚戌朔，環州地再震。　紹聖元年十一月丙寅，太原府地震。　二年十月、十一月，河南府地震。是歲，蘇州自夏迄秋地震七〔八五〕。　三年三月戊戌夜，劍南、東川地震。九月己酉，滁州、沂州地震。　四年六月己酉，太原府地震，有聲。　元符元年七月壬申夜，雲霧蔽天，地震良久。　二年正月壬申〔八六〕，恩州地震。八月甲戌，太原府地震。　三年五月己巳，太原府又震。　建中靖國元年十二月辛亥，太原府、潞晉隰代石嵐等州、岢嵐威勝保化寧化軍地震彌旬，晝夜不止，壞城壁、屋宇，人畜多死。　宣和四年，北方用兵，雄州地震。　六年正月，京師連日再地震，宫殿門皆動有聲。　建炎二年正月戊戌，長安地大震，金虜將婁宿圍城，彌旬無外援，虜兵乘地震而入，城遂陷。　紹興三年八月甲申，地震，平江府、湖州尤甚。甲辰，詔罪己，求直言。　是歲，逆豫陷鄧、隨等州，金虜犯蜀。臣犯君，夷犯華之應也。　六年六月乙巳夜，地震，有聲自西北如雷，餘杭縣爲甚。詔罪己，求直言。　是冬，僞齊劉麟、猊犯順，寇濠、壽州。　後四年，虜酋兀术入寇。　二十四年正月戊寅，地震。　二十五年三月壬申，又震。　二十八年八月甲寅，地夜震〔八七〕。　三十一年三月壬辰，又震。　三十二年七月戊申，又震。　隆興元年十月丁丑，地震。六月甲寅，又震。是歲，宰臣湯思退擅撤海、泗、唐、鄧之戍，虜乘邊虛入寇，後思退貶死。此臣專必震，又兵役人勞之應也。乾道二年九月丙午，地震自西北方。是月，台州有海寇。四年十二月壬子，石泉軍地震三日，有聲如雷，屋瓦皆落。時郡有綿州冤獄云〔六〕。淳熙元年十二月戊辰，地震自東北方。後湖南、江西茶寇擾數路。九年十二月壬寅，地夜震。十年十二月丙寅，又震。十二年五月庚寅，又震。慶元六年十一月甲子，地震東北方。嘉定六年四月，行都地震。六月丙子，嚴州淳安縣地震。十年二月庚申，地震自東南。越月，虜犯光州。十四年正月乙未，地夜震，大雷。是春，金虜入寇，蘄、黄州失守。

校勘記

〔一〕大亡麥禾　「大」下原衍一「水」字，據春秋莊公二十八年、漢書卷二七上五行志上刪。

〔二〕秦始皇十七年　「七」原作「六」，據史記卷六秦始皇本紀改。

〔三〕關東郡國十餘飢　「國」下原衍一「四」字，據漢書卷六武帝紀刪。

〔四〕後漢光武二年　按後漢書卷一下光武帝紀下，光武帝建元建武，「光武二年」當即「建武二年」。依本刊體例，「光武」下疑脱「建武」二字。

〔五〕獻帝興平二年　「二」，後漢書卷九獻帝紀作「元」。

〔六〕皓初遷都武昌 「都」字原脱，據晉書卷二七五行志上、宋書卷三四五行志五補。
〔七〕三麥不登 「三」原作「二」，據晉書卷二七五行志上、宋書卷三四五行志五改。
〔八〕淮南 原作「淮東」，據宋史卷六七五行志五、宋史卷二六高宗紀三改。
〔九〕四川尤甚 「甚」字原脱，據宋史卷六七五行志五補。
〔一〇〕太平温湖秀池徽和州皆飢 按宋史卷六七五行志五、宋會要食貨五九之四七，無「温」字。
〔一一〕湖南 原作「湖廣」，據宋史卷六七五行志五改。
〔一二〕貨種糧 「貨」，宋史卷一七八食貨志上六作「貸」。
〔一三〕恭州飢民就賑相踐死者三千餘人 按宋史卷六七五行志五無「恭州」二字，又「三千」作「三十」。
〔一四〕塡音竹刃反 「刃」原作「丑」，據漢書卷二七下之上五行志下之上改。
〔一五〕陽失而在陰 「陽」原作「使」，據元本、愼本、馮本及漢書卷二七下之上五行志下之上改。
〔一六〕夫國必依山川 「依」原作「以」，據漢書卷二七下之上五行志下之上改。
〔一七〕略皆從董仲舒説也 「説」字原脱，據漢書卷二七下之上五行志下之上補。
〔一八〕茲謂陰動 「動」原作「助」，據漢書卷二七下之上五行志下之上改。
〔一九〕盜殺蔡侯 「蔡」原作「齊」，據左傳哀公四年、漢書卷二七下之上五行志下之上改。
〔二〇〕地節三年九月壬申 「三」原作「二」，據漢書卷八宣帝紀改。
〔二一〕壞敗城郭 按漢書卷九元帝紀，「敗」下有「豲道縣」三字。
〔二二〕章帝建初元年三月甲寅 「寅」原作「申」，據後漢書卷三章帝紀改。

〔二三〕女主盛　「主」原作「王」，據後漢書五行志四改。
〔二四〕匈奴單于於除鞬叛　「除」下原衍「一」「鞬」字，據後漢書卷四和帝紀刪。
〔二五〕郡國四地震　「四」，後漢書卷五安帝紀作「九」。
〔二六〕七年正月壬寅二月丙午　按後漢書卷五安帝紀無「正月壬寅」四字。
〔二七〕建光元年九月己丑　「建光」原作「建元」，據元本、慎本、馮本及後漢書五行志四、後漢書卷五安帝紀改。又「九」，後漢書卷五安帝紀作「十一」。
〔二八〕信宮人及阿母聖等讒言　「言」原作「云」，據後漢書五行志四改。
〔二九〕九月戊申　「九」原作「三」，據後漢書五行志四、後漢書卷五安帝紀改。又「戊申」，後漢書卷五安帝紀作「甲戌」。
〔三〇〕郡國三十二地震　「三十二」，後漢書五行志四同，後漢書卷五安帝紀作「三」。
〔三一〕四年十一月丁巳　「一」字原脱，據後漢書卷六順帝紀補。
〔三二〕永和二年四月丙申　「丙」原作「庚」，據後漢書卷六順帝紀改。
〔三三〕凉州部郡六地震　「部」原作「都」，據後漢書五行志四改。
〔三四〕凡百八十日震　「日」，後漢書卷六順帝紀作「地」。
〔三五〕尚書欒巴諫事　「事」，按後漢書集解，王先謙謂疑「争」之誤。
〔三六〕光和元年二月辛未　「辛」，後漢書五行志四同，後漢書卷八靈帝紀作「己」。
〔三七〕城中官寺民舍皆頓　「頓」原作「傾」，據元本、慎本、馮本及後漢書五行志四改。
〔三八〕後主炎興元年　「元」原作「二」，據晉書卷二九五行志下，宋書卷三四五行志五改。

〔三九〕從東來　「東來」，晉書卷二九五行志下、宋書卷三四五行志五同，三國志卷三明帝紀作「東南來」。
〔四〇〕齊王正始二年十一月　「十一月」，晉書卷二九五行志下、宋書卷三四五行志五同，三國志卷四三少帝紀作「十二月」。
〔四一〕太后與帝泣別　「太」字原脱，據晉書卷二九五行志下、宋書卷三四五行志五補。
〔四二〕劉向云臣下强盛　按宋書卷三四五行志五，「劉」上有「董仲舒」三字。
〔四三〕七年六月丙申　「丙」原作「景」，據晉書卷二九五行志下、宋書卷三四五行志五改。
〔四四〕五年二月壬辰　「二」原作「三」，「月」下原衍一「朔」字，據晉書卷三武帝紀改删。
〔四五〕六年七月己丑　「己丑」，晉書卷二九五行志下、宋書卷三四五行志五同，晉書卷三武帝紀作「巳西」。
〔四六〕八年正月丙辰　「丙」原作「庚」，據晉書卷二九五行志下、晉書卷四惠帝紀、宋書卷三四五行志五改。
〔四七〕太安元年十月　「十」下原衍一「二」字，據晉書卷四惠帝紀、宋書卷三四五行志五删。
〔四八〕二年十二月丙辰　「丙」原作「庚」，據晉書卷二九五行志下、宋書卷三四五行志五改。
〔四九〕荆湘二州地震　「湘」原作「襄」，據晉書卷五懷帝紀、宋書卷三四五行志五改。
〔五〇〕遂南濟河　「河」原作「沔」，據晉書卷五懷帝紀、晉書卷一〇四石勒載記改。
〔五一〕長安又地震　「地」字原脱，據晉書卷二九五行志下、宋書卷三四五行志五補。
〔五二〕涌水出　「水出」二字原倒，據晉書卷二九五行志下、宋書卷三四五行志五乙正。
〔五三〕二年五月己丑　「己」，晉書卷二九五行志下同，晉書卷六元帝紀、宋書卷三四五行志五作「癸」，疑是。
〔五四〕三年四月庚寅　「四」，晉書卷六元帝紀作「五」。
〔五五〕豫章地震　「豫章」原作「豫州」，據晉書卷七成帝紀、宋書卷三四五行志五改。

〔五六〕二年十月　「十」下原衍一「二」字，據晉書卷八穆帝紀、宋書卷三四五行志五刪。

〔五七〕三年正月丙辰　「丙」原作「庚」，據晉書卷二九五行志下、宋書卷三四五行志五改。

〔五八〕二年三月庚寅　「三」，晉書卷八哀帝紀作「二」。

〔五九〕二月乙未夜　「乙未」，晉書卷二九五行志下、宋書卷三四五行志五同，晉書卷九孝武帝紀作「己未」。

〔六〇〕宋武帝永初二年秋七月己巳　「二」原作「元」，據宋書卷三武帝紀下改。

〔六一〕梁武帝天監五年十一月　「一」原作「二」，據梁書卷二武帝紀、南史卷六梁本紀上、隋書卷二三五行志下改。

〔六二〕地動以冬十一月者　「冬」原作「下」，據隋書卷二三五行志下改。

〔六三〕中大通五年正月　「中」上原衍一「建」字，據元本、慎本、馮本及隋書卷二三五行志下刪。

〔六四〕大同二年十一月　「二」原作「三」，據梁書卷三武帝紀下、南史卷七梁本紀中改。

〔六五〕三年十月　「三」原作「五」，據元本、慎本、馮本及梁書卷三武帝紀下、隋書卷二三五行志下改。

〔六六〕李賁自稱皇帝　按梁書卷三武帝紀、南史卷七梁本紀中，李賁稱帝事在大同十年春正月。

〔六七〕是月以憂憤崩　按梁書卷三武帝紀、南史卷七梁本紀中，梁武帝死於太清三年五月丙辰，而非四月。

〔六八〕嶲州地震　「嶲」原作「雋」，據新唐書卷一高祖紀、新唐書卷四二地理志六改。

〔六九〕儀鳳二年正月庚辰　「正」原作「三」，據新唐書卷三五五行志二、新唐書卷三高宗紀改。

〔七〇〕垂拱三年七月乙亥　「七」原作「十」，據新唐書卷三五五行志二、新唐書卷四則天皇后紀改。

〔七一〕三年十一月丁丑夜　「丁丑」，新唐書卷三五五行志二同，舊唐書卷三七五行志、新唐書卷七德宗紀作「己卯」。

〔七二〕八月甲午　「月」原作「年」，據舊唐書卷三七五行志、新唐書卷三五五行志二改。

〔七三〕嶲州地震　「嶲」原作「雟」，據舊唐書卷三七五行志、新唐書卷三五五行志二、新唐書卷七憲宗紀改。
〔七四〕十一年二月丁丑　「丁」，新唐書卷三五五行志二同，新唐書卷七憲宗紀作「乙」。
〔七五〕四年十一月甲戌　「十一」，新唐書卷三五五行志二同，新唐書卷八文宗紀作「十」，疑是。
〔七六〕河中晉絳二州地大震　「二」原作「三」，據新唐書卷九懿宗紀改。
〔七七〕成都地震　「成」原作「城」，據新唐書卷三五五行志二、新唐書卷九僖宗紀改。
〔七八〕占云　「云」原作「主」，據宋史卷六七五行志五改。
〔七九〕真定府地震　「地」字原脱，據宋史卷六七五行志五補。
〔八〇〕四年五月庚午　「四年」二字原脱，據宋史卷六七五行志五補。
〔八一〕八月庚午　「八月」二字原脱，「庚午」原作「己卯」，據長編卷一五七慶曆五年八月庚午條、宋史卷一一仁宗紀三補改。
〔八二〕荆南岳州並地震　「荆」原作「京」，據長編卷一五七慶曆五年八月庚午條、宋史卷一一仁宗紀三改。
〔八三〕皇祐二年十一月丁酉夜　「皇祐」二字原脱，據宋史卷六七五行志五、宋史卷一二仁宗紀四補。
〔八四〕陝西河北地震　「地」字原脱，據宋史卷六七五行志五補。
〔八五〕蘇州自夏迄秋地震七　「七」字原脱，據宋會要瑞異三之三七補。
〔八六〕二年正月壬申　「二」原作「三」，據宋史卷六七五行志五、宋史卷一八哲宗紀二改。
〔八七〕地夜震　「地夜」，按宋史卷六七五行志五作「夜地」。
〔八八〕時郡有綿州冤獄云　「綿州」，宋史卷六七五行志五作「綿竹」。

卷三百二　物異考八

山崩　地陷　地移　地長　川竭

春秋釐公十四年「秋八月辛卯，沙麓崩」。穀梁傳曰：「林屬於山曰麓，師古曰：「屬，聯也，音之欲反。」沙其名也。」劉向以爲臣下背叛，散落不事上之象也。先是，齊桓行伯道，會諸侯，師古曰：「伯讀曰霸。其下亦同。」事周室。管仲既死，桓德日衰，天戒若曰，伯道將廢，諸侯散落，政逮大夫，陪臣執命，臣下不事上矣。桓公不寤，天子蔽晦。師古曰：「被，掩蔽而暗也。」及齊桓死，天下散而從楚。王札子殺二大夫，師古曰：「二大夫，召伯、毛伯也。」晉敗天子之師，師古曰：「謂敗之於貿戎也。已解於上也。」莫能征討，從是陵遲。公羊以爲沙麓，河上邑也。董仲舒說略同。一曰，河，大川象；齊，大國；桓德衰，伯道將移於晉文，故河爲徙也。左氏以爲沙麓，晉地；沙，山名也；地震而麓崩，不書震，舉重者也。伯陽甫所謂「國必依山川，山崩川竭，亡之徵也；不過十年，數之紀也」。至二十四年，晉懷公殺於高梁。師古曰：「懷公謂子圉，惠公之子也。文公入國而使殺之。高梁，晉地。」京房易傳曰：「小人剥廬，師古曰：「剥卦上九爻之辭。」厥妖山崩，兹謂陰乘陽，弱勝强。」成公五年「夏，梁山崩」。穀梁傳曰：「廱河三日不流，師古曰：「廱讀曰壅。」晉君帥群臣而哭之，廼流。」師古曰：「從伯宗用輦者之言。」劉向以爲山陽，君也；水陰，民也。天戒若曰，君道崩壞，下亂，百姓將失其所矣。哭然後流，喪亡象也。梁山在晉地，自晉始而及天下也。後晉暴殺三卿〔一〕，厲公以殺。董仲舒説略同。劉歆以爲梁山，晉望也；崩，弛崩也。古者三代命祀，祭不越望，吉凶禍福，不是過也。國主山川，山崩川竭，亡之徵也，美惡周必復。是歲，歲在鶉火，至十七年復在鶉火，欒書、中行偃弒厲公而立悼公。

威烈王十三年，晉河岸崩，壅龍門至於底柱。

漢高后二年正月，武都山崩，殺七百六十人，地震至八月迺止。文帝元年四月〔二〕，齊、楚地山二十九所同日俱大發水，潰出。劉向以爲近水沴土也。天戒若曰，勿盛齊、楚之君，今失制度，將爲亂。後十六年，帝庶兄齊悼惠王之孫文王則薨，無子，帝分齊地，立悼惠王庶子六人皆爲王。師古曰：「謂齊孝王將閭、濟北王志、菑川王賢、膠東王雄渠、膠西王卬、濟南王辟光。」賈誼、鼂錯諫，以爲違古制，恐爲亂。至景帝三年，齊、楚七國起兵百餘萬，漢皆破之。春秋四國同日災，師古曰：「宋、衛、陳、鄭。」漢七國同日衆山潰，咸被其害，不畏天威之明效也。成帝河平三年二月丙戌，犍爲柏江山崩，捐江山崩，皆廱江水，師古曰：「廱讀曰壅。次下亦同。」江水逆流壞城，殺十三人，地震積二十一日，百二十四動。元延三年正月丙寅，蜀郡岷山崩，廱江，水逆流〔三〕，三日迺通。劉向以爲周時岐山崩，三川竭，而幽王亡。岐山者，周所興也。漢家本起於蜀漢，今所起之地山崩川竭，星孛又及攝提、大角，從參至辰，如淳曰：「孛星尾長及攝提、大角，始發於參至辰也。」殆必亡矣。其後三世亡嗣，王莽簒位。

王莽天鳳三年，長平館西岸崩，廱涇水不流，毀而北行。

後漢和帝永元元年七月，會稽南山崩。會稽，南方大名山也。京房易傳曰：「山崩，陰乘陽，弱勝強也。」劉向以爲山陽，君也；水陰，民也；君道崩壞，百姓失所也。劉歆以爲崩猶弛也。是時竇太后攝政，兄竇憲專權。　七年七月，趙國易陽地裂。京房易傳曰：「地裂者，臣下分離，不肯相從也。」是時南單于衆乖離，漢軍追討。　十二年夏閏四月戊辰〔四〕，南郡秭歸山高四百丈，崩填谿，殺百餘人。明年冬，巫蠻夷反〔五〕，遣使募荆州吏民萬餘人擊之。　元興元年五月癸酉，右扶風雍地裂。是後西羌大寇涼州。　殤帝延平元年五月壬辰，河東垣山崩〔六〕。是時鄧太后專政。秋八月，殤帝崩。　安帝永初元年六月丁巳，河東楊地陷，東西百四十步，南北百二十步，深三丈五尺。　六年六月壬辰，豫章員谿原山崩，各六十三所。　元初元年三月己卯，日南地坼，長百八十二里。其後三年正月，蒼梧、鬱林、合浦盜賊群起，劫略吏民。　二年六月，河南雒陽新城地裂。　三年六月庚午，巴郡閬中山崩。　四年十月丙午，蜀郡越巂山崩，殺四百餘人。丙午，天子會日也。是時閻太后攝政。其十一月，中黄門孫程等殺江京，立順帝，誅閻后兄弟，明年，閻后崩。　順帝陽嘉二年六月丁丑，雒陽宣德亭地坼，長八十五丈，近郊地。時李固對策，以爲「陰類專恣，將有分離之象，所以附郊城者，是上帝示象以誡陛下也」。是時宋娥及中常侍各用權分争，後中常侍張逵、豫政與大將軍商争權，爲商作飛語，欲陷之。　桓帝建和元年四月〔七〕，郡國六地裂，水涌出，井溢，壞寺屋，殺人。　時梁太后攝政，兄冀枉殺李固、杜喬。　三年，郡國五山崩。　和平元年七月，廣漢梓潼山崩。　永興二年六月，東海朐山崩。冬十二月，泰山、琅邪盜賊群起。　永壽三年七月〔八〕，河東地裂。時梁皇后兄冀秉政，桓帝欲自由，内患之。　延熹元年七月乙巳，左馮翊雲陽地裂。　三年五月甲戌〔九〕，漢中山崩。是時上寵恣中常侍單超等。　四年六月庚子，泰山、博尤來山判解〔一〇〕。　八年六月丙辰，緱氏地裂。　永康元年五月丙午〔一一〕，雒陽高平永壽亭、上黨泫工元反。氏地各裂。　是時朝臣患中常侍王甫等專恣。　冬，桓帝崩。　明年，竇氏等欲誅常侍、黄門，不果，更爲所誅。　靈帝建寧四年五月，河東地裂十二處，裂合長十里百七十步〔一二〕，廣者三十餘步，深不見底。

魏元帝咸熙二年二月，太行山崩。　此魏亡之徵也。　其冬，晉有天下。

吴孫權赤烏十三年八月，丹陽〔一三〕、句容及故鄣、寧國諸山崩，鴻水溢。　劉歆以爲「國主山川，山崩川竭，亡之徵也」。　吴雖稱帝，其實列國，災發丹陽，天意見之。　後二年而權薨，又二十六年而吴亡。

晉武帝泰始三年三月戊午〔一四〕，太石山崩〔一五〕。　四年七月，泰山崩墜三里。　京房易傳曰：「自上下者爲崩，厥應泰山之石顛而下，聖王受命〔一六〕，人君虜。」及帝晏駕，而禄去王室，惠皇愞弱，懷、愍二帝俱辱虜庭，淪胥於北，元帝中興於南，此其應也。　太康五年五月丙午〔一七〕，宣帝廟地陷。　六年十月，南安新興山崩，涌水出。　七年二月〔一八〕，朱提殊匙二音。之大瀘山崩，震壞郡舍，陰平之仇池崖隕。八年七月，大雨，殿前地陷，方五尺，深數丈，中有破船。　惠帝元康四年，蜀郡山崩，殺人。　五月壬子，壽春山崩，洪水出，城壞，地陷方三十丈，殺人。　六月，壽春大雷，山崩地坼，人家陷死，上庸郡亦如之。八月，居庸地裂，廣三十六丈，長八十四丈，水出，大饑。　上庸四處山崩，地墜廣三十丈，長一百三十丈，水出殺人。　皆賈后亂朝之應也。　太安元年四月，西墉崩。　懷帝永嘉元年三月，洛陽東北步廣里地陷。　二年八月乙亥，鄄城城無故自壞七十餘丈〔一九〕，司馬越惡之，遷於濮陽。　此見沴之異也。　越卒以陵上受禍。　三年七月戊辰，當陽地裂三所，各廣三丈〔二〇〕，長三百餘步。京房易傳曰：「地坼裂者，臣下分離，不肯相從也。」其後司馬越、苟晞交惡，四方牧伯莫不離散，王室遂亡。　三年十月，宜都夷道山崩。　四年四月，湘東酃黑石山崩。　元帝太興元年二月，廬陵、豫章、武昌、西陵地震〔二一〕，山崩。　二年五月，祁山地震，山崩，殺人。　三年，南平郡山崩，出雄黃數千斤。　時王敦陵傲，帝優容之，示含養禍萌也。　四年八月，常山崩，水出，滹沱上火乎反，下音陀。盈溢，大木傾拔。　成帝咸和四年十月，柴桑廬山西北崖崩。　十二月，劉胤爲郭默所殺。　穆帝永和七年九月，峻平、崇陽二陵崩。　十二年十一月，遣散騎常侍車灌修峻平陵，開埏道，崩壓，殺數十人。　升平五年二月，南掖門馬足陷地，得鐘一，有文四字。　哀帝隆和元年四月丁丑，浩亹上古合反，下音門。山崩，張天錫亡徵也。　安帝義熙八年三月壬寅，山陰地陷，方四丈，有聲如雷。　十年五月戊寅，西明門地穿，涌水出，毀門扇及限〔二二〕。此水沴土也。　十一年五月，霍山崩，出銅鐘六枚。　十三年七月，漢中成固縣水涯有聲若雷〔二三〕，既而岸崩，出銅鐘十有二枚。　惠帝元康九年六月夜，暴雷雨，賈謐齋屋柱陷入地，壓謐牀帳。此木沴土，土失其性，不能載也。　明年，謐誅焉。　光熙元年五月，范陽國地燃，可以爨。　此火沴土也。　是時，禮樂征伐自諸侯出。

梁武帝普通二年，始平郡石鼓村地自開成井，方六丈六尺〔二四〕，深三十二丈。

後魏孝靜帝武定二年十一月，西河地陷，有火出。　京房易傳占曰：「地自陷，其君亡。」祖暅曰：「火，陽精也。　地，陰主也。　地燃，越陰之道，行陽之政，臣下專恣，終以自害。」時齊神武作宰，侯景專擅河南。

神武崩，景作亂。

後周武帝建德二年，涼州地震裂出泉。

隋高祖仁壽三年，梁州就谷山崩。洪範五行傳曰：「崩散落，背叛不事上之類也。」梁州爲漢地。明年，漢王諒反。　煬帝大業七年，砥柱山崩，壅河，逆流數十里。時帝興遼東之役，四海怨叛，卒以滅亡。

唐太宗貞觀八年七月，隴右山摧。山者高峻，自上而隕之象也。　武后垂拱二年九月己巳，雍州新豐縣露臺鄉大風雨，震雹，有山涌出，高二十丈〔一五〕，有池周三百畝，池中有龍鳳之形，禾麥之異，武后以爲休應，名曰「慶山」。　荆州人俞文俊上言：「天氣不和而寒暑隔，人氣不和而贅疣生，地氣不和而堆阜出。今陛下以女主居陽位，反易剛柔，故地氣隔塞，山變爲災。陛下以爲『慶山』，臣以爲非慶也。宜側身修德以答天譴，不然，恐災禍至。」后怒，流於嶺南。　永昌中，華州赤水南岸大山，晝日忽風昏，有聲隱隱如雷，頃之漸移東數百步，壅赤水，壓張村民三十餘家，高二百餘丈，水深三十丈，坡上草木宛然。金縢曰：「山徙者人君不用道，禄去公室，賞罰不由君，佞人執政，政在女主，不出五年，有走王。」　玄宗開元十七年四月乙亥，大風震雹，藍田山摧裂百餘步，畿内山也。國主山川，山摧川竭，亡之證也。占曰：「人君德消，政易則然。」　天寶十一載六月，虢州閿鄉黄河中女媧墓因大雨晦冥，失所在。　至肅宗乾元二年六月乙未，瀕河人聞有風雷，曉見其墓涌出，下有巨石，上有雙柳，各長丈餘，時號風陵堆。　占曰：「塚墓自移，天下破。」　代宗大曆六年四月戊寅，藍田西原地陷。　九年十一月戊戌，同州夏陽有山徙於河上，聲如雷。　十三年，郴州黄芩山摧，壓死者數百人。　德宗建中二年，霍山裂。　魏州魏縣西四十里，地數畝忽長崇數尺。　憲宗元和八年五月丁丑，大隗山摧。　十五年七月丁未，苑中土山摧，壓死二十人。　僖宗光啟三年四月，維州山崩，累日不止，塵坌亘天，壅江水逆流。占曰：「國破。」

後唐明宗長興三年七月，夔州奏赤甲山崩。

宋太宗雍熙三年，階州福津縣青龍峽山圮〔二六〕，壅白江，水逆流高十丈許，壞民田數百里。　淳化二年五月〔二七〕，雅州名山縣大風雨，登遼山圮，壅江水逆流入民田，壞稼。　真宗咸平元年七月庚午，寧化軍汾水漲，壞北水門，山石摧圮，軍士有壓死者。　二年七月庚寅，陝州靈寶縣暴雨崖圮，壓居民死者二十二户〔二八〕。　三年三月辛丑夜，秦州大澤縣三陽寨大雨崖摧，壓死者六十二人。　四年正月，秦州成紀縣山摧，壓死六十餘人。　景德四年七月，秦州成紀縣崖圮，殺居民。　天禧五年五月，襄州鳳林鎮道側地涌起〔二九〕，高三尺許，長三丈，闊八尺。知州夏竦以聞。　神宗熙寧元年，潭州益陽縣雷震，山裂出米。　二年十月庚戌，南郊，東壝門内地陷，有天寶十二載古墓。　五年九月丙寅，華州少華山前阜頭峰越八盤嶺及谷，摧陷於石子坡。東西五里，南北十里，潰散墳裂，涌起堆阜，各高數丈，長若隄岸。至陷居民六社，凡數百户，林木、廬舍亦無存者。並山之民言：「數年以來，峰上常有聲，是夜初昏，略無風雨，山上忽霧起，有聲漸大，地遂震動，不及食頃而山摧。」　元豐八年二月甲戌，賓州嶺方縣地陷。　哲宗元祐元年十二月，華州鄭縣界小敷谷山頹，傷居民。　徽宗宣和七年七月己亥，熙河路地震，有裂數十丈者，蘭州尤甚，陷數百家，倉庫俱没。　高宗紹興十二年十二月，陝西不雨，五穀焦枯，涇、渭、灞、滻皆竭。伯陽甫曰：「國必依山川，山摧川竭，亡之證也。」時秦民以餓離散，壯者爲北人所買，郡邑遂空。劉向以爲陽失在陰者，謂火氣來煎枯水，故川竭。山川連體，下竭上必摧。占曰：「君德消，政易則然。」京房易傳曰：「君臣相背，厥異名水絶。」光宗紹熙四年秋，南岳祝融峰有山自摧。劍門關山摧。五年十二月，臨安府南高峰有山自摧。寧宗慶元二年六月辛未，台州黄岩縣大雨水，有山自徙五十里餘，聲如雷，草木、塚墓皆如初，而故址爲淵潭。時臨海縣清潭山亦自移。唐志載金滕曰：「山徙者，君不用道，禄去公室，賞罰不由君，佞人執政也。」此韓侂冑擅朝之應。嘉泰二年七月丁未，閩建安縣山摧，民廬之壓者六十餘家。嘉定六年六月丙子，浙淳安縣長樂鄉山摧水涌。近水沴土也。京房易傳曰：「小人剥廬，厥妖山摧。」劉向以爲「山陽，君也；水陰，民也。君道崩壞〔三〇〕，下亂，百姓將失其所」。又曰：「臣下背叛〔三一〕，散落不事上之象也。」八年五月，行都久不雨，百川皆竭，淮甸亦如之。

地生異物

魏公孫淵時，襄平北市生肉，長圍各數尺，有頭目口喙，無手足。詳見赤祥門。

晉惠帝元康五年〔三二〕，吕縣有流血百餘步。詳見赤祥門。懷帝永嘉元年，洛陽地陷，有蒼白鵝出。詳見羽蟲之異。元帝太興二年〔三三〕，盧江灊縣何旭家忽聞地中有犬子聲，掘之得一母犬與二子，一雄一雌。詳見犬禍門。又孫無終家地坼得狗〔三四〕。同上並見犬禍門。成帝咸康初，地生毛。孝武帝太元二年，地生毛。十四年，京都地生毛。十七年，地生毛。安帝隆安四年，地生毛，或白或黑。元興三年五月，江陵地生毛。　義熙三年、十年〔三五〕，地並生毛。

齊高帝建元元年，郢州天井湖出綿〔三六〕，人用與常綿不異。

梁武帝大同二年，地生白毛，長二尺。詳見白祥門。

北齊武成河清元年九月，滄州及長城下地多生毛，或白或黑，長四五寸。

唐武后垂拱元年九月，淮南地生毛，或白或蒼，長者尺餘，遍居人牀下，揚州尤甚，大如馬鬣，焚之臭如燎毛。占曰：「兵起，民不安。」　三年，魏州地出鐵如船數十丈。　武威郡石化爲麵，貧乏者取以給食。　玄宗天寶十三載，汝州葉縣南有土塊鬬，中有血出，數日不止。　德宗建中四年四月，京師地生毛，或黄或白，有長尺餘者。　貞元四年四月，淮南及河南地生毛。　文宗太和六年二月〔三七〕，蘇州地生毛。　四年，石生麵，貧者食之。

宋神宗熙寧元年，潭州益陽縣雷震山裂，出米可十萬斛〔三八〕，炊之成飯，而腥不可食，賫至京師〔三九〕，信米也，但色黑如炭。　八年，杭州鹽官縣自三月地産物如珠，可食。詳見穀異門。　元豐三年，青州臨朐、益都石化爲麵，民取食之。

黄眚黄祥

漢昭帝元鳳元年九月，燕有黄鼠銜其尾舞王宮端門中。見鼠妖門。　成帝建始元年四月辛丑夜，西北有火光。　壬寅晨，大風從西北起，雲氣赤黄，四塞天下，終日夜著地者黄土塵也。　是歲，帝元舅大司馬大將軍王鳳始用事，又封鳳母弟崇、庶弟譚等五人皆爲列侯。哀帝即位，封外屬丁氏、傅氏、周氏、鄭氏凡六人爲列侯。楊宣對曰：「五侯封日，天氣赤黄，丁、傅復然。此殆爵土過制，傷亂土氣之祥也。」京房易傳曰：「易稱『觀其生』，言大臣之義，當觀賢人，知其性行，推而貢之，否則爲聞善不與，兹謂不知，厥異黄，厥咎聾，厥災不嗣。黄者，日上黄光不散如火然，有黄濁氣四塞天下。蔽賢絶道，故災異至絶世也。」

王莽天鳳元年六月，黄霧四塞。

後漢昭烈章武二年，東伐，二月，自秭歸進屯夷道〔四〇〕。六月，秭歸有黄氣見，長十餘里，廣數十丈。後踰旬，爲陸遜所破，近黄祥也。

晉惠帝元康四年正月，大霧。帝時昏眊，政非己出，故有大霧之妖。元帝太興四年八月，黄霧四塞，埃氛蔽天。永昌元年十月，京師大霧，黑氣貫天，日無光。明帝太寧元年正月癸巳，黄霧四塞。二月，又黄霧四塞。是時王敦擅權，謀逆愈甚。穆帝永和七年三月，凉州大風拔木，黄霧下塵。是時，張重華納譖，出謝艾爲酒泉太守，而所任非其人，至九年死，嗣子見殺，是其應也。京房易傳曰：「聞善不與，兹謂不知，厥異黄，厥咎聾，厥災不嗣。黄者，有黄濁氣四塞天下。蔽賢絶道，故災至絶世也。」孝武太元八年二月癸未，黄霧四塞。是時，道子專政，親近佞人，朝綱方替。安帝元興元年十月丙申朔〔四一〕，黄霧昏濁不雨。是時桓玄謀逆之應。義熙五年十一月，大霧。十年十一月，又大霧。是時，帝室衰微，臣下權盛，兵及土地，略非君有，此其應也。

宋文帝元嘉二十九年十二月戊辰，黄霧四塞。次年春，元凶劭弑逆。

齊武帝永明六年十一月丙戌，土氣竟天，如烟，入人眼鼻，三日乃止。　八年六月丙申，大雷雨，有黄光竟天，照地狀如金。

梁武帝大同元年，天雨土。　二年，天雨灰，其色黄，近黄祥也。京房易飛候曰：「聞善不與，兹謂不知〔四二〕，厥異黄，厥咎聾，厥災不嗣。蔽賢絶道之咎也。」時帝自以爲聰明博達，惡人勝己。又篤信佛法，捨身爲奴，絶道蔽賢之罰也。

簡文帝大寶元年正月，天雨黄沙。　二年〔四三〕，夢丸土而吞之。帝尋爲侯景所廢，以土囊壓之而斃，諸子遇害，不嗣之應也。

陳後主時，夢黄衣人圍城。後主惡之，遶城橘樹，盡伐去之〔四四〕。隋高祖受禪後，上下通服黄衣。未幾隋師攻圍之應也。

後周静帝大象二年，天雨細黄土，移時乃息。與大同元年同占。時宣帝昏狂滋甚，其年崩，静帝立，禪於隋。

隋文帝開皇二年，京師雨土。時帝懲周室諸侯微弱至亡，乃分封諸子，並爲行臺，專制方面。失土之故，有土氣之祥，後諸王各謀爲逆亂。京房易飛候曰：「天雨土，百姓勞苦而無功。」時營都邑，起仁壽宫，頹山堙谷，死者大半。

唐太宗貞觀七年三月丁卯，雨土。　二十年閏三月己酉，有黄雲闊一丈，東西際天。黄爲土功。

高宗永徽三年三月辛巳，雨土。中宗景龍元年六月庚午，陝州雨土。十二月丁丑，雨土。玄宗天寶十三載二月丁丑，雨黄土。代宗大曆七年十二月丙寅，雨土。德宗貞元二年四月甲戌，雨土。八年二月庚子，雨土。文宗太和八年十月甲子，土霧晝昏，至於十一月癸丑。開成元年七月乙亥，雨土。懿宗咸通十四年三月癸巳，雨黄土。僖宗中和二年五月辛酉，大風，雨土。昭宗天復三年二月，雨土，天地昏霾。天祐元年閏四月甲辰，大風，雨土。

宋太宗淳化三年正月乙卯，京師雨土。占曰：「小人叛。」自後李順盗據益州。英宗治平元年三月辛酉、十二月乙巳，雨土。二年三月壬戌，雨土。十二月己亥，雨黄土。神宗熙寧五年十二月癸未、七年三月戊午，並雨黄土。八年五月丁丑，雨黄土兼細毛。元豐二年十一月丁亥、五年二月乙巳、六年四月辛未，雨土。哲宗元祐七年正月戊午，天雨塵土。主民勞苦。徽宗宣和元年三月庚午，雨土着衣。主不肖者食禄。高宗紹興元年十二月庚辰夜，有黄白氣。十一年，馮康國言，三月庚申〔四五〕，涇州雨黄沙。語在金傳及夜妖。十八年十一月壬辰，上御麗正門，肆赦，天有雲赤黄。近黄祥也。太史附秦檜旨奏以爲瑞。孝宗乾道四年三月己丑，雨土若塵。淳熙四年二月戊戌、五年二月甲申、四月丁丑，六年十一月乙丑，十一年正月辛卯、甲寅，十三年正月壬寅，皆雨土。十五年九月庚子，南方有赤黄氣。光宗紹熙四年十月甲寅，五年四月癸卯，皆雨土。十月乙未，天有赤黄色。占曰：「是爲天變。」色先赤後黄，近黄赤祥也。十一月辛亥，雨土。

校勘記

〔一〕後晉暴殺三卿　「殺」字原脱，據漢書卷二七下之上五行志下之上補。

〔二〕文帝元年四月　「元」原作「二」，據漢書卷二七下之上五行志下之上、漢書卷四文帝紀改。

〔三〕水逆流　據漢書卷二七下之上五行志下之上「水」上有「江」字。

〔四〕十二年夏閏四月戊辰　「閏」字原脱，據後漢書五行志四、後漢書卷四和帝紀補。

〔五〕巫蠻夷反　「巫」原作「至」，據後漢書卷四和帝紀改。

〔六〕河東垣山崩　「垣山」原作「恒山」，據後漢書卷四殤帝紀改。

〔七〕桓帝建和元年四月　「元」原作「三」，據後漢書五行志四、後漢書卷七桓帝紀改。

〔八〕永壽三年七月　「三」原作「二」，據後漢書五行志四、後漢書卷七桓帝紀改。

〔九〕三年五月甲戌　「甲戌」原作「戊申」，據後漢書卷七桓帝紀改。

〔一〇〕泰山博尤來山判解　「判解」，後漢書卷七桓帝紀作「并穨裂」。

〔一一〕永康元年五月丙午　「午」，後漢書五行志四同，後漢書卷七桓帝紀作「申」。

〔一二〕裂合長十里百七十步　「合」原作「各」，據後漢書五行志四改。

〔一三〕丹陽　三國志卷四七吴主傳、晉書卷二九五行志下、宋書卷三四五行志五俱作「丹楊」，下同。

〔一四〕晉武帝泰始三年三月戊午　「戊午」，晉書卷二九五行志下同，晉書卷三武帝紀作「丁未」，宋書卷三四五行志五作「戊子」。按是月癸酉朔，無丁未、戊午日。

〔一五〕太石山崩　「太石山」，晉書卷二九五行志下同，晉書卷三武帝紀作「太山石」，宋書卷三四五行志五作「太行山」。

〔一六〕聖王受命　「王」原作「人」，據晉書卷二九五行志下、宋書卷三四五行志五改。

〔一七〕太康五年五月丙午　「五月」二字原脱，據晉書卷三武帝紀補。「丙」原作「庚」，據晉書卷二九五行志下、宋書卷三四五行志五改。

〔一八〕七年二月　「二」，晉書卷二九五行志下同，晉書卷三武帝紀、宋書卷三四五行志五作「七」。

〔一九〕鄄城城無故自壞七十餘丈　下「城」字原脱，據晉書卷二九五行志下、宋書卷三四五行志五補。

〔二〇〕各廣三丈　「各」字原脱，據晉書卷五懷帝紀補。

〔二一〕西陵地震　「西陵」原作「西陽」，據晉書卷二九五行志下、宋書卷三四五行志五改。

〔二二〕毁門扇及限　「限」原作「陷」，據晉書卷二九五行志下、宋書卷三四五行志五改。

〔二三〕漢中成固縣水涯有聲若雷　「成固」原作「城固」，據晉書卷二九五行志下、晉書卷一四地理志上改。

〔二四〕方六丈六尺　「六丈六尺」，晉書卷三武帝紀下、南史卷七梁本紀中作「六尺六寸」。

〔二五〕高二十丈　「二」原作「一」，據元本、慎本、馮本及新唐書卷三五五行志二改。

〔二六〕階州福津縣青龍峽山圮　「福津」原作「福清」，據宋史卷六七五行志五、宋史卷五太宗紀二、宋史卷八七地理志三、長編卷二七雍熙三年七月癸巳條、元豐九域志卷三改。「青龍峽」，宋史卷五太宗紀二、讀史方輿紀要卷五九、大清一統志卷二七六作「龍帝峽」。

〔二七〕淳化二年五月　「二」原作「三」，據宋史卷六七五行志五、宋史卷五太宗紀二改。又「五月」，宋史卷五太宗紀二作「八月」。

〔二八〕壓居民死者二十二户　按宋史卷六七五行志五同，長編卷四五咸平二年七月庚寅條，作「壓居民二十三户，八户有死者」。

〔二九〕襄州鳳林鎮道側地涌起　「地」字原脱，據宋史卷六七五行志五補。

〔三〇〕君道崩壞　「崩」字原脱，據漢書卷二七下之上五行志下之上補。

〔三一〕臣下背叛　「背」字原脱，據漢書卷二七下之上五行志下之上補。

〔三二〕晉惠帝元康五年　「五」，晉書卷二八五行志中、宋書卷三二五行志三同，晉書卷四惠帝紀作「六」。

〔三三〕元帝太興二年　「二」，晉書卷二八五行志中作「四」。

〔三四〕又孫無終家地坼得狗　按晉書卷二八五行志中，孫無終家事在安帝隆安中。

〔三五〕義熙三年十年　「十」下原衍一「三」字，據宋書卷三一五行志二、太平御覽卷八八〇删。

〔三六〕郢州天井湖出綿　「郢州」原作「荆州」，據南齊書卷一八祥瑞志、南齊書卷一五州郡志下改。

〔三七〕文宗太和六年二月　「六」原作「二」，「二」原作「六」，據新唐書卷三五五行志二、新唐書卷八文宗紀改。

〔三八〕出米可十萬斛　按宋史卷六三五行志二上，「十」上有一「數」字。

〔三九〕賫至京師　「賫」字原脱，據宋史卷六三五行志二上補。

〔四〇〕自秭歸進屯夷道　「夷道」原作「夷陵」，據三國志卷三二先主傳、晉書卷二九五行志下、宋書卷三四五行志五改。

〔四一〕安帝元興元年十月丙申朔　「丙」原作「庚」，據晉書卷二九五行志下、宋書卷三四五行志五改。

〔四二〕兹謂不知　「不」，元本、慎本、馮本及隋書卷二三五行志下作「有」。

〔四三〕二年　「二」原作「三」，據南史卷八梁本紀下、隋書卷二三五行志下改。

〔四四〕盡伐去之　「盡」字原脱，據隋書卷二三五行志下補。

〔四五〕十一年馮康國言三月庚申　按宋史卷六七五行志五無「馮康國言」四字。

卷三百三　物異考九

恒雨

春秋魯隱公九年「三月癸酉，大雨，震電；庚辰，大雨雪」。師古曰：「雨雪，雨音于具反。」大雨，雨水也；師古曰：「下雨音于具反。後類並同。」震，雷也。劉歆以爲三月癸酉，於曆數春分後一日，始震電之時也，當雨，而不當大雨。大雨，恒雨之罰也。於始震雷八日之間而大雨雪，恒寒之罰也。劉向以爲周三月，今正月也，當雨水，雪雜雨，雷電未可以發也。既已發也，則雪不當復降。皆失節，故謂之異。於易，雷以二月出，其卦曰豫，師古曰：「坤下震上也。」言萬物隨雷出地，皆逸豫也。以八月入，其卦曰歸妹，師古曰：「兑下震上也。」言雷復歸。入地則孕毓根核，保藏蟄蟲，師古曰：「毓字與育同。核亦荄字也。草根曰荄，音該。」避盛陰之害；出地則養長華實，發揚隱伏，宣盛陽之德。入能除害，出能興利，人君之象也。是時，隱以弟桓幼，代而攝立。公子翬見隱居位已久，勸之遂立。師古曰：「公子翬，魯大夫羽父也。勸殺桓公，己求爲太宰。翬音揮。」隱既不許，翬懼而易其辭，師古曰：「反譖桓公云隱欲殺之。」遂與桓共殺隱。天見其將然，故正月大雨水而雷電。是陽不閉陰，出涉危難而害萬物。天戒若曰，爲君失時，賊弟佞臣將作亂矣。後八日大雨雪，陰見閒隙而勝陽，篡殺禍將成也。公不寤，後二年而殺。

漢昭帝始元元年七月，大水雨，自七月至十月。成帝建始三年秋，大雨三十餘日。四年九月，大雨十餘日。

王莽地皇元年九月，大雨六十餘日。

光武建武六年九月，大雨連月，禾稼更生，鼠巢樹上。　十七年，洛陽暴雨，壞民廬舍，壓殺人，傷害禾稼。

和帝永元十年、十三年、十四年、十五年，皆淫雨傷稼。　安帝元初四年秋〔一〕，郡國十淫雨傷稼。方儲對策曰：「雨不時節，妄賞賜也。」　永寧元年，郡國三十三淫雨傷稼。　建光元年，京都及郡國二十九淫雨傷稼。是時，羌反久未平，百姓屯戍，不解愁苦。　延光元年，郡國二十七淫雨傷稼。按本傳陳忠奏，以爲王侯二千石爲女使伯榮獨拜車下，柄在臣妾。　二年，郡國五連雨傷稼。　順帝永建四年，司隸、荆、豫、兗、冀部淫雨傷稼。　六年，冀州淫雨傷稼。　桓帝延熹二年夏，霖雨五十餘日。是時，大將軍梁冀秉政，擅殺。其年，冀伏誅。　靈帝建寧元年夏，霖雨六十餘日。時大將軍竇武謀誅中官事泄，爲曹節等所害。　熹平元年夏，霖雨七十餘日。時宦官曹節等譖殺渤海王悝。　中平六年夏，霖雨八十餘日。時靈帝初崩，大將軍何進等謀誅廢宦官，中常侍張讓等共殺進，兵戰京都地，死者數千。

魏明帝太和元年秋，數大雨，多暴卒雷電〔二〕，非常，至殺鳥雀。時帝居喪不哀，出入弋獵無度，奢侈繁興，故恒雨爲罰。　四年八月，大雨霖三十餘日，伊、洛、河、漢皆溢。

吴孫亮太平二年二月甲寅，大雨，震電。　乙卯，雪，大寒。按劉歆以爲，此時當雨而不當大雨。劉向以爲既已雷電，則雪不當復降，皆失時候之異，與春秋魯隱同。其後亮卒見廢。

晉武帝泰始六年六月，大雨霖。　甲辰，河、洛、伊、沁水同時並溢，流四千九百餘家，殺二百餘人，没秋稼千三百六十餘頃。太康五年七月，任城、梁國暴雨，害豆麥。九月，南安郡霖雨暴雪，樹木摧折，害秋稼。是秋，魏郡西平郡九縣、淮南、平原霖雨暴水，霜傷秋稼。惠帝永寧元年十月，義陽、南陽、東海霖雨，淹害秋麥。元帝太興三年春，雨，至於夏。是時，王敦執權，不恭之罰也。永昌元年春，雨四十餘日〔三〕，晝夜雷電震五十餘日。是時，王敦興兵，王師敗績之應也。成帝咸和四年春，雨五十餘日〔四〕，恒雷電。是時雖斬蘇峻，其餘黨猶據守石頭，至其滅後，淫雨乃霽。咸康元年八月乙丑，荆州之長沙攸、醴陵、武陵之龍陽三縣，雨水浮漂屋室，殺人，損秋稼〔五〕。是時帝幼，權在於下。

梁武帝天監七年七月，雨，至十月乃霽。時頻年興師，諸軍頗捷，而士卒疲敝，百姓怨望，陰氣畜積之應也。

陳宣帝太建十二年八月，大雨霪霖。時始興王叔陵驕恣，陰氣强盛之應也。明年，帝崩，後主立。叔陵作亂，討平之。

東魏孝静武定五年秋，大雨七十餘日。元瑾、劉思逸謀殺齊文襄之應也。

北齊武成河清三年六月庚子，大雨，晝夜不息，至甲辰。山東大水，人多餓死。是歲，突厥寇并州，陰戎作梗之應。後主天統三年十月，積陰大雨。胡太后淫亂所感。武平七年七月，大霖雨，水澇，人户流亡。時駱提婆、韓長鸞等用事，小人專政〔六〕。

後周武帝建德三年七月，霖雨三旬。時衛刺王直潛謀逆亂。屬帝幸雲陽宫，以其徒襲肅章門，尉遲運逆拒破之，其日雨霽。

唐高祖武德六年秋，關中久雨。少陽曰暘，少陰曰雨，陽德衰則陰氣勝，故常雨。太宗貞觀十五年春，霖雨。高宗永徽六年八月，京城大雨。顯慶元年八月，霖雨，更九旬乃止。玄宗開元二年五月壬子，久雨，禜京城門。十六年九月，關中久雨，害稼。天寶五載秋，大雨。十二載八月，久雨。十三載秋，大霖雨，害稼，六旬不止。九月，閉坊市北門，蓋井，禁婦人入街市，祭玄冥太社，禜明德門，壞京城垣屋殆盡，人亦乏食。肅宗至德二載三月癸亥，大雨，至甲戌乃止。上元元年四月，雨，訖閏月乃止。二年秋，霖雨連月，渠竇生魚。代宗永泰元年九月丙午，大雨，至於丙寅。大曆四年四月，雨，至於九月，閉坊市北門，置土臺，臺上置壇，立黄旛以祈晴。六年八月，連雨，害秋稼。德宗貞元二年正月乙未，大雨雪，至於庚子，平地數尺，雪上黄黑如塵。五月乙巳，雨，至於丙申。時大饑，至是麥將登，復大雨霖，衆心恐懼。十年春，雨，至閏四月〔七〕，間止不過一二日。十一年秋，大雨。十九年八月己未，大霖雨。憲宗元和四年四月，册皇太子寧，以雨霑服罷。十月，再擇日册，又以雨霑服罷。近常雨也。六年七月，霖雨害稼。十二年五月，連雨。八月壬申，雨，至於九月戊子。十五年二月癸未，大雨。八月，久雨，閉坊市北門。宋、滄、景等州大雨，自六月癸酉至於丁亥，廬舍漂没殆盡。敬宗寶曆元年六月，雨，至於八月。文宗太和四年夏，鄆、曹、濮等州雨，壞城郭廬舍殆盡。五年正月庚子朔，京城陰雪，彌旬。開成五年七月，霖雨，葬文宗，龍輴陷不能進。宣宗大中十年四月，雨，至於九月。懿宗咸通九年六月，久雨，禜明德門。僖宗乾符五年秋，大霖雨，汾、澮及河溢流害稼。廣明元年秋八月，大霖雨。昭宗天復元年八月，久雨。

後唐莊宗同光三年六月至九月，大雨，江河決〔八〕，壞民田。　廢帝清泰元年九月，連雨，害稼。

周太祖廣順二年七月，暴風雨，京師水深二尺，諸州皆奏大雨。

宋太祖開寶元年六月，州府二十三大雨水，江河泛溢，壞民田、廬舍〔九〕。　二年二月，車馬駐潞州，積雨累日未止。　九月，京師大雨霖。　五年五月，京師大雨，連旬不止，諸州皆言大雨霖。　八年五月，京師大雨水。　九年三月，京師大雨水。　秋，又霖雨〔一〇〕。　太宗太平興國五年五月，京師連旬雨不止。　雍熙三年八月，京師大霖雨。　淳化三年九月，京師霖雨。　四年七月，京師大雨，十晝夜不止。　五年秋，開封府、宋亳陳潁泗壽鄧州雨水〔一一〕，害稼。　至道元年四月甲辰，京師大雨雷電，道上水數尺。　二年，廣南諸州並大雨水。　真宗咸平五年六月〔一二〕，京師大雨，漂壞廬舍，積潦浸路。　天禧四年七月，京師連雨彌月；甲子夜，大雨，流潦泛溢民舍軍營〔一三〕。自是頻雨，及冬方止。　乾興元年二月，蘇、湖、秀三州雨，壞民田。　仁宗天聖四年六月庚寅，京師大雨震電〔一四〕，平地水數尺。　九月壬申，京東西、江、淮、閩、浙諸州雨水〔一五〕。　七年，自春涉夏，雨不止。　嘉祐元年五月丁未，晝夜大雨。　六月乙亥〔一六〕，雨壞太社太稷壇。自五月大雨不止，水壞官私廬舍，城中繫栰渡人。　四年八月〔一七〕，霖雨害稼。　六年七月，河北、京西、淮南、江、浙四路淫雨爲災〔一八〕。　閏八月，京師久雨。　英宗治平元年，京師自夏歷秋，久雨不止，真宗及穆、獻、懿三后陵臺爲雨所摧。　二年八月庚寅，大雨，地上涌水〔一九〕，壞官私廬舍，漂殺人畜不可勝數。　是日，御崇政殿，宰執而下朝參者十數人而已。　詔開西華門以洩宫中積水，水奔激，東殿侍班屋皆摧没，人畜溺死。　官爲葬祭其無主者千五百八十人。　神宗熙寧七年六月，熙州大雨，洮河溢。陝州大雨〔二〇〕，漂溺陝、平陸二縣。　九年七月，太原府汾河夏秋霖雨，水大漲。　哲宗元祐二年七月丁卯，以雨罷集英殿宴。　四年，夏秋霖雨，河流泛漲。　八年，自四月常雨至八月，晝夜霪霖，畿内及諸路大水，詔開京師宮觀五日，所在州令長吏祈禱〔二一〕，宰臣呂大防等待罪。　紹聖元年七月，京畿久雨，諸路水〔二二〕，害稼。　元符二年六月〔二三〕，久雨。　九月，以久雨罷秋宴。　三年七月，久雨，哲宗大昇轝在道陷泥中。　徽宗建中靖國元年二月，久雨。　崇寧元年七月，久雨，壞京城廬舍，民多壓溺死。　三年六月，久雨。　四年五月，京師久雨。　又自七月至九月，所在霖雨傷稼，十月始霽。　宣和元年五月，大雨，水驟高十餘丈〔二四〕。　六年秋，京畿常雨。　河北、兩浙水災〔二五〕，民多流移。　欽宗靖康元年四月，京師大雨，天氣清寒。　又自五月甲申至六月，暴雨，傷麥，夏行秋令。　高宗建炎二年春，霪雨。　三年二月，上至杭州，久陰霖雨。　占曰：「陰盛，下有陰謀。」時苗、劉爲逆，後五十日伏誅。　五月，霖雨，夏寒。　紹興元年，行都雨，壞城三百八十丈。　是歲，婺州雨，亦敗城郭。　三年，雨，自正月元日至於二月。尋詔恤刑。　七月，四川霖雨，至於越歲正月。上謂張浚久屯繁調所致，戒以撫民。　四年六月，霪雨，害稼，蘇、湖二州爲甚。乙未，緩賦。　九月，久雨。　時逆豫連金虜入寇。　十月戊戌，上親征而霽。　五年三月，霖雨，傷蠶麥，行都雨甚。庚子，慮獄。己未，發廩。　九月，雨，至於明年正月。賑都民者再。　七年十月〔二六〕，上如建鄴，久雨。　八年三月，積雨，至於四月，傷蠶麥，害稼。　二十一年夏，襄陽府大雨十餘日。　二十三年六月，大雨，壞軍壘、民田。辛酉，予緡蠲賦。　三十年五月辛卯，大風雨。語在水傳。　三十一年四月，久雨，傷蠶麥，害稼。　三十二年六月，浙西大霖雨。　孝宗隆興元年三月，霖雨，行都壞城郭三百三十餘丈。　二年六月，霪雨，沉陰。七月，浙西、江東大雨霖，傷稼。八月，風雨霖霪踰月。　乾道二年正月，霪雨，至於四月。夏寒，江、浙郡國損稼，蠶麥不登。　三年八月，霖雨，妨穡，江、浙、淮、閩禾麻菽粟多腐。　四年四月，陰雨彌月。　六年五月，連雨六十餘日。十一月，連雨。辛巳，郊〔二七〕，開雲於圜丘，百步外有霪雨。　八年四月，四川陰雨七十餘日，六月壬寅，大雨徹晝夜，至於己酉，爲災。　九年閏正月，霪雨。　淳熙三年五月，淮、浙積雨，損禾麥。八月，浙東西、江東連雨。癸未、甲申，行都大風雨。九月，久雨，妨穡。　六年九月，連雨；己巳，將郊而霽。　八年四月，雨腐禾麥。五月，久雨，敗首種。　十一年四月，霪雨。　十二年五月、六月，皆霖雨。　十五年五月，荆、淮郡國連雨。　十六年五月，浙西、湖北、福建、淮東、利西諸道大雨霖。　光宗紹熙元年春，久陰連雨，至於三月。　二年四月，福建路霖雨，至五月。七月，利路久雨，傷種麥。八月，行都久雨。　三年五月，江東、湖北路連雨。七月，淮西、鎮江、襄陽雨〔二八〕，害禾麥。　四年四月，霖雨，至於五月，浙東西、江東、湖北、淮西郡縣壞圩田，害蠶麥蔬稑。　五年八月，霖雨，浙東、西皆害稼〔二九〕。九月，雨，至於十月，江東西、福建皆苦雨〔三〇〕。　寧宗慶元元年正月，霖雨。二月，又雨，至三月，害麥。五月，霖雨。七月，雨，至八月。　二年八月，行都霖雨五十餘日。　三年七月，雨連月。　五年五月，行都雨壞城，夜壓附城民廬，多死者。六月，浙東、西霖雨〔三一〕，至於八月。　嘉泰二年六月，福建路連雨，至於七月。　三年八月，久雨。　開禧元年七月，利路霖雨，敗稼。十月，行都霪雨，至明年春三月。　嘉定三年三月，陰雨六十餘日。五月，潦雨，至於六月，首種多敗，蠶麥不登。　四年八月，霖雨，至於九月。　五年春，霪雨，至於三月，傷蠶麥。十一月，雨雪積陰，至於明年春。　六年二月〔三二〕，霪雨。五月，霖雨，陰沉。六月，浙東、西雨〔三三〕，至於七月。　七年九月，陰雨，至於十月，害禾麥。　九年四月，霖雨。六月，大雨霖二十餘日，浙東、西郡縣爲災。　十年三月，連雨，至於四月。十月，霖雨，敗穡。　十一年六月，浙西大霖雨。　十二年六月，霖雨彌月。　十五年七月，浙東、西霖雨爲災。十六年五月，霖雨，浙西、湖北、江東、淮東尤甚。八月，大風雨，敗稼。　十七年八月，霖雨。

甘露

漢宣帝甘露元年，甘露降。

後漢光武建武十二年夏，甘露降。　中元元年，郡國頻上言甘露降。　明帝永平十七年正月，甘露降於甘陵。　章帝建初四年，甘露降泉陵、洮陽二縣。　安帝延光三年四月壬戌〔三四〕，沛國言甘露降豐縣。七月，馮翊言甘露降頻陽衙。　桓帝延熹三年〔三五〕，上郡言甘露降。

魏高貴鄉公甘露元年五月，鄴及上洛並言甘露降〔三六〕。　陳留王咸熙二年四月，南深澤縣言甘露降。

吴孫權黄武二年，曲阿言甘露降。　嘉禾五年，武昌言甘露降於禮賓殿。　赤烏二年，零陵言甘露降。　九年，武昌言甘露降。　孫皓甘露元年四月，蔣陵言甘露降，遂改元。

陳宣帝太建七年，甘露頻降樂游苑，立甘露亭。

魏太武太延元年，甘露降於殿内。

唐高祖武德九年四月，甘露降於中華殿之桐樹，凝泫如冰雪〔三七〕，以示群臣。德宗貞元十年正月，西川奏，當管甘露降，松柏樹竹藂等二千四百四十二處。

蜀王建元年，嘉陽諸州言甘露降〔三八〕。

宋太祖乾德四年二月長春節，甘露降江寧府報恩院〔三九〕，連十日，霏微如烟霧，漬柏葉皆甘。太宗太平興國三年正月，甘露降壽州廨，色如琥珀，徧覆庭檜。端拱二年二月，甘露降壽州廨園柏及資聖寺檜，狀若華藕，色如凝脂。真宗咸平元年，富順監有甘露降梅柳，霏洒如珠。景德元年九月〔四〇〕，甘露降桂州永寧縣桐樹〔四一〕，如稻米色白。

按：三朝國史有符瑞志，内述甘露，自乾德而後州縣所上甚多，咸平以來尤甚，幾無歲無之，此姑著其一二云。

神宗熙寧元年距元豐八年，天下言甘露降凡二十餘處。哲宗元祐元年距元符三年，亦如之〔四二〕。徽宗建中靖國元年距宣和七年，中外言甘露降多不可紀，其尤著者：大觀初，降於九城宮帝鼐室；三年冬，降於尚書省及六曹〔四三〕，御製七言四韵詩賜執政以下。其後内自禁中及宣和殿、延福宮、神霄宮，下至三學〔四四〕、開封府、大理寺、宰臣私第，皆有之，歲歲拜表稱賀。

天雨異物

春秋文公三年「秋，雨螽于宋」。公羊傳：「雨螽者何？墜而死也。」穀梁傳：「著於上，見於下謂之雨。」詳見蝗蟲門。　顯王三年，雨金於櫟陽。言雨金於秦國都，明金瑞見也。　赧王三十一年，齊千乘、博昌之間，方數百里，雨血沾衣。時燕昭王伐齊，齊湣王出奔，爲楚將淖齒所弑。

漢惠帝二年，天雨血於宜陽，一頃所。詳見赤眚。　元帝永光二年八月，天雨草。詳見草妖。　成帝鴻嘉四年秋，雨魚於信都，長五寸以下。　哀帝建平四年，山陽湖陵雨血，廣三尺，長五尺，大者如錢，小者如麻子。　平帝元始元年正月〔四五〕，天雨草。詳見草妖。

後漢桓帝建和三年秋七月，北地廉雨肉似羊肋，肋，脅骨也。或大如手。

晉武帝泰始八年五月，蜀地雨白毛。詳見白祥門。　惠帝永康元年，尉氏雨血。　愍帝建興元年，河東地震，雨肉。

劉聰時，平陽星墜爲肉，長三十步〔四六〕。各詳見赤祥門。

隋文帝開皇二年，京師雨土。各見黄祥門。　六年七月，京師雨毛，如髮尾，長者三尺餘，短者六七寸。詳見羊白眚〔四七〕。　十二年，空中有物鬬而墜，如羝羊。詳見羊禍門。

北齊武成河清二年，太原雨血。

梁武帝大同元年，天雨土。　二年，天雨灰，其色黄。　簡文帝大寶元年，天雨黄沙。詳見黄祥門。

後周静帝大象二年正月，天雨黄土。

唐高祖武德初，突厥雨血三日。　武太后垂拱三年，廣州雨金。　四年，雨桂子於台州，旬餘乃止。

占曰：「天雨草木，人多死。」　中宗神龍二年，越州雨毛。　德宗貞元四年，雨木於陳留，十里許，大如指，長寸餘，中空，所下者立如植〔四八〕。詳見木不曲直門。是歲，大雨〔四九〕，有物墮地如豬。詳見豕禍門。二十一年〔五〇〕，京師雨赤雪。乾符二年，洛陽暴雨〔五一〕，有物墮地如羝羊〔五二〕。詳見羊禍門。光啟二年，揚州雨魚。

太宗貞觀七年三月，高宗永徽三年三月，中宗景龍元年六月、十二月，玄宗天寶十三載二月，代宗大曆七年十二月，德宗貞元二年四月、八年二月，文宗開成元年七月，懿宗咸通十四年三月，僖宗中和二年五月，昭宗天復三年二月，天祐元年閏四月，俱雨土。

宋太宗淳化三年正月，京師雨土。神宗熙寧元年三月丁酉，潭州雨毛。八年五月丁丑，雨黃土兼細毛。元豐三年六月己未，饒州長山雨木子數畝，狀類山芋子，味香而辛，土人以爲桂子，又曰「菩提子」。明道中，嘗有之，是歲大稔。五年三月乙巳〔五三〕、六年四月辛未，雨土。哲宗元祐七年正月，天雨塵土，主民勞苦。徽宗宣和元年三月，雨土。高宗紹興二十六年七月，雨水銀。

校勘記

〔一〕安帝元初四年秋　「元初」上原衍「永初」二字，據元本、慎本、馮本及後漢書五行志一删。「初」原作「年」，據後漢書卷五安帝紀改。

〔二〕多暴卒雷電　「暴卒」，晉書卷二七五行志上同，宋書卷三〇五行志一無「卒」字。

〔三〕雨四十餘日　「雨」字原脱，據晉書卷二七五行志上補。

〔四〕雨五十餘日　「五」原作「三」，據元本、慎本、馮本及晉書卷二七五行志上改。

〔五〕損秋稼　「損」，晉書卷二七五行志上同，宋書卷三〇五行志一「損」上有一「傷」字。

〔六〕小人專政　按隋書卷二二五行志上，「政」下有「之罰也」三字。

〔七〕至閏四月　「至」字原脱，據新唐書卷三四五行志一補。

〔八〕江河決　「河決」，五代會要卷一一同，舊五代史卷一四一五行志「河」下有一「崩」字。

〔九〕壞民田廬舍　「田」字原脱，據宋史卷六一五行志一上、宋史卷二太祖紀二補。

〔一〇〕又霖雨　「又」，宋史卷六五五行志三作「大」。

〔一一〕宋亳陳潁泗壽鄧州雨水　按宋史卷六五五行志三，「鄧」下有「蔡潤諸」三字，宋史卷五太宗紀二，九月辛酉，遣使按行被水民田，亦有蔡州。

〔一二〕真宗咸平五年六月　「五」原作「四」，據長編卷五二咸平五年六月末條、宋史卷六一五行志一上、宋史卷六真宗紀一改。

〔一三〕流潦泛溢民舍軍營　按宋史卷六五五行志三，「營」下有「圮壞太半」四字。

〔一四〕京師大雨震雹　「雹」原作「雷」，據長編卷一〇四天聖四年六月庚寅條、宋史卷九仁宗紀一改。

〔一五〕京東西江淮閩浙諸州雨水　「西」字原脱，據長編卷一〇四天聖四年九月壬申條、宋史卷九仁宗紀一補。

〔一六〕六月乙亥　「六月」二字原脱，據長編卷一八二嘉祐元年六月乙亥條、宋史卷一二仁宗紀四補。

〔一七〕四年八月　「四年」，長編卷一九〇嘉祐四年八月甲申條同，宋史卷六五五行志三作「三年」。

〔一八〕河北京西淮南江浙四路淫雨爲災　「四路」，按上文實有六路，顯誤。宋史卷六五五行志三作「河北、京西、淮南、兩浙、江南東西」，亦爲六路，長編卷一九四嘉祐六年七月丙戌條、宋史卷一二仁宗紀四，俱無河北、京西二路。

〔一九〕地上涌水　按長編卷二〇六治平二年八月辛卯條無「上」字。

〔二〇〕陝州大雨　按長編卷二五四熙寧七年六月乙酉條、宋史卷一五神宗紀二、宋會要瑞異三之四，陝州大雨事在五月乙丑。

〔二一〕所在州令長吏祈禱　「州」字原脱，據宋史卷六一五行志一上、宋史卷一七哲宗紀一補。

〔二二〕諸路水　「路」，宋史卷六一五行志一上作「州」。

〔二三〕元符二年六月　「元符」二字原脱，據宋史卷六一五行志一上、宋史卷一八哲宗紀二補。

〔二四〕水驟高十餘丈　按宋史卷六一五行志一上，「丈」下有「犯都城，自西北牟駝崗連萬勝門外馬監，居民盡没」二十字。

〔二五〕河北兩浙水災　按宋史卷六一五行志一上，「北」下有「京東」二字。

〔二六〕七年十月　「十月」，宋史卷六五五行志三同，繫年要録卷一〇九、宋史卷二八高宗紀五作「三月」。

〔二七〕辛巳郊　「辛巳」，宋史卷六五五行志三同，宋史卷三四孝宗紀二作「壬午」。

〔二八〕淮西鎮江襄陽雨　按宋史卷六五五行志三，「西」下有一「路」字，「陽」下有一「府」字。

〔二九〕浙東西皆害稼　「西」下原衍一「北」字，據宋史卷六五五行志三删。

〔三〇〕江東西福建皆苦雨　「西」字原脱，據宋史卷六五五行志三、宋史卷三七寧宗紀一補。

〔三一〕浙東西霖雨　「西」字原脱，據宋史卷六五五行志三補。

〔三二〕六年二月　「六年」二字原脱，據宋史卷六五五行志三補。

〔三三〕六月浙東西雨　「六月」原舛在「西」下，據宋史卷六五五行志三乙。

〔三四〕安帝延光三年四月壬戌　「壬戌」，後漢書卷五安帝紀同，宋書卷二八符瑞志中作「丙戌」。

〔三五〕桓帝延熹三年　「桓帝」原作「桓宗」，「三」原作「元」，據後漢書卷七桓帝紀、宋書卷二八符瑞志中、册府元龜卷二二帝王部符瑞改。

〔三六〕鄴及上洛並言甘露降　「上洛」原作「上谷」，據宋書卷二八符瑞志中改。

〔三七〕凝泫如冰雪　「凝」字原脱，據唐會要卷二八祥瑞上、册府元龜卷二四帝王部符瑞四補。

〔三八〕嘉陽諸州言甘露降　「嘉陽諸州」，按新五代史卷六三前蜀王建世家，作「是歲六月，黄龍見嘉陽江，而諸州皆言甘露、白鹿、白雀、龜、龍之瑞」，則「嘉陽」指黄龍見嘉陽江事，與甘露降無涉，疑衍。

〔三九〕甘露降江寧府報恩院　「江寧」原作「江陵」，據宋史卷六五五行志三改。

〔四〇〕景德元年九月　「景德」上原衍「神宗」二字，神宗無景德年號，景德係真宗年號，按宋史卷六五五行志三，義寧縣甘露降事正在景德元年，故删「神宗」二字。

〔四一〕甘露降桂州永寧縣桐樹　「永寧」，宋史卷六五五行志三作「義寧」。

〔四二〕亦如之　「亦」字原脱，據宋史卷六五五行志三補。

〔四三〕降於尚書省及六曹　「六」字原脱，據宋史卷六五五行志三補。

〔四四〕下至三學　「至」字原脱，據宋史卷六五五行志三補。

〔四五〕平帝元始元年正月　「元年」，漢書卷二七中之下五行志中之下作「三年」。

〔四六〕長三十步　按晉書卷二八五行志中、晉書卷一〇二劉聰載記，「步」下有「廣二十七步」五字。

〔四七〕詳見羊白眚　按開皇六年七月京師雨毛事，見於隋書卷二三五行志上白眚白祥門，與羊禍門無涉，「羊」字疑衍。

〔四八〕所下者立如植　「者」字原脱，據新唐書卷三四五行志一補。又「下者立」，舊唐書卷三七五行志作「下立者」。

〔四九〕大雨　按新唐書卷三六五行志三，「大」上有「宣州」二字，「雨」下有「震雹」二字。

〔五〇〕二十一年　「一」原作「七」，據新唐書卷三四五行志一改。

〔五一〕乾符二年洛陽暴雨　「乾符二年洛」五字原闕，據局本補。

〔五二〕有物墮地如羝羊　「羝」，新唐書卷三四五行志一作「羖」。

〔五三〕五年三月乙巳　「乙巳」原作「己巳」，據宋史卷六七五行志五改。